DANYUN

Aufbruch im Reich der Mitte

Zeugen der Erweckung in China berichten

Projektion J Buch- und Musikverlag GmbH, Wiesbaden

Titel der Originalausgabe:
Lilies Amongst Thorns

© 1991 by Brother Dennis
Published by Sovereign World Ltd.
P. O. Box 777 Tonbridge Kent TN 11 9 XT, England.

© 1994 der deutschen Ausgabe
by Projektion J Buch- und Musikverlag GmbH
Rheingaustraße 132, 65203 Wiesbaden

ISBN 3-89490-016-4

Übersetzung: Susan-Beate Sohl
Umschlaggestaltung: Büro für Kommunikationsdesign
Wolfram Heidenreich, Haltern am See
Satz: Projektion J Buch- und Musikverlag GmbH, Wiesbaden
Druck: J. Ebner Ulm, Graphische Betriebe GmbH & Co. KG, 89007 Ulm

Die Bibelstellen wurden der Einheitsübersetzung entnommen.

Nachdruck, auch auszugsweise, nur mit Genehmigung des Verlages.

2   3   4   5   99   98   97   96

Inhalt

*Im Namen aller Leser möchte es
der Verlag nicht versäumen,
Frau Beate Sohl
für die hervorragendeÜbersetzung
ausdrücklich zu danken.
Als profunde Kennerin Chinas gelang es ihr
beispielhaft, die dem Buch eigene Atmosphäre
lebendig in unsere Sprache zu übertragen.*

Vorwort von Jackie Pullinger-To

»Wißt ihr nicht, daß die Läufer im Stadion zwar alle laufen, aber daß nur
einer den Siegespreis gewinnt? Lauft so, daß ihr ihn gewinnt«
(1 Kor 9,24).

Dieses Buch eröffnet Ihnen eine ungeahnte Perspektive für das, was Gott
heute in China tut. Sein Wirken spricht durch bewegende Geschichten im
Leben einfacher Männer und Frauen, die durch seine wunderbare Liebe
verändert wurden. Bitte lesen Sie dieses Buch mit einem offenen Herzen
und lassen Sie sich von den Zeugnissen und dem Beispiel dieser chinesischen Christen herausfordern. Wenn Sie jemals einem dieser Menschen
begegnet sind, werden Sie verstehen, daß man von ihnen sagt: Sie sind
wie Wettkämpfer, die unermüdlich im Einsatz sind. Auch der Übersetzer
der acht chinesischen Manuskripte Pastor Dennis Balcombe ist immer in
Bewegung und läuft, um den Preis zu bekommen, zu dem er berufen ist –
den Gläubigen in China das Evangelium und Ermutigung zu bringen.
Alles, worüber Dennis hier spricht, weiß er aus erster Hand. Ihm ist es zu
verdanken, daß die sehr knappen, nüchternen chinesischen Berichte vom
Leben und Leiden der Untergrundkirche Chinas anschaulich und lebendig
wurden. Es konnte keinen besseren Übersetzer dieser wertvollen Texte
geben als »Bruder Dennis«, der neben seinem Dienst in China und Hong
Kong auch weltweit als Redner gefragt ist. Seine Predigten und Zeugnisse
haben viele aufgerüttelt und neu belebt, Gott mit einem hingegebenen
Herzen zu dienen. So ist seine Liebe zu Jesus und zu den Menschen in
China überall bekannt geworden. Was viele von uns in ihrem Herzen
trugen, beginnt Realität zu werden: Es sind nicht mehr in erster Linie die
Christen der westlichen Welt, welche die Gute Nachricht nach China
bringen, sondern was Gott in Zeiten der Verfolgung unter unseren chinesischen Brüdern und Schwestern getan hat und tut, wird die übrige Christenheit zu neuer Liebe für Jesus erwecken. Neben Dennis übervollen
Kalender findet er doch immer Zeit, sich ganz persönlich um einzelne zu
kümmern, und manchmal sitzt er in unseren eigenen Gottesdiensten und
genießt es, mit uns Gemeinschaft zu haben.

Ich bete, daß viele durch dieses Buch herausgefordert werden an einen
Gott zu glauben, der alles für uns gab, und daß viele dem Beispiel der
Gläubigen in China folgen und alles für ihn geben.

Jackie Pullinger-To, im April 94
Hong Kong

Geleitwort des Autors

Liebe Leserinnen und Leser,

die Christen in China sind bis heute einer grausamen Verfolgung ausgesetzt. Über mehrere Jahrzehnte haben die verschiedenen Regierungen ununterbrochen die an Gott Glaubenden unterdrückt. Sie wurden unzähliger Verbrechen beschuldigt, inhaftiert und gefoltert, um ihrem Glauben abzuschwören. Alle erdenklichen Methoden der Bestrafung wurden angewandt, und sie mußten unvorstellbare Demütigungen ertragen. Diese Menschen lieben Jesus rückhaltlos. Gott gibt ihnen die Kraft, der furchtbaren Verfolgung nicht nur standzuhalten, sondern gleichzeitig die Liebe Gottes an die Menschen ihrer Umgebung weiterzugeben. Sie lassen sich von Schmerzen und Gefahren nicht einschüchtern und sind bereit, jeden Preis zu bezahlen. Dabei bestätigt Gott sie und beantwortet ihre Gebete mit Zeichen und Wundern. Der Heilige Geist erfaßt ein Herz nach dem anderen, Menschen kehren um zu Gott und lassen sich von Jesus verwandeln. In Gefängnissen mit Tausenden von Häftlingen breitet sich das Evangelium aus, hinter vergitterten Fenstern werden Lieder der Dankbarkeit zu Gott gesungen, und die Geschichte von Jesu Kreuzigung und Auferstehung wird weitererzählt.

Dieses Buch erzählt die Geschichte der Menschen, durch die Gott in China wirkt. Es sind ungebildete Leute, Hausfrauen und Töchter von einfachen Bauern. Einige leben bereits nicht mehr, andere sind heute noch aktiv für ihren Herrn. Viele, die eine lebenslange Haftstrafe verbüßen, investieren ihre ganze Kraft, um in ihren Gefängnissen Jesus bekannt zu machen. Auch wenn es für sie keine Aussicht gibt, das Gefängnis jemals zu verlassen, erleben sie doch täglich die Gegenwart Gottes, und er beschenkt sie mit seinem Frieden und übernatürlicher Freude.

Die Berichte, die in diesem Buch niedergelegt sind, bilden nur eine sehr kleine Auswahl aus Hunderttausenden von ähnlichen Erfahrungen im heutigen China. In den Zeugnissen begegnet dem Leser eine geradezu satanische Wut, die sich nicht einmal hinter der Maske bürgerlichen Anstandes verbirgt. Damit fordert das Buch jeden Leser heraus, sich bewußt zu werden, daß auch Verfolgung um Jesu willen zum Alltag eines Christen gehören kann. Aber vor allem will es zeigen, daß Kraft und Geborgenheit, Liebe, Frieden und Freude, die aus einem Leben in der Gemeinschaft mit Gott entspringen, auch in Zeiten der härtesten Verfolgung stärker sind als alle äußeren Angriffe.

Unsere Hoffnung ist, daß alle, die dieses Buch lesen, beginnen, intensiv in die Fürbitte einzutreten für all die Chinesen, die sich gegenwärtig im Leiden bewähren müssen. Wir legen dieses Buch zurück in die Hände unseres Vaters und erbitten seinen Segen für jeden Leser.

Danyun, im November 1991

Die Entstehungsgeschichte
dieses Buches

Kräftig trat der große Mann in die Pedale seines Fahrrades. Es war ein Fahrrad von der Sorte, wie ungefähr noch tausend Millionen anderer Räder in China im Gebrauch sind, schmucklos, ohne technischen Luxus, aber überaus belastbar. Der Mann war nicht mehr ganz jung, vermutlich zwischen vierzig und fünfzig Jahre alt, seine Haut war von Wind und Wetter gegerbt, das schwarze Haar nicht mehr so dicht, und er trug unauffällige, blaugraue, derbe Hosen mit einer entsprechenden Jacke, die im Fahrtwind fröhlich flatterte. Die Mittagssonne brannte und ließ die Luft am Horizont flimmern, doch der Mann gönnte sich keine Pause. Die staubige Straße zog sich gerade und fast eben durch eine Landschaft, die dem Auge keine Erholung bot, kein Baum, nichts Grünes, nur gelbliche Erdhügel und roter Staub. Hin und wieder überholte ihn ein Lastwagen und hüllte ihn in eine Staubwolke, die ihm das Atmen schwer machte. Fast ein halbes Jahr war er nun unterwegs gewesen, und ein Lächeln spielte um seine Mundwinkel, als er daran dachte, was diese Zeit ihm gebracht hatte.

Eigentlich hatte ihn dieser Gedanke schon bewegt, seit er vor mehreren Jahren das erste Mal seine Heimatprovinz Zhejiang verlassen hatte. Damals war er immer wieder auf Christen gestoßen, die ihn herzlich aufgenommen hatten und denen er dienen konnte mit Gebeten und Gesprächen. Während er einige Tage mit ihnen verbrachte, sie sich kennenlernten und Vertrauen entstand, hörte er atemberaubende Berichte, was die Einzelnen mit ihrem Gott erlebt hatten. Meist waren es schlichte, alte Leute, die ihm gegenüber saßen. Sie wirkten so bescheiden und demütig, strahlten dabei aber auch eine innere Stärke und Unerschütterlichkeit aus, die ahnen ließ, wie es damals war, als sie in der Kraft des Heiligen Geistes dem Machtapparat aus Partei und Geheimpolizei trotzen konnten und lieber sterben wollten, als ihren Glauben zu verleugnen. Und wie gerne hörte er zu, wenn sie ihm erzählten, wie Gott immer wieder souverän eingriff und Heilungen und Wunder geschahen. Es ermutigte ihn so, diesen Männern und Frauen zuzuhören, die wörtlich geglaubt und erlebt haben, was Gott in der Bibel geschrieben hat. Mehr als einmal erzählte er die Geschichten weiter, um andere Christen zu ermutigen, die in ähnlichen Schwierigkeiten und Angriffen waren. Wie oft hatte er bedauert, daß diese Männer und Frauen Gottes, die so Großes erlebt hatten, so verborgen und unbekannt irgendwo lebten, daß kaum jemand erfahren konnte, was sie zu erzählen hatten.

Während er so seinen Gedanken nachhing und unermüdlich weiterfuhr, wurde es allmählich Abend. Er fand eine verlassene, kleine Steinhütte, wo er diese Nacht verbringen würde. Übermorgen würde er wieder zu Hause sein, endlich. Nach fast sechs Monaten konnte er es kaum erwarten, seine Frau und seine Kinder wiederzusehen. Auch seine Kinder liebten Jesus und waren seit ihrer frühen Teenagerzeit immer wieder unterwegs gewesen, um in Bezirken, die wenig oder keine Gemeinden hatten, den Menschen von Jesus zu erzählen. Gott hatte seine Familie so sehr gesegnet! Wie dankbar er dafür war, auf mehrere Generationen von Christen in seiner Familie zurückblicken zu können. Er konnte sich noch daran erinnern, wie sein alter Urgroßvater ihn als kleinen Jungen auf dem Schoß hatte und erzählte, wie damals, als er selbst noch ein Junge war, zum ersten Mal der fremde Mann kam, der seinen Eltern von Jesus erzählte. Nicht viele der Nachbarn und Verwandten hatten auf den Ausländer hören wollen, doch in ihrer Familie war Licht und Frieden eingekehrt, seit der Vater damals erklärte: »Wir wollen an Jesus glauben, und er soll der Herr und der einzige Gott in unserer Familie sein.«

Sie waren eine der ersten Familien in Zhejiang gewesen, die sich dem Christentum geöffnet hatten, das die Missionare der China-Inland-Mission ihnen brachten. Und über Generationen waren aus seiner Familie immer wieder geistliche Leiter der entstehenden Gemeinde gekommen. Doch es waren kleine, schwere Anfänge gewesen. Trotz viel Gebet, viel Liebe und Hingabe seiner Großväter und Urgroßväter waren es damals nur wenige Menschen, die sich für Jesus interessierten.

Wohlig räkelte er sich und streckte sich im Stroh aus. Nun taten ihm doch die Knochen weh von dem langen Fahrradfahren heute. Dankbar gingen seine Gedanken weiter, während die letzten Strahlen der Abendsonne ihn wärmten. Er durfte heute sehen, was seine Väter damals geglaubt hatten. Heute war es wirklich so, daß der Glaube an Jesus große Teile des chinesischen Volkes erschütterte, veränderte und heilte. Welch ein Vorrecht, in dieser Generation leben zu dürfen. Allein zu den Hauskirchen in Zhejiang zählten, so schätzte er, mehrere hunderttausend Christen, die voll Liebe zu Jesus waren und in alle Provinzen Chinas ausströmten, um die Flammen des Heiligen Geistes überall zu entfachen. Und diese Erweckung beschränkte sich keineswegs nur auf Zhejiang. Vor einigen Jahren entstanden erste Kontakte zu den Hauskirchen in der Nachbarprovinz Henan, und alle waren sehr begeistert zu erfahren, daß dort mindestens ebenso viele Christen waren, die genauso Gottes Wirken erlebten und immer mehr wurden. Zusammen mit einigen weiteren Pastoren waren sie in die anderen Nachbarprovinzen gereist, und auch dort konnten sie überall ähnliche, schnell wachsende Hauskirchen finden. Es war atemberaubend zu sehen, was Gott in wenigen Jahren getan hatte, obwohl die politische Lage so gefährlich und hinderlich war für den Glauben.

Damals war er von seiner Gemeinde ausgesandt worden, um mit den Hauskirchen anderer Provinzen zusammenzuarbeiten, sich zu ergänzen, auszutauschen und zu helfen. Es waren anstrengende Jahre gewesen, in denen er viel unterwegs gewesen war und selten Ruhe hatte, immer mit Verhaftung rechnen mußte und wenig Zeit für seine Familie blieb. Aber es war auch eine atemberaubend schöne, spannende Zeit gewesen. Was könnte schöner sein, als Augenzeuge einer gewaltigen Erweckung im eigenen Land zu sein? In jenen Jahren war sein Wunsch entstanden, die

Dinge, die er sah und hörte, aufzuschreiben, um diese Ermutigung auch anderen Christen mitteilen zu können.

Und nun, vor einem halben Jahr, hatte er sich noch einmal auf den Weg gemacht, obwohl er eigentlich nicht mehr hatte reisen wollen. Aber seine Gemeinde hatte ihn freigestellt, weil sie dieses Projekt für wichtig hielt. Er hatte noch einmal die Dörfer, die Gemeinden und Familien aufgesucht, die er in den Jahren seines Reisedienstes kennengelernt hatte, und dieses Mal hatte er noch mehr nachgefragt, noch gründlicher zugehört und dann alles aufgeschrieben, was die Menschen ihm zu berichten hatten.

Er griff nach der Tasche, die neben ihm lag und zog sie näher zu sich heran. Welch ein Schatz, den er da bei sich trug. Hunderte von Blättern, eng beschrieben, in eiligen, kleinen Schriftzeichen, Lebensgeschichten von Menschen, die kaum jemand kennt, die aber eine innige Beziehung zu Jesus haben und die seine Kraft und Realität erleben. Liebevoll glitten seine Hände über die vielen Seiten, das meiste davon hatte er selbst geschrieben, während die Einzelnen ihm ihre Geschichten erzählten, aber einiges war ihm auch gegeben worden. Manche hatten ihre Erlebnisse selbst aufgeschrieben, aber auch Familienangehörige oder Mitarbeiter von Gemeindeleitern hatten geschrieben. Die meisten waren zunächst etwas verwundert gewesen über sein Ansinnen, ihre alltägliche, belanglose Geschichte zu einem Buch zu machen. In der Regel hatte er sie zunächst mit viel Geduld davon überzeugen müssen, daß ihre ganz persönlichen kleinen Erfahrungen wirklich so viel Beachtung verdienten.

Sorgfältig verstaute er alles wieder in der großen Tasche und legte sie unter seinen Kopf, während er sich zum Schlafen hinlegte. Morgen würde er bei Sonnenaufgang weiterfahren, gegen Mittag würde er in Zhejiang sein und übermorgen dann zu Hause bei seiner Familie. Er freute sich schon sehr darauf, bald das Material, das er gesammelt hatte, zu sichten, zu lesen, zu sortieren und zusammenzustellen. Und in zwei Monaten wird er dann den Ausländer treffen, der so gut chinesisch lesen kann, daß er aus diesen Manuskripten ein Buch machen wird. Während er langsam einschlief, freute er sich darüber, daß er dazu beitragen konnte, die großen Taten Gottes überall bekannt zu machen. Viele Menschen sollen Gott danken können für das, was er in China tut und ermutigt werden, sich mit neuer Radikalität ganz Jesus anzuvertrauen. Ein glückliches Lächeln lag auf seinem Gesicht, als er einschlief.

» … Chinesen sind anders als Angehörige
der westlichen Welt. Sie entfesseln kein
Feuerwerk mit ein paar Adjektiven und Verben,
sie überschwemmen den Zuhörer nicht mit
einer Sturzflut von Wörtern. Sie bewahren ihre
Emotionen oft tief im Innern, sie legen sie nicht
öffentlich bloß – schon gar nicht vor ›Fremden‹.

Dies bedeutet jedoch nicht, daß die Ereignisse sich
nicht tief in unser Gewissen einbrennen,
wir müssen nur auf ihre Worte lauschen.
Die Chinesen sind nicht so rasch bei der Hand,
ihre persönlichen Erlebnisse zu erzählen,
Es ist nicht ungewöhnlich, wenn einer sagt:
›Ach ja, ich war fünfzehn Jahre im Gefängnis‹,
als sei dies völlig normal für alle Christen … «

Entnommen aus: *Chinas Christen*, Carl Lawrence, Verlag der Francke Buchhandlung,
Marburg/Lahn, Seite *13ff.*

Zizhong Miao –
ein Leben ohne Kompromisse

Zizhong Miao wurde im Jahre 1916 geboren. Als junger Mann hatte Zizhong heftig gegen Gott gekämpft, er hatte das Christentum verachtet und jede Gelegenheit genutzt, um die zu beleidigen, die an Jesus glaubten.

Im Frühjahr 1948 bekam er eine unheilbare Krankheit. Er tat alles, was in seiner Macht stand, um Hilfe und Heilung zu finden. Als die Ärzte in seiner Heimat nichts mehr für ihn tun konnten, reiste er in die größte Klinik der Provinzhauptstadt, wo er sein ganzes Geld in die Behandlung investierte. Aber schon nach wenigen Wochen wurde er aus dem Krankenhaus entlassen, weil man auch dort nichts mehr für ihn tun konnte.

Er lag allein zu Hause, war sehr verzweifelt und dem Tode nahe, als ein Verwandter kam, ihn besuchte und drängte, an Jesus zu glauben. In seiner Not klammerte Zizhong sich an diesen einzigen Strohhalm, der ihm noch Hoffnung bot. Es stand für ihn schon nach wenigen Gesprächen mit dem Verwandten fest: Wenn dieser Jesus ihm tatsächlich helfen könnte, dann wollte er alle seine Vorbehalte gegenüber dem christlichen Glauben aufgeben. Schließlich ging es um sein Leben, er hatte nichts zu verlieren.

So entschloß er sich, den Versuch zu wagen und betete zu Jesus. Er meinte es ehrlich, als er sagte, er wolle ein neues Leben mit Jesus als seinem Herrn beginnen. Sofort erlebte er, wie eine neue innere Ruhe ihn erfüllte und die quälende Todesangst vertrieb. In den folgenden Tagen trat eine Besserung seines Zustandes ein. Nun wollte er unbedingt wissen, wer dieser Jesus war, der ihm nun offensichtlich half, obwohl er ihn immer bekämpft hatte. Er ließ keine Gelegenheit ungenützt, um mehr über Gott und die Bibel zu erfahren. Wenige Tage später war er vollständig wiederhergestellt. Von da an gab es für ihn nichts mehr, was ihn so begeisterte, als die Beschäftigung mit Gott und seinem Wort.

Nur sieben Wochen nachdem er Jesus kennengelernt hatte, schickte ihn ein Pastor in eine bestimmte Gegend, um dort zu predigen. Dies war der Beginn seines neuen Lebens als Pastor und Evangelist, in dem er Gott mit Hingabe diente, ihn immer mehr kennen und lieben lernte und seine Kraft und Nähe so stark erlebte, daß er sich auch nicht fürchten mußte vor Angriffen und Verfolgungen um seines Glaubens willen.

Sechs Jahre später, im Winter 1954, wurde Zizhong wieder einmal von der lokalen Regierung vorgeladen. Die Mitglieder der Bürgerwehr und der Geheimpolizei wiesen ihn heftig zurecht und versuchten, ihn »umzuerziehen«. Der Leiter des Verhörs, ein örtlicher Parteifunktionär, erklärte ihm die Grundlagen der Religionspolitik:»Der Glaube an Jesus ist das Gift des Imperialismus und ein Instrument ausländischer Manipulation. Unsere Nation glaubt nur an den Marxismus. Wir verbieten Ihnen, an Jesus zu glauben. Wenn Sie weiterhin glauben, machen Sie sich der Konterrevolution schuldig …« Nachdem er alles gesagt hatte, befahl er Zizhong, seinem Glauben abzuschwören und ein Bekenntnis zu schreiben, in dem er sich von der Kirche lossagen würde.

Zizhong antwortete mit ruhiger Stimme:»Jesus ist der Retter meines Lebens. Wenn er nicht gewesen wäre, würde ich heute nicht mehr leben. Ich war todkrank, als er kam und mich wieder gesund machte. Ich wäre sehr undankbar, wenn ich ihn verleugnen würde. Ich kann Ihrem Befehl nicht gehorchen.« Als die Polizisten das hörten, wurden sie rasend vor Zorn und begannen, mit ihren Fäusten auf ihn einzuschlagen. Zizhong betete intensiv, daß Gott ihm helfen möge, sich nicht vor den Schmerzen zu fürchten. Er wollte auf keinen Fall seinen Glauben verraten, aber mit seiner eigenen, menschlichen Kraft hätte er die Folter nicht lange ertragen können. Und während die Hiebe auf ihn niederprasselten, erlebte er, wie eine übernatürliche Freude ihn mehr und mehr erfüllte. Er spürte, wie der Heilige Geist ihn mit seiner besonderen, wohltuenden Nähe einhüllte. Obwohl die Männer alle erdenklichen Mittel einsetzten, gelang es ihnen nicht, ein Geständnis von Zizhong zu erzwingen. Sie beschuldigten ihn des Anti-Marxismus und des Widerstandes gegen den»Großen Vorsitzenden«. Mit der Begründung, er sei ein Konterrevolutionär, wurde er unter polizeiliche Überwachung gestellt.

Kurz darauf erhob die Regierung Anklage gegen ihn, mit ausländischen konterrevolutionären Organisationen zusammenzuarbeiten. Wenige Tage später wurde er verhaftet. Gegen Ende des Jahres 1954 wurde er zu fünf Jahren Gefängnisstrafe verurteilt und zur Umerziehung in ein Arbeitslager in der Provinz Heilongjiang gebracht, dem kältesten Teil Chinas. Nachdem er dort aber nicht nur seinem Glauben treu blieb, sondern auch den Mitgefangenen von Jesus erzählte, wurde seine Strafe um zehn Jahre erhöht. So verbrachte Zizhong fünfzehn Jahre seines Lebens in einem Arbeits- und Erziehungslager im Nordosten Chinas.

Es war keine leichte Zeit. Er befand sich in einem unmenschlichen Gefängnis, der gefrorene Boden war die meiste Zeit des Jahres schneebedeckt, ständig war er der Lederpeitsche des Wärters ausgesetzt oder mußte endlose Verhöre über sich ergehen lassen. In der fernen Heimat hatte er weder Eltern noch Geschwister und auch keine Gemeinde, die hinter ihm stand. Sein einziger Trost waren die Gebete seiner Frau und die ermutigenden Worte in ihren liebevollen, treuen Briefen.

Im zweiten Jahr seines Lageraufenthalts mußte er seiner geliebten, jungen Frau dann mitteilen, daß seine Strafe von fünf auf fünfzehn Jahre erhöht worden war. Er machte sich ziemliche Sorgen, wie sie diese schlimme Nachricht verkraften würde. Lange erhielt er keine Antwort von ihr. Dann kam ihr Brief. Es war ein furchtbarer Schock, der schlimmste Schmerz, den er sich überhaupt vorstellen konnte. Nachdem seine Frau gehört hatte, daß die Haftdauer auf fünfzehn Jahre erhöht worden war, in denen er extremer Kälte und ständigem Hunger ausgesetzt sein würde, hatte sie die Hoffnung aufgegeben, ihn jemals lebend wiederzusehen. So bat sie Zizhong, in die Scheidung einzuwilligen.

Als Zizhong den Brief las, traute er zunächst seinen Augen nicht. Nachdem er sich dann aber vergewissert hatte, daß es tatsächlich seine Frau war, die ihm die Scheidung vorschlug, wurde er so von Panik und Entsetzen überwältigt, daß er ohnmächtig wurde. Später, während er über seine Lage nachdachte, wurde ihm schmerzlich bewußt, daß es jetzt keinen mehr gab, der ihm nahestand. Mit seiner Frau würde er die einzige Person auf Erden verlieren, die zu ihm gehalten und für ihn gebetet hatte.

Er fühlte sich so verlassen und unglücklich. Ohne die Kälte wahrzunehmen, öffnete er die Zellentür und rannte zu einem Wäldchen, wo er im Schnee niederkniete und sich laut schluchzend vor Gott ausweinte. Der Schmerz, der ihn erfüllte, war so groß, daß er ihn nicht in Worte fassen konnte. Er ließ seinen Tränen freien Lauf. Da, plötzlich hörte er die sanfte Stimme des Heiligen Geistes, die sagte:»Du mußt geduldig sein, um Gottes Willen zu erfüllen, dann wirst du die Verheißung empfangen.«Sofort erinnerte er sich an Psalm 73, Vers 25:

>»Was habe ich im Himmel außer dir? Neben dir erfreut mich nichts auf der Erde.«

Gottes Gegenwart tröstete ihn langsam wieder, und der Schmerz ließ nach. Während er dem Herrn sein Herz ausschüttete, begann er folgendes Lied zu singen:

>*»Meine Familie hat sich von mir abgewandt,*
>*meine Freunde belächeln mich,*
>*Herr, von ganzem Herzen liebe ich Dich.*
>*Du gibst mir Demut und Geduld, die Schande zu ertragen.*
>*Herr, von ganzem Herzen liebe ich Dich.*
>*Herr, von ganzem Herzen liebe ich Dich.*
>*Ich liebe dich von Herzen, jetzt und für immer,*
>*auch wenn die Meere vertrocknen und die Felsen zerbrechen,*
>*Herr, von ganzem Herzen liebe ich Dich.«*

Die liebevolle, sanfte Nähe des Heiligen Geistes hüllte ihn ein. Sein Gott würde ihn nie verlassen. Das hatte er in seinem Wort fest zugesagt. Leise dankte er Gott für seine ewige Liebe, die so zuverlässig ist und die alle seine Bedürfnisse stillen wird. Wenn niemand mehr für ihn beten würde, so war doch Jesus jeden Tag beim Vater, um für ihn, Zizhong zu bitten. Der Heilige Geist erinnerte ihn an all die tröstlichen Worte aus der Bibel, die ihm Gottes Liebe zeigten. Allmählich wurde er wieder ruhig. Er konnte seiner Frau vergeben, sie segnen und Gott danken, daß er ihn mit allem versorgen würde, was er an Trost und Ermutigung in den Jahren, die vor ihm lagen, brauchen würde. Langsam erhob er sich und ging zurück zu seiner Zelle. Noch am selben Abend schrieb er einen Brief an seine Frau, in dem er sich mit der Scheidung einverstanden erklärte.

Insgesamt waren in dem Arbeits- und Erziehungslager dreizehnhundert Gefangene, aber nur sehr wenige von ihnen glaubten an Gott. Zizhong wurde, weil er Christ war, ständig beobachtet. Überall waren Angehörige der Geheimpolizei, die ihn Tag und Nacht nicht aus den Augen ließen. Eines Tages war er gerade dabei, seinen Mithäftlingen von Jesus zu erzählen, als die Aufseher ihn belauschten. Mehrere Wärter stürzten sich auf ihn, fesselten ihn und brachten ihn ins Büro der Lagerleitung. Dort zwangen die Männer ihn, auf einem kleinen, hölzernen Hocker zu knien, der nur vier Finger breit war. Sie drängten sich um ihn, einer nach dem anderen schlugen sie Zizhong ins Gesicht, bespuckten ihn und machten sich über ihn lustig: »Wo ist nun dein Retter? Sag ihm doch, daß er kommen und sich an uns rächen soll!« Zizhong kniete auf dem Hocker und ließ das alles über sich ergehen, ohne ein einziges Wort zu antworten. In seinem Herzen betete er ununterbrochen. Er vergab den Männern, was sie ihm antaten und bat den Heiligen Geist, ihm die Kraft zu geben, die er brauchte. Gottes Gegenwart trug ihn durch diese schwierige Situation, in seinem Herzen herrschte Frieden, und er konnte die Freude erleben, daß Gott ihm näher war als alle Angriffe und Schmerzen. Stunden vergingen. Die Fesseln schnitten in seine Handgelenke, seine Beine wurden taub. Schließlich wurde ihm schwarz vor Augen, und er fiel bewußtlos von dem Hocker.

Die Ideen, wie man Gefangene quälen konnte, schienen den Aufsehern des Lagers nie auszugehen. Mehrmals hängten sie ihm ein Ofengitter um den Hals, es war aus Gußeisen und wog über zwanzig Kilogramm. Daran befestigten sie ein Plakat, auf dem stand: »Miao Ziz-hong, Anführer des konterrevolutionären Aberglaubens«. Damit mußte er dann außerhalb des Lagers herumgehen. Als alles nichts half und es so aussah, als würde Zizhong lieber sterben, als seinen Glauben aufzugeben, da griffen sie zu dem härtesten Mittel, das ihnen zur Verfügung stand. Sie legten ihm Handschellen an, schlossen seine Füße in einen auf der Erde befestigten Holzblock, und für mehrere Monate mußte er so in einer fensterlosen Einzelzelle verharren. Doch Zizhongs Glaube war unbe-zwingbar, weil der Heilige Geist ihm in jedem einzelnen Augenblick so nahe war, daß sein äußeres Leiden nicht so schlimm war gemessen an dem Guten, das er innerlich mit seinem Gott erlebte.

Während eines Winters wurde es besonders kalt, in der ganzen Provinz Heilongjiang fielen die Temperaturen unter -45° C. Viele alte und schwache Menschen erfroren. Gleichzeitig breitete sich eine ansteckende Krankheit unter den Lagerinsassen aus. Die Erkrankten bekamen hohes Fieber, ihre Augen traten hervor und unter krampfhaftem Zucken ihrer Hände und Füße starben sie. Es war ein grauenhafter Anblick. Innerhalb weniger Tage waren von den 1 300 Häftlingen 1 050 gestorben. Die Verantwortlichen ließen eine große Grube ausheben, mit Lkws die toten Körper heranschaffen und sie in das Massengrab kippen.

Auch Zizhong wurde von dieser schrecklichen Krankheit erfaßt. Als der erschöpfte, übernächtigte Lagerarzt ihn untersuchte, schüttelte er bloß den Kopf und sagte zu den umstehenden Wärtern: »Noch einer!« Sie brachten ihn in den Raum, wo die Toten aufbewahrt wurden, bevor sie zum Massengrab gebracht werden konnten. So lag er also, selbst halb tot, zwischen all den Leichen, doch sein Geist war hellwach, und er betete laut: »Herr ich bitte dich, rette mein Leben. Erlaube nicht, daß ich hier an diesem gottlosen Ort sterbe. Heile mich und bringe mich in Frieden wieder heim. Ich will dir an jedem Tag dienen, den ich erlebe, und ich will ein Evangelist für dich bleiben, so lange du es mir erlaubst.«

Daraufhin kam ein Engel und stand vor Zizhong. Er hatte ein weißes Gewand an und sein Angesicht leuchtete von der Herrlichkeit Gottes. Auf dem Rücken trug er eine Medikamententasche in der Form eines Kreuzes.

Mit sehr sanfter Stimme sagte er: »Bist du Zizhong? Habe keine Angst, glaube nur!« Dann streckte er seine rechte Hand aus, faßte Zizhong bei seiner linken Hand und führte ihn aus dem Gebäude heraus. Er brachte ihn in ein sehr schönes Zimmer, das aus reinem, unbeschreiblichen Weiß bestand und ließ ihn auf einem weißen Stuhl Platz nehmen. Der Engel nahm sein Stethoskop, setzte eine weiße Spitze darauf und blies durch sie. Im selben Moment spürte Zizhong ein angenehmes, kühles Gefühl und begann, sich sehr wohlzufühlen.

Nachdem er wieder zu sich kam, hatte die Krankheit ihn verlassen. Sofort kniete er sich zwischen all den Toten auf die Erde und dankte Gott mit lauter Stimme. Wieder weihte er sein ganzes Leben Gott und stellte sich ihm bedingungslos zur Verfügung. Dann verließ er schnell diesen Ort des Todes, rannte singend zu dem Arzt und wollte ihn um etwas Eßbares bitten. Doch als der Doktor ihn durch die Tür kommen sah, brach diesem der kalte Schweiß aus. Entsetzt wich er zurück und stotterte: »Du ..., du ..., du ..., bist ... du ... ein ... Geist?« Lachend antwortete Zizhong: »Haben Sie keine Angst, ich bin Zizhong Miao. Mein Gott hat mich gesund gemacht. Jesus hat mich vor dem Tod errettet. Er hat mich geschickt, um Ihnen den Weg zu Gott zu zeigen. Deshalb sollten Sie jetzt an Jesus glauben.«

Als der Arzt das hörte, kniete er sich sofort und ganz ruhig nieder und sagte: »Ihr Gott ist Realität. Jesus ist der lebendige Gott. Ich will jetzt auch an ihn glauben und ihn bitten, mich anzunehmen.«

Immer und immer wieder erlebte Zizhong, wie Gott ihn aus den Klauen des Todes befreite. Es war ein Wunder, daß er in diesem lebensfeindlichen Land voller Schnee und Eis, wo die Gefangenen den grausamsten Qualen und Foltern ausgesetzt sind, fünfzehn lange Jahre überleben konnte. Die Mehrzahl der Menschen, die in die Umerziehungslager nach Heilongjiang gebracht werden, sterben schon während der ersten Jahre.

Wie aber konnte Zizhong diese lange Haftstrafe in Heilongjiang überleben? Das nahegelegene Wäldchen war sein Geheimnis: Wann immer es ihm möglich war, schlich er sich in diesen kleinen Freiraum, meistens nachts, wenn alle anderen schliefen, und dann betete er. Dort bekam er von seinem Gott neue Kraft, eine Kraft, die stark genug war, um selbst den Tod zu überwinden und auch unter diesen schrecklichen Bedingungen ein siegreiches Leben zu führen.

Und so kam der Tag seiner Entlassung. Fünfzehn Jahre Arbeitslager lagen hinter ihm, als Zizhong im Jahr 1969 in dem Zug saß, der ihn in seine Heimatprovinz bringen sollte. Seine Gedanken gingen gleichzeitig voller Dankbarkeit zurück zu den vielen schweren, schmerzhaften Situationen, in denen er, wenn auch oft blutend und unter Tränen, Gottes Schutz und Nähe erlebt hatte, und gleichzeitig eilten sie dem Zug voraus. Er konnte nicht aufhören, sich das Wiedersehen mit den anderen Christen auszumalen, denen er so vieles zu berichten hatte. Wieviele Wunder hatte er doch in diesen Jahren erlebt! Wie er sich freute, diese Erlebnisse mit den Freunden in seiner Heimatgemeinde zu teilen. Noch ahnte er nicht, daß seine Leidenszeit noch nicht vorüber sein sollte, daß noch weitere Verfolgung auf ihn wartete.

Während sich Zizhong auf dieser langen Reise befand und schließlich in die ländliche Gegend kam, die vor vielen Jahren einmal seine Heimat gewesen war, konnte er sich noch nicht viel unter der Kulturrevolution vorstellen. Er wußte nicht, daß sie sich über das ganze Land ausgebreitet und auch die entlegendsten Gegenden erfaßt hatte. Es gehörte zum grausamen Alltag jener Zeit, daß ehemalige Regierungsbeamte und Parteifunktionäre, die sich verdächtig gemacht hatten, öffentlich in den Straßen und bei den Versammlungen vorgeführt wurden. Sie wurden verhört, beschimpft, gefoltert und zu »Selbstbeschuldigungen« gezwungen. Und wieviel mehr war das Leben derer in Gefahr, die sich öffentlich zu Christus bekannten!

Und so war auch Zizhong kaum in seinem neuen Wohnort angekommen, als er schon vor die örtliche Behörde zitiert wurde. Die Beamten dort fragten ihn: »Nachdem Sie nun fünfzehn Jahre im Arbeitslager waren, haben Sie Ihren Glauben aufgegeben?«

Zizhong dachte daran, wie er in diesen fünfzehn Jahren immer wieder die Gegenwart Gottes erlebt hatte. Wenn er sich schwach gefühlt hatte und wenn die Angriffe gegen ihn besonders wütend und grausam gewesen waren, dann hatte er auch die Kraft des Heiligen Geistes besonders stark erlebt. Aber wie sollte er das diesen Männern erklären, die keine Ahnung hatten, wie schön es ist, in der Gemeinschaft mit Gott zu leben? Er fühlte, wie viele Augenpaare ungeduldig auf ihn geheftet waren, und er antwortete bestimmt: »Diese fünfzehn Jahre der Arbeitshaft haben meinen Glauben nicht geschwächt, sondern sie haben dazu beigetragen, daß meine Beziehung zu Jesus intensiver geworden ist, und mein Glaube ist stärker als jemals zuvor.«

Daraufhin wurde Zizhong, der gerade erst das Gefängnis verlassen hatte, wieder mit Faust- und Knüppelhieben zusammengeschlagen.

Es war 1970, im Sommer des darauffolgenden Jahres, als die lokale Regierungsbehörde Zizhong erneut verhaftete und ihn zwang, an einem »Umerziehungskurs« teilzunehmen. An diesem Kurs nahmen außer Zizhong eine ganze Anzahl von gewalttätigen Trinkern, Dieben, Zuhältern, Glücksspielern und anderen Menschen teil, die sich nicht in die Gesellschaft einfügen wollten. Diese Leute waren es gewohnt, ihre Härte und ihr Selbstbewußtsein zu demonstrieren. Doch jetzt, im Angesicht staatlicher Willkür und Gewalt, sahen sie aus wie besiegte, gedemütigte Kämpfer. Sie gingen mit hängenden Schultern umher, und tiefe Niedergeschlagenheit erfüllte sie. Dreiundsiebzig Tage lang mußte Zizhong mit ihnen zusammenleben, und obwohl sie ihn ständig provozierten und auch prügelten, ließ er sich nicht entmutigen, sondern er sang und betete leise, so oft es irgend möglich war. Mehr als einmal nahmen die anderen Häftlinge ihm das Essen weg, wenn er vor seiner Reisschale die Augen schloß und Gott für die Mahlzeit dankte. Viele Fausthiebe blinder Wut und angestauter Aggression trafen seinen Kopf und seinen ausgemergelten Körper.

Eines Tages wurde ein berühmter buddhistischer Mönch verhaftet und derselben Gruppe zur Umerziehung zugeteilt. Er verfiel in eine tiefe Depression und war so verzweifelt und niedergeschlagen, daß er sich mit dem Gedanken befaßte, seinem Leben ein Ende zu setzen.

Wieder einmal wurden alle Gefangenen zu einem »Marsch auf der Straße« gezwungen. Für den Mönch war es zum ersten Mal, daß er an solch einer Parade teilnehmen mußte, während Zizhong dies nun schon oft mitgemacht hatte. In jenen Tage waren »Schmähparaden« häufig eingesetzte Instrumente der Umerziehung. Ein hoher Hut in der Art einer Narrenkappe wurde den Gefangenen auf den Kopf gestülpt, damit mußten sie vom frühen Morgen bis spät in die Nacht hinein die Straßen auf- und abgehen. Auf dem Hut standen alle Verbrechen, derer sich die Person angeblich schuldig gemacht haben sollte. Die anderen Dorfbewohner, oft die eigenen Nachbarn und lebenslange Freunde, schrien ihnen Kränkungen zu. Kinder wurden ermuntert, Steine auf die »bekennenden Verbrecher« zu werfen. Beifallsgeschrei erhob sich, wenn ein Kind in die Straßenmitte rannte, nach dem Opfer schlug oder es mit Dreck bewarf. Es waren sehr demütigende Stunden, welche die Beschuldigten so verbringen mußten.[1]

Als sie an diesem Abend in ihr Gefängnis zurückkehrten, sprach der Buddhist Zizhong an und fragte: »Ich habe Sie heute auf der Straße beobachtet, Sie gingen so aufrecht und selbstbewußt, wie konnten Sie vergessen, was um Sie her geschah?«

Zizhong antwortete lächelnd: »Ich bin ein Nachfolger Jesu. Mein Jesus ist von den Toten auferstanden, er ist real und lebendig, und wohin ich auch gehe, er geht immer mit mir. Durch seine Nähe habe ich großen Frieden und unbegrenzte Freude. Geht es Ihnen nicht auch so? Da Sie ein Nachfolger Buddhas sind, müßte doch Buddha zu Ihnen kommen und Sie trösten?« Der Mönch konnte darauf nichts erwidern.

Eines Nachmittags war es besonders heiß, kein Lufthauch war zu spüren, lähmend hatte sich die Hitze über die Menschen gelegt. Zusammen mit mehreren anderen Häftlingen sollte Zizhong an einer »Kampfversammlung« teilnehmen. Die Aufseher befahlen einigen Gefangenen, die Gruppe, die zu der Versammlung gebracht werden sollte, zu fesseln. Den Gefangenen machte dies Spaß, endlich konnten sie einmal selbst Macht ausüben. Sie zogen die Fesseln so fest an, daß die Männer nur noch stöhnten. Mit einem Lastwagen wurden sie dann zu einem Ort namens Dongao gebracht, wo die Kampfversammlung stattfinden sollte.

Neben den Paraden war dies das andere, häufig benutzte Mittel, das während der Kulturrevolution gegen alle eingesetzt wurde, die den Verdacht der Konterrevolution auf sich gelenkt hatten oder einfach nur zu reich oder zu gebildet waren. Aber besonders häufig traf es Christen. Wenn eine Kampfversammlung angesetzt war, fuhren schon Stunden vorher Lastwagen durch die Straßen und kündigten durch Lautsprecher an, wann und wo die Versammlung abgehalten werden würde. Die Teilnahme war Pflicht. Auf den kleinsten Plätzen der kleinsten Dörfer wurden Tribünen errichtet. Die »eingestandenen Verbrechen« der Opfer wurden vor der Menge verlesen. Dabei konnte es sich um den Besitz einer Beethoven-Schallplatte, einer zusätzlichen Hose oder um eine vage umschriebene »üble Einstellung« der Partei gegenüber handeln. Auf dieses Stichwort hin schrie die Rote Garde nach einem Urteil. Leute in der Menge wurden aufgefordert, vorzutreten und das »kriminelle Element« anzuprangern.

Söhne denunzierten ihre Väter, Töchter ihre Mütter. Schüler schrien ihren Lehrern beliebige Anklagen ins Gesicht, als persönliche Rache, weil die Lehrer sie vielleicht einmal hatten durchfallen lassen oder sie in der Vergangenheit vor Mitschülern gedemütigt hatten.

Zu einer festgesetzten Zeit kamen dann die Rufe aus der Zuhörerschaft: »Schluß damit. Wir wollen Gerechtigkeit!« Andere griffen dies auf. Bald schrien alle: »Gerechtigkeit! Gerechtigkeit!« Ein Anführer fragte durch den Lautsprecher vom Lastwagen: »Schuldig oder nicht schuldig?« Es war fast wie ein Wettstreit, wer am lautesten »schuldig« schreien konnte. Sich hieran nicht zu beteiligen, hätte bedeutet, selbst auf der Tribüne vor der Menge niederknien zu müssen, um »Gerechtigkeit« zu empfangen.*

Zizhong und die anderen Gefangenen, die auf der offenen Ladefläche eines Transporters zu dem Ort der Versammlung gefahren wurden, konnten schon von weitem die Menschenmenge sehen, die sich um eine eilends aufgebaute Bretterbühne geschart hatte. Zizhong war als erster an der Reihe. Unsanft wurde er nach oben gezerrt. Nacheinander traten die Parteifunktionäre vor und beschuldigten ihn der scheußlichsten Verbrechen und Gewalttaten. Dann forderten sie, er solle öffentlich vor der versammelten Zuhörerschaft seinen Glauben widerrufen und Jesu Existenz leugnen. Darüber hinaus bedrohten sie ihn: »Wenn Sie noch weiter auf Ihrem Glauben an Jesus beharren, werden wir Sie heute totschlagen.«

Zizhong straffte sich und schaute den wartenden Menschen fest in die Augen. Für einige Augenblicke schwieg er, während er den Heiligen Geist einlud, ihm jetzt die richtigen Worte zu geben und selbst zu den Zuhörenden zu reden. »Lieber Heiliger Geist, bitte übernimm du die Verantwortung für alles, was jetzt geschehen wird,« war sein lautloses Gebet. Dann konzentrierte er sich auf die Menge vor ihm, sein Blick leuchtete, und mit lauter Stimme sprach er in das Mikrophon: »Liebe Landsleute, weil ich an Jesus glaube, habe ich bereits fünfzehn Jahre in einem Arbeitslager in Heilongjiang verbracht, wo ich viele solcher Kampfversammlungen erlebt habe und oft geschlagen wurde. Trotzdem ist mein Glaube dadurch noch viel fester geworden. Wollen Sie wissen, woran das liegt? Der Herr Jesus, an den ich glaube, ist der wahre, lebendige Gott. Er ist der Sohn Gottes, durch sein Wort wurden Himmel und Erde geschaffen. Er wurde um unseretwillen als Mensch geboren, und wegen unserer Schuld wurde er an einem Kreuz umgebracht. Damit hat er für jeden Menschen den Weg zu Gott geschaffen, aus Liebe zu uns, weil Gott mit jedem von uns befreundet sein will. Deswegen sollten auch Sie Ihre Götzen und Geister vergessen und an Jesus glauben, dann wird er Ihnen ewiges Leben schenken.«

Als seine Ankläger das hörten, stürzten sie sich mit der Wut wilder Tiere auf ihn. Neunzehn Männer begannen gleichzeitig, mit ihren Fäusten auf ihn einzuschlagen. Einige schlugen sein Gesicht und seinen Kopf, einige prügelten seinen Körper. Andere traten mit ihren Schuhen in seinen Leib und gegen seine Brust. Die umstehenden Zuschauer hörten Zizhongs Stimme plötzlich laut und vernehmlich sagen: »Herr, vergib ihnen. Herr, ich befehle meinen Geist in deine Hände.« Langsam brach Zizhong auf der Plattform zusammen. Aber er starb nicht. Obwohl er sehr schwer verletzt war, erholte er sich im Laufe der nächsten Wochen wieder.

Zizhongs Vater entstammte einem kleinen Bergdorf, wo auch die meisten seiner Verwandten noch wohnten. Als diese erfuhren, daß Zizhong unweit von ihnen lebte und an seinem Wohnort ständigen Angriffen durch Polizei und Behörden ausgesetzt war, versuchten sie mit allen Mitteln, eine Umzugsbewilligung für ihn zu bekommen, so daß er zurück in sein Heimatdorf ziehen könnte. Während sich die Situation für Zizhong immer mehr zuspitzte, gelang es den Verwandten schließlich, die Genehmigung für seinen Umzug zu bekommen. Doch damit war er den Verfolgungen nicht entkommen.

Schon wenige Tage nach seinem Umzug in das Bergdorf wurde er verhaftet, den Obersten der lokalen Regierung und Verwaltung vorgeführt und von ihnen mehrere Tage festgehalten und verhört. Sie wollten herausfinden, wie erfolgreich seine politische und religiöse Umerziehung gewesen war. Die Resultate waren sehr unbefriedigend für die Parteileute. Eine öffentliche Versammlung wurde auf dem Dorfplatz abgehalten. Schon sehr früh am Morgen mußte sich das ganze Dorf einfinden. Die Funktionäre berichteten der Menge von Zizhongs »konterrevolutionärer Vergangenheit«. Dann gaben sie den Termin der geplanten Kampfversammlung bekannt: »Morgen früh um acht Uhr wird in Dingyu die große Versammlung stattfinden. Wir erwarten, daß alle Bewohner unseres Ortes anwesend sein werden.«

In dieser Gegend bestanden seit vielen Jahren große, aktive christliche Gemeinden. Die Christen hatten schon viel Verfolgungen erlebt, ohne daß dies ihre leidenschaftliche, radikale Liebe zu Jesus geschmälert hätte. Als sie jetzt erfuhren, daß diesem alten Mann Gottes eine Kampfversammlung bevorstand, begannen sie sofort, intensiv für ihn zu beten und zu fasten. Sie beschlossen, alle am nächsten Morgen bei der Kampfversammlung anwesend zu sein, um Zizhong mit ihren Gebeten und ihrer Anwesenheit zu unterstützen. So hatte sich im Morgengrauen des folgenden Tages eine große Menschenmenge um die Plattform versammelt, auf der das Schauspiel stattfinden sollte, schon lange, bevor die Polizisten mit ihrem Gefangenen eintrafen.

Dann kamen die Organisatoren des Spektakels. Sie führten Zizhong gefesselt mit sich. Während sie ihre Gewehre im Anschlag hielten, brachten sie ihn auf die Bühne. Als Zizhong sich langsam umschaute, erkannte er zu seinem Erstaunen, daß er umgeben war von vielen lieben, bekannten Gesichtern. Die wartende Menge bestand nicht etwa aus Menschen, die ihn schuldig sprechen und fertig machen wollten, es waren seine geistlichen Geschwister! Ganz vorne in der ersten Reihe stand der Pastor der örtlichen Gemeinde. Er nickte ihm zu, seine Augen waren erfüllt mit Trost und Mitgefühl. Zizhong spürte die Autorität und Gegenwart Gottes, während er in die Augen des Pastors sah. Es war, als würden sie sich gegenseitig bestätigen: »Nein, wir sind weder hilflos noch alleine. Gott ist mit uns. Wenn uns jemand angreift, so mißlingt es, denn es geschieht ohne Gott. Wer uns angreift, fällt im Kampf gegen uns. Keine Waffe wird etwas ausrichten, die man gegen uns schmiedet. Jede Zunge, die uns verklagt, strafen wir Lügen« (aus Jesaja 54). Zizhong straffte sich, er spürte, wie die Kraft und die Salbung des Heiligen Geistes auf ihn kamen und viel stärker waren als alles, was Menschen ihm antun könnten.

Einer der bewaffneten, uniformierten Männer stieß Zizhong nach vorne, riß seinen rechten Arm in die Höhe und begann, die Parolen zu brüllen:

»Nieder mit Zizhong, dem Konterrevolutionär! Wir dulden keinen religiösen Aberglauben mehr!«

Doch nur vereinzelte Stimmen aus der Zuschauermenge schlossen sich seiner Parole an. Was nun folgte, glich im Ablauf den früheren Kampfversammlungen, die Zizhong bereits hatte über sich ergehen lassen müssen. Zuerst begann einer der Anführer, die Kirche zu beschimpfen. Er erhob den Vorwurf, daß Zizhong unter dem Deckmantel der Religion seine konterrevolutionären Verbrechen begehe. Dann befahl er ihm, seine Taten zu bekennen und sich von seinem Glauben an Jesus loszusagen.

Die Christen vor der Bühne erkannten staunend, daß ein Leuchten der Herrlichkeit Gottes auf Zizhongs Gesicht lag. Er trat langsam hinter das Mikrophon und begann zu reden:»Warum nehmen Sie nicht ein Messer und schneiden mein Herz heraus, dann können Sie sehen, was wirklich mein Innerstes erfüllt?«

Nach diesen Worten begann er mit klarer Stimme, ein Lied zu singen. Der Lautsprecher trug es bis weit über den Dorfplatz hinaus, fast im ganzen Ort war es zu hören. Die Christen vor der Tribüne empfanden die Gegenwart Gottes, die über dem Platz lag, und viele begannen zu weinen. Nach und nach stimmten alle mit ein, und wie ein großer Chor sangen sie gemeinsam:

> *»Ich will treu sein mit dem, was mir anvertraut ist.*
> *Ich will meinem geliebten Herrn treu sein.*
> *Gib mir die Kraft, dir treu zu sein!*
> *Auch wenn niemand sonst dir folgt*
> *und mein Weg durch Schwierigkeiten geht,*
> *so will ich doch feststehen an der Seite des Herrn,*
> *mein Herr soll mich immer in Treue sehn.«*

Als den Polizisten die Situation bewußt wurde, waren sie zunächst verunsichert und wußten nicht, wie sie reagieren sollten. Sie sahen und hörten nicht nur das Singen der Menschen, die eigentlich den Gefangenen hätten beschimpfen und anklagen sollen, sie empfanden auch diese Atmosphäre des Friedens, der Einheit und der Liebe, die sie nicht ertragen konnten. Hilflos warteten die bewaffneten Männer auf der Bühne, daß jemand einschreiten würde. Verlegen wichen sie den Blicken der Christen aus. Welch eine Blamage! Der Schweiß rann ihnen über die Stirn. Wenn doch endlich etwas geschehen würde! Es war wie eine Erlösung, als einige Verantwortliche sich einen Weg durch die Menge bahnten, Zizhong von der Plattform stießen und ihn in die Zentrale des örtlichen Regierungsbüros brachten. Die versammelten Christen dankten Gott für sein Eingreifen, dachten, die Sache wäre vorüber und kehrten in ihre Häuser zurück.

Doch die Geheimpolizei war noch nicht am Ende mit ihrem Programm. Die Männer kochten vor Wut und Haß. Sie in der Öffentlichkeit so bloß zu stellen! Zizhong hatte sie der Lächerlichkeit preis gegeben. Das würden sie nicht auf sich sitzen lassen. Schließlich waren sie immer noch am längeren Hebel, dachten sie. Das sollte dieser Christ nicht überleben! Am Nachmittag desselben Tages wurde Zizhong mit einem sehr dünnen Nylonfaden gefesselt. Unter Einsatz ihrer ganzen Körperkraft zogen die Polizisten die Fäden so fest an, daß sie überall ins Fleisch schnitten. Zizhong wurde es schlecht vor Schmerzen. Nun sollte eine Schmähparade stattfinden. Umgeben von bewaffneten Polizisten, mit der hohen Kappe auf dem Kopf, wurde Zizhong durch die Straßen geführt. Viele Schaulustige folgten dem Zug, aber es waren keine Christen unter ihnen. Die Schüler der Grund- und Mittelschule, die gerade auf dem Nachhauseweg waren, gingen alle hinter Zizhong her und schrien die Parolen mit:

»Nieder mit den Klassenfeinden aller Art!«
»Weg mit dem Gegenrevolutionär Miao Zizhong!«
»Keine Macht den Reaktionären!«
»Es lebe die kommunistische Partei!«

Zizhong richtet sich gerade auf und schritt vor der lärmenden Menge einher. Er war stark in dem Bewußtsein, nicht alleine zu sein. Jesus ging mit ihm. Nachdem sie so mehrmals durch den Ort gegangen waren, fragten die Anführer ihn:»Glauben Sie immer noch an Jesus?«

Zizhong antwortete ohne zu zögern:»Ich glaube, und ich werde bis an mein Lebensende glauben.« Noch bevor er den Satz zu Ende bringen konnte, schlug ihm jemand mit einem kleinen eisernen Hammer auf den Kopf. Blut floß aus der Wunde, rann über seine Haare und auf sein Hemd.

Nach wenigen Schritten fragten sie ihn wieder:»Wie lange wollen Sie glauben?«

Laut und deutlich antwortete er:»Ich glaube. Auch wenn Sie mich totschlagen, ich werde glauben.«

Die Männer schlugen ihn wieder mit dem Hammer, und eine weitere große Beule entstand auf seinem Kopf. Während er ging, schlugen sie ihn wieder und wieder. Bald war sein Kopf übersät von Platzwunden und Beulen. Nachdem sie über einen halben Kilometer so gegangen waren, war sein Kopf durch die vielen Schläge so dick angeschwollen und blutverkrustet, daß seine Augen unter dem verquollenen Gesicht kaum noch zu sehen waren.

So kamen sie an einem Laden vorbei, vor dessen Tür ein Haufen Steine lag. Mit gezückten Messern zwangen ihn die Aufseher, geradeaus über die Steine weiterzugehen. Doch da Zizhongs Hände so fest gefesselt waren, verlor er das Gleichgewicht und fiel auf die spitzen Steine, ohne sich abfangen zu können. Dabei brach er sich einige Rippen. Seine Peiniger zerrten ihn wieder auf die Beine und zwangen ihn, weiter zu gehen. Nun wurde sein Gesicht schneeweiß, er rang nach Luft, und Blut floß aus seinem Mund. Unter weiteren Schlägen mußte er weitergehen. Der Zug passierte eine öffentliche Toilettenanlage. Die Verantwortlichen des Zuges hatten eigentlich beabsichtigt, ihn in die Jauchegrube zu werfen, die mehr als zwei Meter tief war. Aber weil die Zuschauermenge inzwischen sehr groß geworden war, wagten sie doch nicht, dies zu tun.

Statt dessen warfen sie Zizhongs Hut in die Toilettengrube. Mit Hilfe eines Bambusstabes tränkten sie ihn in den Exkrementen, angelten ihn wieder heraus und setzten ihn auf Zizhongs wunden Kopf. Die Fäkalien rannen von seinem Kopf über sein Gesicht und seinen Nacken, bis sie von seinem Hemd aufgesogen wurden. Im Weitergehen spießte einer der Polizisten Hundekot auf zwei Bambusrohre und versuchte, diesen in Zizhongs Mund zu stopfen. Da Zizhong seinen Mund fest geschlossen hielt, verschmierten sie den stinkenden Kot über seinen Mund und seine Lippen. Als Zizhong dann den Mund öffnete, um den Kot auszuspucken, kam ein Schwall frischen Blutes aus seinem Mund.

Zu wieviel Grausamkeit Menschen fähig sein können! Sie brachten Zizhong schließlich zu einem großen Baum, wo sie ihn weit oben aufhängten, um ihn mit Steinen zu bewerfen, zu verspotten und zu verfluchen. Doch nun verlor Zizhong das Bewußtsein. Da es allmählich auch Abend wurde, nahmen sie ihn wieder von dem Baum herunter, warfen den leblosen Körper an den Straßenrand und gingen endlich nach Hause.

Verlassen und reglos lag Zizhong auf der Erde, die letzten Sonnenstrahlen diese Tages schienen auf ein Gesicht, das von den Mißhandlungen bis zur Unkenntlichkeit entstellt war, in dessen Zügen aber auch jetzt noch die Weigerung zu sehen war, Kompromisse einzugehen.

Es war schon dunkel, als die Christen des Dorfes herbeigeeilt kamen, die erst jetzt erfahren hatten, was sich nach der Kampfversammlung an diesem Tag noch ereignet hatte. Sie brachten Zizhong, der immer noch bewußtlos war, in das Haus einer Familie aus der Gemeinde. Vorsichtig und liebevoll wuschen sie ihn und legten ihn in ihr bestes Bett. Viele Christen waren gekommen und standen weinend in dem Raum. Gemeinsam baten sie Gott, das Leben dieses treuen alten Mannes zu retten. Gegen Mitternacht kam Zizhong wieder zu Bewußtsein. Zwar konnte er seine Augen nicht öffnen, aber er hörte das Weinen und Beten der Menschen, die sich an seinem Lager versammelt hatten.

Mühsam begann er zu sprechen: »Meine geliebten Brüder und Schwestern, bitte weint nicht um mich, sondern weint um unser widerspenstiges Volk, weint um unsere ungläubigen Mitmenschen, weint um unsere gottlosen Führer.« Seine Worte erschütterten die Geschwister zutiefst, und alle begannen, noch intensiver zu beten.

In den folgenden Wochen wurde Zizhong von der Polizei in Ruhe gelassen, und unter den Gebeten und der liebevollen Pflege der Christen erholte er sich wieder. Es lagen noch achtzehn Jahre vor ihm, in denen er unermüdlich reisen konnte, Gemeinden besuchte, Christen ermutigte und die Menschen, die Jesus noch nicht kannten, mit der Liebe Gottes zusammenbrachte.

Das Leben Miao Zizhongs war nicht nur geprägt von schweren Zeiten, Leiden und Schmerzen, sondern vor allem von seiner Ehrfurcht vor dem lebendigen Gott, von Treue und von viel innerer Freude. Seit der Zeit, als er in das Arbeitslager im Norden Chinas gebracht wurde, hatte er sich angewöhnt, jeden Morgen früh aufzustehen und für sein Land, für seine Mitmenschen und für die Gemeinden zu beten. Auch während der späteren Jahre in seiner Heimat, in denen er so viel Verfolgung erleiden mußte, blieb er dieser Angewohnheit treu. Bis zu seinem Tod konnte man ihn jeden Tag vor Sonnenaufgang im Gebet antreffen. Nach einer Zeit der Fürbitte nahm er sich Morgen für Morgen viel Zeit, um im schwachen Licht einer Kerosinlampe seine Bibel zu lesen. Oft wollte er abends nicht zu Bett gehen oder ließ Mahlzeiten ausfallen, um statt dessen in der Bibel lesen zu können. Da er so viel Kraft in das Bibelstudium investierte, kannte er sich schließlich sehr gut aus und konnte lange Passagen auswendig zitieren. Und doch war er nie zufrieden mit dem, was er aus der Bibel wußte, sondern nutzte jede Gelegenheit, um sich in Demut von den anderen Christen unterweisen zu lassen.

Machmal, wenn ihn bei seinem Bibelstudium plötzlich ein Abschnitt besonders ansprach und der Heilige Geist ihm das Wort erklärte und lebendig machte, dann konnte er sich darüber so freuen, daß er aufsprang, ein fröhliches Lied anstimmte und im Zimmer herumtanzte. Trotzdem er nach der Scheidung von seiner Frau nicht mehr heiratete und nie eigene Kinder hatte, obwohl sein Leben in den Jahren nach dem Arbeitslager nicht leicht war und er gleichzeitig ständig als Evangelist im Land umherreiste, trotz all der Verfolgungen und ständig drohender erneuter Verhaftung war sein Leben doch geprägt von großer Freude. Wenn er irgendwo zu Gast war, dann hörten die Nachbarn sein Singen und je älter er wurde, desto kräftiger wurde seine Stimme. Er war ein Mensch, der von Herzen singen, lachen und weinen konnte. Mit einem Verwandten, der auch Christ und sein enger Freund war, verbrachte er oft ganze Nächte zusammen.

Dann erzählten sie sich, was sie mit Gott erlebt hatten, ermutigten sich gegenseitig, lasen zusammen die Bibel und sangen. Ihr gemeinsames Lieblingslied konnten sie manchmal stundenlang immer wieder singen:

»Als ich in den Fluten der Sünde unterging,
in Stürmen des Leidens, Regen der Trauer,
Nächte, erfüllt vom Heulen der Wölfe,
da war mein Herz voll Angst,
ich war gelähmt vor Furcht.
Einsame Berge, verlassene Täler, nur Dornengestrüpp,
ich sehnte mich so zur Herde zurück.
Welch große Liebe, die mich suchte und fand!
Welch kostbares Blut, das mich gereinigt hat!
Welch große Gnade, die mich zurück zur Herde brachte!
Welch große Gnade, die mich zurück zur Herde brachte!«

Die Sonntage waren für Zizhong Feiertage. Diese Tage hielt er sich immer frei, um sie mit Gott, seinem Wort und anderen Christen zu genießen. In seinem ganzen Leben, seit er Christ geworden war, hatte er nur viermal sonntags keinen Gottesdienst besucht, mit Ausnahme natürlich der fünfzehn Jahre, die er im Arbeitslager verbracht hatte.

Während der letzten achtzehn Jahre seines Lebens hatte sich Zizhongs Lage etwas entspannt, so daß er seine Zeit und Kraft mehr in die Evangelisation investieren konnte. In all seinem Tun ordnete er sich stets der Leitung des Heiligen Geistes und der Gemeinde unter und war sehr zuverlässig. Wenn Gott ihm sagte, er solle in eine bestimmte Gegend reisen, dann machte er sich immer auf den Weg, auch wenn es sich mitunter um sehr abgelegene, schwer zugängliche Gebiete handelte.

Jahrelang bereiste er die Orte in den Bergen von Wencheng, was oft nicht nur beschwerlich, sondern auch gefährlich war, vor allem im Winter, wenn die schmalen, abschüssigen Bergpfade schneebedeckt waren. Doch er scheute keine Mühe, selbst bei Schneestürmen war er unterwegs, um die Christen zu besuchen und die Menschen mit Jesus bekanntzumachen. So verbreitete sich die Nachricht von Jesus über die ganzen Berge von Wencheng, und es entstanden überall neue Gemeinden.

Er war sehr diszipliniert und vorsichtig bei allem, was er sagte und tat. Sünde in jeglicher Form war ihm verhaßt, und er war den Gläubigen in allen Dingen ein Vorbild. Sein Lebensstil war sehr einfach, Freizeit und Unterhaltung hatte er nie gewollt, er ernährte sich bescheiden, vor allem von süßen Kartoffeln und Gemüse, er kleidete sich unauffällig und wohnte in einem kleinen, einfachen Haus. Trotzdem fürchtete er immer, daß man seinen Lebensstil als zu verschwenderisch kritisieren würde. Er war zufrieden mit dem, was er hatte.

Zu seinen geistlichen Geschwistern empfand er eine tiefe Liebe, er interessierte sich für ihre Familien, ihre Entwicklung als Christen und ihren Alltag, er ermahnte sie mit viel Liebe, sorgte sich um sie und fühlte sich für sie verantwortlich.

Bevor Zizhong starb, war er achtzig Tage bettlägerig. Täglich kamen viele Christen von überall her, um ihn zu besuchen. Obwohl er keine leiblichen Kinder hatte, war er doch der geistliche Vater vieler Söhne und Töchter. Sie hatten sein Leben mit Freude erfüllt. Er starb am 17. Oktober

1989, nach einem erfüllten, glücklichen und sehr fruchtbaren Leben. Zu seiner Beerdigung kamen mehr als tausend Menschen, die diesen alten Mann alle geliebt hatten und seinem Vorbild nacheifern wollten.

Als sie den Sarg in die Erde hinabließen, stimmten sie alle ein in das Lied: »Wir freuen uns auf Jesu Kommen, welch großes Wiedersehen«. Das Tal hallte wieder vom Klang vieler Stimmen, die singend und weinend um diesen Mann Gottes trauerten:

»Wenn Jesu Jünger die Erde verlassen, sind sie daheim,
auch wenn ihre Freunde weinen, ihnen geht es gut.
Jesus trug ihre Schuld, er vergoß sein Blut,
und er wird wiederkommen, welch großes Wiedersehen!
Wir trennen uns nur für jetzt, nicht für immer,
bald werden wir wieder zusammen sein.
Die anderen sind schon daheim, preisen die Güte des Herrn,
wir freuen uns auf Jesu Kommen, welch großes Wiedersehen.«

---

* *Chinas Christen*, Carl Lawrence, Verlag der Francke Buchhandlung, Marburg/Lahn, Seite 20 f

Yun – der Himmelsbürger

Yuns Mutter war schon in jungen Jahren Christin geworden. Doch China ging damals durch eine schwere Zeit, in der das Christentum sehr bekämpft wurde. Die politischen Umbrüche erschütterten das Land, ausländische Missionare wurden verfolgt und mußten schließlich das Land verlassen. Als die chinesischen Christen allein zurückblieben, gaben viele ihren Glauben wieder auf, unter ihnen war auch Yuns Mutter.

Als Yun sechzehn Jahre alt war, wurde sein Vater schwer krank. Obwohl die Familie viel Geld für die medizinische Behandlung des Vaters ausgab, verschlechterte sich sein Zustand zusehends. Dann gaben die Ärzte alle Hoffnungen auf, und er lag sterbend zu Hause.

Eines Nachts, als Yuns Mutter wieder einmal im Halbschlaf neben ihrem Mann lag und voller Angst auf seine schweren Atemzüge lauschte, da sprach eine sanfte Stimme zu ihr: »Jesus liebt dich«. Sie war sofort hellwach und setzte sich im Bett auf. »Jesus?« Sie erinnerte sich an ihre Jugend. Langsam kniete sie an ihrem Bett nieder. Wie lange war es her, daß sie nicht gebetet hatte. Eine seltsame Unruhe hatte sie erfaßt, eine Spannung, als ob etwas Gutes geschehen würde. Stockend begann sie zu beten. Es war ihr erstes Gebet seit vielen Jahren. Sie sagte Jesus, daß es ihr leid tat, ihn so lange vergessen zu haben. Aber sie fühlte, daß er noch da war. Er hörte ihr zu, und er war nicht verärgert über ihre Untreue, sondern freute sich, daß sie jetzt wieder zu ihm kam. Die Angst und die Traurigkeit waren wie weggewischt, plötzlich war sie von einem wunderbaren Frieden erfüllt. Sie erinnerte sich an ihren früheren Glauben. Damals hatte sie immer diese Geborgenheit gekannt, die jetzt wieder da war.

Wie sie es als Kind gelernt hatte, schüttete sie ihm ihr ganzes Herz aus. Sie entschuldigte sich für ihre Unabhängigkeit von ihm und bat ihn, wieder neu in ihr Leben zu kommen. Und sie erzählte ihm natürlich auch die ganze Not ihres Mannes. Als sie sich wieder ins Bett legte, war sie sehr erleichtert und schlief fest und tief ein. Am darauffolgenden Tag stand Yuns Vater auf, als ob ihm nie etwas gefehlt hätte. Er war auf übernatürliche Weise geheilt worden. Die ganze Familie staunte, war glücklich und sehr verwundert.

Yun verstand durch die Worte seiner Mutter, daß es Jesus war, der seinen Vater geheilt hatte. Ohne viel über Jesus zu wissen, erkannte er doch, daß er freundlich sein müßte. Schließlich hatte er seinem Vater geholfen. Yun faßte für sich den Entschluß, mehr über Jesus in Erfahrung zu bringen.

Seine Mutter erzählte ihm dann, daß alle Berichte über Jesus und alles, was er gesagt hatte, in einem Buch aufgeschrieben wären, das die Christen Bibel nennen. Von da an träumte Yun davon, einmal eine solche Bibel zu sehen. Er fragte alle Christen, die er kennenlernte, wie eine Bibel aussah, doch keiner von ihnen hatte jemals eine gesehen.

Eines Tages hörte Yun von einem Mann, der fünfzig Kilometer entfernt lebte und angeblich eine Bibel besaß. Sehr früh am nächsten Morgen machte er sich auf den weiten Weg, um diesen Mann aufzusuchen. Da seine Familie kein Fahrrad besaß, mußte er die ganze Strecke zu Fuß gehen. Doch er ging den Weg gern, denn seine Sehnsucht, mehr über Jesus zu erfahren, wuchs von Tag zu Tag.

Kaum war er bei dem Mann angekommen, erzählte Yun ihm vom Zweck seines Kommens. Der Mann hatte wirklich eine Bibel, aber er wagte es nicht, sie einem fremden Jugendlichen zu zeigen.

Er sagte ihm bloß: »Die Bibel ist das Wort Gottes, es ist ein himmlisches Buch. Ich kann es Ihnen nicht geben. Aber wenn Sie unbedingt eine Bibel haben wollen, können Sie Gott selbst darum bitten.«

Und er riet Yun, daß er für eine Bibel fasten und beten solle. Aber Yun wußte gar nicht, was fasten bedeutete. Der Prediger erklärte es ihm: »Fasten heißt, nicht zu essen. Sie können einzelne Mahlzeiten ausfallen lassen oder auf bestimmte Lebensmittel verzichten. Das verstärkt Ihr Gebet. Dann wird Gott Ihnen eine Bibel geben.«

Wieder zu Hause, versuchte Yun, zu fasten und zu beten, zwei Monate lang. Doch er wußte eigentlich immer noch nicht genau, wie man das macht. Jedesmal, wenn er betete, sagte er bloß: »Jesus, bitte gib mir eine Bibel. Amen.« Als dann zwei Monate vergangen waren, ohne daß irgend etwas geschehen war und vor allem, ohne daß er eine Bibel bekommen hatte, machte Yun sich wieder auf den Weg zu dem Christen.

Diesmal sagte der Mann zu Yun: »Wenn Sie Gott um eine Bibel bitten, dann genügt es nicht, ihm das einfach nur zu sagen. Vielmehr ist es auch notwendig, vor Gott zu weinen und zu flehen. Je ernster Sie beten, desto schneller bekommen Sie eine Antwort.«

Von da an aß Yun nur noch eine Mahlzeit am Tag und weinte und betete inständig vor Gott. Es war wirklich seine größte Sehnsucht, eine Bibel zu bekommen. Gemessen an dem großen Ziel, Gottes Wort zu besitzen, schien ihm alles andere belanglos. Mehrere Monate vergingen. Seine Familie und seine Altersgenossen wunderten sich immer mehr über ihn. Eines Morgens, während Yun noch schlief, sah er im Traum einen alten Mann. Der alte Mann fragte ihn: »Bruder Yun, haben Sie etwas zu essen?« Yun antwortete: »Nein.«

Daraufhin gab ihm der alte Mann ein Brötchen. Als Yun seine Hand ausstreckte, um danach zu greifen, verwandelte es sich in eine Bibel. Yun, immer noch im Schlaf, kniete nieder, und betete laut und unter Freudentränen: »Vielen Dank, lieber Jesus! Du hast meine Gebete erhört und mir eine Bibel gegeben. Danke!«

Dann erwachte er. Von seinem lauten Danken waren auch seine Eltern wach geworden. Als sie ihn so sahen, dachten sie, er sei verrückt geworden. Yun erzählte ihnen von seinem Traum, aber das bestärkte sie nur noch in ihren Befürchtungen. In diesem Augenblick öffnete sich die Tür, und zwei Männer kamen herein. Sie kannten Yun überhaupt nicht, aber der Heilige Geist hatte sie in dieses Haus geführt, um Yun eine Bibel zu übergeben. Das Staunen der Eltern und die Freude Yuns kannten keine Grenzen.

Von diesem Tag an las Yun fast ununterbrochen in seiner Bibel. Und jeden Tag lernte er ein Kapitel auswendig. Eines Tages, während er gerade in der Apostelgeschichte las, sah er Jesus in einer Vision. Jesus sagte ihm dreimal, daß er eines Tages in eine bestimmte Gegend gehen würde, um den Menschen dort von ihm zu erzählen. Yun freute sich sehr darüber, wartete aber noch, bis Jesus ihm dann einige Jahre später sagte, daß es jetzt an der Zeit wäre zu gehen.

Was nun im Folgenden berichtet wird, ereignete sich einige Jahre später.

Wenn man dich in einer Stadt verfolgt, so flieh in eine andere (Mt 10,23)

Es war 1983 in Heping, einer Stadt, die zwischen den beiden Provinzen Henan und Hubei liegt. Eine kalte, dunkle Nacht war angebrochen. Sie war so dunkel, daß man kaum die Hand vor Augen sehen konnte. Ein eisiger, sibirischer Wind wirbelte einige Heuhaufen auf, deren staubige Halme sich auf zwei Gestalten niederließen, die als einzige in dieser Nacht unterwegs waren. Aus einem Seitenweg hetzten ein paar Hunde heran und versuchten, die beiden Männer mit wütendem Gebell zu vertreiben.

Fröstelnd wickelten sich die einsamen Wanderer fester in ihre abgetragenen Mäntel und gingen eilig den Weg entlang, der aus dem Dorf hinausführte, hin zu einem großen Fischteich. Einer von ihnen war der inzwischen fünfundzwanzigjährige Yun aus dem Bezirk »G«, der andere hieß Ming, kam aus der Stadt »F« und war etwas über dreißig Jahre alt.

Sie waren beide einfache Männer ohne Ausbildung, aber mit einer Berufung von Gott. So zogen sie von Stadt zu Stadt und von Dorf zu Dorf, erzählten den Menschen von Jesus und baten sie eindringlich, sich von ihrem bisherigen Leben abzuwenden und an Jesus zu glauben. Wenn sie Christen trafen, dann blieben sie oft über Nacht in deren Haus. Meist schliefen sie nicht viel, sondern füllten die Zeit damit, die Christen zu ermutigen, mit ihnen zu reden und zu beten. Gottes Gnade und Kraft waren mit ihnen, und wenn sie beteten, geschahen viele Zeichen und Wunder. Wohin sie auch kamen, nahmen die Leute ihre Botschaft ernst, kehrten sich von ihrem alten Leben ab und begannen, an Jesus zu glauben. Bestehende Gemeinden wurden wieder für Gott entzündet, und im südlichen Gebiet der Provinz Henan entstanden viele neue Gemeinden.

Zur gleichen Zeit wurden die Gemeinden in Henan wieder mehr von der Polizei beobachtet und drangsaliert. Unter dem Vorwand, gegen eine gewisse extreme religiöse Gruppe, die sogenannte »Schreier-Sekte« vorzugehen, nahm die Regierung auch viele Christen fest und beschuldigte sie, »konterrevolutionäre Mitglieder der ›Schreier-Sekte‹« zu sein. So wurden viele Christen inhaftiert und gefoltert. Wer konnte, floh und ließ Haus und Heim zurück, um nicht verhaftet zu werden. Die vermeintlichen Schlüsselfiguren, die auf den Fahndungslisten an erster Stelle standen, waren Ming und Yun.

Doch beide waren bis dahin dem Zugriff der Geheimpolizei immer entkommen und hatten die Arbeit, die Gott ihnen gegeben hatte, unbehelligt fortsetzen können.

An diesem Tag waren sie nach Heping gekommen, um die Gemeinden dort zu besuchen. Doch sie hatten nicht gewußt, daß die Christen in dieser Gegend einem besonderen Druck seitens der Geheimpolizei ausgesetzt waren. Am Morgen desselben Tages war Bruder Enshen verurteilt worden, und alle Mitglieder der Gemeinde waren in großer Gefahr. Keiner konnte sicher sein, ob als nächstes nicht vor seinem Haus ein Trupp Polizisten auftauchen würde. So war es nicht verwunderlich, daß die Gläubigen in Heping voller Angst waren und keiner von ihnen es wagte, Ming und Yun über Nacht aufzunehmen. Da es aber schon dunkel war, konnten die beiden auch kein anderes Zimmer mehr finden. Zudem waren alle Straßen von Volkspolizisten bewacht. So gab es keine andere Möglichkeit, als die Stadt zu verlassen, und die beiden beschlossen, die Nacht am Fischteich außerhalb der Stadt zu verbringen.

Im Laufe der Nacht wurde der Wind immer stärker, es wurde kälter und kälter. Die beiden Männer knieten am Rande des Teichs, ihre Zähne schlugen vor Kälte aufeinander, sie umarmten sich, um sich gegenseitig zu wärmen und beteten intensiv:»Herr, laß dein Licht und deine Wahrheit in unserem Land stark werden, beschütze deine Gemeinde, mache uns mutig und furchtlos, wir wollen deine Herrlichkeit noch mehr sehen ...« Dann begann Bruder Yun, dieses Lied zu singen:

»Möge Gott mein Leben bewahren,
nur um meinen Herrn zu lieben,
mein ganzes Herz, meine Kraft, meine Gaben will ich benützen,
nur um meinen Herrn zu lieben,
es soll mich nicht kümmern, was auch geschieht,
nur meinen Herrn will ich lieben,
alle Taten, alle Worte sollen dazu dienen,
nur meinen Herrn zu lieben.
In Demütigungen will ich von ihm lernen,
nur meinen Herrn will ich lieben,
in Zeiten der Not will ich fröhlich sein,
nur meinen Herrn will ich lieben,
ob ich satt bin oder hungrig,
nur meinen Herrn will ich lieben.
Ich bin sein Eigentum, im Leben und im Tod,
nur meinen Herrn will ich lieben,
denn mein Herr gab sein Leben für mich,
nur meinen Herrn will ich lieben,
mein Leben gehört ihm zu einem Zweck:
nur meinen Herrn zu lieben.«

Gegen vier Uhr morgens konnten die beiden die eisige Kälte kaum noch ertragen. Plötzlich sah Yun in einer Vision, wie überall in dieser Gegend Christen verfolgt und verhaftet wurden, viele Brüder sah er in Ketten und im Gefängnis. Daraufhin schlug er Bruder Ming vor, schnell von diesem Ort wegzugehen. Also setzten sie ihre Wanderung im Dunkeln fort, ohne noch länger auf die Dämmerung zu warten.

Er soll meinen Namen bekannt machen
(Apg 9,15)

Nachdem Ming und Yun die Stadt Heping hinter sich gelassen hatten, wanderten sie in der Provinz Henan zum Bezirk »A«. Wind und Kälte konnte ihnen nicht viel anhaben, sie sangen und beteten, während sie kräftig ausschritten. Die Gegenwart Gottes erfüllte sie mit Freude und ließ keine Angst aufkommen. Sie wußten sich geborgen in Gottes Schutz und eingehüllt in seine Liebe. Ihr Auftrag von Gott war, den Menschen von Jesus zu erzählen. Das war ihre Leidenschaft und ihre Sehnsucht. Sollten sie dafür verhaftet werden, so wäre auch das nicht wirklich tragisch, denn ihr Gott, dessen Nähe sie in jedem Augenblick genießen konnten, würde auch mit ihnen ins Gefängnis gehen und ihnen alles geben, was sie dort an Mut und Kraft brauchen würden.

Während sie gingen, sangen sie ein Lied, dessen Text aus der Apostelgeschichte, Kapitel 20, Verse 22 bis 24 stammt:

»Nun ziehe ich, gebunden durch den Geist, nach Jerusalem, und ich weiß nicht, was dort mit mir geschehen wird. Nur das bezeugt mir der Heilige Geist von Stadt zu Stadt, daß Fesseln und Drangsale auf mich warten. Aber ich will mit keinem Wort mein Leben wichtig nehmen, wenn ich nur meinen Lauf vollende und den Dienst erfülle, der mir von Jesus, dem Herrn, übertragen wurde: das Evangelium von der Gnade Gottes zu bezeugen.«

Die Lage war auch im Gebiet »A« für die Christen sehr gespannt. Entlang den Straßen, in den Ortschaften, überall hingen Plakate und Wandzeitungen mit Slogans gegen Gott, mit Angriffen und Verleumdungen gegen die Gemeinde und Fahndungsposter, auf denen bekannte Christen mit Fotos und Namen abgebildet waren, die besonders dringend von der Regierung gesucht wurden. Doch die Gläubigen in dieser Gegend liebten Jesus und seine Diener von ganzem Herzen und waren bereit, ihr Leben zu riskieren, um auch polizeilich gesuchte Christen in ihren Häusern aufzunehmen.

Am 15. Dezember 1983 kamen alle Pastoren und Mitarbeiter der Gemeinden aus dem Bezirk »A« zu einem mehrtägigen Treffen zusammen, um sich gegenseitig zu ermutigen und anzuspornen. Sie wollten auch weiterhin fest und siegreich stehen können mitten unter diesen widrigen Umständen. Ming, Yun und Jian wechselten sich im Predigen ab.

Dann war Bruder Yun wieder an der Reihe. Er war mit seinen fünfundzwanzig Jahre der Jüngste, von mittlerer Größe und sehr mager. Unter seinen buschigen Augenbrauen lagen große Augen, die sehr viel Wärme und innere Stärke ausstrahlten. Während des vergangenen Jahres hatte er weite Strecken zurückgelegt und war immer für die Sache Gottes unterwegs gewesen. Bevor er zu sprechen begann, sangen die Brüder und Schwestern das folgende Lied:

»*Ein Märtyrer sein für den Herrn.*
Seit die erste Gemeinde an Pfingsten entstand,
waren die Nachfolger Jesu zu leiden bereit.
Zehntausende gaben ihr Leben für Jesus hin,
und heute tragen sie die Krone des Lebens bei ihm.

Die Apostel liebten den Herrn bis zum Tod,
sie folgten ihm auch im Leiden nach.
Johannes war auf die Insel Patmos verbannt,
Stephanus wurde mit Steinen beworfen, bis er starb.
Matthäus wurde in Persien zu Tode gestochen,
Markus starb, als Pferde seine Beine auseinanderrissen.
Doktor Lukas wurde grausam erhängt,
Petrus, Philippus und Simon starben am Kreuz für den Herrn.
Bartholomäus wurde gehäutet bei lebendigem Leib,
Thomas starb in Indien, fünf Pferde zerrissen ihn.
Apostel Jakobus wurde von Herodes geköpft,
den kleinen Jakobus durchdrang ein Schwert.
Jakobus, der Bruder des Herrn, ist gesteinigt worden,
Judas wurde an einer Säule gefesselt von Pfeilen durchbohrt.
Matthäus wurde von Bewohnern Jerusalems geköpft,
Paulus starb unter Kaiser Nero als Märtyrer.
Ich bin bereit, Jesus zu folgen um jeden Preis,
Er gibt mir die Kraft, die er den Aposteln gab.
Wenn nur Zehntausende kostbarer Menschen errettet werden,
bin ich bereit, alles zu verlassen und ein Märtyrer zu sein für den
Herrn.
(Refrain)
Ein Märtyrer sein für den Herrn,
Ein Märtyrer sein für den Herrn,
ich bin bereit, auch zu sterben für meinen Herrn.«

Sie sangen dieses Lied von ganzem Herzen und mit lauter Stimme, und die Kühnheit und Furchtlosigkeit, die der Heilige Geist schenkt, erfüllte den Raum. Die Salbung des Heiligen Geistes war auf Yun, und er predigte mit großer Vollmacht. Am Morgen des dritten Tages prophezeite Bruder Jian, daß innerhalb der nächsten drei Tage einige von ihnen gefangen genommen werden würden und für den Herrn leiden müßten.

An diesem Abend begann es, stark zu schneien. In kürzester Zeit hatte sich eine dicke, weiße Schneedecke über die ganze bergige Landschaft gelegt. Immer wieder hörte man das Geräusch splitternden Holzes, wenn die Äste unter der Schneelast brachen. Auch einige der älteren Häuser konnten dem Gewicht des Schnees nicht standhalten und stürzten ein. Draußen war es so grimmig kalt, daß sich jeder Wassertropfen sofort in Eis verwandelte.

Doch die versammelten Christen nahmen dies nur am Rande wahr. Ihre Herzen waren entzündet vom Feuer des Heiligen Geistes, und ihre Fürbitte und ihr Lobpreis stiegen zu Gott auf.

Um Mitternacht beendeten sie den Gottesdienst, um zu den Häusern der Christen zu gehen, die in der Nähe wohnten. Bruder Yun und einige der anderen Brüder waren noch nicht weit gegangen, als einige Leute auf sie zukamen. Es waren mehr als zehn Männer, die ihre Taschenlampen auf die Christen richteten. Sie stürmten auf Bruder Yun zu und schrien ihn an: »Was machen Sie in unserer Stadt?« Die Brüder ahnten sofort die Gefahr, machten kehrt und versuchten, wegzurennen. Aber einer der Verfolger holte Yun ein und berührte ihn mit dem Elektroschock-Stab (zum Antreiben von Tieren). Der Strom schoß durch seinen Körper, als ob ein

Skorpion ihn gestochen hätte, ein Schmerz wie tausend Pfeile, die sein Herz durchbohrten. Er stürzte vornüber in den Schnee und blieb reglos liegen.

Die Männer gehörten zur örtlichen Einheit der Geheimpolizei. Ohne ein Wort zu verlieren, fesselten sie Yun sehr fest. Die Riemen schnitten ihm ins Fleisch und taten sehr weh. Alle anderen Pastoren waren entkommen. Yun spürte Panik. Warum hatten sie ihn erwischt? Warum war er nicht schneller gerannt? Da sagte plötzlich der Heilige Geist mit seiner vertrauten Stimme zu ihm: »Ich weiß« (vgl. Offb 2,9). Im selben Moment hatten ihn alle Schmerzen und Ängste verlassen.

Eine rauhe Stimme fuhr ihn an: »Woher kommen Sie?«
»Wie heißen Sie?«
»Was machen Sie hier?«
»Wie viele waren bei Ihnen?«
»Wo sind die anderen jetzt? Wenn Sie nicht sofort antworten, werden Sie zu Tode geprügelt werden.«

Yun fühlte sich sehr unwohl. Es war jetzt nicht so sehr seine eigene Sicherheit, die ihm Sorgen machte, sondern die der anderen Mitarbeiter, Ming, Jian und all der anderen Christen. Wie konnte er sie vor der Gefahr warnen? Sofort kam ihm die Begebenheit in den Sinn, als David sich verrückt stellte. Er schrie, so laut er konnte:

»Ich bin … ein … Himmelsbürger und wohne im Evangelium … Dorf. Mein Name ist wahrhaftige … neue … Schöpfung. Mein Vater heißt überfließende Gnade. Meine Mutter ist Glaube … Hoffnung … Liebe.«

Die Polizisten begannen, ihn zu treten und fragten wütend: »Was ist denn das für ein Unsinn? Wir wollen wissen, woher Sie kommen und wo Ihre Begleiter sind!«

Yun antwortete laut: »Sie sind alle in dem Dorf dort hinten.«

»Los, bewegen Sie sich, bringen Sie uns zu ihnen. Wenn Sie uns belogen haben, werden wir Ihnen bei lebendigem Leibe die Haut abziehen,« bedrohten ihn die Polizisten.

Also führte ihn Yun zurück zum Dorf, doch im Gehen schrie er unablässig: »Ich bin ein Himmelsbürger. Die Geheimpolizei hat mich festgenommen.« Er schrie, so laut er konnte und hoffte inbrünstig, daß die anderen ihn hören und die Warnung verstehen würden. Eine Gruppe von mehr als zehn Christen, die in dem Ort wohnten, hörte den Lärm auf der Straße und kam aus ihren Häusern, um zu sehen, was los war.

Sofort wurden sie von der Geheimpolizei gefragt: »Was machen Sie hier?«

Eine der Frauen antwortete: »Wir schauen uns einen Film an.«

Als Yun das hörte, erinnerte er sich sofort an den ersten Korintherbrief, Kapitel 4, Vers 9 und betete in seinem Inneren zu Gott: »Herr, bitte hilf mir, daß ich ein gutes Schauspiel vorführen kann für die Welt, für Engel und Menschen.« Yun ging betont langsam und schleppenden Schrittes weiter.

Die Polizisten fragten Yun: »Wo ist das Haus? Los, beeilen Sie sich, bringen Sie uns endlich hin!«

Yun tat so, als ob er verwirrt wäre, und mit gespielter Überraschung sagte er: »Oh, es ist gar nicht hier, es ist im anderen Dorf.«

Diese Antwort brachte die Uniformierten so in Wut, daß sie mit ihren Fäusten, Füßen, Elektroschock-Stäben, Holzknüppeln und Gewehrkolben auf ihn einschlugen. Wenn Gott ihn nicht beschützt hätte, wäre er unter diesen Schlägen mit Sicherheit gestorben. Die Christen, die dem Zug gefolgt waren und diese grausame Szene mit ansehen mußten, konnten ein lautloses Weinen nicht unterdrücken.

Yun, der fürchtete, daß sie durch ihre Tränen die Aufmerksamkeit seiner Peiniger auf sich ziehen könnten, begann, die Christen, die sich auf der Straße eingefunden hatten, anzuschreien: »Ich bin ein Himmelsbürger und kenne keinen von euch, woher wollt ihr mich denn kennen?«

Yun wurde zur Polizeistation gebracht. Dort waren auch Bruder Jian und drei andere Männer, die unterdessen verhaftet worden waren. Trotzdem es sehr kalt war und alle Wege schneebedeckt und spiegelglatt waren, kamen einige alte Frauen, zum Teil sogar mit Krücken, um Decken, Reis und Gemüse zu bringen. Als die Polizisten fragten, für wen diese Dinge seien, sagten sie: »Für die Himmelsbürger«.

Yun, der diese Gespräche von seiner Zelle aus hören konnte, war tief bewegt von der Liebe der Frauen, und ein Gefühl der Wärme stieg in ihm auf. Es war recht ungewöhnlich für diesen nördlichen Teil der Gegend »A«, daß die Temperaturen unter –15° Celsius fielen, doch in jenen Tagen war es ausgesprochen kalt. Schon bald waren Yuns Füße in der eisigen Zelle gefühllos, und er zitterte am ganzen Körper. Seine Handgelenke in den engen Handschellen scheuerten und schmerzten durch das Zittern noch mehr, und Yun fühlte sich wie ein Adler, der so gerne seine weiten Schwingen ausbreitet und dann plötzlich in einen eisernen Käfig eingesperrt wird. Er rief ununterbrochen »Jesus« und sang Lieder.

Dann bemerkte er, daß in seiner Zelle eine große Trommel stand. Trotz seiner Handschellen begann er sofort, darauf einen Rhythmus zu schlagen, und er sang dazu Psalm 150:

»... Lobet Gott in seinem Heiligtum, lobt ihn in seiner mächtigen Feste! Lobt ihn für seine großen Taten ... Lobt ihn mit Pauken und mit Tanz, ... lobt ihn mit klingenden Zimbeln ...«

Bald stand er auf und tanzte dazu. Langsam kam wieder Gefühl in seine Hände zurück, und sein ganzer Körper wurde wärmer. Die Wächter waren nicht gerade begeistert über den fröhlichen Lärm aus Yuns Zelle, doch da sie alle in ihre warmen Decken gehüllt lagen, wollte es keiner auf sich nehmen, aufzustehen und diesen Verrückten zu bremsen.

Am nächsten Morgen wurden Yun, Jian und drei andere Brüder in den offenen Hof der Polizeistation gebracht, wo der Wind den Schnee über Nacht hoch aufgetürmt hatte. Allen außer Yun wurden die Handschellen abgenommen. Die Polizisten sagten: »Heute sind wir sehr freundlich zu Ihnen, wir lassen Ihnen sogar die Hände frei. Sie dürfen jetzt den Schnee hier wegschaufeln. Aber dieser »Himmelsbürger« wird seine Handschellen behalten und streng bestraft werden.«

Sie befahlen Yun, sich hinzuknien. Aber Yun antwortete: »Ich werde nicht vor Ihnen knien, ich knie ausschließlich vor Jesus, meinem Herrn und Gott.«

Woraufhin der Mann spöttisch erwiderte: »Ich bin Ihr Herr. Wenn Sie vor mir niederknien, werde ich Sie sofort freilassen.«

Yun entgegnete wütend: »Im Namen meines Gottes sage ich Ihnen, Sie sind nicht mein Herr. Mein Herr ist im Himmel, und ich bin ein Himmelsbürger.«

Da schaltete der Mann seinen Elektroschock-Stab ein und grinste höhnisch: »Wenn Sie ein Himmelsbürger sind, wird Ihnen der elektrische Stab sicher nichts ausmachen? Kommen Sie, fassen Sie an!«

Mehrere andere Männer zwangen ihn, seine Hände zu dem Stab hin auszustrecken. Als der Strom seinen Körper traf, schrie Yun: »Herr, rette mich!« Im selben Moment versagte der Elektroschock-Stab, und Yun konnte ihn mit beiden Händen festhalten, während er dem Mann in die Augen schaute, der gelästert hatte, sein »Herr« zu sein. Dieser war zunächst sprachlos, dann brach ihm der kalte Schweiß aus, er warf den Stab zur Erde und rannte davon.

Noch am selben Tag wurden die fünf Christen in ein muffiges Fahrzeug geladen und in die Untersuchungshaftanstalt gebracht, die der Geheimpolizei des Landstrichs »A« unterstand. Auf dem Weg durch das Gebäude zu ihrer Zelle wurde Yun und Jian plötzlich bewußt, daß in den anderen Zellen bestimmt auch viele Christen waren, die in Verbindung mit der jüngsten Verfolgungswelle verhaftet worden waren. Deshalb begann Yun wieder laut zu schreien: »Ich bin ein Himmelsbürger. Ein Himmelsbürger wird niemals zum Judas. Ein Himmelsbürger ist stark und kühn.«

Ein anderer Christ wurde dem Aufseher vorgeführt und gefragt, ob auch er ein Himmelsbürger sei. Er verneinte dies mit den Worten: »Ich bin kein Himmelsbürger, ich bin ein Erdenbürger.« »Gut«, erwiderte der Polizist, »wenn Sie irdisch sind, dann kann ich Sie ja mit einem Himmlischen zusammensperren.«

Als dieser Christ in Yuns Zelle gebracht wurde, schaute Yun ihm forschend in die Augen und sagte: »Wir sollten zu Satan ›Nein! Nein! Nein!‹ sagen.« Während er redete, stand er auf, sagte immer wieder »Nein« und begann, mit seinen Fingern »Nein! Nein! Nein!« auf die Wand zu schreiben, bis seine Fingerspitzen wund wurden und die Worte »Nein! Nein! Nein!« blutig zu lesen waren. Der Bruder war sehr beschämt, senkte seinen Kopf und weinte reuevoll.

Die Geschwister, die noch in Freiheit waren, hatten für Yun Decken, Kleider und Socken ins Gefängnis gebracht, doch das einzige, was er erhielt, war eine zerschlissene Decke, auf der »Himmelsbürger« stand. Trotzdem war Yun Gott dankbar dafür. Auch ein neues Paar Schuhe, das für ihn im Gefängnis abgegeben wurde, behielt der Wärter.

Das Leben in der Haftanstalt war schwierig. Zu jeder Mahlzeit gab es das gleiche Gericht: eine Masse aus verschimmelten, übelriechenden süßen Kartoffeln mit einigen Wurzeln als Einlage. Einmal pro Woche bekam jeder ein »Mantou« (gedämpftes weißes Brötchen, das Brot der armen Leute). Einige Tage nach seiner Inhaftierung war Yun an der Reihe, sein »Mantou« zu bekommen. Er hielt sein fünzig-Gramm-Brötchen mit beiden Händen Gott entgegen, kniete nieder, schloß seine Augen und dankte Jesus dafür.

Während er so in sein Dankgebet vertieft war, schnappte ihm ein Mitgefangener das »Mantou« weg und versteckte es in seinem Hemd. Yun blieb mit erhobenen Händen auf der Erde knien, bis der Zellenälteste bemerkte, daß das »Mantou« verschwunden war und begann, alle Zelleninsassen nach dessen Verbleib zu fragen. Aber alle sagten, daß sie nichts gesehen hätten.

Der Zellenälteste erstattete sofort dem Gefängniswärter Bericht, der alle Häftlinge durchsuchte. Schließlich fanden sie den Schuldigen. Der Aufseher befahl ihm, sich auf die Erde zu knien, und dann forderte er alle Mitgefangenen auf, den Missetäter zu verprügeln. Die meisten dieser Gefangenen waren haßerfüllte Verbrecher und Gewalttäter. Die Erlaubnis, jemanden zusammenzuschlagen, war für sie ein großer Spaß. So begannen sie, diesen Häftling mit ihren Fäusten und Füßen zu bearbeiten, bis ihm das Blut aus Nase, Augen und Mund floß. Dann hoben sie ihn hoch, als wäre er ein leichtes Hühnchen, tauchten seinen Kopf in den Urineimer und wartete, bis er sich nicht mehr bewegte. Endlich warfen sie den leblosen Körper auf die Erde.

Als Yun sah, daß der Mann tot war, packten ihn heftige Schuldgefühle und er begann, unkontrolliert zu schluchzen. Auch Jian war von dem Ereignis so erschüttert, daß er nur mit Mühe sein eigenes »Mantou« essen konnte. Die beiden Brüder weinten und beteten die ganze Nacht. Am nächsten Morgen erlaubte der Wärter den Gefangenen, Yun zu verprügeln. Dies wiederholte sich an den folgenden Tagen.

Sein Körper war ohnehin schon sehr geschwächt. Wie sollte er da noch diese täglichen Mißhandlungen überleben? Sie warfen Yun auf die Erde, traten ihm gegen die Brust und den Bauch, bis er Blut erbrach und dem Tode näher war als dem Leben. Danach hielt Bruder Jian jedesmal Yuns geschundenen Körper in seinen Armen und weinte bitterlich.

Unter den Gefangenen in dieser Zelle war ein junger Mann, dessen Mutter eine Christin war, aber er selbst glaubte noch nicht an Jesus. Nachdem er Yun so einige Tage beobachtet hatte, wurde ihm immer klarer, daß dies durchaus kein Verrückter war, sondern ein ganz ungewöhnlicher Mann. Er sah, wie Yun täglich geschlagen wurde. Er sah, wie sich seine nackten Füße vom Frost violett verfärbt hatten. Ständig floß Blut aus seinem Mund und Krämpfe schüttelten seinen Körper. Das Leiden Yuns ging dem jungen Häftling so nahe, daß er Tränen des Mitgefühls für ihn weinte und ihn mit seinem eigenen, zerschlissenen Mantel zudeckte.

Aber die Bibel sagt: »Selig sind die Barmherzigen, denn sie werden Erbarmen finden.« (Mt 5,7). Schon am nächsten Tag wurde dieser junge Mann von der Zelle in die Küche gebracht, wo er arbeiten durfte. Nicht lange danach wurde er ganz aus dem Gefängnis entlassen und schließlich begann er, an Christus zu glauben.

Die Geheimpolizei aus dem Gebiet »A« verhörte Yun mehrfach, dabei wurde er auch schwer geschlagen, doch sie bekamen keinerlei Auskünfte von ihm. Also baten sie die Polizeiabteilungen benachbarter Landstriche, Städte und Bezirke um Mithilfe bei der Identifizierung dieses Gefangenen. Von überall wurden Fotos geschickt mit den Porträts gesuchter Männer, doch Yuns Bild war nicht unter ihnen.

Schließlich, am 25. Januar, kamen die Leiter der Geheimpolizei aus der Stadt »B« mit ihren Fotos gesuchter Personen. Als Yun ihnen vorgeführt wurde, erkannte der leitende Polizist aus »B« ihn sofort. Er lachte schallend: »Da haben Sie aber ein gutes Theaterstückchen vorgeführt! Sich verrückt zu stellen! Sie haben sich wohl für besonders raffiniert gehalten, wie? Aber mich täuschen Sie nicht, mich nicht!«

Yun bekam kein Frühstück. Bevor er nach »B« gebracht wurde, verprügelten ihn die Polizisten noch einmal. Sie schlugen auf ihn ein, bis seine Augen blauschwarz waren und sein Gesicht so verschwollen war, daß man ihn kaum noch erkennen konnte. Sie verdrehten seine Arme und legten ihm die Handschellen so eng an, daß das Metall tief in sein Fleisch einschnitt. Yun glaubte nicht, daß er diesen Tag überleben würde und befahl seinen Geist in Gottes Hände. So wurde er dann zum Hauptquartier der Geheimpolizei in der Stadt »B« gebracht.

Es muß nicht Brot sein, wovon der Mensch lebt (Mt 4,4)

»Wer an mich glaubt, wird die Werke, die ich vollbringe, auch vollbringen, und er wird noch größere vollbringen ...« (Joh 14,12).
Am 25. Januar (dem 23. Tag des 12. Monats des chinesischen Mondkalenders) herrschte klirrende Kälte in der Stadt »A«, ein Schneesturm, der aus dem Norden Chinas gekommen war, hatte die Temperaturen fallen lassen. Yun, auf der Ladefläche des Polizei-Transporters, hatte so furchtbare Schmerzen, daß er sie kaum ertragen konnte. Seine Kleider waren blutgetränkt und erstarrt. Die Handschellen schnitten ins Fleisch, und bei der leisesten Bewegung durchfuhren ihn rasende Schmerzen.

Yun grübelte: »Nun habe ich schon eine ganze Reihe von Tagen im Gefängnis in ›A‹ verbracht, was werden sie wohl in ›B‹ mit mir vorhaben?« Mitten in diese Gedanken hinein kam ihm eine Bibelstelle sehr deutlich in den Sinn:

»Laßt ab und erkennt, daß ich Gott bin ... der Herr der Heerscharen ist mit uns, der Gott Jakobs ist unsere Burg« (Psalm 46, 11-12).

Mit diesem Wort Gottes verschwanden alle Zweifel und Ängste, und Yun bekam wieder eine frische Portion Kraft von Gott.

Die Straßen, durch die der LKW fuhr, waren zu beiden Seiten beklebt mit roten und grünen Plakaten, auf denen übergroß zu lesen war: »Wir feiern die Festnahme des Konterrevolutionärs Yun durch unsere Sicherheitskräfte!«

»Die Unschädlichmachung des Konterrevolutionärs Yun ist eine erfreuliche Nachricht für die Bewohner der Stadt ›B‹!«

»Laßt uns entschlossen den Christenanführer Yun und seine konterrevolutionären Ideen bekämpfen!«

»Wir stehen geschlossen hinter den Volksvertretern der Stadt ›B‹ und unterstützen sie bei ihren Anstrengungen, den verhafteten Konterrevolutionär Yun zu verurteilen, der sich mit dem Deckmantel der Religion umgeben hat!«

Diese Parolen waren überall angebracht, innerhalb und außerhalb des Areals der Geheimpolizei, und auch die Wände der Untersuchungshaftanstalt waren damit übersät. Die Neuigkeit von Yuns Festnahme verbreitete sich rasch, und bald kamen viele Uniformierte, um diesen berüchtigten Staatsfeind zu sehen. Aber was für eine elende Gestalt trafen sie da an! Ein kleiner, magerer Mann mit blutverkrustetem, entstelltem Gesicht, wirrem Haar, in zerlumpten Kleidern und barfuß – sie brachen in höhnisches Gelächter aus.

Einer der Polizisten prahlte selbstbewußt: »Wir haben ein Netz ausgespannt über Himmel und Erde, das keine Löcher hat. Auch wenn Sie drei

Köpfe und sechs Arme hätten, Sie könnten niemals der Kontrolle unseres Gesetzes entkommen. Schauen Sie sich doch an! Sie sind am Ende! Auch Ihre Mitarbeiter ... (er zählte einige Namen auf) sind längst in unseren Händen. Damit ist Ihre Kirche besiegt, wir haben Ihren Aberglauben ausgerottet!«

Entrüstung stieg in Yun auf, als er sich diese stolzen Worte anhören mußte. Aber um ihnen keinen Gefallen zu tun, lächelte er bloß und sagte: »Das Evangelium ist überall unter dem Himmel verkündigt worden, und die Wahrheit hat Zehntausende von Herzen erreicht.«

Unmittelbar darauf wurde Yun in den Gerichtssaal geführt und die Verhandlung begann. Der Richter sagte herablassend: »Yun, Sie haben für heute genug hinter sich. Sie sollten sich inzwischen der Schwere Ihrer Verbrechen bewußt geworden sein. Aber die Politik unserer Partei ist voller Nachsicht gegenüber allen, die ihre Verbrechen bekennen. Nur die Widerspenstigen werden schwer bestraft.

Die Regierung bietet Ihnen heute einen Ausweg. Das einzige, was wir von Ihnen verlangen, ist, daß Sie unserer Regierung wahrheitsgemäß und in allen Einzelheiten über Ihre Tätigkeiten der vergangenen Jahre berichten. Erzählen Sie, wie Sie sich den Führungskadern unserer Partei widersetzt haben! Welche Strukturen hat Ihre Organisation? Sie müssen uns bloß diese Angaben zu Protokoll geben, dann werden wir Sie freilassen, und Sie können in Ihre Heimat zurückkehren und zusammen mit Ihrer Mutter und Familie die Feiertage zum Chinesischen Neuen Jahr feiern.«

Yun antwortete zögernd: »Sie sehen doch, wie ich geschlagen wurde. Auch habe ich seit mehreren Tagen nichts gegessen. Mir fehlt die Kraft, um so viel zu reden. Außerdem bezieht sich Ihre Frage auf die Ereignisse mehrerer Jahre, die mir jetzt nicht alle gegenwärtig sind. Deshalb möchte ich Sie bitten, mir einige Tage Zeit zu gewähren, um in Ruhe nachdenken zu können. Dann werde ich Ihre Fragen beantworten.«

Dem Richter erschien Yuns Bitte einleuchtend, und er sagte: »Nun gut, Sie sollen Ihre Bedenkzeit haben. Aber was glauben Sie, wieviel Zeit werden Sie brauchen?«

Yun antwortete: »Sobald ich alles durchdacht habe, werde ich es Sie wissen lassen.«

Dann wurde er in die Untersuchungsabteilung des Gefängnisses gebracht. Um in diesen Bereich des Gebäudekomplexes zu kommen, mußten sie durch vier eiserne Tore gehen. Dann waren sie im zweiten Gefängnishof, der von einer hohen Ziegelsteinmauer umgeben war. Auf der Mauer war ein elektrischer Zaun, und an allen vier Ecken waren Wachtürme, die rund um die Uhr mit bewaffneten Polizisten besetzt waren. Es war ein Hochsicherheitsgefängnis, das seinen Namen zu Recht trug und eine furchterregende Atmosphäre ausstrahlte.

Wer dieses Gefängnis betreten mußte, hatte den Eindruck, in das Reich des Bösen geraten zu sein. Yun konnte voraussehen, daß ihn an diesem Ort große Prüfungen erwarteten. So faßte er den Entschluß, eine Zeit des Fastens und Betens zu beginnen. Sein Beten sollte dadurch unterstützt werden, daß er für einige Zeit überhaupt nichts aß oder trank. Es ging ihm darum, selbst für die Zeit seiner Haft siegreich sein zu können und gleichzeitig den vielen anderen Menschen in diesen Mauern Gott nahe zu bringen.

Doch gleich zu Beginn seines Fastens wartete eine große Versuchung auf ihn: Gewöhnlich bekamen die Häftlinge nur kleine Portionen mit einfachem, ranzigem Essen. Aber dieser Tag war einer der größten Feiertage Chinas. Die Gefängnisleitung demonstrierte an diesem Tag das »menschliche Gesicht der Großen Revolution« und folgte der landesüblichen Sitte, zu allen Menschen freundlich zu sein und ein besonders gutes Essen zu genießen.

An diesem Abend bekam jeder ein »Mantou« und eine Schale mit einer Suppe aus Sellerie und Schweinefleisch. Die Gefangenen, die halb verhungert waren und sich vor Schwäche kaum auf den Beinen halten konnten, verschlangen ihr Essen wie Raubtiere und leckten anschließend ihre Schüsseln aus.

Seit mehreren Tagen spielte Yun schon die Rolle des Verrückten, und er hatte in dieser Zeit nur sehr wenig gegessen. Während dieses ganzen langen Tages hatte er überhaupt nichts zu essen bekommen, und sein Magen knurrte vor Heißhunger. Nun saß er vor diesem »Festessen« und ein Kampf tobte in seinen Gedanken, es war eine große Versuchung, wenigstens ein bißchen davon zu kosten. Doch dann erinnerte er sich, wie Jesus bei seinem Fasten alle Angriffe Satans siegreich abgewehrt hatte. So verließ sich auch Yun auf die Hilfe des Heiligen Geistes, und es gelang ihm, der Verlockung zu widerstehen. Das war ein entscheidender erster Schritt und der Beginn eines nun folgenden vierundsiebzigtägigen Fastens.

Yun gab seine Ration dem Zellenältesten, der sie unter allen aufteilte. Obwohl jeder Insasse schließlich nur eine sehr kleine Portion bekam, freuten sie sich doch sehr darüber. Als Reaktion auf diese unübliche Essensspende waren alle Zellengenossen Yun gegenüber freundlich gestimmt und sie baten ihn, ein Lied vorzusingen. Er freute sich über diese Bitte und sang das folgende Lied:

»Vom Norden weht ein rauher Wind, vom Süden eine sanfte Brise,
in allem geschieht der Wille des Herrn.
Der Nordwind ist stürmisch und kalt,
doch schnell wird er verstummen,
der laue Südwind kommt zurück.
Warte geduldig, warte geduldig,
warte auf Gottes Zeit.
Wenn die Zeit gekommen ist, wenn die Zeit gekommen ist,
wird Gottes Gnade wieder reichlich unter uns sein.
Ihr, die ihr leidet, hört auf zu klagen,
der Herr wird für euch streiten.
Nur was dein himmlischer Vater erlaubt,
kann dir widerfahren.
Warte geduldig, warte geduldig,
warte auf Gottes Zeit.
Wenn die Zeit gekommen ist, wenn die Zeit gekommen ist,
wird Gottes Gnade wieder reichlich unter uns sein.«

Es hatte den Anschein, daß Yuns Zuhörer das Lied verstanden hatten, doch der wahre Inhalt war ihnen verborgen geblieben. Sie mochten das Lied, weil sie an das Schicksal glaubten. So nutzte Yun die Gelegenheit, um ihnen Psalm 90, Vers 10 und Hebräer 9, Vers 27 zu erklären:

»Und wie es dem Menschen bestimmt ist, ein einziges Mal zu sterben, worauf dann das Gericht folgt ...«.

Er legte ihnen dar, was »Schicksal«, vom Standpunkt der Bibel aus gesehen, bedeutet. Nachdem er mehr als eine halbe Stunde geredet hatte, bekam er starke Kopf- und Brustschmerzen. Deshalb sagte er zum Schluß: »Mein Kopf und meine Brust beginnen, mir sehr weh zu tun. Bitte verzeihen Sie, aber ich kann nicht mehr weitersprechen. Von heute an werde ich nichts essen. Ich werde meine Rationen an Sie weitergeben. Aber Sie dürfen den Aufsehern nichts davon erzählen. Wenn Sie darüber reden würden, könnten Sie mein Essen nicht bekommen.«

Natürlich waren die Mitgefangenen gerne bereit zu schweigen. Zumal die Essensqualität während den Tagen des Chinesischen Neuen Jahres viel besser war als während des übrigen Jahres.

Am 29. Januar 1984 (dem 27. Tag des 12. Monats nach chinesischem Kalender) wurde Yun zu einem erneuten Verhör vorgeführt. Der vorsitzende Richter fragte Yun: »Haben Sie sich während der vergangenen Tage Ihre Antworten überlegt? Wenn ja, dann berichten Sie uns jetzt bitte alles, so daß wir Sie zum Neujahrsfest nach Hause entlassen können.«

Yun antwortete ruhig: »Ich habe so viele Dinge getan, daß ich sie in der kurzen Zeit nicht in meinen Gedanken ordnen konnte. Doch es widerstrebt mir, Ihnen einen Bericht zu geben über Sachverhalte, die mir selbst noch nicht ganz klar sind. Außerdem würden meine Aussagen Sie während der Festtage zum Neuen Jahr betrüben.« Wieder konnte der Richter akzeptieren, was Yun vorbrachte. Ohne ein weiteres Wort zu sagen, bedeutete er den Wachpolizisten, Yun wieder abzuführen.

Gott sei Dank! Zurück im Gefängnis dachte Yun an die Menschen, von denen in der Bibel berichtet wird, daß sie mit Gottes Hilfe die schwierigsten Situationen überwinden konnten. Er vergegenwärtigte sich, wie Jesus starb, er dachte an Josef im Gefängnis, an Daniel in der Löwengrube, an die drei mutigen Männer im Feuerofen. Er erinnerte sich an Stephanus, der zu Tode gesteinigt wurde, an Paulus, der mehrmals im Gefängnis war und an Petrus, den ein Engel aus dem Gefängnis befreite, wie im 12. Kapitel der Apostelgeschichte berichtet wird. Dann dachte er daran zurück, wie er selbst in der Vergangenheit mehrmals Gottes Hilfe erlebte. Mit diesen Gedanken beschäftigt, wußte er sich so sicher und geborgen wie ein Kind in den Armen seiner Mutter.

Dann gab ihm Gott ein Wort in den Sinn, das für Yun der Schlüssel zum Sieg wurde: »Habe keine Angst, glaube nur. Schaue nicht auf die Umstände, schaue nicht auf dich, und schaue auch nicht auf andere Menschen. Sieh nur auf den Herrn, bete viel, dann wirst du die Herrlichkeit Gottes sehen.« Danach legte er sich entspannt hin, und in der folgenden Zeit ruhte er täglich im Frieden und in der Geborgenheit Gottes. In seinem Herzen war er ständig mit Gott verbunden, seine Gedanken waren erfüllt mit dem Wort Gottes, mit Gebeten und Liedern. Oft sang er neue Lieder mit Worten der Erkenntnis, die der Heilige Geist ihm eingab, und besonders gern sang er die Psalmen 23, 34, 146 und den Text aus Römer Kapitel 8, die Verse 35 bis 39.

Die Zeit verging schnell, und das chinesische Neue Jahr begann. Am 11. Februar (dem zehnten Tag nach Neujahr) war wieder ein Verhör mit

Yun geplant. Dieses Mal mußte er zum Verhandlungsraum getragen werden. Den Führungskadern der Geheimpolizei bot sich ein ungewöhnliches Bild: Yuns Augen waren fest geschlossen, und er lag reglos vor ihnen auf der Erde. Sie stellten ihm mehrere Fragen, aber er reagierte überhaupt nicht. Sie dachten, er würde sich verstellen und begannen, mit ihren Lederpeitschen auf ihn einzuschlagen.

Der Häftling, der Yun in den Saal getragen hatte, versuchte, ihn zu schützen und wandte ein: »An dem Tag, als dieser Mann zu uns kam, sagte er, er habe starke Schmerzen im Kopf- und Brustbereich. Nun hat er seit mehr als zehn Tagen überhaupt nichts gegessen.« Daraufhin hörten die Kader auf, ihn auszupeitschen, und es blieb ihnen nichts anderes übrig, als ihn durch denselben Mann wieder in seine Zelle zurücktragen zu lassen.

Inzwischen hatte Yun vom 25. Januar bis zum 2. März gefastet, wobei er auf Essen und auf Trinken verzichtet hatte. Während dieser Zeit war er an zwei Tagen jeweils mehrere Male aus der Zelle getragen worden, um verhört zu werden. Doch jedesmal hielt er seine Augen geschlossen, sagte nichts und reagierte überhaupt nicht auf die Versuche der Richter und Polizisten, Informationen von ihm zu bekommen. Dabei setzte die Geheimpolizei alle erdenklichen Mittel ein, um ihn zum Reden zu bringen, einschließlich Folter.

Mittlerweile war Yun nur noch Haut und Knochen, doch sein Geist war hellwach, und seine Gemeinschaft mit Gott wurde immer intensiver. Am achtunddreißigsten und neununddreißigsten Tag seines Fastens entspannt sich plötzlich ein erbitterter Kampf in seinen Gedanken. Satans Stimme sagte: »Yun, Jesus hat nur vierzig Tage gefastet. Kann der Schüler größer sein als der Lehrer? Wie kann sich der Diener einbilden, größer zu sein als der Herr? Es wäre nicht richtig, wenn du mehr als vierzig Tage fasten würdest.«

Yun quälte sich mit diesen Gedanken, und die vor ihm liegenden Tage sahen so dunkel aus. Angst stieg in ihm auf, und ein Gefühl der Entmutigung und Hoffnungslosigkeit ergriff ihn. Es ging so weit, daß er daran dachte, sich das Leben zu nehmen, obwohl er wußte, daß Selbstmord und Mord vor Gott die gleichen Sünden waren. In seiner Verzweiflung schrie er zu Gott: »Herr, was soll ich tun? Bitte, laß mich sterben!«

Plötzlich wurde er sich der Gegenwart des Heiligen Geistes bewußt, und eine bestimmte Stelle des Wortes Gottes sprach sehr deutlich zu ihm:

»Ich kenne deine Werke, und ich habe vor dir eine Tür geöffnet, die niemand mehr schließen kann. Du hast nur geringe Kraft, und dennoch hast du an meinem Wort festgehalten und meinen Namen nicht verleugnet« (Offb 3,8).

Die Dunkelheit verließ Yun sofort, Satan war in die Flucht geschlagen worden. Nun war Yuns Herz wieder erfüllt mit Licht, Kraft und Freude. Er war sehr begeistert über den Trost und die Nähe des Heiligen Geistes, und er begann, dem Herrn ein sanftes Lied zu singen:

»Ich will den Herrn loben, solange ich lebe, meinem Gott singen und spielen, solange ich da bin« (Ps 146,2-10).

Er sagte voller Zärtlichkeit zu Jesus: »Mein Geliebter, ja, solange ich atme, will ich für dich leben.« Während er sang und mit Gott Gemeinschaft hatte, kam ihm plötzlich das Wort Gottes in den Sinn:

»Amen, amen, ich sage euch: Wer an mich glaubt, wird die Werke, die ich vollbringe, auch vollbringen, und er wird noch größere vollbringen, denn ich gehe zum Vater« (Joh 14,12).

Dieser Vers, den er bis dahin nie so richtig beachtet hatte, wurde ihm von diesem Tag an sehr wichtig. Er stützte sich täglich auf diesen Text und konnte schließlich vierundsiebzig Tage lang fasten.

An seinem einundvierzigsten Fastentag sah er eine gewaltige Vision: Ein heftiger Sturm aus nordöstlicher und nordwestlicher Richtung erfaßte Yuns Haus, hob es in die Luft und riß das Strohdach herunter. Dann tauchte eine unvorstellbar große Schar von Hornissen, Skorpionen, Tausendfüßlern und giftigen Schlangen auf, die den Himmel verdunkelten, die Erde bedeckten und direkt auf Yun zukamen. Entsetzen packte ihn, und er wußte nicht, was er tun sollte. In dem Moment sah er eine Hure, die ihm winkte, lockte und rief: »Komm schnell, folge mir!«

Yun war im Begriff, hinter der Frau herzulaufen, da stand plötzlich seine Mutter vor ihm. Ihr Gesicht leuchtete, und sie sprach sehr streng mit ihm: »Mein Kind, schnell, knie nieder!« Er gehorchte, und seine Mutter gab ihm einen großen Laib Brot und sagte liebevoll: »Mein Sohn, iß schnell dieses Brot!« Im selben Moment, als Yun seinen Mund öffnete, um in das Brot zu beißen, griffen ihn die Scharen von Hornissen, Skorpionen, Tausendfüßlern und giftigen Schlangen an und stachen und bissen ihm. Yun schrie: »Herr, hilf mir!«

Die Vision verblaßte. Yun öffnete seine Augen und wandte sich an Li, der neben ihm lag und sagte: »Morgen werde ich wahrscheinlich wieder verhört werden.« Li war der Gefangene, der Yun immer zu den Verhören tragen mußte. Eigentlich war er als Informant der Geheimpolizei eingesetzt worden, um Yun zu beobachten. Aber nachdem er Tag und Nacht unmittelbar bei Yun verbringen mußte, hatte er schließlich auch Jesus als seinen Herrn angenommen und war seither Yuns Freund und Bruder geworden.

Während sie noch redeten, begann Yun, eine zweite Vision zu sehen. Er betrat einen kleinen, schönen, makellos weißen Raum, der sich plötzlich zu grenzenloser Weite ausdehnte. Dort lag ein großer Stapel weißen Papiers. Ein weißgekleideter Mann trat auf Yun zu und sagte: »Wir müssen Ihre Fingerabdrücke abnehmen.« Dann gab er ihm genaue Anweisungen, die Yun sorgfältig befolgte. Er drückte seine Finger auf jedes einzelne Blatt, doch seltsamerweise waren die Abdrücke, die seine Finger hinterließen, nicht in der Farbe der Tinte, sondern sie waren alle ganz rot.

Damit endete dieses Bild. Yun dachte über die Bedeutung des Gesehenen nach, doch er konnte es nicht richtig deuten. So sagte er zu seinem Bruder Li nur: »Morgen steht mir eine Prüfung bevor, du mußt ernsthaft für mich beten und den Herrn um Gnade bitten, daß er mich beschützen möge.«

Am nächsten Morgen um neun Uhr ertönte die Gefängnisglocke, und der Wachposten schrie: »Bringt Yun heraus!« Als die Parteifunktionäre der Geheimpolizei, die für das Verhör gekommen waren, sahen, daß Yun sich weigerte, auch nur die Augen zu öffnen und keine ihrer Fragen beantwortete, holten sie Stricke, Peitschen, Elektroschock-Stäbe und andere Folterwerkzeuge hervor und begannen, auf seinen Kopf und sein Gesicht einzuschlagen.

»Wir werden Sie totschlagen,« erklärten die Polizisten. »Sie haben immer behauptet, die von der Regierung unterstützte patriotische ›Drei-Selbst-Kirche‹ sei eine Hure (chinesische patriotische Kirche, die 1954 offiziell gegründet wurde, um alle Christen Chinas zu sammeln und kontrollieren zu können). Warum stellen Sie sich jetzt plötzlich taubstumm, haben Sie nichts mehr dazu zu sagen?«

Nach einiger Zeit sagte der Richter: »Wir geben Ihnen heute eine letzte Gelegenheit, Ihr Leben zu retten. Wenn Sie versprechen, der ›Patriotischen Drei-Selbst-Kirche‹ beizutreten, werden wir uns nicht weiter für Ihre früheren religiösen Aktivitäten interessieren, und wir werden Sie offiziell zu einem Leiter der Kirche machen. Sind Sie damit einverstanden?«

Plötzlich stand Yun wieder das Bild vor Augen, das er am vergangenen Abend gesehen hatte: Hornissen, Skorpione, Tausendfüßler und giftige Schlangen griffen ihn an, bissen und stachen ihn. Dann lockte ihn die Hure, ihr auf dem Weg zu folgen. Nun verstand er. Obwohl Yuns Körper grausame, unmenschliche Qualen erduldet hatte, in seinem Geist vertraute er Gottes Verheißungen, sein Geist war stark und lebendig. Er achtete gar nicht weiter auf diese Angebote irgendwelcher Regierungsbeauftragter.

Unterdessen konnte Bruder Li die Tränen nicht zurückhalten, in seinem Herzen schrie er zu Gott: »Herr, ich ertrage das Leiden deines Dieners nicht mehr! Bitte, erbarme dich seiner! Beschütze ihn!« Auch Yun selbst betete lautlos um Gottes Schutz. Ihre Herzen waren eines Sinnes in ihrem Gebet, und ein Strom der Liebe ging von ihnen aus. Diese Liebe floß zu den Aufsehern und Polizisten und durch das ganze Gefängnis und war stark genug, alle Hindernisse zu überwinden.

In dem Moment kam ein kleiner, dicker Mann im weißen Kittel hereingeschlendert, der Gefängnisarzt. Er fragte alle: »Stimmt es, daß dieser Mann nicht sprechen kann? Passen Sie auf, ich werde ihn zum Sprechen bringen!« Die Polizisten des Gefängnisses standen auf der einen Seite neben Yun, der Arzt auf der anderen Seite. Er hielt Yuns Hände hoch, betrachtete sie mit einem verächtlichen Blick und grinste spöttisch: »Sie können also wirklich nicht sprechen? Nun, dann werde ich Ihnen jetzt eine Spritze geben, die Sie von Ihrer Stummheit heilen wird!«

Vier Gefängniswärter mußten Yuns Hände festhalten. Dann nahm er aus einem Karton eine Injektionskanüle von sehr dickem Kaliber, und mit einem teuflischen Lachen schob er die Nadel unter Yuns rechtem Daumennagel entlang. Ein furchtbarer Schmerz schoß durch Yuns ganzen Körper, und er konnte einen Schrei nicht unterdrücken. Sofort erinnerte er sich an die Vision des vergangenen Abends, als seine Fingerabdrücke genommen wurden.

Der Arzt nahm eine Kanüle nach der anderen aus seiner Schachtel und stach je eine Nadel unter jeden Fingernagel beider Hände. Nach der vierten Nadel wurde Yun ohnmächtig. Alle Farbe war aus seinem Gesicht gewichen, kalter Schweiß bedeckte seinen Körper und Blut sickerte aus seinen Fingernägeln. Dann traten die Polizisten Yun, bis er zu Boden fiel, und sie spotteten: »Das haben Sie nun von Ihrem Eigensinn, los, gehen Sie zu Ihrem Gott!«

Wieder trug Li den geschundenen Körper zurück in die Zelle. Als sie dort waren, fiel Li auf sein Angesicht und weinte laut. Auch die anderen Zelleninsassen vergossen bei diesem qualvollen Anblick Tränen des Mitgefühls.

Einige Tage später entwarfen die Geheimpolizisten eine »großartige« Strategie. Mehrere Gefängnisaufseher kamen, um Yun, der dem Tode schon näher war als dem Leben, zur Untersuchung ins Krankenhaus zu bringen. Die Ärzte stellten fest, daß Yun außer Wassermangel nichts fehlte.

Also nahmen sie mehrere Infusionsflaschen mit Kochsalzlösung, hängten sie an einen entsprechenden Ständer und bereiteten alles zur Infusion vor. Einer der Polizisten stand dabei und machte Fotoaufnahmen, um der Öffentlichkeit zu zeigen, wie »humanitär die chinesische Partei, das chinesische Land und die chinesische Regierung sind«.

Sie suchten lange Zeit nach Yuns Venen, doch es gelang ihnen nicht, einen Zugang zu finden. Schließlich stachen sie die Infusionsnadel einfach blindlings ins Gewebe, so daß die Flüssigkeit in den Muskel floß. Bald entstand eine großflächige Schwellung von der Ellenbeuge bis über die Schulter, und die Schmerzen wurden dabei so groß, daß Yun wieder das Bewußtsein verlor.

Weil sie mit dem Ergebnis dieser Strategie nicht zufrieden sein konnten, dachten die Gefängnisaufseher wieder angestrengt nach und entwarfen einen neuen Plan, was sie mit Yun machen könnten. Sie hielten eine Rede für die anderen Gefangenen in Yuns Zelle: »Wie Sie wissen, ist Yun ein politischer Gefangener, er ist ein Konterrevolutionär. Er selbst weiß genau, wie schwer seine Vergehen sind. Aus diesem Grunde stellt er sich krank und ißt nichts, um Widerstand gegen die Staatsgewalt zu leisten. Die ärztliche Untersuchung ergab keine Krankheiten. Ihre Zelle wurde von ihm negativ beeinflußt, was sich auf Ihr Schicksal ungünstig auswirken wird. Ihre Zelle ist die schlechteste im ganzen Gefängnis. Deshalb wird es Zeit, daß Sie sich von diesem Konterrevolutionär distanzieren und sich eins machen im Kampf gegen ihn. Wer sich durch hervorragende Leistungen in diesem Kampf hervortun wird, erhält eine großzügige Belohnung, und die Haftdauer wird verkürzt werden.«

Obwohl die Mitgefangenen Yuns große Achtung vor ihm hatten, hatte noch keiner von ihnen Jesus als seinen Herrn angenommen außer Li. Nachdem sie von den führenden Mitgliedern der Geheimpolizei nun so ermutigt worden waren, traten ihre gewalttätigen Gewohnheiten in den Vordergrund, sie ließen sich wieder beherrschen von ihrer Brutalität und begannen, Yun regelmäßig zu quälen. Diese abgebrühten Gewalttäter begannen, sich täglich darauf zu freuen, Yun ihren Vorstellungen entsprechend zu behandeln. Sie hatten dabei völlig freie Hand, wie sehr sie ihn auch demütigten und prügelten, niemand schritt gegen sie ein. Es war deutlich schlimmer, in die Hände dieser Männer zu fallen als in die Hände der Geheimpolizei.

Sie verlagerten Yuns Schlafplatz neben das »Pissoir«, das sich an einer der Zellenwände befand. (Anmerkung: In jeder Zelle gibt es eine Ecke, die von der Funktion her einem Pissoir entspricht. Zur Toilette können die Häftlinge nur während bestimmter, dafür vorgesehener Zeiten gehen, dann dürfen sie einen entsprechenden Verschlag außerhalb der Zellen aufsuchen, um sich zu erleichtern.) Wenn Yuns Zellengenossen nun ihre Pissoir-Ecke aufsuchten, taten sie das absichtlich häufig so, daß sie dabei auf Yuns Kopf urinierten. Er war zu schwach, um zu protestieren, also ließ er auch das schweigend über sich ergehen. Eines Tages, als alle nach draußen gehen durften, um die Toilette zu benutzen, nahmen sie Yun mit und wollten von ihm erzwingen, auch Stuhlgang zu haben. Aber der arme Yun war dazu natürlich nicht in der Lage, nachdem er seit zwei Monaten überhaupt nichts gegessen hatte.

Ein großer, stämmiger Aufseher kam vorbei, einen Elektroschock-Stab in seiner Hand haltend. Als er erkannte, was hier vor sich ging, sagte er mit einem finsteren Lachen:»Ich werde mich um ihn kümmern.« Er schaltete seinen Stab ein und stieß damit gegen Yuns Hüfte. Eine Welle des Schmerzes jagte durch Yuns Körper.

Aber Yun rührte sich nicht. Das machte den Aufseher wütend, er hob Yun hoch, als wäre er eine Stoffpuppe und schleuderte ihn auf die Erde, hob ihn wieder hoch, warf ihn zu Boden, hob ihn auf, warf ihn zur Erde, immer wieder. (Zu jener Zeit war Yun sehr abgemagert, er wog weniger als dreißig Kilogramm, so bedurfte es keiner großen Anstrengung, ihn herumzuwerfen.) Er trat Yun in den Leib und verlangte spöttisch:»Erheben Sie sich und kriechen Sie vor mir herum!« Er wollte sein grausames Spiel mit ihm treiben, als ob Yun ein Hund wäre. Inzwischen waren mehrere hundert Gefangene stehengeblieben, die lachend zuschauten.

Plötzlich löste sich ein junger Häftling aus den Reihen der Zuschauer. Er war etwa Mitte Zwanzig, der Bruder von Yuns Frau, mit dem Gesetz in Konflikt gekommen und verhaftet worden, war er in der Zelle neben Yun eingesperrt. Er warf sich auf Yun und schluchzte hemmungslos.

Der Aufseher, der sich mittlerweile wie ein rasender Wolf gebärdete, traf ihn mit seinem Elektroschock-Stab und fluchte wild:»Wer um alles in der Welt sind Sie, und wie kommen Sie dazu, diesen hier anzufassen und zu heulen?«

Der junge Mann antwortete:»Ich bin sein Schwager.«

»Verschwinden Sie, sonst bringe ich Sie mit einem Stromstoß um«, sagte der Aufseher mit so drohender Stimme, daß dem jungen Mann nichts anderes übrig blieb, als aufzustehen und zu gehorchen.

Die folgende Begebenheit ereignete sich im zweiten Monat nach dem chinesischen Kalender. Es war ein grauer, bewölkter Tag, und der kalte Nordwind schien alle Hoffnungen auf den nahenden Frühling hinwegzufegen. Die Häftlinge waren für einige Zeit im Gefängnishof gewesen und kehrten jetzt in ihre Zellen zurück, nur Yun nicht. Ihn hatten die anderen in die Toilette geworfen, wo er seither mit seinen spärlichen Kleidern lag: ein löchrig gewordenes Hemd unter einer abgewetzten wattierten Jacke, sowie ein Schal für Unterkörper und Beine. Diesen Schal hatte ihm Bruder Ming in jener Nacht gegeben, als sie verhaftet worden waren, und er hatte dazu gesagt:»Das Wetter ist so kalt, es ist besser, wenn du diesen Schal trägst.« Yun hatte ihn seither behalten können. Alle seine anderen Kleider, einschließlich seiner Hose, waren ihm gestohlen worden. Nur Hemd und Jacke waren so kaputt, daß niemand sie haben wollte.

Yun lag allein auf der Erde, verlassen und ohne einen Freund. Würde irgend jemand kommen, um ihn in seiner Trauer und Einsamkeit zu trösten? Würde jemand Mitleid mit ihm haben? Alle verachteten ihn, er war in ihren Augen weniger wert als ein Tier. Er wollte um Hilfe rufen, doch es kam kein Ton aus seinem Mund. Er wollte weinen, aber er hatte keine Tränen mehr.

Er konnte kaum seine Lippen bewegen, als er mit trauervoller Stimme leise zu singen begann:

»Ich erhebe meine Augen zu dir, der du hoch im Himmel thronst. Wie die Augen der Knechte auf die Hand ihres Herrn, wie die Augen der Magd auf die Hand ihrer Herrin, so schauen unsre Augen auf den Herrn, unsern Gott, bis er uns gnädig ist. Sei uns gnädig, Herr, sei uns gnädig! Denn übersatt sind wir vom Hohn der Spötter, übersatt ist unsre Seele von ihrem Spott, von der Verachtung der Stolzen« (Psalm 123).

Gegen Abend wurde Yun in seine Zelle gebracht, wo seine Mitgefangenen wieder auf ihn urinierten. Weinend betete er zu Jesus: »Herr, bitte, vergib ihnen!«

Yun hatte eine Teetasse aus Porzellan an einer Schnur um seine Taille gebunden, die eine Schwester aus dem Gebiet »A« ihm gegeben hatte, als sie ihn besucht hatte. Auf dieser Tasse war ein Kreuz aufgemalt, und Yun liebte sie wie einen kostbaren Schatz. An diesem Abend entrissen ihm seine Zellengenossen, denen nichts heilig war, diese Tasse und warfen sie in den Urin. Mühsam und sehr traurig richtete sich Yun auf, und nur mit größter Anstrengung gelang es ihm, in die Toilettenecke zu kriechen und seine Tasse wieder herauszuholen. Dann drückte er sie an seine Brust, weinte lautlos und hielt die Tasse lange Zeit, als ob er einen lieben Freund halten würde.

Dann geschah etwas Eigenartiges. Alle Gefangenen in Yuns Zelle bekamen nacheinander einen Hautausschlag, und nach kurzer Zeit waren ihre Körper mit Geschwüren übersät, die unerträglich juckten, so daß sie nicht mehr schlafen konnten. Doch der allmächtige Gott bewahrte Yun vor dieser Krankheit, als einziger hatte er überhaupt keine Hautprobleme. Die anderen wunderten sich darüber und zwangen Yun nun, mitten unter ihnen zu schlafen. Der Zellenälteste, der immer besonders grausam war zu Yun, hatte die schlimmsten Geschwüre. So nahmen sie dessen Decke, und Yun mußte sich mit ihr zudecken, doch sein Gott beschützte ihn, und er bekam keine einzige juckende Stelle.

Bevor dies geschah, war Bruder Li in eine andere Zelle verlegt worden, und ein Mann namens Yu hatte seine Stelle an Yuns Seite eingenommen. Als Yu sah, was sich in der Zelle abspielte, bat er eiligst wieder um seine Rückversetzung, so daß Li wieder zu Yun kam. Der Herr segnete Li ganz besonders, und später wurde er ein starker, furchtloser Christ.

Die Führungskader der Geheimpolizei waren sich sicher, daß Yun nicht mehr lange leben würde. Und noch immer hatten sie keine Informationen aus ihm herausbekommen können. Was sollten sie auf die Fragen ihrer Vorgesetzten antworten, wenn er sterben würde, ohne geredet zu haben? Sie begannen fieberhaft, sich einen Plan auszudenken. Dann schickten sie einige Krankenschwestern in das Gefängnis, die ihm mit Gewalt Essen eingeben sollten. Ein Grund dafür war, daß sie dann, wenn Yun tot war, die Fotos davon ihren Vorgesetzten zeigen könnten. Außerdem wollten sie die Bilder für Propagandazwecke nutzen, um dem Volk ihre »große revolutionäre Humanität« demonstrieren zu können. Jedoch gelang es ihnen nicht, Yun auch nur ein einziges Reiskorn oder einen einzigen Tropfen Wasser einzuflößen, weil er alles wieder ausspuckte.

Die Geheimpolizei wurde immer ratloser. Als nächstes luden sie seine Familie ein, ihn zu besuchen. Sie hofften, daß er ihnen gegenüber reden würde. Bis dahin war es seiner Familie während der ganzen Zeit seiner Haft nicht erlaubt worden, ihn zu sehen.

Vom 25. Januar bis zum 7. April 1984 hatte Yun ununterbrochen Tag und Nacht gefastet, ohne zu essen oder zu trinken, vierundsiebzig Tage lang. Er fastete für die christlichen Gemeinden in China, für die vielen Menschen in seinem Gefängnis und für sich selbst, daß Gott ihm helfen würde, diese Haft siegreich zu überstehen. Liebe Leser, haben Sie jemals davon gehört, daß in den sechstausend Jahren der Menschheitsgeschichte eine Person vierundsiebzig Tage ohne zu essen und zu trinken überlebte? Aber in unserer Generation lebt ein Mann, ein gewöhnlicher Mann ohne Ausbildung, ein schlichter Prediger des Evangeliums, dem Gott in seiner Allmacht dieses erstaunliche Wunder ermöglicht hat.

Es ist unmöglich, von all den Demütigungen, Angriffen und furchtbaren Schlägen zu berichten, die Yun während dieser vierundsiebzig Tage ertragen mußte. Teil seiner Leiden war der regelmäßige Einsatz des Elektroschock-Stabes und anderer Folterinstrumente sowie die qualvolle Prozedur, als alle seine Finger mit langen Nadeln durchbohrt worden waren. Wenn Gott nicht übernatürlich eingegriffen hätte, wäre Yun in diesen Monaten viele Male gestorben.

In den frühen Morgenstunden des 7. Aprils sah Yun eine Vision: Viele Christen waren vor den Gefängnismauern versammelt, sie knieten mit erhobenen Händen und beteten. Er sah sich selbst in dem Schoß seiner Mutter liegen, und seine Frau, seine jüngere Schwester und die Geschwister standen um ihn und weinten. Dann sah er sich selbst Fahrrad fahren, und ein etwa sieben- oder achtjähriger Junge saß vorne auf seinem Lenker und sagte zu ihm:»Onkel, darf ich dir ein Lied vorsingen?« Dann begann das Kind, den Text aus Johannes Kapitel 14, Vers 6 zu singen:

»Jesus sagte zu ihm: Ich bin der Weg und die Wahrheit und das Leben, niemand kommt zum Vater, außer durch mich.«

Während Yun in die Pedale trat, hörte er dem Lied des Jungen zu, und er wurde dabei sehr ermutigt. Später sah Yun wieder das Bild, das er von früher schon kannte: Ein unzählbar großer Schwarm von Hornissen, Skorpionen und giftigen Schlangen griff ihn an. Um acht Uhr morgens wurde Yun dann, wie er nach diesem Bild erwartet hatte, in den Folterraum gebracht, um verhört zu werden. Seine Mutter und seine Frau waren schon früh im Gefängnis eingetroffen, doch die Polizisten sagten ihm nichts davon, sie wollten zuerst noch einmal versuchen, ob sie ihn nicht doch selbst zum Reden bringen könnten. Kaum war er in dem Raum, wo sie ihn erwartet hatten, setzten sie ihre Peitschen und Elektroschock-Stäbe ein, genau wie er es in der Vision zuvor gesehen hatte. Dann wurde er bewußtlos.

Als sein Bewußtsein allmählich wieder zurückkam, stellte er als erstes fest, daß sein Körper warm und weich gebettet war. Es war ihm, als ob erfrischende Tropfen einer warmen Flüssigkeit auf sein Gesicht fielen. Langsam erkannte Yun, wo er war: Genau wie er in dem Bild frühmorgens gesehen hatte, lag er im Schoß seiner Mutter, deren Tränen auf sein Gesicht tropften. Seine Frau Lingling, seine ältere Schwester, seine jüngere Schwester und einige befreundete Christen, insgesamt acht Personen, standen um ihn herum.

Sie konnten ihn kaum wiedererkennen. Sein Gesicht war eingefallen, die Haut spannte sich straff über die Wangenknochen. Die Kleider, die an seinem mageren Körper hingen, waren starr vor Dreck. Seine Augen erschienen in dem hohlwangigen Gesicht unnatürlich groß, seine Lippen waren aufgeschwollen, und er konnte den Mund nicht schließen, so daß zwei Reihen gelber Zähne sichtbar wurden. Sein verfilztes Haar fiel ihm strähnig ins Gesicht, und ein langer, ungepflegter Bart war ihm gewachsen. Und die morgendliche Folter hatte blutige Spuren in seinem Gesicht hinterlassen. Yuns Frau Lingling war von dem Aussehen ihres Mannes so entsetzt, daß ihr übel und schwarz vor Augen wurde. Alle seine Besucher weinten, während sie den Bewußtlosen betrachteten. Sein Anblick hätte auch dem härtesten, kältesten Menschen Tränen in die Augen getrieben.

Plötzlich spürte Yun, wie ihn göttliche Kraft durchströmte. Er hatte sich schon längst entschieden gehabt, heute wieder zu sprechen. Aber als er zum Reden ansetzte, legte ihm seine ältere Schwester schnell die Hand auf den Mund. Ihr war bekannt, daß er sich geweigert hatte, ein Geständnis abzulegen und vierundsiebzig Tage nichts gesagt und nichts gegessen und getrunken hatte. Wenn er jetzt beginnen würde zu reden, würden ihn die Aufseher schwer bestrafen. Aber mit übernatürlicher Kraft schob Yun ihre Hand weg und begann, mit lauter Stimme zu reden:

»Verlaßt euch nicht auf Fürsten, auf Menschen, bei denen es doch keine Hilfe gibt. Besser, sich zu bergen beim Herrn, als auf Menschen zu bauen« (Ps 146, 3 und Ps 118,8). »Habt keine Angst!«

Dann griff er nach Bruder Ahongs Hand und drückte sie fest, während er zu ihm sagte: »Bruder, Reichtum kann uns nicht verderben, mit Drohungen kann man uns keine Angst machen, Armut wird uns nicht aus der Bahn werfen, vertraue nur auf Jesus und sei stark. Der himmlische Vater sagte mir schon, daß du mich heute besuchen würdest.«

Als sie Yun so reden hörten, war es vollends um die Fassung der Versammelten geschehen und sie weinten leise. Mit großer Eindringlichkeit redete Yun weiter: »Mutter, dein Sohn ist hungrig! Mutter, dein Sohn ist durstig! Der Herbst ist vorüber, es ist Winter geworden, und es ist sehr kalt. Warum hast du deinem Sohn keine inwendigen Kleider gegeben? Mutter, dein Sohn ist hungrig! Dein Sohn ist durstig!«

Als Yun so zu reden begann, rannte eine der Schwestern sofort los zu dem kleinen Laden im Eingangsbereich des Gefängnisses, um etwas Essen zu kaufen. Seine Mutter antwortete mit tränennassen Augen: »Es liegt nicht daran, daß deine Mutter sich nicht um dich gesorgt hätte. Ich habe oft versucht, dir etwas zu schicken, aber es wurde dir nie ausgehändigt!«

Wie ein Schrei brach es aus Yun heraus: »Mutter, dein Sohn ist nicht hungrig und durstig nach irdischem Brot und Wasser, sondern nach den Seelen der Menschen! Wenn doch wenigstens du predigen könntest und die gute Nachricht von Jesus den verlorenen Menschen sagen könntest, das wäre die einzige Speise, nach der ich mich sehne!

Mutter, ich habe schon vierundsiebzig Tage gefastet, und der Herr Jesus hatte mir gesagt, daß ich dich heute sehen würde, aber es ist möglich, daß ich bald totgeschlagen werde. Bitte Mutter, hast du Brot und Wein mitgebracht, das Blut und den Leib Jesu?«

In dem Moment kam die Schwester zurück, die hinausgerannt war, um Essen zu kaufen, und sie hatte eine Schachtel Kekse, mehrere Dosen Konservennahrung und eine Flasche Traubensaft mitgebracht. Yun nahm einen Keks, hob ihn hoch, segnete ihn und gab ihn seiner Mutter, Lingling, Ahong und den anderen Geschwistern.

Mit großem Ernst zitierte er 1 Korinther 11, 24: »Das ist mein Leib für euch. Tut dies zu meinem Gedächtnis.« Alle hatten betend ihre Köpfe gesenkt und empfingen das Brot des Abendmahls.

Dann goß Yun etwas Traubensaft ein, segnete ihn, nahm einen kleinen Schluck und gab den Becher an die anderen weiter, indem er sagte: »Das ist das Blut des Herrn, das er für uns vergossen hat. Wahrscheinlich ist dies meine letzte Gelegenheit, um mit euch das Abendmahl zu feiern. Mutter, Lingling, Brüder und Schwestern, ich werde euch im himmlischen Königreich wiedersehen.«

Diese Worte brachen seiner Mutter, seiner Frau und allen Geschwistern das Herz. Seine ältere Schwester umarmte ihn in tiefem Schmerz und sagte: »Yun, wie kannst du nur deine alte Mutter und deine junge Frau zurücklassen und sterben? Außerdem ist Lingling seit über fünf Monaten schwanger. Wie kannst du so grausam reden?«

Yuns Mutter weinte: »Mein Sohn, du darfst nicht sterben! Dein Bruder war gestern in unserer Wohnung den ganzen Tag auf seinen Knien und weinte und betete für dich. Es gibt keine ausweglosen Situationen für Gott! Mein Sohn, du darfst einfach nicht sterben!«

Dieses ganze Gespräch fand im Verhörraum der Geheimpolizei unter den Augen der Wachposten statt. Gott hatte mit einem Wunder diesen ausgesprochen ernsten und bewegenden Abendmahlsgottesdienst beschützt. Doch jetzt, kaum daß sie das Abendmahl beendet hatten, war es, als ob die Polizisten aus einem Traum erwachen würden. Einer von ihnen schlug mit der Faust auf den Tisch und brüllte: »Was machen Sie denn alle hier? Jetzt ist aber Schluß damit! Machen Sie, daß Sie hier verschwinden! Los jetzt, jemand soll Yun in seine Zelle tragen!«

Wie sollte die Mutter ihren Sohn hergeben? Wie sollte Lingling ihren geliebten Mann gehen lassen? Wie hätten seine ältere Schwester, seine jüngere Schwester und die geistlichen Geschwister mit ansehen können, wie ihr Geliebter ihnen entrissen würde? Yuns Mutter und seine Frau klammerten sich an ihn, und die anderen hielten seine Hände und Arme fest. Einige Gefängnisaufseher begannen gewaltsam, sie zur Seite zu drängen, sie schlugen, traten und prügelten auf die Weinenden ein, bis sie schließlich Yun aus den Armen seiner Lieben gerissen hatten. Die Polizisten schleiften Yun durch das eiserne Tor, das mit einem lauten, unbarmherzigen Geräusch ins Schloß fiel.

Yuns Mutter rief ihm laut hinterher: »Mein Sohn, denke an die Worte deiner Mutter. Sei stark und lebe weiter«, und von der anderen Seite des Eisentores erklang Yuns Stimme: »Geh nach Hause zurück, predige das Evangelium und rette die Menschen vom ewigen Tod! Sag allen Gemeinden, daß sie für mich beten und fasten sollen ...« Seine Stimme verhallte in den langen Gängen.

Während Yuns Mutter, Lingling, Ahong und die anderen noch laut weinten, wurden sie gezwungen, das Verhörzimmer und das Gefängnis zu verlassen. Viel zu schnell fanden sie sich auf der alltäglichen, belebten Hauptstraße der Stadt wieder, Menschen drängten sich an den offenen

Geschäften vorbei, und dazwischen stand verloren eine kleine Gruppe Menschen, die nicht aufhören konnte zu weinen. Bald hatte sich eine erstaunte Menge um sie geschart und wollte wissen, warum sie so in Tränen aufgelöst waren.

Wer Gott die Treue hält, wächst auf wie die immergrüne Palme (Ps 92,13)

Kaum war Yun wieder zurück in seiner Zelle Nummer zwei, als der Zellenälteste ihn schon mit Faustschlägen traktierte und verächtlich fragte: »Was ist nun mit Ihnen? Stellen Sie sich immer noch taub? Und werden Sie auch weiterhin nichts essen?« Mit solchen und ähnlichen Worten quälten ihn auch die anderen Häftlinge und hatten ihren Spaß daran, ihn zu demütigen.

Da wurde Yun erfüllte von der Kraft des Heiligen Geistes, er erhob sich und wandte sich den Zelleninsassen zu: »Meine lieben Leidensgenossen, heute möchte ich einige Worte an Sie richten. Bitte hören Sie mir aufmerksam zu.« Als sie Yun plötzlich reden hörten, erstarrten alle vor Schreck. Dieser Mann, der vierundsiebzig Tage nichts gegessen hatte, strahlte mit einem Mal so viel Würde und Autorität aus. Niemand konnte sich der Kraft entziehen, die von Yun ausging, und alle hörten ihm respektvoll zu.

Er fuhr fort: »Um Ihretwillen hat Gott mich hierher gesandt. Kaum war ich hier angekommen, hatte ich Ihnen schon von Jesus, dem Sohn Gottes erzählt, der gekreuzigt worden ist. Darüber hinaus haben Sie alle mit Ihren eigenen Augen beobachtet, daß ich in vierundsiebzig Tagen nicht ein Korn Reis, nicht einen Tropfen Wasser zu mir genommen habe. Ich frage Sie heute: Wer hat in all den Jahrtausenden menschlicher Geschichte jemals von einer Person berichtet, die vierundsiebzig Tage ohne Essen und Trinken überlebt hat?

Heute stehe ich lebendig vor Ihnen. Ist das nicht Beweis genug, daß mein Herr Jesus der lebendige Gott ist? Wollen Sie immer noch halsstarrig sein und Jesus Christus widerstehen? Wie wollen Sie dem Gericht Gottes entgehen?

Heute bietet Gott Ihnen seine Gnade und Vergebung an. Er hat mich gesandt, um Ihnen zu verkündigen, daß es möglich ist, umzukehren und Vergebung der Sünde geschenkt zu bekommen. Es wäre angebracht, wenn jeder von Ihnen jetzt vor Jesus Christus auf seine Knie fallen würde, seine Sünden bekennen und bereuen würde, dann könnten Sie dem Gericht und dem ewigen Tod entgehen, die Ihnen bevorstehen. Sie können heute noch von Schuld und Verdammnis gerettet werden, und Sie können in die ewige Freude des Reiches Gottes eingebürgert werden.«

Diese wenigen Worte trafen die Zuhörer wie Donnerschläge. Es waren mehr als zehn Männer, brutale Verbrecher, ausgekochte Gangster, die vor keiner Gewalttat zurückgeschreckt waren, die jetzt vor Jesus in die Knie gingen. Der Zellenälteste war als erster auf seinen Knien. Einer nach dem anderen folgte, bis nur noch Yun stand. Der Heilige Geist redete direkt zu jedem einzelnen, und die Sünden, die sie in der Vergangenheit begangen hatten, wurden in ihrer Erinnerung so lebendig, als ob sie einen Film sehen würden, Szene um Szene. Alle begannen bei diesen quälenden Bildern, laut zu weinen.

50

Draußen im Gefängniskorridor hörte der Wachposten den Lärm, der aus Zelle Nummer zwei kam, und er rannte zu der betreffenden Tür, um nachzusehen, was dort vor sich ging. Als er die Zellentür geöffnet hatte, blieb er wie versteinert stehen, er konnte einfach nicht glauben, was er sah. Lange Zeit stand er reglos in der offenen Tür und starrte auf das Bild, das sich ihm bot.

Bei der nächsten Gelegenheit taufte Yun fünfzehn neue Christen. Von da an nutzten sie jeden Freigang, um die Häftlinge der anderen Zellen zu besuchen und ihnen von Jesus zu erzählen. Die Nachricht von Jesus verbreitete sich in dem ganzen Gefängnis, viele Verbrecher kehrten von ihrem gottlosen Leben um und begannen, an Jesus zu glauben.

Alle Insassen der Zelle Nummer zwei wurden Christen, aus Yuns ehemaligen Todfeinden waren nun seine geistlichen Brüder geworden. Dieser Ort, der bis dahin »Hölle auf Erden« gewesen war, verwandelte sich nun in eine Gemeinde Jesu. Yun war wie eine Palme, die radikal beschnitten worden war, ja, der man sogar die Rinde abgeschält hatte, ein Palmbaum, der viele Schmerzen erlitten hatte. Aber jetzt trug diese Palme überreiche Frucht, die jeder sehen und genießen konnte. Selbst die Gemeinden in der Umgebung des Gefängnisses begannen, Erweckung zu erleben.

Das traf vor allem zu für die Gemeinden im Gebiet »B«. Als Folge der Verhaftung Yuns und einiger anderer Brüder und als Folge der unaufhörlichen Verfolgung waren viele in ihrer Liebe zu Jesus erkaltet und hatten sich auch äußerlich zurückgezogen. Doch die Nachricht von Yuns Leiden im Gefängnis und von seinem vierundsiebzigtägigen Fasten und Beten verbreitete sich in der ganzen Gegend und ermutigte die Christen sehr. Die schläfrigen, ängstlichen Christen wurden wachgerüttelt, Gebetsgruppen bildeten sich überall und viele begannen, auch zu fasten und zu beten für die Verbreitung der guten Nachricht von Jesus, für Erweckung in den Gemeinden und für die Christen in den Gefängnissen. Täglich schlossen sich mehr Menschen den Christen an und glaubten an Jesus.

In einem Dorf in jener Gegend lebte eine Christin, deren Mann noch nicht an Jesus glaubte. Die beiden hatten nur ein Kind, einen Jungen, der an einer unheilbaren Krankheit litt. Die Krankheit des Kindes war schon weit fortgeschritten und es gab von ärztlicher Seite aus keine Hoffnung mehr. Da willigte der Vater des Jungen ein, daß in seinem Haus ein Gebetstreffen stattfinden würde. Mehr als zehn Brüder und Schwestern versammelten sich an jenem Abend in dem Haus, alle knieten sich nieder und beteten intensiv, nicht nur für den kranken Jungen, sondern auch ganz besonders für Yun im Gefängnis.

Der Vater des Kindes beobachtete, wie alle für Yun beteten und weinten, während sie an sein Leiden um Jesu willen dachten. Er war so berührt von diesen Gebeten, daß er sagte: »Wenn mein Kind geheilt wird, werde ich nicht nur an Jesus glauben, sondern ich werde veranlassen, daß ich über Kontakte in meiner Verwandtschaft diesen Yun besuchen kann.« Gott erhörte die Gebete der Christen, und das Kind war bald darauf vollkommen gesund. Die Eltern waren überaus glücklich, und schon am zweiten Tag nach der Heilung besuchte der Vater seinen Verwandten, der ein hoher Funktionär bei der bewaffneten Geheimpolizei war.

Der Vater sagte dem Polizisten: »Yun ist mein Neffe, bitte achte darauf, daß er gut behandelt wird.« Weiter sagte er: »Während seiner Haft hat er vierundsiebzig Tagelang nichts gegessen. Er ist ein außergewöhnlicher Mann, dessen Gott real und lebendig ist. Was auch immer du tun magst, wage es nicht, ihn zu beleidigen.«

Der Funktionär erschrak, als er das hörte, denn Yun gehörte zu seinen Gefangenen, er kannte ihn sehr gut. Auch wußten alle Polizisten in diesem Gefängnis, daß er vierundsiebzig Tage gefastet hatte, ohne zu verhungern. Von dem Tag an unterließ es der Polizist, Yun zu foltern und er begann, ihn freundlich zu behandeln.

Es ging nicht lange, dann wurde Yun zum Zellenältesten gewählt. Eines Tages kam der Vorsteher der Wachposten zur Zelle zwei und holte Yun, um ihn dem Verwaltungsbüro vorzustellen. Dort sagte man ihm: »Wir wissen, daß Sie ein guter Mensch sind. Nun haben wir eine Aufgabe für Sie. In Zelle neun ist ein Mörder, der täglich versucht, sich selbst zu verletzen, weil er nicht mehr leben will. Wir werden ihn ab heute in Ihre Zelle bringen, damit Sie ihn beaufsichtigen können. Sie müssen verhindern, daß er Selbstmord begeht, weil wir ihn in guter gesundheitlicher Verfassung den zuständigen Polizisten zur Hinrichtung übergeben müssen. Wenn Sie unachtsam sein werden und er sich etwas antut, liegt die ganze Verantwortung auf Ihnen.«

Yun erkannte, daß man ihm da nicht nur den Körper eines Mannes anvertraute, den er beaufsichtigen sollte, sondern auch dessen kostbare, unsterbliche Seele. Er nahm diese Aufgabe sehr ernst. Wieder zurück in seiner Zelle, berichtete er den Brüdern von seiner Unterredung, und alle willigten ein, sich um diesen Häftling zu kümmern.

Es handelte sich um einen zweiundzwanzigjährigen Mann namens Huang. Er war nicht nur zum Mörder geworden, sondern er hatte auch vergewaltigt, Raubüberfälle und andere Verbrechen begangen. Dem Vater, der in einer leitenden Position war, erschien es zu peinlich, seinen kriminellen Sohn zu besuchen. Er schickte ihm statt dessen ein Hemd, auf dessen Rücken er die folgenden Worte geschrieben hatte: »Mein lieber Sohn, ich kann dich jetzt nicht besuchen, aber bei der großen Versammlung werden wir uns sehen (womit er den Termin der öffentlichen Hinrichtung meinte)!« Als Huang das las, zerbrach er innerlich, und er begann, nach Möglichkeiten zu suchen, um sich noch vor seinem Hinrichtungstermin umzubringen.

In Zelle neun, wo Huang bisher war, wurde er von seinen Zellengenossen übel behandelt. Unter anderem aßen sie ihm den größten Teil seiner Mahlzeiten weg. Was für ihn übrigblieb, schütteten sie absichtlich auf seine Kleider, so daß er völlig fleckig und schmutzig war.

Seine Arme waren immer auf den Rücken gefesselt und seine Füße waren in Metallringe geschlossen, die so eng waren, daß sie ihm ins Fleisch schnitten und er blutete. Aber er fürchtete sich nicht vor Schmerzen, vielmehr bewegte er sich ständig in der Zelle umher und sprang dabei sogar auf und ab, um seine Fußgelenke absichtlich zu verletzen. Schließlich waren die Wunden an seinen Knöcheln so tief, daß die Knochen sichtbar wurden. Seine Zellengenossen hatten Angst, daß es ihm doch noch gelingen könnte, sich umzubringen und sie dann bestraft würden. Trotzdem hörten sie aber nicht auf, ihn zu schlagen und zu demütigen. Eines Tages, als sie ihn aus den Augen gelassen hatten, rannte er mit seinem Kopf gegen die Wand. Er starb zwar nicht davon, doch in der Mauer blieb ein Loch zurück.

52

An jenem Nachmittag wurde Huang von mehreren Wachhabenden zu Zelle zwei gebracht. Kaum war er in dem Raum, spürte er schon, daß hier eine andere Atmosphäre herrschte als in seiner vorigen Zelle. Die »Leidensgenossen« schauten ihm mit mitfühlendem, freundlichem Lächeln entgegen, als ob sie einen Freund erwarten würden.

Yun sprach ihn an mit der Stimme einer liebevollen, besorgten Mutter und bat ihn, sich doch zu setzen und seine Füße nicht zu bewegen, da ihm sonst die Fesseln an seinen Knöcheln noch mehr Schmerzen bereiten würden. Yun besorgte heißes Wasser, ließ es abkühlen und reinigte damit die Wunden an Huangs Füßen.

Bald war es Zeit für das Mittagessen. Alle Brüder ließen einen kleinen Teil ihrer Rationen übrig und konnten Huang so eine halbe Schale Reis zusätzlich geben. Sie fütterten ihn geduldig, da auch seine Hände in Handschellen waren. Zum Abendessen gab es an diesem Tag für jeden Gefangenen ein »Mantou«. Nur einmal in jeder Woche bekamen sie so ein kleines, etwa fünfzig Gramm schweres »Mantou«. Yun bat alle Brüder, ihr »Mantou« zu essen, nur von ihrer Gemüsesuppe sollten sie eine Schale für Huang übrig lassen. Von seinem eigenen »Mantou« brach er nur ein Viertel ab, das er aß, den Rest versteckte er in seiner Jackentasche.

Das Frühstück am folgenden Morgen bestand aus einer Nudelsuppe, für die einige spärliche Nudeln in kochendes Wasser gegeben worden waren. Die Suppe war äußerst wäßrig, man konnte sich eher selbst darin spiegeln, als daß man irgend etwas anderes darin entdecken konnte. Vermutlich hatten die Verantwortlichen gedacht, das »Mantou« des letzten Abendessens sei zu üppig gewesen, so daß sie die Rationen am folgenden Tag lieber etwas einschränken wollten.

Die Brüder hatten sich geeinigt, daß jeder wieder einen Teil seiner Suppe an Huang abtrat. Yun fütterte ihn mit dem »Frühstück«. Dabei ließ er, mit dem Rücken zu Huang, sein restliches »Mantou« so in die Schale gleiten, daß Huang es nicht merken sollte und fuhr fort, ihm das Essen einzugeben. Als Huang das beobachtete, begann sein verhärtetes Herz zu schmelzen. Plötzlich fiel er auf seine Knie und begann, laut zu schluchzen. Wahrscheinlich war es das erste Mal, daß er als erwachsener Mann weinte.

Unter Tränen sagte er: »Ich bin ein Mörder, den alle hassen. Sogar mein Vater und meine Mutter, meine ältere und jüngere Schwester und meine Verlobte wollen nichts mehr mit mir zu tun haben. Wie kommt es, daß ihr so freundlich zu mir seid? Wie kann ich das nur wieder gutmachen? Sobald ich tot bin und zu einem Geist geworden bin, werde ich einen Weg finden, um euch etwas Gutes zurückzugeben!«

Der Heilige Geist erfüllte Yun mit göttlicher Liebe zu Huang, und er wandte sich ihm mit bewegter Stimme zu und sagte: »Du solltest nicht uns danken, sondern Jesus, denn unser Glaube an ihn hat uns so verändert. Wenn wir nicht an Jesus glauben würden, würden wir dich genau so behandeln, wie es die Häftlinge in Zelle neun taten. Doch heute können wir dich lieben, weil die Liebe Jesu unsere Herzen erfüllt. Aber wenn du tot bist, kannst du uns überhaupt nichts zurückzahlen, sondern deine Seele wird an den Ort der ewigen Verdammnis und des Gerichts kommen. Du mußt unbedingt umkehren und an Jesus glauben, nur er kann deine Seele retten!« Wenig später betete Huang mit tiefem Ernst: »Danke Jesus, daß du einen solchen Sünder wie mich lieben kannst.«

Yun tröstete ihn. Während er ihm zu essen gab, erzählte er ihm von Jesu Geburt, Tod, Auferstehung, Himmelfahrt und von seinem versprochenen zweiten Kommen. Er versuchte, ihm zu erklären, wie er durch den Glauben an Jesus Vergebung, Erlösung, Gerechtigkeit und Friede finden könne.

Er fuhr fort:»Hier auf der Erde hat jedes Land sein Gesetz. Ebenso gibt es auch für das Reich Gottes ein Gesetz. Und genauso, wie es auf der Erde in jedem Land Gefängnisse gibt, so gibt es auch ein ewiges Gefängnis im nächsten Leben, das die Bibel die Hölle nennt.«

Huang hörte aufmerksam zu, und der Heilige Geist half ihm, zu verstehen und erfassen, was er hörte. Wie selbstverständlich kniete er dann vor Gott auf der Erde nieder und bekannte seine Sünden, während tiefe Reue ihn erfüllte.

Dann begann Huang, langsam seine Geschichte zu erzählen:»Nachdem ich die Mittelschule abgeschlossen hatte, arbeitete ich als Techniker in einem Kraftwerk in der Stadt ›B‹. Meine Eltern waren beide Parteifunktionäre und standen zwei großen Arbeitskolonnen vor. Unsere Familie genoß viele Vorzüge, und meine Eltern waren stolz auf mich und hatten mich sehr lieb. Aber mir bedeuteten die Geborgenheit und der Luxus meines Elternhauses nichts. Meine besten Freunde fand ich in einer Clique von Jugendlichen, die sich nicht in die Gesellschaft einfügen konnten und wollten. Wir hatten unseren Spaß und tobten uns aus, indem wir uns betranken und Schlägereien provozierten, wobei wir unsere Opfer manchmal schwer verletzten. Wir bastelten sogar Dynamit-Sprengsätze und verübten damit einige Anschläge, auch auf Menschen.

Eines Tages wurde ich dabei von der Polizei erwischt und festgenommen. Aber weil meine Eltern so hohe Positionen in der Partei inne hatten, behandelten sie mich mit Nachsicht, und ich mußte nur für zwei Jahre in ein Arbeits-Erziehungslager. Am 1. Mai 1983 hätte ich entlassen werden sollen. Aber am Abend vor der Entlassung begegnete ich einem alten Freund, der in dasselbe Lager gekommen war.

Je länger wir redeten, desto negativer sahen wir alles. Wir begannen, über unsere Zukunft zu reden und wie leer und unbedeutend wir uns im Grunde fühlten, wir hatten keinerlei Hoffnung oder Erwartungen für unser Leben. Später begannen wir, uns zu betrinken, um die quälende Langeweile zu vertreiben und auf andere Gedanken zu kommen. Aber je mehr wir tranken, desto trüber wurde unsere Stimmung. Schließlich hatten wir eine Idee:

›Wenn wir schon beide nicht leben können, dann wollen wir wenigstens heute nacht zusammen sterben.‹

Wenig später brachen wir in das Warenlager ein und fanden zwei Metallstangen und etwa fünf Kilogramm Dynamit. Dann schworen wir einander, daß, wenn einer von uns vor dem anderen tot sein würde, der Überlebende den Körper des toten Freundes zu der Transformatoren-Station tragen würde, dort das Dynamit anzünden und den toten Kameraden umarmen würde, so daß wir beide zusammen in dieser Nacht sterben würden.

So schlugen wir mit den Eisenstangen aufeinander ein. Aber leider war ich stärker als mein Freund. Während der dritten Runde unseres Kampfes traf ich meinen Freund mit einem tödlichen Schlag auf den Schädel, daß der Knochen splitterte. Es war entsetzlich. Wie verabredet, schleppte ich dann den Leichnam meines Freundes und das Dynamit zum Transformatoren-Häuschen. Doch dabei entdeckte mich ein Wachposten, der sofort einen Warnschuß abgab. Es war klar, daß ich nun den Plan nicht mehr zu Ende führen konnte, also ließ ich meinen toten Freund zurück. Es gelang mir, aus dem Gefängnis zu entkommen.

Ich floh in eine andere Provinz und gab meinen ursprünglichen Plan, mich umzubringen, zunächst einmal auf. Vielmehr beschloß ich, alle großen Städte Chinas zu bereisen, alle Sehenswürdigkeiten zu besuchen und alle Vergnügungen zu genießen, die das Leben mir bieten würde. Erst danach würde ich in meine Heimatprovinz zurückkehren und mein Leben beenden.

Als erstes besorgte ich mir ein Jagdmesser mit einer langen, scharfen Klinge. Damit bedrohte ich viele Menschen, ich habe zahllose Reisende ausgeraubt und junge Mädchen vergewaltigt. So hatte ich jede Menge Geld, und ich fuhr kreuz und quer durchs Land, ich besuchte alle bekannten Städte, Berge und Sehenswürdigkeiten. Aber so sehr ich auch darauf aus war, mein sinnloses Leben zu genießen und alle meine Bedürfnisse und Wünsche sofort zu erfüllen, obwohl ich ungezügelt und ohne Gesetze und Tabus lebte und kein Risiko fürchtete, ich blieb doch innerlich leer und unzufrieden. Tatsächlich wurde ich immer verzweifelter, die Sinnlosigkeit und Hoffnungslosigkeit nahmen zu mit jedem Traum, den ich mir erfüllt hatte. Als meine inneren Qualen zunahmen, begann ich, in der Religion Hilfe zu suchen. Ich kletterte auf viele bekannte Berge, um mir von berühmten Leuten die Zukunft voraussagen zu lassen und ich betete in allen wichtigen buddhistischen Heiligtümern. Aber ich fand keinen Frieden.

In meiner Verzweiflung kaufte ich mir eine Schachtel Rasiermesser, knöpfte meinen Hemdkragen auf und hängte mir die Messer um den Hals. Als nächstes besorgte ich mir mit Hilfe meines Jagdmessers aus einer Apotheke zwei Packungen Schlaftabletten. Dann nahm ich den Zug in meine Heimatstadt, wo ich mich endlich umbringen wollte. Aber mein Plan wurde zum zweiten Mal durchkreuzt: Schon beim Verlassen des Zuges hat man mich als polizeilich gesuchten Verbrecher erkannt und festgenommen. So kam ich in das Hochsicherheitsgefängnis, wo sie mich schon bald darauf zum Tode verurteilt haben und wo ich seither auf meine Hinrichtung warte.«

An demselben Tag noch, an dem Yun ihm von Jesus erzählt hatte und er seine Geschichte vor Yun und Gott offenbarte, begann er zu glauben, daß Jesus der Sohn Gottes ist und ihm helfen könnte. Er übergab sein Leben Gott und erlebte, wie Jesus ihm seine Schuld vergab. Seine Verzweiflung wich, während Gottes Frieden ihn zunehmend erfüllte, und er wurde von neuem geboren. Dann erlaubte er Yun, die Rasiermesser zu entfernen, die er noch immer, versteckt unter seinem Hemd, um den Hals trug. Er begann, sich sehr zu interessieren für Gottes Wort und bat Yun ständig, ihm etwas aus der Bibel zu erklären. Und er liebte es, Lieder für Gott zu singen. Nachdem ihm Yun das Lied »Ich liebe Jesus« beigebracht hatte, sang er es ununterbrochen:

»Ich liebe Jesus, ich liebe Jesus,
mein Leben lang will ich nur Jesus lieben.
Ich liebe ihn, wenn die Sonne scheint,

ich liebe ihn auch, wenn Sturm aufzieht.
Jeden Tag, mein Leben lang
will ich nur Jesus lieben.«

Die Bewachung der Gefangenen war in jeder Beziehung sehr streng. Jeder, der irgendein Geräusch verursachte, wurde schwer bestraft. Unten an jeder Zellentüre war ein Loch, gerade groß genug, daß ein Kopf hindurch paßte. Wer gegen die Vorschriften verstoßen hatte, mußte seinen Kopf durch dieses Loch stecken und wurde dann von den Aufsehern mit Füßen getreten oder mit den Gewehrkolben geschlagen. Die Gefangenen fürchteten sich vor dieser Behandlung und verhielten sich so still und unauffällig wie möglich. Niemand wagte es, laut zu reden oder gar zu singen. Obwohl die Männer in Zelle zwei fast immer sangen, taten sie dies nur mit sehr gedämpften Stimmen, und bevor sie etwas lauter sangen, vergewisserten sie sich immer, daß kein Posten vor der Tür stand.

Obwohl der Gefangene Huang von Gott begnadigt worden war, war er vom Staat doch unverändert zum Tode verurteilt. Aber er hatte keine Angst zu sterben. Tag und Nacht sang er, so laut er konnte: »Ich liebe Jesus ...«. Es war eigenartig, daß keiner der Aufseher sich darum zu kümmern schien. Allmählich wurden auch die anderen Zellengenossen mutiger, so daß bald ständiges Singen und Beten und Bibellehre aus Zelle zwei zu hören waren.

Huang liebte das Symbol des Kreuzes, an dem Jesus für seine Sünden gestorben war. Eines Tages bat er Yun: »Bitte, Bruder, male ein Kreuz für mich an die Wand. Wenn die Polizei es entdecken wird, werde ich die Verantwortung ganz auf mich nehmen.« Yun brachte es nicht übers Herz, diesen jungen Christen zu enttäuschen, der dem Tod so nahe war. Also suchte er, wann immer er im Gefängnishof war, nach Glasscherben und Metallstückchen, um damit ein Kreuz in die Zellenwand ritzen zu können. Doch die Wand war aus Beton gegossen und äußerst hart. Yun mußte seine ganze Kraft und jede freie Minute investieren, bis er schließlich ein großes, schönes Kreuz aus der Wand herausgearbeitet hatte. Unter das Kreuz ritzte er die Erdkugel ein und schrieb darüber die Worte: »So sehr hat Gott die Welt geliebt.«

Die Brüder jubelten vor Freude, als das Werk fertig war, Huang weinte sogar, so sehr freute er sich. Dann bat er Yun, direkt neben dem Kreuz einen Grabhügel einzuritzen mit einem Grabstein, auf dem die Worte stehen sollten: »Das Grab Huangs, der Gnade empfangen hat.«

Je länger Yun an der Wand arbeitete, desto mehr Kraft bekam er. Nach und nach bedeckte er die Zellentür und die vier Wände mit Sätzen wie: »Mein Sohn war tot und lebt wieder, er war verloren und ist wiedergefunden worden« (Lk 15,24), oder: »Wenn einer leidet, weil er Christ ist, dann soll er sich nicht schämen, sondern Gott verherrlichen, indem er sich zu diesem Namen bekennt« (1 Petr 4,16). Auch der bekannte Bibelvers aus dem Johannes-Evangelium Kapitel 3, Vers 16 war deutlich lesbar eingeritzt: »Denn Gott hat die Welt so sehr geliebt, daß er seinen einzigen Sohn hingab, damit jeder, der an ihn glaubt, nicht zugrunde geht, sondern das ewige Leben hat«, und »Alle haben gesündigt und die Herrlichkeit Gottes verloren. Ohne es verdient zu haben, werden sie gerecht, dank seiner Gnade, durch die Erlösung in Christus Jesus« (Röm 3, 23-24). Die Zusage, die Yun von Gott bekommen hatte, war eingetroffen:

»So spricht der Heilige, der Wahrhaftige, der den Schlüssel Davids hat, der öffnet, so daß niemand mehr schließen kann, der schließt, so daß niemand mehr öffnen kann: Ich kenne deine Werke, und ich habe vor dir eine Tür geöffnet, die niemand mehr schließen kann« (Offb 3,7-8).

Es war wahr geworden, Gott hatte übernatürlich eingegriffen und die ganze Situation verändert. Aus hartgesottenen Verbrechern waren sanfte, singende und von Jesu Liebe erfüllte Männer geworden. Keiner der Wachposten schien sich für die Gefangenen in Zelle zwei und ihre ungewöhnlichen Aktivitäten zu interessieren, und seit sie begonnen hatten, die Wände zu beschreiben, betrat nie wieder ein Polizist die Zelle.

Bis heute sind das Kreuz und die Bibelzitate an diesen Mauern zu sehen. Jeder Gefangene, der sich in diesem Raum aufhalten muß, liest sie, und viele haben sich dadurch schon von ihrem alten Leben abgewandt und zum Glauben an Jesus gefunden. Die Männer in Zelle zwei benutzten auch die Anstecknadeln aus ihrem Gefängnisabzeichen, das alle Häftlinge tragen müssen, als Nähnadeln. Aus ihren Handtüchern zogen sie einzelne Fäden heraus, und so stickten sie kleine Kreuze oben links auf ihre Gefängniskittel. Auf Huangs Jacke stickten sie ein rotes Kreuz. Als jeder ein kleines Kreuz auf seiner Brust hatte, freuten sie sich so sehr darüber, daß sie alle niederknieten und Gott unter Tränen dankten. Durch Jesu Sterben am Kreuz hatten sie Freiheit gefunden, obwohl sie im Gefängnis waren, ihr Leben hatte eigentlich erst hier begonnen.

Keine Flamme wird dir etwas anhaben können
(Jes 43,2)

An dem Tag, als Yuns Mutter und Geschwister gekommen waren und er sein vierundsiebzigtägiges Fasten beendet hatte, war Yun sich sicher gewesen, daß ihm die schlimmsten und grausamsten Strafen bevorstanden, und er hatte sich innerlich auf seinen Tod vorbereitet gehabt. Wer hätte damit gerechnet, daß Gott ihn in den folgenden Wochen so übernatürlich beschützen würde, daß sich die gute Nachricht von Jesus im ganzen Gefängnis ausbreiten konnte? Erst nach einer ruhigen und fruchtbaren Zeit von zwei Monaten wurden seine Verhöre fortgesetzt.

Die Gefängniskader hatten sich gut vorbereitet auf dieses Verhör. Während der vergangenen Monate hatten sie die verschiedenen Bezirke und Ortschaften besucht, die Yun bereist hatte. Sie hatten eine große Untersuchung und Befragung durchgeführt und viel »Beweismaterial seiner Verbrechen« gesammelt. Bei dem Gedanken an die kommenden Gerichtsverhandlungen und Verhöre fühlte sich Yun sehr elend. Obwohl er nun sprechen würde, mußte er doch mit all den schrecklichen Folterqualen rechnen, mit denen die Polizisten gewöhnlich alle Aussagen erzwangen, die sie hören wollten. Er bat die Brüder, intensiv mit ihm zu beten, und er selbst bat Gott, ihm wieder genügend Kraft und Glauben zu geben, daß er durch die bevorstehenden Prüfungen siegreich hindurchgehen könnte.

Der Richter war etwas über dreißig Jahre alt, ein kleiner Mann mit finsterem Gesichtsausdruck und tückischen Augen. Er war als ein sehr gewalttätiger Mensch bekannt. Kaum hatten sie Yun in den Raum gebracht, starrte er ihn schon voller Wut an. Neben ihm saß ein großer, etwa fünfzigjähriger Mann mit weißem Haar und einem weichen Gesicht, der recht freundlich aussah.

Die Verhandlung begann, und der Richter wandte sich an Yun: »Die Regierung hat Sie mit Nachsicht behandelt und berücksichtigt, daß Ihr Körper nicht belastungsfähig war. Wir haben Ihnen eine Zeit der Erholung gewährt. Deshalb haben wir in den vergangenen zwei Monaten keine Verhandlungen einberufen. Inzwischen haben Sie sich erholt und hatten genügend Zeit, sich über Ihr Geständnis Gedanken zu machen. Heute bieten wir Ihnen die Gelegenheit, ›Vergebung zu empfangen durch ehrliche Selbstbeschuldigung und Gnade zu finden, indem Sie Ihre Schuld eingestehen‹. Neigen Sie Ihren Kopf und bekennen Sie Ihre Verbrechen.«

Nach einer kurzen Pause, in der Yun nichts sagte, stellte der Richter ihm die folgenden Fragen:

1) »Wer sind Ihre Kontakte in dem Bezirk ›A‹? Wie häufig waren Sie dort?«
2) »Welche Art von konterrevolutionärer Propaganda haben Sie in der Stadt ›B‹ verbreitet? Wie gelang es Ihnen, die dortigen Gläubigen gegen die Religionspolitik der Regierung aufzuwiegeln?«
3) »Welche Aktivitäten haben Sie im Bezirk ›G‹ verfolgt?«

Yun, der mit Fragen überschüttet wurde, hatte immer nur die eine Antwort: »Ich weiß es nicht.« Das machte den Richter rasend, immer wieder schlug er mit der Faust auf den Tisch. Dann stieß er zwischen zusammengepreßten Zähnen vor: »Nun, wir werden sehen, wie Sie sich heute verteidigen werden! Los, bringen Sie endlich die Maschine!«

Ein Polizeikader brachte den Kassettenrecorder und schaltete ihn ein. Es ertönte eine kräftige Männerstimme, die, vom ergriffenen Schluchzen der Zuhörer begleitet, predigte: »Geschwister, laßt euch nicht von der ›Patriotischen Drei-Selbst-Kirche‹ verführen, sie ist eine Hure … Laßt euch von ihrer Tarnung nicht täuschen … Steht auf wie Pinhas, der einen Speer ergriff und den Israeliten und die Ehebrecherin auf ihrem Lager durchbohrte (Num 25, 6-18) … Seid nicht wie Judas, der den Herrn Jesus und seine Freunde verraten hat … Ihr solltet bereit werden, als Märtyrer für den Herrn zu leiden … Erhebt euch, seid treu und furchtlos und verkündigt die Wahrheit.« Nun hörte man viele Zuhörer weinen, und der Sprecher sang das folgende Lied:

»Sei mutig und kühn, sei mutig und kühn,
dein Gott ist mit dir, sei furchtlos und stark.
Wenn auch tausend Dämonen gegen dich sind
und Zehntausende von Feinden,
vertraue deinem Herrn, fürchte dich nicht,
sei mutig und kühn.«

Dann begann der Redner auf dem Tonband mit bewegender, trauernder Stimme zu beten, dabei schwang so viel Autorität und Vollmacht mit, daß es selbst im Gerichtssaal ganz still wurde:

»Oh Herr, verjage die finsteren Wolken, die sich über unserem Land zusammengebraut haben, binde die Mächte der Finsternis, nimm die bösen Geister gefangen, die unser Land beherrschen wollen. Herr, wir bitten dich, daß du diese tyrannische Regierung entmachtest. Befreie unsere Brüder und Schwestern, die in den Gefängnissen sind. Erwecke uns Frauen wie Ester und Männer wie Daniel, die aufstehen und in unserer Generation dein Reich aufrichten ...«

Danach ertönten die Stimmen zweier weiterer Brüder, die das Gebet leiteten. Während Yun sich selbst so predigen, singen und beten hörte und sich lebhaft an den Gottesdienst vor zwei Jahren in der Stadt »B« erinnerte, wurde er sehr inspiriert von der eigenen Vollmacht, mit der er damals redete. Eine Verwandlung ging in ihm vor. Die gleiche Salbung, mit der er damals geredet hatte, kam wieder auf ihn. Er besann sich der Waffenrüstung Gottes, und das Schwert des Heiligen Geistes war wieder in seiner Hand. Er stand in dem Gerichtssaal mit der Haltung eines großen Generals des himmlischen Königreichs.

Mit einem abrupten »klick« brach die Aufnahme ab. Der Richter war siegessicher: »Nun haben Sie es selbst laut und deutlich gehört! Das sind Sie, wie Sie predigen, beten, singen! Und alles, was Sie sagten, ist eindeutig gegen unsere Partei und Regierung gerichtet. Sie haben unsere Staatskirche beleidigt, indem Sie von ihr als Hure gesprochen haben. Nun, bekennen Sie, ist das Ihre Stimme? Und wer sind die Mitarbeiter, wer waren die beiden Männer, die nach Ihnen gebetet haben?«

Yun antwortete: »Die Stimmen auf diesem Band sind etwas undeutlich. Ich kann nicht klar erkennen, ob das mein Predigen und mein Singen war. Bitte spielen Sie es noch einmal ab, damit ich mich besser erinnern kann.«

Der Richter wurde so wütend, daß seine Augen hervortraten und er unkontrolliert auf den Tisch vor ihm einschlug. Er trat von seinem Platz heraus, ging auf Yun zu, deutete mit seinem Finger auf sein Gesicht und begann, ihn zu verfluchen: »Du widerspenstiger Schurke! Die Beweislage ist eindeutig! Wie können Sie es wagen, so mit mir zu reden? Ich befehle Ihnen, knien Sie hier nieder und wiederholen Sie das Gebet noch einmal, das wir eben gehört haben! Laut und deutlich!«

Im Hintergrund des Saals stand noch eine ganze Gruppe von schwer bewaffneten Polizisten mit Elektroschock-Stäben, die nun den Befehl wiederholten: »Hinknien, los, hinknien!«

Aber die Kraft Gottes erfüllte Yun, und er stand in Kühnheit und Stärke vor ihnen. Ohne eine Spur von Angst und mit volltönender Stimme erwiderte er: »In wessen Vollmacht können Sie einem Diener des lebendigen Gottes befehlen, vor Ihnen hinzuknien? Sie beurteilen die Situation nicht realistisch! Ich spreche zu Ihnen im Namen Jesu von Nazareth, und jetzt befehle ich Ihnen, vor ihm niederzuknien, dann werde ich meine Hände auf Sie legen und Gott bitten, Ihre Sünden zu vergeben. Knien Sie sich nieder, alle, knien Sie sich nieder!«

Darauf wurde der Richter blaß vor Zorn, seine Ohren leuchteten tief rot, sein Mund verzerrte sich vor Wut und aus seinen Augen sprühten Funken. Er verlor vollends die Kontrolle über sich, drosch auf die Richterbank ein und schrie mit sich überschlagender Stimme: »Verrat! Verrat! Wie kann es ein konterrevolutionärer politischer Gefangener wagen, den

Richter der Geheimpolizei auf die Knie zu bitten? So ... so ... so eine Unverschämtheit, so eine Frechheit! Das ... das ... das ist doch kein Mensch mehr, der so dreist sein kann!«

In der Tat, Yun ist kein gewöhnlicher Mensch, wie er es auch schon am Tag seiner Verhaftung selbst sagte:»Ich bin ein Himmelsbürger!« Nur wer sich vom Heiligen Geist mit himmlischen Eigenschaften beschenken läßt, kann solchen übernatürlichen Mut beweisen. Weil Bruder Yun Jesus nicht verleugnet hat und stark und mutig war wie ein Löwe, mußten alle Pläne der Geheimpolizei scheitern.

Bei ihrem Versuch, Yun zu verhören, benutzten die Polizisten jede erdenkliche Methode, einschließlich der grausamsten Foltermittel, die sie sich ausdenken konnten, aber es gelang ihnen in all den Monaten nicht, auch nur ein einziges Selbstbekenntnis aus seinem Munde zu hören. Statt dessen wurden ihre Verhör- und Erpressungstricks allgemein bekannt und der Lächerlichkeit preisgegeben. Da sie sich nicht mehr zu helfen wußten, schickten sie diesen»hartnäckigen Fall« schließlich zum Staatsanwalt des Bezirks»B« und zum Volksgerichtshof der entsprechenden Gegend. Nach einigen Tagen stellte der Staatsanwalt Yun vor Gericht. Wer hätte damit gerechnet, daß der zuständige Richter kein anderer war als Yuns Vetter, der Sohn seines Onkels? Yun erkannte aber, daß auch das ein weiterer Versuch Satans war, ihn mürbe zu machen.

Der Richter sagte zu Yun:»Den Unterlagen zufolge, die uns die Geheimpolizei der Stadt ›B‹ bezüglich deiner Anklage geschickt hat, hast du die Politik unserer Partei beschimpft und sie als die Herrschaft der Finsternis, als die Macht Satans und das Reich des Teufels bezeichnet. Darüber hinaus hast du die Religionspolitik unserer Partei angegriffen und die Gläubigen aufgestachelt, sich gegen die Parteiführer und die Volksregierung aufzulehnen. Diese Vorwürfe genügen, um dich zu zehn Jahren Haft, zu lebenslänglich und Todesstrafe zu verurteilen.

Heute hast du noch einmal eine Gelegenheit, mir selbst die Wahrheit zu erzählen. Sind diese Anklagen wahr? Gib mir die Namen deiner Mitarbeiter zu Protokoll und den Umfang ihrer Aktivitäten. Dann kann ich einen Weg suchen, ein milderes Urteil für dich zu bekommen. Das ist die einzige Möglichkeit, wie ich dir helfen kann.«

Yun antwortete ohne zu zögern:»Auch wenn Sie mein Verwandter sind, Sie müssen Ihre Arbeit tun und ich bleibe bei meinem Glauben. Ich muß meinem Gott gegenüber wahrhaftig bleiben. Alles, was Sie mir soeben vorwarfen, habe ich nicht gesagt. Was andere Christen betrifft, kann ich keine Aussagen machen.«

Sein Cousin konnte nichts weiter für Yun tun und sagte schließlich nur noch:»Du solltest unbedingt auf meine Warnungen hören, sonst wirst du es ein Leben lang bereuen!«

Unterdessen begannen die Funktionäre des Gerichtshofs der Stadt »B«, sich mit Yuns Akte auseinanderzusetzen. Nicht lange danach war es dann soweit. Zwei Polizisten brachten Yun in den großen Hauptverhandlungssaal. Auf dem Weg dorthin war Yun erfüllt mit göttlicher Freude. Als er in dem noch leeren Gerichtssaal ankam und all die Stühle vor sich sah, wußte er nicht, wo wohl die Verteidiger, die Staatsanwälte und die Richter sitzen würden, und ohne weiter darüber nachzudenken, setzte er sich ausgerechnet in den großen, runden Sessel des vorsitzenden Richters.

Als dieser dann, an der Spitze der Funktionäre, den Saal betrat, traute er seinen Augen nicht und fuhr Yun an: »Was ist denn hier los? Wer richtet hier wen? Wie kommen Sie dazu, sich auf den Richterstuhl zu setzen? Machen Sie, daß Sie hier runter kommen!«

Yun erhob sich und sagte unbekümmert: »Nun gut, wenn Sie darauf bestehen, werde ich mich nach unten setzen. Es tut mir leid, niemand hat mir gesagt, daß ich hier nicht sitzen kann.« Und während er sich auf den Platz für den Angeklagten setzte, dachte er vergnügt: »Eines Tages werde ich mit Jesus auf dem Thron sitzen und euch richten, sogar Engel werde ich richten!«

Die Verhandlung begann. Im Saal saßen etwa vierzig oder fünfzig Menschen, unter ihnen die höheren Polizisten der Geheimpolizei, die Vertreter der Staatsanwaltschaft, die Funktionäre der Regierungsbehörden, der Partei und der kommunalen Verwaltungen. Hinter der Richterbank saßen außer den Richtern noch die Geschworenen, der Hauptstaatsanwalt und die Sekretäre, insgesamt etwa acht oder neun Leute. Auf dem Tisch lagen eine Bibel mit Konkordanz und mehrere christliche Bücher.

Ein angewiderter Blick des Richters streifte die ausgebreiteten Bücher und mit verächtlicher Stimme stellte er seine erste Frage: »Angeklagter Yun, ist das hier Ihr Kram?«

Als Yun das Wort »Kram« hörte, erfaßte ihn heftige Entrüstung und voller Empörung protestierte er: »Das ist kein Kram, das sind heilige, Gott geweihte Bücher!«

Der Richter war überrascht und lenkte ein, nach Worten suchend: »Nun gut, wie Sie meinen, aber gehören diese ... diese ... Dinge Ihnen?«

Jetzt war Yuns Antwort freundlich: »Das kann ich von hier aus nicht beurteilen, bitte, würden Sie mir die Bücher herüberbringen?«

Ein Polizeikader mußte aufstehen und Yun die Bibel geben, der sie dankend entgegennahm. Während der ganze Saal ihn beobachtete, schlug er seine Bibel auf, sah seinen Namen im Deckel und bestätigte: »Das ist meine Bibel«. Als nächstes reichten sie ihm das Andachtsbuch »Streams in the Desert« (»Ströme in der Wüste«, ein unter chinesischen Christen sehr beliebtes und verbreitetes Buch, das zum ersten Mal 1925 erschien als geistliches Tagebuch der China- und Japanmissionarin C.E. Cowman und welches seither, in verschiedene Sprachen übersetzt, zum täglichen Begleiter von Millionen von Christen in der ganzen Welt wurde). Yun blätterte voll freudiger Aufregung durch sein geliebtes Buch, als ob er einen alten Freund nach langer Trennung endlich wiedersehen würde. Er fand die Seite für den aktuellen Tag, den 14. August, und da stand als Tageslosung:

»Du hättest keine Macht über mich, wenn es dir nicht von oben gegeben wäre« (Joh 19,11).

Als Yun diese Bibelstelle las, die Gott ihm für diesen Tag gegeben hatte, wußte er, daß es jetzt an der Zeit war, sich Gottes Willen anzuvertrauen und den Weg zu gehen, der vor ihm lag. Im Wissen, daß die Kontrolle über alles, was ihm bevorstand, in Gottes Hand lag, konnte er ohne Angst den wartenden Richtern sagen: »Ja, diese Bücher gehören mir.«

Dann spielten sie eine Kassette ab, auf der er als Prediger zu hören war. Yun wurde durch seine eigene Botschaft von damals ermutigt und konnte wieder ohne Angst zugeben: »Doch, das ist meine Stimme, das habe ich gesagt.« Daraufhin stellten sie ihm viele Fragen über seine Mitarbeiter und andere Christen, doch seine Antwort dazu war immer die gleiche: »Es tut mir leid, das weiß ich nicht.«

Nach dieser Beweiserhebung und Yuns Geständnissen folgte eine dreißigminütige Beratungspause, dann trat das Gericht wieder zusammen, um das Urteil bekanntzugeben. Die Polizisten der Geheimpolizei hatten die Todesstrafe mit sofortiger Vollstreckung gefordert. Aber Gott hatte andere Pläne, er hatte für Yun noch einiges an Arbeit vorbereitet. Die Urteilsverkündung überraschte alle Anwesenden: Sie lautete auf nur vier Jahre Haft! Als Yun am folgenden Tag zu seiner Zelle zurückgebracht wurde, waren die Brüder außer sich vor Freude über diesen günstigen Ausgang. Als erstes beteten sie alle zusammen, dankten Gott und lobten ihn. Am Abend des 16. August hatten sie dann die Möglichkeit, Huang und zwei andere neue Christen zu taufen.

Die beiden waren erst vor kurzem in Zelle zwei gekommen, nachdem die anderen fünfzehn Insassen schon getauft worden waren. Einer der beiden war verurteilt worden zu lebenslänglicher Haftstrafe. Er war Mitte Zwanzig und der Chef einer kriminellen Bande gewesen. Vor seiner Festnahme war er an Raubüberfällen beteiligt gewesen, an Bandenkriegen und vielen anderen schweren Verbrechen, zu viele, um sie alle aufzuzählen. Ein chinesisches Sprichwort würde in diesem Zusammenhang sagen: »Bambus wäre erschöpft, bevor alles berichtet werden kann«. Seine Taten waren auch zu abscheulich, als daß man sie erzählen sollte. Nach den Gesetzen des Landes hätte dieser Mann hingerichtet werden müssen. Aber weil er einen Verwandten unter den höchsten Polizisten hatte, wurde seine Strafe auf lebenslänglich herabgemildert.

Der andere Täufling war ein junger Mann, knapp über zwanzig Jahre alt, der zu zwanzig Jahren Haft verurteilt worden war. Er hatte eine Frau und Eltern zu Hause, aber er war auf sexuellem Gebiet nicht zu bändigen gewesen. Zahllose Frauen hatte er verführt, belogen, betrogen und ausgenutzt, viele ledige junge Mädchen hatte er überredet, mit ihm zu schlafen, nur um sie bald darauf, ihrer überdrüssig geworden, wieder abzuschütteln. Einmal war er mit einem anderen Mann zusammen in den Mädchenschlafsaal eines Gymnasiums eingebrochen, wo sie eine ganze Reihe von Schülerinnen vergewaltigt hatten.

Bei seiner Verhaftung schlugen ihn die Polizisten halb tot. Als er das erste Mal in Zelle zwei kam, war er nackt, und sein Körper war über und über mit Wunden und Narben bedeckt. Als Bruder Yun den jungen Mann sah, erfaßte ihn tiefes Mitgefühl, und er besorgte ihm zuerst einige Kleidungsstücke. Der Mann spürte die Liebe Jesu, die ihm von allen Häftlingen dieser Zelle entgegenkam, er begann, sich für seinen Lebensstil zu schämen, und es dauerte nicht lange, bis er an Jesus glaubte und sich von seinem gottlosen Leben abwandte. Mitten im Gefängnis hatte auch dieser zuvor so gewissenlose Mann Frieden, Vergebung und neues Leben gefunden.

Nach dem improvisierten Taufgottesdienst sangen die Brüder den folgenden chinesischen Kanon:

»Ich habe ein herrliches, himmlisches Heim,
auf das ich mich ständig freue.

Jesus Christus hat mich errettet, er rettet auch dich,
komm nur und glaube an ihn.
(Refrain)
Herr, Herr, verlaß mich nicht,
denke immer an mich.«

Eine Gruppe nach der anderen setzte in den Gesang ein, bis all die vielen dichtgedrängten Gefängniszellen mit den Klängen des Liedes erfüllt waren. Huang, dessen Tod nun immer näher rückte, fragte Yun unter Tränen: »Bruder, können meine Familienangehörigen auch Christen werden? Werde ich meine Mutter dort im Himmel wiedersehen?«

Yun antwortete: »Wenn du intensiv für deine Familienangehörigen betest, dann werden sie auch zum Glauben an Jesus finden, und dann werdet ihr in der Ewigkeit bei Gott zusammen sein.«

An diesem Abend begann Huang, für seine Familie zu beten, und er betete die ganze Nacht. Am darauffolgenden Morgen sagte er zu Yun: »Lieber Bruder, ich habe einen Plan gefaßt, und ich brauche deine Hilfe dazu. Ich würde meinen Eltern gerne einen Abschiedsbrief schreiben. Würdest du ihn für mich aufbewahren und einen Weg suchen, ihnen den Brief auszuhändigen?«

Yun willigte gerne ein: »Doch, ich werde bestimmt eine Möglichkeit finden, wie ich ihnen deinen Brief geben kann. Aber woher sollen wir Papier und Stift nehmen?« Huang meinte nur: »Das habe ich mir schon überlegt, das ist kein Problem.«

Damit drehte er sich um, ging zur Tür, vor der ein Wachposten lauschend stand und schrie, so laut er konnte: »Ich will Berufung einlegen! Bitte bringen Sie mir Papier und Stift!« Bald kam der Wachposten wieder und brachte einen Kugelschreiber und zwei Blätter Papier.

Bis vor kurzem wäre es für Huang überhaupt nicht möglich gewesen zu schreiben, da beide Handgelenke auf seinem Rücken mit Handschellen gefesselt waren. Doch, Gott sei Dank, nachdem er Christ geworden war, hatte Yun zu den Gefängnisaufsehern sagen können: »Huang wird jetzt bestimmt nicht mehr versuchen, sich umzubringen, bitte, entfernen Sie doch seine Handschellen!« Seither waren seine Hände zwar immer noch auf seinem Rücken gefesselt, aber nur noch sehr locker, so daß er die rechte Hand fast bis zu seinem Mund vorbringen konnte. Also setzte er sich zum Schreiben so auf die Erde, daß das Papier rechts von ihm lag, und mit etwas Verrenken und Zur-Seite-beugen konnte er schließlich eigenhändig schreiben. Er weinte, als er den Abschiedsbrief an seine Eltern begann.

Kaum hatte er zwei Zeilen geschrieben, da setzte der Kugelschreiber aus. Ohne lange zu überlegen, drehte er seinen Kopf so weit nach rechts, daß er sich in den rechten Zeigefinger beißen konnte, und so schrieb er mit seinem blutenden Finger weiter. Es wurde ein erschütternder, »blutiger Brief«. Auch dazu gibt es ein chinesisches Sprichwort: »Wenn ein Mann dem Tode nahe ist, werden seine Worte gehaltvoll, erschütternd ist der Schrei des sterbenden Vogels.« Hier ist der Wortlaut von Huangs letztem Brief:

»Geliebter Vater, geliebte Mutter, Euer Sohn hat Euch keine Ehre
gemacht. Ich weiß, daß Ihr mich lieb habt. Bitte seid nicht traurig,
wenn ich nun nicht mehr bin. Ich habe Euch jetzt etwas sehr Wichtiges

zu sagen: Euer Sohn ist nicht tot, ich habe ewiges Leben gefunden! Im Gefängnis traf ich einen außergewöhnlichen Mann, es ist der allseits geachtete Bruder Yun. Er hat mir das Leben gerettet, indem er mich zum Glauben an Jesus führte. Darüber hinaus hat er sich in allen Dingen um mich gekümmert und mich versorgt und mir seine Liebe gezeigt. Er gab mir jeden Tag zu essen. Lieber Vater, liebe Mutter, schon sehr bald werde ich in das himmlische Reich Gottes kommen. Wenn ich dort sein werde, will ich für Euch beten. Ihr müßt unbedingt auch an Jesus glauben und Bruder Yun bitten, daß er Euch alles erklärt. Er wird Euch auch alles andere über mich berichten. Ich bete für Euch, daß auch Ihr ewiges Leben bekommt und ich Euch im Himmel wiedersehen kann!«

An diesem Abend war die Aufsicht über die Gefangenen besonders streng. Ständig ging ein Wachposten vor der Zellentür auf und ab. Alle dreißig Minuten kam er in die Zelle und kontrollierte alle Häftlinge. Jeder wußte, daß sich die Wärter immer dann so verhielten, wenn am nächsten Morgen jemand hingerichtet werden sollte. Weinend wuschen die Brüder Huangs Füße. Aber Huangs Herz war mit erstaunlichem Frieden und übernatürlicher Ruhe erfüllt, und am nächsten Morgen verließ er seine Brüder mit einem Lächeln auf seinem Gesicht.

Die ganze Nacht hatte Huang seine neuen Lieblingslieder gesungen: »Ich liebe Jesus« und »Ich habe ein herrliches, himmlisches Heim«. Früh am nächsten Morgen, es war der 16. August, nur drei Tage nach Huangs Wassertaufe, öffnete sich das Gefängnistor geräuschvoll. Draußen fiel grauer Nieselregen. Ein schwer bewaffneter Gefängnisaufseher stand im Eingang und befahl: »Gefangener Yun, vortreten!«

Erst dann sagte er: »Bringen Sie mir den Gefangenen Huang!«

Schnell verabschiedete sich Bruder Huang noch von allen: »Ich werde euch im Himmel wiedersehen!«, dann wurde er abgeführt. Im Gehen drehte er sich ständig nach Yun um, weil er befürchten mußte, daß auch Yun zur Hinrichtung gebracht werden würde. Als Huang zum Platz der Hinrichtung kam, war er auf den Tod vorbereitet.

Ein Schuß zerriß die morgendliche Stille. Huangs Körper fiel zu Boden, die Sünde hatte ihm den Tod gebracht, aber Huangs Seele stieg auf zu Jesus, dem Guten Hirten.

»Christus Jesus ist in die Welt gekommen, um die Sünder zu retten« (1 Tim 1,15).

Unterdessen wurde Yun von Kopf bis Fuß gefesselt und auf die offene Ladefläche eines Kleintransporters gezwängt. Die Fahrt ging zu einem Stadtzentrum, wo ein »Marsch auf der Straße« und eine »Kampfversammlung« geplant waren. Sie sollten alle »konterrevolutionären Kräfte« einschüchtern, natürlich vor allem auch Christen, die sich nicht unter die Kontrolle der »Patriotischen Drei-Selbst-Kirche« begeben wollten. Der chinesische Ausdruck für diese Veranstaltungen heißt *dou zheng*, was so viel bedeutet wie »Krieg führen«. Das Ziel ist dabei nicht der Tod der Feinde, sondern sie langfristig dahingehend zu verändern, daß sie sich den Zielen der Partei unterordnen.

Wie wir schon erfahren haben, werden bei einer solchen »Kampfversammlung« die Angeklagten einer großen Menschenmenge präsentiert
und mit allen erdenklichen Vorwürfen überschüttet. Der Gefangene bekommt aber keine Gelegenheit, sich zu verteidigen, sondern er muß sich
aller vorgebrachten Verbrechen schuldig bekennen und seine Reue öffentlich bekunden. Das chinesische Wort für »Marsch auf der Straße« heißt *pi
dou*, wörtlich »jemanden bekämpfen«.

Im leichten Regen, auf der holpernden Ladefläche zwischen acht oder
neun weiteren Gefangenen, die zum selben Spektakel unterwegs waren,
stieg in Yun eine solche Freude auf, daß er sie einfach nicht verbergen
konnte. Er begann, von Jesus zu singen und zu erzählen, was den verantwortlichen Polizisten, der den Transport begleitete, rasend machte. Der
Polizist befahl seinen Untergebenen, Yun noch enger zu fesseln.

Aber auch das konnte Yuns Freude nicht trüben, er pries Gott weiterhin laut singend. Der Polizeichef geriet außer sich und zielte mit seinem
Elektroschock-Stab auf Yuns Nacken: »Ich warne Sie«, stieß er mit mühsamer Beherrschung hervor, »wenn Sie nachher auf der Straße versuchen
sollten, so zu singen, werde ich Ihnen heute Abend bei lebendigem Leib
die Haut abziehen.«

Unter den anderen Gefangenen war eine junge Frau, die knapp zwanzig Jahre alt sein mochte. Ihr Name war Xiaojuan. Sie war mit demselben
Seil gefesselt wie Yun und stand direkt vor ihm.

Der kleine Gefängnistransporter bremste ab, als er in die Straße ein-
bog, wo die Veranstaltungen stattfinden sollten. Inzwischen hatte sich der
Nieselregen in starken Dauerregen verwandelt, und Yun betete laut, während das Wasser an ihm herunterrann: »Herr, ich sehne mich so nach deinem gnädigen Regen! Bitte, überschütte deinen Diener mit dem Regen
deiner Gnade!« Und dann stimmte er das folgende Lied an:

»Ist dein Herz voller Angst,
hast du Zweifel und siehst das Ziel nicht mehr?
Steh auf, arbeite wieder und halte durch für Gottes Reich.
Steh auf, fasse Mut und sei deinem König treu!
(Refrain)
Sei treu, sei treu, verbreite die Botschaft überall,
sei treu in dem, was dir anvertraut ist.
Sei deinem herrlichen Jesus treu!
Sei treu, sei treu, auch wenn die Massen nicht an ihn glauben,
was immer geschieht, bleibe nahe am Herrn,
erlaube ihm, dich immer treu zu sehn!«

Die Leute auf der Straße blieben interessiert stehen, hielten ihre Regen-
schirme hoch und versuchten, einen Blick auf die Angeklagten zu erhaschen. Sie wollten sich diese Show nicht entgehen lassen. Die Christen
unter den Passanten waren sehr ergriffen, einige bemühten sich, ihre Rüh-
rung zu verbergen, doch viele weinten. Xiaojuan, die mit Yun zusammen
gefesselt war, schämte sich entsetzlich, sie ging mit tief gesenktem Kopf
durch die Straßen und hoffte inbrünstig, daß niemand sie erkennen würde,
denn nun befanden sie sich in ihrer heimatlichen Wohngegend. Aber Yun
fuhr fort, zu singen und zu predigen, die Freude in ihm war so groß, daß er
am liebsten auf- und abgehüpft wäre. Xiaojuan drehte sich immer wieder
fassungslos nach ihm um.

Schließlich konnte sie ihre Frage nicht länger zurückhalten: »Entschuldigen Sie, mein Herr, wie können Sie so fröhlich sein, obwohl wir doch hier öffentlich als Verbrecher vorgeführt werden und vom Volk beschimpft, bekämpft und umerzogen werden?«

»Wie sollte ich mich nicht freuen«, war Yuns bescheidene Antwort, »wo ich doch heute würdig geachtet werde, um des Namens Jesu willen Verfolgung zu erleiden?« Xiaojuan wurde rot, als sie das hörte, und Yun sang kräftig weiter:

> *Auch wenn die ganze Welt gegen mich ist, Freunde mich verlassen,*
> *wenn auch mein Körper vergeht unter einer Flut von Beschuldigungen, Verleumdungen, Verfolgung, Ablehnung und Schlägen,*
> *ich bin bereit, mein Leben zu geben, mein Blut zu vergießen.*
> *in allem will ich nur meinem himmlischen Vater gefallen.*
> *Mit einer Krone auf dem Kopf werde ich in Gottes Reich einziehen.«*

Dann wurden die Gefangenen wieder auf den Wagen geladen und die Fahrt ging weiter, diesmal fuhren sie durch eine ländliche Gegend. Yun schaute auf die vorbeiziehende Landschaft, die im Spätherbst aussah wie ein kranker alter Mann. Es gab nichts Grünes mehr, keine Blumen, nur noch kahle braune Erde, die so hoffnungslos aussah, so tot. Yun fühlte sich durch diesen Anblick erinnert an den Zustand der christlichen Gemeinden, deren trauriges Bild sich jetzt lebhaft vor seinen Augen entwickelte. Ihm kamen die Tränen, als er über die halbherzigen, erkalteten Christen nachdachte, denen ihr Leben mehr wert ist als die Sache Jesu, und die dadurch das Beste im Leben versäumen. Weinend sang er das nächste Lied:

> *Erhebt eure Augen und seht das weite, verlassene Erntefeld.*
> *Gottes Herz ist erfüllt mit Trauer,*
> *wer bringt im Namen Jesu die Ernte ein?*
> *Meine Augen sind tränennaß, blutbespritzt ist meine Brust,*
> *doch ich erhebe das Banner Christi und rette die Verlorenen.«*

Inzwischen goß es in Strömen, und das Regenwasser vermischte sich mit Yuns Tränen. Das letzte Lied hatte auch Xiaojuan tief berührt, und Yuns Singen war ihr nun nicht mehr peinlich, sondern auch sie begann leise zu weinen. Dann drehte sie sich abrupt um, zerrte ein Taschentuch aus ihrer Hosentasche, und auf den Zehenspitzen stehend, wischte sie Yuns Tränen damit ab.

Yun war sehr überrascht von dieser zärtlichen Geste, und mit sanfter, liebevoller Stimme fragte er sie:»Meine kleine Schwester, ich werde hier vorgeführt um meines Glaubens an Jesu willen, aber warum bist du hier?«

Xiaojuan erzählte beschämt und weinend ihre Geschichte:»Ich glaube auch an Jesus, aber meine Mutter und ich waren nicht bereit, für unseren Glauben zu leiden. Eines Tages gerieten wir in Streit mit unserer Nachbarin, und meine jüngere Schwester zerriß das Kleid der kleinen Tochter des Nachbarn. Doch diese Leute haben mächtige Polizisten auf ihrer Seite, so wurden meine Mutter und ich verhaftet und ins Gefängnis geworfen.«

Yuns Mitgefühl war geweckt und er sagte:»Die Heimkehr des verlorenen Sohnes ist kostbarer als Gold. Es ist nicht zu spät, umzukehren.

Schwester, weißt du, daß der Heilige Geist täglich um dich und deine Mutter trauert? Kehr um, dein himmlischer Vater erwartet dich und freut sich auf dich!«

Die Worte Yuns trafen das Mädchen in ihrem Innersten, und der Heilige Geist redete deutlich zu ihrem Herzen. Sie weinte bitterlich und betete reuevoll:»Herr, bitte sei mir gnädig und vergib mir meine Sünden!«

Dann betete Yun für sie und bat Gott, ihr wieder gnädig zu sein. Gott sei Dank, das Mädchen wurde sofort ruhig, göttlicher Friede und die Gewißheit ihrer Vergebung begannen, sie zu erfüllen. Nun wandte sie sich an Yun mit der Frage:»Ich habe von einem Bruder namens Yun gehört, der für Jesus im Gefängnis ist und sehr viel leiden muß. Kennst du ihn? Weißt du, wo er ist und wie es ihm geht?«

Yun lachte herzlich und fragte:»Würdest du ihn gerne kennenlernen?«

»Ja, aber wie könnte das geschehen?«

»Er redet schon die ganze Zeit mit dir!«

Als ihr bewußt wurde, daß dieser Mann, der da vor ihr stand, der Diener Gottes war, von dem sie gehört hatte, daß er vierundsiebzig Tage lang um Jesu willen gefastet hatte, und als sie an Yuns unerschrockenes, kühnes Verhalten den ganzen Tag über dachte, war sie tief bewegt und trat unwillkürlich näher an ihn heran. Sie betrachtete ihn mit staunenden Augen und murmelte immer wieder vor sich hin:»Danke Jesus, Herr, ich preise dich, dank sei dir, Herr Jesus!«

Der Regen ließ nicht nach. Er prasselte unaufhörlich auf die schutzlosen Menschen, die im kühlen Herbstwind fröstelten. Die Polizisten hatten sich fest in ihre großen Regenmäntel gewickelt, froren trotzdem, haßten diesen ungemütlichen Tag und beachteten Yun überhaupt nicht mehr. Auf Grund der ungewöhnlich schweren Regenfälle konnte die»Kampfversammlung«schließlich gar nicht durchgeführt werden, und alle wurden zur nächsten Polizeistation gefahren, wo sie die Nacht verbringen sollten.

An diesem Abend bekamen die Gefangenen»Mantous«zum Abendessen. Sie waren alle so hungrig, daß sie sich kaum noch auf den Beinen halten konnten. Alle stürzten sich auf die Schale, die nach wenigen Augenblicken leer war. Aber Xiaojuan hatte ein ganzes»Mantou«ergattert und gab es Yun.

»Bruder Yun, die weiblichen Gefangenen bekommen immer besseres Essen als die Männer, und ich habe heute keinen Hunger. Bitte nimm dieses ›Mantou‹ und iß du es!«

Yun war sehr gerührt. Denn er wußte ja, daß Xiaojuan genau wie er den ganzen Tag nichts gegessen hatte. Wie könnte er dieses einzige kleine Brötchen von ihr annehmen?

Plötzlich kam ihm ein bestimmter Satz aus der Bibel in den Sinn und er merkte, daß der Heilige Geist ihm etwas beibringen wollte. »Geben ist seliger als nehmen« (Apg 20,35). Er nahm das »Mantou« dankend an, segnete es, brach es in zwei Teile, behielt das kleinere und gab Xiaojuan das größere Stück.

Und er sagte dazu: »Der Herr hat mich gerade daran erinnert, daß es besser ist, zu geben als zu nehmen. Nun können wir beide diesen Segen empfangen.« So aßen sie beide gemeinsam das kleine »Mantou«, und es ist nicht verwunderlich, daß es ein ganz besonders wohlschmeckendes und außergewöhnlich süßes Brötchen war.

Mußt du durchs Wasser gehen, so bin ich bei dir
(Jes 43,2)

Eines Tages im Oktober 1984 wurde Yun aus dem Untersuchungsgefängnis in der Stadt »B« entlassen und in das Arbeits- und Umerziehungslager Baoshan gebracht. Dieses Lager befindet sich im Grenzgebiet zwischen den Provinzen Henan und Hubei. Eingeschlossen von einem Ring von Bergen herrscht dort ein ganz besonderes Klima: Während des ganzen Jahres liegt eine Nebelschicht auf dem Land, und es regnet täglich, was zusammen mit den warmen Temperaturen optimale Lebensbedingungen bildet für alle Arten von Ungeziefer, giftige Schlangen und Schwärme von Stechmücken.

Die Bevölkerung dort lebt überwiegend vom Reisanbau, so daß auch das Arbeitslager umgeben ist von den künstlich unter Wasser gesetzten, terrassenartig angelegten Reisfeldern, die von den mehr als tausend Häftlingen bearbeitet werden. Während der vier Jahre, die Yun dort verbrachte, wurden Feuchtigkeit und Wasser zu seinen täglichen Begleitern. Jedesmal, wenn er in das Wasser der Reisfelder trat, um darin zu arbeiten, saugten sich Blutegel an seinen Beinen fest und krochen hoch bis zu seinen Hüften. Es gab davon so viele, daß er mit einem Griff eine ganze Handvoll der kleinen Biester aus dem Wasser fischen konnte. Zur Erinnerung an jene Jahre schrieb er das folgende Gedicht:

>*»Im Frühling und Sommer, Herbst und Winter,*
>*nach dem Regen kommt der Schnee.*
>*Der Nebel löst sich nie auf, selten ein klarer Tag,*
>*Giftschlangen, Stechmücken und Blutegel,*
>*Elektroschock-Stäbe, Stricke und Lederpeitschen.«*

Als Yun den zweiten Tag in diesem Lager war, mußte er zusammen mit einem anderen Gefangenen einen Graben ausheben. Die anfallende Erde sollten sie über eine Leiter auf einen Hügel schaffen. Seit seiner Verhaftung hatte Yun so viel Hunger und Mißhandlungen erlitten, daß er körperlich sehr schwach geworden war. Als er sich im Laufe dieses ersten Arbeitstages wieder einmal mit einer Ladung Erde die Leiter hochkämpfte, wurde ihm plötzlich schwindlig, und er verlor das Bewußtsein. Er fiel mit der Erde von der Leiter und blieb bewußtlos unten liegen.

Es dauerte lange, bis er wieder zu sich kam. Unterdessen war der Aufseher dieser Arbeitsbrigade aufmerksam geworden und nähergekommen. Er fragte Yun, für welches Verbrechen er bestraft würde und blätterte seine Strafakte durch. Dann nickte er freundlich mit dem Kopf und meinte nachdenklich: »Also, weil Sie an Jesus glauben, sind Sie hier? Nun, weil einer an Jesus glaubt, ist er kein schlechter Mensch.«

Gott sei Dank, er kümmerte sich um den Schutz seines schwachen Knechtes. Von diesem Tag an war der Brigadeführer immer rücksichtsvoll im Umgang mit Yun. Auch Yuns Zellengenossen merkten bald, daß er kein gewöhnlicher Verbrecher war. Wenn er redete, hatten seine Worte Gewicht und waren voller Weisheit und einer gewissen Autorität. Am auffallendsten waren seine Liebe und sein Mitgefühl für alle seine Leidensgenossen, und nach und nach begannen alle, ihn zu respektieren. Im ganzen Lager verbreitete sich der Ruf, daß Yun der Häftling sei, der vierundsiebzig Tage gefastet hatte.

Unter den Häftlingen war ein siebzigjähriger katholischer Priester, der zu zehn Jahren Haft verurteilt worden war, weil er sich der Parteipolitik widersetzt hatte und verhindern wollte, daß die katholische Kirche als politisches Instrument mißbraucht würde. Ein Jahr vor Yun war er in das Arbeitslager gekommen. Yun hatte von ihm gehört und wollte gerne mit ihm bekannt werden, doch der alte Mann war vorsichtig und erwiderte nicht einmal Yuns Gruß, wenn sie sich begegneten. Unverdrossen betete Yun für ihn, liebte ihn von Herzen und suchte nach Gelegenheiten, um ihm zu dienen. In diesem Lager konnte Yun manchmal auch Geschenke von Besuchern empfangen, und wenn er auf diesem Weg von den Christen etwas zu essen bekam, gab er einen Teil davon stets dem Priester. Nach und nach erfuhr der Priester dann von den anderen Häftlingen, wieviel Yun um Jesu willen gelitten und wie lange er gefastet hatte. Langsam begann sich seine Haltung zu ändern und er fing an, Yun zu schätzen.

Eines Tages konnte Yun ihm eine Bibel und einige geistliche Bücher besorgen, und der Mann war außer sich vor Freude. Er war ein sehr gebildeter Mann und studierte die Bibel und die Bücher gründlich, bis er zu der Überzeugung gekommen war, diese Lehren der christlichen Gemeinden seien biblisch richtig. Noch im Arbeitslager wurde er Yuns engster Mitarbeiter. Er sagte den katholischen Gläubigen, die in der Nähe des Arbeitslagers lebten, daß sie kommen und Yun besuchen sollten. Jahre später, als beide entlassen worden waren, besuchte der Priester Yun häufig und bat ihn immer wieder, auch in der katholischen Kirche zu predigen. Yun vertraute dem Heiligen Geist und predigte mit großer Vollmacht, so daß die Katholiken sich immer freuten, wenn er ihre Kirchen besuchte.

Auch das Leben eines anderen Mannes im Arbeitslager wurde durch Yun stark beeinflußt: Sein Name war Zhou. Seine Eltern hatten ihn, als er acht Jahre alt war, in einen buddhistischen Tempel gebracht, wo er zum Mönch ausgebildet werden sollte. So hatte er mehrere Jahrzehnte in verschiedenen Tempeln als Mönch gelebt, und er hatte sich ein umfangreiches Wissen und Verständnis aller Lehren Buddhas angeeignet. Außerdem war er sehr talentiert in der Kunst der Kalligraphie (das Zeichnen chinesischer Schriftzeichen mit Pinseln und spezieller schwarzer Tinte), und er war ein Meister der verschiedenen Kampfsportarten, was seine Mithäftlinge besonders faszinierte. So konnte er zum Beispiel mit seinen bloßen Fingern Ziegelsteine zerbrechen, und mit einem Schlag seiner Handkante zerschmetterte er große Steine.

Eines Tages war er zum Markt gegangen, um etwas einzukaufen, als ein Taschendieb versuchte, sein Geld zu stehlen. Der Mönch reagierte schnell, packte den Dieb und versetzte ihm einen, wie er meinte, leichten Hieb. Doch dieser Schlag war tödlich. Bald wußte auch die Polizei davon, und da ihnen bekannt war, daß Zhou ein Meister aller Kampfsportarten ist, schickten sie zu seiner Ergreifung mehrere schwer bewaffnete Männer los. Selbst wenn er hätte fliegen können, Zhou hatte keine Chance gegen so viele Polizisten und Waffen, sie konnten ihn überwältigen, fesselten ihn und prügelten ihn mit ihren Gewehrkolben, so daß sein linker Arm gebrochen wurde. Dabei folterten sie ihn mit Elektroschock-Stäben, bis er halb tot war.

Während er dann in einer Untersuchungshaftanstalt war, hörte er zum ersten Mal von Jesus. Was er hörte, faszinierte ihn und er begann, das buddhistische Denken kritischer zu hinterfragen. Vor allem begann er, die

Lehre in Frage zu stellen, die den Verzicht auf Farbe, Geschmack, Gefühl, Bewußtsein und die »fünf Entsagungen« verlangt. Nach seiner Verurteilung wurde er in das Arbeitslager gebracht, in dem auch Yun war. Schon bald lernten sich die beiden kennen. Yun erklärte ihm in allen Einzelheiten den Weg der Erlösung durch Jesus, er zeigte die Widersprüche in der buddhistischen Lehre auf und erklärte ihm, daß die Anbetung der von Menschen gemachten Götterskulpturen Sünde ist. Zhou hörte der biblischen Lehre gerne zu, und schon bald legte er all seine »gelben Glückszettel«, magischen Gegenstände und Amulette zusammen und verbrannte sie. Er bekannte Jesus seine Sünden, kehrte sich von seinem bisherigen Glauben und Leben ab und wandte sich Jesus zu.

Der eine war ein katholischer Priester, der andere ein buddhistischer Mönch gewesen, und nun, erfaßt von der Liebe, Vergebung und erneuernden Kraft Jesu, waren sie beide Yuns Brüder geworden. Yuns Freude kannte keine Grenzen!

Ein anderer Häftling war ein ehemaliger christlicher Prediger, etwa Mitte Dreißig, der sich wieder von der Sünde hatte beherrschen lassen, dabei straffällig geworden war und schließlich auch zum Arbeitslager verurteilt wurde. Auch ihn lernte Yun kennen, und durch viel Liebe, Ermahnung, Unterweisung und Gebet konnte auch dieser Mann die Vergebung Jesu wieder annehmen und geistlich neu geboren werden.

Nachdem er wieder inneren Frieden gefunden hatte, war dieser Mann immer in vorderster Front, wenn es darum ging, schwierige, unangenehme Aufgaben zu übernehmen. Er hatte ein sanftmütiges, demütiges Wesen, liebte andere wie sich selbst und hatte ständig ein Lächeln im Gesicht. Bald hatte er seinen Spitznamen weg: »das lachende Gesicht«.

Am 25. Dezember 1985 kamen Ahong und ein anderer Bruder in das Lager, um Yun zu besuchen. Es war eine große Freude für Yun, ein unerwartetes, unschätzbares Weihnachtsgeschenk. Kaum hatten sie die ersten Sätze gewechselt, da bekam Yun eine Idee und fragte die Wachposten: »Meine Brüder müssen die Toilette aufsuchen. Darf ich ihnen den Weg zeigen?« Der Aufseher war Yun sehr wohlgesonnen und ließ die drei gehen. Yuns insgeheime Absicht war dabei gewesen, zusammen mit seinen beiden Brüdern einen ungestörten »Weihnachtsgottesdienst« feiern zu können.

Als die drei Männer im Waschraum waren, erinnerten sie sich an die Geburt Jesu und stellten ihn sich im Stall in der Krippe vor. Sie knieten auf dem schmutzigen Boden, und Yun weinte sehr, als er zu beten begann:

> *»Herr, du siehst, wir haben keinen besseren Ort, an dem wir dich anbeten können. Du bist ein armer Säugling geworden und hattest statt einer Wiege nur eine kalte Futterkrippe als erstes Bett. Herr, wir wollen Teil haben an deiner Krippe, deinem Leiden und deinem Kreuz.«*

Während sie so ins Gebet vertieft waren, öffnete sich plötzlich die Tür. Der Mann, der eilig die Toilette benutzen wollte, blieb wie angewurzelt stehen und starrte die drei knienden Männer fassungslos an. Es war Ke, der Verwandte des Lagerleiters, ein Gruppenführer der Gefangenen. Er war von allen Häftlingen sehr gefürchtet und gehaßt, weil er jede Kleinigkeit den Aufsehern berichtete und alle damit tyrannisierte.

70

Als Ke nun die drei Brüder auf der Toilette entdeckte, schrie er sie mit sadistischer Freude an: »Yun, Sie haben es gewagt, Fremde ins Lager zu bringen und mit ihnen verbotenen, staatsfeindlichen Aktivitäten nachzugehen! Das werden Sie teuer bezahlen! Ich werde sofort die Lagerleitung informieren!«

Da kam die Vollmacht des Heiligen Geistes auf Yun und er sagte mit großer Kühnheit: »Ke, wie können Sie es wagen, sich unserem lebendigen Gott entgegenzustellen? Im heiligen Namen Jesu Christi von Nazareth befehle ich Ihnen, sich niederzuknien, sich dem Herrn auszuliefern und umzukehren von Ihren gottlosen Wegen!« Und – Halleluja! Diese Worte waren in solcher Autorität gesprochen, sie waren gewaltiger als der Befehl eines Herrschers. Bevor er wußte, wie ihm geschah, lag Ke auf seinen Knien und vertraute sein Leben dem lebendigen Gott an. Es war wie an dem Tag, als Saulus, der Verfolger der ersten Gemeinden, auf dem Weg nach Damaskus von Jesus persönlich gestoppt und ein neuer Mensch, Paulus, wurde.

Vier Jahre im Arbeits- und Umerziehungslager, die voller Schwierigkeiten und Leiden waren, gingen langsam ihrem Ende entgegen. Hundert Tage bevor Yuns Haftzeit abgelaufen war, veranlaßte die Geheimpolizei eine gründliche Durchsuchung seines Wohnhauses. Eines Tages umstellten mehrere Dutzend Polizisten das Haus, in dem Yuns Familie lebte, und es wurde alles auf den Kopf gestellt, keine Ecke, keine Schublade, die nicht auseinandergenommen worden wäre. Und dabei wurde auch einiges gefunden und beschlagnahmt: Yuns Bibel, sein Notizbuch, seine geistlichen Bücher und die Briefe, die er während seiner Haft an seine Familie und die Gemeinden geschrieben hatte und die stark vom Heiligen Geist inspiriert waren. In diesen Briefen hatte er die Brüder und Schwestern ermahnt, mutig und unerschrocken zu sein und sich vor keinem Angriff zu fürchten. Er ermahnte sie auch, sich nicht der falschen Kirche anzuschließen, die von der Regierung gegründet und kontrolliert würde und eine Hure sei. Auf der Rückseite eines Briefbogens fanden die Polizisten ein Gedicht, das von dem Leben im Gefängnis handelt:

»Leben an einem dornigen Platz, riesiger Friedhof:
lebendig begraben!
Wer mit nur einem Teufel hier ankommt,
wird schon bald sieben haben.
Ketten verändern keinen zum Guten!
Veränderung geschieht, wenn einer umkehrt
und von neuem geboren wird,
dann wird der alte Mensch neu,
und täglich wird seine Freude erklingen.«

Sie fanden auch noch einen anderen Brief, den ein Bruder an Yun geschrieben hatte, in dem er berichtet, daß ein gewisser, berühmter amerikanischer Evangelist von den Parteifunktionären eingeladen worden sei, um China zu besuchen und zu evangelisieren. Als sie genug Beweismaterial gefunden hatten, zogen die Polizisten wieder von dem Haus ab, doch nun durchsuchten sie Yuns Zelle und fanden zu ihrer Überraschung auch dort eine Bibel und christliche Andachts- und Lehrbücher.

Yun wurde gefesselt und zu dem Verhörraum gebracht, wo eine ganze Gruppe von Führungskadern der Geheimpolizei und des Arbeitslagers und viele Polizisten versammelt waren, die ihn finster anstarrten.

Der Chef der Geheimpolizei richtete das Wort an ihn und fluchte: »Sie sind ein überaus verdorbenes Geschöpf, wann wollen Sie endlich zur Vernunft kommen?«

Yun antwortete mit ruhiger Stimme: »Mein Herr, ich möchte Sie darauf aufmerksam machen, daß ich während meines gesamten Aufenthaltes hier alle Lagerordnungen eingehalten habe, ich habe allen Befehlen der Aufseher gehorcht, ich habe immer fleißig gearbeitet und keine Verbrechen begangen.«

Der Polizeichef wurde so wütend, daß er auf den Tisch vor ihm schlug und Yun noch mehr verfluchte.

»Sie sind ein ausgekochter Schurke. Mit wievielen Tricks haben Sie die ganze Zeit gearbeitet? Zuerst, als man Sie im Bezirk »A« festnahm, stellten Sie sich wahnsinnig und machten keinerlei Angaben. Dann, im Gefängnis in der Stadt »B«, stellten Sie sich krank und lehnten alles Essen ab. Von Anfang an bis zu diesem Tag waren Sie eigensinnig und hinterlistig und arbeiteten gegen uns. Und nun, seit Sie hier im Arbeitslager sind, haben Sie immer noch weitere Verbrechen begangen.

Erstens: Sie haben Verbindung zu Ausländern! Schon einige Monate, bevor dieser Amerikaner unser Land besucht, wissen Sie davon. Und der Informant, der Ihnen diese Nachricht zukommen ließ, ist ebenfalls ein polizeilich gesuchter Verbrecher!

Zweitens haben Sie während der Zeit Ihres Aufenthaltes hier im Lager zahllose andere Häftlinge mit Ihrer Religion vergiftet. Wenn Sie noch einige Jahre hier inhaftiert wären, müßten wir befürchten, daß Sie noch das ganze Lager auf Ihre Seite ziehen würden.« An dieser Stelle jubelte Yun innerlich und dankte Gott für sein mächtiges Wirken im Leben so vieler kostbarer Menschen.

Unterdessen fuhr der Funktionär fort: »Drittens haben Sie das Gefängnis als einen Ort voller Dornen und einen Friedhof beschrieben. Sie haben sich über die Politik der Veränderung durch Arbeit lustig gemacht, indem Sie sagten, wer mit einem Teufel hereinkommt, wird mit sieben das Lager verlassen.

Und viertens widersetzen Sie sich immer noch der Religionspolitik der Partei. Sie haben die von der Regierung unterstützte Kirche als eine falsche Kirche und sogar als eine Hure bezeichnet! Wie konnten Sie es wagen? Sie kommen sich so stark vor! Aber wir wollen sehen, wer hier der Stärkere ist! Los Männer, schlagt ihn!«

Sofort stürzten sich einige Lageraufseher auf Yun und begannen, ihn erbarmungslos zu schlagen. Es war genau wie er es in dem Gedicht beschrieben hatte: »Elektroschock-Stäbe, Stricke und Lederpeitschen« schlugen auf ihn ein, bis sein Fleisch aufplatzte und sein ganzer Körper mit Wunden bedeckt war.

Das Urteil für all seine Verbrechen lautete: hundert Tage Einzelhaft, hundert Tage, in denen er keinen Menschen sehen sollte. Er wurde mit engen, eisernen Handschellen gefesselt und brutal abgeführt. Auf dem Weg zu der berüchtigten Einzelzelle für besonders uneinsichtige Verbrecher passierten sie vier schwere, eiserne Tore, die jeweils sorgfältig hinter ihnen verschlossen wurden. Vor einer massiven Stahltür hielten die Aufseher an, die Tür wurde umständlich aufgeschlossen und mit einem Fluch wurde Yun hineingestoßen. Er stand im Dunkeln, draußen entfernten sich die Schritte der Polizisten, nur langsam gewöhnten sich seine Augen an das schwache Licht einer einzigen, nackten Glühbirne. Der Raum hatte eine Fläche von etwa einem Quadratmeter, der Boden stand unter Wasser, von Decke und Wänden tropfte es feucht. Da er das ganze Jahr über geschlossen war, lag ein so starker Geruch von Moder und Schimmel in dem Raum, daß Yun kaum atmen konnte. Mit flachen, schnellen Zügen rang er nach Luft, und gleichzeitig wurde ihm übel und schwindelig von dem feuchten, stickigen Geruch, den er einatmen mußte. In diese Zelle war noch nie Tageslicht gedrungen. Die Stille und Einsamkeit waren schier unerträglich, dazu kamen die Schmerzen seiner vielen Wunden am ganzen Körper und die engen Handschellen. Yun war sehr verzagt und entmutigt, hundert Tage in dieser Zelle schienen mehr, als er ertragen konnte.

Nach einigen Tagen, die quälend langsam vergangen waren, meinte er, das Piepsen eines Vogels gehört zu haben. Wie elektrisiert sprang er auf und untersuchte die schwere Stahltür. Oben in der Tür war ein kleines vergittertes Guckloch, durch das die Wärter den Gefangenen beobachten konnten. Vor diesem Fenster war eine eiserne Schiebetür, die, wenn kein Wärter da war, verschlossen blieb. Aber nun entdeckte Yun, daß er durch einen kleinen Riß in dieser Fensterverriegelung ins Freie sehen konnte. Er konnte tatsächlich mehrere kleine Bäume erkennen, auf deren Ästen einige Vögel fröhlich herumhopsten und spielerisch ihre Flügelchen dehnten. Wie frei diese kleinen Vögel doch waren!

Yun weinte, als er Gott fragte: »Herr, werde ich jemals wieder so frei sein wie diese kleinen Vögel?« Im selben Moment erinnerte ihn der Heilige Geist an eine bestimmte Bibelstelle, und die Worte standen ihm lebhaft vor Augen:

> »Dazu seid ihr berufen worden; denn auch Christus hat für euch ge-litten und euch ein Beispiel gegeben, damit ihr seinen Spuren folgt« (1 Petr 2,21).

Er fiel auf seine Knie, hob seine gefesselten Hände Gott entgegen und betete von ganzem Herzen: »Herr, ich bin willig, ich bin einverstanden, ich will deinen Fußspuren folgen. Laß nur deinen Willen in meinem Leben geschehen.« Da endlich spürte er wieder die Liebe, den Frieden und die Freude Gottes, und während die Verzweiflung der letzten Tage nachließ, begann er zu singen:

> *»Deine Liebe hat meine Flügel beschnitten,*
> *Sieh mich an Herr, höre auf mein Liebeslied.*
> *Deine Liebe ist stärker als der Tod,*
> *ich bin bereit, gefangen zu sein, für dich.*
> *Nur dein Wille soll geschehen,*
> *ich will nicht mehr wegfliegen, Herr,*
> *nur dein Wille soll geschehen!«*

Es war schon einige Zeit vergangen, seit Yun zum letzten Mal eine Bibel in Händen gehalten hatte. Wie er sich danach sehnte, Gottes Wort zu lesen! Und wie damals, als er sechzehn Jahre alt war, begann er wieder, intensiv zu beten, daß Gott ihm eine Bibel schenken möge. Eines Nachts hatte er einen Traum: Er sah sich selbst, wie seine Handschellen abfielen und er eine Bibel in Händen hielt und darin las. Der katholische Priester, der im Lager sein Freund geworden war, stand in dem Traum neben ihm und erklärte voller Begeisterung: »Jesus ist Sieger! Jesus ist Sieger!« An der Stelle erwachte Yun, und als er seine Hände ausstreckte, fielen die Handschellen tatsächlich zu Boden!

Am folgenden Morgen um acht Uhr in der Frühe kam ein hochrangiger Brigadeführer an Yuns Tür, öffnete das kleine Fensterchen, schob eine Bibel durch die Gitterstäbe und sagte: »Auch wenn Sie ein Verbrecher sind, wir respektieren doch Ihren Glauben. Hier ist Ihre Bibel, los, nehmen Sie schon«! Halleluja! Es war schlicht unbegreiflich! Dieser Polizist hatte immer alle Gläubigen gehaßt. Wenn er einen Gefangenen beim Lesen der Bibel erwischte, entriß er ihm das Buch und zerriß es. Und nun benutzte Gott ausgerechnet ihn, um Yun eine Bibel zu bringen!

Yun vergoß Freudentränen. Er hielt die Bibel ehrfürchtig staunend fest und schlug als erstes Offenbarung Kapitel 22 auf, wo er die Verse 20 und 21 las: »... Komm, Herr Jesus!«. Dann verbrachte er Tag und Nacht damit, die Bibel zu lesen. Und die folgenden neunzig Tage wurden ihm kurz, während er das Alte und das Neue Testament einmal ganz durchlas und dann von dem Buch Hebräer bis zur Offenbarung alle fünfundfünfzig Kapitel auswendig lernte.

Er glaubte mit seiner ganzen Familie an Gott
(Apg 10,2)

Yun ist von Gott besonders gesegnet durch eine Familie, die Gott liebt und verehrt, durch seine liebevolle Mutter und seine gute Frau. Seine Mutter war zu der Zeit, als Yun im Arbeitslager war, schon über siebzig Jahre alt. Sie hatte kein leichtes Leben gehabt, hatte viel Leid erfahren und schwer arbeiten müssen, aber sie hing in Treue an ihrem Gott, war voll Liebe zu ihren Mitmenschen und fastete und betete häufig. Täglich betete sie unter Tränen für die chinesischen Christen und die vielen Zehntausend unter ihrem Volk, die Jesus noch nicht kannten.

Yuns Frau Lingling war noch sehr jung, als sie sich kennenlernten. Sie kam aus einer Umgebung, wo niemand an Gott glaubt. Aber als sie mit Yuns Familie in Kontakt kam, wurde sie Christin. Die beiden waren kaum verheiratet, als Yun schon seine Frau verlassen und sich verstecken mußte, weil die Polizei einen Haftbefehl gegen ihn erlassen hatte wegen unerlaubten Predigens. Aber die junge Frau liebte und verstand ihren Mann und betete Tag und Nacht für ihn. Als Yun schließlich verhaftet wurde, war Lingling schwanger. Obwohl sie körperlich schwach war, lag nun die ganze Verantwortung des Haushalts und Broterwerbs auf ihren Schultern.

Zu jener Zeit wurden überall in der Gegend die leitenden Christen inhaftiert, und die Gemeinden erlebten einen starken Rückgang. Nach Yuns Gefangennahme besuchten nur wenig andere Christen Lingling, um ihr zu helfen. Und als Yun dann offiziell als konterrevolutionärer politischer Gefangener verurteilt wurde, bekam Lingling von ihren eigenen Brüdern viele Vorwürfe zu hören. Schließlich brachen alle Verwandten den Kontakt zu ihr ab.

Obwohl sie inzwischen schon seit einigen Monaten schwanger war, mußte sie immer noch täglich auf dem Feld arbeiten. Eines Tages war sie wieder sehr erschöpft, und schon den Fußweg zu ihrem Stück Land bewältigte sie nur mit Mühe. Dennoch begann sie, das Unkraut zu jäten. Hitze brütete über dem Land und außer ihr war kein Lebewesen zu sehen oder zu hören. Sie arbeitete einige Stunden, und das Feld schien immer größer zu werden, wo sie auch hinsah, alles war von Unkraut überwuchert. Sie fragte sich, wie sie diese Arbeit jemals bewältigen sollte. Entschlossen versuchte sie, weiterzuarbeiten, doch plötzlich wurde ihr schwarz vor Augen und sie wurde ohnmächtig.

Nach einiger Zeit kam sie wieder zu sich, hatte zunächst aber noch nicht die Kraft, sich wieder aufzurichten. Sie dachte darüber nach, wie alle ihre Verwandten und Freunde sie verlassen hatten, ihre Nachbarn lachten über sie und machten ihr viele Vorhaltungen, und ihre eigenen Brüder hatten sich gegen sie gestellt. Sie fühlte sich so verlassen und verletzt, als sie so auf der Erde lag und über ihre traurige Situation nachdachte. Ihre Augen folgten den Wolken, die am Himmel über sie hinzogen, und leise begann sie, Psalm 123 zu singen:»Ich erhebe meine Augen zu dir, der du hoch im Himmel thronst ...« Sie sang den Psalm immer wieder und weinte sich vor Gott aus.

Nicht lange danach rief Bruder Ming aus dem Ort »F« einige Leute zusammen, auch Bruder Ahong, der im Nachbarort lebte, kam dazu, und gemeinsam halfen sie von da an Lingling bei ihrer Feldarbeit. Doch unverändert machten sich ihre Schwägerinnen und Nachbarinnen über sie lustig, beschimpften sie und machten ihr das Leben schwer. In dieser bitteren Zeit weinte Lingling viel, aber doch war Gott ihr immer nahe, und sie wurde innerlich durch das Wort Gottes gestärkt. Der Heilige Geist rief ihr immer wieder solche ermutigenden Bibelstellen in Erinnerung: »Von allen Seiten werden wir in die Enge getrieben und finden doch noch Raum, wir wissen weder aus noch ein und verzweifeln dennoch nicht« (2 Kor 4,8-9).

Eines Tages bekam Lingling dann einen Brief von Yun, den jemand für sie aus dem Gefängnis schmuggeln konnte. Yuns Worte wurden ihr zu einem großen Trost, vor allem ein kleines Gedicht, das er für sie verfaßt hatte, stärkte sie sehr:

»Wenn auch der Körper älter zu werden beginnt,
wenn Verwandte und Freunde rar geworden sind,
unser schwerer Weg scheinbar kein Ende nimmt,
laß uns treu dem Herrn folgen, du bist sein Kind!«

Nun war sie wieder entschlossen, ohne Selbstmitleid an der Seite ihres Mannes das Kreuz Jesu zu tragen. Was kümmerte sie die Meinung der anderen, sie wollte Gott und Yun die Treue halten. Bald darauf kam ihr Kind zur Welt, ein gesunder kleiner Junge. Sie war stolz, glücklich und dankbar für ihr Baby, und doch vermißte sie ihren Mann gerade jetzt so schmerzlich! Wie gern hätte sie diese Freude mit ihm gemeinsam erlebt. Wieder wollte die Traurigkeit sie beschleichen, als sie dachte:»Eigentlich sollte der Vater die Entscheidung über seinen Namen treffen.« Doch anstatt sich diesen wehmütigen Gedanken hinzugeben, schüttete sie ihr Herz vor Gott aus.

Am selben Abend hatte Yun einen Traum. Er sah Lingling mit einem kleinen Jungen im Arm auf sich zukommen, und sie sagte:»Willst du deinem Sohn nicht einen Namen geben?« Im Traum nahm er das Baby auf den Arm und lächelte:»Er soll Isaak heißen.« Als am folgenden Tag ein Verwandter Yun kurz besuchen durfte, um ihm die frohe Nachricht zu übermitteln, hatte er schon einen Namen für sein Kind.

Zur gleichen Zeit wurden die Felder reif für die Ernte. Die Brüder und Schwestern aus den umliegenden Gemeinden halfen Yuns Familie bei der Arbeit. Erst als fast alle Arbeit getan war, ließen sie Lingling wieder allein. Nur ein kleiner Teil der Ernte, der schon fertig geschnitten und gebündelt war, mußte noch nach Hause geschafft werden. An diesem Nachmittag veränderte sich plötzlich das Wetter, die Sonne verzog sich hinter dicken Wolken, der Himmel wurde schnell dunkel und es begann, in der Ferne zu donnern.

Lingling, die gerade erst die Geburt überstanden hatte, lag im Bett und konnte noch nicht aufstehen. Die einzige andere Person, die noch im Haus war und die restliche Ernte holen konnte, war Yuns Mutter. Eilig holte die alte Dame den Handkarren und trippelte mit ihren zierlichen, gebundenen Füßen los, ihre knochigen Hände zitterten bei der Anstrengung, den Karren hinter sich herzuziehen. Sie wollte auf keinen Fall die kostbare Ernte dem Regen preis geben.

Doch dann passierte das Unvermeidliche: Der Wagen geriet auf dem unbefestigten Weg auf eine abschüssige Stelle, die alte Frau konnte ihn nicht mehr halten, er überschlug sich und landete im Graben, die Frau mit sich reißend. Sie brach sich einen Arm und ihre Hüfte wurde ernsthaft verletzt. Es war keine leichte Zeit für Lingling und ihre Schwiegermutter, auch sie mußten einiges durchstehen, während Yun in Haft war. Aber in aller Not wußten sie sich doch geborgen in Gottes Hand, und sein übernatürlicher Friede erfüllte sie in all den schweren Jahren.

Du wirst das Land in Besitz nehmen, das dein Gott dir zu eigen gibt (Jos 1,11)

Es war im Jahr 1987, als Yun, der noch immer im Arbeitslager war, von dem Aufseher erfuhr, daß er wieder in die Stadt »B« gebracht werden sollte. Seine Zellengenossen erschraken, denn für sie stand fest, daß es für diese Verlegung nur einen Grund geben konnte: noch härtere Strafen und weitere Folter. Auch Yun war sich sicher, daß weiteres Leiden ihn erwartete, denn die Geheimpolizei hatte in der Zwischenzeit noch jede Menge »Beweismaterial« gegen ihn zusammengetragen. Aber er war innerlich auf alles vorbereitet, was auch kommen mochte. Er würde vor keinem Opfer zurückschrecken, sein Leben gehörte dem Herrn, und er war willig, auch sein Blut zu vergießen für seinen Glauben an Jesus.

Am nächsten Morgen holte ihn ein Polizeilastwagen ab und brachte ihn in die Stadt. Im Verhandlungssaal angekommen, fand sich Yun einer großen Menge von Uniformen gegenüber: Neben den Mitgliedern der

Geheimpolizei hatten sich auch Parteifunktionäre eingefunden, die Regierungsbeamten der Stadt waren versammelt und der Chef des Büros für religiöse Angelegenheiten erwartete ihn.

Der Leiter der Geheimpolizei ergriff das Wort und sah sehr ernst und gewichtig aus:»Gefangener Yun, Sie wissen, daß Ihre Lage sehr ernst ist. Eigentlich sollten Sie auf das Schwerste bestraft werden. Aber es sieht so aus, als ließen Sie sich nicht von Ihrer eigensinnigen Haltung abbringen, selbst wenn wir Sie töten würden. Deshalb haben wir beschlossen, Sie freizulassen. Wir haben uns auf das Folgende geeinigt:

- *Sie werden aller politischen Rechte entmachtet, und Sie haben keine Möglichkeit, den Schandfleck, ein politischer Gefangener gewesen zu sein, jemals wieder loszuwerden. Sie werden von der lokalen Regierungsbehörde an Ihrem Wohnort überwacht werden.*
- *Einmal pro Monat müssen Sie bei der lokalen Geheimpolizei vorsprechen und Bericht erstatten.*
- *Sie müssen sich der ›Patriotischen Drei-Selbst-Kirche‹ anschließen, die von der Regierung anerkannt und unterstützt wird.«*

Yun antwortete höflich:»Verehrte Genossen Funktionäre, wie kann es angehen, daß ich, der ich keine politischen Rechte mehr habe, dieser großen Organisation unserer Partei angehöre, der Kirche, die von unserer Regierung gefördert wird? Würde dies nicht meinem Status als politischem Häftling widersprechen?«

Dem Vorsitzenden der Geheimpolizei verschlug es die Sprache. Zornesröte stieg ihm ins Gesicht, und er redete weiter, ohne auf Yuns Einwand einzugehen:»Ihre Bosheit ist beispiellos! Wir warnen Sie ausdrücklich, sollten Sie auf die Idee kommen, nach Ihrer Heimkehr die Christen in Ihrer Umgebung gegen die Religionspolitik unsere Partei aufzuhetzen, dann müssen Sie sich über die Konsequenzen im klaren sein!«

Yun war kaum zu Hause, als sich auch schon die Leiter der lokalen Geheimpolizei sowie die Vertreter der Bezirks- und Provinzpolizei bei ihm einfanden. Eine große Versammlung wurde in seinem Dorf einberufen, zu der sämtliche Mitglieder der Polizei, Verwaltung und Miliz erscheinen mußten. Thema waren die Vorzüge der Religionspolitik, die in leuchtenden Farben ausgemalt wurden, und die angebliche Unterstützung dieser Politik durch das ganze Volk. Die Redner stellten heraus, daß das Christentum ursprünglich von den imperialistischen Ländern als Instrument eingesetzt worden war, um Einfluß in China zu gewinnen und Macht ausüben zu können.»Es gelang den Ausländern, einige ungebildete Mitglieder unseres Volkes mit ihrer Religion zu vergiften«, erklärten die Funktionäre den Zuhörern.

Dann warnten sie die Anwesenden eindringlich und erklärten, daß nur die»Patriotische Drei-Selbst-Kirche« von der Regierung anerkannt und genehmigt ist. Sie wiederholten, daß alle Hausversammlungen verboten sind und daß die Polizisten aller Organisationen bevollmächtigt seien, Besucher von Hausversammlungen aufs Schwerste zu bestrafen. Zum Schluß der Veranstaltung wurde Folgendes bekanntgegeben:

- *»Yun ist unverändert ein politischer Gefangener, und er hat keine politischen Rechte.*

- *Die örtliche Verwaltung, alle Kader, Miliz und das ganze Volk haben das Recht und die Pflicht, alle seine Aktivitäten zu überwachen.*
- *Er muß sich einmal monatlich der Geheimpolizei vorstellen und Bericht erstatten über seine Tätigkeiten.*
- *Er darf sein Dorf nicht ohne Erlaubnis und Begleitung verlassen.*
- *Wenn er Kontakt aufnimmt zu einer fremden Person, muß er sofort gefesselt werden und der Geheimpolizei zum Verhör übergeben werden.«*

Aber was sind schon menschliche Gesetze und Pläne gegen Gottes Macht? Nachdem Yun wieder in seinem Dorf lebte, begann sich das Reich Gottes unaufhaltsam auszubreiten. Yun war erfüllt mit der Kraft des Heiligen Geistes, und es geschahen viele Zeichen und Wunder.

Auch die Nachbarn, die sich in der Vergangenheit über Lingling lustig gemacht hatten, begannen jetzt, an Jesus zu glauben. Es tat ihnen von Herzen leid, daß sie Yuns Familie das Leben so schwer gemacht hatten. Yuns Bruder und Schwägerin wurden auch Christen. Das ganze Dorf wurde erfaßt vom Wirken Gottes. Nun wurde wahr, was Yun damals sagte, als er das erste Mal verhaftet worden war: Er lebte jetzt tatsächlich im »Evangeliumsdorf«! Und auch in den umliegenden Ortschaften nahm die Zahl der Gläubigen dramatisch zu. Im ganzen Gebiet »B« erlebten die Gemeinden eine Erweckung. Halleluja! Ehre sei Gott für sein mächtiges Wirken!

Dann gelang es Yun, herauszufinden, wo Huangs Familie wohnte. Als Huangs Vater und Mutter ihn erkannten, weinten sie laut: »Wir haben den blutigen Brief erhalten, den unser Sohn mit Ihrer Hilfe geschrieben hat. Wir wissen, wie sehr Sie ihn damals im Gefängnis geliebt haben. Sie haben unseren Sohn gerettet und damit unsere ganze Familie. Nachdem unser Sohn nun tot ist, sollen Sie jetzt wie unser Sohn sein.«

Yun antwortete sanft: »Auch wenn der Körper Ihres Sohnes tot ist, seine Seele lebt und ist bei Jesus. Auch die Worte, die Huang in seinem letzten Brief geschrieben hat, sind nicht tot. Seine Gebete sind lebendig und wirksam. Der wichtigste Grund, warum ich Sie heute besuche, ist, Ihnen den letzten Wunsch Ihres Sohnes zu übermitteln. Er sagte, Sie müssen an Jesus glauben!«

Aber es war Huangs Eltern bewußt, daß dies eine sehr folgenreiche Entscheidung für sie wäre, weil sie beide Parteifunktionäre in hohen Positionen waren. Yun redete einige Stunden lang mit ihnen, und schließlich steckten sie ihm ein Bündel Hundertdollarnoten in die Tasche. Doch Yun zog die Scheine wieder heraus und legte sie auf das Tablett, mit dem ihm zuvor Tee serviert worden war.

»Ich will nicht Ihr Geld«, sagte er freundlich, aber bestimmt, »ich will Ihre Herzen. Im heiligen Namen Jesu Christi von Nazareth gebiete ich Ihnen, sich jetzt hinzuknien und Jesus als Ihren Heiland anzunehmen!«

Seine Worte hatten die Wirkung eines Gebirgsbaches, der sie einfach mit- und umriß. Sie sanken in die Knie, weinten und bekannten Ihre Sünden vor Gott. Von dem Tag an folgten sie Jesus nach.

Einige Zeit später, als Yun diese lieben neuen Christen verlassen hatte und die Straße entlang ging, die aus dem Ort hinausführte, war ihm, als ob er von allen Seiten Stimmen rufen hörte, die ihn drängten: »Komm auch zu uns, bringe die Flamme der Erweckung auch in unsere Gegend!«

Für ihn stand fest, er wollte die gute Nachricht von der überschwenglichen Gnade Gottes und der heilenden Kraft des auferstandenen Herrn Jesus nicht für sich behalten, während Millionen von Menschen in Trauer und Einsamkeit lebten und nicht wußten, wie sie die innere Leere ausfüllen sollten. Er war entschlossen, jede Provinz zu bereisen, in jedem Bezirk zu predigen, auf jedem Berg die Menschen aufzusuchen, zu jeder Insel zu fahren und es jedem Volksstamm zu erzählen. Mutig und ohne Angst ging Yun voran für seinen Herrn.

Chan –
mit Jesus in der
Frauenhaftanstalt

Früher hatte ich die Leute verachtet, die sich zum Glauben an Jesus bekannten. Ich konnte überhaupt nichts anfangen mit dem, was sie mir über Gott sagten. Eines Tages wurde meine Mutter dann schwer krank. Sie war schon alt und die Ärzte sagten, daß sie nun bald sterben würde. Meine Mutter, die wohl auch ahnte, daß sie nicht mehr gesund werden würde, veränderte sich in jenen Tagen sehr. Zu meiner Überraschung begann sie, sich für den christlichen Glauben zu interessieren, und je schwächer sie wurde, desto dringender wurde ihr Wunsch, mehr über Jesus zu erfahren. Ich lehnte damals das Christentum entschieden ab und scheute mich nicht, alle Bitten meiner Mutter zu mißachten und die Christen aus unserem Hause fernzuhalten. So starb sie schließlich, ohne daß ihr jemand von Jesus hätte erzählen können. Ich war traurig über ihren Tod, doch ich war überzeugt, mich richtig verhalten zu haben.

Im Winter 1979 wurde ich selbst plötzlich krank. Ich war inzwischen verheiratet und hatte drei kleine Kinder. Wie es in China allgemein üblich ist, wohnten wir bei meinen Schwiegereltern. Innerhalb weniger Tage wurden auch meine Kinder nacheinander krank, bis wir alle vier im Bett lagen. Ich liebte meine Kinder sehr und es schmerzte mich, daß ich sie nicht trösten und pflegen konnte. Doch ich war zu schwach, um das Bett zu verlassen. Die Sorge um meine Kinder nagte innerlich an mir, ich konnte ihr Weinen kaum ertragen. Ich war zu allem bereit, wenn ich ihnen damit irgendwie helfen könnte. Doch es ging mir selbst von Tag zu Tag schlechter. In meiner Verzweiflung begann ich zu beten. Da ich über den christlichen Gott nichts wußte, betete ich zu den buddhistischen Göttern, die mir vertraut waren. Aber meine Angst nahm zu, ich konnte nicht mehr essen und nicht mehr schlafen, schreckliche Vorstellungen vom Leiden und Sterben meiner Kinder quälten mich, und ich selbst fühlte mich dem Tode nahe. Schließlich ging es mir so schlecht, daß ich mir den Tod wünschte und begann, über Selbstmord nachzudenken. Ich hatte jede Hoffnung für meine Kinder und für mich aufgegeben.

In jenen finsteren Tagen besuchte mich regelmäßig eine Nachbarin, die an Jesus glaubte. Früher hatte ich ihr immer verboten, über ihren Glauben zu sprechen, doch inzwischen war ich verzweifelt genug, um mich an jeden Strohhalm zu klammern. Sie erzählte mir, daß Jesus mich lieb habe und mir helfen könne. Ihre Worte berührten mich zutiefst, und der Heilige Geist veränderte mein Inneres, so daß ich mich diesem Gott anvertrauen konnte. Ich bekannte meine Sünden vor Gott, und ich wandte mich mit aller Entschiedenheit von meiner alten Haltung ab und lieferte mein Leben Gott aus. Und Gott griff übernatürlich ein: Er erfüllte mich mit tiefem Frieden, sofort fiel alle Angst von mir ab, in kürzester Zeit verschwand meine Krankheit ohne jegliche Medikamente, und auch meine drei Kinder wurden schnell gesund und sind bis heute fröhliche, gesunde Kinder geblieben, die nur so vor Lebensfreude und Energie strotzen.

Ein neues Leben begann. Ich war voller Freude, die mich durchgängig erfüllte, unabhängig von den Umständen. Ich liebte es, Lieder zu Gott zu singen und nutzte jede freie Minute, um in der Bibel zu lesen. Die Bibel faszinierte mich von Tag zu Tag mehr, ich erlebte, daß es lebendige Worte Gottes sind, die mein Wesen verändern. Natürlich entging niemandem in meiner Umgebung der große Umschwung in meinem Leben, und ich freute mich über jede Gelegenheit, bei der ich erzählen konnte, was Gott in meinem Leben zu tun begonnen hatte. Vor allem meinem Mann erzählte ich ständig von all dem Guten, was ich in Jesus entdeckte. Er litt unter hohem Blutdruck, also betete ich für ihn, und Gott in seiner Güte griff ein und heilte ihn vollständig. Trotzdem widerstand er Gott und legte auch mir viele Steine in den Weg. Obwohl er mich sonst immer sehr gut behandelte, verbot er mir jetzt, die Gottesdienste zu besuchen, und auch das Beten zu Hause verbot er mir. Also gewöhnte ich mir an, abends lange aufzubleiben und zu warten, bis er eingeschlafen war. Dann schlich ich mich in den Innenhof unseres Hauses und betete. Manchmal entdeckte er mich dabei, dann wurde er sehr böse und wies mich streng zurecht. Aber das entmutigte mich nicht, denn meine innere Freude war viel größer als solche Momente des Leids. Ich genoß die nächtlichen Stunden im Hof, in denen ich mein Herz vor Gott ausschüttete und besonders viel dafür betete, daß Jesus doch auch meinem Mann die Augen öffnen würde, die Liebe Gottes zu erkennen und sich ihr ganz hinzugeben.

Fünf Monate vergingen. Dann geschah das Unfaßbare: Mein Mann, der in einer Fabrik arbeitete, hatte einen Unfall, bei dem er mit Starkstrom in Berührung kam. Er war sofort tot. Als mich die Nachricht von seinem Tod erreichte und ich seinen verbrannten Körper sah, erfaßten mich Schmerz und Trauer wie schwarze Wellen, die über mir zusammenschlugen und mich in die Tiefe rissen. Dazu kam, daß meine Schwiegermutter und die Familie meines Mannes, in deren Haus wir lebten, sich sofort gegen mich stellten, mir Vorwürfe machten und mich aus allen Gesprächen und Entscheidungen ausschlossen. Das war zu viel für mich, ich verlor den Boden unter den Füßen. So vielem Entsetzen, Schmerz und Anfeindungen war ich nicht gewachsen. Eine Art seelischer Schock erfaßte mich, ich mußte mich hinlegen, dann verlor ich das Bewußtsein. Ich hatte wohl etwa dreißig Minuten so gelegen, als einige Christen aus der Nachbarschaft, die von dem Unglück erfahren hatten, herbeieilten, um mich zu besuchen und zu trösten. Sie fanden mich bewußtlos und begannen, für mich zu beten. Gott sei Dank für seine Hilfe, ich kam bald darauf wieder zu mir, stand auf und fühlte mich sogar ziemlich gestärkt.

Es begann eine sehr schwere Zeit für mich. Mein ältestes Kind war neun Jahre, das Jüngste erst drei. Nun lag die ganze Verantwortung auf mir. Und ich mußte nicht nur meine Kinder, sondern auch meine Schwiegermutter versorgen. Dabei blieb deren Haltung mir gegenüber feindselig, und am liebsten hätte sie mich aus dem Haus vertrieben. Sie ließ keine

Gelegenheit ungenützt, um mir ihre Ablehnung zu zeigen und meine Arbeit zu behindern. Nun, da ihr Sohn nicht mehr lebte, waren meine Kinder und ich unerwünscht in ihrem Leben. Sie verfluchte mich täglich. Aber mein Gott beschützte mich und gab mir die Kraft und den Mut, weiterleben zu wollen.

Mein Mann und ich waren neun Jahre verheiratet gewesen, und wir hatten uns herzlich lieb gehabt. Ich vermißte ihn so sehr, und obwohl er tot war, konnte ich nicht aufhören, ihn zu lieben. Kurz vor seinem Tod hatten wir ein Foto von ihm machen lassen, das ich mir nun in einem Fotostudio vergrößern ließ. Ich kaufte einen schönen Rahmen und stellte sein Bild an einen Ehrenplatz in unserer Wohnung. Jeden Tag betrachtete ich sein Gesicht und weinte und sehnte mich nach ihm. Von Tag zu Tag nahm meine Trauer zu, bis ich schließlich meinen inneren Frieden und die Freude ganz verloren hatte und ich mich immer häufiger in schmerzliche Erinnerungen und Tagträume flüchtete. Dieses Foto wurde zu einem Fallstrick für mich, und um Haaresbreite hätte ich ein weiteres Unglück dadurch verursacht.

Eines Tages kam eine Frau zu mir zu Besuch, die Christin war. Sie hatte kaum mein Haus betreten, als sie zu Boden fiel, und nach wenigen Atemzügen starb sie vor meinen Augen. Ich war gelähmt vor Entsetzen und wußte überhaupt nicht, was ich nun tun sollte. Das einzige, was mir einfiel, war, auf meine Knie zu gehen und zu Gott um Hilfe zu rufen.

»Herr, das ist zu viel für mich, laß es nicht wahr sein! Gott, liegt das an mir? Habe ich etwas falsch gemacht? Bitte, hab Erbarmen mit dieser Frau, laß sie nicht tot sein! Und bitte Herr, wenn Sünde in meinem Leben ist, zeig es mir, bitte sei uns gnädig, hilf uns!«

Ich schleifte den leblosen Körper der Schwester in mein Schlafzimmer und legte ihn auf mein Bett. Dann schickte ich meinen ältesten Sohn los: »Bitte Junge, lauf so schnell du kannst und hole alle Christen her, sag ihnen, etwas Schreckliches sei passiert, sie müssen unbedingt beten! Sie sollen keine Zeit verlieren!« Die nächsten Christen wohnten sieben oder acht Kilometer entfernt, und es würde unerträglich lange dauern, bevor sie bei mir eintreffen könnten.

Während ich mit der Toten allein war, immer noch wie versteinert vor Angst, versuchte ich, weiter zu beten. Plötzlich hatte ich das Foto meines Mannes vor Augen. Ich hatte den Eindruck, daß Gott mir sagen wollte, ich solle es von seinem Platz entfernen. Überrascht und etwas unsicher stand ich auf, nahm das Bild und legte es, mit dem Gesicht nach unten, auf den Boden. Im selben Moment begann die Schwester, sich zu bewegen. Plötzlich verstand ich: »Der Herr Jesus liebt mich, und er kennt auch mein Innerstes. Ihm ist nicht verborgen, daß ich die vergänglichen, eitlen Dinge dieser Welt liebe. Doch um ihm nahe sein zu können, ist es notwendig, daß ich alle Götzen aus meinem Leben entferne. Er kann nur mein Herr sein, wenn ich mich von allem anderen löse und nur auf ihn sehe. Ihm dienen heißt, daß er das Wichtigste in meinem Leben ist.« Schlagartig war mir das alles klar geworden. Ich mußte mich innerlich von meinem verstorbenen Mann trennen. Sofort nahm ich das Foto aus dem Rahmen, zerriß es in kleine Stücke, und während ich laut Jesus dankte, warf ich die Schnipsel in das Feuer, das in unserem kleinen Kohleofen brannte. Die Schwester hatte sich unterdessen aufgerichtet und fragte mich, was geschehen war. Wenig später kam mein Sohn mit den Christen außer Atem hereingestürzt. Schnell erzählten wir ihnen, was vorgefallen war, und dann feierten wir zusammen einen Dank- und Lobpreisgottesdienst in meinem Schlafzimmer. Endlich erfüllte mich wieder diese wunderbare, göttliche Freude, wie ich sie seit dem Tod meines Mannes nicht mehr gekannt hatte. Aber unserer Familie standen noch weitere Angriffe Satans bevor. Wir wohnten damals im vierten Stock des Hauses, und wenn mich die christlichen Geschwister besuchten, fühlten sie sich immer irgendwie unwohl in meiner Wohnung.

Eines Tages besuchte mich wieder eine liebe, ältere Christin, sie war über siebzig Jahre alt. Wie wir es gewohnt waren, redeten wir kurz, dann knieten wir zusammen nieder und beteten. Meine ältere Tochter betete mit uns, die kleine Tochter saß im selben Zimmer auf ihrem Bett und spielte. Plötzlich begann die Kleine zu wimmern: »Mutti, meine Beine tun so weh.« Ich dachte, daß ihr langweilig sei und sie wollte, daß wir mit ihr spielen sollten, deshalb öffnete ich meine Augen gar nicht, sondern betete weiter. Aber wenig später begann sie zu stöhnen, dann schrie sie: »Aua, mein Bein, Mutti …«. Ich sprang auf und rannte zu ihr, doch ich konnte nichts mehr machen. Vor meinen Augen spielte sich die grauenvolle Szene ab: Sie schrie, es war ein herzzerreißender Schrei, wie ich noch nie jemanden schreien hörte, dann brach ihr Schreien plötzlich ab, sie fiel schlaff auf das Bett zurück und war tot. Das Entsetzen griff mit einer kalten Hand nach mir.

Meine ältere Tochter, sie war damals acht Jahre alt, war nun auch aufgesprungen und zu ihrer kleinen Schwester geeilt, die schon nicht mehr atmete. Sie warf sich auf sie und umschloß sie mit ihren Armen, schüttelte sie und wollte sie aufwecken. Doch innerhalb weniger Augenblicke hörte auch sie auf, sich zu bewegen und lag reglos auf der Kleinen.

Auch die ältere Schwester hatte ihr Beten unterbrochen und kam zu dem Bett, wo ich fassungslos stand und nicht begreifen konnte, was sich da vor meinen Augen abspielte. Ich war wie gelähmt vor Angst. Die Frau beugte sich nieder, um meine große Tochter aufzuheben, doch im selben Moment sackte sie zusammen, fiel auf den Boden und war auch tot.

Ich wankte einige Schritte rückwärts, Angstschweiß rann mir kalt den Rücken hinunter, ich wagte nicht, die Toten zu berühren. Nur ich lebte noch, – vor einigen Momenten war hier doch noch eine fröhliche, kleine Schar gewesen …! »Du bist die Nächste!« war das einzige, was ich denken konnte. In meiner Panik konnte ich zunächst weder beten noch irgend etwas unternehmen. Ohne die Augen von den drei leblosen Körpern abwenden zu können, war ich in einer Ecke des Raumes zusammengesunken und tränenloses Schluchzen schüttelte mich, während ich zitternd hervorbrachte: »Gott, bitte hilf uns!« Immer wieder rief ich es, schrie es, weinte es: »Gott, hilf uns, bitte Gott, hilf uns!«

Von meinem Weinen und Beten waren die Nachbarn aufmerksam geworden, und eine Menge Leute kamen in meine Wohnung. Doch niemand wagte es, den Raum zu betreten, sie starrten nur durch die Tür, und das Bild, das sich ihnen bot, ließ sie schnell wieder gehen: zwei tote Kinder auf dem Bett, eine tote Frau auf dem Fußboden davor, ich in der gegenüberliegenden Ecke des Zimmers kauernd und unablässig zu Gott um Hilfe rufend. Eine der Nachbarinnen erzählte dem Fabrikbesitzer, für den ich zu jener Zeit zu arbeiten pflegte, von dem Vorfall. Er tat das Nächstliegende und bestellte einen Leichenwagen.

Es dauerte nicht lange, bis der Fabrikbesitzer mit den Leichenträgern da war. Sie wollten die drei Toten ins Krankenhaus zur Obduktion bringen. Mein Chef fragte mich:»Chan, ich nehme an, nach all dem, was heute passiert ist, sehen Sie ein, daß Ihr Glaube an diesen Jesus gefährlich ist?«

Doch meine Antwort kam ohne Zögern:»Ich glaube und ich werde immer glauben. Und es wäre gut für Sie, wenn Sie auch endlich an Jesus glauben würden.«

»So ein Unsinn,« entgegnete der Fabrikant,»Bringen Sie die Toten in die Klinik. Ihr Aberglaube hat Ihnen nicht geholfen, sondern Sie sind ein Opfer dieses Wahns geworden.«

Da kam die Kraft Gottes auf mich, die Angst war weg und ich wußte plötzlich, was zu tun war. Ich erhob mich aus meiner Zimmerecke und erklärte mit Autorität:»Wir werden nicht in das Krankenhaus gehen. Mein Herr wird uns ganz sicher helfen!«

Die Worte waren kaum über meine Lippen, ich hatte noch gar keine Zeit gehabt, mich über meine Kühnheit zu wundern, als das Wunder geschah. Vor den Augen meines Chefs begannen die Kinder und die Frau gleichzeitig, sich zu bewegen. Während die drei lebendig wurden, verließen die Männer fluchtartig meine Wohnung.

Ohne Frage, Gott hat auf sehr ungewöhnliche Weise in mein Leben hineingeredet. Aber er benutzte diese Ereignisse, um mir seine Liebe zu zeigen. Mein Geist war schwach und voller Selbstmitleid gewesen, ich hing an meinen Kindern viel mehr als an dem Herrn Jesus, und die vergänglichen Dinge waren mir wichtiger gewesen, als den kostbaren, unsterblichen Menschen von ihm zu erzählen. Gott wußte um meine Schwächen und er benutzte alles, um mich stark zu machen und mich von aller Oberflächlichkeit zu befreien. Ich lernte, mir wirklich sicher zu werden, daß seine Liebe das Zuverlässigste in meinem Leben ist, seine Liebe, die stärker ist als der Tod. Getragen von dieser Liebe konnte ich es wagen, mich ihm ganz anzuvertrauen und unterzuordnen. So wurde ich innerlich vorbereitet auf das Leiden, das mir noch bevorstand, und ich wurde in dieser Schule des Vertrauens fähig gemacht, später auch im Gefängnis fest zu meinem Gott zu stehen und den anderen Gefangenen zum Segen zu werden.

Gott begann, meine Wohnung zu benutzen, um denen zu dienen, die Hilfe brauchten. Es verging kaum ein Tag, ohne daß meine christlichen Freunde mir Leute vorbeibrachten, die Gebet brauchten. Ich dachte dabei immer an die Bibelstelle:»Wer seinen Bruder nicht liebt, den er sieht, kann Gott nicht lieben, den er nicht sieht« (1 Joh 4,20). Deshalb war ich bereit, all die Menschen, die zu mir kamen, herzlich aufzunehmen.

In jener Zeit bekamen meine drei Kinder und ich zusammen nur die Essensration für eine Person. Unser Leben war ganz bestimmt nicht leicht, aber Gott hatte mich mit wundervollen Kindern gesegnet. Sie beklagten sich nie und waren damit einverstanden, daß wir jeden Tag nur eine Mahlzeit essen konnten, die zudem meist sehr einfach war. Die Kinder gingen dann oft auf die Felder und suchten wild wachsendes Gemüse, das wir zu unseren »Mantous«, essen konnten. Wenn wir dann Besuch bekamen, versteckten wir die »Mantous«, und ich schickte schnell die Kinder los, um ein paar Sachen einzukaufen, aus denen ich etwas Gutes für unsere Gäste kochen konnte. Die Kinder waren immer damit einverstanden.

Und Gott in seiner Güte war auf unserer Seite, so daß wir immer gesund waren. Täglich priesen meine Kinder und ich gemeinsam unseren Gott, und wir hatten viel Freude. Manchmal half ich auch meinem Vater bei seiner Arbeit und kam dadurch gelegentlich zu spät in die Fabrik, was mir Lohnkürzungen und Kritik einbrachte, doch ich war erfüllt von einem Frieden, den nichts und niemand beeinträchtigen konnte.

Wen soll ich senden? Wer wird für uns gehen?
(Jes 6,8)

Eines Tages redete Gott sehr deutlich zu mir. Er sagte mir, ich würde an einem entfernten Ort die gute Nachricht von Jesus verkündigen. Das war im Jahr 1982. Damals hatte ich nicht einmal eine eigene Bibel, und ich konnte mir auch nicht vorstellen, vor Menschen zu reden. Ich war rhetorisch weder begabt noch geübt. Und Gott hatte mir auch nicht gesagt, wo das sein sollte. Was ich damals nicht ahnen konnte war, daß Gott mich auserwählt hatte, um im Gefängnis von ihm zu erzählen.

Im März des folgenden Jahres war ich mit fünf anderen Christen an einen bestimmten Ort gereist, um dort neue Christen zu besuchen und sie zu taufen. Wir hatten eine schöne Zeit zusammen und kehrten voller Freude und gestärkt im Glauben zurück. Wieder zu Hause, erwartete mich eine Christin, die schon längere Zeit an Krebs litt und deren Zustand sich jetzt akut verschlechtert hatte. Ich nahm sie in meine Wohnung auf, und mit Bruder Wu und Schwester Lin waren wir für drei Tage zusammen, fasteten und beteten zu Gott um Heilung für diese Frau. Doch obwohl wir mit allem Ernst beteten, geschah nichts, schlimmer noch, der armen Frau ging es von Tag zu Tag schlechter. Das Atmen fiel ihr immer schwerer, und es wurde immer offensichtlicher, daß sie nicht mehr lange zu leben haben würde.

Ich war ratlos und verzweifelt. Warum griff Gott nicht endlich ein? Er hatte doch schon so oft seine Kraft bewiesen! Im Verlauf dieser drei Tage wurde mein Wunsch nach Heilung für meine Schwester so groß, daß ich sogar betete, daß Gott lieber mein Kind zu sich nehmen solle, als diese Frau sterben zu lassen. Ich verstand nicht warum, aber Gott erhörte unsere Gebete nicht, sondern die Schwester starb am dritten Tag in meiner Wohnung.

Kaum hatte sich die Nachricht vom Tod der Frau verbreitet, kamen viele Christen aus der örtlichen Gemeinde, um mich zu besuchen. Einige kritisierten mich auch und sagten, ich hätte eine große Torheit begangen, die Schwester in meine Wohnung aufzunehmen, wo es scheinbar doch offensichtlich war, daß sie sterben würde. Aber ich wußte, daß ich das richtige getan hatte, deshalb war ich gelassen und widersprach ihnen kaum. Ich war nicht enttäuscht darüber, daß Gott nicht eingegriffen hatte, und ich hatte auch überhaupt keine Angst. Ein übernatürlicher, göttlicher Friede erfüllte mich. Bruder Wu und Schwester Lin bestanden darauf, bei mir im Haus zu bleiben. Ich versuchte, sie zu überreden, daß sie doch in ihre eigenen Häuser gehen sollten, denn es war mir klar, daß diese Situation nicht ungefährlich war. Der Tod der Frau würde der Polizei gemeldet werden und damit gäbe es einen Grund, gegen uns Christen vorzugehen.

Ich versuchte es mit allen Mitteln: »Bitte, denkt doch an eure Familien, es ist nicht nötig, daß ihr euch freiwillig der Verfolgung aussetzt. Es macht mir wirklich nichts aus, die Verantwortung allein auf mich zu nehmen, und ich werde das auf jeden Fall tun, auch wenn ihr hierbleibt. Aber bitte, bitte geht doch jetzt, bevor die Polizei kommt!« Doch sie gingen nicht. »Wir werden dich auf keinen Fall allein lassen«, beharrten sie, »wenn du leiden mußt, werden wir mit dir leiden.« Wenige Stunden später kam dann die Polizei, und ohne viel zu reden, nahmen sie Schwester Lin und mich mit auf die Wache. Bruder Wu war gerade kurz weggegangen und entging so der Verhaftung.

Auf der Polizeiwache angekommen, trennten sie uns sofort. Ich wurde zuerst vernommen. Hinter einem alten Schreibtisch saß sehr steif und im Bewußtsein seiner Überlegenheit und Würde ein höherer Beamter der örtlichen Polizei. Auf seiner Uniform trug er stolz einige Abzeichen, deren Bedeutung mir nicht bekannt waren. Er sprach den gleichen Dialekt wie ich, doch sein Gesicht war kalt und mit schneidender Stimme fuhr er mich an: »Sagen Sie mir, wer ist verantwortlich für den Tod dieser Frau?«

Obwohl ich noch nie in einer vergleichbaren Lage war, fühlte ich mich so sicher, daß man meine Haltung fast als respektlos bezeichnen konnte. Ich wußte, daß ich kein Unrecht getan hatte, egal, wie ungünstig die Situation von außen betrachtet auch aussehen mochte. Und ich wußte, daß mein Gott mir nahe war. Aber es war mehr als Wissen: Ich fühlte immer noch diesen tiefen Frieden, der mich seit dem Tod der Schwester erfüllte. Mitten in dieser feindseligen Lage genoß ich die Geborgenheit der Liebe Gottes. Meine Antwort kam mit fester, ruhiger Stimme: »Ich bin verantwortlich.«

»Sie lügen! Wir wissen, daß ein Mann bei Ihnen war! Wer war es?« Es muß wohl so gewesen sein, daß meine Nachbarn der Polizei nicht nur von dem Tod der Frau in meiner Wohnung berichtet hatten, sondern daß sie auch gleich erzählten, daß wir zu dritt für sie gebetet hatten.

Ich widersprach: »Nein, nur ich alleine habe für die Frau gebetet. Niemand sonst war daran beteiligt.«

»Wie haben Sie die Frau umgebracht?«

»Ich wollte, daß sie ins Krankenhaus geht, aber sie weigerte sich. Ich habe nichts weiter getan, als Lieder gesungen und zu Gott gebetet.«

Der Polizist erhob sich hinter seinem Schreibtisch, sein Gesicht lief rot an, und er knurrte mit mühsamer Beherrschung: »Es wäre besser, wenn Sie mir die Wahrheit freiwillig sagen würden. Sonst haben wir auch noch andere Methoden, um die ganze Geschichte aus Ihnen herauszubekommen.« Und um mich einzuschüchtern, griff er nach einem der herumliegenden Folterinstrumente, deren Funktion ich nur ahnen konnte und spielte, scheinbar gedankenverloren, damit herum.

Es war ausschließlich Gottes Gnade, die mich in dieser Situation ohne Angst vor dem Mann stehen ließ. Ich wiederholte meine Aussagen: »Bitte glauben Sie mir, ich war es, die mit der Frau gebetet hat. Aber weil ihre Lebenszeit auf Erden abgelaufen war, hat Gott ihre Seele zu sich in den Himmel geholt.«

»Was für eine Seele? Was für einen Himmel?«

»Wissen Sie«, erklärte ich ihm freundlich, »jeder Mensch hat eine unsterbliche Seele. Wer an Jesus glaubt, bekommt nicht nur Heilung für seinen irdischen Körper, sondern auch seine Seele wird errettet. Ich rate

Ihnen daher dringend, auch an Jesus zu glauben, denn er hat selbst gesagt, daß jeder, der an ihn glaubt, das ewige Leben hat, wer aber nicht glaubt, ist schon gerichtet« (Joh 6,47; 3,18).

»Halten Sie den Mund«, schrie er, »oder sind Sie lebensmüde? Durch Ihren verrückten Glauben an Jesus ist bereits jemand gestorben, und nun versuchen Sie auch noch, mich zu überzeugen?«

Ich sah ihm fest in die Augen und erwiderte: »Gnädiger Herr, ich habe Ihnen soeben das Evangelium von Jesus verkündigt. Wenn Sie nicht glauben und eines Tages von Gott zur Rechenschaft gezogen werden, bin ich nicht mehr für Sie verantwortlich.«

Der Polizeichef war sprachlos vor Wut, und mit einer Handbewegung bedeutete er den im Hintergrund wartenden Polizisten, mich wegzubringen. Nun war Schwester Lin an der Reihe.

»Sagen Sie mir die Wahrheit, war es der Mann, der mit Ihnen zusammen war, der die Frau umgebracht hat?« Derselbe Polizist versuchte nun, aus ihr etwas herauszubekommen. »Wenn Sie uns alles genau erzählen, wie es sich zugetragen hat, dann werden wir großzügig mit Ihnen verfahren und Ihre Verbrechen vergeben.«

Wir hatten uns nicht abgesprochen, doch Schwester Lin antwortete mit ebensoviel Überzeugung, wie ich es wenige Augenblicke davor getan hatte: »Nein, nein, dieser Vorfall hat weder etwas mit dem Herrn zu tun, der sich in dem Haus aufhielt, noch mit Frau Chan. Es ist allein meine Schuld, denn ich habe die kranke Frau in das Haus von Frau Chan gebracht und dort jeden Tag mit ihr gebetet.«

Alle Überredungskünste und alle Drohungen seitens der Polizisten halfen nichts, Schwester Lin blieb fest bei ihrer Aussage: »Für den Tod der Frau trage ich alleine die Verantwortung.«

Nach diesen Verhören wurden wir zunächst wieder freigelassen, doch wir wußten beide, daß die Sache noch nicht ausgestanden war. Mir wurde ein Bußgeld auferlegt: Ich sollte der Familie der Verstorbenen ¥ 500.- RMB bezahlen (etwa fünf Monatsgehälter) für die Bestattungskosten. Aber ich war immer froh gewesen, wenn mein Geld jeden Monat für die Kinder und mich ausgereicht hatte, ich hatte keinerlei Ersparnisse. Meine Kinder und ich mußten viele Nachbarn und Bekannte aufsuchen und darum bitten, uns etwas Geld zu borgen, und auch Bruder Wu und Schwester Lin halfen mit, bis ich schließlich diese große Summe zusammenbekam und sie den Hinterbliebenen der Schwester geben konnte.

Unterdessen machte sich Bruder Wu, der nicht verhaftet worden war, viele Gedanken. Er wußte, daß ich drei kleine Kinder hatte, die im Falle meiner Verhaftung Waisen sein würden, um die seine Familie sich dann wohl kümmern müßte. Und Schwester Lin, deren Ehemann und Schwiegermutter noch keine Christen waren, hatte auch mehrere kleine Kinder, die dann ganz ohne christlichen Glauben erzogen würden. Je länger er darüber nachdachte und betete, desto klarer wurde es ihm: Er würde sich selbst der Polizei stellen, das erschien ihm auf jeden Fall besser, als daß wir Frauen verhaftet würden und unsere Kinder zurücklassen müßten.

Er betete lange und ernstlich über dieser Frage, bis Gott ihm dann die Kraft gab, sich von seiner eigenen Familie zu verabschieden und freiwillig zur Polizei zu gehen. Die Polizisten staunten nicht schlecht, als er sich vorstellte. Er wurde sofort verhört, und ohne sich über die Folgen seiner Aussage Sorgen zu machen, übernahm er die ganze Verantwortung für den

Tod der Schwester. Mit allen möglichen Argumenten versuchte er, die Polizisten davon zu überzeugen, daß er allein Schuld habe und wir mit der ganzen Sache nichts zu tun hätten.

Es war Anfang März 1983, als die örtliche Polizei ihn für den Hauptschuldigen erklärte, verhaftete und verurteilte. Kaum hatte ich davon gehört, besuchte ich seine Familie, brachte ihnen Geschenke und versuchte, sie zu ermutigen und zu trösten. Gott würde ihren Vater und Mann fest in seiner Hand halten und sich auch um die Familie kümmern, dessen waren wir uns alle sicher. Von dort aus fuhr ich direkt weiter zum Untersuchungsgefängnis, wo Bruder Wu festgehalten wurde. Ich wollte ihn so gerne sehen und ermutigen, aber ich konnte mir eigentlich kaum vorstellen, daß die Wachposten mich zu ihm lassen würden.

Der Uniformierte, der den Gefängniseingang bewachte, wollte mich sofort abweisen, ohne mir überhaupt zugehört zu haben. Doch ich versuchte, mich von seiner schroffen Kälte nicht einschüchtern zu lassen. »Wissen Sie«, redete ich auf ihn ein, »an dieser ganzen Angelegenheit bin ich eigentlich schuld. Der Mann, den Sie verhaftet haben, kann gar nichts dafür. Es ist nicht richtig, daß Sie ihn einsperren, in Wirklichkeit ist die Frau in meinem Haus gestorben, ich habe für sie gebetet, er hat damit überhaupt nichts zu tun. Ich werde mich schuldig bekennen und die Strafe auf mich nehmen.«

»Ich kenne den Fall nicht, Herr Wu wurde uns zur Verwahrung übergeben, das ist alles. Mehr interessiert mich auch nicht. Alles andere ist Sache meiner Vorgesetzten.« Wieder wollte er mich damit abfertigen. Doch ich ließ nicht locker: »Kann ich ihm dann wenigstens ein Handtuch und etwas zu essen geben?«

»Nein, es tut mir leid, das geht nicht. Gehen Sie jetzt endlich.« Ich blieb und redete weiter: »Bitte, Genosse, Sie wissen doch, daß die Menschen im Gefängnis Handtücher brauchen.« Schließlich war er so entnervt, daß er widerwillig nachgab: »Na gut, dann geben Sie mir das Handtuch, ich werde es dem Gefangenen geben.«

Ich blieb stehen und sah hinter ihm her, wie er mit meinem Päckchen los ging. Dann konnte ich erkennen, daß er in die Zelle Nummer eins ging. Ich hatte gehört, daß das die Zelle für Schwerverbrecher war. Angeblich wurden die Insassen dieser Zelle täglich gequält und gefoltert und am schlechtesten behandelt. Als ich daran dachte, krampfte sich mein Magen zusammen. Mein lieber, armer Bruder! Und so laut ich konnte, rief ich seinen Namen. Einer der Wachposten fuhr mich an: »Was erlauben Sie sich? Was glauben Sie denn, wo Sie hier sind? Hören Sie sofort auf, so zu schreien! Sie verstoßen damit gegen die Gefängnisordnung.«

Ich ergriff dankbar diese Gelegenheit und erklärte auch ihm: »Herr Wu ist unschuldig. Bitte, verhaften Sie mich an seiner Stelle, ich bin verantwortlich für das, weswegen man ihn eingesperrt hat.«

Nun wurde es den Polizisten zu viel, und ohne ein Wort zu sagen, packten sie mich und setzten mich unsanft vor die Tür. Ich hoffte nur, daß Bruder Wu mich gehört hatte.

Am nächsten Tag packte ich wieder eine Mahlzeit ein und eine Decke, fuhr zum Gefängnis, und die Szene wiederholte sich. Ein Polizist nahm das Geschenk für Wu entgegen, dann schrie ich, so laut ich konnte, seinen Namen und wurde hinausgeworfen. Mir blieb nichts anderes übrig, als für ihn zu beten und zu erwarten, daß Gott selbst ihn ermutigte.

Etwa zehn Tage später, am fünfzehnten März, wurde auch Schwester Lin verhaftet. Nun war ich schon seit einem halben Monat auf freiem Fuß, und ich mußte täglich mit meiner Festnahme rechnen. Doch Tag für Tag ging ich zur Fabrik und arbeitete, ohne daß etwas geschah. Zwei weitere Wochen verstrichen. Es war eine schwere Zeit, in der ich mich immer wieder gegen die Angst vor der Zukunft und die Angst um meine Kinder stellen mußte. Eines Morgens, als ich wieder im Begriff war, zur Arbeit zu gehen, sahen mich meine Kinder an und begannen, bitterlich zu weinen. Ich wußte nur zu gut, was sie dachten. Mit meiner ganzen Liebe nahm ich sie in die Arme, streichelte sie und hielt sie fest, während ich versuchte, überzeugend zu klingen.

»Aber meine Süßen, nun hört doch auf zu weinen. Ihr dürft nicht so weinen, sonst macht ihr eure Mutti sehr traurig. Ihr wißt doch, wenn eure Mutti ins Gefängnis gehen wird, dann wird unser himmlischer Vater selbst auf euch aufpassen. Er wird euch versorgen. Außerdem sind alle Brüder und Schwestern, Onkel und Tanten in der Gemeinde auch eure Geschwister, Onkels und Omis. Sie alle werden sich um euch kümmern.« Als ich sie wieder beruhigt hatte, gingen wir zur Fabrik, wo ich wie an jedem Tag arbeitete, während meine Kinder dort beaufsichtigt wurden.

Um neun Uhr an diesem Vormittag rief mich der Vorarbeiter in sein Büro und erklärte mir, er habe Anweisung von der Polizei, mich dort vorbeizubringen. Im selben Moment wußte ich, daß ich, um der Sache des Herrn Jesus willen, einen sehr schweren Weg vor mir hatte. Als ich die Fabrik in Begleitung meines Chefs verließ, mußte ich an meinen Kindern vorbeigehen. Ich bemühte mich, mir meine Gefühle nicht anmerken zu lassen. Meine drei Kleinen hatten doch schon so früh ihren Vater hergeben müssen, und nun wurde ihnen auch noch die Mutter genommen. Ab heute würden sie Waisenkinder sein, auf sich selbst gestellt und ohne eine verwandte Person, die sich um sie kümmern würde. Aus den Augenwinkeln sah ich ihre Gesichtchen, die naß von Tränen waren, doch ich konnte sie nicht anschauen, das hätte mir das Herz zu schwer gemacht. Es war ein sehr schwerer Weg.

Als ich auf der Polizeistation ankam, wurde ich bereits erwartet. »Wissen Sie, warum wir Sie heute hierher kommen ließen?«

»Ja, ich weiß, warum.«

»Sie sind verhaftet.« Der Polizist zeigte mir den Haftbefehl. Es war genau neun Uhr fünfundvierzig. Ich unterschrieb den Zettel, der meine Zukunft im Gefängnis besiegelte. Durch Gottes Gnade wurde mir erlaubt, noch einmal in Begleitung nach Hause zu gehen, um einige Dinge zu regeln und das Nötigste für mich zusammenzupacken. Meine Kinder waren immer noch in der Fabrik. Als ich diese vorläufig letzten Handgriffe in meiner Wohnung tat und mich an die morgendliche Szene des Abschiedes mit meinen Kindern erinnerte, hatte ich nur einen einzigen Wunsch: mich gehen lassen zu dürfen und zu weinen. Doch Gott half mir, nicht zusammenzubrechen, sondern sein übernatürlicher Friede erfüllte mich zunehmend, so daß ich in Gegenwart der Polizisten nicht eine Träne vergießen mußte.

Die Polizisten warteten ungeduldig, bis ich fertig war, dann wurde ich gefesselt und auf einen Gefangenentransporter gestoßen, auf dessen offener Ladefläche ich ins Gefängnis gebracht wurde. Eine große, göttliche Freude erfüllte mich, und ich wurde an den Bibelvers erinnert:

»Denn ich schäme mich des Evangeliums nicht: Es ist eine Kraft Gottes, die jeden rettet, der glaubt, zuerst den Juden, aber ebenso den Griechen« (Röm 1,16).

Der Wagen fuhr mitten durch die Stadt, und viele Passanten blieben neugierig stehen und starrten mir nach. Der Heilige Geist redete zu mir und sagte, ich solle meinen Kopf nicht hängen lassen und beschämt den Blick senken, sondern ich solle aufrecht sitzen und den Menschen zu beiden Seiten der Straßen zulächeln.

Ich sagte mir selbst: »Ich habe keine Gesetze gebrochen, sondern ich bin eine Gefangene um Christi willen.« Dafür mußte ich mich nicht schämen, vielmehr war dies eine große Ehre für mich. Auch ein Gedicht von Madame Curie fiel mir ein, das den Titel trägt »Deine Liebe hat meine Flügel beschnitten«. So fuhren wir durch die Straßen und an den Menschen vorbei, die ich nun vielleicht lange Zeit nicht mehr sehen würde.

Zuerst brachte man mich in den Innenhof der Polizeistation, wo ich allein gelassen wurde. Ich kniete nieder, soweit es mir meine Fesseln erlaubten, und begann zu beten. Nach einiger Zeit kam ein Polizist vorbei, der sich wütend auf mich stürzte, als er erkannte, daß ich die ganze Zeit gebetet hatte. Mit einer Hand zog er mich hoch, mit der anderen Hand riß er mir die Fesseln ab, dann zerrte er mich in den Korridor, von dem die Zellen abgingen. Als wir an Zelle vierundzwanzig vorbeikamen, sah mich Schwester Lin, die hier inhaftiert war und sie begann, laut und unter Tränen zu protestieren: »Warum haben Sie meine Schwester hergebracht? Ich habe Ihnen doch gesagt, daß ich allein schuldig bin. Sie ist unschuldig! Sie hat mit der Sache nichts zu tun!«

Welch eine selbstlose Liebe meiner Schwester! Obwohl sie selbst in der gleichen unglücklichen Lage war, dachte sie mit so viel Sorge an mich und meine drei kleinen Kinder. Sie nahm die ganze Schuld auf sich, um mich zu entlasten! Am liebsten wäre ich zu ihr hingerannt, hätte sie herzlich umarmt und in ihren Armen geweint. Aber unbarmherzige, kalte Gitterstäbe trennten uns, und der Polizist schob mich unbeeindruckt weiter. Ich wurde in Zelle zwanzig hineingestoßen. Meine Haftzeit begann.

Doch auch an diesem Ort achtete unser Gott auf uns. Obwohl Bruder Wu, Schwester Lin und ich in verschiedenen Gefängnisflügeln untergebracht waren, ergab sich schon bald eine unerwartete Möglichkeit, wie wir uns austauschen konnten. Eine weibliche Gefangene, die zum Tode verurteilt war, hatte durch Schwester Lin von Jesus gehört und war Christin geworden. Sie hatte mehr Bewegungsfreiheit als wir und riskierte es, zwischen uns Botschaften zu übermitteln. Sie war ohne Angst und sehr zuverlässig, ein wunderbares Geschenk Gottes für uns. So konnten wir uns immer wieder kleine Zettel schicken, mit denen wir uns trösten, ermutigen und später, vor der Gerichtsverhandlung, auch unser Verhalten absprechen konnten. Ich habe mich nie mehr über einen Brief gefreut als in jenen Tagen über die kleinen Papierfetzen, die Bruder Wu und Schwester Lin mir schickten.

Vor allem Schwester Lin hatte es sehr schwer in diesem Gefängnis. Die Grausamkeit und Erniedrigungen, die sie dort erfuhr, übertreffen die schlimmsten Vorstellungen und sind in dieser Form vielleicht noch nie zuvor dagewesen, werden sich aber möglicherweise in der Zukunft an anderen Gefangenen wiederholen. Als Schwester Lin zuerst in das Gefängnis kam, war sie zutiefst erschrocken über die verzweifelte Lage der anderen Frauen, und sie empfand große Barmherzigkeit ihnen gegenüber. Sie bat Jesus, daß er sie mit seiner Liebe für diese Ärmsten der Armen erfüllte und sie begann, diese Frauen von Herzen liebzuhaben. Viele der Frauen, die schon lange inhaftiert waren, sahen halb verhungert aus, und Schwester Lin konnte nicht anders, als ihnen Essen zu geben, zuerst von dem, was sie durch Besucher von außen bekommen hatte, dann gewöhnte sie sich auch an, von ihren Tagesrationen nur noch einen Teil zu essen und den Rest den anderen zu schenken. Und dabei erzählte sie davon, daß Jesus sie bedingungslos liebe und daß Gott sie als seine Kinder annehmen wolle, woraufhin viele der Frauen begannen, an Jesus zu glauben.

Zunächst waren Schwester Lins Mitgefangene sehr mißtrauisch. Konnte es eine so selbstlose Liebe geben? Doch nach und nach erkannten sie, daß diese Freundlichkeit, Sanftheit und Demut echt waren und ihnen persönlich galten. Langsam tauten sie auf. Als sie dann auch noch merkten, daß diese Frau keine Angst vor Leiden, Schmerzen und Erniedrigungen hatte, wählten sie Schwester Lin zu ihrer Zellenältesten. Damit waren verschiedene Aufgaben verbunden, eine davon war, den Reis für die ganze Zelle abzuholen. Jeden Morgen ging sie zur Kantine, um einen Eimer Reis für den Tag in Empfang zu nehmen. Eines Tages, als sie wieder nach ihrem Eimer greifen wollte, bemerkte sie, daß etwas Rotes unter dem Deckel heraushing. Es war Toilettenpapier. Als sie den Deckel hob, lag menschlicher Kot zuoberst auf dem Reis. Ohne sich etwas anmerken zu lassen, brachte sie den Eimer in ihre Zelle. Dort entfernte sie den Kot, nahm sie den verschmutzten Reis und legte ihn zur Seite als ihre eigene Ration, bevor sie den anderen Frauen den restlichen Eimer gab.

Als sie an diesem Morgen ihren Reis aß, kam ihr der Satz aus Jesaja in den Sinn:

»Wie ein Lamm, das man zum Schlachten führt, und wie ein Schaf angesichts seiner Scherer, so tat auch er seinen Mund nicht auf. Durch Haft und Gericht wurde er dahingerafft« (Jes 53,7-8).

Und sie betete: »Herr, obwohl du der Sohn Gottes bist, hast du doch deinen Mund nicht aufgetan und Anfeindungen und Demütigungen über dich ergehen lassen und du hast dich freiwillig am Kreuz umbringen lassen. Ein Schüler kann nicht größer sein als sein Meister. Herr, so will auch ich die Anfeindungen der Welt willig annehmen.« Sie weinte, während sie aß, aber es war kein verzweifeltes Weinen mehr, denn sie wußte, daß sie nur in den Fußstapfen ihres Herrn wandelte. Als sie am nächsten Morgen ihren Reiseimer holte, war er wieder verunreinigt, und es wiederholte sich noch viele Male, doch ich habe nie gehört, daß sich Schwester Lin darüber beklagte.

Ich kannte den Ehemann der Schwester, die in meinem Haus gestorben war. Schon zu Lebzeiten seiner Frau war er mitunter schier unerträglich gewesen. Er hatte sich nie damit abfinden können, daß seine Frau Christin geworden war und bis zuletzt versuchte er, ihr diesen Glauben wieder auszutreiben. Oft, wenn ich die Schwester sah, hatte sie Wunden und blaue Flecken, und auf mein Fragen gab sie zu, daß ihr Mann sie häufig schlug und trat, wenn er sie beim Beten erwischte. Einmal, als er sie wieder im Gebet kniend antraf, holte er einen riesigen Stein, der einige

Dutzend Kilogramm wog, und legte ihn auf ihre Unterschenkel. Nach dem Tod seiner Frau verlangte dieser Mann nicht nur die ¥ 500.- RMB für die Bestattungskosten, sondern er beschuldigte mich ständig und bei allen Leuten, seine Frau umgebracht zu haben. Er war fest entschlossen, nicht eher zu ruhen, bis wir alle drei zur Todesstrafe verurteilt werden würden.

Während der folgenden Wochen in der Untersuchungshaft wurden wir mehrfach verhört. Doch so sehr sich die Polizisten und Funktionäre auch bemühten, den Tathergang zu erfahren, wir blieben bei unseren Aussagen: »Ich bin allein verantwortlich für das ›Verbrechen‹«, beteuerte jeder von uns immer wieder. Die Verantwortlichen waren sehr irritiert und wußten nicht, was sie mit uns anfangen sollten. Die Familie der Toten forderte als Strafe für uns einmal Todesstrafe, einmal lebenslänglich und einmal 20 Jahre Haft. Deshalb boten die Polizisten uns an, daß wir uns Rechtsanwälte nehmen könnten. Wir beteten darüber, jeder für sich in seiner Zelle, dann tauschten wir wieder kleine Zettelchen aus, um uns in dieser Frage zu einigen. Bruder Wu fragte uns: »Schwestern, sollten wir nicht wenigstens für die Hauptverhandlung einen Anwalt nehmen, der für uns sprechen würde?« Schwester Lins Antwort stand darunter: »Ja, unbedingt. Wir brauchen den allerbesten Anwalt, den es gibt. Und er vertritt uns auch jetzt schon! Unser Herr Jesus ist der beste und gerechteste Anwalt überhaupt, niemand kann unsere Sache besser verteidigen.« Ich schloß mich ihrer Meinung an, da ich mir sicher war, daß es in Gottes Plan für mich war, gefangen zu sein. Also teilten wir den Polizisten mit, daß wir auf Anwälte verzichten würden. Sie waren sehr überrascht. Unser Verhalten war ihnen unbegreiflich. Jeder einzelne Gefangene, der bis dahin durch ihre Hände gegangen war, hatte mit allen Mitteln versucht, wieder frei zu kommen oder wenigstens die Strafe so klein wie möglich zu halten. Wir dagegen baten jeder für sich um die Höchststrafe für Mord, was in der Regel die Todesstrafe war. Damit konnten sie überhaupt nicht umgehen.

Die Verhandlung wurde für den 23. Juli angesetzt. Doch zu meiner großen Überraschung durfte ich ein paar Tage davor nach Hause gehen und noch einmal mit meinen Kindern zusammen sein, was ohne Zweifel ein besonderes, ungewöhnliches Geschenk von Gott war. Aber als ich durch unsere Wohnungstür trat, rannte meine Jüngste auf mich zu und weinte herzzerreißend. Immer wieder bettelte sie, von Schluchzen unterbrochen: »Mutti, bitte geh nie wieder fort! Bitte, du darfst nicht mehr ins Gefängnis gehen, ich lasse dich nie mehr allein!« Sie war nur sechs Jahre alt, und ich liebte sie so sehr. Der Schmerz überflutete mich, und von der Kraft, die ich im Gefängnis und bei den Verhören erlebt hatte, war nichts mehr zu spüren. Wie hatte ich nur meine Kinder zurücklassen können? Mich freiwillig schuldig bekennen können für einen Tod, mit dem ich doch nicht das geringste zu tun hatte? Schließlich hatte die Frau Krebs im Endstadium gehabt! Je mehr ich mich dem Schmerz hingab, desto größer wurden meine Zweifel. Keine Frage, Satan nutzte diese Gelegenheit, um meinen Glauben massiv anzugreifen. Doch Gott sei Dank, in seiner großen Liebe schickte er mir einen Pastor vorbei, der mir viele Bibelworte vorlas und erklärte, so daß ich doch wieder getröstet wurde und mein Glaube neu gestärkt wurde.

Am Vorabend der Verhandlung besuchte mich eine liebe Schwester, um mit mir zu beten. Ich versammelte meine drei Kinder um mich, tröstete sie und gab ihnen verschiedene Anweisungen, als ob ich nur für ein paar Tage verreisen würde oder für eine kurze Zeit in einer anderen Stadt arbeiten gehen müßte. Gottes Friede erfüllte mich nun wieder, und so konnte ich ganz ruhig sagen:»Morgen früh werde ich euch alleine lassen, deshalb möchte ich jetzt mit euch zusammen beten.« Wir knieten alle auf die Erde und beteten einmütig, dankten Gott und priesen ihn. Ich befahl meine Kinder in die Obhut unseres himmlischen Vaters. Dann brachte ich sie zu Bett, und nachdem sie eingeschlafen waren, betete ich mit der Schwester die ganze Nacht lang.

Ich bin meinem Gott so dankbar für die Liebe, mit der er meine Kinder und mich versorgt hat. Während der ganzen Tage, die ich zu Hause verbracht hatte, haben meine Kinder so viel geweint und mich angefleht, nicht wieder ins Gefängnis zurückzugehen, daß ich dem endgültigen Auseinandergehen mit großer Angst entgegengesehen hatte. Doch in jener letzten Nacht hatte Gott ihren Geist stark gemacht und getröstet, und an dem Morgen des Abschiedes, der natürlicherweise der schwerste Augenblick überhaupt hätte sein sollen, benutzte Gott meine Kleinste, um meinen Glauben zu stärken. Als ich sie zum letzten Mal küßte, ermahnte ich sie:»Ich muß jetzt gehen, also hört immer auf Gottes Wort und seid gute Kinder, die Gott lieb haben.« Mein kleines sechsjähriges Mädchen weinte überhaupt nicht, sondern mit ihren großen, schönen Augen sah sie mich strahlend an und sagte:»Mutti, du gehst doch für Gott ins Gefängnis, also brauchst du keine Angst zu haben!«

Ich war meinem Herrn so dankbar für diesen Satz, Gott hatte mich mit den Worten dieses Kindes wunderbar gestärkt, ermutigt und bestätigt.»Du hast recht, mein Liebes, so ist es, dank sei Gott dafür«, antwortete ich, »wollt ihr jetzt alle mit mir nach unten gehen?« Sie kamen alle mit auf die Straße und winkten mir nach, und mein Herz war mit Dank und Freude erfüllt. Ich wußte, daß ich im Willen Gottes ging und daß er selbst meine Kinder versorgen würde. Während ich zum Gefängnis fuhr, konnte ich mich innerlich im Gebet darauf vorbereiten, den Richtern, Staatsanwälten und Klägern gegenüberzutreten. Ich betete um Weisheit, das Richtige zu reden.

Von den Angeklagten war ich als erste da. Im Gerichtssaal herrschte die höchste Sicherheitsstufe, als endlich Bruder Wu und Schwester Lin hereingeführt wurden. Weil sie beide während der Haft gepredigt hatten und andere Häftlinge durch ihr Zeugnis Christen geworden waren, hatten sie schwere Folter erdulden müssen. Bruder Wu hatte viel gelitten. Ich war entsetzt, als ich ihn jetzt wiedersah, zum ersten Mal seit seiner Verhaftung. Er war bis auf die Knochen abgemagert und seine Haut sah fahl aus. Seine Handschellen hatten tief ins Fleisch geschnitten, und die Entzündung strahlte von den Handgelenken auf die ganzen Arme aus, die rot gefleckt und dick geschwollen waren. Auch die Verletzungen an seinem Körper hatten sich entzündet, und er hatte überall eitrige Wunden. Ich mußte den Blick abwenden, so tat mir sein Anblick weh. Doch als er seine Augen auf mich richtete, strahlten sie großen Glauben aus, der mich sehr ermutigte. Obwohl sein Körper voller Schmerzen war, war sein Geist ungebrochen.

Die Verhandlung wurde eröffnet, und nacheinander stand jeder von uns vor dem Richter und erklärte, daß er der Hauptschuldige sei. Ich behauptete:»Hohes Gericht, bitte nehmen Sie zur Kenntnis, daß ich die Anführerin und Hauptverantwortliche bin.« Sofort unterbrach Bruder Wu und sagte:»Nein, das stimmt so nicht. Ich bin verantwortlich.« Da fiel ihm

Schwester Lin ins Wort:»Nein, das ist keiner von euch beiden, ich bin verantwortlich.«

Der Richter seufzte vernehmlich und schüttelte ungläubig den Kopf: »Ich bin schon seit mehreren Jahrzehnten Richter, aber solche Leute wie euch habe ich noch nie gesehen.«

Während ich liebevoll und stolz meine beiden starken Geschwister betrachtete, wuchs in mir die Sorge um sie und ihre Angehörigen. Bruder Wu hatte eine achtzig Jahre alte Mutter zurückgelassen, eine sehr junge Ehefrau und zwei kleine, kränkliche Kinder. Schwester Lin hatte ebenfalls zwei Kinder, die jetzt von ihrem ungläubigen Ehemann und der ebenfalls ungläubigen Schwiegermutter zum Atheismus erzogen wurden. Ich konnte mir gut vorstellen, wie bekümmert sie darüber sein mußte. Welch eine große Last auf meinen beiden lieben Geschwistern lag! Wie sehnte ich mich danach, ihnen diese Strafe abnehmen zu können! Da hörte ich die leise Stimme des Heiligen Geistes, der mich beruhigte:»Das ist meine Angelegenheit.« Ich ahnte, daß wir alle drei diese besondere ›Hochschule des Gefängnisses‹ besuchen sollten, um zu lernen, wie man Menschen für Gott gewinnt.

Endlich erhob sich der Richter und setzte zur Urteilsverkündigung an. Heute war Karfreitag, ging es mir durch den Kopf, der Tag, an dem unser Herr für uns gelitten hat. Welch eine Freude, ausgerechnet an einem Karfreitag um Jesu willen verurteilt zu werden! Während der Richter in seiner schwer verständlichen Juristensprache zu reden begann, dankte ich in Gedanken meinem Gott, daß er in seiner phantasievollen Liebe genau diesen Tag ausgesucht hatte für unsere Verhandlung. Welch ein wunderbarer göttlicher Segen! Dann drangen die Worte des Richters in mein Bewußtsein:»... Frau Lin zu acht Jahren Haft, Herrn Wu zu sieben Jahren und Frau Chan zu sechs Jahren Arbeitslager.« Wir nahmen dieses Urteil dankbar aus Gottes Hand, hatten wir doch mit viel schwereren Strafen rechnen müssen, da wir uns selbst des Mordes schuldig bekannt hatten, worauf gewöhnlich die Todesstrafe steht. Aber unsere Selbstanklage hatte die Richter so verwirrt, daß es schließlich zu diesem milden Urteilsspruch gekommen war.

Die Verhandlung war beendet. Die Polizisten banden Bruder Wu sehr fest mit einem dünnen Nylonfaden, der ihm große Schmerzen verursachen mußte, weil er sich tief ins Fleisch einschnitt. Schwester Lin und ich wurden mit Handschellen aneinandergefesselt. Wir gingen zu Fuß einen ziemlich weiten Weg vom Gerichtsgebäude bis zur Haftanstalt. Gleich zu Beginn dieses Weges hatte ich den Eindruck, daß der Heilige Geist mir sagte, wir sollten im Laufschritt gehen, um Bruder Wu einzuholen, der ein Stück weit vor uns ging. Als wir ihn erreichten, passierten wir gerade das Eingangsportal des Gerichts, und unsere Aufseher achteten nicht auf uns. So konnten wir Bruder Wus Fesseln lockern. Als wir den langen Fußweg durch die Stadt zum Gefängnis gingen und es uns so unvorstellbar erschien, daß wir diese Straßen für mehrere Jahre nicht mehr betreten sollten, da entdeckten wir unter der neugierigen, gaffenden Passanten plötzlich auch einige, die uns liebevoll ansahen, viele weinten, und wir sahen auch manche bekannte Gesichter von Geschwistern aus unseren Gemeinden. Von überall her waren unsere lieben Geschwister gekommen, viele, die uns auch gar nicht persönlich kannten, um uns an diesem Tag beizustehen. Wie gut uns das tat! Aus diesem eigentlich sehr schweren Weg wurde eine stumme Demonstration des Zusammenhaltes der Christen, und in den folgenden Tagen half mir diese Erinnerung sehr gegen die aufkommende Einsamkeit. Als wir schließlich durch das große, abweisende Gefängnistor gestoßen wurden, hörten wir hinter uns das laute Weinen unserer Mitchristen. Sorgfältig wurde das Tor hinter uns verriegelt, es lag wohl eine schwere Zeit vor uns, aber wir wußten, daß Gott mit uns dieses Gefängnis betreten hatte, und die Geschwister würden uns nicht vergessen.

Am selben Abend, als ich auf meiner Pritsche saß und in Gedanken betete, schenkte mir der Herr Jesus eine besondere Vision. Ich sah, wie in sehr großen Schriftzügen die Worte »Herzlichen Glückwunsch« am Himmel standen. Ein ungewöhnlich helles, goldenes Licht ließ die Schrift aufleuchten. In mir begann Freude aufzukeimen, die immer stärker wurde, wie eine Quelle, die zu einem Strom lebendigen Wassers anschwillt, und ich erhob meine beiden Arme Gott entgegen, öffnete meinen Mund weit und ließ sein Lob aus mir herausfließen. »Herr, du hast mir diesen Weg des Kreuzes vorbereitet. Damit zeigst du mir deine Liebe, und dies ist eine Straße des Feierns und der Freude. Halleluja! Ich danke dir!«

Am dreizehnten August desselben Jahres erlaubten die Behörden, daß meine Angehörigen mir einige Dinge des täglichen Lebens vorbeibringen konnten. Vom ganzen Umkreis kamen die Geschwister, um mich zu besuchen. Unter denen, die kamen, war auch Bruder Jian aus der Stadt »F«, der nicht nur viele andere Christen mitgebracht hatte, sondern auch meine Kinder abgeholt und zu dem Besuchstermin zum Gefängnis gefahren hatte. Niemand fürchtete sich vor den Polizisten und vor möglichen Konsequenzen, sondern sie kamen alle in den Gefängnishof herein, wo wir eine halbe Stunde zusammen sein durften. Wir ermutigten und ermahnten einander, Jesus mit ganzer Liebe zu dienen. Die kostbaren Minuten verflogen. Meine Kinder sahen gut aus, ordentlich gekleidet und gekämmt, und sie strahlten eine innere Stärke aus, die mich sehr beruhigte. Aus den vergitterten Fenstern beobachteten uns viele Häftlinge, die sich sicher wunderten, daß mich so viele Menschen besuchen kamen und so lieb zu mir waren, während solche Treffen sonst doch häufig mit Scham und Vorwürfen erfüllt sind. Da kamen auch schon die Aufseher und trieben meine Lieben aus dem Hof hinaus und durch das Eingangstor, das sie von meinen sehnsüchtigen Blicken trennte. So schnell ich konnte, rannte ich die Treppe hinauf zum ersten Stock, wo ich, auf einen Fenstersims kletternd, alle sehen konnte. Der Heilige Geist drängte mich, zu ihnen zu sprechen.

Es fiel mir nicht leicht, meine Stimme schwankte, ich hatte einen dicken Kloß im Hals und hätte mich am liebsten irgendwo verkrochen und meinen Kindern nachgeweint. Doch der Heilige Geist gab mir die Kraft, durch die Eisenstäbe hindurch meine Kinder fest anzuschauen und sie mit lauter Stimme zu ermahnen: »Ihr sollt einander immer sehr lieb haben und ein Herz und eine Seele sein, achtet darauf, daß nie etwas zwischen euch ist, dann wird unser dreieiniger Gott bei euch sein und euch beschützen.« Die Geschwister, die sich um meine Kinder drängten, verstanden sehr wohl, daß diese Botschaft ihnen ebenso galt, sie waren sehr bewegt, und viele begannen, laut zu weinen.

Nun wandte ich mich direkt an meine Kinder: »Haltet immer zusammen. Ihr wißt ja, auch wenn ich jetzt nicht bei euch bin, ihr habt trotzdem Tausende anderer Mütter und Väter, die sich um euch kümmern werden.«

Ein Gefängniswärter stieß mich von dem Fenster weg und brachte mich in meine Zelle zurück, von wo aus ich sehen konnte, daß Bruder Jian und die anderen noch lange vor der Gefängnismauer standen und sich weigerten, wegzugehen. Ich freute mich sehr über sie und wußte, daß sie für mich beteten. Viele Wärter waren sehr bewegt über diesen Besuch der Christen und sagten zueinander:»Nur die Menschen, die an Jesus glauben, haben diese Art von Liebe.« In derselben Nacht wurde ich zu einem Verhör gebracht, das viele Stunden dauerte. Der Leiter der Geheimpolizei versuchte, Informationen aus mir herauszubekommen über die Christen und die Gemeinden. Doch ich antwortete nichts, nicht ein Wort. Die ganze Zeit war mein Herz erfüllt mit tiefer Freude, die mir auch diese nächtliche Tortur nicht rauben konnte.

Zwei Tage später teilte mir die Gefängnisverwaltung mit, daß ich in ein Arbeitslager in eine andere Provinz verlegt werden würde. Ich hatte mich insgeheim schon darauf gefreut, daß wir drei zusammen die lange Fahrt zusammen auf dem LKW verbringen würden und uns vielleicht sogar relativ ungestört austauschen könnten. Aber am Tag meiner Verlegung erkannte ich, daß die Polizei leider andere Pläne mit uns hatte. Ihnen war es wichtig gewesen, uns zu trennen, was uns auch wirklich sehr traf. Schwester Lin blieb als einzige in diesem Gefängnis und wurde langfristig in Zelle fünf untergebracht, Bruder Wu kam auch in ein Arbeits- und Erziehungslager, aber in einer anderen Gegend als ich. Wir hatten auch keine Möglichkeit, uns zu verabschieden. Ich wurde eng gefesselt und in einen Gefangenentransporter gestoßen. Ich war voller Trauer, meine Heimatprovinz mit meinen Kindern und meinen Geschwistern verlassen zu müssen, und die vor mir liegende Zeit war voller Ungewißheit.

Während der Fahrt konnte ich durch ein Fenster sehen und entdeckte dabei einen alten Mann, der am Straßenrand ging und ein kleines Lämmchen auf den Armen trug, das wohl gerade von der Mutter entwöhnt worden war. Es blökte jämmerlich und wollte offensichtlich unbedingt zurück zu seiner Mutter. Die Szene berührte mich tief, weil ich mich etwa genau so fühlte:»Herr, mir geht es wie diesem kleinen Lamm, denn ich habe eigentlich noch die Milch der Gemeinschaft mit den anderen Christen gebraucht, und nun hat man mich dort herausgerissen und weggebracht. Bitte sei meinen Kindern nahe und beschütze sie!«

Traurig dachte ich daran, wie Bruder Wu, Schwester Lin und ich uns immer kleine Briefe geschickt hatten. Es war eine schöne Form der Gemeinschaft gewesen, die ich jetzt sehr vermissen würde. Manchmal hatten wir unsere Briefe so beendet:»Bis bald im Himmel!« Wir glaubten, daß der Tag nahe war, an dem Jesus wiederkommen würde, und da wir alle so lange Haftstrafen vor uns hatten, konnten wir uns kaum vorstellen, daß wir uns noch einmal auf Erden sehen würden. Während ich mich diesen Gedanken hingab, begann ich, leise zu weinen. Der Wärter, der für meinen Transport verantwortlich war, schnauzte mich an:»Nun hören Sie schon auf damit! Das hätten Sie sich vorher überlegen müssen, bevor Sie das Verbrechen begingen.«

Ich antwortete:»Ich habe aber nichts Unrechtes getan. Ich bin um Jesu willen gefangen. Genosse, bitte, glauben Sie schnell an Jesus, er kann auch Sie erretten. Wenn Sie an ihn glauben, werden Sie ihm bestimmt noch leidenschaftlicher dienen als ich.«

Der Herr gebrauchte die Situation, so daß ich dem Mann von Jesus erzählen konnte, was mich sehr tröstete. Der Friede Gottes kam wieder zurück. Dann kamen wir in dem Arbeits- und Erziehungslager an, wo ich die folgenden Jahre meines Lebens mit schwerer Arbeit verbringen sollte. Von den sechs Jahren Haft, zu denen ich verurteilt worden war, war der größte Teil des ersten Jahres schon in dem anderen Gefängnis und während der Untersuchungshaft vergangen. Trotzdem erschienen mir die vor mir liegenden fünf Jahre wie ein unüberwindlicher Berg.

Ich sende dich zu ihnen
(Apg 26,17)

Als ich in dem Gefangenenlager ankam, waren dort etwa sechshundert Häftlinge, später wuchs die Zahl dann auf über 4 000. Alle Gefangenen waren weiblich, ebenso das gesamte Aufsichtspersonal. Außer mir gab es nur eine weitere Christin in dem ganzen Lager, und diese war ausgerechnet in der Zelle, in der ich zunächst untergebracht worden war. Aber sie war sehr eingeschüchtert und ängstlich. Die Frauen, die hier zusammenlebten, hatten alle Arten von Verbrechen begangen: Mord, Schlägereien, Prostitution, Geiselnahme, Diebstahl, Korruption, etc. Manche mußten lebenslängliche Haftstrafen abbüßen, andere zwanzig Jahre, fünfzehn, zehn oder acht Jahre. Diese Frauen waren voller Sünde, Finsternis und Hoffnungslosigkeit.

Es war ein schrecklicher Ort. Niemals hatte ich auch nur annähernd eine so häßliche Sprache gehört, wie sie hier an der Tagesordnung war. Bei jeder Gelegenheit, wann immer die Frauen aufeinander trafen, wurde geflucht und geschimpft, ob beim Sport oder beim Essen, ständig griffen sich die Frauen gegenseitig mit schmutzigen, verletzenden Bemerkungen an, und auch in meiner Zelle herrschte rund um die Uhr dieser aggressive Ton. Dazwischen mischte sich immer wieder das Geräusch verzweifelten Weinens, und häufig kursierten die Gerüchte von Frauen, die sich umgebracht hatten. Dieses Lager war wirklich die Hölle, ein unglaublich elender, schmutziger Ort, wie ich es mir nicht schlimmer vorstellen konnte. Während ich diese armen Frauen beobachtete und kennenlernte, die so voller Haß, Bitterkeit und Resignation waren, die überhaupt keine Hoffnung und nichts mehr zu verlieren hatten, und die darüber hinaus auf die ewige Verdammnis zusteuerten, da legte sich mir eine schwere Last aufs Herz, die mich Tag und Nacht bedrückte.

Ich begann, ernsthaft zu beten: »Herr, du hast mich berufen, in eine ferne Gegend zu gehen, um dort das Evangelium zu predigen. Ich weiß, daß hier der Platz ist, an den du mich berufen hast, danke, daß du mich hierher gebracht hast. Wenn ich diese armen, unglücklichen Menschen ansehe, wie könnte ich ihnen da verschweigen, daß es dich gibt und daß du Hoffnung bist? Ich will ihnen unbedingt von dir erzählen. Aber ich brauche dazu deine Hilfe!« Schließlich war ich in einem Gefängnis, wo man natürlich nicht frei reden durfte, schon gar nicht über Gott. Was sollte ich tun, wie vorgehen, wie diese harten, verbitterten Menschen erreichen? Es war auch nicht erlaubt, sich in der Zelle zum Gebet niederzuknien. Nur sonntags, wenn die anderen Gefangenen im Hof spazieren gehen durften, dann war ich allein in der Zelle und konnte mich, mit dem Gesicht zur

Wand, hinknien und beten. Außer sonntags hatte ich noch die Möglichkeit, in der Zeit um Mitternacht zu beten, wenn alle anderen fest schliefen. Da nahm ich mir immer lange Zeit, Gott zu suchen. Ansonsten betete ich zwar auch ununterbrochen und von ganzem Herzen, aber nur in meinen Gedanken, so daß es niemand bemerken konnte.

Es dauerte nicht lange, bis meinen Zellengenossinnen auffiel, daß ich anders war. Ich fluchte nicht, kämpfte nicht, sondern war fröhlich, sanft und kümmerte mich um die anderen. Die Liebe Jesu, die in mir sichtbar wurde, zog die Aufmerksamkeit der anderen auf sich. Ich nutzte jede Gelegenheit, um den Frauen von Jesus zu erzählen, und manche weinten und begannen, an Jesus zu glauben und ihm ihr Leben zu öffnen. Während der Mahlzeiten und bei Freigängen ergaben sich immer wieder Gelegenheiten zum Reden, ebenso beim Duschen, wenn Filme gezeigt wurden und wenn wir fernsehen durften. Ich lehrte sie, zu beten und gab ihnen kleine Zettel mit Bibelversen und christlichen Liedern, die ich heimlich und aus dem Gedächtnis in mein Notizbuch gekritzelt hatte und dann herausriß, um sie weiterzugeben.

Allmählich begannen sich die Leben Einzelner sichtbar zu verändern. Später wurde die Atmosphäre des ganzen Gefängnisses verwandelt. Nicht alle meine Zellengenossinnen nahmen das Evangelium an, das ich ihnen verkündigte. Aber auch die anderen kamen zu mir, wenn sie in Schwierigkeiten waren oder Briefe mit schlechten Nachrichten von zu Hause bekommen hatten. Ich hörte ihnen zu, gab Ratschläge und tröstete sie. Vor allem spürten sie die Liebe Gottes, mit der er sie durch mich liebte. Und oft ließen ihre Ängste und Depressionen nach, wenn wir geredet hatten. Jeden Tag kamen neue Frauen zum Glauben an Jesus. In der ersten Zelle, in der ich war, nahmen fünfzehn von zwanzig Frauen Jesus als ihren Herrn und Erlöser an. Sie kehrten von ihrem alten Denken und Leben um, wurden von neuem geboren und Gott schenkte mir mit ihnen neue Schwestern.

Dann wurde ich verlegt in die Zelle Nummer zwei. Dort herrschten viel strengere Bedingungen als in meiner ersten Zelle. Die Aufseherinnen waren sehr streng und ließen uns nur selten aus den Augen. Wenn sie mich beim Beten erwischten, wurde ich aufs Härteste bestraft. Doch mein Gott wußte, daß ich lähmende Angst vor Schlägen und Schmerzen hatte, und er stärkte mich mit großer Kühnheit, so daß ich mich davon nicht einschüchtern ließ und trotzdem immer wieder das Risiko einging und betete. Bald darauf wurde ich wieder verlegt in Zelle Nummer fünf. Die Tage vergingen schnell, und allmählich gewöhnte ich mich an das Leben im Lager. Wir mußten täglich zehn Stunden arbeiten, was mir anfänglich nicht leicht gefallen war. Doch mehr als alles andere wußte ich, daß Gott mich genau an diese Stätte und zu diesen Frauen gebracht hatte, um ihnen von Jesus zu erzählen und ihnen die Möglichkeit zu geben, Frieden und Vergebung zu erleben und ihr Leben noch einmal neu zu beginnen. Zugleich wußte ich, daß ich ohne die Hilfe des Heiligen Geistes nicht eine einzige Frau von der Existenz Gottes überzeugen konnte. Denn obwohl sie sehr verzweifelt waren, waren sie auch sehr hart und bitter. Doch Gott hatte diese Herzen vorbereitet. Was ich in den kommenden Jahren erleben sollte, hätte ich mir nie träumen lassen.

Es dauerte einige Wochen, bis ich mit den Lokalitäten und Strukturen des Lagers vertraut war, zumal ich ja auch keine Ahnung hatte, wie sich das Leben in einem Arbeitslager gestalten würde. Im Grunde bildeten wir eine eigene, kleine Welt, von der Außenwelt vollkommen abgeschlossen. Das Lagergelände erstreckte sich über eine Fläche von mehreren hundert Hektar Land in einer flachen, eintönigen Gegend. So weit man sehen konnte, gab es keine anderen menschlichen Siedlungen. Im Zentrum des Geländes standen vier große Gebäude, die jeweils vier Etagen hoch waren. Im Hauptgebäude befanden sich auf jedem Stockwerk dreißig Zellen. Zu beiden Seiten davon standen die beiden großen Fabrikgebäude, in denen die Gefangenen arbeiteten. Dem Zellengebäude gegenüber, in der Nähe des Haupteingangs des ganzen Geländes, befand sich das Verwaltungsgebäude, in dem die Aufseherinnen wohnten. Vor und hinter dem Gefangenenhaus lagen riesige kahle Plätze, in deren Mitte ein paar kümmerliche Pflanzen wachsen durften. Doch als ich in das Lager kam, war es bereits Spätherbst, und die Blumen und Blätter waren längst abgefallen. Es war eine graue, leblose Landschaft, die auf einen unbarmherzigen Winter wartete. Das Gelände wurde von einer drei Kilometer langen Mauer eingefaßt, die sieben Meter hoch war und auf der sich ein elektrisch geladener Stacheldraht wand. Es gab wirklich keine Möglichkeit, diesem Gefängnis zu entkommen, die freie Welt schien unerreichbar weit entfernt. Die Frauen erzählten sich, daß früher an diesem Platz ein großer Friedhof gewesen war, und daß man bei Nacht die Geister der Toten hören konnte, die schauerliche Geräusche machen würden. Doch ich muß sagen, daß ich damit am wenigsten Probleme hatte.

Außer den Gefangenen lebten auf diesem Gelände mehrere hundert Frauen, die dem Wachpersonal angehörten. Sie bildeten eine strenge Hierarchie, mit Brigadeführerinnen, Gruppenleiterinnen, Erzieherinnen und Gefängnisaufseherinnen. Die oberste Lagerleiterin war etwa fünfzig Jahre alt. Seit vielen Jahren hatte sie sich mit großem Engagement der Erziehung von straffälligen Frauen durch Arbeit und Lagerdisziplin gewidmet. Sie verfügte über einen großen Erfahrungsschatz, war sanftmütig und gewissenhaft und investierte ihre ganze Kraft in diese Aufgabe. Auch unsere Gruppenführerin wurde von allen geachtet und war das, was man als einen guten Menschen bezeichnen würde. Sie war nicht sehr groß, hatte ein längliches Gesicht und große Augen. Obwohl sie schon über vierzig Jahre alt war, sah sie immer noch jung und attraktiv aus, hatte meistens ein Lächeln im Gesicht und war im Umgang mit ihren Gefangenen fast kameradschaftlich. Sie kümmerte sich wirklich um uns, unsere Alltagssorgen, und unsere gesundheitlichen Probleme waren ihr nicht gleichgültig. Manchmal fanden wir auf dem Tisch in unserer Zelle Süßigkeiten, die sie für uns gekauft und unbemerkt dort hingelegt hatte. Oft waren die Frauen dann so gerührt von ihrer Güte, daß sie die Leckereien nicht anrühren mochten.

Leider kannten diese Frauen Gott nicht. Sie dachten, daß sie mit Gesetzen, Gefängnis und Folter die Menschen verändern könnten. Sie handelten in bester Absicht, aber sie kannten den nicht, der allein Herzen verwandeln kann, weil er die Menschen geschaffen hat. Es war mein großer Wunsch, diesen Frauen von Jesus zu erzählen, doch leider bekam ich dazu nie eine Gelegenheit. Das tut mir heute noch leid, und ich bete, daß andere Christinnen an meiner Statt dies tun durften.

Unsere leitende Erzieherin war diejenige, die am meisten Gewalt gegen uns ausübte. Auch sie war etwa vierzig Jahre alt, eher mager und klein, mit großen, schmalen Augen, die schräg in ihrem länglichen, hageren Gesicht lagen. Sie war sehr aufbrausend und konnte ausgesprochen wütend und brutal werden. Meistens trug sie militärische Kleidung und einen Polizeihelm. Alle hatten Angst vor ihr, was ihr sehr wohl bewußt war. Es schien ihr Spaß zu machen, wenn sie uns tyrannisieren konnte, sie genoß ihre Machtposition mit arroganter Selbstgefälligkeit und trug immer einen Elektroschock-Stab bei sich. Wenn sie auftauchte, mußte man immer damit rechnen, daß sie einen schlug, beschimpfte oder man einen elektrischen Schlag versetzt bekam. Jedesmal, wenn sie die Fabrikhallen betrat, wurde es still, die Frauen begannen, emsig zu arbeiten und vermieden es, sie anzusehen. Alle hatten große Angst vor ihrem elektrischen Stab, dessen Berührung sehr schmerzhaft war und von dem sie großzügig Gebrauch machte. Aber kaum war sie außer Sichtweite, fluchten die Häftlinge über sie und nannten sie die »Tyrannin«. Meine neuen Schwestern litten viel durch ihre Hand, sie war es, welche die Verfolgung der Christinnen veranlaßte und zum großen Teil auch selbst durchführte.

Ich war noch nicht sehr lange in dem Lager, als mehrere neue Frauen gebracht wurden, die verurteilt worden waren, weil sie öffentlich von Jesus geredet hatten. Eine von ihnen war Schwester Sheng. Genau wie ich wußte auch sie, daß Gott sie in dieses Gefängnis gebracht hatte, um die gute Nachricht von Jesus den Frauen hier zu erzählen. Sie hatte nur eine kurze Haftstrafe, doch in dieser Zeit führte sie viele Gefangene zum Glauben an Jesus.

Eines Abends nach der Arbeit, als ich gerade dabei war, meine Kleidung zu waschen, stellte sich eine sehr junge Frau neben mich, die ebenfalls ihre Sachen wusch. Ich kannte sie nicht. Sie sprach mich an und stellte sich mir als Christin vor, die durch Schwester Sheng zum Glauben an Jesus geführt worden war. Ich sah in ihren leuchtenden Augen, daß sie die Wahrheit sagte, und ich spürte den angenehmen, göttlichen Frieden in ihr, der in diesem Gefängnis noch so selten war. Während wir beide über unsere Waschschüsseln gebeugt standen und versuchten, unauffällig die Umgebung zu beobachten, daß niemand unser Gespräch belauschte, erzählte sie mir ihr Anliegen: »Mutter, ich sehne mich so sehr nach Gottes Wort. Ich möchte mehr erfahren über den Gott, der mich so geliebt hat. Bitte, könntest du einen Weg finden, wie ich eine Bibel bekommen könnte, nur für ein paar Tage?« Ihre Stimme zitterte, und Tränen standen in ihren Augen, als sie mir diesen Herzenswunsch anvertraute. Welch eine Freude, sie zu sehen! »Meine liebe Tochter, ich freue mich, daß ich dir geben kann, was du dir so sehr wünschst. Ich habe zwar keine vollständige Bibel, aber ich kann dir mein Notizbuch geben, in das ich alle Schriftstellen geschrieben habe, an die ich mich erinnern konnte.« Ich hatte das kleine Buch auch bei mir, in meinen Kleidern versteckt, und gab es ihr unauffällig. Ihre Freude war so groß, daß sie zu tanzen begann.

Nachmittags um 15.30 Uhr hatten wir immer für eine Stunde Pause, während der Zeit durften wir uns im Hof frei bewegen. Nur zwei Tage, nachdem ich dem Mädchen mein Notizbuch gegeben hatte, kam sie während dieser Freistunde zu mir und schob das kleine Buch wieder in meine Kitteltasche. »Vielen Dank, Mutter, aber jetzt brauche ich unbedingt eine Bibel!« Ich bemühte mich sehr, und mit Gottes Hilfe bekam ich tatsächlich ein Neues Testament, das ich ihr geben konnte. Sie nahm es mit großer Dankbarkeit an, arbeitete fleißig und hatte es schon bald abgeschrieben.

Wie war es möglich, daß sie so viel schreiben konnte, während wir doch immer bewacht wurden? Am Tage mußte sie, wie alle anderen auch, zehn Stunden arbeiten. Dabei wurden wir streng beaufsichtigt, so daß man unmöglich etwas anderes als die Arbeit machen konnte. Aber nachts, wenn alle anderen Zellengenossinnen fest schliefen, lag sie wach, versteckt unter ihrer Decke, ließ ein wenig Licht auf ihr Papier fallen von der Zellenlampe, die Tag und Nacht brannte und schrieb und schrieb, so schnell sie konnte. Natürlich war sie von der schweren körperlichen Arbeit, die wir tagsüber tun mußten, ebenso erschöpft wie alle anderen, und der Schlafmangel setzte ihrem Körper sehr zu. Als es Winter wurde, zitterte sie nachts oft vor Kälte, die dünne Decke, die wir nur hatten, genügte nicht, um ihren ausgemergelten Körper warm zu halten, und während sie schrieb, konnte man das Klappern ihrer Zähne unter der Decke hören. Doch sie ließ sich nicht aufhalten und schrieb das kostbare Wort Gottes immer wieder ab, getrieben von dem Wunsch, den anderen jungen Christinnen auch ein Neues Testament geben zu können. Zeile um Zeile flossen die chinesischen Schriftzeichen aufs Papier, Vers um Vers kostbares Wort Gottes, Brot des Lebens, das sie unermüdlich vervielfältigte. Natürlich war sie immer versucht, einzuschlafen, immer wieder nickte sie ein und der Füller rutschte ihr aus der Hand. Aber dann sah sie im Halbschlaf die Schwestern, die ihre Hände sehnsüchtig bettelnd nach dem Wort Gottes ausstreckten, und schlagartig war sie wieder hellwach und schrieb weiter. Meist schrieb sie bis in die frühen Morgenstunden.

Wenn sie eine Kopie fertiggestellt hatte, übergab sie diese den Christinnen in einer anderen Zelle. Die Frauen, die das kostbare Buch bekamen, dankten Gott auf ihren Knien und begannen, jede freie Minute zum Lesen zu nutzen. Oft gingen sie später zu den Mahlzeiten, während alle anderen direkt von der Arbeit zum Essen eilten, und gewannen so einige Minuten, um schnell ein paar Sätze lesen zu können. Und während der Freistunden, wenn die anderen Frauen im Hof spazierten, blieben die Christinnen lieber in der Zelle und lasen ihre Bibel. Sie lasen auch auf der Toilette oder spät nachts, wenn die anderen schliefen. Sie nutzten wirklich jede Gelegenheit, um die Wahrheit zu erforschen, die Wahrheit, die sie frei machen konnte, obwohl sie Gefangene waren.

Ertrage das Leiden, verkünde das Evangelium (2 Tim 4,5)

Gegen Ende des Jahres 1983 wuchs die Zahl der Häftlinge von sechshundert auf über 4000. In jener Zeit war auch Sheng mit mir im Gefängnis, die junge Christin, durch deren Worte so viele Frauen zum Glauben an Jesus kamen. Ich verbrachte viel Zeit mit Sheng, es tat mir gut, mit ihr zu reden und zu beten, denn sie dachte über ihre Haftstrafe genau wie ich: Gott hatte uns als seine Evangelistinnen in dieses Lager gebracht, um den Frauen hier von Jesus zu erzählen. Sheng hielt mich auch immer auf dem laufenden, was die neuen Christinnen betraf, und es war wunderbar, wenn sie mir berichtete: »Denk' dir, liebe Chan, auch die ... und die ... sind Christinnen geworden, und sie sind erfüllt von dem Verlangen, daß alle im Lager erfahren sollen, daß Jesus das Leben ist. Sie beten ständig dafür, daß alle Frauen hier Christinnen werden. Auch in Zelle ... und in Zelle ...

beten die Frauen jetzt dafür, daß dieses Lager in eine riesige Gemeinde verwandelt wird ...« Bald waren in jeder Zelle Christinnen, die ernstlich fasteten und unter Tränen beteten, daß dieses Lager vom Evangelium erfaßt und erfüllt würde. Diese Frauen, obwohl sie erst hier von Jesus gehört hatten, waren erfüllt von einer Hingabe an Gott und einer Liebe zu den anderen Frauen, die mich immer wieder faszinierte. Es war ausschließlich Gottes Heiliger Geist, der hier am Werk war und diese Wunder tat. Niemals hätten Sheng und ich diese harten, verbitterten Frauen so verändern können. In diesem Winter wurde in allen Zellen gefastet, geweint und gebetet für eine Verwandlung des Gefangenenlagers in eine Kirche.

Zu Beginn des Jahres 1984 hatte die Erweckung ein Ausmaß angenommen, wie Sheng und ich es uns nie hätten träumen lassen. So viele Frauen kamen zum Glauben, daß wir den Überblick verloren. Diese Ernte machte Freude, es war, als arbeiteten wir in einem reifen Weinberg, wo uns die Trauben im Vorbeigehen in die Körbe fielen. Es geschahen so viele Wunder der Errettung und Befreiung, daß ich nicht mehr alles registrieren konnte. Die neuen Christinnen waren mit Leidenschaft dabei, den anderen Frauen von Jesus zu erzählen, niemand ließ sich von den Aufseherinnen einschüchtern und auch unter diesen kam es zu Bekehrungen. Frauen, die alle nur vorstellbaren Verbrechen begangen hatten, begannen, an Jesus zu glauben, bekannten ihre Sünden und kehrten von ihren bösen Wegen um. Die Macht der Finsternis war zerbrochen. Die ganze Atmosphäre hatte sich gewaltig verändert. Dieses Lager, das einmal voller Haß, Schmutz und Beschämung war, wurde jetzt überflutet mit der Liebe und der Herrlichkeit Gottes. Die Dunkelheit hatte dem Licht Jesu weichen müssen. Nachts hörte man kein verzweifeltes Weinen mehr, auch Fluchen, Streiten, schmutzige Witze und Schimpfworte, die einstmals hier die Luft erfüllt hatten, waren nicht mehr zu hören. Statt dessen riefen sich die Frauen »Halleluja!« zu, man hörte Lieder und Gebete, Freude und Herzlichkeit beherrschten den Umgangston der Frauen untereinander.

Wenn sich zwei Christinnen im Lager begegneten, sagte die eine »Halleluja, Preis sei Gott!«, und die andere erwiderte: »Halleluja, Amen!« Dies wurde zum normalen Gruß unter den Frauen, und das Wort »Halleluja« hörte man ständig überall.

Jeden Nachmittag, wenn die Gefangenen ihre Freistunde hatten und sich im Hof aufhalten durften, dann standen überall kleine Grüppchen von Christinnen beieinander, die zusammen beteten und sich erzählten, was sie beim Bibelstudium entdeckt hatten oder was der Heilige Geist ihnen direkt gezeigt hatte. Oder sie sangen miteinander und brachten sich gegenseitig neue Lieder bei.

Wenn ich dann über den Hof ging und mich überall strahlende Gesichter mit »Halleluja« begrüßten, war mir manchmal, als ob ich träumen würde. Ich war so begeistert über das, was Gott tat! Längst konnte man diesen Ort nicht mehr als Gefängnis bezeichnen, er war nicht mehr wiederzuerkennen, es war für mich Himmel auf Erden. Gott hatte meine kühnsten Träume und Gebete bei weitem übertroffen! In einer Produktionsgruppe im vierten Stock des Fabrikgebäudes waren über die Hälfte aller Arbeiterinnen Christinnen. Dort war jeder Arbeitstag ein Gottesdienst. In einer Zellen waren achtundzwanzig der Inhaftierten Christinnen. Täglich feierten sie in ihrer Zelle zusammen Gottesdienste, beteten, sangen und lasen aus der Bibel vor.

Und das ganze geschah nicht nur in einem Umerziehungslager, sondern mitten in einem atheistischen Staat, dessen totalitäres Regime es sich zum Ziel gesetzt hatte, den religiösen Aberglauben auszurotten, indem die letzten Gläubigen in eben solchen Arbeitslagern zum neuen, gottlosen Denken erzogen und gezwungen werden sollten. Wie war es nur möglich, daß in unserem Lager die Christen so viel Freiheit bekamen und die Verantwortlichen einfach nicht gegen uns ankamen, wo zur gleichen Zeit in vielen Teilen des Landes die Kirchen bekämpft und viele Christen um ihres Glaubens willen verfolgt, mißhandelt und getötet wurden? Und hier konnte eine Handvoll Christen, mit der Kraft des Heiligen Geistes ausgestattet, ein ganzes Lager auf den Kopf stellen, zu dessen Bewachung mehrere hundert Frauen eingesetzt waren!

Im Verlauf des Jahres veränderte sich die Situation dann aber doch. Satan erhob sich und versuchte, die Situation wieder unter Kontrolle zu bekommen. Sein Instrument war eine Frau, die zu zwanzig Jahren Haft verurteilt worden und sehr verzweifelt und hoffnungslos war. Sie versuchte, durch gute Führung ihre Strafe zu verkürzen und berichtete den Aufseherinnen eifrig von allen unseren verbotenen christlichen Aktivitäten. Bald darauf brach die Verfolgung wie eine Flut über uns herein. Nun gehörte es schon bald zur Tagesordnung, daß die Frauen um ihres Glaubens willen, den sie immer noch frei bekannten und auslebten, körperlich gezüchtigt wurden. Prügel und Schläge wurden immer häufiger. Dann zeigte uns Gott, was uns als nächstes bevorstand: Eine große Durchsuchung nach Bibeln und ähnlichem »Beweismaterial« würde stattfinden. So konnten wir uns auf diesen Tag vorbereiten, indem wir alle unsere kostbaren, handschriftlichen Bibelteile sammelten und außerhalb der Zellen versteckten.

Am Tag der großen Durchsuchung war die Bewachung sehr streng. Viele Geheimpolizisten waren zur Verstärkung gekommen, und zusammen mit den Lageraufseherinnen umstellten sie unser Zellengebäude, waren bewaffnet und sehr rauh in ihrem Umgangston mit den Gefangenen und stellten unser ganzes Haus auf den Kopf. Jeder Winkel in jeder Zelle wurde durchgekämmt. Doch wir hatten uns bestens auf diesen Tag vorbereiten können und hatten viele kleine Notizzettel speziell für die Durchsuchung geschrieben und in unseren persönlichen Sachen versteckt. So hatten die Polizisten immer wieder kleine Erfolgserlebnisse, wenn sie diese Köder fanden, und sie kamen nicht auf die Idee, auch außerhalb des Hauses nach unseren Bibeln zu suchen. Auf diesen Zetteln standen nur solche Bibelverse, die wir für sie besonders herausgesucht hatten, da wir wußten, daß diese Bibeltexte von den Polizisten und Richtern gelesen werden würden. Es waren Abschnitte über Gottes Liebe, Vergebung und das neue Leben, das jeder bekommen kann, der an Jesu Tod und Auferstehung glaubt. Wir freuten uns insgeheim über diese Möglichkeit, auf diese Weise auch den Funktionären von Jesus erzählen zu können.

Gegen Abend, als die Durchsuchung abgeschlossen war, wurde ich zusammen mit mehreren anderen Christinnen in eine spezielle Zelle gebracht, die zur Strafe für schlimme Verstöße gegen die Lagerordnung diente. Es war ein Raum, der mit dem Abwassersystem des Lagers in Verbindung stand und keine Wände hatte, nur Gitterstäbe und Stacheldraht trennten uns von der nächtlichen Kälte. Es war Oktober, die Temperaturen fielen nachts bis auf -10° Celsius und wir hatten keine Decken oder warme

Kleidung. Doch obwohl unsere Körper zitterten und eiskalt waren, erfüllten uns eine innere Wärme und ein Glücksgefühl, die nur mit der Gegenwart Gottes zu erklären sind. Es war eine lange kalte Nacht und an Schlaf war nicht zu denken, doch der Friede Gottes war uns kostbarer als ein warmes Bett, und wir schätzten uns glücklich, weil Jesus uns nahe war und wir einander mit Bibelworten ermutigen und mit Gottes Liebe trösten konnten.

Am selben Abend nach der großen Durchsuchung wurden zwei andere Schwestern in einen Keller gebracht, wo sie in einer kleinen, dunklen Kammer eingesperrt wurden. Dieser Raum wurde zur besonderen Strafe und Folter für uneinsichtige Gefangene eingesetzt. Es gab kein Fenster und kein Licht, auf dem Boden stand knöcheltief das Wasser, die Luft war modrig-feucht und Schimmel bedeckte die Wände. Solange man in dieser Zelle war, blieben Kleider und Haare klamm, es war kalt und äußerst deprimierend, hier auf das Verrinnen der Stunden zu warten, wobei man auch das Gefühl für Tag und Nacht schnell verlieren mußte.

Als die Beiden in diese Zelle gebracht wurden, trafen sie auf eine junge Frau, die vor ihnen dort eingesperrt worden war. Sie war als Randaliererin aufgefallen und zu zehn Jahren Haft verurteilt worden. Doch auch im Gefängnis war sie immer noch eine Unruhestifterin gewesen, voller Wut und Aggression zettelte sie immer wieder Schlägereien an. Mehrfach hatte sie Aufseherinnen angegriffen, und sie war auch immer wieder in das Verwaltungsgebäude eingedrungen, wo sie die leitenden Funktionärinnen verprügelte und deren Büros verwüstete. Niemand war mit dieser Frau bisher fertig geworden. Daß man sie für längere Zeit in dieses Kellerloch einsperren würde, überraschte niemanden.

Doch die anderen Christinnen machten sich alle große Sorgen, als sie hörten, daß ihre beiden Schwestern mit dieser gewalttätigen Frau in einer Zelle waren. Es lag auf der Hand, daß diese junge Frau die beiden blutig zusammenschlagen würde, und die beiden konnten und wollten sich vermutlich noch nicht einmal wehren. So begannen viele Christinnen ernsthaft, für diese Situation zu beten. Und Gott griff wunderbar ein.

Als die beiden Christinnen die dunkle Zelle betraten, starrte ihnen die junge Frau haßerfüllt und schadenfroh entgegen. »Was macht ihr Halunken denn hier?«, grinste sie. Und ein Schwall schmutziger Flüche ergoß sich über die beiden.

Die Beiden waren unbeeindruckt: »Da du ganz alleine hier bist, dachten wir, du fühlst dich bestimmt einsam und es wäre gut, wenn wir dir ein bißchen Gesellschaft leisten. Du hast doch sicher nichts dagegen?«

Flüche und Beschimpfungen waren die Antwort. Doch im Grunde war die junge Frau schon nach den ersten Sätzen seltsam berührt von dem, was diese Beiden ausstrahlten, sie wollte es sich nur noch nicht eingestehen. Aber die unbeirrte Wärme und Freundlichkeit, die so angenehm aus diesen Frauen floß, weckte eine große Sehnsucht in ihr. Wenn sie die beiden ansah, hatte sie das seltsame Bedürfnis, weinen zu müssen, ein Gefühl, das sie sich seit ihrer Kindheit nicht mehr hatte erlauben können. Neben der inneren Stärke und der Freude, die diese Frauen ausstrahlten, kam sie sich so recht erbärmlich vor, und alle ihre Kräfte, auf die sie sich bisher verlassen hatte, erschienen ihr wie eine einzige, schäbige Selbsttäuschung. Nach und nach wurde sie stiller, hörte auf, sich mit schmutzigen, aggressiven Worten zu verteidigen und gab den Christinnen Gelegenheit, mit ihr zu reden.

Obwohl sie schon nach Minuten durchnäßt waren und die modrige Luft ihnen den Atem nahm, auch wenn sie schon bald nicht mehr wußten, ob es draußen hell oder dunkel war, die beiden Christinnen erlebten Gottes Nähe spürbar und wurden von Jesu Licht gewärmt. Und sie erkannten, daß Gott sie hier mit einer kostbaren Frau auf engstem Raum zusammengebracht hatte, die sonst vielleicht nie von Jesus hören würde. Also bemühten sie sich, die häßlichen Beschimpfungen nicht zu Herzen zu nehmen und keine Angst vor der Frau zu haben, sondern sie begannen umgehend, ihr von der Liebe Jesu zu erzählen, die auch sie so grundlegend verändert hatte. »Wir waren Verbrecherinnen, genau wie du. Wir waren nicht ohne Grund hier eingesperrt. Unser Leben war von Haß und Schuld erfüllt und wir hatten nichts mehr zu verlieren. Es ging uns wie dir. Aber dann haben wir von Jesus gehört, der Gott ist, aber als Mensch auf die Erde kam, aus Liebe zu uns. Dieser Jesus hat unser Leben von Grund auf verändert. Statt Wut erfüllt uns jetzt Liebe und Frieden. Das kannst du auch erleben. Er hat dich genau so lieb wie uns.« Und der Heilige Geist benutzte die Worte, um dieser Frau die Sehnsucht Gottes nach ihr zu zeigen. Nicht lange, und sie begann zu weinen, sie kniete auf dem Boden, schien vergessen zu haben, daß er unter Wasser stand und bekannte ihre Sünden, bat Gott um Vergebung und wurde von neuem geboren.

Zwanzig Tage lang waren die drei Frauen zusammen in dieser dunklen Zelle eingesperrt. Dann durften sie in ihre eigentlichen Zellen zurückkehren. Die junge Frau war nicht wiederzuerkennen. Gott hatte sie vollkommen verändert, und sie hatte die Zeit in der Sonderhaft genutzt, um von den beiden anderen so viel wie möglich von Jesus zu erfahren. Ihre Zellengenossinnen konnten nicht glauben, was sie sahen. War das dieselbe Person, die sie kannten? Sie fluchte nicht mehr, war freundlich, zuvorkommend und lächelte, ja manchmal sang sie sogar leise vor sich hin. »Was ist denn bloß mit dir passiert?«, wurde sie laufend gefragt.

Und dann antwortete sie demütig und mit ehrlicher Reue: »Ich muß mich bei euch entschuldigen. Ich kannte Jesus nicht, deshalb habe ich das alles getan. Bitte vergebt mir. Jetzt glaube ich an Jesus, er ist jetzt der Herr in meinem Leben, und ich werde nie wieder jemanden verfluchen oder beschimpfen.« Alle, die sie früher gekannt hatten, waren sehr erstaunt.

Auch ihrer Gruppenführerin war diese Verwandlung nicht entgangen, und sie bestellte die junge Frau bald darauf zu einem Verhör. »Man sagt, Sie glauben jetzt auch an Jesus. Wer hat Sie dazu überredet?«

Sie antwortete mit großer Freude: »Ja, ich bin Christin geworden. Jesus hat mich dazu gebracht, an Gott zu glauben.«

»Quatsch, Sie sind von diesen Gläubigen eingefangen und belogen worden!«, schrie die Führerin.

Die Frau lächelte nur: »Wenn ich nicht an Jesus glauben würde, hätte ich Ihnen eine ganze Menge Ärger gemacht, nachdem Sie mich so lange in dieser schrecklichen Zelle eingesperrt hatten. Sie sollten eigentlich froh sein ...«

Der Gruppenführerin fiel darauf nichts mehr ein, zumal die junge Frau einfach recht hatte. Sie war so, wie sie jetzt war, eine wesentlich angenehmere Gefangene als früher. Mit einer stummen Handbewegung entließ sie die Schwester, und es folgten keine weiteren Verhöre.

Eine der beiden Christinnen, die mit in dieser Kellerzelle eingesperrt gewesen war, wurde in den Tagen danach acht Mal verhört. Mit ihr wurde nicht so nachsichtig umgegangen wie mit der jungen Frau. Aber bei jedem Verhör sagte ihr der Heilige Geist, sie solle sich so verhalten wie Jesus vor Pilatus. Also stand sie jedesmal schweigend vor ihren Aufseherinnen und antwortete auf keine der Fragen. Die Gruppenleiterin brüllte sie an:»Nun reden Sie schon, wer hat Sie zum Glauben überredet? Woher kamen die Bibeln?« Doch die Frau schwieg. Die Gruppenführerin wollte es wissen, ihre Geduld ging zu Ende:»Wenn Sie heute nicht reden, werde ich Sie totschlagen!« Sie meinte es ernst:»Wie kann es eine dreckige, kleine Gefangene wie Du wagen, acht Mal vor mir zu stehen und nichts zu sagen?«

Die Schwester schwieg und betete in Gedanken flehentlich, daß Gott ihr helfen möge. Die Gruppenführerin griff zum Elektroschock-Stab und richtete ihn lang und bedrohlich auf sie. Dann schaltete sie den Strom ein und berührte den Körper der Christin. Dieser Stromschlag ist äußerst schmerzhaft, als ob tausend Pfeile das Herz durchbohren. In aller Regel werden die so Gefolterten bewußtlos. Doch als dieses gefürchtete Instrument jetzt den Körper der Schwester berührte, verzog sie keine Miene. Sie blieb still stehen.

Das konnte sich die Gruppenführerin nur damit erklären, daß das Gerät nicht funktionierte. Um sicherzugehen, probierte sie es an ihrem Hund aus, der neben dem Schreibtisch lag und ahnungslos döste. Das Tier sprang in die Luft, gab einen entsetzlichen Schmerzensschrei von sich, Schaum bildete sich vor seiner Schnauze und es sackte bewußtlos zusammen. Mit einem teuflischen Grinsen wandte sich die Frau nun wieder der Christin zu und hielt den eingeschalteten Stab gegen ihren Körper. Doch wieder zeigte sie keine Reaktion, sie spürte überhaupt nichts. Nun bekamen die anwesenden Nichtchristen es mit der Angst zu tun, was hier vor sich ging, war ihnen unheimlich, und die Christin wurde sofort wieder in die finstere Kellerzelle zurückgebracht.

Auf dem ganzen Weg zu ihrer Einzelzelle sang die Schwester in ihrem Herzen Danklieder zu Gott. Kaum hatte sich die Tür hinter ihr geschlossen und war allein in der Dunkelheit, da fiel sie auf ihre Knie und sang aus übervollem, dankbarem Herzen »Halleluja!« zu ihrem Herrn, der sie so übernatürlich bewahrt hatte. Sie feierte ein Dankfest mit ihrem Jesus und bemerkte nichts von der Kälte und Feuchtigkeit, die sie umgaben.

»Herr, du bist so voller Liebe. Du hast dein Wort wahr gemacht, wenn es heißt, Gott ist treu, er wird nicht zulassen, daß ihr über eure Kraft hinaus versucht werdet. Er wird euch in der Versuchung einen Ausweg schaffen, so daß ihr sie bestehen könnt (1 Kor 10,13). Danke, daß dein Wort so zuverlässig ist!«

Eine andere Frau, die noch sehr jung war, hatte man in einer Zelle im ersten Stock untergebracht. Sie war auch während ihres Aufenthaltes im Arbeitslager Christin geworden, und seither war sie unermüdlich dabei, Bibelteile und Liederbücher abzuschreiben, bis sie von einer Mitgefangenen verraten wurde. Als sie zum Verhör gebracht wurde, leugnete sie alles und stellte sich unwissend. Die Wärterinnen versuchten alles, sie bedrohten sie, schlugen sie und versuchten, sie zu überlisten. Aber das Mädchen hatte keine Angst. Schließlich wurden ihre beiden Handgelenke mit Handschellen aneinandergekettet, und sie mußte sehen, wie sie damit zurechtkam. Es war ziemlich schwierig, so zu essen oder auf die Toilette zu gehen, sich anzuziehen und zu waschen, zumal es Winter war und die

Frauen alle viele Kleidungsstücke übereinander trugen, um in den wenig bis gar nicht beheizten Räumen nicht zu sehr zu frieren.

Wir schliefen alle in Stockbetten, und es war immer so, daß die Jüngeren oben schlafen mußten und die Älteren unten. Mit ihren Handschellen war es für die junge Frau fast unmöglich, in ihr Bett zu klettern. Manchmal schaffte sie es lange nicht und probierte es wieder und wieder, bis ihr die Metallringe ins Fleisch schnitten und ihr von den Schmerzen übel wurde und ihr der kalte Schweiß ausbrach. In ihrer Zelle waren noch nicht alle Frauen Christinnen. Diese machten sich dann immer über sie lustig, anstatt ihr zu helfen, spotteten sie:»Wir dachten, dein Gott sei real und lebendig und allmächtig. Was ist jetzt los mit ihm? Sag ihm doch, er soll deine Handschellen aufschließen!« Tag für Tag machten sie sich so über die junge Frau lustig.

Eines Abends, als sie es nach langem Mühen und unter dem Gelächter ihrer Kolleginnen endlich wieder geschafft hatte und in ihrem Bett lag, in den Handgelenken pochte der Schmerz, da drehte sie sich zur Wand und weinte leise.»Herr, ich weiß, daß es gut ist, daß ich um deinetwillen gefesselt bin und Handschellen trage, und du weißt, daß ich bereit dazu bin. Aber damit dein Name nicht länger verspottet wird und damit noch viel mehr Frauen an dich glauben können, darum bitte ich dich, öffne diese Handschellen. Herr, so wie die Ketten von Petrus abgefallen sind, so laß sie auch von mir abfallen. Denn du bist nicht nur der Gott des Petrus und des Paulus, sondern auch mein Gott …« Als sie ihr Gebet beendet hatte, fielen ihre Handschellen offen von ihren Handgelenken ab.

Als sie am nächsten Tag wieder von den Wärterinnen abgeholt wurde, um verhört zu werden, bemerkten diese erstaunt ihre ungefesselten Arme. Verwirrt fragten sie:»Wie ist es Ihnen denn gelungen, Ihre Handschellen zu öffnen?«

»Sie sind von alleine aufgegangen und ich habe keine Ahnung, wie das geschehen konnte«, antwortete sie.

Die Aufseherinnen wußten, daß diese jungen Frauen, die an Jesus glaubten, ausgesprochen ehrlich waren und daß es überhaupt keine Möglichkeit gab, wie sie die Handschellen hätte aufschließen können. Und sie erinnerten sich, wie vor wenigen Tagen bei der anderen Christin der Elektroschock-Stab nicht funktioniert hatte. Das ganze wurde ihnen so unheimlich, daß sie die junge Frau nicht wieder verhörten. Auf Grund dieser beiden Wunder kamen viele Frauen zum Glauben an Jesus.

Trotz der heftigen Verfolgung, trotz aller Strafen und Einschüchterungen, womit die Leiterinnen des Lagers versuchten, den Glauben an Jesus auszumerzen oder wenigstens aufzuhalten, wurden immer mehr Frauen Christinnen. Die Situation begann, außer Kontrolle zu geraten, von der Sicht der Gegner des Christentums aus betrachtet. Während der folgenden zwei Monate breitete sich die gute Nachricht von Jesus im ganzen Lager aus, eine große Sehnsucht nach Gott erfüllte die Frauen. Es war, als ob ein trockener Wald Feuer gefangen hätte, unaufhaltsam wurde ein Herz nach dem anderen von der Liebe Jesu entzündet. Die Zahl der Christinnen stieg dramatisch. Dieses ganze Frauengefängnis wurde von einer Revolution erfaßt, die in den Parteirichtlinien der Kommunisten nicht vorgesehen war. Bald waren mehr als die Hälfte aller gefangenen Frauen Christinnen.

Niemand war überrascht, als der Druck gegen uns zunahm. Wir wurden immer strenger überwacht und für Verstöße gegen die Gefängnisord-

nung immer härter bestraft. Der Heilige Geist hatte uns bereits angekündigt, daß eine größere Welle der Verfolgung auf uns zukam und daß
diejenigen Frauen, die als Führerinnen der Bewegung herausgefiltert
würden, längere Haftstrafen zu erwarten hätten. Daraufhin begannen wir
alle gemeinsam, zu fasten und ernsthaft zu beten, um auf diese kommenden Angriffe vorbereitet zu sein. Wir mußten und wollten unbedingt mit
starkem Glauben und der Kraft Gottes erfüllt sein.

Eines Morgens im November 1984, wir waren gerade aufgestanden,
da wurde es plötzlich wieder dunkel. Ein eisiger Wind erhob sich, der
direkt von der nordwestlichen Hochebene kam und nicht nur die kümmer-
lichen Pflanzen im Hof schüttelte und um das Haus heulte, sondern der
auch durch unsere zugigen Zellen pfiff und uns durch die plötzlich herein-
brechende Kälte erschauern ließ. Beunruhigt schauten wir aus den Fenstern, alles klapperte und ächzte, und dann begann ein Schneesturm, wie
wir ihn nur selten erlebt haben. Bald waren unsere Fensterscheiben mit
dicken, weißen Flocken bedeckt. Wir zogen alles an, was wir hatten, doch
wir konnten uns kaum warm halten.

Aber an diesem Morgen war nicht nur das Wetter beunruhigend. Auch
unsere Aufseherinnen waren ungewöhnlich früh auf den Beinen. Sie
trugen ihre vollständigen Polizeiuniformen samt Helmen und Gürteln.
Dazu trugen sie ihre Elektroschock-Stäbe oder sonstigen Knüppel und
Pistolen griffbereit und gingen mit frostigen Blicken in unserem Zellengebäude auf und ab. Was war nur los heute? Alle Gefangenen waren besorgt und angespannt und fragten sich, was dieser Tag wohl bringen
würde. Auch wir Christinnen ahnten, daß etwas Ungewöhnliches bevorstand, und wir beteten ernsthaft, daß Gott uns beschützen möge vor den
unbekannten Gefahren, die auf uns zukommen würden.

Um neun Uhr morgens trafen mehrere Fahrzeuge ein. Sie fuhren bis in
den Gefängnishof zwischen den vier Gebäuden, dann entstiegen ihnen alle
möglichen hohen Funktionäre. Es standen auch schon mehrere
Tischreihen bereit, an denen die Herren Platz nahmen. Dann wurden wir
von den Aufseherinnen aus unseren Zellen geholt und in den Hof
gebracht, wo wir uns vor den Tischen auf die Erde setzen mußten. Der
Schneesturm hatte nachgelassen, aber es herrschte beißende Kälte und wir
saßen ungeschützt im Schnee. Vor uns saßen die Funktionäre der Geheimpolizei, der inneren Sicherheit, der Staatsanwaltschaft, die Leiter und ihre
Sekretäre verschiedener politischer und parteilicher Organe, die nicht nur
aus der Stadt »H«, sondern auch aus dem ganzen Bezirk »M« gekommen
waren. Die Angehörigen der Geheimpolizei waren schwer bewaffnet,
Männer mit Maschinengewehren hatten den Hof umstellt und hielten ihre
Gewehrläufe auf uns gerichtet. Sie behandelten uns, als wären wir gefährliche Feinde, die jeden Moment zum Angriff übergehen könnten. Blicke
voller Haß und Abscheu musterten uns. Es waren jetzt mehrere tausend
Menschen auf diesem Platz versammelt, und eine große Spannung lag in
der Luft. Niemand wagte es, sich zu bewegen, während die Männer uns
schweigend anstarrten. Ich betete in Gedanken und schrie zu Gott, er
möge uns beistehen.

Plötzlich ein Knacken in den großen Lautsprechern, und die Stimme
des Leiters dieser Veranstaltung zerriß die Stille: »Wir erklären die große
Kampfversammlung für eröffnet. Ich erteile dem Führungskader der Geheimpolizei unseres Bezirkes das Wort.«

Nicht eine einzige Person klatschte zur Begrüßung des Funktionärs, der jetzt auf die Rednertribühne kletterte. Er redete etwa eine halbe Stunde lang über das richtige Verhalten im Arbeitslager und die Vorzüge, hier umerzogen und für die Gesellschaft tauglich gemacht zu werden. Endlich kam er zum Ende. Uns klapperten die Zähne und viele Frauen hatten große Angst, vor allem diejenigen, die nicht beten konnten. Was würde wohl als nächstes kommen? Viele waren schon Zeugen von Kampfversammlungen gewesen oder hatten zumindest gehört von den Grausamkeiten, die dabei in aller Öffentlichkeit geschahen. Der erste Redner trat wieder hinter das Mikrofon und zückte einen großen Zettel. »Die folgenden Gefangenen sollen sofort nach oben auf die Bühne gebracht werden: Frau Lin ...« Er rief zwölf Namen auf. Es waren alles Christinnen. Sie wurden von den Aufseherinnen nach vorne gezerrt und mußten sich vor der langen Reihe grimmig blickender Funktionäre aufstellen. Schwester Lin, die als die Anführerin eingestuft wurde, mußte sich als erste dem öffentlichen Verhör stellen. Solche Kampfversammlungen hatten zum Ziel, daß sich die Beschuldigten in aller Öffentlichkeit für die ihnen zur Last gelegten Verbrechen schuldig bekannten und sich so vor allen Versammelten demütigten. Oft gestanden die Angeklagten dabei auch Dinge, die sie nie getan hatten, weil im anderen Falle die Schläge und Folter grausam und schrecklich waren und uneinsichtige Verbrecher auch oft zu Tode geprügelt wurden.

Der oberste Richter ergriff das Wort, nachdem Schwester Lin sich neben ihm auf die Tribüne gestellt hatte. »Frau Lin, bitte berichten Sie uns wahrheitsgemäß, wie Sie im Gefängnis über Ihren Glauben geredet haben. Wieviele Gefangene konnten Sie auf Ihre Seite ziehen? Wer sind Ihre Mitarbeiter? Sie müssen jetzt offen sein und ein vollständiges Geständnis ablegen.«

Schwester Lin stand aufrecht und ohne Angst vor dem Mikrofon, während alle Christen auf dem Platz leise für sie beteten. »Bitte öffnen Sie meine Handschellen, damit ich mein Bekenntnis vorlesen kann«, sagte mit klarer Stimme und deutete auf mehrere beschriebene Blätter, die sie bei sich hatte. Ihre Fesseln wurden geöffnet. Sie streckte sich, schaute einen Moment lang in die Augen der Frauen, die alle voller Spannung auf sie gerichtet waren, dann räusperte sie sich und begann, ihr Bekenntnis vorzulesen. Ihre Stimme war laut und angenehm und erfüllte das ganze Gelände:

»An einem bestimmtem Tag predigte ich einer Person das Evangelium. Ich sagte zu ihr, daß Gott den Himmel und die Erde und alle Dinge geschaffen hat. Gott hat den Menschen aus Staub geschaffen. Ich erklärte ihr, daß die Menschen sich nicht aus den Affen entwickelt haben und daß die ganze Evolutionstheorie von Darwin nur eine unbewiesene Theorie ist ... An einem anderen Tag sagte ich zu einer anderen Person, daß alle Menschen einmal sterben müssen und daß danach das Gericht kommt ... Wieder an einem anderen Tag sagte ich zu jemandem, daß Jesus der Sohn Gottes ist und er in die Welt kam, um zu suchen und zu retten, was verloren ist, mehr noch, daß er, ein Kreuz genagelt, sterben mußte, aber danach wieder von den Toten auferweckt wurde ... Einmal betete ich mit einer Frau und sagte zu Jesus, er solle alle Sünden dieser Frau vergeben, damit sie von neuem

geboren wird und in das Reich Gottes aufgenommen werden kann ...
Eines Tages brachte ich einigen Gefangenen ein Lied bei, dessen Text
sagt, daß der Herr Jesus bald wieder kommen wird, wir aber die
genaue Zeit nicht wissen, wann das sein wird ...«

Schwester Lin redete und redete. Wir Christinnen, die ihr zuhörten, trauten unseren Ohren nicht, und wir waren begeistert von dieser Rede, die all die kostbaren Wahrheiten enthielt, die unser Leben so verändert hatten. Nun hörten auch all diese Parteifunktionäre die gute Nachricht von Jesus. Wir begannen voller Freude, leise unser Lied »Halleluja« zu singen. Die Gefangenen, die noch keine Christen waren, wunderten sich, und die Frage stand ihnen ins Gesicht geschrieben: »Was ist das denn für ein Bekenntnis? Sie macht ja nichts anderes, als uns zu predigen!«

Den Funktionären stieg die Zornesröte ins Gesicht. »Meint sie etwa uns? Versucht sie etwa damit, uns zu Christen zu machen?« Die Männer wurden unruhig, sie waren so wütend, daß sie kaum noch still sitzen bleiben konnten. Dann unterbrachen sie Schwester Lins Rede mit einigen häßlichen Schimpfworten und drohten: »... Wir werden Sie einsperren, bis Sie sterben! Verschwinden Sie schon!«

Die nächsten beiden Frauen, die ihr Bekenntnis ablegen sollten, taten es Schwester Lin gleich. Beide benutzten mit göttlicher Kühnheit die Gelegenheit, um von Jesus zu erzählen und den großen Heilsplan Gottes mit den Menschen zu erklären. »Ich erzählte den Frauen in meiner Zelle, daß die Sünde die Menschen von Gott trennt, aber daß Jesus diese Trennung überwand, als er für alle Sünden der Menschen starb.« Die Verantwortlichen, die vor Wut wie gelähmt hinter ihren Tischen saßen, starrten entgeistert auf diese Frauen. Sie wußten nicht, wie sie sich verhalten sollten, noch nie zuvor hatten sie etwas Vergleichbares erlebt, noch nie solche Worte gehört. Mit wieviel Stärke diese Frauen redeten! Die Männer waren sehr verwirrt und ihre Wut verwandelte sich in Ratlosigkeit. Eines war klar, sie wollten keine weiteren Bekenntnisse mehr hören! Also wurden die anderen Frauen wieder an ihre Plätze geschickt, und der Leiter der Versammlung wandte sich an sein frierendes Publikum und wollte, wie er dies so oft schon getan hatte, Slogans rufen, die alle Gefangenen im Chor wiederholen sollten.

Mit donnernder Stimme schrie er ins Mikrofon: »Nieder mit allen Elementen, die sich der Reform entgegen stellen!« Außer einigen Funktionären auf der Bühne und ein paar Aufseherinnen antwortete ihm niemand.

Wütend erhoben die Aufseherinnen, die zwischen unseren Reihen standen, ihre Elektroschock-Stäbe und drohten uns: »Warum ruf ihr nicht die Parolen? Wenn ihr euch weigert, werdet ihr schon bald wissen, wie sich Strom anfühlt.«

Der Versammlungsleiter startete einen erneuten Versuch: »Nieder mit den Anführern des religiösen Aberglaubens!« Er brüllte mit aller Kraft in den Lautsprecher, doch eine vollkommene Stille folgte. Niemand sagte etwas, nicht eine einzige Stimme war zu hören.

Ich hatte nicht erwartet, daß die Christinnen in die Parolen einstimmen würden. Aber was war mit den anderen los? Warum schwiegen auch sie? Als ich sie später fragte, kam heraus, daß sie, auch wenn sie noch nicht glaubten, zumindest die Auswirkungen der Kraft Gottes gesehen hatten und an den Christinnen nichts Nachteiliges feststellen konnten, im Gegenteil. Deshalb widerstrebte es auch ihnen, diese Slogans mitzuschreien.

Mehrere Minuten lang rührte sich niemand von der Stelle. Den Funktionären war die Situation äußerst peinlich. Sie waren in einer furchtbaren Lage, denn sie hatten vor uns, Frauen und Gefangenen, das Gesicht verloren. Auch ihren ursprünglichen Plan, die Strafen der Christinnen zu erhöhen, ließen sie fallen. Nur die Namen von neun Frauen wurden notiert, und sechs von ihnen wurden verwarnt, daß sie unbedingt über ihren Glauben schweigen sollten, wenn sie nicht höhere Strafen riskieren wollten.

Die große Kampfversammlung wurde mit einer allgemeinen Drohung beendet: »Ab sofort ist Ihnen allen aufs Strengste verboten, über Ihren Glauben zu sprechen. Wer dagegen verstößt, wird schwer bestraft werden.« Damit wurden wir in unsere Zellen entlassen.

Kaum waren wir wieder unter uns, gingen wir auf unsere Knie und dankten Gott. Wir waren sehr ermutigt und voller Freude, weil wir so stark erlebt hatten, daß unser Gott Macht über alle Situationen hat und daß uns nichts geschehen kann, was er nicht zuläßt. An diesem Morgen hatten es alle mit eigenen Augen gesehen, wie die Absichten Satans zunichte gemacht wurden. Aus einem Großangriff auf alle Christen war eine beeindruckende Demonstration der Größe Gottes geworden. Wenn in der Folgezeit nicht-christliche Gefangene zu den Aufseherinnen gingen, um uns anzuklagen und über unsere verbotenen Aktivitäten zu berichten, dann reagierten die Aufseherinnen seltsam uninteressiert. Ihre Antworten waren unwirsch bis resigniert: »Ach, vergessen Sie es einfach. Immerhin arbeiten die Christen besser als Sie, und außer ihrem Glauben ist nichts an ihnen auszusetzen. Also, was soll das? Außerdem, um ehrlich zu sein, können wir auch gar nichts gegen sie machen.« Die Häftlinge, die so abgefertigt wurden, waren beschämt und unterließen es künftig, über uns zu klagen, da ihnen das auch keine Vorteile mehr einbrachte.

Unser Gott ist wirklich allwissend. Er wußte, wann ich schwach war und überschüttete mich mit Gnade, auch gerade dann, wenn ich mich ganz unfähig fühlte. An manchen Tagen, wenn ich niedergeschlagen war und mein Glaube zu klein war für die Anforderungen des Lebens im Lager, wenn ich entmutigt und enttäuscht war, dann war mir Gott in seiner großen Weisheit und Kraft besonders nahe und stärkte mich wieder. Besonders ermutigt wurde ich in meinem Glauben immer, wenn andere Christen mich besuchen kamen.

Eines Tages war es wieder soweit. Die Aufseherin rief mich zu sich und sagte, daß Besucher für mich gekommen seien. Welch eine Freude! »Kommen Sie schon«, befahl sie mir mürrisch, »Sie können Ihre Arbeit kurz liegenlassen, Sie haben Besuch von Ihrer Familie.« Und sie zeigte mir den Zettel, auf dem die Namen der Besucher standen.

Den ganzen Weg zu dem Besucherraum rannte ich, so schnell ich konnte, und mein Herz jubelte vor Freude. Denn unter den Namen meiner Besucher waren ein Mann und eine Frau, die überall mit Haftbefehl gesucht wurden. Unfaßbar, daß sie es gewagt hatten, hierher zu kommen! Gott selbst mußte ihnen gesagt haben, daß sie es riskieren könnten und daß er sie beschützen würde. Die Gefahr, daß die Wachposten sie erkennen würden, wäre sonst viel zu groß gewesen. Meine Besucher gehörten zu den sechs geistlichen Leitern der Arbeit in verschiedenen Gegenden, Schlüsselpersonen der verbotenen Hauskirchenbewegung. Da sie unbeirrt waren in ihrem Glauben und in ihrer Arbeit für Gott und sich von den Drohungen der Parteifunktionäre nicht hatten abhalten lassen, weiterhin öffentliche Versammlungen zu halten, waren sie von allen Organen der Polizei auf die Fahndungslisten gesetzt worden als besondere Staatsfeinde. Aus diesem Grunde hatten sie keinen festen Wohnsitz mehr. Seit mehreren Jahren hatten sie ihre Häuser und Familien nicht mehr besuchen können, weil sie dort sofort verhaftet worden wären. Doch ihnen war die Arbeit in den Gemeinden wichtiger gewesen. Wir alle wußten, daß jeder von diesen sechs Menschen im Falle seiner Verhaftung zu einem Märtyrer um seines Glaubens willen geworden wäre. Und heute besuchten mich zwei von ihnen! Ich war zutiefst bewegt von der selbstlosen Liebe, die sie mir damit zeigten. Und welch eine große Gnade Gottes, daß er diese Begegnung möglich machte.

In dem kleinen Besucherraum waren wir natürlich nicht allein, sondern mehrere Wachposten ließen uns nicht aus den Augen. Aber es bedurfte auch keiner Worte. Schon allein der Anblick dieser Geschwister und ihre Ausstrahlung ermutigten mich sehr. Sie waren liebevoll und sanft, aber zugleich furchtlos und stark. In ihren Augen konnte ich die Freundlichkeit und Kraft Gottes sehen, als sie meine Hände nahmen und ernst sagten:»Liebe Schwester, sorge dich um nichts, aber arbeite hart an diesem Ort, sei in allen Dingen gewissenhaft, gehorche den Vorgesetzten fleißig, so daß du ihr Wohlwollen erwirbst. Was die Kinder zu Hause betrifft, brauchst du dir keine Sorgen zu machen, der Vater kümmert sich bestens um sie.«

Fürchte dich nicht! Rede nur, schweige nicht! Denn ich bin mit dir (Apg 18,9-10)

Unser Leben im Arbeitslager war sehr anstrengend und kräftezehrend. Doch all die vielen neuen Christen, die vorher überhaupt nichts von Gott gewußt hatten und überwiegend ein sehr kaputtes Leben hinter sich hatten, sehnten sich nach viel Betreuung, Gesprächen und Gebet. Sie brauchten Hilfe, um die Bibel zu verstehen, sie wollten mehr über den Gott erfahren, dem sie ihr Leben anvertraut hatten. Unter anderen Umständen hätten sie all das in einer christlichen Gemeinde gefunden, was sie zum geistlichen Wachstum nötig hatten. Doch wir hier im Lager, die wir von morgens bis abends arbeiteten, hatten wenig Zeit füreinander. Aber Gott selbst in seiner Liebe kümmerte sich um seine Kinder im Gefängnis. Die Lagerleitung gab uns den Sonntag frei! Welch eine Freude! Und wir nutzten die kostbaren Stunden unseres freien Tages sorgfältig, niemand wollte mit Plaudern oder Essen Zeit verlieren. Viele Frauen, die Schwierigkeiten hatten, die Bibel zu verstehen, kamen zu mir, und ich erklärte ihnen alles so gut ich es wußte und mit der Hilfe des Heiligen Geistes. Andere besuchten mich, weil sie Probleme hatten, über die sie reden und beten wollten, manche waren krank und kamen zu mir, damit wir zusammen für Heilung beteten, oder sie wollten neue Lieder von mir lernen. Wir waren sehr beschäftigt an unseren freien Sonntagen, und wir genossen jeden Augenblick. Wir waren so voller Freude, daß wir kaum noch daran dachten, daß wir im Gefängnis waren. Und die Aufseherinnen ließen dies alles geschehen!

Eines Abends wurde ein Film gezeigt, den sich die meisten Häftlinge und Aufseherinnen ansahen. Wir Christen hatten schon lange auf eine Gelegenheit gewartet, um die neuen Geschwister taufen zu können. Kaum waren alle in dem Filmsaal, eilten wir in den Waschraum. Doch zu unserer Enttäuschung waren dort noch einige Frauen, die ihre Wäsche wuschen. Was blieb uns anderes übrig, als auch unsere Wäsche zu holen und zu hoffen, daß irgendwann alle anderen Frauen den Raum verlassen würden? So wuschen wir die Wäsche und beteten in Gedanken, daß Gott uns Gelegenheit geben würde für eine richtige Taufe. Und unser treuer himmlischer Vater half uns wieder: Plötzlich kam kein Wasser mehr aus den Wasserhähnen! Die anderen Frauen schimpften und ärgerten sich, warteten eine Zeitlang, dann gingen sie und ließen uns jede Menge gefüllter Waschschüsseln zurück. Wir jubelten und tanzten vor Freude! Eine Schwester stand an der Tür und behielt den Flur im Auge, damit wir nicht überrascht werden würden. Dann feierten wir unseren ganz speziellen, den Möglichkeiten angepaßten Taufgottesdienst, indem wir eine Schwester nach der anderen mit einer großen Waschschüssel übergossen und sie auf den Namen des Vaters, des Sohnes und des Heiligen Geistes tauften. Gottes Schutz und Gegenwart war gewaltig! Kaum hatte sich die letzte Schwester wieder trockene Sachen angezogen, da begann das Wasser wieder zu fließen, wir füllten schnell die Schüsseln der anderen Frauen wieder auf, und dann kamen sie auch schon zurück, um ihre Wäsche weiter zu waschen. Doch wir hatten alle unsere neuen Christinnen getauft.

Von der Lagerleitung aus hatte der Druck gegen uns Christen seit dieser denkwürdigen Kampfversammlung stark nachgelassen. Doch für mich persönlich begann eine neue, schwere Zeit der Verfolgung, die mich sehr viel Kraft kostete und die ich manchmal kaum noch ertragen konnte. Es war eine meiner Zellengenossinnen, die mich täglich demütigte und die zu meiner schlimmsten Widersacherin wurde. Mit Gottes Hilfe gab ich ihr alle Liebe, mit der mich Jesus beschenkt hatte. Ich war freundlich zu ihr, wann immer sich eine Gelegenheit dazu bot. Ich holte ihr Tee, brachte ihr Wasser und wusch ihre Kleider. Es war mir nicht peinlich, sondern ich diente ihr gern. Aber natürlich hoffte ich auch, daß sich damit ihr gemeines Verhalten irgendwann verändern würde, daß sie sich für Gottes Liebe öffnen würde und ich mich nicht mehr von ihr quälen lassen müßte. Doch sie ließ sich meine Hilfe gefallen, ohne daß ihre Feindseligkeit auch nur im Geringsten abnahm. Sie tat alles, was ihr einfiel, um mich zu ärgern. Ständig fluchte und schimpfte sie lautstark über mich. Aber das Schrecklichste für mich war, daß sie mich nie in Ruhe beten ließ. Jedesmal, wenn ich mich niederkniete, stellte sie sich neben mich, schrie mich an und verfluchte mich. Und jedesmal, wenn sie mich sah, wie ich mit jemandem über Gott sprach, unterbrach sie unser Gespräch sofort, begann zu diskutieren und machte jede weitere Unterhaltung unmöglich. Danach rannte sie immer sofort zu dem Verwaltungsbüro und schwärzte mich an.

Tag für Tag ging das so, bis ich schließlich nicht mehr konnte. Ich fiel auf mein Bett und verlor völlig die Beherrschung. Weinend und schluchzend betete ich zu Gott: »Herr, ich kann nicht mehr. Ich will nicht mehr. Warum hast du mich in diese Lage gebracht? Ich ertrage diese Frau nicht mehr. Es ist genug. Bitte, laß mich sterben. Ich will zu dir nach Hause, ich will keinen Tag länger hier sein müssen. Bitte, hole meine Seele heim zu dir!« Noch am selben Abend redete der Heilige Geist zu mir und erinnerte mich sehr stark an einen Satz, den Jesus gesagt hatte:

»Amen, amen, ich sage euch: Wenn das Weizenkorn nicht in die Erde fällt und stirbt, bleibt es allein; wenn es aber stirbt, bringt es reiche Frucht« (Joh 12,24).

Dann wurde mir klar, daß ich schwach war und voller Selbstmitleid und anstatt mich weiter zu bedauern, erinnerte ich mich an all die großen und wunderbaren Dinge, die Gott in diesem Gefangenenlager schon getan hatte. Während ich Gott dankte für alle Hilfe in der Vergangenheit, wurde ich allmählich ruhiger. Dennoch beantragte ich bei der Aufseherin, in eine andere Zelle verlegt zu werden. Sie kannte meine Lage und erlaubte mir, in Zelle Nummer acht zu wechseln.

Erleichtert packte ich meine wenigen persönlichen Sachen zusammen, verließ diese unangenehme Situation und bezog mein neues Bett in der für mich fremden Zelle. Doch es dauerte nicht sehr lange, bis mir klar wurde, daß ich vom Regen in die Traufe gekommen war. In meiner vorigen Zelle war nur eine einzige Person gegen mich gewesen, doch hier waren sämtliche Zellengenossinnen voller Gemeinheit und Bosheit. Es gab unter meinen neuen Gefährtinnen nicht eine gute, ruhige Person, keine, die vom Christentum auch nur im entferntesten jemals angesprochen worden war. Auf einmal erkannte ich die Führung Gottes: Er hatte es zugelassen, daß diese Frau in meiner vorigen Zelle mich so quälen durfte, damit ich um Versetzung bat, denn er wollte mich hier unter diesen Frauen haben, die von all den Dingen, die Gott in diesem Lager schon getan hatte, anscheinend noch gar nicht berührt worden waren. Es war schon erstaunlich, daß hier noch eine ganze Zelle voller Frauen war, die alle noch keine Christinnen waren. Ich hatte geglaubt, daß inzwischen in jeder Zelle zumindest einige Christinnen waren, die den anderen von Jesus erzählen konnten. Doch hier war noch ein ganz neues Arbeitsgebiet für den Heiligen Geist. Ich dankte Gott, daß er mich hierher gebracht hatte, und ich begann, ernstlich zu beten, zu fasten und in die Fürbitte einzutreten für diese Frauen, mit denen ich nun zusammenlebte.

Zunächst war die Situation sehr zäh. Sobald ich anfing, von Jesus zu reden, waren alle geschlossen gegen mich. Sie wollten nichts über Gott hören, und sie ließen mich regelmäßig eiskalt abblitzen. So gab ich die kläglichen Versuche auf, ihnen etwas sagen zu wollen. Ich betete nur noch für sie. Und ich war ziemlich mutlos in bezug auf diese Frauen. Es fiel mir schwer zu glauben, daß sie sich eines Tages Gott zuwenden würden. Ich betete intensiv zu Gott, daß er selbst zu ihnen reden würde und sie offen machen würde, die gute Nachricht von Jesus zu hören und darauf einzugehen. Eines Tages wurde das Mädchen, dessen Bett direkt neben meinem stand, schwer krank. Ich machte mir ernsthafte Sorgen um sie und sah es als meine Aufgabe an, sie zu versorgen. So pflegte ich sie, bis sie wieder gesund wurde. Dadurch wurde ihr Herz angerührt von der Liebe Jesu, und sie übergab ihm ihr Leben. Dann entschieden sich zwei weitere Zellenkolleginnen, den Glauben anzunehmen. Nun dauerte es nicht mehr lange, bis eine der Mitbewohnerinnen den Aufseherinnen von meinen verbotenen religiösen Tätigkeiten berichtete: »Seit Chan in unserer Zelle ist, redet sie ständig von Jesus, und sie betet und singt die ganze Nacht, so daß wir kein Auge mehr zutun können. Es ist an der Zeit, daß Sie etwas gegen diese Frau unternehmen.«

Darauf kamen die Aufseherinnen zu unserer Zelle, um meine persönlichen Dinge zu durchsuchen. Sie hofften, Beweismaterial zu beschlagnahmen und mich wegen meiner verbotenen Aktivitäten bestrafen zu können. Ich hatte nichts von dieser Durchsuchung geahnt und saß, als die Wärterinnen hereinkamen, gerade auf meinem Bett und las in meinem täglichen Andachtsbuch »Ströme in der Wüste«. Ich liebte das Buch sehr und las jeden Tag den entsprechenden Abschnitt, der immer einen kurzen Text aus der Bibel enthält und eine dazu passende Geschichte, ein Gedicht oder einige erklärende Sätze. Es bedeutete mir viel, dieses Buch hier im Lager haben zu können, schließlich war es nicht ungefährlich gewesen, es hereinzubekommen. Auf keinen Fall wollte ich das geliebte Buch verlieren. Während die Aufseherinnen den Raum betraten, gab ich es der Frau, die auf dem übernächsten Bett saß. Sie reagierte geistesgegenwärtig und versteckte es in ihren Kleidern. Eigentlich war es schon zu spät gewesen, denn alle Augen des Personals und der Häftlinge ruhten auf mir, als ich das Buch weitergab. Es waren mindestens fünfundzwanzig Frauen gewesen, die diese schnelle Bewegung beobachtet hatten. Und doch – keine hatte etwas gesehen! Halleluja! Mir kam sofort die Bibelstelle in den Sinn: »Ist Gott für uns, wer ist dann gegen uns?« (Röm 8,31). Ich war begeistert.

Die Aufseherinnen suchten lange und gründlich, nichts blieb unberührt, sie durchwühlten wirklich alle möglichen und unmöglichen Ecken, aber sie fanden überhaupt nichts. Trotzdem nahmen sie mich dann mit zu dem Verwaltungsgebäude, wo ich ermahnt wurde, die Lagerordnung einzuhalten. Dann führten sie mich in den Keller, um mich in diesen berüchtigten, finsteren kleinen Raum einzusperren, in dem auch vorher schon Christinnen einige Zeit hatten verbringen müssen, aber dort stand das Wasser so hoch, daß sie schnell die Tür wieder schlossen. Doch ich durfte immer noch nicht wieder in meine Zelle zurückgehen, sondern jetzt brachten sie mich zu einem Beobachtungsraum im Erdgeschoß, der für Verbrecherinnen vorgesehen war, die besonders schlimme Gewalttaten begangen hatten, und die nicht in den allgemeinen Zellen verwahrt werden sollten. Gelegentlich, wenn der Raum unbenutzt war, wurden Gefangene vorübergehend zur Strafe hier eingesperrt, wenn sie besonders uneinsichtig waren und wiederholt gegen die Gefängnisordnung verstoßen hatten. Es war zum ersten Mal, daß ich mich in diesem Raum befand, und ich wußte auch nicht, wie lange ich hier würde bleiben müssen. Aber ich versuchte, mich damit zu trösten, daß Gott mich mindestens so sicher beschützen würde wie vorhin mein Andachtsbuch.

An meinem zweiten Tag in dieser Zelle kamen noch vier weitere Frauen dazu, später noch eine fünfte. Sie waren keine Christinnen und hatten sich irgend etwas zu Schulden kommen lassen, wofür sie jetzt bestraft wurden. Wir wurden ständig beobachtet und es war uns nicht erlaubt, miteinander zu reden. Aber damit wollte ich mich nicht abfinden. Auch diese Frauen sollten erfahren, daß sie mit Jesus ein neues Leben beginnen konnten, mitten in der Strafzelle. Gott in seiner großen Gnade beschützte uns, und ich fand viele Gelegenheiten, um mit den Frauen über Gott zu reden, ohne daß es eine der Aufseherinnen bemerkte.

Eines Nachts gab mir der Herr Jesus eine Offenbarung, bei der ich sehen konnte, daß die Gefängnisleiterinnen mit mir reden und mich zwingen wollten, über alle meine »verbotenen Aktivitäten« zu berichten, denen ich mich in Zelle acht gewidmet hatte. Früh am nächsten Morgen verriet ich der Frau, die vor unserer Tür Wache schob:»Heute werde ich zum Verhör abgeholt werden.«

Sie fragte:»Woher wollen Sie das denn wissen?«

»Der Herr, dem ich diene, hat es mir gestern abend gesagt.« Sie staunte, sagte aber nichts weiter.

Um acht Uhr morgens war es dann so weit, bewaffnetes Bewachungspersonal brachte mich zu einem kleinen Verhörraum. Vier Funktionärinnen saßen hinter kleinen Holztischen, die Beine lässig übereinandergeschlagen, lehnten sich zurück, redeten und lachten zusammen und sahen in ihren Uniformen sehr überlegen und stark aus. Ich wurde angewiesen, auf einem kleinen Hocker vor ihnen Platz zu nehmen, und es dauerte noch ein paar Minuten, bevor sie mir überhaupt ihre Aufmerksamkeit zuwandten.

»Chan, haben Sie sich alles gründlich überlegt?« begannen sie das Verhör.»Sie müssen uns jetzt einen ehrlichen und vollständigen Bericht geben.«

»Worüber soll ich denn berichten?« fragte ich zurück.

»Das wissen Sie ganz genau!« war die unwirsche Antwort. Alle schauten mich jetzt streng an, sie hatten sich vorgebeugt, stützten sich auf die Tische vor ihnen und warteten auf mein Reden. Aber ich wußte nicht, was ich ihnen hätte erzählen können. Ich zögerte einen Moment, um zu beten und Gott zu fragen, was ich sagen sollte. Dann sprach ich mit bittender Stimme:»Ich habe nichts Falsches oder Unrechtes getan. Ich weiß wirklich nicht, was ich sagen soll.«

Plötzlich explodierten sie alle, schnaubten wütend, schlugen auf die Tische, und eine schrie mich an, während sie mit ihrem Zeigefinger auf mich zielte, als ob ihre Hand eine Pistole wäre:»Chan, was sind Sie bloß für eine widerspenstige Person? Wir geben Ihnen die Gelegenheit zu reden, also, warum reden Sie nicht? Nachdem Sie nun genug Zeit hatten, sich alles zu überlegen, warum geben Sie uns jetzt nicht einen ehrlichen Bericht? Chan, wenn Sie jetzt nicht reden, bekommen Sie eine Tracht Prügel, die sich gewaschen hat!«

Als ich das hörte, erfüllte mich plötzlich große, übernatürliche Freude. Und in Gedanken betete ich:»Herr, wenn du ihnen erlauben würdest, mich zu prügeln und zu schlagen, würde ich mich wirklich freuen, denn dann hättest du mich würdig erachtet, um deines Namens willen zu leiden.«

Die Funktionärinnen setzten ihre Beschimpfungen und Drohungen noch eine Zeitlang fort und stellten mir noch einige Fragen, doch zu meiner Überraschung sagten sie dann plötzlich:»Sie können in Ihre Zelle zurückgehen. Überlegen Sie sich alles in Ruhe und dann kommen Sie wieder zu uns und berichten uns alles ausführlich und in Ruhe.« Damit war das Verhör zu Ende, und ich wurde wieder in meine Beobachtungszelle gebracht.

Einige Tage später wurde ich wieder zum Verhör gerufen. Es war schon Abend, als ich abgeholt wurde, aber ansonsten war die Szene dem vorigen Termin sehr ähnlich. Die oberste Funktionärin des versammelten Kaders wandte sich an mich:»Nun, berichten Sie uns! Sie haben zwar keine neuen Straftaten begangen, aber allein durch Ihren Glauben an Gott haben Sie uns sehr viel unnötige Arbeit gemacht. Seit Sie im Lager sind, müssen wir uns jeden Tag mit den Folgen dieses Aberglaubens beschäftigen.«

Ich betete still:»Herr, ich will dir gehorchen. Ich will deinen Willen tun!« Da redete der Heilige Geist zu mir und erinnerte mich an den Satz in der Bibel:»Sei treu bis in den Tod« (Offb 2,10). Das gab mir wieder Kraft, und ich konnte all die Angriffe über mich ergehen lassen, ohne viel reden zu müssen. Wie auch bei früheren Verhören wurde ich sehr eingeschüchtert und bedroht, doch es blieb bei den Worten. Ich wurde nicht geschlagen oder gefoltert. Mein Gott beschützte mich deutlich, so daß niemand mich körperlich angreifen konnte. Nicht zuletzt hing das sicher auch damit zusammen, daß sehr viele Frauen für mich beteten. Sie wußten zwar nicht immer im einzelnen, wann ich verhört wurde, aber alle wußten ja, daß ich in dieser Beobachtungszelle isoliert war, ohne Bibel, ohne Kontakt zu den anderen Christinnen, und ohne viel Freiraum zum Gebet. Das allein genügte, viele Christinnen ernsthaft für mich beten zu lassen, und Gott erhörte ihre Gebete, gab mir Kraft, segnete mich mit der Geborgenheit in seiner Nähe und bewahrte mich vor den bösen Absichten meiner Aufseherinnen.

Ein drittes Verhör verlief nach dem gleichen Schema. Sie stellten mir viele Fragen, ich antwortete nicht, und nach wütenden Drohungen wurde ich wieder in meine Strafzelle zurückgeschickt, um weiter über mein Geständnis nachzudenken.

Wieder zurück in der Beobachtungszelle überlegte ich, was mir alles geschehen konnte. Ich kam auf drei Möglichkeiten: Entweder ich würde in den Nordwesten des Landes geschickt werden, wo die großen Gefangenenlager sind. Oder sie würden meine Haftstrafe verlängern. Oder vielleicht würde ich auch die Todesstrafe bekommen. Ich betete und war voll tiefer Freude, als ich sagte:»Herr Jesus, wenn sie mich in den Nordwesten schicken, dann werde ich dich laut preisen können. Wenn meine Haft verlängert wird, werde ich noch mehr Zeit haben, Dinge von dir zu lernen und dein Wirken hier zu genießen. Und wenn ich hingerichtet werden sollte, dann wäre ich wirklich froh, denn dann könnte ich endlich bei dir sein, und meine Sehnsucht nach dir würde endlich gestillt werden.«

Während ich in dieser besonderen Strafzelle war, kamen fünf andere Frauen zu mir in die gleiche Zelle. Da wir Tag und Nacht auf engstem Raum zusammen verbringen mußten, ließ es sich trotz unseres Sprechverbotes nicht verhindern, daß wir uns unterhalten konnten, auch wenn wir immer darauf achten mußten, daß keine Aufseherin es bemerkte. Ich erzählte ihnen von Jesus und ließ Gottes Liebe durch mich fließen hin zu ihnen. Die eine der Frauen hatte von anderen Häftlingen Kleidung und Essen gestohlen, deshalb war sie hier, um über ihr Vergehen nachzudenken. Es ging ihr ziemlich schlecht, sie war von den Aufseherinnen gequält worden und konnte das Leben in dieser Strafzelle nur schwer ertragen. Auch wurde sie von Gewissensbissen und Schuldgefühlen geplagt. Ich konnte ihr sagen:»Alle Menschen haben gesündigt und sind vor Gott schuldig geworden. Wenn du nicht an Jesus glaubst, wirst du auf ewig verloren gehen. Aber du kannst von deinem bisherigen Leben umkehren und Jesus als deinen Herrn annehmen ...« Da ich für sie betete und dabei auch fastete, konnte ich immer das Essen aufheben, und ich gab es ihr, worüber sie sich sehr wunderte und freute.

Eines Tages öffnete sie sich und erzählte mir ihre Geschichte, und sie weinte dabei:»Was du mir über Jesus erzählst, ist mir nicht neu. Meine

Mutter ist auch Christin und hat immer versucht, mich zum Glauben an Jesus zu erziehen. Ich weiß auch, daß sie in all den Jahren immer für mich betete, auch jetzt noch. Aber ich wollte mit Gott nie etwas zu tun haben. Ich wollte mein Leben so leben, wie ich Lust hatte, ohne mich dabei irgendwie einzuschränken. Und ich wollte so sein wie die große Masse. Dabei bin ich nun hier gelandet. Und selbst hier läßt Jesus nicht locker und versucht, mich an sich zu ziehen. Seit ich dich getroffen habe, muß ich immer denken, daß Jesus mich vielleicht auch jetzt noch will, nachdem ich alles verkehrt gemacht habe. Weißt du, ich bin wirklich am Ende, ich weiß nicht mehr, wie ich weiterleben soll. Meinst du wirklich, daß ich jetzt mit Jesus mein Leben noch einmal von vorne beginnen kann?« Wir beteten zusammen, sie übergab ihre Schuld und ihr verpfuschtes Leben Gott, und er beschenkte sie mit Vergebung und einem neuen, reinen, ewigen Leben. Welch ein Wunder, wie schön, dies immer wieder miterleben zu dürfen, wenn aus Verbrecherinnen Gottes Kinder werden. Ich kann mir keine größere Freude vorstellen! Aus dieser jungen Frau wurde eine eifrige Christin, die Jesus von ganzem Herzen liebte und in den folgenden Jahren im Gefängnis viele andere Frauen zu ihm führte.

Eines Tages kam eine sehr junge Frau in meine Zelle, eigentlich war sie fast noch ein Kind. Sie sagte nichts, sah mich auch nicht an, sondern saß nur reglos auf der Erde. In ihrem Gesicht stand tiefe Hoffnungslosigkeit geschrieben, als hätte sie mit dem Leben abgeschlossen. Es tat mir weh, sie so zu sehen, und ich versuchte, sie irgendwie anzusprechen oder aufzuheitern, doch sie bewegte sich nicht und erhob ihren Blick auch nicht. Was blieb mir anderes übrig, als für sie zu beten?

Nachdem mehrere Tage so vergangen waren, überwältigte mich eines Morgens die Liebe Gottes für dieses Mädchen so sehr, daß ich mich neben sie setzte, ihre Hand nahm und sanft und mit Tränen in den Augen zu ihr sagte: »Mein liebes Kind, bitte, willst du mir nicht deinen Schmerz erzählen?« Sie reagierte nicht. Da fiel mir ein, daß mir am Vortag mein Sohn bei seinem Besuch etwas Essen mitgebracht hatte. Ich holte es schnell und nötigte das Mädchen, die Leckereien anzunehmen. Da spürte sie wohl zum ersten Mal, seit sie in diesem Gefängnis war, daß es in diesem Leben tatsächlich so etwas wie Liebe gab. Sie schaute mich mit einem langen Blick an, ihr Gesichtsausdruck wurde weich, als sie das Essen annahm, und wenig später legte sie ihren Kopf in meinen Schoß und weinte. Ich erfuhr ihre ganze traurige Geschichte: Sie war zu vier Jahren Haft verurteilt worden, weil sie immer Unruhe gestiftet und gegen alle Autorität rebelliert hatte. Nie hatte sie sich unterordnen können. Sie hatte ihrer Familie so viel Schande und Sorgen bereitet, daß sie, als sie jetzt schließlich im Gefängnis gelandet war, von ihren Eltern einen furchtbaren Brief bekam, der ihr das Herz gebrochen hatte. Sie schrieben ihr, daß sie nicht mehr ihre Tochter sei und nach ihrer Entlassung auch nie wieder nach Hause kommen dürfe. Im Gefängnis war sie schwer krank geworden, sie hatte sich eine Hirnhautentzündung zugezogen, und es war schrecklich für sie, daß sich überhaupt niemand mehr um sie kümmerte. Sie war noch so jung und hatte keinen Menschen mehr. Eine so große Verzweiflung und Lebensangst war über sie gekommen, daß sie nur noch daran dachte, wie sie sich umbringen könnte.

Wie froh war ich, daß ich auf ihr großes Leid eine echte Antwort hatte: »Mein Kind, auch wenn deine Eltern dich nicht mehr lieben können, es gibt einen, der dich schon sehr lange lieb hat. Er hat dich immer geliebt, schon bevor du geboren warst, ist er aus Liebe zu dir gestorben, er hat die Strafe für deine Schuld auf sich genommen, freiwillig, damit du frei und glücklich leben kannst. Er hat sich immer nach dir gesehnt, er möchte dich erretten und zu seinem Kind machen. Das einzige, was du dazu tun mußt ist, an ihn zu glauben und ihm dein Leben zu öffnen, dann wird er dich in seine Familie aufnehmen ...«

Schon während ich redete, wurde ihr tonloses Weinen zu lautem Schluchzen, und sie kam mit ihrer ganzen Not zu Gott. Sie bereute ihre rebellische Haltung zutiefst, und nachdem sie ihre Sünden vor Gott und mir bekannt hatte, durfte sie erleben, wie Gott ihr verletztes Herz heilte. Ihr ganzes Wesen wurde von Freude erfüllt. Einige Tage später sagte ich ihr, daß es gut wäre, wenn sie für ihre Eltern beten würde und ihnen auch einen Brief schreiben würde, in dem sie ihre Schuld bekennen und die Eltern um Vergebung bitten könnte. Vielleicht würden dann ihre Eltern ihren Entschluß noch einmal ändern und sie wieder lieben. Sie war sehr gehorsam und begann sofort, zu fasten und zu beten für ihre Eltern. Dann schrieb sie ihnen unter Tränen den folgenden Brief:

> *»Lieber Vater, liebe Mutter, ich habe euch viel Schlimmes angetan. Wegen all der bösen Dinge und der Skandale, die ich, eure unwürdige Tochter, begangen habe, bin ich nicht nur bestraft worden, sondern ich habe euch auch viel Schande bereitet. Ich habe die ganze Familie beschmutzt und in Verruf gebracht. Ich verstehe, daß ihr mich haßt, und ich bin wirklich nicht wert, eure Tochter zu heißen.*
>
> *Aber hier im Gefängnis ist mir eine Mutter begegnet, die mir geholfen hat, neues Leben zu finden und die mir den Weg zum Leben gezeigt hat und mir erklärte, daß jeder Mensch für seine Taten Verantwortung übernehmen muß. Geliebte Eltern, bitte kommt mich besuchen! Ihr dürft mich schlagen, schimpfen und eurer Wut mir gegenüber Ausdruck geben. Aber ich möchte euch meine Schuld bekennen und euch bitten, mir zu vergeben. Ich wünsche euch gute Gesundheit!*
>
> *Eure unwürdige Tochter (Name und Datum)«*

Als die Eltern den Brief erhielten, auf dem noch die Spuren der Tränen ihrer Tochter zu erkennen waren, kamen sie sofort zum Gefängnis, um ihre Tochter zu besuchen. Als sich die alten Leute und das junge Mädchen gegenüberstanden, war aller Haß verschwunden, sie umarmten einander und weinten lange. Viele, die diese Szene beobachteten, weinten ebenfalls, es war ein bewegender, wunderbarer Moment der Versöhnung. Wenige Tage später mußte die junge Schwester durch eine schwere Zeit der Verfolgung gehen, denn ihr Glaube war mittlerweile überall bekannt geworden. Doch sie ließ sich nicht erschüttern. Die Kraft, die sie in Jesus gefunden hatte, war stärker als die Verhöre und Schmerzen. Die Funktionäre wollten unbedingt wissen, wer sie zum Glauben überredet habe, doch sie gab immer dieselbe Antwort: »Niemand hat mich zum Glauben gezwungen, sondern es war Jesus selbst, der mich zuerst geliebt hat. Außerdem haben mich die guten Taten, die Moral und die Liebe derer überzeugt, die an Jesus glauben.«

Die dritte Frau, die zu mir in die Strafzelle kam, war schon älter. Sie war zu lebenslanger Haft verurteilt worden, weil sie ihren Mann umgebracht hatte. Damit hatte sie nicht nur gegen das Gesetz verstoßen, sondern sie wurde auch von allen Menschen geächtet, weil Mörder in unserer Gesellschaft sehr verachtet und verhaßt sind. Seit ihrer Verhaftung war nicht eine verwandte Person gekommen, um sie zu besuchen oder ihr etwas zu schicken. Sie war so arm und vollkommen mittellos, daß sie sich nicht einmal Seife, Handtücher, Zahnpasta oder ähnliches kaufen konnte. Dann wurde sie auch noch krank, und ihr seelischer Schmerz und ihre Einsamkeit wurden unerträglich.

Nachdem sie zu mir in die Zelle kam, konnte ich ihr einige Dinge des täglichen Lebens geben, die sie dringend benötigte, und einige kaufte ich für sie. Die Liebe Jesu schmolz auch dieses harte, verbitterte Herz, sie wandte sich Gott zu und erlebte eine gewaltige Veränderung.

Als vierte schickte mir Gott eine Frau mittleren Alters in meine Zelle, die aus einer Stadt kam, die mehrere tausend Kilometer entfernt war. Sie war in Haft, weil sie Frauenhandel betrieben hatte. Ihre alte Mutter, die schon über achtzig Jahre alt war, ahnte nichts davon, daß ihre Tochter im Gefängnis war, sie dachte vielmehr, die Tochter wäre geschäftlich auf Reisen. Diese Gefangene war sehr deprimiert, sie weinte täglich. Doch als ich ihr von Jesus erzählte, glaubte sie und empfing seine Vergebung. Sie wurde mit göttlicher Freude erfüllt, täglich sang sie Loblieder zu Gott, betete, las die Bibel und führte andere Häftlinge zu Gott.

Die fünfte und letzte Gefangene, die Gott mir in diese Beobachtungszelle schickte, kam aus der Provinz Henan und war wegen Geiselnahme verhaftet worden. Sie hatte fünfzehn Jahre bekommen, und sie hatte eine ausgesprochen fiese und gemeine Art. Für sie betete ich besonders viel und lange, doch schließlich geschah auch in ihrem Leben das Wunder: Sie bereute ihre Schuld, kehrte um und bat Jesus, in ihr Leben zu kommen. Später, als sie ihre Strafe verbüßt hatte und wieder in Freiheit war, liebte sie den Herrn Jesus unverändert, und sie führte auch ihren Ehemann, ihre Familie und viele andere Menschen zu Gott.

Gott sei Dank für seine Kraft, die bewirkte, daß alle fünf Frauen Jesus die Herrschaft über ihr Leben anvertrauten. Sie erlebten eine wunderbare Befreiung, Vergebung und Frieden, und wir freuten uns sehr über das Gute, mit dem uns unser himmlischer Vater überschüttete.

So vergingen die Tage auch in dieser Zelle segensreich und voller Freude und Arbeit für meinen Herrn Jesus. Am fünfzigsten Tag meiner Beobachtungshaft wurde ich wieder von den Aufseherinnen zu den Lagerleiterinnen gebracht, um zum vierten Mal verhört zu werden. Wieder wurde ich aufgefordert, mein Bekenntnis zu Protokoll zu geben. Doch dann kam eine neue Frage: »Welches Buch lesen Sie gewöhnlich?«

Mir kam in den Sinn, daß ich, als ich 1982 verhaftet wurde, einen Roman mitgenommen hatte. Damals wunderte ich mich ein bißchen über mich selbst, warum ich dieses Buch eingepackt hatte, doch nun wußte ich es. Denn jetzt konnte ich antworten: »Ich lese den Roman …Wenn Sie mir nicht glauben, sehen Sie doch selbst nach. Das Buch liegt unter dem Kopfende meiner Matratze.« Sie schickten sofort jemand los, das Buch wurde auch tatsächlich gefunden und zum Verhörsaal gebracht.

Ich redete kühn weiter: »Nun haben Sie den Beweis, daß alle, die mich anklagen, nur falsche Beschuldigungen gegen mich vorgebracht haben.« Die Funktionärinnen sagten nichts weiter, und so wurde mir endlich erlaubt, in Zelle acht zurückzukehren und wieder am normalen Lageralltag teilzunehmen.

Für mich waren diese fünfzig Tage in der Beobachtungszelle keine Strafe gewesen, sondern ein Geschenk von Gott, weil ich so viel Zeit mit diesen fünf Frauen verbringen konnte, die alle Christinnen wurden und ein neues Leben anfingen. Die Aufseherinnen hatten mich nicht damit bestraft, sondern Gott hatte mich dorthin geführt. Ich mußte an Gottes Wort denken, wo steht:

»Ich sende dich, um ihnen die Augen zu öffnen. Denn sie sollen sich von der Finsternis zum Licht und von der Macht des Satans zu Gott bekehren und sollen durch den Glauben an mich die Vergebung der Sünden empfangen und mit den Geheiligten am Erbe teilhaben« (Apg 26,18).

Ich war voller Freude über die wunderbaren Wege Gottes mit mir, ich jubelte, sang und dankte ihm jedesmal, wenn ich über die fünfzig Tage Sonderhaft in der Beobachtungszelle nachdachte.

Unser Gefängnis genoß im ganzen Land einen traurigen Ruhm, weil es mit über 4 000 weiblichen Insassen zu den größten Lagern zählte. Ständig kamen neue Frauen an und alte wurden freigelassen oder verlegt. So ging auch uns Christinnen nie die Arbeit aus, ständig kamen neue Frauen an, die noch nie etwas von Jesus gehört hatten. Während meiner Haft lebte ich mit vielen Frauen zusammen, die ich unter normalen Umständen nie kennengelernt hätte, ihre Herzen und Körper waren voller Schmutz, ich war ihrem schlimmen Lebenswandel und ihren Gemeinheiten ausgesetzt, mußte ihr unflätiges Reden mitanhören und wurde mit den furchtbarsten Sünden und grausamsten Verbrechen konfrontiert. Aber vor meinen inneren Augen sah ich, wie sich diese Frauen im letzten Gericht vor Gott verantworten werden müssen und wie sie unabänderlich und auf ewig in die Verdammnis kommen würden. Und der Satz aus den Sprüchen Salomos ging mir nicht mehr aus dem Sinn:

»Befreie jene, die man zum Tod schleppt; die zur Hinrichtung wanken, rette sie doch!« (Spr 24,11).

Und ich fühlte mich genau wie Jeremia, der gesagt hat:

»Das Wort des Herrn war, als brenne in meinem Herzen ein Feuer, eingeschlossen in meinem Innern. Ich quälte mich, es auszuhalten, und konnte es nicht« (Jer 20,8-9).

Eines Nachts wurde ich wach, und diese Last lag so schwer auf mir, daß ich es nicht mehr auf meinem Lager aushielt. Ich stand auf und ging leise zur Toilette, wo ich auf meine Knie fiel und vor Gott weinte um die armen Frauen, die hier mit mir lebten. Im Flüsterton rief ich zu Gott: »Herr, du bist in die Welt gekommen, um Sünder zu erretten. Ich bitte dich, laß alle Häftlinge in diesem Lager deine Gnade erleben. Sonst möchte ich lieber selbst sterben anstelle dieser armen Frauen!«

Schwester Sheng, Schwester Lin und ich waren immer in Kontakt, um unsere Informationen und Gebetsanliegen auszutauschen, und wir lehrten und ermahnten alle Christinnen, für die Ausbreitung des Evangeliums in unserem Gefängnis zu beten. Unser Herr Jesus ist treu, und er selbst brachte die Ernte ein, so daß sehr viele Frauen dort im Lager in die große Familie Gottes hineingeboren wurden.

Wie der Hirsch lechzt nach frischem Wasser, so lechzt meine Seele, Gott, nach dir (Ps 42,2)

Als die Zahl der Christinnen im Lager zunahm, wurde der Bedarf an Bibeln unser größtes Problem. Eines Tages bemerkte ich, wie eine Schwester bei der Arbeit weinte. Ich fragte sie sanft, warum sie so unglücklich sei, und ihre Antwort war: »Wie kann ich meinen Herrn Jesus kennen- und verstehen lernen, wenn ich keine Bibel habe?« Vielen ging es so wie ihr, und ich war sehr besorgt über diese Situation. Die Frauen brauchten unbedingt Bibeln, um als Christinnen wachsen zu können und auf das Leben in Freiheit vorbereitet zu werden, doch es war immer noch verboten, christliche Literatur zu besitzen. Mir blieb nichts anderes übrig, als diesen Mangel immer wieder vor Gott zu bringen.

Wir hatten zwei Wege, um an Bibeln zu kommen. Der eine war, die Bibeln von Hand abzuschreiben. Aber wir hatten nur wenig freie Zeit, während die Zahl der Christinnen ständig wuchs und so ging das viel zu langsam, um jede Christin auch nur mit einem kleinen Bibelteil zu versorgen. So begannen wir, einen riskanteren Weg zu beschreiten, bei dem Gott meine Kinder benutzte. Sie durften mich einmal im Monat besuchen, und trotz der weiten Reise kamen sie regelmäßig. Bevor sie in das Lager kamen, zerteilten sie eine Bibel in viele dünne Teile, die sie im Verlauf mehrere Besuche hereinschmuggelten.

Das ging in der Regel recht einfach, weil Gott die Aufseherinnen ahnungslos machte. Jedesmal sagten die Kinder nach einer kurzen Besuchszeit: »Mutti, ich muß mal!« Die jeweilige Wächterin erlaubte mir dann immer, mit ihnen zur Toilette zu gehen. Kaum waren wir dort, vergewisserten wir uns, daß wir alleine und unbeobachtet waren. Die Kinder hatten die Bibelteile in ihrer Unterwäsche versteckt und mit Klebestreifen entlang den Beinen befestigt. Es war nicht ratsam, irgend etwas in dem mitgebrachten Essen zu verbergen, weil die offiziellen Geschenke immer kontrolliert wurden. Auch die oberen Kleidungsstücke der Kinder wurden durchsucht und abgetastet. Aber diese Methode funktionierte. Über einen langen Zeitraum gingen wir fast bei jedem Besuch zusammen auf die Toilette, und so kam nach und nach Gottes Wort in unser Lager. Wie freute ich mich, wenn ich meinen Schwestern dann die dünnen Bibelteile überreichen konnte, und sie nahmen sie wie einen kostbaren Schatz in Empfang und lasen die Worte mit Tränen der Freude und Dankbarkeit.

In jener Zeit standen wir Christinnen morgens immer schon um fünf Uhr dreißig auf und beeilten uns mit dem Waschen und Anziehen. Sobald dann der Weckalarm ertönte und sich die Türen zum Innenhof öffneten, eilten wir alle schnell die Treppen hinunter und hinaus ins Freie, wo wir zusammen niederknieten und Gott priesen, anbeteten und ihm unsere Nöte brachten. Zu dieser frühen Morgenstunde schliefen die Aufseherinnen alle noch in ihren warmen, gemütlichen Betten und kümmerten sich nicht um uns, da ihr Dienst erst um sieben Uhr begann. Und die anderen Gefangenen waren in der Regel so erschöpft von der anstrengenden körperlichen Arbeit, daß sie so spät wie möglich aufstanden. Ehre sei Gott!

Diese wunderbare Zeit hatte Gott in seiner Gnade speziell für uns so eingerichtet. An jedem dieser herrlichen Tage verbrachten wir im Morgengrauen eine kostbare Stunde mit Jesus. Das war ein großer Segen für uns. An jedem Morgen erlebten wir Gottes Nähe, wir beteten ernsthaft für unsere vielen Nöte und hatten alle Freiheit, um Gott zuzujubeln und uns in seiner Gegenwart zu freuen. In dieser Zeit wurden wir immer wieder von Gott gestärkt, und er erfüllte uns neu mit seinem Licht. Wenn es sehr kalt war, hatten wir noch mehr Freiheit. Am schönsten war es, wenn es stark schneite. Dann knieten wir im Schnee und konnten alle Vorsichtsmaßnahmen vergessen. Wenn wir Gott dann gemeinsam anbeteten, brannte in unseren Herzen ein Feuer, das stärker war als jede äußere Kälte.

Es war im Jahr 1983, als Gott mir eines Tages sagte, daß unser Gefängnis der dritte Himmel sei, ein Paradies, ein Ort der Herrlichkeit des Herrn. Zufällig war der Teil des Lagers, in welchem meine Zelle lag, samt dem zugehörigen Innenhof der Bereich, der vom dritten Wachturm aus beobachtet wurde. Und der Herr bezeichnete diesen Lagerteil des dritten Postens als den dritten Himmel! Nachdem Gott mir das gesagt hatte, teilte ich es am nächsten Tag den anderen Frauen bei unserem Morgengebet mit, und wir freuten uns über den Humor unseres Gottes. Alle, die wir so vor Gott knieten und ihn priesen, trugen die gleichen Anzüge, so daß wir beten konnten:»Herr, nun tragen wir alle die gleichen ›himmlischen Uniformen‹ und von diesem ›dritten Himmel‹ aus loben wir alle gemeinsam deinen Namen.« Halleluja, wir hatten wirklich viel Grund zum Lachen und zur Freude.

Unsere Arbeitszeit ging jeden Abend außer Sonntag bis zweiundzwanzig Uhr. Diese mehr als zehn Stunden Arbeit pro Tag nahmen uns sehr mit, wir waren alle an der Grenze unserer körperlichen Kräfte. Wenn wir dann um zehn Uhr abends aus den Fabriken entlassen wurden, gingen alle Frauen so schnell wie möglich in die Waschräume, um zu baden, ihre Wäsche zu waschen und dann endlich zu Abend zu essen. Nicht so wir Christinnen. Wir gingen alle zuerst in unsere Zellen, setzten uns auf unsere Betten und genossen die Zeit der Stille, während die anderen Frauen nicht da waren, um unsere Bibeln oder auch andere christliche Bücher zu lesen. Erst wenn unsere Zellengenossinnen wiederkamen, gingen wir schnell noch los, um uns ebenfalls zu waschen und in aller Eile noch eine Kleinigkeit zu essen. Und selbst danach blieb ein Teil von uns immer noch wach, um weiter in der Bibel zu lesen, oft bis zwei oder drei Uhr morgens.

Sei mutig und stark, … denn der Herr, dein Gott, ist mit dir (Jos 1,9)

Es liegt auf der Hand, daß Satan sich diese Situation nicht gefallen lassen konnte. Natürlich konnte er es nicht widerstandslos hinnehmen, daß die Gefangenen alle Freiheiten hatten, Gott zu preisen und von ihm zu erzählen, mitten in einem kommunistischen Arbeitslager, das zur Umerziehung unter anderem zum Atheismus dienen sollte. Und da unser ganzes Land gequält wird von einer grausamen Verfolgung des Christentums, mußten auch wir mit Unterdrückung rechnen. Für uns waren körperliche Bestrafungen, Durchsuchungen, Handschellen, tage- oder wochenlanger Arrest in fensterlosen Kellerzellen und Verhöre normal, damit mußten wir Christinnen immer rechnen.

Eine der Gefangenenbrigaden bestand aus dreißig Verbrecherinnen und siebzehn Christinnen. Sogar die Aufseherin, die zugleich eine Parteifunktionärin war, glaubte an Jesus. Der Tagesablauf der an Jesus Glaubenden war genau so, wie ich es vorhin beschrieben habe. Jeden Abend, wenn sie gegen zweiundzwanzig Uhr Feierabend hatten, begannen alle Christinnen eifrig, in ihren Bibeln zu lesen. Kamen dann die anderen Frauen, nachdem sie ihr Abendessen beendet hatten, zurück in die Zellen, so verstecken die Christinnen ihre Bibeln schnell in den Ärmeln ihrer Jacken. Aber es war natürlich ein offenes Geheimnis, was sie jeden Abend taten. So dauerte es nicht lange, bis eines Tages eine Frau, die für ein besonders schweres Verbrechen zu einer langjährigen Haftstrafe verurteilt worden war, bei der Brigadeaufseherin Bericht erstattete über die verbotenen christlichen Aktivitäten in ihrer Zelle.

Doch zur Überraschung dieser Gefangenen reagierte die Aufseherin sehr zögernd:»Nun, die Frauen arbeiten fleißig, sie sind höflich und liebevoll im Umgang mit anderen. Das einzige, was wir ihnen vorwerfen können, ist, daß sie ihren Glauben nicht aufgeben wollen. Warum sollten wir etwas gegen sie unternehmen, sie schaden doch keinem?« Als die Frau sah, daß sie bei der Aufseherin nichts gegen die Christinnen erreichen konnte, ging sie direkt zur höchsten Instanz, zum Gefängnisdirektor.

Es ging nicht lange, bis der Gefängnisdirektor mit mehreren leitenden Aufseherinnnen unangemeldet in dieser Zelle erschien, um alles zu durchsuchen. Sie suchten sehr gründlich und fanden zwischen den privaten Dingen mehrere Bibeln. Zwei der Christinnen wurden mitgenommen, eine brachten sie in die Einzelzelle im Keller, die andere in die Beobachtungszelle im vierten Stock. Diese junge Frau war erst vor wenigen Tagen zum Glauben an Jesus gekommen, und wir anderen waren sehr besorgt, ob sie diese schwere Zeit geistlich überstehen würde, so beteten wir viel für sie. Doch wie groß war unsere Freude, als wir eines Morgens, als wir uns wieder in aller Frühe auf dem Hof zum Gebet versammelt hatten, ihre Hände aus dem kleinen vergitterten Fenster winken sahen, das zu der Beobachtungszelle gehörte, und wir hörten ihre fröhliche Stimme uns zurufen:»Ihr müßt stark bleiben!«

Halleluja, Ehre und Dank sei Gott! Obwohl diese Frau mehrmals intensiv verhört wurde, machte sie keine Aussagen. Die Funktionäre wollten unbedingt von ihr erfahren, woher sie ihre Bibel hatte, doch ihre monotone Antwort war:»Ich weiß nicht.« Sie wurde auch grausam geschlagen und mußte Handschellen tragen, doch sie blieb bei ihrer Antwort. Endlich, nach ungefähr zwanzig oder dreißig Tagen wurde sie endgültig aus dieser Zelle geholt, und der Gefängnisdirektor ermahnte sie ernsthaft:»Sie sind noch so jung, Sie sollten unbedingt aufhören, an diesen sogenannten ›Jesus‹ zu glauben.«

Sie stand aufrecht vor ihm, als sie mit neuer Entschlossenheit erklärte: »Vor meiner Sonderhaft war ich eine heimliche Nachfolgerin Jesu, aber nun, nachdem ich in dieser Sonderzelle eingesperrt war, wissen alle, daß ich eine Christin bin. Deshalb werde ich von jetzt an öffentlich an Jesus glauben und ihm bis zum Ende nachfolgen.«

Als sie dies sagte, sprach sie damit nicht nur den Gefängnisdirektor an, sondern sie machte diese Erklärung vor allen sichtbaren und unsichtbaren Wesen, vor den Engeln im Himmel und vor den Fürsten der Finsternis. Der Gefängnisdirektor resignierte angesichts dieser Entschlossenheit, er schüttelte voller Unverständnis den Kopf und seufzte, da er erkannte, daß er kein Mittel hatte, das stark genug wäre, um den Glauben dieser Frau zu erschüttern.

Die andere Christin, die in der Kellerzelle eingesperrt worden war, mußte lange dort unten in der feuchten Kälte aushalten. Es war eine sehr schwere Zeit für sie, und sie litt sehr. Kurz vor ihrer Entlassung sagten die Aufseherinnen zueinander:»Wir können sie genauso gut freilassen! Diese Frauen, die an Jesus glauben, kann man einsperren, bis sie sterben oder auch totschlagen, aber es ist ganz und gar unmöglich, sie dazu zu bringen, ihren Glauben an diesen Jesus zu verleugnen.« Erst drei Tage vor dem großen chinesischen Neujahrsfest wurde sie endlich wieder ins normale Lagerleben entlassen.

Am Tag nach ihrer Entlassung traf sie sich mit noch zwei Schwestern im Waschraum, wo sie zusammen die Bibel gelesen hatten. Gemeinsam traten sie dann heraus auf den Flur, um in ihre Zellen zurück zu gehen. Dabei waren sie immer noch in einen besonders schönen Psalm Davids vertieft, blieben vor dem Waschraum stehen und lasen ihn immer und immer wieder. Irgendeine Frau mußte wohl die drei dabei gesehen haben und den Wärterinnen Bescheid gesagt haben. Denn plötzlich, ohne daß die Frauen etwas bemerkt hatten, standen plötzlich mehrere Aufseherinnen hinter ihnen, und eine von den Wärterinnen entriß der Christin die Bibel. Und wieder wurde sie mitgenommen zu einem Verhör. Dieses Mal wurde ihr für das unerlaubte Besitzen und Lesen einer Bibel nur eine Geldstrafe auferlegt. Doch die Christin war unerschrocken und lebte weiterhin ihren Glauben in aller Freiheit. Bald darauf wurde sie wieder zu einem Verhör abgeführt; die Anschuldigung war, daß sie ihren Zellengenossinnen von Jesus erzählt habe, was sicherlich auch stimmte. Auf dem Weg zu dem Verhörraum erinnerte der Heilige Geist sie an einen Satz aus dem Brief an die Christen in Korinth:

»Darum werden wir nicht müde, wenn auch unser äußerer Mensch aufgerieben wird, der innere wird Tag für Tag erneuert. Denn die kleine Last unserer gegenwärtigen Not schafft uns in maßlosem Übermaß ein ewiges Gewicht an Herrlichkeit, uns, die wir nicht auf das Sichtbare starren, sondern nach dem Unsichtbaren ausblicken; denn das Sichtbare ist vergänglich, das Unsichtbare ist ewig« (2 Kor 4,16-18).

So war sie sehr ermutigt und gestärkt, als sie mit diesem Wort vor ihren inneren Augen wieder in den Verhörraum gebracht wurde, der ihr inzwischen schon vertraut war. Doch dieses Mal waren die Wärterinnen voller Wut über ihren Starrsinn, und ohne eine Frage an sie zu richten, wurden ihr alle Kleider vom Leib gerissen. Als sie vollkommen nackt war, begannen die Aufseherinnen, sie zu prügeln und zu treten, bis ihr ganzer Körper mit blauen Flecken bedeckt war. Sie wehrte sich nicht und versuchte auch, nicht zu schreien. Dann wurde sie gefesselt, und es wurden Lederpeitschen und Knüppel geholt, mit denen weiter auf sie eingeschlagen wurde. Sie wurde so lange geprügelt und ausgepeitscht, bis ihr Körper übersät war mit offenen Wunden und sie heftig aus Mund und Nase blutete. Endlich wurde sie in die Beobachtungszelle gebracht, wo schon eine andere Christin war. Unmittelbar darauf wurde dann gegen beide eine öffentliche Versammlung der Demütigung und Anklage veranstaltet mit dem Ziel, daß sie sich schuldig bekennen und ihrem Glauben absagen sollten. Unterdessen war ich, kaum hatte ich von der erneuten Verhaftung unserer lieben Schwester gehört, in die Toilette gerannt, wo ich vor Gott weinte und für sie betete, daß Gott ihr Stärke und unerschütterlichen Glauben geben möge. Und unser Herr Jesus stand ihr bei, so daß sie auch aus dieser schmerzvollen Situation als Überwinderin hervorgehen konnte. Es gab keine Strafe, die sie vom Glauben an Jesus wieder hätte abbringen können, im Vertrauen auf Jesus war sie siegreich und stärker als alles, was Menschen ihr antun konnten.

Gott hatte eine große Sehnsucht in uns gelegt, den anderen Frauen auch den Glauben an Jesus nahe zu bringen. Nachdem wir durch den Heiligen Geist täglich so viel Kraft, Freude und Trost bekamen, und er uns mit tiefer Liebe zu den Menschen in unserer Umgebung erfüllt hatte, freuten wir uns über jede Gelegenheit, um denen, die Jesus noch nicht kannten, von ihm zu erzählen. Eine Möglichkeit, die wir regelmäßig nutzten, waren die Tageszeitungen, die uns durch die Aufseherinnen zu Verfügung gestellt wurden. Wir bekamen die Zeitungen, die ausschließlich im Sinne der Partei berichteten, um uns zu bilden, sie waren ein Teil unserer Umerziehung. Da wir von der Außenwelt abgeschnitten waren, las jeder gerne und gründlich die Zeitungen. Doch wir Christinnen hatten eine eigene Art des Lesens entwickelt: Wir durchsuchten die Seiten immer nach den Artikeln, die zu den biblischen Aussage über die Endzeit paßten. Wenn wir Berichte von Erdbeben fanden, Warnungen vor der sich rasch ausbreitenden Aids-Krankheit, Schilderungen von Hungersnöten, Kriegen und Katastrophen, so machten wir die anderen Frauen darauf aufmerksam und nutzten die Gelegenheit, um ihnen die Gute Nachricht von Jesus zu erzählen. An eine Situation kann ich mich noch besonders gut erinnern: Im Jahr 1986 fand ich einmal einen Artikel mit der Überschrift: »Die vier größten Gefahren, welche die Existenz der Menschheit bedrohen«. Ich las ihn den Zellengenossinnen laut vor, und alle meine Zuhörerinnen bekamen Angst. In dem folgenden Gespräch, in dem die anderen Frauen ihre Sorgen und ihre Resignation ausdrückten, konnte ich ihnen erzählen, daß Jesus die leibhaftige Antwort auf ihre Fragen ist, daß er das Leben ist und daß er Geborgenheit und Sicherheit schenkt, die stärker sind als der Tod.

Kurz bevor er die Erde verließ, sagte Jesus zu seinen Jüngern:

»Geht hinaus in die ganze Welt und verkündet das Evangelium allen Geschöpfen! Und durch die, die zum Glauben gekommen sind, werden folgende Zeichen geschehen: die Kranken, denen sie die Hände auflegen, werden gesund werden« (Mk 16,15-18).

Tatsächlich war der Grund, warum sich der Glaube an Jesus so schnell in dem Gefängnis ausbreitete, daß Jesus uns genau die Kraft gegeben hatte, die er in dieser Bibelstelle verheißen hat, so daß durch uns Zeichen und Wunder geschahen.

Zum Beispiel war da eine ältere Frau, die zu mehr als zehn Jahren Freiheitsentzug verurteilt worden war. Schon bald nach ihrer Inhaftierung geriet sie unter die Herrschaft eines bösen Geistes, und ihr Verhalten war äußerst aggressiv und gewalttätig. Einmal, als wir alle in den verschiedenen Fabriken auf dem Lagergelände arbeiteten, sprang sie plötzlich auf, schwang eine große, scharfe Schere und schrie mit verzerrtem Gesicht, daß sie alle Frauen umbringen wolle und die ganze Maschinenanlage zerstören werde. Die anderen Arbeiterinnen rannten, so schnell sie konnten, aus der Halle, wobei sie sich in ihrer Panik gegenseitig behinderten, während die besessene Frau sie mit drohend erhobener Schere zu erwischen versuchte. Ich selbst arbeitete zu dieser Zeit in einer anderen Fabrikhalle, doch eine der Christinnen, die auch vor der Frau geflüchtet war, kam zu mir gerannt und bat mich, doch etwas zu unternehmen, um diese gefährliche Frau zur Ruhe zu bringen. Ich eilte sofort zu der inzwischen leeren Halle, wo die Frau noch immer tobte. Kaum hatte sie mich wahrgenommen, wollte sie sich auch schon auf mich stürzen. Ich stand ruhig im Eingang, sah sie an und befahl ihr im Namen Jesu: »Lege die Schere aus der Hand!« Sofort veränderte sich die Frau, sie nahm eine vollkommen unterwürfige Haltung an und gehorchte wortlos. Dann befahl ich ihr wiederum im Namen Jesu, sich hinzusetzen, was sie auf der Stelle tat. Dann begann ich, für sie zu beten, und nachdem ich dreimal gebetet hatte, mußte der böse Geist sie verlassen und vor mir saß eine verwandelte, neue Person.

Solche Wunder der Befreiung waren ebenso an der »Tagesordnung« wie Wunder der körperlichen Heilungen. Dadurch wurde der Name Jesu bekannt gemacht, die Kraft und die Güte Gottes erwiesen sich stärker als alles, was die Frauen je erlebt hatten. So fiel es ihnen nicht schwer, an Jesus zu glauben, auch wenn sie noch nie zuvor von ihm gehört hatten. Doch das übernatürliche Wirken des Heiligen Geistes war nur der eine Grund, warum sich die Frauen für Gott interessierten. Der andere war, daß sie in den Christinnen etwas sehen und spüren konnten, was sie sehr anzog. Diese Frauen, die als Verbrecherinnen in das Lager gekommen waren, wurden, kaum hatten sie sich für Gott geöffnet, so von Liebe und Freude erfüllt, daß die anderen Frauen sie nur beneiden konnten. Ihr Leben war ein einziges Werben für Gott, in allen Bereichen schien das Licht Jesu aus ihnen, bei der Arbeit ebenso wie im Umgang miteinander und in ihrer ganzen Haltung und Einstellung.

Zum Beispiel gab es da eine junge Gefangene, die in der Stickerei arbeiten mußte. Jeden Tag bestickte sie zwanzig Kissenbezüge in zehn Arbeitsstunden, eine Leistung, mit der keine der anderen Frauen mithalten konnte. Während sie arbeitete, sang sie leise vor sich hin und zitierte Bibelverse, die sie auswendig gelernt hatte. Sie schaffte nicht nur ihr vorgeschriebenes tägliches Arbeitspensum, sondern sie übertraf es regelmäßig um sieben oder acht Stück. Dabei war die Qualität ihrer Arbeit ausgezeichnet. Sie zählte zu den drei besten Arbeiterinnen im ganzen Lager, die alle drei Christinnen waren. Selbst die Aufseherinnen und der Parteikader konnten nicht anders, als ihre hervorragende Leistung zu würdigen und zu bewundern.

Eines Tages wurde sie zu der Brigadeführerin gerufen, die ihr anerkennend sagte: »Es ist mir aufgefallen, daß Sie bei der Arbeit immer leise vor sich hin singen, und Ihre Stickerei ist ausgezeichnet, Sie arbeiten schneller und besser als alle anderen. Möglicherweise ist es tatsächlich Ihr Gott, der Ihnen hilft?« Die junge Christin lächelte verlegen und in Gedanken dankte sie ihrem Gott von ganzem Herzen.

Was mich selbst betrifft, nun, ich war bei Handarbeiten noch nie besonders geschickt gewesen. Doch Gott wußte natürlich auch das, und er veränderte mich so, daß auch ich sehr gute Arbeit leisten konnte. Tatsächlich hat Gott auch da ein Wunder getan, denn obwohl ich früher nie nähen konnte, war ich jetzt die beste und schnellste Arbeiterin in unserer ganzen Gruppe. Meine Aufgabe war, die Jacketts von Herrenanzügen einzusäumen. Verlangt wurde, daß ich dreißig solcher Jacken pro Tag fertigstellen würde, doch ich übertraf diese Zahl bei weitem. Dabei waren meine Säume gerade und fest genäht, so daß mein Aufseher damit sehr zufrieden war.

Einmal mußte ich einige Tage lang bei einer anderen Arbeit aushelfen. Unterdessen machte eine andere Gefangene meine Arbeit, die aber keine Christin war. In drei Tagen schaffte sie nur neunundzwanzig Jacketts, und sie arbeitete dabei sehr schlampig. Alle Jacken, die sie gesäumt hatte, kamen wieder als Reklamation zurück, was den Aufseher rasend machte. Er fragte mich, ob ich die Reparatur ausführen wolle. Das war eine unangenehme, schwierige Aufgabe, weil ich zuerst die alten Nähte auftrennen müßte, dann würde ich alle Kanten wieder gerade bügeln müssen und sie ein zweites Mal umschlagen, bevor ich sie dann ein zweites Mal nähen könnte. Ich war nicht allzusehr begeistert von der anstrengenden Arbeit, die mir da bevorstand, doch ich willigte ein, sie zu übernehmen, weil ich im Grunde für Jesus arbeitete und ihm eine Freude machen wollte. An dem Tag, als ich die Jacken schließlich reparieren sollte, fastete und betete ich und bat den Herrn sehr, mir zu helfen. Die Folge davon war, daß ich an jenem Tag nicht nur diese neunundzwanzig Jacken alle sorgfältig geändert hatte, sondern auch noch meine normale Tagesration erfüllt hatte. Mein Aufseher war begeistert und lobte mich überschwenglich: »So kann nur unsere Chan arbeiten, die an Jesus glaubt!« Halleluja, Ehre sei Gott dafür!

Eine andere, faszinierende Geschichte ist die der Christin Lin. Ihre Aufgabe war, das Stofflager zu verwalten. Sie mußte Buch führen über die Bestände der verschiedenen Stoffe und die Teile abmessen, die zum Zuschneiden gebraucht wurden. Es war regelmäßig so, daß ihre Kolleginnen, die noch keine Christinnen waren, auf ihre Kosten faulenzten. »Lin arbeitet ja, dann können wir genauso gut hier sitzen und uns die Zeit vertreiben,« pflegten sie sich gegenseitig zu sagen. Und Lin ist keine berechnende Person, sie tat einfach alle Arbeit, die getan werden mußte. Selbst wenn sie schon vollkommen erschöpft war, wenn ihr alle Knochen weh taten und ihre Beine geschwollen waren, sie weigerte sich, die Arbeit liegen zu lassen und sich eine Pause zu gönnen.

Regelmäßig mußte unsere Schwester Lin Stoffballen tragen, die eigentlich auch für zwei Personen zu schwer waren. Doch sie rollte die schweren Lasten auf ihre Schultern und trug sie im Lager hin und her, wann immer dies notwendig war. Jeden Morgen, bevor sie mit der Arbeit begann, fastete und betete sie, daß Gott ihr die Kraft für den Tag geben möchte, und sie genoß die Zeit der Gemeinschaft mit ihrem Gott. Die Stoffe, die sie ausmaß, stimmten immer auf den Zentimeter genau, die Aufseher vertrauten ihr blindlings und hielten große Stücke auf sie. Sie sagten immer: »Alles, was Lin anfaßt, gelingt hervorragend, und sie arbeitet fehlerlos in allen Dingen, ihr einziger Fehler ist, daß sie an Gott glaubt.«

Einige Zeit später wurde sie an eine andere Arbeitsstelle außerhalb des Stofflagers versetzt, und andere Frauen wurden mit ihrer ehemaligen Arbeit betraut. Doch die neuen Arbeiterinnen waren sehr langsam und machten viele Fehler. Beim Vermessen und Zuschneiden der Stoffe fehlte regelmäßig am Ende jedes Ballens ein beträchtliches Stück, was die Aufseher furchtbar wütend machte. Eines Tages verlor ein Aufseher die Geduld und brüllte die neuen Frauen an: »Könnt ihr Idiotinnen eigentlich gar nichts anständig machen? Solange Lin hier war, gab es keinerlei Probleme, und ihr hier macht täglich Mist, das kann doch einfach nicht wahr sein! Könnt ihr nicht einmal etwas ohne Fehler machen?« Die Folge war, daß Schwester Lin wieder an ihre alte Stelle zurückversetzt wurde. Dort blieb sie, bis sie aus der Haft entlassen wurde.

Während sich die Erweckung unter den Häftlingen weiter ausbreitete, tat auch unser Gegenspieler, der Teufel, sein Bestes, um die Arbeit Gottes im Lager zu zerstören. Er schickte einen wütenden, feurigen Pfeil auf die Gläubigen, der alle Angriffe übertraf, die wir bis dahin kennengelernt hatten. An einem Samstag morgen hatten die Brigadenführer Schwester Lin in eine andere Halle geschickt, um dort zwei Tage lang bei der Inventur zu helfen. Am nächsten Tag um die Mittagszeit stand das Lagerhaus plötzlich in Flammen. Schwarze Rauchwolken drangen aus den Fenstern, die Luft war erfüllt vom Prasseln und Knacken des Feuers, eine große Hitze umgab das brennende Gebäude, und eine dunkle Wolke hing schon bald über uns und verdunkelte die Sonne. Da das Lager randvoll war mit gut brennenden Stoffen und Einrichtungen, verbreitete sich das Feuer rasend schnell, es schien nur Sekunden zu dauern, bis Rauch und Flammen aus allen Fenstern schlugen.

Dann ertönte der Feueralarm. Die meisten Frauen standen bereits im Hof und starrten auf das unheimliche Schauspiel. In dem Haus, das die Lagerleiter und die Aufseherinnen bewohnten, öffnete sich ein Fenster. Es sah so aus, als ob mehrere Personen heftig miteinander streiten würden. Dann beugte sich einer der verantwortlichen Funktionäre aus dem Fenster und wandte sich an die Schar der Gefangenen im Hof, seine Stimme überschlug sich vor Aufregung:»In dem Lager sind Stoffe und Waren im Wert von einer halben Million Dollar. Falls eine Gefangene den Mut besitzt, das Feuer zu löschen, bekommt sie eine besondere Auszeichnung, wir werden ihre Strafe verkürzen, und sie bekommt eine zusätzliche Belohnung!« Zu dieser Zeit war das große, eiserne Gittertor vor dem Lagerhaus schon rotglühend und strahlte eine ungeheure Hitze aus. Niemand würde sich in seine Nähe wagen wollen. Doch einige Frauen begannen, mit langen Stangen das Tor aufzuhebeln, was schließlich gelang. Die meisten blieben in sicherer Entfernung und beobachteten das Ganze nur, aber einige Frauen rannten, geködert von der versprochenen Hafterleichterung, mitten hinein in das Inferno. Sie verschwanden im dicken, beißenden Qualm. Wir sahen, starr vor Entsetzen, wie die Flammen hell aufloderten an der Stelle, wo eben noch die Frauen gerannt waren. Sie waren nur wenige Schritte weit gekommen, bevor sie halb erstickt vom Rauch ohnmächtig zusammengebrochen waren.

Endlich kamen mehrere Löschfahrzeuge, und die Feuerwehr tat, was in ihrer Macht stand. Doch als die Männer das Feuer schließlich gelöscht hatten, war das Lagerhaus bis auf die Grundmauern niedergebrannt. Die zehn Frauen, die in das brennende Gebäude gerannt waren, wurden herausgetragen und in einem Krankenwagenkonvoi weggebracht. Sie waren bewußtlos und ihr Zustand war ernst.

Wenige Tage nach dem Brand gingen einige Häftlinge, die schon länger versucht hatten, die Christen in Schwierigkeiten zu bringen, zu der Lagerleitung. Sie sagten vor der Geheimpolizei und den Parteifunktionären aus, daß Schwester Lin zusammen mit einigen anderen Christen das Feuer gelegt hätte. Die Aufseher, denen natürlich viel daran lag, die Brandstifter zu ermitteln, ließen Lin und die anderen Beschuldigten sofort zum Verhör abholen. Doch die Christinnen traten im Bewußtsein ihrer Unschuld voller Unerschrockenheit und Stärke auf, und ihre Ehrlichkeit stand deutlich in ihren Gesichtern. Als sie nacheinander hereingerufen wurden, um die Fragen zu beantworten, verließen sie sich auf die Leitung des Heiligen Geistes, daß er ihnen die richtigen Antworten eingeben würde. Zur allgemeinen Überraschung machte die Aufseherin, die Schwester Lin zum Verhör bringen mußte, eine Aussage zur Entlastung von Lin: »Diese Frau ist unschuldig. Als das Feuer ausbrach, arbeitete sie in einem anderen Gebäude.«

Am Ende des langen Verhörs erklärte der verantwortliche Führungsoffizier der Geheimpolizei: »Dieser Brand steht in keinem Zusammenhang mit den Christinnen.« Nun wurden die Frauen, die voller böser Absichten gewesen waren und sich der falschen Anklage schuldig gemacht hatten, in Sonderarrest gebracht. Es war eine Sensation, daß die Lagerleitung die Ankläger der Christen bestraft hatte, und diese Nachricht verbreitete sich in Windeseile in allen Zellen. Welch eine Freude, der Glaube der Schwestern wurde dadurch sehr gestärkt, denn es war nun für alle sichtbar geworden, daß der Heilige Geist ein Fürsprecher ist, auf den man sich verlassen kann. Als wir uns früh am nächsten Morgen alle wieder im Hof zum gemeinsamen Lobpreis versammelten, um Gott zu danken für seine überwältigende Bewahrung, weinten viele vor Freude. Dieser Angriff des Teufels wirkte wie Öl auf das Feuer der Erweckung, und das Licht der Guten Nachricht von Jesus brannte nach dem Ereignis noch viel heller als zuvor. Das Wirken des Heiligen Geistes wurde immer stärker, und immer mehr Frauen nahmen Jesus als ihren Herrn und Erlöser an.

In jeder Zelle fielen die Gläubigen dadurch auf, daß sie sich in allen Bereichen vollkommen der Lagerordnung unterstellten. Ob sie beobachtet wurden oder nicht, sie lebten ganz für Gott, und ihr Reden, ihr Verhalten, ihre Arbeit und der ganze Lebensstil waren geprägt von Gehorsam, Unterordnung, Liebe und Fleiß. Dies entging keiner Aufseherin. Die Verwandlung, die sich jedesmal vollzog, sobald eine ehemalige Verbrecherin sich für Jesus und seine heilende Kraft öffnete, war überdeutlich und sehr anziehend. Und im Vergleich mit den anderen Frauen, die ohne Gott lebten, schnitten sie so positiv ab, daß die Lagerleiter nicht anders konnten als sich einzugestehen, daß die Christinnen die unvergleichlich angenehmeren Häftlinge waren.

Die Söhne der Gerechten werden gerettet
(Spr 11,21)

Als ich damals verhaftet worden war, hatte ich meine drei Kinder zurücklassen müssen. Die Älteste war vierzehn Jahre alt. Sie war schon immer etwas kränklich gewesen. Ich hatte mich seit ihrer Geburt besonders um sie kümmern müssen und war ihretwegen stets etwas besorgt. Mein jüngstes Kind war erst sechs Jahre alt, als ich es zurücklassen mußte. Nun hatten die drei doch schon ihren Vater in so jungen Jahren hergeben müssen, da tat es mir unbeschreiblich weh, daß auch ich sie jetzt noch verlassen mußte. Dazu kam, daß zu jener Zeit nicht nur ich verhaftet wurde, sondern die ganze christliche Gemeinde in unserer Provinz wurde von einer Welle der Verfolgung und Verhaftungen heimgesucht. Dies hatte unter anderem zur Folge, daß da mitunter überhaupt keiner mehr war, der sich um meine Kinder kümmern konnte. Sie waren ganz auf sich gestellt, allein in unserer Wohnung, und oft wußten sie nicht, was sie essen sollten. Später erzählten sie mir, wie sie fast jeden Tag auf die Felder gingen und nach wildem Kohl suchten, den sie zusammen mit »Mantous«, den weißen Dampfbrötchen, irgendwie zu kochen versuchten. Die Mantous hatten sie aus geriebenen, süßen Kartoffeln herzustellen versucht.

Jeden Nachmittag, wenn meine Kinder aus der Schule zurückkamen, war niemand da, der sie erwartete, sie hatten auch nichts zu essen, sondern sie nahmen eine Schaufel oder einen Spaten und zogen los auf der Suche nach etwas Eßbarem. Oft suchten sie abgeerntete Kartoffelfelder ab und fanden winzige, raupengroße Kartoffeln, welche die anderen übrig gelassen hatten. Die Älteste arbeitete mit der Hacke, während die beiden Kleinen hinter ihr her krochen und mit ihren Händchen die Erdschollen untersuchten, ob da nicht noch eine kleine Kartoffel versteckt sein könnte. Das taten sie so lange, bis sie vollkommen außer Atem, erschöpft und verschwitzt waren, und meist reichte die Ausbeute kaum zum Sattwerden für die drei. Wenn sie aber einen guten Acker erwischt hatten und einen ganzen Korb sammeln konnten, dann freuten sich wie über einen großen Schatz.

Meine Tochter hatte mit ihren Schulkameraden große Schwierigkeiten, statt auf Verständnis stieß sie dort nur auf Beleidigungen und Spott. Sie bekam oft zu hören:»Du bist ein wildes Mädchen, das ohne Eltern ist, du bist die Tochter einer Kriminellen.« Jede Nacht weinten sich meine geliebten Kinder in den Schlaf, und sie schliefen immer alle drei zusammen in einem Bett und kuschelten sich aneinander, um die Angst nicht hochkommen zu lassen. Sie lebten wie Waisenkinder, und ihre Nächte waren von Alpträumen erfüllt.

Aber Gott vergaß meine Kinder nicht, denn in seinem Wort hat er verheißen:

»Der Gottesfürchtige hat feste Zuversicht, noch seine Söhne haben eine Zuflucht« (Spr 14,26).

Es dauerte nicht sehr lange, und Gott schenkte meinen Kindern einen Ausweg: Eine Christin nahm meine drei in ihre Familie auf. Ihr Mann ist auch Christ, sein Familienname ist Wu. Auch er war um seines Glaubens willen verhaftet und zu sieben Jahre Gefängnis verurteilt worden. Seine Frau hatte drei Kinder, der ältere Junge war acht, die Zwillinge zwei Jahre alt. Außerdem versorgte sie die Eltern ihres Mannes. Eines Tages hatte der Heilige Geist Frau Wu gedrängt, einmal meine Kinder zu besuchen. Unsere Häuser liegen etwa anderthalb Kilometer voneinander entfernt. Als sie in unsere Wohnung kam, traf sie meine Kinder gerade beim Essen an.

Wieder einmal hatten sie eßbares Grünzeug gesammelt, das irgendwo wild wuchs. Auf dem Tisch stand ein kleiner Topf, in dem sie ihre Mahlzeit gekocht hatten, und sie aßen tapfer ihre Teller aus, ohne sich zu beklagen, und sie vergaßen auch nicht, Gott für das Essen zu danken. Diese Szene, die sie da beobachten konnte, berührte Frau Wu so tief, daß sie meine Kinder sofort überredete, mit ihr nach Hause zu kommen. Von da an entbehrte sie nicht nur ihren Mann, sondern versorgte darüber hinaus auch noch drei fremde Kinder.

Wenn meine Kinder aus der Schule kamen, gingen sie nun direkt aufs Feld, wo sie nach Frau Wu suchten. Sie blieben draußen bei ihr, bis die Arbeit zu Ende war. Dann gingen sie gemeinsam zu ihr nach Hause, wo ihnen Frau Wu einfache häusliche Arbeiten beibrachte. Obwohl die landwirtschaftliche Arbeit sehr anstrengend war, hatte sie es auf sich genommen, nun auch noch für drei weitere Personen zu kochen, die Wäsche zu waschen und zu flicken, die Wohnung in Ordnung zu halten und für all die vielen großen und kleinen Nöte des Kinderalltags da zu sein. Aber unsere wunderbare, liebe Schwester Wu war dabei immer fröhlich und plauderte gern, sie war wirklich erfüllt von Güte, von Aufrichtigkeit und von der Liebe Gottes.

Oft, wenn meine Kinder in besonderen Schwierigkeiten steckten und sehr verzweifelt waren, weinten sie:»Ich will, daß Mutti wieder da ist, Mutti soll kommen!« In solchen Situationen weinte Schwester Wu mit ihnen, und an vielen Abenden hielt sie meine Tochter in ihren Armen und wiegte sie in den Schlaf. An Sonn- und Feiertagen, wenn andere Kinder mit ihren Eltern Ausflüge machten, in Urlaub fuhren und die Liebe und Geborgenheit in ihren Familien genossen, dann ließ Frau Wu ihre eigenen Kinder bei ihren Schwiegereltern, um sich ausschließlich meinen Kindern widmen zu können. Für meine Kinder füllte Schwester Wu zunehmend die Stelle einer zweiten Mutter aus.

An einem schönen Herbstabend kam Frau Wu, nachdem sie ihre Feldarbeit beendet hatte, um meine Kinder zu besuchen, die sich im Laufe des Tages nicht bei ihr hatten blicken lassen. Als meine Kinder sie entdeckten, wollten sie Frau Wu nicht hereinlassen. In aller Eile hatten sie versteckt, was sie sich gerade zum Abendessen gekocht hatten. Mit sanfter Gewalt verschaffte sich Frau Wu Zutritt, schob die Kinder zur Seite und ging in die Küche. Ihre Befürchtungen bestätigten sich, als sie den Deckel der großen Pfanne hob: Die Kinder hatten, aus Hunger und Hilflosigkeit, rohes Getreide zu kochen versucht. Aber dieses Getreide wird durch Kochen nicht weich und ist äußerst schwer zu verdauen. Doch meine Kinder, die sich elternlos durchs Leben schlagen mußten, wollten ihre Schwierigkeiten verstecken und niemandem zur Last fallen. Schwester Wu erfaßte, als sie das erkannte, eine Welle von Traurigkeit und Barmherzigkeit.

Mit Tränen in den Augen umarmte sie die beschämten Kinder, und bald weinten sie alle. Die Frau kniete sich vor Gott auf die Erde und begann, zu Gott zu rufen. Sie flehte zu Gott, daß er sein Erbarmen und seinen Segen über meine drei Kleinen ausschütten möge. Am nächsten Morgen kam sie wieder, um meine Kinder zu besuchen. Sie hatte dieses Mal einen Sack voller Mehl dabei und erklärte ihnen, wie man daraus eine Mahlzeit zubereiten kann.

Ist es nicht schön, wie der Herr sich in seiner Barmherzigkeit um meine Kinder und mich kümmerte, so daß ich mich ungehindert meiner geistlichen Arbeit im Gefängnis widmen konnte? Ich konnte die Sorge um meine Kinder vollständig an Gott abgeben, und nachdem Schwester Wu in die Verantwortung für sie getreten war, bestätigte sich, daß ich zu recht geglaubt und erwartet hatte, daß Gott unser Vater und Versorger war. Ich bin eine gefühlsbetonte Person, und wenn ich mir um meine Kinder hätte Sorgen machen müssen, dann hätte ich diese Trennung von ihnen nicht ausgehalten. Ich hätte sicher keine Kraft gehabt, den anderen Gefangenen zu dienen. Aber Gottes Schutz und seine besondere Gnade umgaben uns. Natürlich schrieb ich meinen Kindern viele Briefe. Da es verboten war, religiöse Angelegenheiten offen in Briefen zu erwähnen, mußte ich verschlüsselte Sätze und Umschreibungen entwickeln und beten, daß meine Kinder verstehen würden, was ich eigentlich gerne sagen wollte. Wenn ich sie zum Beispiel bitten wollte, bei ihrem nächsten Besuch einige Bibelteile mitzubringen, dann schrieb ich:»Bitte bringt Mutter einige dieser Bücher mit, die sie so gerne liest.« Wollte ich meine Kinder ermahnen, daß sie regelmäßig in der Bibel lesen und dem Wort Gottes gehorchen sollten, dann schrieb ich meistens:»Lest mehr gute Bücher und achtet auf das, was euer Vater David euch sagt«. Gott gab meinen Kindern viel Sensibilität, so daß sie mich verstehen konnten, wenn sie meine Briefe lasen.

Auch sie schrieben mir viele Briefe, die stets voller Trost und Ermutigung waren. Ich konnte zwischen den Zeilen lesen, was sie mir zu sagen versuchten. Wie ich bereits erzählt habe, gab es während meines Aufenthalts im Arbeitslager einmal eine Zeit, in der mich eine Zellengenossin besonders ärgerte und quälte und mich ständig beim Beten störte, bis ich schließlich um Verlegung in eine andere Zelle bat. In jener Zeit war ich sehr verzweifelt, und es schien, als würde Gott meine Gebete nicht hören und als würde alle meine Liebe zu dieser Frau an ihr abprallen. Es ging mir damals wie Paulus, der einmal schrieb:»... die Not ..., die über uns kam und uns über alles Maß bedrückte, unsere Kraft war erschöpft; so sehr; daß wir am Leben verzweifelten« (1 Kor 1,8). Damals, als ich mich so schwach fühlte, betete ich, daß Gott mich doch bitte sterben lassen möchte. Ich konnte das Leben nicht mehr aushalten. Aber dann tröstete mich der Heilige Geist wieder mit dem Wort Gottes, an das er mich erinnerte. Und er benutzte meine Kinder, um mich durch ihre Briefe zu stärken und zu ermutigen. Diese Briefe haben sehr viel dazu beigetragen, daß ich in dieser schweren Zeit mein Vertrauen auf Gott und meine Freude in ihm nicht verlor. Einen der Briefe aus jenen Tagen würde ich gerne hier weitergeben:

»Geliebte Mutter, wie geht es Dir? Wir haben Deinen Brief erhalten, und nachdem wir ihn gelesen haben, konnten wir uns Dein Leben im Umerziehungslager besser vorstellen. Wir wissen jetzt, daß es Dir gut geht. Wenn wir uns Deinen Brief vorlesen, ist das fast so, als ob Du selbst zu uns sprechen würdest, und wir drei machen uns jetzt keine Sorgen mehr wegen Dir. Mutti, es geht uns gut und wir haben alles befolgt, was Du uns geschrieben hast. Wir halten fest zusammen und haben einander lieb. Onkel und Tante sind gekommen, um uns zu helfen, und auch der Fabrikleiter besucht uns regelmäßig.
Mutter, bitte achte immer auf die Anweisungen, die Dir von oben gegeben werden und gehorche ihnen. Arbeite hart, ermutige Dich selbst und werde eine veränderte Person. Vor allem sollst Du alle

Menschen lieb haben, mit denen Du zusammenkommst, und versuche immer, denen oben zu gefallen. *Bitte komme bald wieder nach Hause, daß wir alle wieder zusammen sein werden. Mutti, sei immer fröhlich,* sei nicht traurig *und mache Dir auch keine Sorgen um die Angelegenheiten der Familie.*
Dein fünfzehnjähriger Sohn

(Die nicht-kursiven Satzteile sind versteckte Bibelzitate.)
Als ich diesen Brief las, erfüllten mich so viel Freude und Dankbarkeit, daß ich mich nicht mehr zurückhalten konnte, sondern, die Zellenkolleginnen vergessend, auf meine Knie fiel und Gott von Herzen dankte:

»Herr, aus dem Mund von Kindern wird deine Stärke verkündigt. Durch die Worte der Kinder hast du mich ermahnt, ermutigt und getröstet. Ich fühle mich wieder so gestärkt. Wie groß ist doch deine Liebe zu meinen Kindern und zu mir. Deine Gnade über uns ist so groß, selbst wenn mein Körper um meines Glaubens willen in Stücke gerissen würde, könnte ich dir niemals auch nur einen Bruchteil davon zurückzahlen.«

Auch die Aufseherinnen und Parteikader hatten diesen Brief gelesen, zumal alle Post an Gefangene zuerst gelesen, zensiert oder auch beschlagnahmt wird, bevor die Adressaten sie ausgehändigt bekommen. Dieser Brief war dem zensierenden Personal als besonders positiv aufgefallen, denn was könnte in ihren Augen schöner sein, als wenn eine Gefangene von ihrer Familie dazu aufgefordert wird, sich unterzuordnen und sich bereitwillig umziehen zu lassen. Der Brief wurde aus der allgemeinen Post herausgefischt als ein besonders beispielhafter Text, er wurde abgeschrieben, und die Bibelzitate, die als solche natürlich nicht erkannt worden waren, wurden mit einem dicken Rotstift besonders hervorgehoben. Das ganze wurde an dem schwarzen Brett aufgehängt, wo alle Gefangene regelmäßig vorbeischauen mußten, und der Brief wurde überschrieben mit dem Hinweis:»Bitte lesen Sie den Brief eines Fünfzehnjährigen an seine Mutter«. Die Verantwortlichen ließen keinen Zweifel daran, daß sie vollständig mit dem Wortlaut des Briefes einverstanden waren.
Dieser Brief erregte viel Aufsehen unter den Gefangenen, und es gab zu Anfang immer ein Gedränge vor dem Aushang, weil so viele Frauen ihn gleichzeitig lesen wollten. Die Christinnen, die diese Worte lasen, waren besonders berührt, ihnen ging es wie mir, sie erkannten in den besonders hervorgehobenen Abschnitten Zitate aus der Bibel, und sie waren alle ebenso ermutigt und gestärkt wie ich selbst. Ist unser Gott nicht humorvoll, daß er die Aufseherinnen sogar dazu benutzte, sein Wort rot zu unterstreichen?! Schon wenige Tage später wurde ich wieder in der Kellerzelle eingeschlossen, und bald darauf kam ich in den Entwässerungsraum. Wie schön, im voraus noch so getröstet worden zu sein! Wie liebevoll Gott sich das doch für mich ausgedacht hatte. Dieser Brief war wie eine geschenkte Ladung Kohlen im Winter oder wie Tau zur richtigen Zeit.
An einem hellen Nachmittag wenige Tage später stand ich, während ich arbeitete, an einem vergitterten Fenster und mir war, als müßte ich heute noch eine gute Nachricht erhalten. Ein zarter Frühlingswind strich

über die ersten Blumen, die das Ende des Winters ankündigten. Die kleinen Blüten beugten sich im Wind, als ob sie sich zur Begrüßung vor der Menschheit verneigen wollten. Wie mit goldenen Lichtfingern tastete sich die Sonne über die erwachende Natur, und von den noch kahlen Zweigen erscholl ein fröhliches Gezwitscher. Ich genoß all das und freute mich daran, wie schön mein himmlischer Vater doch alles geschaffen hat, als ich plötzlich aus meinen Träumen gerissen wurde: »Kommen Sie, Ihre Kinder sind da, um Sie zu besuchen«, fuhr mich die Stimme einer Aufseherin an. Sofort ließ ich alles stehen und liegen und eilte hinter der Frau her, die mich zu dem Besuchsraum brachte. Mein jüngerer Bruder und meine drei Kinder erwarteten mich bereits. Kaum hatte mich meine Jüngste erblickt, da sprang sie auch schon auf mich zu, umklammerte mich, während ich sie auf die Arme nahm, und sie begann an meinem Hals lautlos zu schluchzen. Die beiden anderen Kinder standen ganz dicht neben mir, eines rechts, eines links, und während sie zu mir hochschauten und in meinem Gesicht zu lesen versuchten, bissen sie sich ständig auf die Lippen, um nicht weinen zu müssen. War ich gesund? Hatte ich an Gewicht verloren? So viele Fragen, die ihre Blicke an mich richteten, die in Gegenwart der Aufseher nicht ausgesprochen werden durften.

Auch ich selbst mußte gegen die Tränen ankämpfen, doch genau wie meine beiden Großen wollte ich nicht vor ihnen weinen, um sie damit nicht noch trauriger zu machen. In Gedanken betete ich die ganze Zeit und bat den Herrn, mir die Kraft zu geben, die ich brauchte, um die Zeit mit meinen Kindern genießen zu können. In all den schweren Jahren bin ich doch eine, sagen wir, gefühlvolle Frau geblieben, ich habe nie versucht, hart zu werden, im Gegenteil, ich floß über vor Mutterliebe. Wie sehr sehnte ich mich danach, mit meinen Kindern zusammen sein zu können, sie zu versorgen, zu erziehen und zu begleiten, bis sie erwachsen sein würden. Aber so stark dieser Wunsch auch war, wichtiger als alles andere war für mich doch, den Weg zu gehen, den Gott für mich ausgesucht hatte. Mehr als alles andere wollte ich dem Heiligen Geist gehorchen und mit ihm zusammen sein. Jesus hat selbst gesagt: »Wer Sohn oder Tochter mehr liebt als mich, ist meiner nicht würdig« (Mt 10,37). Es war mir unmöglich, den Dienst an den Gefangenen hier, den Gott mir gegeben hatte, aufzugeben, um mit meinen Kindern zusammen zu sein. Hier im Lager hatte ich viel mehr Kinder, die mich brauchten als zu Hause.

Ich hielt meine jüngste Tochter fest im Arm, meine Stirn drückte sich an ihre geröteten kleinen Wangen, die ganz naß waren von Tränen, und mit weicher Stimme begann ich, mit meiner Kleinen leise zu reden: »Mein Liebling, bitte sei jetzt tapfer und weine nicht mehr. Sag mir, gehorchst du auch immer deinem Vater David?« Sie nickte gehorsam mit ihrem Köpfchen, schluckte und sagte mit zitternder Stimme: »Ja, Mutti.«

»Betest du auch jeden Tag?«

»Ja, Mutti.«

»Und gehst du auch gerne zu den Lobpreistreffen?«

»Ja, Mutti, die Großen nehmen mich immer mit.« Sie konnte nicht aufhören zu weinen, aber sie antwortete sehr ernsthaft.

Die Minuten verflogen rasend schnell. Tausend Gedanken jagten durch meinen Kopf, so vieles, was ich meinen Kindern unbedingt noch sagen wollte, so viele Fragen, die ich ihnen stellen wollte. Wie unzählig viele Male hatte ich in den vergangenen Wochen gedacht: »Das muß ich meinen Kindern erzählen, erklären, sie fragen ...« Und nun war ich so überwältigt von ihrem Anblick, daß mir nichts mehr einfiel. Die Stunde, die uns zur Verfügung stand, verrann im Handumdrehen. Schon begann der Wärter, mir zu signalisieren, daß wir uns jetzt verabschieden müßten. Die Zeit würde gleich um sein. Meine Jüngste klammerte sich voller Angst an mich, als wollte sie mich nie wieder hergeben. Sie beugte ihr Köpfchen nach hinten, während ihre Arme meinen Hals umschlangen, und so schaute sie mich an, mit einem Blick voller Liebe und Schmerz, daß ich nur mit Mühe die Tränen zurückhalten konnte. Doch die Aufforderungen des Wärters wurden jetzt eindeutiger. Ich küßte sie zum Abschied, und es war mir möglich, dank der Gegenwart und dem Trost des Heiligen Geistes, meinen Kindern zu sagen:»Meine Lieben, geht jetzt nach Hause. Vergeßt nicht, euren Onkels und Tanten zu gehorchen. Wir werden uns bestimmt bald wiedersehen!«

Mein jüngerer Bruder nahm die Kleine aus meinen Armen und trug sie auf seinem Rücken hinaus. Im Gehen bissen sich alle auf die Lippen, denn niemand wollte mit seinen Tränen den anderen beschweren. Alle paar Schritte drehten sie sich um, um mich noch einmal zu sehen. Ich stand da, winkte und versuchte zu lächeln, während der Wärter unruhig auf die Tischplatte trommelte. Offensichtlich wären meine drei am liebsten hier geblieben, so langsam gingen sie und so oft drehten sie sich wieder nach mir um. Dann das große Lagertor, ein letztes Winken, und für einen Moment konnte ich die Menschengruppe erkennen, die sich draußen versammelt hatte. Es waren etwa siebzig Christen, die zusammen mit meinen Kindern gekommen waren. Ich hörte, wie sie leise weinten, sie teilten meinen Schmerz und den Schmerz meiner Kinder. Und ich wußte, daß sie nicht nur während dieser Stunde des Besuches intensiv für mich gebetet hatten, sondern die Kunde von Gottes Wirken im Lager war längst durch entlassene Gefangene hinausgedrungen und hatte viele zum Gebet für uns inspiriert.

Während der Jahre im Gefängnis kamen meine Kinder, so oft es ihnen möglich war. Jedesmal gelang es ihnen, eine Bibel mit hereinzuschmuggeln und mir zu übergeben. Bei jedem Besuch war ich positiv überrascht, weil sie wieder körperlich und geistig gewachsen waren. Ich war voller Freude über die gute Entwicklung, die sie nahmen, und ich dankte Gott ununterbrochen für sie.

Der Weg ist zu weit für dich
(1 Kön 19,7)

Was zunächst wie ein unüberwindlicher Berg ausgesehen hatte, war durch Gottes Gnade zu einem ebenen, leichten Weg geworden. Die sechs Jahre Umerziehung im Arbeitslager waren wie im Flug vergangen. Am 19. März 1987 sollte meine Haftstrafe zu Ende sein. Schon die letzten zwei Monate vor meinem Entlassungstermin weinten meine lieben Schwestern, wann immer sie mir begegneten. Wenn ich während der Mahlzeiten in ihrer Sichtweite saß, schoben sie ihre Reisschalen zur Seite, weil sie vor Tränen nicht mehr essen konnten. Andere besuchten mich an meinem Arbeitsplatz oder in meiner Zelle, hielten meine Hände und unter lautem Schluchzen fragten sie:»Mutter, was sollen wir tun, wenn du uns verlassen wirst?« Manche konnten nachts nicht schlafen, sie kamen leise an mein Lager, zogen vorsichtig die Decke zur Seite, betrachteten mich und benetzten mich mit ihren Tränen. Diese Zeit des Abschiednehmens brach mir fast das Herz. Täglich, wenn ich betete, suchte ich Rat von Gott, da ich selbst nicht mehr wußte, worum ich bitten sollte. Um des Evangeliums willen und um meinen geistlichen Kindern im Gefängnis zu dienen, war ich bereit, freiwillig weiter in Haft zu bleiben. Sollte ich Gott bitten, meine Haft zu verlängern? Ich erinnerte mich daran, wie ich damals vor nahezu sechs Jahren, als ich verhaftet wurde und meine drei kleinen, vaterlosen Kinder zurückließ, nicht geweint oder getrauert hatte. Obwohl ich überhaupt nicht gewußt hatte, was auf mich zukommen würde, war ich mir doch sicher gewesen, daß ich auf Gottes Weg ging. Aber jetzt war ich sehr verunsichert, überwältigt von Trauer und einem fast unerträglichen Abschiedsschmerz. Ich konnte mir einfach nicht vorstellen, daß ich diese meine geistlichen Kinder, die ich im Arbeitslager bekommen hatte, zurücklassen sollte.

Während dieser letzten zwei Monate schlief ich kaum noch, sondern ich verbrachte die meiste Zeit damit, meinen Schwestern, die mich besuchten, die Tränen von ihren Wangen zu wischen und sie mit dem Wort Gottes zu trösten. Ich nutzte jede Minute, um ihnen noch so viel wie möglich über Gott beizubringen und sie zu ermahnen, damit sie dann ohne mich mit Gott weitergehen könnten. Ich schärfte ihnen ein: »Lebt entsprechend der Berufung, die auf eurem Leben liegt, und um des ganzen Lagers willen bitte ich euch, daß ihr fleißig seid in der geistlichen Arbeit, die Gott hier für euch vorbereitet hat. Und bitte, betet auch weiterhin für unser Land und seine Menschen, so wie wir es auch bisher getan haben ...« Wenn es mir möglich gewesen wäre, hätte ich am liebsten die Sonne in ihrem Lauf am Himmel aufgehalten, um den Tag des Abschieds hinauszuzögern. Doch nachdem schon die sechs Jahre der Haft so schnell vergangen waren, als wären es nur wenige Tage gewesen, wieviel schneller verflogen die letzten zwei Monate.

Und dann kam der Tag, den so viele Christinnen im Lager gefürchtet hatten. In der Nacht vor meiner Entlassung konnte ich kein Auge zu tun, und bei Tagesanbruch hörte man aus allen Fenstern das Weinen der Frauen. Kaum jemand erschien zum Frühstück.

Um halb zehn kam ein Wärter in meine Zelle und teilte mir unwirsch mit: »Die Leute, die gekommen sind, um Sie abzuholen, stehen schon die halbe Nacht vor dem Tor. Also kommen Sie jetzt endlich, verlieren wir keine Zeit. Sie müssen jetzt unverzüglich das Lager verlassen.«

Eine Traube von Christinnen klammerten sich an mich. Einige hielten meinen Kopf, andere meine Hände und Arme. Manche hatten nur einen Zipfel meiner Kleider erwischt, den sie weinend festhielten. Besonders schwer war der Abschied für die Frauen, die lebenslängliche Haftstrafen abzubüßen hatten. Die Vorstellung, daß sie niemals wieder dieses Lager verlassen sollten, machte uns doppelt traurig.

Auch mir liefen die Tränen über die Wangen, während ich sie zum letzten Mal segnete, mit ihnen betete und sie der Gnade Gottes anbefahl. Wie sehr ich doch jede von ihnen liebte. Jede der Frauen war ein Juwel mit einer ganz besonderen, wunderbaren Geschichte der Errettung, Befreiung und Veränderung durch ihren Glauben an Jesus. Meine kostbaren Schwestern! Doch der Wärter wurde immer ungeduldiger, und bevor er

138

wütend werden würde, nahm ich schnell meine wenigen Bündel an mich, die sich in den Jahren angesammelt hatten und folgte dem Aufseher auf das Gefängnistor zu. Als ich mich winkend umdrehte, sah ich die Augen meiner Lieben ganz rot vom vielen Weinen. Keine kümmerte sich um die Versuche der Aufseherinnen, die Frauen zum Weitergehen und Arbeiten zu bewegen, sondern alle bestanden darauf, mich bis zum Tor zu begleiten.

Die Christen, die gekommen waren, um mich abzuholen, standen schon seit dem Morgengrauen vor der langen Mauer und warteten. Als ich jetzt endlich kam, griffen sie alle voller Freude nach meinen wenigen Gepäckstücken. Meine Beine waren wie aus Blei, ich konnte sie kaum von der Erde hochheben, so schlurfte ich mehr als ich ging in die neue Freiheit. Als ich so unter dem großen Tor angekommen war, erhob sich hinter mir ein unglaublich lautes, vielstimmiges Weinen. Die Frauen, deren Zellen in den oberen Stockwerken lagen, hatten keine Erlaubnis bekommen, mich persönlich zu verabschieden. Die Aufseherinnen hatten niemandem erlaubt, seine Etage zu verlassen. So standen sie jetzt an ihren Fenstern, und zwischen den Gitterstäben winkten mir unzählige Arme zu. Das alles war zu viel für mich. Der herzzerreißende Klang dieses Weinens, die vielen roten Augenpaare und die ausgestreckten Arme aus so vielen Fenstern überwältigten mich und zerrissen mir das Herz.

Ich rannte, ohne zu überlegen, was ich tat, zurück ins Lager. Zu dem ersten Wärter, der mich aufhalten wollte, sagte ich, ebenfalls unter Tränen: »Bitte, bitte, ich will nicht nach Hause, bitte erlauben Sie mir, hier bei meinen lieben Schwestern zu bleiben. Ich will für immer hier im Lager bei meinen Geliebten bleiben.« Der Wärter runzelte die Stirn. Ohne ein Wort zu sagen, schob er mich unsanft vor das Tor und schloß den schweren Riegel hinter mir, zwischen mir und meinen lieben, wundervollen Schwestern.

Alle Kraft hatte mich verlassen, ich konnte kaum ein Bein vor das andere setzen. Nachdem ich scheinbar eine Ewigkeit lang zu gehen versucht hatte, war ich nur wenige Schritte weit gekommen. Wieder und wieder drehte ich mich um und sah, wie die Christinnen aus den oberen Etagen mir winkten. Ich riß mich von dem Anblick los, kämpfte mich einige Schritte weiter, bis der unveränderte Klang des Weinens mir bewußt wurde und ich wieder inne hielt. Alle, die gekommen waren, um mich abzuholen, verharrten, teils taktvoll, teils mit großem Verständnis, im Hintergrund und bildeten eine Art Spalier, durch das ich mich zu gehen mühte. Endlich war ich weit genug gegangen, so daß ich nichts mehr sehen oder hören konnte von meinen geliebten geistlichen Kindern. Welch ein Abschied! Ich erhob den Blick und sah geradeaus nach vorne auf die vor mir liegende Straße, während sich alle anderen immer noch leise im Hintergrund hielten, und aus tiefstem Herzen seufzte ich zu Gott: »Herr, der Weg, der vor mir liegt, ist mir zu schwer. Ich bitte dich, führe mich täglich, Schritt für Schritt.«

Viertes Manuskript

Sheng –
eine Lilie unter Dornen

An einem heißen Sommertag im Juni 1964 wurde in einem Dorf in
der Nähe der Stadt »F« ein Baby geboren. Es war ein gesundes
kleines Mädchen, und die Eltern gaben ihm den Namen »Sheng«,
was auf chinesisch *heilig* bedeutet. In den folgenden Jahren wuchs Sheng
zu einem fröhlichen Kind heran, das sich für alles interessierte und seinen
Eltern und Großeltern, Tanten und Onkels viel Freude bereitete. Die Familie lebte, ebenso wie fast alle im Dorf, von der Landwirtschaft, vor allem
vom Reisanbau. Als Sheng elf Jahre alt war, wurde ihr Großvater mütter-
licherseits, der in einer benachbarten Ortschaft lebte, krank. Er war schon
sehr alt und wurde nun zunehmend gebrechlicher, so daß er sich nicht
mehr selbst versorgen konnte. Da zogen Sheng und ihre Mutter für einige
Zeit zu ihm, um ihn betreuen und pflegen zu können. Diese Jahre im
Hause ihres Großvaters sollten für Sheng sehr wichtig werden.

Großvater war schon seit seiner Jugend Christ gewesen, und im Laufe
seines Lebens war sein Glauben immer fester geworden, allen Schwierigkeiten zum Trotz. Er war ein großer Mann mit derben Händen und einer
lauten Stimme, aber wenn er mit seinem Gott redete, konnte er so zart und
sanft werden, daß die kleine Sheng sich darin immer besonders wohl fühlte in Großvaters Nähe. Bis dahin hatte Sheng keinerlei religiöse Erziehung
genossen, in der Schule hatte man sie die Grundlagen des Maoismus
gelehrt, und zu Hause hatte man nie über solche Dinge geredet. Doch
Großvater, der Shengs Interesse spürte, nahm sich viel Zeit, um ihr die
biblischen Geschichten zu erzählen. Sie saß dann auf einem kleinen Sche-
mel und schaute gebannt zu dem alten Mann auf, der in seinem gemütlichen Sessel hin und her wippte, und dessen Augen so ein tiefes Leuchten
bekamen, wenn er ihr mit weicher, fast zärtlicher Stimme von Jesus
erzählte. Wenn Shengs Mutter nicht gewesen wäre, hätten die beiden halbe
Nächte so verbringen können.

In Großvaters Dorf gab es noch eine ganze Menge anderer Christen,
die sich regelmäßig in seinem Haus trafen. Diese Treffen hatten eine lange
Tradition, selbst in den schlimmen Jahren der Kulturrevolution fanden sie
ab und zu statt. So erlebte auch die kleine Sheng ihre ersten christlichen
Gottesdienste. Zunächst wollte ihre Mutter nicht, daß sie daran teilnahm,
doch als sie dann dreizehn geworden war, konnte Sheng es mit der Unterstützung ihres Großvaters doch durchsetzen, daß sie bei den Treffen anwesend sein durfte. Sie liebte die Atmosphäre, die dort herrschte, es war

hell und fröhlich, und sie genoß die gleiche Geborgenheit, die sie auch während der Erzähl-und Gebetszeiten mit ihrem Großvater kennengelernt hatte. Von da an war sie bei allen Gottesdiensten dabei und sang und betete auch gerne mit den anderen zusammen, aber sie hatte noch nicht die Entscheidung getroffen, Jesus zum Herrn ihres Lebens zu machen. Doch diesbezüglich drängte sie niemand, Großvater begleitete sie lediglich mit seinen Gebeten und vertraute darauf, daß der Heilige Geist sie zur rechten Zeit davon überzeugen würde, ihre eigene Entscheidung zu treffen.

Doch als Sheng älter wurde, veränderte sie sich stark. Mit fünfzehn Jahren wechselte sie auf eine Oberschule, die ähnlich wie ein Internat organisiert war, so daß sie dort überwiegend auch schlief und nur noch selten im Haus ihres Großvaters lebte. An der neuen Schule hatte sie bald die traurige Berühmtheit, eine besonders schwierige Schülerin zu sein. Sie konnte weder sich noch die Menschen um sich her leiden, war immer gereizt und verlor schnell die Beherrschung. In jener Zeit hatte sie sich weitgehend dem Einfluß des Großvaters entzogen und konnte den Gottesdiensten nichts mehr abgewinnen. In ihr war ein ständiger Zorn, der sehr schnell die Oberhand gewinnen konnte. Oft ließ sie sich ganz von ihren Aggressionen leiten, und man konnte dann nicht mehr mit ihr reden. Die Lehrer waren ratlos, sie hatten Sheng schon unzählige Male ermahnt und bestraft, doch das alles schien nichts zu nützen. Es gab kaum eine Schlägerei an der Schule, in die sie nicht verwickelt war. Eines Tages war sie mit einem Schüler aus einer höheren Klassen in Streit geraten. Er war gut einen Kopf größer als sie und viel kräftiger. Doch wieder einmal sah Sheng rot. In wilder, unbeherrschter Wut schlug sie auf ihn ein, bis er bewußtlos und blutend am Boden lag.

Am Ende dieses Tages, als sie allein in ihrem Zimmer war, wurde sie das Bild dieser letzten Schlägerei nicht mehr los. Nicht die Strafen der Lehrer und der Schulleitung setzten ihr zu, sondern sie sah sich selbst plötzlich, wie sie diesen großen Jungen schlug, beherrscht von dem einzigen Wunsch, ihm weh zu tun. Es war, als stünde sie beobachtend neben sich, und die ganze Häßlichkeit ihres Verhaltens wurde ihr deutlich. Sie sah nicht nur, wie ihr Gesicht vom Zorn entstellt wurde und wie ihre Hände und Füße den Jungen verletzten, sondern sie erkannte auch all die finsteren Regungen ihrer Seele, die so sehr Besitz von ihr ergriffen hatten. Sie war erschüttert über sich selbst. Der Kloß in ihrem Hals wurde immer dicker, und schließlich begann sie zu weinen, wie sie es schon lange nicht mehr getan hatte. Und da kam diese Geborgenheit wieder, die Erinnerung an Großvater und seinen geliebten Jesus, und Sheng wußte plötzlich, daß sie sich eben mit Gottes Augen gesehen hatte. Sie begann, mit Jesus zu sprechen und sagte ihm, wie entsetzt sie über sich selbst sei und wie traurig über ihr eigenes Verhalten. Lange Zeit weinte sie so vor Gott und erzählte ihm von all den schlechten Dingen, die sie getan hatte und die ihr nach und nach einfielen. Dann wurde sie allmählich ruhiger, sie fühlte sich sehr erleichtert und wußte, daß Jesus sie gehört und ihr vergeben hatte. Während sie begann, ihm dafür zu danken, veränderte sich plötzlich alles, es war, als würde ein Meer von Frieden und Freude das Zimmer erfüllen, es war schöner und stärker als alles, was Sheng je erlebt hatte. Sie ahnte, jetzt ist Gott nicht nur im Zimmer, sondern in mir drin, ich gehöre jetzt ihm und er wird immer bei mir bleiben. Könnte es möglich sein, daß Gottes Nähe so schön ist? Möglicherweise hatte sie nun gefunden, was sie immer gesucht hatte?

Von diesem Tag an war Sheng wie verwandelt. Der Friede und die Freude blieben, und wenn sie ihre Schulkameraden sah, fühlte sie so etwas wie Liebe zu ihnen in sich aufsteigen, selbst denen gegenüber, die sie zuvor immer besonders gehaßt hatte. Es gab keine einzige Schlägerei mehr, an der sich Sheng beteiligte, und sie stritt auch nicht mehr so wie früher. Zunächst dachten alle, sie stünde noch unter dem Schock der letzten, schlimmen Schlägerei, doch von Tag zu Tag wurde Sheng freundlicher und strahlte mehr Liebe aus, so daß sich die Lehrer und Schüler sehr zu wundern begannen. Sheng war begeistert, weil das Leben von Gott mit Frieden, Freude und Liebe so viel schöner war als das Leben unter der Herrschaft von Zorn, Haß und Wut. Und sie wußte, daß die Veränderung, die sich in ihr vollzogen hatte, ein Wunder war, das Gott selbst getan hatte, mit eigener Willenskraft und größter Anstrengung hätte sie nicht einmal einen halben Tag lang so lieb sein können. Natürlich war nun ihr Interesse geweckt, mehr über diesen Jesus zu erfahren, der so viel Positives in ihrem Leben ausgelöst hatte. Und je mehr sie sich mit Gott und der Bibel beschäftigte, um so kostbarer wurde er ihr. Bei allem, was sie tat, betete sie in ihrem Herzen oder sang leise die Lieder vor sich hin, die sie in den Gottesdiensten gelernt hatte.

Langsam änderten auch die Schulkameraden ihre Haltung Sheng gegenüber, denn aus der gefürchteten und verhaßten Sheng wurde nun eine zunehmend liebenswerte und angenehme Person, mit der man gerne zusammen war. Und Sheng begann, die Menschen in ihrer Umgebung mit den Augen Gottes zu sehen. Immer mehr wurde ihr bewußt, daß auch sie von Gott aus Liebe geschaffen worden waren, und daß Gott sich ebenso danach sehnte, ihr Freund und Vertrauter zu sein, wie er es für sie selbst geworden war. So begann sie, für ihre Klassenkameraden zu beten, ihnen von Jesus zu erzählen und ihnen christliche Lieder beizubringen. Es dauerte nicht lange, da waren die ersten sieben Mitschülerinnen so weit, daß auch sie Jesus als ihren Herrn annehmen wollten. Diese neugeborenen Christinnen sehnten sich nun danach, ebenso wie Sheng selbst, viel mehr von Jesus zu erfahren, also nahm Sheng sie mit zu den Gottesdiensten, die immer Samstag nachmittags begannen. Diese Gottesdienste gingen meist sehr lange, die Leute nahmen dazwischen gemeinsame Mahlzeiten ein, verbrachten zum Teil auch die Nacht zusammen am Versammlungsort und hatten am Sonntag weitere Gottesdienstzeiten. Sheng und die sieben anderen Mädchen gingen nun regelmäßig zusammen zu diesen Treffen und blieben immer bis Sonntag nachmittag mit den Christen zusammen, so daß sie erst Sonntagabends wieder im Schlafsaal der Schule eintrafen. Manchmal dauerten die Gottesdienste sonntags auch bis spät in die Nacht hinein, so daß die Mädchen erst am Montag frühmorgens wieder in der Schule waren. Das blieb natürlich nicht unbemerkt. Der Schulleiter, der ein parteitreuer Mann war, begann, sich zu informieren, wo diese Schülerinnen ihre Wochenenden verbrachten.

Eines Morgens wurde vom Schulleiter eine außergewöhnliche Versammlung anberaumt, zu der sich alle Schüler und Lehrer im Hof einfinden mußten. Auf einer provisorischen Bühne stand ein Mikrofon, über das sich der Rektor an die große Zuhörerschar wandte: »Unser ganzes Volk glaubt an den Marxismus und die Worte des großen Vorsitzenden Mao. Wir glauben nicht an Gott, und es gibt auch keinen Erlöser, wir brauchen keinen Heiland. Aber in dieser Schule haben wir eine Schülerin, deren Denken rückwärts gerichtet ist. Sie selbst glaubt an Jesus, und darüber hinaus hat sie einige andere Schülerinnen hinterlistig belogen, so daß diese nun auch meinen, an diesen Jesus glauben zu müssen. Natürlich darf ein solcher Schandfleck nicht ungestraft auf unserer Schule bleiben, ...« Am Ende seiner Rede nannte er Sheng beim Namen und verwarnte sie aufs schärfste.

Alle Köpfe drehten sich um, und mehrere hundert Augenpaare ruhten auf Sheng. Die anderen Schüler, die erleichtert waren, daß diese Versammlung nichts mit ihnen zu tun hatte, begannen zu tuscheln: »Kennst du die? Ist das nicht die, die einmal einen Jungen k.o. geschlagen hat? Ich kenne eine Klassenkameradin von ihr, die hat mir erzählt, daß ...« Dazwischen stand Sheng, ohne zu erröten. Ihr schien diese Szene erstaunlicherweise nicht peinlich zu sein. Sie fühlte die Blicke der anderen und hörte das Geflüster, doch auf ihrem Gesicht lag ein entspanntes Lächeln, und aus ihren Augen leuchtete eine tiefe Liebe. Während die anderen sie verächtlich musterten, schienen ihre Augen zu erwidern: »Jesus ist so liebenswert, komm und lerne ihn auch kennen!«

Einige Wochen später kamen zwei bekannte Männer Gottes in die Gegend zu Besuch und wollten im Haus von Shengs Großvater übernachten. Sheng freute sich sehr auf diese Pastoren und hätte es nicht ausgehalten, gleichzeitig in der Schule sein zu müssen. Also schrieb sie einen Antrag auf Freistellung vom Unterricht wegen besonderer Gäste. Dieses Formular mußte sie im Verwaltungsbüro vorlegen, wo gleichzeitig einige Lehrer und Schüler anwesend waren. Als sie dann die offiziell gestempelte Bewilligung in Händen hielt, entschlüpfte ihr ein »Halleluja, danke Jesus!« Ihr Klassenlehrer, als er das hörte, drehte sich entsetzt um und fuhr sie an: »Was war das denn eben?« Alle starrten sie an und schüttelten den Kopf über sie. Obwohl die meisten Lehrer ihren Glauben nicht nachvollziehen konnten, mußten sie aber doch zugeben, daß dieses ehemals so schwierige Mädchen völlig verwandelt und viel angenehmer war.

Im weiteren Verlauf des Jahres wurde Sheng ständig getadelt, weil sie immer mehr Schülerinnen und Schüler mit zu den Gottesdiensten nahm. Sie bekam einen Verweis nach dem anderen und wurde sowohl öffentlich als auch persönlich einige Male verwarnt. Doch Sheng ließ sich nicht zurückhalten, sie folgte ihrer innersten Sehnsucht nach Gott, so daß sie schon bald häufiger in Gottesdiensten als im Unterricht war. Schließlich entschloß sie sich, die Schule zu verlassen und bereitete sich darauf vor, ganz für Gott zu leben.

Die Mehrzahl der Gottesdienstbesucher waren ältere Leute. Es war für sie erstaunlich und sehr schön zu sehen, mit welcher Hingabe dieses junge Mädchen Jesus liebte. Sie sahen, daß Gott eine besondere Berufung auf sie gelegt hatte, und sie hatten sie herzlich lieb. Wann immer ein besonderer Gottesdienst in der Gegend war, luden die älteren Geschwister Sheng dazu ein, und sie kam immer voller Begeisterung mit. So besuchte sie alle Tauf- und Abendmahlsgottesdienste im ganzen Umkreis, war immer dabei, wenn irgendwo ein Gastredner sprach, und in den regulären Gottesdiensten wurde sie immer häufiger gebeten, den Leuten neue Lieder beizubringen und die Anbetung zu leiten.

Eines Abends hatten sich über vierhundert Christen versammelt, um einen besonderen Gottesdienst zu feiern, doch der Prediger war nicht gekommen. Da baten die Gläubigen Sheng, daß sie sprechen sollte. Natürlich war sie zuerst sehr überrascht und lehnte höflich ab, doch dann verstand sie, daß dies auch der Wunsch Gottes war. Also erhob sie sich und trat vor die Menschen. Sie hatte noch nie gepredigt und war auch noch nie vor einer annähernd großen Menschengruppe gestanden. Doch als sie zu reden begann, kam die Salbung des Heiligen Geistes auf sie, und sie redete flüssig und mitreißend. Sie selbst war überrascht und ergriffen von dem, was sie sagte. Die Zuhörer waren fasziniert und konnten kaum glauben, was sie da sahen. Es war ein Wunder, das sich vor ihren Augen abspielte. Ein so junges Mädchen, das Jesus noch gar nicht lange kannte, keine theologische Ausbildung hatte und noch nie vor Menschen geredet hatte, verwandelte sich vor ihren Augen in eine vollmächtige Predigerin, die in großer Klarheit und Eindringlichkeit die Bibel auslegte. Bald schon verebbte das neugierige Staunen und machte tiefer Ergriffenheit Platz. Tränen begannen zu fließen. Und dann übernahm der Heilige Geist persönlich die Versammlung. Nun weinten und schluchzten alle. Sheng war mitten unter ihnen. Eine sehr außergewöhnliche Gebetszeit begann, in der die Menschen ihre Herzen vor Gott ausschütten konnten, der Sünde überführt und von Gottes Liebe überwältigt wurden. Dieser ungewöhnlich lange und denkwürdige Gottesdienst war die klare, sichtbare Bestätigung Gottes, daß er Sheng zu einem besonderen Dienst gesalbt hatte.

Es war eine schwierige Zeit für die Christen in jener Provinz. Von der offiziellen Politik und den Medien wurde Religion grundsätzlich verpönt. Wenn überhaupt, so waren christliche Aktivitäten nur unter der Aufsicht und Leitung der Partei erlaubt. Wer sich nicht freiwillig den staatlichen Kontrollen unterwarf, wurde dazu gezwungen. Für viele Christen waren die staatlichen Auflagen unannehmbar. Zum Beispiel das Verbot für Minderjährige, an Gottesdiensten teilzunehmen, widersprach allen Vorstellungen christlicher Eltern, die ihre Kindererziehung nicht dem Staat überlassen wollten. Damit gerieten viele Christen unweigerlich in die Illegalität. In der Provinz, wo Sheng zu Hause war, hatte sich die Lage besonders zugespitzt. Die meisten geistlichen Leiter wurden mit Haftbefehl gesucht und mußten sich tagsüber fern von ihren Häusern, Familien und Gemeinden verstecken. Aber sie ließen sich nicht einschüchtern, sondern kamen regelmäßig nachts zu den Versammlungsorten der Christen, um ihren Hausgemeinden zu dienen. Diese Treffen waren häufig spontan, abhängig davon, ob die Pastoren es wagen konnten, auf die Straße zu gehen. Trotzdem waren die Gottesdienste immer überfüllt. Wer zu einem solchen Treffen gehen wollte, mußte entweder barfuß oder in weichen Hausschuhen gehen, damit keine Schritte zu hören waren. In dieser Gegend ist es im Sommer sehr heiß, auch in der Nacht bleiben die Temperaturen relativ hoch. Wenn dann in den vollkommen überfüllten Wohnungen die Leute sangen, tanzten und sich in Gott freuten, dann konnte es unglaublich heiß werden. Aber egal wie verschwitzt alle auch waren, die Fenster und Türen mußten fest verschlossen bleiben und wurden mit schwarzen Tüchern sorgfältig abgedeckt, damit kein Lichtstrahl oder Geräusch nach draußen gelangen konnte. Vor dem Versammlungshaus und in der Umgebung waren Posten aufgestellt, welche die Straßen beobachten mußten, um gegebenenfalls die Geschwister zu warnen, wenn eine Polizeipatrouille unterwegs war. Drei Jahre lang lebte Sheng unter diesen schwierigen Bedingungen.

Als Sheng dann siebzehn Jahre alt geworden war, kam einmal ein alter Pastor zu Besuch in ihre Gemeinde. Er predigte über den Satz in Römer 12, Vers 1: »Angesichts des Erbarmens Gottes ermahne ich euch, meine Brüder, euch selbst als lebendiges und heiliges Opfer darzubringen, das Gott gefällt, das ist für euch der wahre und angemessene Gottesdienst«. Während sie da saß und der Predigt zuhörte, merkte sie immer deutlicher, daß dies heute kein alltäglicher, allgemein-schöner Gottesdienst war. Jetzt meinte Gott sie persönlich. Der Heilige Geist drängte sie sehr zart, sie fühlte sich hin- und hergerissen und ahnte, daß sie sich entscheiden mußte, wie sie auf diese Worte reagieren wollte. Als dann nach der Predigt gebetet wurde, kniete sie sich auch nieder und öffnete sich ganz für Gott. Sie betete: »Lieber Herr Jesus, du hast für mein Leben den allerteuersten Preis bezahlt, dein kostbares Blut. Von heute an will ich mich vollständig dir weihen. Bitte laß mich ein dir angenehmes, lebendiges Opfer sein.«

Kurz darauf lernte Sheng einige junge Leute kennen, von denen sie sich sehr faszinieren ließ und die ihr ein großer Ansporn waren, weiterhin alles auf Jesus zu setzen. Die Gruppe bestand aus mehreren jungen Männern, die erst vor wenigen Tagen aus dem Gefängnis entlassen worden waren, wo sie um ihres Glaubens willen hatten leiden müssen sowie einer jungen Frau, die kaum mehr als zwanzig Jahre alt war. Ihr Name war Schwester Bai. Sie hatte ihre Heimat verlassen, um ganz für Gott zu leben. Ihr Vater war damals zur örtlichen Geheimpolizei gegangen, hatte ihr Foto vorgelegt und die Polizeikader aufgefordert, seine Tochter zu suchen und festzunehmen, um sie umzuerziehen und ihr die »religiösen Flausen« auszutreiben. Seither mußte diese junge Frau im Untergrund leben und immer mit ihrer Verhaftung rechnen. Obwohl also diese ganze Gruppe polizeilich gesucht wurde, sorgten sie sich wenig darum, solange sie andere Christen nicht gefährdeten. Sie versammelten sich mit den anderen Christen bei jeder Gelegenheit, als ob das für sie ganz normal wäre. Dann ermutigten sie immer die anderen Christen, sich zu freuen und unerschrocken zu sein, Jesus von ganzem Herzen zu lieben und sich keine Ängste einreden zu lassen. Schwester Bai beruhigte die Gemeinden häufig mit den Worten: »Wenn die Geheimpolizei eine Razzia machen sollte, dann kommen sie sicher nicht euretwegen sondern nur wegen uns. Habt also keine Angst, es wird euch nichts passieren!« Das Vorbild dieser jungen Christin beeindruckte und beeinflußte Sheng nachhaltig in ihrem eigenen Christsein.

Von Gott gesandt

Unbeeinflußt von der Unterdrückung, die von offizieller Seite aus gegen die Christen erging, erlebten die Hausgemeinden in den Monaten zwischen Ende 1981 und Frühjahr 1982 eine besondere Zeit des Segens und der Erweckung. Die Suche und Sehnsucht nach Gott erfaßte zuerst die Christen, dann ihre Umgebung. Laufend kamen neue Menschen zu den Gemeinden, die auch Jesus kennenlernen wollten. Die Gemeinden begannen, aus allen Nähten zu platzen. Gegen Ende der Frühlingsferien kamen einige Abgesandte aus Gemeinden eines anderen Gebietes zu Shengs Gemeinde. Sie hatten eine dringende Bitte: »Unsere Zahl der Gläubigen ist stark gestiegen, und es sind viele neue Christen dabei, die nur wenig über Jesus wissen und dringend Belehrung und Seelsorge brauchen. Bitte, könntet ihr uns nicht einige eurer Leute ausleihen?« Daraufhin wurden einige spezielle Gebetstreffen einberufen, um für diese Angelegenheit Gottes Willen zu erfahren. Die Gemeinde wählte dann fünf junge Männer und acht Frauen und Mädchen aus, die aus den Hausgemeinden der Stadt »F« und des umliegenden Bezirks »G« kamen. Sie waren alle zwischen fünfzehn und zwanzig Jahren alt. Unter ihnen war auch Sheng, die mit ihren inzwischen achtzehn Jahren zu den Älteren zählte.

Nach einem letzten Gebet, Segensworten, Ermahnungen, herzlichen Wünschen und Verabschiedungen zog die kleine Gruppe los. Auf dem Weg zum Busbahnhof sangen sie gemeinsam einige der Lieder, die sie aus den Gottesdiensten kannten. Einerseits freuten sie sich, von der Gemeinde ausgewählt worden zu sein und Gott mit ihrer Reise dienen zu dürfen, andererseits war ihnen auch sehr wohl bewußt, daß ihre Reise nicht ungefährlich war. Die Geheimpolizei würde sicher nicht einverstanden sein mit dem Predigen auf den Straßen, das sie geplant hatten.

Es war ein typischer, alter, ächzender Bus, in den sie sich zusammen mit vielen anderen Menschen und Gepäckstücken aller Art hineinzwängten. Viele von ihnen waren noch nie so weit von ihrem Heimatort entfernt gewesen. Nach zwei Stunden staubiger und holpriger Fahrt waren sie am Ziel. Wie sie es schon zu Hause in der Gemeinde geplant hatten, trennten sie sich nun und gingen, ohne viele Worte zu verlieren, in fünf verschiedenen Gruppen los. Zunächst gingen sie von Haus zu Haus, klopften oder klingelten und erzählten den Menschen, die sie antrafen, von Jesus. So durchkämmten die Teams mehrere benachbarte Ortschaften.

Gegen Abend des zweiten Tages, als alle Teams müde waren und jede Gruppe für sich beschlossen hatte, nun eine Pause einzulegen und an diesem Tag nicht mehr weiter zu evangelisieren, da trafen sich plötzlich alle Teams an dem gleichen Platz am Rande eines Dorfes. Dieses Treffen war vollkommen ungeplant und um so schöner. Welch eine Freude, als ein Team nach dem anderen aus den verschiedenen Richtungen auftauchte. Wie liebevoll der Heilige Geist das arrangiert hatte! Es begann eine rege Zeit des Erzählens. Wieviel sie doch in diesen eineinhalb Tagen alle erlebt hatten! Viele berichteten, wie die Leute während der Gespräche, die sie mit ihnen geführt hatten, Jesus als Herrn angenommen und an ihn zu glauben begonnen hatten. Jede dieser Geschichten löste leisen Jubel aus. Andere erzählten unter Tränen, wie man sie verspottete und nicht angehört hatte. Da sie alle noch so jung waren und zum ersten Mal an einem Einsatz dieser Art teilnahmen, hatten sie auch durchaus ihre Schwierigkeiten, mit den abweisenden, feindseligen Reaktionen der Leute umzugehen.

Sheng und einige andere in der Gruppe, die schon etwas älter und erfahrener waren, versuchten, die übrigen zu trösten:»Jesus sagte, daß er im Gegensatz zu den Vögeln, die Nester haben, wo sie schlafen können, und zu den Füchsen im Wald, die sich Höhlen graben können, keinen Platz hatte, wo er sich zum Schlafen hinlegen konnte. Ständig wurden die Menschen gegen ihn aufgehetzt, sie versuchten, ihn zu steinigen, und sie spukkten ihm voller Verachtung ins Gesicht. Jesus ließ das alles mit sich geschehen, obwohl er Gott ist.« Und dann erinnerten sie die Gruppe daran, was Paulus über seinen Alltag als Prediger und Evangelist berichtet hatte:

»Ich ertrug mehr Mühsal, war häufiger im Gefängnis, wurde mehr geschlagen, war oft in Todesgefahr. Fünfmal erhielt ich von Juden die neununddreißig Hiebe; dreimal wurde ich ausgepeitscht, einmal gesteinigt, dreimal erlitt ich Schiffbruch, eine Nacht und einen Tag trieb ich auf hoher See. Ich war oft auf Reisen, gefährdet durch Flüsse, gefährdet durch Räuber, gefährdet durch das eigene Volk, gefährdet durch Heiden, gefährdet in der Stadt, gefährdet in der Wüste, gefährdet auf dem Meer, gefährdet durch falsche Brüder. Ich erduldete Mühsal und Plage, durchwachte viele Nächte, ertrug Hunger und Durst, häufiges Fasten, Kälte und Blöße. Um von allem andern zu schweigen, weise ich nur noch auf das hin, was täglich auf mich eindringt: die Sorge für alle Gemeinden. Wer leidet unter seiner Schwachheit, ohne daß ich mit ihm leide? Wer kommt zu Fall, ohne daß ich von Sorge verzehrt werde?« (2 Kor 11,23-29)

So ermutigten sie sich gegenseitig, bis sich alle wieder sicher waren, daß sie unter dem Schutz und der Geborgenheit Gottes standen. Nach einer ruhigen, erholsamen Nacht gingen sie am nächsten Morgen wieder als Kleingruppen an die Arbeit, durchzogen die Ortschaften und erzählten den Menschen von Jesus.

Vier Tage lang waren sie so unterwegs, und der Heilige Geist war spürbar und sichtbar bei ihnen. Auch viele der Zuhörer, die zum ersten Mal von Jesus hörten, erkannten seine Kraft und seine Liebe. In einem Dorf wurde die Autorität und Wirksamkeit des Heiligen Geistes besonders deutlich. Dort lebte eine einfache Familie mit mehreren erwachsenen Kindern. Einer ihrer Söhne war von bösen Geistern besessen. Er duldete keinen Menschen in seiner Nähe, war oft nicht zu bändigen, hatte häufig Phasen, in denen er wild und unkontrollierbar tobte, und er terrorisierte die ganze Familie. Als die verzweifelten Eltern hörten, daß eine Gruppe junger Christen in ihrem Dorf sei, suchten sie die Christen auf und baten und drängten sie, ihrem Sohn zu helfen. So gingen die jungen Leute mit ihnen nach Hause, wo sie zunächst begannen, von Jesus zu erzählen. Sie erklärten alles, wer Jesus war, warum er auf die Erde gekommen war, was passieren würde, wenn sie an Jesus glauben würden. Und natürlich vergaßen sie nicht zu erzählen, daß Jesus Macht hat über alle Mächte und Kräfte der Finsternis. Die ganze Familie hörte aufmerksam zu, mit Ausnahme des besessenen Sohnes, der sich irgendwo versteckt hatte. Dann baten die Christen um die Erlaubnis, alle Götzen im ganzen Haus zu zerstören. Dies war ein schwerer Schritt für diese traditionsverbundenen, religiösen Leute, doch sie willigten ein. Erst danach ließen die Christen den Jungen holen. Im Namen Jesu, in seiner Vollmacht und Autorität, geboten sie den Geistern, diesen jungen Mann zu verlassen. Und es geschah! Innerhalb weniger Momente erwachte er wie aus einer Betäubung. Er wunderte sich etwas, schaute staunend und überrascht um sich und war vollkommen frei, normal und gesund. Die Freude der Eltern und Verwandten kannte keine Grenzen, und sie nahmen alle zusammen Jesus als ihren Herrn und Gott an. Es herrschte unbeschreiblicher Jubel in diesem Haus.

Die Familie hatte die Christen daraufhin natürlich gedrängt, bei ihnen zu Gast zu bleiben, so lange sie wollten und ihnen noch viel von Jesus zu erzählen. Doch noch am selben Abend kamen Boten aus dem Nachbarhaus und berichteten, daß dort ein Familienmitglied plötzlich sehr seltsam und gewalttätig geworden war, und sie baten die Christen, möglichst sofort zu kommen und zu helfen. So gingen alle ins Nachbarhaus und fanden, daß die bösen Geister dort einen Menschen besetzt hatten. Also erklärten die Christen der ganzen Familie, wie sie es an diesem Tag schon einmal getan hatten, alles über Jesus, zerstörten alle Götzen und Altäre im Haus und beteten danach mit der besessenen Person. Und wieder mußten die Dämonen dem Gebot im Namen Jesu gehorchen und diesen Menschen verlassen. Auch in dieser Familie herrschte große Freude, und auch hier wurden noch am selben Tag alle zusammen Christen. Doch noch bevor das große Festessen gegeben werden konnte, kamen Boten von den dritten Nachbarn: Ihr Kind war urplötzlich verändert, gerade so, als wäre der Teufel in es gefahren.

Es war erstaunlich. Aber die Dämonen gingen von Haus zu Haus, und die Christen blieben ihnen auf den Fersen. Die Folge war, daß innerhalb von Stunden jede einzelne Familie dieses Dorfes Jesus als Herrn angenommen hatte. Ein Haus, das mehrere große, ungenutzte Räume besaß, wurde zum Versammlungsort erklärt, und von da an trafen sich alle Dorfbewohner jeden Abend, um gemeinsam zu singen, zu beten und Gott kennenzulernen. Für die jungen Christen war es überaus faszinierend, Gott so wirken zu sehen. Aus dem Nichts hatte er eine so große, schöne Gemeinde geschaffen, ein ganzes Dort war zum Glauben gekommen!

Unterdessen waren die anderen Teams in anderen Ortschaften unterwegs. Bruder Gui und seine Gruppe bekamen vom Heiligen Geist eine ganz besondere Salbung. Sie waren in ein etwas entfernteres Dorf gegangen. Zunächst stellten sie sich auf den Dorfplatz und begannen einfach, dort zu predigen:»Das Reich Gottes ist zu Ihnen gekommen, Sie können jetzt von Ihrem alten, gottlosen Leben umkehren und an Jesus glauben. Jesus ist der Sohn Gottes, der auf die Erde kam, hier als Mensch lebte und gekreuzigt wurde. Er ist der Weg zu Gott, der einzige Weg, er ist die Wahrheit, er ist das Leben, ...« Sie hatten viele kleine Heftchen dabei, die sie vor der Reise extra hatten drucken lassen, in denen eine kurze Zusammenfassung der Guten Nachricht von Jesus stand. Diese verteilten sie an alle Passanten, während immer abwechselnd einer von ihnen laut redete. Und sie hatten auch eine ganze Menge Plakate dabei, die sie entlang den Straßen anklebten. Auf diesen Postern standen Aussagen wie: »Glauben Sie an Jesus, dann haben Sie ewiges Leben. Verehren Sie den lebendigen Gott. Ihre Seele ist sehr kostbar. Gott hat die Welt so sehr geliebt, daß er seinen einzigen Sohn hingab, damit jeder, der an ihn glaubt, nicht zugrunde geht, sondern das ewige Leben hat (Joh 3,16). Es ist dem Menschen bestimmt, ein einziges Mal zu sterben, worauf dann das Gericht folgt (Hebr 9,27).« Die Leute wurden aufmerksam, begannen nachzudenken, stellten den Christen viele Fragen, der Heilige Geist war am Wirken, und dann wurde einer nach dem anderen Christ.

Wenig später wurde Bruder Gui vom Heiligen Geist geleitet, in ein anderes Dorf zu gehen. Zunächst waren sie dort überhaupt nicht willkommen. Obwohl es an diesem Ort sogar einige Christen gab, wollte niemand etwas mit ihnen zu tun haben, und niemand lud sie in ihr Haus ein. Doch das Team ließ sich nicht entmutigen. Sie wußten, daß Gott sie zu diesen Menschen gebracht hatte, also blieben sie. Während sie noch betend durch die Straßen gingen und darauf warteten, daß der Heilige Geist ihnen sagen würde, was sie tun sollten, holte sie ein gebeugter, älterer Herr ein und zupfte Bruder Gui schüchtern am Ärmel. »Entschuldigen Sie bitte, darf ich Sie einen Moment stören?« Und der Mann erzählte, daß sein jüngster

Sohn unheilbar krank sei. Ob der Gott der Besucher da wohl helfen könne? Bruder Gui hörte sich die Geschichte an. Es handelte sich um einen zehnjährigen Jungen, der vor einigen Jahren Hirnhautentzündung gehabt hatte. Seither war er schwer behindert. Er gab ständig seltsame Laute von sich, weinte sehr viel und niemand konnte ihn verstehen, wenn er zu sprechen versuchte. Die Christen wurden von Gottes Barmherzigkeit ergriffen, während sie dem verzweifelten Vater zuhörten. Sie gingen mit ihm nach Hause und erzählten der ganzen Familie von Jesus und erklärten, wie man Christ werden kann. Alle Zuhörer machten den Schritt, glaubten an Jesus, und die Christen beteten mit ihnen. Dann bat die Familie darum, doch auch für ihr krankes Kind zu beten. Der Junge wurde zu Bruder Gui gebracht. Dieser legte seine Hände auf den Kopf des Kindes und sagte schlicht, aber voller Glauben:»Im Namen Jesu von Nazareth befehlen wir dir, zu sprechen!« Im selben Moment riß sich der Junge von ihm los, rannte aus dem Zimmer und hinaus ins Freie. Er rannte einmal um den Hof, dann kam er wieder herein, ging auf Bruder Gui zu, blieb vor ihm stehen, sah ihn klar und fest an und sagte mit einer schönen, hellen Stimme:»Onkel, wie geht es Ihnen? Gelobt sei Gott!«

Minuten später stand das ganze Dorf Kopf. Alle wollten mehr über diesen Gott erfahren, der das getan hatte. Noch am selben Tag kamen viele Menschen zum Glauben an Jesus. Die ganze Umgebung wurde aufmerksam. Wohin die jungen Leute auch gingen, sie wurden herzlich willkommen geheißen. Wo es in anderen Dörfern schon Christen gab, kamen sie jetzt und luden das Team ein, auch zu ihnen zu kommen, bei ihnen zu wohnen und zu predigen. Die Einladungen kamen so zahlreich, daß Bruder Gui viele christliche Familien aus der Umgebung enttäuschen mußte.

Über all diesen phantastischen Ereignissen waren erst vier Tage vergangen. Am fünften Tag kamen die verschiedenen Teams alle wieder zusammen, berichteten von ihren Erfahrungen und überlegten, wie sie weiter vorgehen sollten. Bruder Gui empfing die Anweisung des Heiligen Geistes, in die Stadt »E« zu gehen, wo an diesem Tag ein Markt stattfinden sollte. Es war eine relativ große Stadt, in der sehr viele Menschen auf engstem Raum zusammen wohnten. Aber die Leute dort waren innerlich verhärtet, sie lebten ganz offen in allen möglichen Perversionen und unmoralischen Beziehungen. Die Stadt war bekannt dafür, daß sie sich allem, was mit Gott zu tun hatte, total verschlossen hatte. Einige Christen, die in der Vergangenheit versucht hatten, hier zu predigen, wurden gewaltsam daran gehindert. Auch zu Prügeleien war es gekommen, weil die Menschen in »E« den Namen Jesus einfach nicht hören und das Licht, das er bringen will, nicht ertragen konnten.

Auf dem Weg in die Stadt erinnerten sich Bruder Gui und seine Gefährten daran, wie vor Jahren einmal ein Christ in diese Stadt gekommen war, um zu predigen. Er hatte nur wenige Worte über Jesus zu den Passanten auf der Straße gesagt, bevor er fürchterlich zusammengeschlagen wurde, bis er blutüberströmt liegenblieb. Sie dachten auch daran, daß die einzigen Menschen in dieser Stadt, die sich Christen nannten, ohne wirkliche Beziehung mit Gott lebten, sie waren bloße Namenschristen, so daß niemand sie belästigte. Je länger die jungen Leute darüber nachdachten, und je näher sie an die Stadt herankamen, um so klarer schien es ihnen, daß dieser Aufgabe nicht gewachsen waren. Sie gingen immer langsamer, schließlich legten sie eine Pause ein und beratschlagten, ob sie wirklich weitergehen sollten. Eigentlich wollte niemand so recht. Also machten sie kehrt und gingen den Weg zurück, den sie gekommen waren. Sie gingen etwa einen Kilometer weit zurück. Aber dann wurde ihnen bewußt, daß sie sich wie Soldaten verhielten, die einer Schlacht den Rücken kehrten.

Wieder blieben sie stehen, um zu beraten. Dann ergriff Bruder Gui das Wort: »Warum wagen wir es nicht, nach ›E‹ zu gehen? Dort leben so viele Menschen, die vollkommen verloren sind, wenn sie nicht Jesus als ihren Gott kennenlernen! Hat Gott uns nicht gesagt, daß wir in die Stadt gehen sollen? Wir müssen einfach hingehen und es ihnen sagen! Wir sind unter Gottes Schutz, er ist doch bei uns.«

Es war der Heilige Geist, der jetzt zu den jungen Leuten sprach. Sie begannen alle, zu weinen, zu beten und ihre Angst vor Gott zu bekennen. Dann baten sie Gott, ihnen Glaube und Stärke zu geben. Und Gott erhörte ihre Bitte sofort, indem er sie mit tiefer Freude und Geborgenheit erfüllte. So machten sie alle noch einmal kehrt und gingen erneut auf die Stadt »E« zu.

Der Heilige Geist entzündet die Stadt »E«

Während sie sich also zum zweiten Mal der berüchtigten Stadt näherten, geschah etwas Phantastisches: Sie trafen auf eine andere Gruppe von jungen Christen. Es waren sechs Teenager unter der Leitung von Bruder Ahto, die aus der Stadt »F« gekommen waren. Zum größten Teil kannten sie sich sogar gegenseitig. Sie waren ebenfalls auf dem Weg nach »E«, um den Menschen dort von Jesus zu erzählen! Welch eine Freude! Nun waren sie schon zwanzig Leute, und »E« war längst nicht mehr so erschreckend.

Als sie sich dem Zentrum der Stadt näherten, teilten sie sich wieder in kleine Gruppen auf. Jeweils vier Personen bildeten ein Team. Sheng übernahm die Leitung eines Teams, und sie zogen los, durch die Straßen und Gäßchen, in die Restaurants, Läden, Werkstätten und über die Märkte der Straßenhändler und Essensverkäufer. Sie begannen mit jedem, den sie sahen, über Jesus zu reden, überall, wohin sie auch kamen, in welches Gebäude sie auch gingen. Und die Leute blieben stehen, waren neugierig und interessiert, hörten zu und betrachteten sie nachdenklich. Für die Teams war es offensichtlich, daß der Heilige Geist schon sehr am Wirken war. Feindselige Reaktionen begegneten ihnen überhaupt nicht. Die Zahl der Zuhörer stieg. Bald waren die Menschen, die sich um die Christen scharten, so viele, daß der Straßenverkehr behindert wurde. Doch niemand ärgerte sich darüber. Die vielen Fahrzeuge, die vorbeifahren wollten, gerieten in einen Stau, aber die Fahrer regten sich nicht auf, sondern sie stiegen aus und sahen selbst nach, was da los war. Fußgänger hatten keine andere Wahl, als sich dazu zu stellen, denn die Menschen standen so dicht, daß man sich nicht mehr durchdrängeln konnte.

An einer Ecke stand ein Team und predigte. Sie standen mit dem Rücken an die gleiche Hauswand gelehnt, vor der ein paar Schritte weiter ein alter Mann »Mantous« verkaufte, die heißen, weißen, gedämpften Brötchen, die alle Chinesen so gerne essen. Er stand hinter einem klapprigen Wagen, den er auf seinen zwei Rädern an diese Ecke geschoben hatte. Der Wagen diente dazu, die Mantous aufzubewahren und warm zu halten. Da dies eine belebte Ecke war, an der viele Menschen vorbei-kamen, wuchs die Zuhörerschar der jungen Christen rasch. Bald konnten die Hinteren, die neu dazugekommen waren, nicht mehr sehen, wer denn da vorne stand und redete. Sie begannen, zu schieben und zu drängeln. Schließlich wurde der Druck so groß, daß die Menge sich vorwärts schob. Der Mantouverkäufer konnte nicht mehr ausweichen, sein kleiner Wagen wurde umgestoßen, alle Brötchen fielen auf die dreckige Straße, und die immer noch schiebenden Menschen traten achtlos darauf. In dieser Situation hätte es normalerweise eine Schlägerei gegeben, oder es wäre zumindest häßlich geschimpft und geflucht worden. Doch heute war alles anders. Der Mantouverkäufer hatte seinen Wagen anscheinend völlig vergessen, er ließ sich mit der Menge treiben und hörte den jungen Christen zu, die erklärten, wer Jesus ist und warum es so wichtig ist, das zu wissen.

Die Christen hatten, während sie abwechselnd predigten, diese Szene gut beobachten können und wunderten sich sehr, warum der Mantou-verkäufer sich nicht aufregte. Doch im Laufe dieses Tages sollten sie sich an solche und ähnliche Bilder schnell gewöhnen. Denn vielen anderen Straßenverkäufern an anderen Straßenecken erging es bald genauso. Der Zigarettenstand eines jungen Mannes wurde völlig plattgetreten von der großen Zuhörerschar, die sich sofort bildete, als die jungen Christen zu reden begannen. Frauen mit Süßigkeiten mußten alles liegenlassen, Ku-chenstände wurden umgeworfen. Es war ein einziges, großes Wunder, denn keiner der geschädigten Straßenhändler sagte auch nur ein Wort, sie waren alle so auf die Worte über Jesus konzentriert, daß ihnen alles andere gleichgültig geworden war. Einige Stunden später war es so, daß die Stra-ßenverkäufer schon bei den ersten Sätzen der Christen ihre kleinen Stände zusammenklappten und verschlossen, um auch zuhören zu können. Die Christen konnten kaum glauben, was sich da vor ihren Augen abspielte.

In einem kleinen Nudelsuppenrestaurant hatte der Besitzer, während er für einen neuen Kunden die Zutaten ins kochende Wasser hielt, nur noch Augen und Ohren für die Predigt, die auf der gegenüberliegenden Straßenseite gehalten wurde. Er stellte die Suppenschale vor seinen Kunden und kassierte, doch er konnte es kaum noch ertragen, in seinem Restaurant zu bleiben. Unruhig stand er im Eingang, beobachtete alles, was sich draußen abspielte und schaute immer wieder ungeduldig zu seinem Kunden. Schließlich begann er zu drängeln: »Können Sie nicht schneller essen?« Doch auch der Kunde wurde durch die Worte, die von der Straße herein drangen, angezogen. Augenblicke später ließ er seine Suppe stehen, der Besitzer verschloß seinen Laden und beide rannten über die Straße, um alles zu hören, was dort gesagt wurde.

Dort auf der anderen Straßenseite stand ein junges Mädchen von un-gefähr sechzehn Jahren auf einem Holzzaun und erklärte den Leuten, wie man Christ werden kann. Die Zuhörer waren wie gebannt, keiner sagte einen Ton, alle hörten aufmerksam zu. Als das Mädchen mit ihrer kleinen Predigt zu Ende war, kletterte eine Fünfzehnjährige auf den Zaun, schlug die Bibel auf, die sie mitgebracht hatte und erklärte den Menschen alles, was darin über die Schöpfung steht. Nach ihr stand eine andere junge Frau auf und begann, ein Lied vorzusingen:

»Das Leben des Menschen ist vergänglich wie Gras,
es verwelkt wie eine Blume über Nacht.
Warum kämpfst du um Ehre und Reichtum?
Wenn du zum letzten Mal die Hände faltest,
zum letzten Mal die Augen schließt,
was bleibt dann noch?
Aber Gott hat dich aus Liebe geschaffen,
er will dein Freund und Vater sein.
Komm, glaube an Jesus, dann lebst du ewig,
und ewigen Frieden schenkt er dir.«

Die Zuhörer staunten. Aber nicht so sehr über die jungen Leute, die sich so unerschrocken auf die Straße stellten, sondern vielmehr über die Botschaft, die sie da vernehmen konnten. Davon hatten sie noch nie etwas gehört. Daß es einen Gott gibt, der auf die Erde kam und Jesus hieß, das war den meisten neu. Und daß dieser Gott die Menschen liebt und auf ihrer Seite ist, das klang doch fast zu gut, um wahr zu sein! Unterdessen stand Gui im Hintergrund und betrachtete die ganze Szene. Je länger er darüber nachdachte, um so fragwürdiger erschien ihm das Ganze. War es richtig, so zu predigen? Setzte er nicht leichtsinnig die Freiheit seiner jungen Leute aufs Spiel? Immerhin war es bei schwerer Strafe verboten, öffentlich über Gott zu reden. Konnten die Passanten überhaupt verstehen, worüber gesprochen wurde? Fand Gott diese Art der Evangelisation in Ordnung? Während er diesen Fragen nachhing, bekam Gui plötzlich schlimme Magenkrämpfe, ihm wurde furchtbar elend, und er mußte sich mitten auf der Straße übergeben. Seine Knie waren weich, und es machte ihm Mühe, ein paar Schritte weiter zu gehen. Er setzte sich, mit dem Rücken an eine Hauswand gelehnt, schloß die Augen und wünschte sich, weit weg zu sein.

Jemand rüttelte sanft an seiner Schulter: »Bruder Gui, Bruder Gui, was machst du denn hier?« Nur widerwillig sah Gui auf. Neben ihm stand ein junger Mann aus seinem Team, Bruder Lu, der offensichtlich gar nichts ahnte von dem, was in Gui vorgegangen war. Er war begeistert von dem Interesse der Menschen an Gott und seine Freude stand im scharfen Kontrast zu Guis Stimmung. »Schau doch nur, wieviele Leute zuhören! Sie sind so interessiert, keiner geht weiter, es werden immer mehr. Und keine Polizei in Sicht. Bitte komm doch jetzt mit mir und predige, komm, laß uns gehen! Unsere jungen Mädchen haben schon alle einen Beitrag gebracht, aber du weißt doch, daß sie nicht sehr lange reden können. Sie wissen noch nicht so viel über Gott. Sie kennen ihn ja selbst noch nicht lange. Wir brauchen dich jetzt wirklich, du mußt diese Gelegenheit einfach nutzen und richtig predigen!«

Bruder Gui wollte gar nicht in Lus begeistertes Gesicht sehen. Ihm war so elend, er hätte nicht einmal aufstehen können. Resigniert sagte er: »Es tut mir leid, aber ich kann nicht. Mein Magen spielt nicht mit. Mir ist total übel. So leid es mir auch tut, aber ich kann im Moment nicht predigen.«

»Bitte, schaue dir doch nur für einen Augenblick diese Menschen an, die hier stehen. Sie sind stehen geblieben, weil sie mehr von Jesus wissen wollen. Und da willst du nicht predigen? Das glaube ich einfach nicht. Das kann doch nicht dein Ernst sein! Bedenke, daß wir in ›E‹ sind, Gott selbst hat uns hierher geschickt, sonst könnte das niemals alles so geschehen. Und da redest du von Magenschmerzen? Glaubst du nicht mehr, daß Jesus dein Arzt ist? Komm schon, es reicht ja, wenn du fünfzehn Minuten sprichst.« Und Bruder Gui ließ sich von Lu auf die Beine helfen:»Du hast ja recht. Aber mir ist wirklich schlecht.«

Gui hatte noch sehr weiche Knie, während er zurückging, er schwitzte vor Anstrengung und mußte sich schwer auf Lu stützen. Aber als er dann auf den Holzzaun geklettert war und sich die Blicke der Menschenmenge auf ihn richteten, da verschwanden Übelkeit und Schwäche in einem Augenblick. Alle körperlichen und gedanklichen Angriffe waren wie weggeblasen, er richtete sich auf, schwieg einen Moment, um auf den Heiligen Geist zu hören und begann dann, mit ganzer Leidenschaft und viel Salbung zu sprechen. Es war vollkommen still, als er zu predigen begann. Seine Stimme erfüllte die ganze Straße. Er war eigentlich äußerlich eher unscheinbar, lang und dünn, hatte einen leicht gekrümmten Rücken und ein durchschnittliches Gesicht mit einer relativ großen Nase und dicken, dunklen Augenwimpern. Aber aus seinen Augen leuchtete die Liebe Gottes so hell und warm, daß er überaus anziehend aussah. Gott gab ihm viel Kraft und Gnade zum Reden, und die Worte und Sätze strömten nur so aus ihm heraus. Gui erklärte, wie die Sünde in die Welt kam und wie jeder einzelne Mensch wieder zurück zu Gott kommen und aus dem Machtbereich der Finsternis heraustreten kann. Er ließ aber auch nicht unerwähnt, was denen bevorsteht, die, ohne an Jesus zu glauben, eines Tages Gott gegenüber treten müssen. Dann schilderte er, wie Jesus auf die Erde kam, um für die Menschen zu sterben, wie er verspottet und geschlagen wurde und durch seinen Tod die Vergebung für jeden ermöglicht hat. Er fuhr fort zu erklären, wie jeder einzelne das für sich in Anspruch nehmen kann, indem er umkehrt von seinem bisherigen Leben ohne Gott und in das Licht Gottes kommt, und wie man durch Glaube gerettet wird. Während die Menschen ihm zuhörten, begannen sie zu weinen.

In dem Moment kam ein Bote zu ihnen gelaufen und berichtete, daß soeben eines der anderen Teams verhaftet worden sei. Gui, dem die Nachricht überbracht worden war, wandte sich an seine kleine Evangelistengruppe:»Soeben hören wir, daß eines der Teams, die mit uns zusammen hierher kamen, verhaftet worden ist. Aber wir sollten uns davon nicht einschüchtern lassen. Bitte, laßt uns weiter machen. Gott ist mit uns, die Menschen sind erfaßt von dem, was sie hören. Wir wollen die Zeit ausnützen und noch mutiger und kühner reden, in Jesu Namen!« Alle stimmten mit ihm überein, und so setzten sie ihren öffentlichen Gottesdienst mitten auf der Straße fort, und die Menschen blieben stehen und hörten aufmerksam zu. Je länger sie predigten, um so stärker war die Gegenwart des Heiligen Geistes spürbar. Die Zuhörerschar wuchs ständig. Und während sie zuhörten, nahm ihr Interesse immer mehr zu. Eine Sehnsucht nach Gott breitete sich aus. Während die Jugendlichen unablässig redeten, nahmen viele der Umstehenden schon Jesus als ihren Herrn an. Sie senkten einfach ihren Kopf und beteten leise. Genau wie die jungen Leute es ihnen erklärt hatten, sagten sie Jesus, daß sie an ihn glaubten, von ihrem alten Leben umkehren und neu mit ihm anfangen wollten. Es war eine ganz besondere Atmosphäre auf den Straßen von »E« an diesem Tag.

Unterdessen hatte Schwester Sheng eine andere Gruppe geleitet, die ähnlich gute Erfahrungen machte. Als auch sie erfuhren, daß ein Team verhaftet worden war, eilte sie mit ihren Leuten sofort zum städtischen Gefängnis, um zu sehen, was dort los war. Es war ein riesiges Gelände, auf dem sich unter anderem die Verwaltung, ein großes Gerichtsgebäude, Untersuchungshaftanstalt und Gefängnis befanden. Vom Pförtner erfuhr Sheng, daß die Christen sich jetzt im Büro der Geheimpolizei befänden. Vor den Außenmauern des Geländes hatte sich eine große Menschenmenge eingefunden, es waren die Zuhörer des Teams, das verhaftet worden war. Sie waren den Polizeiautos gefolgt und standen jetzt ratlos und leise debattierend vor dem Gerichtshof. Das alleine war bereits eine mutige Tat, denn sich öffentlich zu solidarisieren mit Menschen, die der Geheimpolizei vorgeführt werden, ist in der Regel nicht ungefährlich. Es wäre nicht die erste Massenverhaftung gewesen.

Nach einiger Zeit fuhren mehrere Fahrzeuge durch das Hauptportal, das große Tor blieb offen stehen, und nach kurzem Zögern schob sich die ganze versammelte Menge hinein und breitete sich über den Innenhof des Geländes aus. Es waren etwa 3000 Menschen, die sich unter den Fenstern der Geheimpolizei im offenen Protest eingefunden hatten. Auch das Team von Sheng befand sich nun im Inneren des Geländes. Als sie die vielen Menschen sahen, die mit ihnen im Hof standen und all die Zellenfenster, die auf den Hof blickten, begannen sie, laut zu predigen: »Verliert keine Zeit, glaubt an Jesus!« Da öffnete sich ein Fenster und der Leiter der Geheimpolizei wurde sichtbar. Für einen Moment musterte er schweigend das Bild, das sich ihm bot. Dann zerriß seine scharfe Stimme die Stille: »Es ist nicht erlaubt, hier zu predigen. Wer ist Ihr Anführer? Er soll sich sofort bei mir melden! Wenn ihm eine gute Erklärung für den Tumult einfällt, lassen wir Sie alle wieder gehen.« Das Fenster schloß sich, und die Christen fuhren fort, laut zu predigen.

Immer mehr Schaulustige begannen, sich in den Hof zu drängen. Die Polizisten waren entsetzt und wütend, doch sie zögerten, weil sie angesichts der großen Menge unsicher waren, wie sie vorgehen sollten. Schließlich wurde es ihnen aber wohl doch zu bunt, und mit größtmöglichem Aufgebot kamen sie in den Innenhof, schoben und stießen die Leute zurück auf die Straße und verhafteten sechs Christen aus Shengs Team, die durch ihr beherztes Predigen besonders aufgefallen waren. Sie legten ihnen Handschellen an und befahlen ihnen, im Hof zu warten, bis sie geholt würden. Dann zog sich die Polizei wieder ins Innere der Gebäude zurück. Als das die anderen sahen, die im Verlauf dieses Tages an Jesus zu glauben begonnen hatten, drängten sie zurück, wieder hinein in den Hof. Nur die Schaulustigen blieben auf der Straße, doch diese neuen Christen, die erst wenige Stunden »alt« waren, ließen sich nicht einschüchtern. Zusammen mit den sechs Christen knieten sie sich auf den Asphalt und begannen, laut zu beten. Dabei sprach eine Person jeweils einen Satz, und dann bestätigte die ganze Gruppe dies mit einem gemeinsamen, lauten »Amen«. Es war faszinierend, was da geschah, denn niemand hatte diesen Menschen gesagt, wie man betet, trotzdem klangen ihre Gebete, als hätten sie dies schon immer getan. Es herrschte vollkommene Einheit zwischen den Betenden.

Dann leitete Schwester Sheng das Gebet: »Herr, ich bitte dich, erlaube der Saat des Evangeliums, hier in der Stadt ›E‹ Wurzeln zu schlagen, daß viele Menschen sich von ihrem alten Leben abwenden, an dich glauben und durch deine Gnade gerecht werden. Wir sind mehr als bereit, dafür unser Leben zu riskieren.« Alle antworteten einstimmig:»Amen.« Dann betete eine andere Frau weiter:»Heiliger Geist, wir bitten dich, bringe die Menschen hier dazu, an Jesus zu glauben. Es macht uns nichts aus, wenn wir leiden müssen und geschlagen werden, wenn nur viele Menschen dich als Herrn ihres Lebens annehmen.« Und wieder erscholl ein kräftiges »Amen!«. Auch für die Polizei wurde gebetet:»Herr, bitte vergib den Polizisten und Kadern, was sie tun. Sie kennen dich nicht. Wir bitten dich, rede du heute zu ihnen und laß sie auch von deiner Liebe erfaßt werden. Bringe sie dazu, umzukehren!« Und immer wieder erklang das herzliche »Amen! Amen!«. Es war so laut, daß es im weiten Umkreis zu hören war. Es erfüllte nicht nur die Luft, sondern auch viele Herzen wurden davon erschüttert, Gefangene und Polizisten gleichermaßen.

Unterdessen waren die sechs gefesselten Christen weggebracht worden. In einem kahlen Raum wurden sie einzeln verhört. Nacheinander standen sie einer Gruppe von Geheimpolizisten gegenüber, die sie bedrohlich musterten und dann begannen, Fragen zu stellen:

»Warum sind Sie in unsere Stadt gekommen?«

»Um den Menschen die Gute Nachricht von Jesus zu predigen.«

»Wer ist Ihr Anführer?«

»Jesus ist der Anführer.«

»Woher kommen Sie?«

»Wir sind Himmelsbürger.«

Obwohl sie sich nicht abgesprochen hatten, wurden die Fragen von allen Christen genau gleich beantwortet.

Unterdessen wurde im Hof eifrig weiter gebetet, und ein »Amen!« nach dem anderen war zu hören, laut und voller Inbrunst. Dieses unerschrockene Beten hatte eine doppelte Wirkung: Es ermutigte die Christen, die verhört wurden, und es lähmte die Uniformierten, welche die Verhöre führen sollten. Sie wurden zunehmend entnervt, ihre Aufmerksamkeit galt immer weniger ihren Gegenübern, immer häufiger schauten sie besorgt aus den Fenstern. Eine sichtliche Unruhe erfaßte sie. Dann drang die kräftige Stimme eines Christen durch die geschlossenen Fenster:»Herr, wir beten für die Geheimpolizei: Berühre ihren Geist! Erfasse sie mit deiner Wahrheit, daß sie dich erkennen. Bitte, gehe nicht an ihnen vorüber!« »Amen!« In den Ohren der Polizisten klang dies äußerst bedrohlich. Die Verhöre brachen abrupt ab, die Polizisten wechselten nur noch einige schnelle Blicke, dann verließen sie alle den Raum. Augenblicke später sahen die überraschten Christen, wie aus allen Gebäuden Polizisten kamen, die eilig und ohne einen Blick in Richtung der Betenden zu riskieren, das Gelände verließen. Offensichtlich war solch eine Angst über sie gekommen, daß sie nur noch den einen Gedanken hatten:»Nichts wie weg hier!« Und die Verwaltungsangestellten folgten ihnen, durch das Hauptportal verließen sie alle ihre Arbeitsplätze und flohen vor den betenden Christen und deren Gott.

Die Christen waren voller Staunen angesichts der Macht Gottes, die ihre Feinde so dramatisch in die Flucht geschlagen hatte. Während sie Gott ehrfürchtig dankten, öffneten sie sich gegenseitig die Handschellen und verließen ebenfalls das Gerichtsgelände. Es war niemand mehr da, der sie davon hätte abhalten können. Einige sangen, andere beteten oder unterhielten sich miteinander, während sie ohne bestimmtes Ziel durch die Stadt gingen. Sie warteten auf Gottes weitere Führung. Inzwischen war es vierzehn Uhr geworden. So kamen sie an ein Flußufer, wo sie schon von weitem eine große Menschenmenge erkennen konnten, die sich um einen Redner geschart hatte. Das Flußufer wurde von einer etwa drei Meter hohen Mauer gesäumt, auf der Bruder Gui stand und predigte. Wie die beiden neu ankommenden Teams erfuhren, hatte diese Versammlung schon vor vier Stunden begonnen, und die Menschen standen immer noch dicht gedrängt und wollten mehr hören.

Alle Altersgruppen waren vertreten, von alten Leuten über Frauen und Männer mittleren Alters bis hin zu Kindern und Jugendlichen. Die Stoff- und Kleiderhändler, die jeden Morgen ihre mit Plastikfolien überdachten Verkaufsstände entlang des Flusses aufbauten, hatten alle Waren eingepackt und die Kästen abgeschlossen, denn kein Kunde verirrte sich heute zu ihnen, alle strömten zu den Christen. Was blieb ihnen anderes übrig, als es der Mehrheit nachzutun? Auch die Gemüsestände waren menschenleer, ihre Eigentümer hatten sich ebenso der Menge angeschlossen wie die Restaurantbesitzer und deren Angestellte. Die ganze Gegend entlang des Flußufers, in der gewöhnlich ein reges Treiben zu herrschen pflegte, war wie ausgestorben. Die vielen Händler, die hier immer ihre Waren anboten, die Schuhmacher, die im Freien arbeiteten, die Schmiede und alle sonstigen Arbeiter und Handwerker, alle hatten ihre gewohnten Arbeitsplätze verlassen und sich um Bruder Gui und sein Team versammelt.

Inzwischen hatte die Nachricht von den Ereignissen am Fluß auch vor den umliegenden Schulen nicht halt gemacht. Mitten im Unterricht verließen die Schüler ihre Klassenzimmer und eilten zum Ufer. Zurück blieben sprachlose Lehrer, die nicht wußten, wie ihnen geschah. Innerhalb von Minuten waren ganze Schulen leer, die Kinder rannten geschlossen zum Fluß. Nach einer kurzen Beratung folgten ihnen die Lehrer. Sogar die Regierungsangestellten verließen ihre Büros und kamen, um zu hören, was die Christen zu sagen hatten.

Eine besonders lustige Szene spielte sich ab, als ein Friseur aus einem umliegenden Laden es nicht mehr länger aushalten konnte und auch zum Fluß rannte. Der Friseur hatte noch die Schere in der Hand und sonstige Werkzeuge in den Kitteltaschen, und ihm auf den Fersen war sein Kunde, der Frisierumhang flatterte um seinen Hals, seine Haare waren tropfnaß, nur zur Hälfte geschnitten, und sein Gesicht war voller Rasierschaum. Die Menschenmenge wuchs und wuchs. Erst waren es 7 000, dann 8 000 Leute, die sich um Bruder Gui drängten. Und immer noch kamen sie aus allen Richtungen und allen sozialen Schichten. Bald waren mehr als 10 000 Menschen versammelt. Und keine Polizei in Sicht.

Bevor diese Versammlung am Ufer begonnen hatte, waren Bruder Gui und sein Team an einem Menschenauflauf vorbeigekommen. Sie waren neugierig stehengeblieben, um zu sehen, was da die Aufmerksamkeit der Menschen auf sich zog. Es war ein Mann mittleren Alters mit verschlagenen Gesichtszügen, der seinen Lebensunterhalt durch den Verkauf von Rattengift erwarb. Um die Kundschaft auf sich aufmerksam zu machen, hatte er einen kleinen, dressierten Affen, der lustige Kunststückchen vorführen konnte, die Zuschauer ein bißchen verulkte und alle zum Lachen brachte. Kinder und Erwachsene liebten das Äffchen gleichermaßen.

Wenn dieses lustige Kerlchen das Rattengift anbot, ließen sich die Leute tatsächlich zum Kauf überreden. Als Bruder Gui weiterging, betete er: »Herr, wir bitten dich, segne diesen Mann. Er soll heute dich kennenlernen. Rede zu ihm, lieber Heiliger Geist!« Und bald darauf hatte sich der Rattengiftverkäufer samt seiner Kundschaft auch zu den Menschen gesellt, die der Predigt von Bruder Gui zuhörten.

Bruder Gui stand am Ufer und hielt eine aufgeschlagene Bibel in der Hand, aus der er jetzt vorlas:

»Den Himmel und die Erde rufe ich heute als Zeugen gegen euch an. Leben und Tod lege ich dir vor, Segen und Fluch. Wähle also das Leben, damit du lebst, du und deine Nachkommen« (Dtn 30,19).

Es war, als würde die ganze Stadt die Luft anhalten. Kein Laut war zu hören, man hätte eine Stecknadel fallen hören können. Und dann hörte man leises Schniefen und Weinen, das sich in Wellen über die ganze Zuhörerschar ausbreitete. Über viele dieser vom Leben gezeichneten Gesichter liefen heiße Tränen, während sie weiterhin auf Bruder Gui schauten und ihm zuhörten.

Plötzlich kam Bewegung in die Massen. Ein Mann versuchte mit aller Macht, sich nach vorne durchzudrängen. Es war der Rattengiftverkäufer, der seinen Affen an sich drückte und unbedingt zu den Christen gelangen wollte. Doch die Menschen standen zu dicht, er schaffte es nicht. So begann er, laut zu rufen: »Ich komme aus einer Familie, die seit drei Generationen an Christus glaubt. Aber ich war Gott ungehorsam, wurde ein Landstreicher und verlor meinen Glauben an Gott. Bitte, könnt ihr für mich beten, daß Gott mir vergibt? Von heute an will ich nie wieder den Leuten mit meinem Affen das Geld aus der Tasche ziehen. Ich will umkehren und zu Jesus zurückkommen!« Und während einige Christen begannen, mit ihm zu beten und zu reden, begann ein Fleischer, laut zu rufen: »Ich hatte ja keine Ahnung davon, wie schön es ist, an Jesus zu glauben. Ich will auch von meinem alten Leben umkehren und an ihn glauben.«

Jemand anders schloß sich dem an: »Von dem allem, was ihr sagt, habe ich noch nie etwas gehört. Aber jetzt ahne ich, daß es sehr schön sein muß, an Jesus zu glauben. Ich will heute nicht nur anfangen zu glauben, sondern ich würde euch auch sehr gerne in mein Dorf einladen. Ich will, daß meine ganze Familie und alle im Dorf hören, was ihr zu sagen habt. Sie sollen alle diesen Jesus kennenlernen, von dem ihr erzählt.« Unter den Zuhörern waren auch viele, die sich zwar Christen nannten, aber Jesus nicht wirklich kannten. Viele von ihnen erkannten nun, was ihnen fehlte, und sie weinten und wandten sich Gott zu.

Gegen vier Uhr nachmittags, nach sechs Stunden Predigt, segneten die Christen die Zuhörer, beteten ein letztes Mal und beendeten die Versammlung. Die Christen waren sehr erschöpft, und eigentlich sollte dies auch der letzte Tag ihres evangelistischen Einsatzes gewesen sein. Sie wollten sich nun auf den Heimweg machen. Doch das war leichter gesagt als getan. So viele Menschen umringten sie und fragten, wohin sie jetzt gehen würden und wo sie heute abend predigen würden. Sie wollten unbedingt noch mehr hören. Bruder Gui antwortete: »Wir sind schon seit mehreren Tagen so unterwegs, und es ist jetzt höchste Zeit, daß wir heute abend heimgehen. Sonst machen sich unsere Lieben zu viele Sorgen. Aber sobald wir können, kommen wir wieder.«

Doch da kam schon die nächste Gruppe an, welche die Christen umringte und sie ernstlich drängte: »Bitte, ihr müßt heute abend in unser Dorf kommen! Bei uns leben so viele Menschen, die noch nie das Evangelium gehört haben. Egal was ihr dagegen sagen wollt, ihr müßt bitte wenigstens einmal kommen! Wir werden einen Wagen mieten und euch hinfahren.«

Bruder Gui wußte nun auch nicht mehr, was er tun sollte. War es richtig, an seinem ursprünglichen Zeitplan festzuhalten angesichts der Offenheit dieser Menschen? Der Ort, in den ihn diese Leute bringen wollten, hieß »M« und war dreiundzwanzig Kilometer von der Stadt »E« entfernt. Inzwischen war es schon spät am Nachmittag, bald würde es dunkel werden. Aber er konnte diese Leute, die ihn so herzlich einluden, schließlich doch nicht enttäuschen und versprach, mit ihnen zu kommen.

Nun wollten sie endlich losgehen, doch da kamen weitere Menschen, die sich um die Christen stellten und baten: »Bitte, erzählt uns doch noch ein wenig, wir haben noch nicht genug gehört. Wir müssen unbedingt mehr erfahren über euren Gott, und wir wissen nicht, wen wir außer euch fragen könnten.«

Zusammen mit Bruder Ahto war eine Christin aus der Stadt »F« gekommen, die schon über fünfzig Jahre alt war und weder lesen noch schreiben konnte. Auch hatte sie noch nie zuvor gepredigt. Sie war mit der Gruppe mitgereist, um für die jungen Leute zu beten, während sie predigten. Doch nun kam der Heilige Geist auf sie und erfüllte sie mit einer besonderen Salbung. Sie war ihm gehorsam und begann, zu den Menschen zu sprechen, die immer noch am Ufer standen und sich nicht losreißen wollten, die zum Teil über das redeten, was sie gehört hatten, zum Teil weinten oder einfach nur dasaßen und nachdachten. Ihre Stimme war laut und klar, die Menschen standen sofort alle wieder dicht gedrängt um sie und hörten begierig zu, viele weinten, während diese Schwester predigte.

Alles, was sie sagte, war voller Kraft und traf die Leute mitten ins Herz. Sie sprach zuerst über den Willen Gottes mit der Menschheit, dann erklärte sie noch einmal, wie man an Jesus glaubt, und schließlich lehrte sie über das bevorstehende zweite Kommen Jesu. Um ihre Gebete für die anderen Christen zu unterstützen, hatte sie schon seit vier Tagen gefastet und weder gegessen noch getrunken. Dennoch konnte sie jetzt zwei Stunden lang mit großer Autorität und Vollmacht sprechen, und der Heilige Geist war sichtbar in ihrem Reden. Sie schien kein bißchen geschwächt zu sein, vielmehr wurde sie immer lauter und lebendiger, je länger sie sprach.

Doch als die Sonne langsam unterging, hatten die Leute aus der Stadt »M« dann keine Ruhe mehr. Längst hatten sie ein Auto besorgt, und nun wollten sie unbedingt losfahren, um ihre Familien und Nachbarn mit den Christen zusammenzubringen. Ein Teil der Teams hatte sich unterdessen schon auf den Heimweg gemacht, doch sie waren nicht weit gekommen. Schon nach wenigen Kilometern wurden sie von den Menschen, durch deren Dörfer sie marschierten, erkannt als diejenigen, die heute in der Stadt gepredigt hatten. Sie kamen nicht mehr weiter, überall wurden sie eingeladen, doch bitte über Nacht zu Gast zu bleiben. Die Gastgeber waren entweder ehemals laue Christen, die heute durch die Predigt wieder zu neuem geistlichen Leben erweckt worden waren, oder solche, die heute

zum ersten Mal den Glauben an Jesus angenommen hatten. Sie waren
voller Verlangen, noch mehr über Gott und sein Wort zu hören. Also blieben die Christen, und sie redeten, lehrten und beteten mit den Leuten bis
lange nach Mitternacht. Die kleinen Teams waren in jener Nacht in
verschiedenen Dörfern in der Umgebung der Stadt »E«, und überall waren
die Häuser ihrer Gastgeber überfüllt mit Menschen, die auch von Jesus
hören wollten.

Verfolgung beginnt

Auch Schwester Sheng und ihr Team waren in einem Dorf am Rande der
Stadt »E«, wo sie in ein Haus von Christen eingeladen worden waren. Die
Gastgeber hatten alle Möbel aus den Zimmern geräumt, so daß viele
Nachbarn, Freunde und Verwandte Platz finden konnten. Sheng predigte
und betete für die Versammelten. Sie sprach darüber, wie man das Leben
bekommen kann, das von Gott kommt, das voller Erfüllung ist und ewig
währt. Die Worte sprudelten nur so aus ihr heraus. Dann spürte sie, wie
der Heilige Geist ihr besondere Sätze eingab, die sie selbst nicht ganz
verstand und die sie in großer Vollmacht aussprach: »Gottes Geist macht
euch sehr stark und mutig, und ihr werdet euch in keiner Lebenslage
fürchten. Wer bis zum Ende standhaft bleibt, der wird errettet werden.«
Damit beendete sie ihre Predigt. Ohne zu wissen warum, gab sie ihre Bibel einem Christen aus dem Dorf. Anschließend leitete sie die Anwesenden im Gebet. Danach wollte sie die Versammlung beenden.
  In dem Moment wurde mit einem Stiefeltritt die Haustür aufgetreten,
und zusammen mit einem kalten Windstoß kam eine ganze Horde der
Volkspolizei hereingestürmt, die wild entschlossen schien, hier ihre Macht
zu demonstrieren. Auf sehr häßliche und aggressive Art verkündeten sie,
daß alle Dorfbewohner sofort das Haus verlassen dürften und nach Hause
gehen sollten. Nur die Fremden wollten sie festnehmen. Doch die Ortsan-
sässigen weigerten sich, das Haus zu verlassen und die jungen Prediger
der Polizei auszuliefern. Obwohl die Polizisten versuchten, die Leute zum
Gehen zu zwingen, gelang es ihnen nicht. Also ließen sie sich den Aus-
weis von jedem zeigen, und so fanden sie schnell die gesuchten vier Christen. Mit harter Stimme fragten sie die jungen Besucher: »Woher kommen
Sie?«
  »Wir sind Himmelsbürger.«
  »Warum sind Sie hier?«
  »Um die Gute Nachricht von Jesus weiterzusagen.«
  »Na wunderbar! Das reicht, los, kommen Sie, wir bringen Sie jetzt auf
die Polizeiwache.«
  Die vier Christen wurden verhaftet. Es waren drei Mädchen und ein
junger Mann. Doch nun empfingen sie etwas Besonderes von Gott: Mitten
in dieser erschreckenden Situation erfüllte sie tiefer, starker Friede, und sie
hatten nicht die geringste Angst. Sheng war freundlich und zuvorkommend zu dem unwirschen Brigadeführer, als sie sagte: »Wir kommen
mit, aber nur unter einer Bedingung: »Sie müssen uns erlauben, daß wir
während der Fahrt laut beten dürfen.« Der Polizist war damit nicht einverstanden. Trotzdem begannen die Vier nach wenigen Schritten, halblaut
zu singen und zu beten. Und sie fuhren damit so lange fort, bis der ver-

antwortliche Einsatzleiter sich keinen Rat mehr wußte. Endlich kamen sie in dem Gebäude der Volkspolizei an und wurden in einen Verhörraum gebracht. Während der Polizist telefonierte, knieten sich die Christen auf den Boden und beteten weiter. Sie hörten, wie der Polizist am Telefon sagte: »Ja genau, hier haben wir auch gerade vier von ihnen festgenommen.« Daraus konnten die Christen entnehmen, daß auch die anderen Teams zum Teil verhaftet worden waren.

Später an diesem Abend erhielt der verantwortliche Polizist die Anweisung, die Gefangenen in eine größere Polizeistation zu bringen. Es war eine klare Nacht, am wolkenlosen Himmel funkelten die Sterne, und der Mond, der fast voll war, beschien die nächtliche Landschaft mit seinem weißen Licht. Die Christen konnten sich an der Schönheit dieser Nacht freuen, ohne die leiseste Furcht zu empfinden. Sie genossen die Fahrt und sangen ein Lied ums andere. Auch Sheng, deren Stimme vom vielen Predigen in den letzten Tagen rauh geworden war, sang aus vollem Herzen und mit einer zunehmend reinen, hellen Stimme. Je länger sie Gott priesen, um so freier und geborgener fühlten sie sich, bis sie fast vergaßen, daß sie als Gefangene der Volkspolizei transportiert wurden. Ihnen war fast so zumute, als wären sie schon im Himmel, so stark erlebten sie die Gegenwart Gottes.

Der Polizist, der zu ihrer Bewachung zwischen ihnen in dem Polizeiwagen saß, wurde immer ratloser. Er hatte sie schon so oft und streng ermahnt und ihnen das Singen verboten, aber sie hörten einfach nicht mehr damit auf. Schließlich hatte er schon einen fast bittenden Tonfall, als er es noch einmal versuchte: »Es ist mitten in der Nacht, und wir fahren jetzt gleich in die Polizeistation ein. Sie dürfen hier auf gar keinen Fall weitersingen.«

Die vier Christen aber waren stark und mutig und sangen nur um so lauter:

»Gott ist mein Vater,
Jesus mein Herr,
der Heilige Geist ist mein Freund.
Wie froh kann ich sein!
Erfüllt von Gottes Liebe
hat Angst keinen Platz mehr bei mir.«

Während sie so sangen, passierten sie das Eingangstor der örtlichen Verwaltungsbehörde. Als ihr Auto in den Hof fuhr, sahen sie mehrere Angehörige der Geheimpolizei und eine ganze Anzahl von Volkspolizisten. Doch sie waren noch immer frei von jeglicher Angst und sangen aus voller Kehle ein Lied, das aus dem Text von Psalm 146 geschrieben ist: »... verlaßt euch nicht auf Fürsten, auf Menschen, bei denen es doch keine Hilfe gibt ...«

Dann wurden sie in einen Raum gebracht. Nach wenigen Augenblicken stürmte ein Mann in den Raum, beladen mit Akten und Büchern, die er mit einem lauten Knall auf den Schreibtisch warf. Einiges rutschte vom Tisch auf die Erde. Ein Polizist bückte sich eilig, um es für den Vorgesetzten aufzusammeln. Der Uniform nach zu urteilen, war er der Leiter dieser Polizeistation. Er starrte die jungen Leute mit haßerfüllter Wut an. »Wissen Sie überhaupt, wo Sie sind? Wie können Sie es wagen, hier zu singen?«

Die Geheimpolizei hatte einen aufregenden Abend hinter sich. Aus unerklärlichen Gründen hielten sie die Christen für sehr gefährliche Verbrecher. Stundenlang waren sie schwer bewaffnet durch die Gegend gefahren auf der Suche nach den fünf Teams. Die überregionale Geheimpolizei hatte sich mit den lokalen Polizisten zusammen auf Razzien befunden, sie waren mit sämtlichen Fahrzeugen, Motorrädern und Fahrrädern, die ihnen zur Verfügung standen, unterwegs gewesen. An Schlaf war nicht zu denken in dieser Nacht. Doch nun waren die meisten der zwanzig jugendlichen Christen beisammen, und die Polizisten waren entschlossen, sie für ihre Straftaten büßen zu lassen.

Schon lange bevor Sheng und ihr Team in dem Gefängnis ankamen, hatte die Polizei unter den anderen Christen, die bereits verhaftet worden waren, ein besonders junges Mädchen ausgesucht, sie in eine winzige Einzelzelle gesperrt, mit einem Tisch, einem Stuhl, viel Papier und einem Bleistift ausgestattet und unter gemeinen Drohungen angeordnet, daß sie ein lückenloses Bekenntnis ihrer Schuld schreiben solle. Darin müßten auch alle Ereignisse der letzten vier Tage enthalten sein sowie die Namen und Adressen der anderen Christen, Einzelheiten über die Personen und über die Leiter der Teams. Zunächst weigerte sie sich, doch die Aufseher kamen immer wieder, um nach ihr zu sehen, und jedesmal wurde sie mit Beschimpfungen und Drohungen überschüttet. Gleichzeitig hörte sie aus dem Hof die Schreie ihrer Mitchristen, die geschlagen wurden. Diese Situation war zu beängstigend für das Mädchen, also hatte sie begonnen, den minutiösen Bericht zu schreiben, der von ihr verlangt worden war. Seit sie am Schreiben war, hatte man sie endlich in Ruhe gelassen. Doch plötzlich, während sie Seite um Seite füllte, hörte sie ein neues, überaus vertrautes Geräusch.

Es war die Stimme von Schwester Sheng, die klar und kräftig erklang, während sie das vertraute Lied aus dem 146. Psalms sang: »... Verlaßt euch nicht auf Fürsten, auf Menschen, bei denen es doch keine Hilfe gibt. Haucht der Mensch sein Leben aus und kehrt er zurück zur Erde, dann ist es aus mit all seinen Plänen ...« Diese Worte brachten das junge Mädchen wieder zur Besinnung, es war, als wäre sie aus einem bösen Traum erwacht. Sofort legte sie den Bleistift weg und zerriß die Seiten ihres Bekenntnisses in tausend kleine Papierstückchen. Dann begann sie zu weinen bei dem Gedanken, was sie im Begriff gewesen war, den Christen anzutun. Sie bat Gott um Vergebung für ihre ängstliche Schwäche und sagte ihm, daß sie unbedingt mehr von seinem Mut und seiner Kraft brauche, um die kommenden Tage der Haft siegreich überstehen zu können.

Unterdessen wurde Sheng in den zweiten Innenhof gebracht, ein gefürchteter Ort, weil dort die Polizisten tun konnten, was sie wollten. Niemand hörte auf der Straße, wenn hier jemand unter Schmerzen schrie. Sheng spürte, wie ihr eine Atmosphäre der Gewalt und Grausamkeit entgegenschlug. Zum ersten Mal an diesem Tag merkte sie, daß Angst in ihr hochkriechen wollte. Sie sah keine anderen Gefangenen hier. Nur Polizisten standen überall herum, die sie mit einem häßlichen Grinsen begrüßten. Im Halbdunkel der Nacht, das nur durch den Mond zu blauschwarzen Schatten erhellt wurde, glänzten die Augen der Männer teuflisch. Sie versuchte, sich zu orientieren. Während die Männer miteinander redeten und lachten, entdeckte sie unter einer Gruppe von Pappeln, die in der Mitte des Hofes standen, mehrere zersplitterte Holzknüppel und zerfetzte Lederpeitschen. In plötzlicher Übelkeit krampfte sich ihr Magen zusammen. Diese Folterinstrumente waren auf den Körpern ihrer lieben Geschwister zerbrochen worden. Der Schmerz um ihre Freunde trieb ihr die Tränen in die Augen.

Sie stand unbeachtet am Rand des Hofes, während die Polizisten immer noch miteinander redeten. Sheng konnte nicht hören, um was es ging, aber sie sahen so aus, als würden sie sich schmutzige Witze erzählen. Da endlich konnte sie sich losreißen von der beängstigenden Szene dieses Hofes, und sie konzentrierte sich wieder auf Gott. Obwohl sie nur tonlos die Lippen bewegte, schrie sie von ganzem Herzen zu Gott um Kraft und Mut für ihre Geschwister und sich selbst. Und wieder wurde sie erfüllt von der Liebe Gottes und seinem Frieden, und die Angst verschwand. Da kamen zwei Polizisten in den Hof, die eine junge Christin zwischen sich führten. Sheng kannte dieses Mädchen gut, sie war sechzehn Jahre alt, sehr klein und zierlich, und sie liebte Jesus von ganzem Herzen. Kaum hatte sie den Hof betreten, als der eine ihrer Begleiter auch schon begann, ihr mit der bloßen Faust ins Gesicht zu schlagen. Dann packte sie der andere Mann, hob sie hoch in die Luft wie ein kleines Kind, und mit einem bösen Lachen warf er sie krachend auf die Erde. Beide Soldaten beteiligten sich, unter dem Beifall der übrigen, an diesem grausamen Spiel. Sie wurde so oft hochgeworfen, bis ihre Kleider völlig zerfetzt waren und ihr geschundener Körper sichtbar wurde. Endlich hörten sie auf. Sie kreuzten ihre Arme auf dem Rücken und fesselten sie mit Handschellen um eine Steinsäule. Die schmalen, eisernen Fesseln schnitten ihr tief ins Fleisch, und die Schmerzen waren so schlimm, daß ihr am ganzen Körper der kalte Schweiß herunterrann. Und immer noch wurde sie getreten und geschlagen von den beiden Männern.

Sheng, die diese ganze furchtbare Szene mit angesehen hatte, löste sich langsam aus der entsetzten Starre, in die sie gefallen war. Sie hatte nie etwas Schlimmeres beobachten müssen. Nun rannte sie hin zu der Säule, an der ihre Freundin hing, und sie stellte sich zwischen sie und die beiden Männer. »Warum quält ihr meine kleine Schwester so? Los, fesselt mich an diese Säule und laßt sie gehen.«

Da lösten sich vier Männer aus dem Schatten, die bisher unbeteiligt gewesen waren, ergriffen Sheng und trugen sie weg, als wäre sie ein kleiner Vogel. In einem Raum, der in den Hof mündete, ließen die Polizisten sie fallen. Sie lag auf dem Bauch und konnte nicht mehr aufstehen, während von oben Schläge und Tritte auf sie niederprasselten. Die letzten fünf Tage waren sehr anstrengend gewesen, Sheng hatte kaum geschlafen, und nun war sie vollkommen erschöpft und spürte, wie sie langsam das Bewußtsein verlor. Wie sollte sie gegen vier trainierte Kämpfer ankommen, wie konnte sie deren Schläge aushalten? Während sie sich noch diese Frage stellte, wurde sie ohnmächtig. Inzwischen war es ungefähr zwei Uhr morgens.

Doch bald darauf kam sie wieder zu sich. Es war zu Beginn des Frühjahrs immer noch sehr kalt in dieser Gegend. Ein eisiger Nordwind wehte durch die offene Tür und der feuchte Boden, auf dem sie lag, war gefroren. Als sie sich zu bewegen versuchte, taten ihr alle Glieder weh. Der Schmerz, der ihren Körper bei der leisesten Bewegung durchzuckte, machte sie vollends hellwach, und wie eine Last legte sich die Erinnerung an die vergangenen Stunden auf sie. Leider war es kein Alptraum gewesen, sondern sie lag tatsächlich hier im Gefängnis der Geheimpolizei, zusammen mit allen anderen Christen, die sich auch irgendwo hier in den Gebäuden befanden und vermutlich ähnlich große Schmerzen hatten wie sie jetzt. Sie fühlte sich wie gelähmt vor Schwäche, Schmerzen und Leid. Während sie sich langsam erhob, schaute sie sich in dem Raum um, in dem sie sich befand. Er war klein, leer, dunkel, feucht und kalt. Und während sie sich umschaute, standen ihr die furchtbaren Bilder der vergangenen Nacht wieder vor Augen. Es war so real in ihrer Erinnerung, als würde sie einen Horrorfilm anschauen. Was war wohl mit den anderen Christen geschehen? Und mit den Leitern der Teams? Ob es ihnen vielleicht noch schlechter ging als ihr? Ob sie auch mißhandelt worden waren? Und wie es wohl den Jüngsten ergangen war? Trauer und Einsamkeit waren das Einzige, was sie jetzt noch empfinden konnte. All ihre Kraft, ihr ganzer Mut waren verschwunden. Wie sollte sie in der Lage sein, diesen Leidensweg weiterzugehen? Die nächsten Tage standen wie ein riesiger Berg vor ihr, dem sie nicht gewachsen war. Mitten hinein in diese Gedanken sprach der Heilige Geist zu ihr und erinnerte sie an eine Bibelstelle:

»Von allen Seiten werden wir in die Enge getrieben und finden doch noch Raum; wir wissen weder aus noch ein und verzweifeln dennoch nicht; wir werden gehetzt und sind doch nicht verlassen; wir werden niedergestreckt und doch nicht vernichtet« (1 Kor 4,8-9).

Es war, als ob eine sanfte Stimme ihr diesen Text immer wieder vorsingen würde, sehr tröstlich und liebevoll klang das. Sheng kniete sich auf die kalte Erde und weinte sich bei ihrem Gott aus: »Herr, bitte schaue auf mich, ich bin doch dein Kind! Ich fühle mich elend und habe Angst, mir tut alles weh. Ich brauche jetzt dringend deine Hilfe, Jesus. Gib mir genug Kraft, daß ich den Plänen und Angriffen Satans widerstehen kann. Dein Name ist mir so kostbar und wertvoll! Bitte, gebrauche mich, daß dein Name verherrlicht wird.« Und während sie betete, verschwanden alle Gefühle von Schwäche, Selbstmitleid, Angst und Einsamkeit. Ihr war, als würde ihr ganzer Körper durch die Kraft und Gegenwart Gottes wiederhergestellt werden. Der Heilige Geist nahm sie heraus aus der Enge ihrer Zelle und führte sie in die weite, liebevolle Nähe Gottes. Wie kostbar, wie herrlich war es, so mit Gott zusammen sein zu können. Was kümmerte sie die Geheimpolizei? Die restliche Nacht verbrachte sie damit, Gott zu danken und leise Lieder für ihn zu singen. Als dann gegen vier Uhr morgens Aufseher kamen, um sie abzuholen, war sie frisch, gestärkt und ohne Angst. Sie wurde in den Gerichtssaal gebracht, wo bereits ein ganzes Team gefesselt auf der Erde kauerte und wartete. Wieviele von ihnen wohl noch hier waren, fragte sich Sheng, während sie mit liebevollen, ermutigenden Blicken die anderen begrüßte.

Noch ehe ein Wort gesprochen werden konnte, begann ein unglaubliches Getöse. Es schien vom Haupteingang des Geländes zu kommen. Alle lauschten angestrengt und versuchten, sich zu erklären, was da mitten in der Nacht vorging. Nur die Polizisten sahen einander wissend und genervt an, ihnen war dieses Geräusch wohl bekannt. Es war eine sogenannte »verrückte Frau«, die mit einem großen Stein in der Hand immer wieder gegen das schwere, geschlossene Eisentor hämmerte. Dabei rief sie mit durchdringender Stimme, die klar zu verstehen war: »Die Leute aus der Stadt »F« sind gute Menschen. Sie sind hierher gekommen, um uns über die Gute Nachricht von Jesus zu erzählen. Das wollen wir alle hören. Warum habt ihr sie denn eingesperrt? Ihr seid unmögliche, böse Menschen und habt den Tod verdient. Ihr selbst samt euren Kindern verspielt euer Geld, ihr stehlt und macht alles mögliche, das verboten ist. Darum solltet ihr euch kümmern, nicht um diese anständigen, gesetzestreuen Christen.« Sheng und die anderen Christen waren sprachlos. Sie waren alle im Laufe dieser Nacht hierher gebracht worden, das war erst wenige Stunden her. Woher konnte diese Frau davon wissen? Wer war sie? Was sie tat, war verrückt, aber ihre Worte waren gar nicht verrückt. Sie schlug immer wieder gegen das Tor, und der Lärm, der dabei entstand, wurde lauter und lauter. Und sie rief ununterbrochen und mit durchdringender Stimme: »Öffnet die Türe, los, macht schon auf!«

Die Frau war in der ganzen Gegend als Verrückte bekannt. Auch die Polizisten kannten sie gut. Und obwohl sie sonst skrupellose Menschen waren, hatten sie doch Scheu, dieser Frau etwas anzutun, weil sie eben als krank galt. Doch jetzt strapazierte sie die Geduld der Polizei sehr. Sie hörte einfach nicht mehr auf, mit ihrem großen Stein an das Tor zu schlagen, und das metallene Geräusch war unerträglich laut. So gaben die Pförtner schließlich klein bei und ließen sie herein. Sie wollten aber nicht, daß diese Frau jeden von ihnen in der ihr eigenen, lauten Art bloßstellte und vor den anderen zum Gespött machte, deshalb zogen sich alle Wachhabenden in ihre Zimmer zurück und hofften, die Frau würde sie nicht aufstöbern. Auch Sheng und die anderen Christen im Gerichtssaal blieben sich selbst überlassen, zwar gefesselt, aber ohne Bewacher.

Die Frau, die auf so ungewöhnliche Art in die Polizeistation eingedrungen war, eilte durch die Gänge und Räume, bis sie Sheng gefunden hatte. Sheng saß zusammengekauert, mit dem Rücken an die kalte Mauer gelehnt und versuchte, zu schlafen. Die Frau ging zielstrebig auf sie zu, hockte sich neben sie, berührte sanft ihre Schulter und sah sie mit aufmerksamen, lieben Augen an. »Mein liebes Kind, woher kommst du denn, und warum haben sie dich verhaftet?«

»Ich komme aus der Stadt ›F‹ und bin gefangen genommen worden, weil ich den Menschen von Jesus erzählt habe.«

»Sehr gut, ihr seid die Personen, die ich suche. Euch hat Gott zu uns hierher gesandt. Ihr Diener des lebendigen Gottes, ihr sollt stark und mutig sein. Habt keine Angst, steht fest und unerschütterlich. Liebe Kinder, wenn sie euch mit Peitschen und Stöcken schlagen, das ist nicht so schlimm. Aber sagt niemals, daß ihr nicht an Jesus glaubt! Ich muß jetzt schnell hinaus ins Dorf gehen und den Christen sagen, daß sie für euch beten sollen.«

Die Worte dieser »verrückten Frau« waren wie eine Welle der Kraft, die durch die Christen floß und sie tröstete, stark und sicher machte. Gott hatte sie nicht vergessen, er war bei ihnen, und die Situation war unter seiner Kontrolle. Aber wer war diese seltsame Frau? Sie war, kaum hatte sie diese Botschaft ausgerichtet, wieder genauso schnell wie sie weg gewesen, wie sie gekommen war. Obwohl sie in der ganzen Gegend als krank bekannt war, klangen ihr Worte doch ganz anders. Die Christen jedenfalls grübelten nicht allzu lange über diese seltsame Frau, sondern sie freuten sich über das, was Gott ihnen durch sie gesagt hatte.

Endlich dämmerte der Morgen. Die Christen saßen immer noch allein im Gerichtssaal. Sie hatten versucht, ein wenig zu schlafen, doch es war sehr kalt gewesen. Da hörten sie Schritte, mehrere Polizisten stießen die Tür auf und gingen durch den Saal in einen Nebenraum. Mit sich führten sie vier Christen, die auch als ganzes Team festgenommen worden waren. Drei mußten im Gerichtssaal warten, während der vierte zum Verhör mit in den angrenzenden Raum gebracht wurde. Nur einen schnellen Blick hatte er noch mit Sheng und den anderen tauschen können, den Anflug eines Lächelns und das stille, tröstliche Versprechen: »Wir beten füreinander!«

Er war zwanzig Jahre alt, innerhalb seines Teams also der Älteste, ein Leiter. Doch den Polizisten gegenüber war er sehr jung. Am Vorabend hatte er auch schwere Schläge bekommen, aber jetzt stand er wieder aufrecht und im Bewußtsein der Wahrheit Gottes, für die er hier eintrat.

»Wie heißen Sie?«

»Mein Vater nennt sich der Himmlische Vater.«

Damit brach das Verhör bereits ab. Der Geheimpolizist, der das Gespräch führen sollte, geriet in Zorn. Mit starrer Miene nickte er einigen Männern zu, die im Hintergrund standen. Sie stürzten sich auf den jungen Mann und prügelten auf seinen Rücken und Bauch ein. Er versuchte, stehen zu bleiben, doch unter der Wucht der Hiebe verlor er das Gleichgewicht und schlug, da er sich mit seinen gefesselten Händen nicht abstützen konnte, hart auf dem Boden auf. Sie traten ihn, als wäre er ein Ball. Nachdem sie noch eine Zeitlang auf den Liegenden eingeschlagen hatten, trugen sie ihn in den offenen, kalten Hof und zwangen ihn, dort zu knien. Die Polizisten hatten selbst schon keine Lust mehr, also holten sie einen anderen Gefangenen, der wegen seiner Gewalttätigkeiten eingesperrt worden war, und er erhielt den Auftrag, den jungen Christen zu schlagen und zu treten. Bald blutete er aus Mund und Nase und rang nach Luft. Schließlich fiel er vornüber auf die Erde.

Doch noch immer war es nicht genug. Jetzt zerrten sie ihn wieder hoch und schleppten ihn zurück in den Raum zu einer Betonsäule, lehnten ihn mit dem Rücken dagegen und zwangen seine Arme rückwärts um die Säule, bis sie die Handgelenke mit Handschellen verschließen konnten. Die Haltung, in der er sich jetzt befand, war äußerst schmerzhaft. Es war fünf Uhr morgens, als sie ihn so an diesen Pfeiler stellten. Er sah entsetzlich aus, aus seinem Gesicht war jede Farbe gewichen. Doch er achtete nicht auf seine Schmerzen, sondern betete laut und vernehmlich: »Herr, vergib diesen Polizisten ihre Schuld. Beschütze alle meine Geschwister, die auch hierher gebracht worden sind, hilf ihnen, stark und mutig zu sein.« Doch schon bald wurden die Schmerzen seiner nach hinten gezogenen Arme und seines verletzten Körpers so groß, daß er das Bewußtsein verlor. Erst um fünf Uhr abends wurde er aus dieser Lage befreit.

Als die Soldaten mit dem jungen Mann fertig waren, kam Schwester Li an die Reihe. Sie wurde auch aus dem Gerichtssaal geholt und in das gleiche Zimmer gebracht. Bevor ihr noch eine Frage gestellt worden war, begannen die Polizisten, sie mit Beschimpfungen und Flüchen zu überschütten. Sie hatte noch nie eine so häßliche Sprache gehört und zuckte förmlich zusammen unter den schmutzigen Sätzen, die ihr da ins Gesicht geschleudert wurden. Dann entdeckte sie den jungen Christen, wie er um die Säule gefesselt war, blutverschmiert, schneeweiß im Gesicht, mit zerfetzten Kleidern, bewußtlos. Ein furchtbarer Anblick, der sie zutiefst schmerzte. Sie hörte die Polizisten nicht mehr, vergaß, wo sie sich befand, ging auf ihre Knie und begann, für ihren geschundenen Bruder zu beten. Doch die Polizisten wunderten sich nur kurz, dann zerrten sie die junge Frau hoch und begannen, ihr Fragen zu stellen.

»Was machen Sie hier?«

»Ich erzähle den Menschen von Jesus und lehre sie, an ihn zu glauben.«

»Woher kommen Sie?«

»Vom himmlischen Königreich.«

»In welchem Bezirk und in welchem Dorf leben Sie?«

»Ich lebe im auserwählten Bezirk, in der heiligen Gemeinschaft, im paradiesischen Ort.«

Die Fragenden waren so wütend, daß sie Li vornüber stießen und auf die Erde warfen. Zwei Stunden lang mußte sie auf dem kalten Boden knien. Aber was die Aufseher nicht bedachten: Schwester Li war es gewohnt zu knien, weil sie meistens im Knien betete, und dies tat sie auch jetzt.

Als nächstes wurden vier junge Mädchen zum Verhör hereingebracht. Sie sahen schrecklich aus. Jede von ihnen war so geschlagen worden, daß ihr Gesicht aufgeschwollen und die Augen blutunterlaufen waren. Die Kleider waren zerrissen, und überall hatten sie Schürfwunden und blaue Flecken. Bei diesen Mißhandlungen traf zu, was Paulus schreibt, daß man in solch einem Leiden kaum noch erkennen kann, ob die gequälten Wesen noch Menschen oder ob sie Tiere sind: »... wir werden behandelt wie Schafe, die man zum Schlachten bestimmt hat« (Röm 8,36). Besonders gefährlich war die Lage für die weiblichen Gefangenen, denn wenn sie nicht unter dem besonderen Schutz Gottes gestanden hätten, wären diese jungen Mädchen gewiß noch ganz anderen Entwürdigungen, Qualen und Übergriffen seitens der Männer ausgesetzt gewesen.

Während dieser Nacht wurden nicht ganz zwanzig junge Christen in der Zentrale der Geheimpolizei festgehalten. Sie wurden alle getrennt untergebracht, die Aufseher achteten streng darauf, daß nicht zwei Christen in gleichen oder benachbarten Zellen waren und so Kontakt hätten aufnehmen können. Die Wächter fürchteten zum einen, daß die Gefangenen zusammen reden würden und irgend etwas aushecken könnten, aber darüber hinaus hatten sie auch Angst davor, daß sie sich lediglich anschauen könnten. Den Polizisten war nicht entgangen, daß die Christen sich allein durch Blicke gegenseitig ermutigen konnten. Wenn sie sich nur ansahen, drückten sie ihre Liebe, ihren Glauben und ihren Zusammenhalt so intensiv aus, daß sie alle wieder ermutigt waren. Dies mußte verhindert werden.

Gegen Morgen faßte die Polizeileitung den Beschluß, an diesem Vormittag einen öffentlichen Marsch durch die Straßen der Stadt zu machen, um die Gefangenen zu demütigen und die Bevölkerung zu warnen. Die Gefangenen wurden alle in einen Raum gebracht, und ein Polizist holte ein dickes, langes Seil, um alle damit zu fesseln. Zwei kräftige Männer, die derb zufassen konnten, nahmen sich den ersten Christen vor. Sein Name ist Zhuzi. Die beiden Polizisten drehten Zhuzis Arme auf den Rücken und fesselten sie, so fest sie konnten. Die Gelenke schmerzten in dieser unnatürlichen Haltung, und das Seil schnitt tief ins Fleisch. Aus

Zhuzis Lungen kam bei jedem Atemzug ein pfeifendes, rasselndes Geräusch, eine Folge der letzten Nacht. Er rang um jeden Atemzug. Voller Schmerz und Besorgnis beobachteten ihn seine Geschwister, und alle beteten in ihren Herzen intensiv für ihn. Er sah so aus, als würde er jeden Moment das Bewußtsein verlieren. Während die Polizisten die letzten Knoten festzogen, riß plötzlich das Seil an mehreren Stellen und fiel in einigen Stücken von Bruder Zhuzi ab und auf die Erde. Die Polizisten waren erstarrt vor Schreck. Das hier ging nicht mit rechten Dingen zu. Für einen Moment standen sie reglos da, doch dann faßten sie sich wieder, taten so, als wäre nichts gewesen und begannen, Zhuzi mit einem neuen Stück Seil noch einmal zu fesseln. Und wieder, kaum waren sie fertig, riß das Seil an mehreren Stellen gleichzeitig und fiel zu Boden. So ließen sie ihn erst einmal in Ruhe und begannen, die übrigen Christen zu fesseln. Doch genau das gleiche geschah: Kaum waren sie mit einem Christen fertig, zerriß das Seil überall. Während sich das mehrfach wiederholte, gerieten die Polizisten allmählich in Panik. Sie konnten nicht anders, als ihre eigene Überzeugung ängstlich in Frage zu stellen:»Könnte es tatsächlich möglich sein, daß es diesen Jesus, von dem diese Menschen hier immer reden, wirklich gibt?«

Nach einiger Zeit waren alle neuen Seile verbraucht und zerrissen. Die Polizisten fanden noch ein wenig altes Seil, das sie in Wasser tränkten und sehr vorsichtig den Christen um die Handgelenke legten. Doch es war zu wenig und reichte nur für die Männer aus und für drei Schwestern. Die übrigen Frauen konnten frei gehen. So wurde die kleine Gruppe durch das Hauptportal hinausgeführt. Als sie die Straßen des Ortes betraten, den sie in der vergangenen Nacht nur im Dunkeln hatten sehen können, erlebten sie alle gleichzeitig, wie eine übernatürliche, göttliche Freude sie durchströmte. Es war phantastisch, ihnen war zum Lachen, Singen und Jubeln zumute. Sie freuten sich direkt auf diesen Marsch, der eigentlich eine große Schande und Erniedrigung für sie hätte sein sollen. Ein Christ, der eine volle, tragende Stimme hatte, stimmte ein Lied an, in das alle freudig einstimmten:

»Wenn mich Angriffe und Leid treffen,
wenn ich durch dorniges Gelände gehe
und das Heulen der Wölfe mich erschreckt,
so erfüllt mich doch das sichere Wissen:
Jesus mein Herr denkt an mich!
Herr, du vergißt mich nicht, du denkst an mich!
Was kann mich erschrecken, vor wem sollte ich mich fürchten,
Da mein Gott doch immer bei mir ist?«

Der Heilige Geist erfüllte die Christen, während sie sangen, und voller Glauben und Kraft zogen sie hinaus. Den Polizisten war inzwischen klar geworden, daß sie mit Drohungen bei ihnen nichts ausrichten konnten, also änderten sie ihre Taktik. Mit zuckersüßen Worten und voll falscher Freundlichkeit baten sie ihre Gefangenen:»Bitte, hören Sie doch auf zu singen. Wenn Sie von Passanten gefragt werden, warum Sie diesen öffentlichen Marsch durch die Straßen machen müssen, dann sagen Sie bitte auf keinen Fall, daß Sie verhaftet und vorgeführt werden, weil Sie über Ihren Jesus in der Öffentlichkeit gepredigt haben.« Sie sagten das, weil es am

Vorabend viel Entrüstung und Unwillen unter der Bevölkerung gegeben hatte über diese Verhaftungen.

Die Christen gingen aufrecht und mit einer starken Ausstrahlung, kein Zeichen von Schmerz oder Scham war zu erkennen. Sie lächelten selbstbewußt und nickten den Passanten auf beiden Seiten der Straße zu, als wären sie berühmte Persönlichkeiten, zu deren Begrüßung sich die Menschen eingefunden hatten. Dann begann Sheng mit einer sehr schönen Stimme, ein Lied zu singen, und die Gruppe sang begeistert mit:

»Ich folge Jesus und liebe ihn,
sein göttlicher Friede erfüllt mich.
Jesus führt mich einen guten Weg,
bei ihm herrscht Freude ohne Ende.
Auch wenn Verfolgung und Leiden mich trifft,
Jesus hat den Satan schon besiegt,
mit Jesus überwinde ich alles bei weitem.«

Sie schritten gleichmäßig aus im Takt des Liedes, und ihre Stimmen erfüllten die Straßen. Dies war doch keine demütigende Parade von Kriminellen, an denen sich der Volkszorn vergreifen durfte! Es glich eher einem glücklichen, strahlenden Hochzeitsumzug. Die Geheimpolizisten und Soldaten, die den Umzug begleiteten, wechselten entsetzte Blicke, sie waren sprachlos vor Überraschung und wagten es nicht, diese unbegreiflichen Gefangenen zur Ordnung zu rufen und das Singen zu unterbinden.

Eine große Menge Schaulustiger hatte sich eingefunden und säumte rechts und links die Straßen. Alle wollten diese berühmten, starken und mutigen Christen sehen, die wegen ihres Redens über Jesus verhaftet und gefoltert worden waren. Als die Gruppe dann singend und zerfetzt, wie sie war, an den Menschen vorbei schritt, waren die Herzen der Zuschauer voller Mitgefühl, und ihre Augen füllten sich mit Tränen. Vor allem die älteren Menschen entrüsteten sich bei dem Anblick der jungen Leute, die offensichtlich so grausam behandelt worden waren. Es brachte viele in Wut zu sehen, wie junge Mädchen, die eigentlich noch Kinder waren, so geschlagen worden waren, daß ihre Nasen geschwollen, ihre Augen blutunterlaufen und ihre Kleidung zerrissen war. Immer lauter wurde der Protest aus den Reihen der Dorfbewohner:»Haben diese Polizisten keine Mütter und Schwestern in ihren Familien? Wie könnten sie sonst diese jungen Mädchen so mißhandeln? Dies ist abscheulich! So eine Schande!«

Den Polizisten entging die Wut des Volkes nicht, und dieser Umzug stand in Gefahr, das Gegenteil dessen auszulösen, was sie beabsichtigt hatten. Sie hatten die Verachtung der Menschen auf die Gefangenen richten wollen, doch nun wurden sie selbst davon getroffen. Was blieb ihnen anderes übrig, als den Marsch so schnell wie möglich zu beenden und auf schnellstem Weg in die Polizeistation zurückzukehren? Die Parade wurde abgebrochen und alle wurden eiligst wieder den Blicken der Öffentlichkeit entzogen, in die Polizeistation gebracht und in verschiedene Zellen eingesprerrt.

Für die jungen Leute waren die letzten Tage unglaublich anstrengend gewesen. Die weiten Fußmärsche, das viele Predigen, wenig Schlaf, dazu die Qualen der vergangenen Nacht, das war nun einfach zu viel. Sie konnten sich kaum noch auf den Beinen halten. Kaum waren sie auf ihre Zellen verteilt, legten sich die Männer auf den Betonboden und fielen in einen tiefen, traumlosen Schlaf. Sieben der Schwestern durften sich ein Bett teilen. Obwohl sie keine Decke hatten, schliefen sie alle sieben so gemütlich wie im schönsten, weichsten Bett. Bis zum Abend wurden sie nicht wieder wach, so erschöpft waren sie. Die Situation war ähnlich wie damals bei Petrus im Gefängnis, der so fest zwischen den Soldaten schlief, daß ihn zunächst nicht einmal der Besuch des Engels aufweckte.

Langsam ging die Sonne unter und zeigte an, daß der erste Tag in Gefangenschaft allmählich zu Ende ging. Plötzlich, mit einem Schlag, der alle vor Schreck zusammenfahren ließ, flog die Tür der Frauenzelle auf, und eine schneidende Stimme sagte: »Wo ist Sheng? Kommen Sie sofort heraus!« Die Mädchen fuhren voller Angst auf, und Sheng sagte zu ihnen: »Jetzt bin ich dran, verhört zu werden. Ich brauche unbedingt eure Gebete. Bitte betet für mich, daß der Heilige Geist mir Kraft und Mut und die richtigen Antworten gibt.«

Mit diesen Worten erhob sie sich, straffte sich und schritt aufrecht und erhobenen Hauptes aus der Zelle. Sie wußte, daß Gott mit ihr war. Die Wärter brachten sie in den dritten Innenhof, wo zu ihrem Erstaunen mehrere Limousinen parkten. Es war Sheng nicht bewußt, daß sie und ihre Freunde in den letzten Tagen mit ihrem einfachen Predigen zwei Bezirke und drei Verwaltungskreise in Aufruhr gebracht hatten. Wegen den Worten einiger Teenager waren die verantwortlichen Leiter der Geheimpolizei, der Regierungs- und der Verwaltungsbehörden aus den betroffenen Kreisen und Bezirken angereist, um sich in einer Sonderkonferenz der Sache anzunehmen. Auch viele Bürger der Stadt »E« waren gekommen, um an den erwarteten Verhandlungen teilzunehmen.

Sheng wurde in den Verhandlungsraum gebracht. Der Saal war bis auf den letzten Platz besetzt mit hochrangigen Mitgliedern der lokalen Partei, Regierung und Polizei. Sie wurde zu einer kleinen Holzbank ohne Rückenlehne begleitet, die Blicke sämtlicher Zuschauer im Rücken, saß sie direkt einem dicken, kleinen Mann gegenüber, der schon einiges über fünfzig Jahre alt sein mochte. Sie konnte an seiner Uniform nicht erkennen, welche Position er inne hatte, doch offensichtlich führte er das Verhör. Seine Augen schienen sie zu durchbohren, scheinbar minutenlang sagte er kein Wort, sondern fixierte sie nur, als wolle er die Wahrheit über sie ohne ihr Reden herausfinden. Aber Sheng saß ihm gegenüber im Bewußtsein, einen Auftrag Gottes zu haben, und damit war sie ihm in Rang und Würde weit überlegen. Die Zuschauer hielten den Atem an. Die Augen des Mannes traten hervor wie Froschaugen, und sein Gesichtsausdruck war entstellt von Boshaftigkeit und Haß. Er musterte Sheng gründlich und konnte es nicht begreifen, daß ein so kleines, zierliches, mageres und unscheinbares Mädchen von nicht einmal zwanzig Jahren in der Lage war, so viel Unruhe zu stiften und ganze Landstriche auf den Kopf zu stellen. Doch es entging ihm auch nicht, daß unter ihren dichten Wimpern ein paar helle Augen blitzten, die voller Entschlossenheit und Stärke waren. Etwas leuchtete in ihren Augen, das er nicht kannte und das ihn gleichzeitig faszinierte und wütend machte.

Dann begann er zu reden. Überraschenderweise war seine Stimme zart und weich, im deutlichen Kontrast zu seinem Gesichtsausdruck. »Wie ich sehe, sind Sie eine ehrbare junge Frau. Bitte, haben Sie keine Angst. Sie brauchen mir bloß zu sagen, zu welcher Organisation Sie gehören, wer Ihr

Leiter ist, wieviele Mitglieder Sie zählen, nennen Sie mir deren Namen und Adressen, mehr wollen wir gar nicht von Ihnen. Danach werden Sie sofort entlassen und können unbehelligt nach Hause zurückkehren.«

Der Mann hatte kaum zu sprechen begonnen, als Sheng schon erkannte, daß er sie heimtückisch hinters Licht führen wollte. Sein Lächeln war eine Maske, seine Stimme klang schmierig und seine Worte waren verführerisch. Alles in ihr warnte sie davor, diesem Mann ihr Vertrauen zu schenken.

Sie erhob sich, streckte sich und stand kerzengerade vor ihm. Ihre Antwort kam ohne Zögern: »Ich gehöre keiner Organisation an, Jesus ist unser Leiter. Jesus hat uns aufgetragen, hierher zu kommen, denn in seinem Wort steht: ›Geht hinaus in die ganze Welt und verkündet das Evangelium allen Geschöpfen! Wer glaubt und sich taufen läßt, wird gerettet; wer aber nicht glaubt, wird verdammt werden‹ (Mk 16,15-16). Das ist der Grund, warum wir hierher gekommen sind.«

Als Shengs Gegenüber diese Worte hörte, taten ihm die Ohren weh. Wie konnte sie es wagen ... Er konnte seine mühsam geheuchelte freundliche Maske nicht länger wahren. Sein Gesicht verhärtete sich, und offener Haß loderte in seinen Augen auf. Krachend schlug seine Faust auf die Tischplatte, als es aus ihm heraus brach: »Ihre Unverschämtheit kennt keine Grenzen. Wie können Sie sich erlauben, in meiner Gegenwart so zu reden und Ihren Gott zu zitieren? Wollen Sie mich lächerlich machen? Ich warne Sie, wenn Sie mir nicht alles ehrlich und der Reihe nach erzählen, haben Sie schwere Zeiten vor sich.«

Und ein jüngerer Mann in Uniform ergänzte: »Unsere Parteirichtlinien schreiben uns vor, milde zu verfahren mit denen, die uns offen die Wahrheit bekennen und die anderen, die sich widersetzen, zu bestrafen. Es liegt an Ihnen, für welche Seite Sie sich entscheiden wollen.«

Sheng schaute ihn geradeheraus an und antwortete fest: »Es ist dem Menschen bestimmt, einmal zu sterben, danach aber kommt das Gericht. Daran glauben wir, und davon reden wir.«

Das Gesicht des Mannes wurde dunkelrot, und seine Adern traten hervor, als er aufsprang. Mit einer schnellen Bewegung griff er in seinen Gürtel, zog eine Pistole heraus, stand vor Sheng und schlug ihr mit dem metallenen Griff auf die Stirn. Mit leiser Stimme drohte er ihr, die Zähne fest zusammengebissen: »Ich werde Sie hinrichten lassen. Gerade hier in dieser Gegend hatten wir angefangen, die Politik der Geburtenkontrollen einzuführen, und nun kommen Sie und beabsichtigen, dies Schritt für Schritt zu sabotieren. Das werden wir uns nicht gefallen lassen.«

Doch Sheng wies diesen Vorwurf unbeeindruckt zurück: »Nein, mein Herr. Wir haben in den vergangenen Tagen nur gelehrt, was in der Bibel, dem Wort Gottes steht. Wir haben keine politischen Ziele, über die Geburtenkontrolle haben wir kein Wort verloren, und wir halten uns an die Gesetze unseres Landes.«

Der Mann wurde immer wütender. Wieder schlug er Sheng mit seiner Pistole ins Gesicht, diesmal aber mit mehr Kraft, so daß die Haut aufplatzte und das Blut begann, aus den Wunden zu tropfen. Sheng wischte sich mit ihrem Jackenärmel ab, als wäre nichts geschehen und betete innerlich um Kraft und Weisheit, während sie ihn weiter fest ansah. Der Mann begann zu fluchen, ein häßlicher Schwall von Schimpfworten ergoß sich aus seinem Mund auf das junge Mädchen herab, Ausdrücke, die sie zuvor noch nie gehört hatte. »Sie …, Sie verpesten die Luft dieser Gegend, nichts als Ärger und Aufruhr säen Sie unter unsere Leute. Zwei Bezirke und drei Verwaltungskreise haben Sie bereits mit Ihrem Gedankengut infiziert. Sie haben die arbeitende Bevölkerung aufgewiegelt, überall, wo Sie auftraten, entstand Unruhe. Aber nun ist Schluß damit! Ihre Verbrechen sind sehr schwer, erkennen Sie das nicht?«

Dieses Verhör, das vor allem aus Drohungen, Beschimpfungen und Einschüchterungsversuchen bestand, zog sich über drei Stunden hin. Erst nach zehn Uhr am Abend wurde es abgebrochen. Sheng war keine Antwort schuldig geblieben, der Heilige Geist hatte ihr gute Gedanken gegeben. Sie hatte schlagfertig antworten können, ohne Informationen preiszugeben, womit sie anderen Christen geschadet hätte. Und die Polizisten, die ihr Fragen stellten, waren von ihren Antworten so überrascht, daß es ihnen nicht gelang, mit Sheng eine Diskussion oder ein Streitgespräch zu führen, das ihren Glauben hätte widerlegen können.

Nach dem Verhör wurde sie in einen anderen, fensterlosen Raum gebracht. Es war dunkel, ein widerlicher Geruch lag in der Luft. Sie spürte, schon bevor sie sehen konnte, wo sie war, daß hier eine andere Atmosphäre herrschte. Furcht wollte sich auf sie legen, doch sie stellte sich, innerlich betend, im Namen Jesu dagegen. Dann fiel ihr Blick auf den Tisch auf der gegenüberliegenden Seite des Raumes. Ein Sortiment von Folterinstrumenten war darauf ausgebreitet: Handschellen, Elektroschock-Stäbe, Lederpeitschen, Peitschen, in die Nägel eingeflochten waren, und so manches, was Sheng noch nie gesehen hatte und dessen Funktion sie nur ahnen konnte. Neben dem Tisch standen zwei Soldaten, breitbeinig, mit hochgekrempelten Ärmeln, Hände in den Hosentaschen, starrten sie den Hereinkommenden finster entgegen.

Der Mann, der das Verhör geleitet hatte, war mit Sheng in diesen Raum gekommen. Nun war er wieder so freundlich wie zu Beginn des Abends, er bot ihr einen Stuhl an und redete mit höflicher Stimme: »Sie stimmen doch sicher mit mir darin überein, daß Gott nicht die Erde geschaffen hat, sondern es war die arbeitende Klasse, die diese Leistung vollbrachte. Und natürlich hat Gott auch den Menschen nicht geschaffen, sondern wir haben uns aus den Affen entwickelt.«

Nun begann die Diskussion. Sheng konnte dem nicht zustimmen und fing an, die biblische Lehre zu erklären: »Nun gut, Sie sagen, die Erde sei nicht von Gott geschaffen worden. Lassen wir das einmal so stehen. Aber was ist dann mit der Sonne? Wie Ihnen sicher bekannt sein dürfte, ist die Sonne 1 350 000 mal größer als die Erde, und die Temperatur an ihrer Oberfläche beträgt mehr als 6 000 Grad. Hat das auch die Arbeiterklasse geschaffen? Wenn es so sicher ist, daß der Mensch sich aus dem Affen entwickelt hat, warum hat man dann immer noch keine Übergangsformen gefunden? Wo ist das fehlende Glied in der Kette der Evolution des Menschen? Warum gibt es heute keine Entwicklung der Affen hin zum Menschen?«

Sheng holte kaum noch Luft. Die Worte flossen nur so aus ihr heraus. Sie legte ihm die ganze Geschichte Gottes mit den Menschen dar. Sie begann damit, wie Gott Himmel, Erde, Menschen und alles andere geschaffen hat. Dann fuhr sie fort, erzählte vom Paradies und warum der Mensch es verlassen mußte, nachdem er sich gegen Gott aufgelehnt hatte, und wie Jesus den Weg zurück zu Gott für jeden Menschen möglich gemacht hat. Es war ein spannendes Gespräch. Die Folterinstrumente wurden nicht benutzt und die Männer neben dem entsprechenden Tisch blieben untätig. Sheng und ihre Bewacher diskutierten bis drei Uhr morgens. Und immer noch war es dem Verhörleiter nicht gelungen, irgendeine Information aus Sheng herauszulocken. Schließlich waren die Polizisten zu müde. Der Verantwortliche ließ Sheng wegbringen und schickte die Polizisten mit einer Handbewegung weg.

Die Verhöre in den beiden verschiedenen Räumen hatten insgesamt acht Stunden gedauert. Nun, da die Spannung nachließ, unter der Sheng die ganze Zeit gestanden hatte, kam eine große Erschöpfung über sie. Am liebsten wäre sie auf dem Stuhl eingeschlafen, auf dem sie saß, sie konnte nur noch mit Mühe ihre Augen offenhalten. Aber ihr war keine Ruhe vergönnt. Sie wurde in eine Einzelzelle gebracht, wo sie mit einem Wärter alleine gelassen wurde. Andere Gefangene waren nicht zu sehen oder zu hören.

Ihr erster Gedanke galt der Pritsche, die einladend aufgeklappt war. Endlich schlafen! Sie konnte kaum noch denken vor Müdigkeit. Doch da, im letzten Moment, bevor sie eingeschlafen war, sah sie das Gesicht des Wärters über sich. Schlagartig war sie hellwach. Die Geheimpolizei war noch nicht fertig mit ihr. Hier drohte eine andere Gefahr, die nicht weniger erschreckend war als die Folterinstrumente zuvor. »Herr Jesus, bewahre mich vor diesem Mann. Hilf mir, wach zu bleiben! Beschütze mich, verbiete ihm, mich anzurühren! In Jesu Namen …« Sie bemerkte die lüsternen Blicke des Mannes, die jede ihrer Bewegungen verfolgten. Er hatte ein süffisantes Lächeln im Gesicht, ein Grinsen, das so schmutzig war wie seine Gedanken. Dann begann er zu reden. Seine Stimme war abstoßend verführerisch, und was er sagte, übertraf alles an Abscheulichkeit, was Sheng je zu Ohren gekommen war. Sie wollte ihm nicht zuhören. Also betete sie leise. Sie durfte in dieser Situation auf keinen Fall einschlafen. Diesen Mann mußte sie mehr fürchten als alle Schläge und Elektroschock-Stäbe. Seine Blicke fixierten sie, und seine ganze Haltung drückte aus: »Du kannst beten so viel du willst, trotzdem bist du mir hilflos ausgeliefert. Ich werde mit dir machen, was ich will. Ich werde meinen Spaß haben. Niemand wird es hören, wenn du schreist.«

Dann schien er plötzlich seine Taktik zu ändern. Er holte einen großen Schreibblock und einen Stift, legte beides neben Sheng aufs Bett und sagte mit plötzlicher Beschützer-Stimme: »Sie sind noch so jung und ein so hübsches Mädchen, es ist eine Schande, daß Sie hier eingesperrt sind. Ich werde Ihnen helfen, herauszukommen. Sie brauchen nur ein paar Sätze zu schreiben, bekennen Sie irgend etwas, es muß ja nicht stimmen, erklären und entschuldigen Sie sich ein bißchen. Dann werde ich zu meinem Chef gehen und mich für Sie einsetzen. Wissen Sie, ich kann es einfach nicht ertragen, wenn eine zarte Blüte wie Sie hier verkümmern soll, ohne Sonne und Freiheit, das geht einfach nicht. Aber wenn ich für Sie ein Wort einlegen werde, dann dürfen Sie sicher morgen nach Hause. Also, schreiben Sie!«

Sheng nahm den Stift und das Papier und sagte kühl, indem sie ihn fest ansah: »Nun gut, ich werde schreiben. Aber nicht, solange Sie hier sitzen. Los, verschwinden Sie!« Sie begann zu schreiben, während sie weiterhin innerlich zu Gott schrie, und tatsächlich, der Mann verließ den Raum. Seine Schritte waren auf dem Flur zu hören, wie er unermüdlich auf und ab ging. »Dank sei dir, Jesus!« seufzte Sheng und fragte Gott, was sie schreiben sollte. Sie begann mit ihrem Bekenntnis: »Gott sandte mich hierher, um den Menschen zu sagen, daß Gott sie vor dem ewigen Tod retten möchte, denn alle haben gesündigt und sind vor Gott schuldig geworden. Denn so sehr hat Gott die Welt geliebt, daß er seinen eigenen Sohn gab, ...« Dann fiel ihr ein Bibeltext nach dem anderen ein, und so schnell sie konnte, schrieb sie alles nieder. Sie füllte Seite um Seite. Nach einiger Zeit wurde sie wieder sehr müde. Sie hörte für einen Moment auf zu schreiben, schüttelte ihre Hand aus und kämpfte mit dem Verlangen, sich endlich dem Schlaf hinzugeben. Doch in dem Augenblick fing sie einen gierigen Blick des Mannes auf, der jedesmal, wenn er an ihrer Tür vorbeikam, zu ihr herein schaute. Seine Augen schienen sie auszuziehen. Nein, an Schlaf war nicht zu denken! Sie war wieder hellwach, betete und schrieb Bibelstellen auf, bis es Tag wurde. Endlich, gegen Morgen wurde der Mann abgelöst, nicht ohne vorher alles an sich genommen zu haben, was sie geschrieben hatte. Ein vorerst letzter Schwall anzüglicher Bemerkungen ergoß sich über sie. Gott sei Dank, sie hatte diese schwierige und gefährliche Nacht ohne Probleme hinter sich gebracht.

Der Leiter der Geheimpolizei konnte einfach nicht glauben, was ihm an diesem Morgen berichtet wurde. Dieses achtzehnjährige Mädchen war die ganze Nacht verhört worden, ohne daß seine Männer auch nur das leiseste Ergebnis erzielt hätten. Was für eine Superfrau war das? Er wollte unbedingt selbst sehen, wie dieses Mädchen aussah, das mehr Ausdauer und Durchhaltevermögen hatte als seine Soldaten. Und er konnte nicht glauben, daß es auch ihm nicht gelingen würde, Informationen aus dieser Gefangenen zu bekommen. Also befahl er Sheng in sein Zimmer, bevor er irgend etwas anderes tat an diesem Morgen. Als Sheng den Raum betrat, fiel ihr als erstes auf, daß mehrere Personen herumsaßen, die in den vielen Seiten ihres nächtlichen Bekenntnisses lasen. Sie konnte ihre Freude darüber kaum unterdrücken. Wie schön, es war, als würden sie alle in der Bibel lesen.

Kaum stand Sheng in der Tür, da sprang der große Mann, der in seiner prächtigen Uniform hinter einem glänzenden Schreibtisch gesessen hatte, auf seine Füße und fragte: »Sind Sie die Gefangene Sheng?« »Ja.«

Er war ausgesprochen groß und gut gebaut, eine imposante Erscheinung mit markanten Gesichtszügen, die aber so viel Härte und Machtgier enthielten, daß seine Ausstrahlung ihre Schönheit verloren hatte und nur noch Bedrohung enthielt. Eine Mauer der Einsamkeit schien ihn, den Mächtigen, fast sichtbar zu umgeben. Er erinnerte Sheng an den Philister Goliath. Sein behaarter Arm schoß nach vorne über den Schreibtisch, und ehe sie sich versah, hatte er sie am Kragen gepackt und in die Luft gewirbelt. Mit einem leisen Schmerzenslaut landete sie auf dem nackten Steinboden. Noch bevor sie sich wieder aufrichten konnte, war er um seinen Tisch herumgegangen, stand vor ihr und trat und kickte sie mit seinen schweren Stiefeln in den Leib. Er begann, sie mit Schimpfnamen zu belegen. »Sie ..., wie können Sie es wagen, mich mit diesem Jesus voll zu predigen? Sie sollten Ihre Straftaten aufschreiben! Das war ein Fehler, den Sie bereuen werden. Wie ungeschickt von Ihnen, Sie haben zu viel riskiert!«

Sheng sagte nichts und steckte seine Tritte und Schläge lautlos ein. Er steigerte sich immer mehr in seine Wut, doch alle Brutalität half nichts.

Sie blieb still und wehrte sich nicht. Schließlich wußte er nicht mehr, wo oder wie er sie noch schlagen könnte und er befahl den Polizisten, welche die ganze Zeit nur still zugesehen hatten bei dieser Lektion roher Gewalt, Sheng wieder weg zu bringen.

Sie wurde nun wieder in die gleiche Einzelzelle gebracht, in der sie die letzte Nacht verbracht hatte. Zwei weitere Tage und Nächte wurde sie dort eingesperrt, und die überwiegende Zeit war dieser schleimige Wärter bei ihr und lauerte auf eine Gelegenheit, um sie zu vergewaltigen. Sie mußte unbedingt wach bleiben und sich ständig mit Gebet umgeben und mit Gottes Schutz füllen, sie hatte keine andere Waffe gegen diesen Menschen. Aber ihre Waffe war mächtig genug. Die größte Schwierigkeit bereitete ihr das Wachbleiben. Sie war nun vier Nächte im Gefängnis, die sie alle durchwacht hatte. Immer wieder wollte ihr Körper in den Schlaf gleiten. Um dies zu verhindern, tat sie alles, was ihr einfiel. Sie bewegte sich ständig in ihrer Zelle, sang und betete, obwohl sie kaum noch einen klaren Gedanken fassen konnte vor Müdigkeit, sie biß sich auf Lippen und Zunge, bis diese bluteten, und sie widerstand allen Gedanken der Furcht und Resignation. Gott sei Dank! Er gab ihr genug Stärke und Glauben, um auch diesen Angriff des Feindes unbeschadet zu überstehen.

Aber als sie an ihre Geschwister im Gefängnis dachte, da wurde sie traurig und begann, sich einsam zu fühlen. Wie es ihnen wohl ergangen war? Ob sie noch zusammen waren? Hatte man sie vielleicht besser behandelt? Ob schon welche entlassen worden waren? Selbstmitleid und Mutlosigkeit wollten in ihr hochkriechen. Hoffentlich hatten auch alle still gehalten und nichts verraten, was den anderen Christen gefährlich werden könnte.

Gerade als sie dachte, jetzt unter dem Druck ihrer Gefühle zusammenzubrechen, da hörte sie plötzlich eine angenehme, vertraute Stimme: »Tochter, Kind, wo bist du?« Eine Welle der Freude überströmte sie und riß sie aus ihren Gedanken. Sheng wußte sofort, als sie die Stimme hörte, daß dies wieder die liebe alte Mutter war, die man hier als »Verrückte« bezeichnete.

Was Sheng noch nicht wußte: Die Frau hatte an diesem Abend zu ihrem Besuch bei der Geheimpolizei und der städtischen Verwaltung ihre siebenjährige Tochter mitgebracht und einen Eimer voller Reis. Den Reis hatte sie für die Christen, die in Haft waren, gekocht. Genau wie beim letzten Mal nahm sie einen großen Stein, mit dem sie an das große Hauptportal schlug und einen ziemlichen Lärm machte. Dazu schrie sie: »Los, macht das Tor auf, ich muß rein und die Christen besuchen. Ich habe Essen mitgebracht für die Kinder, die an Jesus glauben.« Die Antwort der wachhabenden Posten war knapp und klar: »Die Gefangenen haben schon zu Abend gegessen, also, gehen sie wieder nach Hause.«

Aber die »verrückte Frau« ließ nicht locker: »Ich glaube euch nicht. Niemand kann euch glauben. Die Kinder haben bestimmt furchtbaren Hunger. Macht endlich die Tür auf, macht auf!« Dann schlug sie wieder mit aller Kraft gegen das Metall und verursachte einen unglaublichen Lärm. Es war erstaunlich. Diese Soldaten und Polizisten, die bis an die Zähne bewaffnet waren und vom ganzen Volk gefürchtet wurden, weil sie sich wie Tyrannen verhielten, die voller Brutalität waren und ihre Macht genossen, gegen diese Frau wußten sie sich keinen Rat. Sie öffneten tatsächlich das Tor für die Frau, wie sie es verlangte. Die Frau samt ihrer

Tochter betrat selbstbewußt das Gelände, sie fragte nach der Zelle der Christen und fand alleine ihren Weg. Welch eine Freude auf beiden Seiten, als sie die kleine Gruppe gefunden hatte. »Meine lieben Kinder«, sagte sie zärtlich, »bitte greift zu und eßt. Ihr habt so viel Hunger gehabt in den letzten Tagen.«

Dann wandte sie sich an die Soldaten und fragte: »Hey, hier stimmt etwas nicht. Letztes Mal waren es mehr Kinder, ein Mädchen fehlt, wo ist sie? Das hier sind nur sieben Mädchen, wo ist die Achte? Schnell, sagt schon, wo ihr sie hingebracht habt!« Zuerst ignorierten die Aufseher sie. Aber die Frau gab keine Ruhe. Sie schrie, weinte, bettelte und drängte die Wärter so lange, bis sie die »Verrückte« endlich zu Shengs Zelle begleiteten. Sie rannte auf die Tür zu, die abgeschlossen war und rief laut: »Mein Kind, mein liebes Mädchen, wo bist du? Bist du hier?«

Welch eine Freude für Sheng! Gerade, als sie nicht mehr wußte, wie sie ihre traurigen Gefühle zurückdrängen sollte, die auch aus der übergroßen Müdigkeit entstanden waren, da ertönte diese liebe Stimme. Sie antwortete sofort: »Ja, Mutter, ich bin hier.« Nun wollte die Frau unbedingt, daß man sie zu Sheng ließe, doch der Aufseher log beharrlich, er habe keinen Schlüssel. Da verlor sie keine Zeit, sondern kletterte an der Tür hoch und sah durch das vergitterte Fenster in Shengs Zelle. Mit einem ermutigenden Lächeln sah sie auf Sheng herab und sagte mit vollkommen klarer Stimme und konzentriertem Gesichtsausdruck: »Kind, sei stark und habe keine Angst. Die Menschen hier sind sehr böse, aber draußen beten viele Brüder und Schwestern für dich.« Sheng hörte reglos zu, sie sog begierig jedes Wort in sich auf, sie klammerte sich mit ganzer Kraft daran, und neue Zuversicht begann, sie zu erfüllen.

Die Grausamkeit nimmt zu

Auch in dieser vierten Nacht konnte Sheng es nicht wagen, für nur einen Moment zu schlafen, der lauernde Wärter ließ sie nicht aus den Augen. So saß sie auf ihrer Pritsche, die Beine im Schneidersitz und wippte mit ihrem Oberkörper im Takt der Lieder, die sie leise sang. Nur nicht einschlafen! Längst schon hatte sie alle Lieder gesungen, die sie kannte. Also sang sie Bibelstellen zu Melodien, wie sie ihr gerade einfielen. Und dann begann sie wieder von vorn mit all den Liedern. Gegen Morgen sang sie gerade ein Lied, das den Psalm 150 als Text hat: »Lobet Gott …« Da plötzlich – was war denn das? War sie schon im Himmel? Ihr wär, als würde sie einen großen Chor hören, der mit ihr zusammen dieses Lied sang. Träumte sie mit offenen Augen? Aber das vielstimmige Singen ging immer weiter. Sheng sprang auf und eilte zu dem kleinen Fenster, das ihr einen Blick in die Freiheit vor den Gefängnismauern gewährte. Das Fenster hatte nur die Größe einer Faust, doch es genügte, um Sheng auf ein unvorstellbares Bild blicken zu lassen. Staunend sah sie, wie aus allen Richtungen Menschen auf das Gefängnis zuströmten. Es waren einige hundert Leute, und alle sangen gemeinsam dieses Lied. Es schienen alles Christen zu sein. Leider konnte sie keine Gesichter erkennen. Sie konnte es kaum fassen. So viele Menschen, die hier zu diesem abgelegenen Ort kamen, um »Lobet Gott« zu singen! Sheng ging auf ihre Knie und dankte Gott. Den Wärter hatte sie vergessen, und dieser hatte auch Sheng vergessen und starrte aus einem anderen Fenster auf das Schauspiel vor den Gefängnismauern. Die Menschenschar marschierte im Rhythmus des Liedes und es war, als würde die Erde beben vom Klang ihres Singens.

Es waren Christen aus den Bezirken »G« und »F«, die von der Verhaftung der Teenager durch die Geheimpolizei der Stadt »E« gehört hatten. Da sie mehr als fünfzig Kilometer vom Gefängnis entfernt wohnten, waren sie die ganze Nacht zu Fuß unterwegs gewesen, um die inhaftierten jungen Christen zu unterstützen. Dazu waren auch die Leute aus der Stadt »E« gekommen, und sie mischten sich mit denen aus »G« und »F«. Es war eine große Schar, die sich da eingefunden hatte, sie füllten das Gelände vom Gefängnis bis zu dem Ufer des in der Nähe vorbeifließenden Flusses. Sie standen dicht gedrängt, wärmten sich gegenseitig und sangen aus voller Kehle. Nicht alle waren Christen, es waren auch einige Interessierte und Schaulustige dabei. Einige waren dem christlichen Glauben schon vorher nahe gestanden, hatten aber erst jetzt verstanden, daß man eine richtige, persönliche Freundschaft mit Jesus haben kann. Aber die meisten von ihnen hatten in den letzten Tagen zum ersten Mal Christen predigen hören und ganz neu an Jesus zu glauben begonnen.

Etwas ganz besonderes spielte sich vor den Gefängnismauern ab. Kein Mensch hätte das planen oder organisieren können, genau so wenig konnte es verhindert werden. Während diese vielen Menschen alle zusammen sangen, kam der Heilige Geist und machte aus ihnen eine vollkommene Einheit. Sie waren wie eine große Gemeinde. Wenn sich die Blicke der Menschen trafen, lächelten sie einander zu, sie waren erfüllt von großer Liebe zueinander. Gottes Gegenwart und Herrlichkeit umgaben sie und erfüllten jeden Einzelnen. Jeder Satz, den sie sangen, war ein Gebet, ein Versprechen, Jesus ewig zu lieben. Und Gottes Liebe kam zu den einzelnen Menschen und wusch allen Schmerz aus der Vergangenheit und alle Angst vor der Zukunft weg. Sie wollten nur noch für immer in Gottes Nähe sein, so wie jetzt. Alles andere zählte nicht mehr.

Den Christen im Gefängnis ging es allen genau wie Sheng. Zuerst dachten sie, dies wäre ein Traum von Engelschören, dann schauten sie aus den Fenstern, waren fassungslos, begeistert, dankbar, voller Freude und sehr ermutigt. Sie stimmten von Herzen und mit ganzer Kraft in die Lieder mit ein. Welch ein Konzert! Man konnte noch im großen Umkreis dieses Singen hören, welches das ganze Gefängnis einhüllte und erfüllte. Den Polizisten und Soldaten war es unterdessen ziemlich unheimlich geworden. War dies ein Volksaufstand? Aber als sie sahen, daß die Leute alle unbewaffnet waren und viele lächelten, beruhigten sie sich wieder. Es schienen nur unbelehrbare Christen zu sein. Ein leichtes Spiel, wenn sie hier ein wenig Nachschub an Soldaten bekommen würden. Der Leiter der Geheimpolizei rief den Leiter der Miliz in »E« an, und schon war alles in die Wege geleitet. Die Volksarmee würde sich sofort in Bewegung setzen und die Soldaten würden die Anordnung erhalten, die Aufständischen zusammenzuschlagen. Die Soldaten sollten alle Freiheiten haben, um ein beeindruckendes Exempel statuieren zu können. Wenn dabei Menschen getötet werden würden, ginge dies auf das Konto der Bezirksregierung.

Keine Stunde war vergangen, als die Volksarmee anrückte. Mehrere hundert Soldaten hatten sich formiert, alle waren gut ausgebildet in verschiedenen Kampfsportarten. Sie waren in Kampfuniform und schwer bewaffnet. Ihr Befehl lautete »Prügeln ohne Rücksicht auf Verluste«. Ein

Lautsprecher ertönte, der die Menge warnte: »Alle Anwesenden, die keine Christen sind, sollen sofort das Gelände verlassen, sonst kann nicht für Leib und Leben garantiert werden.« Wenn die Gefängnisverwaltung, die diese Information mehrmals wiederholte, gedacht hatte, diese Warnung würde ausreichen, um die meisten Menschen einzuschüchtern und zu verjagen, so hatte sie sich getäuscht. Es waren nur wenige Schaulustige mitgekommen, die jetzt eilig verschwanden, alle anderen blieben unbeeindruckt stehen trotz der aufmarschierenden, formierten Volksarmee, und sie sangen mit unveränderter Lautstärke, Hunderte von begeisterten, überzeugten Stimmen, die in aller Öffentlichkeit Gott priesen.

Es folgten Stunden größter Grausamkeit. Die Soldaten marschierten in geordneten Reihen auf die Christen zu. Dann nahmen sie sich eine Person nach der anderen vor und prügelten diese, bis sie sich nicht mehr regte. Allmählich drängten sie dabei die Menge vom Gefängnis weg hin zum Flußufer, das in einer fast senkrechten Böschung etwa drei Meter tief zum Wasser hin abfiel. Nun war kein Gesang mehr zu hören, sondern das Fluchen der Soldaten und das Stöhnen der Christen erfüllte die Luft. Unter den Versammelten war auch Bruder Gui, der samt seinem Team nicht verhaftet worden war. Die Soldaten erkannten ihn auch jetzt nicht als einen Leiter. Trotzdem mißhandelten sie ihn schrecklich. Zwei Männer drehten seine Arme auf den Rücken, während ein dritter ihn mit ganzer Kraft prügelte und trat. Dann hoben sie ihn hoch und warfen ihn die hohe Böschung hinunter. Gui landete auf einem schmalen Stück Sand und Kies, dicht am Rande des Wassers. Zwei der Soldaten sprangen hinterher und fuhren fort, ihn zu schlagen und zu treten, so fest sie konnten. Es war eigenartig: Gui konnte jeden der dumpfen Schläge hören, die seinen Körper trafen, aber er spürte sie nicht. Er lag auf der Erde, die Soldaten warfen und kickten ihn hin und her, doch er spürte überhaupt keinen Schmerz. Trotzdem weinte er leise: »Lieber Herr Jesus, ihre Füße treten deinen Kopf, ihre Fäuste treffen deinen Körper, sie schlagen deine Hände blutig, weil du mit deinen Händen meinen Körper bedeckst und vor ihnen abschirmst. Ihre Wut trifft dich, ich bin ohne Schmerzen, weil du meine Schmerzen auf dich nimmst. Danke, lieber Jesus!« Es war nur Gottes besonderer Schutz, der Gui bewahrte, daß er unter diesen Schlägen nicht starb. Die Soldaten schlugen ihn so grausam, daß er, selbst wenn er einen Körper aus Stahl und Knochen aus Eisen gehabt hätte, dies nicht hätte überleben können. Tatsächlich ließen die Soldaten erst von ihm ab, als sie sicher waren, daß er tot sei.

Doch, Gott sei Dank, Bruder Gui lebte. Als er merkte, daß die Soldaten sich von ihm abgewandt hatten, richtete er sich auf und versuchte, sich zu orientieren. Doch welch ein entsetzlicher Anblick bot sich ihm! Er hörte, wie die gut trainierten Kämpfer auf die wehrlosen Christen einschlugen, oben, auf der ebenen Fläche am Rande der Uferböschung. Sie bearbeiteten sie mit ihren Fäusten und Stiefeln, bis die Christen zusammenbrachen, dann warfen sie die leblosen Körper den Abhang hinunter. Unten am Wasser warteten andere Soldaten schon, nahmen die Opfer in Empfang und fuhren fort, sie zu mißhandeln. Es spielte sich alles direkt vor Guis Augen ab, der sich auf der Erde sitzend aufgerichtet hatte und nicht glauben wollte, was er da sah. Dies übertraf alles an Grausamkeit, was er in der blutigen Geschichte seines Landes schon erlebt hatte. Die Soldaten hier unten am Wasser schlugen auf die Menschen ein, ohne irgendeine Körperpartie zu schonen. Ihre wilden Fäuste trafen auf Köpfe, Rücken, Brustkörbe, Bäuche, sie zielten nicht mehr, sondern schlugen in blinder Raserei auf die Körper ein. Erst wenn die Opfer bewußtlos waren, ließen sie von ihnen ab und wandten sich den nächsten zu, die von oben herunter gestoßen wurden.

Gui weinte, während er zählte, wieviele seiner Geschwister heruntergeworfen wurden. In kurzer Zeit hatte er schon bis siebzig gezählt. Besonders grausam wurden die alten Mütterchen und die kleinen, zehnjährigen Mädchen geschlagen. Es war zu furchtbar, um es wirklich zu erfassen, was da vor sich ging. Wenn Gott dies nicht verhindert hätte, wären an diesem Morgen viele Dutzend Menschen totgeschlagen worden.

Die Soldaten schienen nicht zu ermüden, sie kämpften und prügelten wie Kampfmaschinen. Direkt vor Guis Augen fiel eine alte Frau den Abhang herunter. Er zuckte zusammen, als er sie erkannte. Es war die alte Tante Fang, die Gui kannte, solange er sich erinnern konnte. Sie hatte ihn immer wie ihr eigenes Kind behandelt, ihn mit Kleinigkeiten beschenkt und, als er noch ein kleiner Junge war, auf ihre Knie sitzen lassen, wenn sie ihm von Jesus erzählte. Nun mußte Gui mit ansehen, wie die Soldaten Tante Fang grausam quälten. Sie rissen ihr in dicken Büscheln das weiße Haar aus, bis ihr Kopf nur noch eine grünliche Masse war, ihre Augenhöhlen waren so zugeschwollen, daß man die Augen nicht mehr sehen konnte. Sie blutete aus Nase und Mund. Und dann hörte Gui, wie Tante Fang betete:»Herr Jesus, bitte beschütze meine Schwestern und Brüder im Gefängnis und hier draußen. Und bitte vergib diesen Menschen ihre Grausamkeit.«

Gui war kurz davor, das Bewußtsein zu verlieren, aber nicht vor Schmerz, sondern aus Übelkeit angesichts des Grauens, das sich hier abspielte. War das möglich, mitten in seinem China, dem Land mit der Jahrtausende alten Kultur, während die Regierung gerade die beiden Kampagnen durchführte »Fünf Wege der höflichen Rede, vier Wege des vornehmen Lebens« und »Gebildetes, zivilisiertes Verhalten«? Natürlich wußte er, daß von solchen Grausamkeiten den Christen gegenüber gerade in jüngster Zeit immer wieder berichtet wurde. Aber nun war er zum ersten Mal mitten drin, als Opfer und Beobachter, und es übertraf alles, was er seinen Landsleuten hätte zutrauen wollen.

Viele waren aus der Stadt »E« gekommen, die sich erst vor wenigen Tagen zum Glauben an Jesus entschieden hatten. Sie waren besonders entsetzt über dieses Vorgehen der Volksarmee. Im Gegensatz zu den älteren Christen, die schon häufiger mit Verfolgung konfrontiert worden waren, traf diese neuen Christen alles ganz unvorbereitet. Fast alle weinten, und viele waren auch sehr wütend und sagten untereinander:»Dies sind doch alles liebe, gute Menschen. Sie werden ohne Grund so geschlagen. Gott soll die Soldaten dafür strafen, daß sie sich so an den Christen vergehen. Als hätten sie gar kein Gewissen!« Viele der Schaulustigen, die sich zunächst zurückgezogen hatten, waren in sicherer Entfernung stehen geblieben, um zu beobachten, was hier vor sich ging. Sie waren völlig schockiert und kamen wieder zurück, um den Christen zu helfen, die halbtot von den Soldaten liegengelassen worden waren. Natürlich waren ihre Möglichkeiten sehr begrenzt, doch sie versuchten zumindest, so gut es konnten, den Verletzten zu helfen.

Bruder Gui weinte und klagte angesichts seiner leblosen Geschwister. Er ging zu den Einzelnen hin, die Soldaten schienen ihn nicht zu sehen, er beugte sich über die zerschlagenen, blutenden Körper, streichelte ihre verschwollenen Gesichter, seine Tränen benetzten ihre Stirnen, er nahm ihre Hände und schrie zu Gott für sie. Sie lagen so still da, keiner von ihnen war noch bei Bewußtsein, nachdem die Soldaten mit ihnen fertig waren.

So fand ihn ein junges Mädchen aus der Stadt »E«, die ihn überall gesucht hatte. Sie war ganz aufgeregt, faßte ihn bei der Hand, versuchte, ihn von den Verletzten wegzuzerren und zum Aufstehen zu bewegen. »Gott sei Dank, daß ich dich endlich gefunden habe. Komm, laß uns sofort von hier verschwinden. Die Geheimpolizei sucht dich überall. Weil du mehr als alle anderen öffentlich in ›E‹ gesprochen hast und sie dich als Leiter fotografiert haben. Du solltest zusammen mit den anderen verhaftet werden. Bitte komm schnell, folge mir, ich bringe dich in Sicherheit!«

Doch Bruder Gui konnte sich nicht von seinen Geschwistern abwenden. Er weinte immer noch, als er fest und bestimmt antwortete: »Das ist sehr lieb von dir, aber ich kann nicht mit dir kommen. Ich kann meine Brüder und Schwestern jetzt nicht alleine lassen. Meine Familie wird bewußtlos geschlagen. Wie könnte ich dabei daran denken, nur meine Haut zu retten?«

Die junge Frau war aber beharrlich: »Ich verstehe dich, aber es ist nicht richtig, was du sagst. Wenn du verhaftet werden würdest, dann würden viel schlimmere Dinge passieren, die wir noch gar nicht absehen können. Die Christen hier in der Gegend sind alle noch sehr jung im Glauben, sie haben keinen Leiter. Wie sollen sie in dieser Situation alleine standhaft bleiben? Bitte, bedenke alles noch einmal und verlasse diesen Ort so schnell wie möglich. Bitte, komm mit mir, wir brauchen dich!«

Bruder Gui trocknete seine Tränen, wandte sich für einen Moment von dem Mädchen und den Verletzten ab und fragte Gott, was er tun sollte. Die Antwort des Heiligen Geistes war: »Verlasse diesen Ort sofort.« Also ging er. Er folgte der jungen Schwester und fand Herberge bei einer Familie, die nicht weit vom Gefängnis entfernt wohnte. Es waren Leute, die schon seit vielen Jahren Christen waren, wie es in dieser Gegend einige Familien gab, die aber ihr Christsein mehr als Familientradition betrachteten und nicht wußten, was es heißt, Jesus zu lieben und mit dem Heiligen Geist befreundet zu sein.

Die Nachricht von Bruder Guis Ankunft hatte sich schnell herumgesprochen, und schon bald waren die benachbarten christlichen Familien gekommen, um ihn kennenzulernen. Bruder Gui spürte sofort, daß sie nicht sehr eng mit Gott lebten, und er begann unter Tränen, mit ihnen darüber zu reden. »Ihr lieben Geschwister, ich sehe, daß ihr nur mit halbem Herzen bei Gott seid, ihr habt euch an viele kleine Sünden gewöhnt, und ihr habt so manches, was euch wichtiger ist als die Beziehung mit Gott. Deshalb ist es in dieser Gegend so schwer zu predigen, und die Bevölkerung interessiert sich nicht für Jesus. Wie ihr wißt, sind die Christen aus den Bezirken ›F‹ und ›G‹ heute zu Fuß hierher gekommen, um die Christen im Gefängnis zu unterstützen. Jetzt im Augenblick leiden sie unter den Fäusten der Soldaten, Geschwister aus entfernteren Gegenden, die den Platz eingenommen haben, den ihr eigentlich hättet ausfüllen können.« Während Bruder Gui so redete, sprach der Heilige Geist zu den Anwesenden und zeigte ihnen, worüber er bei den Einzelnen traurig war. Sie reagierten offen darauf, versuchten nicht, sich zu rechtfertigen, sondern sie begannen zu weinen, viele knieten nieder, bekannten ihre Sünden und baten Gott um Vergebung. Da platzte unerwartet ein junger Mann in die Wohnung. Er war wohl einen langen Weg gerannt, denn er stieß keuchend hervor:»Schnell, schnell, geht weg von hier, versteckt euch. Die Geheimpolizei ist mit einer Abteilung der Volksarmee auf dem Weg hierher. Sie suchen Gui in jedem Haus, das in der Umgebung des Gefängnisses ist. Sie können jeden Moment hier sein. Verlaßt schnell dieses Haus!« Sofort machten sich die Gastgeber mit Gui auf den Weg, und so schnell und unauffällig wie möglich brachten sie ihn in ein anderes christliches Haus, das etwas weiter entfernt lag. Sie waren noch nicht lange dort, als wieder ein Bote kam, der berichtete, daß die schreckliche Schlägerei langsam zu Ende ginge.»Alle Christen haben überlebt«, teilte er ihnen mit,»aber drei von ihnen sind schwer verletzt und immer noch bewußtlos. Einer von ihnen ist ein junger Mann, der dem Tod nahe ist. Und viele sind verhaftet worden, etwa fünfzig Personen.«

»Was sollen wir tun?«, fragte der Bote verzweifelt, die Leiden des jungen Mannes noch vor Augen. Die versammelten Christen begannen alle, zu weinen und zu klagen, sie waren so schockiert über das Grauen dieses Tages. Nur wenige Minuten später kam ein weiterer Bote, der erzählte:»Es liegen noch drei Schwerverletzte am Flußufer. Wir haben mit ihnen gebetet. Zwei von ihnen sind inzwischen wieder bei Bewußtsein. Aber der dritte, ein junger Mann, sieht sehr schlecht aus. Wenn Gott nicht bald ein Wunder tut, fürchten wir, wird er sterben.« Gui reagierte schnell und sicher:»Bitte bringt ihn her. Nehmt einen Leiterwagen, auf den ihr ihn legen könnt und beeilt euch. Ich will, daß er hier ist.«

Drei Brüder rannten los, packten den Verletzten auf den Handwagen, und weinend kamen sie wieder mit ihm zurück gerannt. Gott sei Dank waren sie keinen Soldaten begegnet. Gui stand schon vor dem Haus und erwartete sie. Er hob die Decke, die über dem jungen Mann lag, und sein Magen drehte sich um, als er diesen furchtbar zugerichteten Körper sah. Sein Gesicht war bis zur Unkenntlichkeit zerschlagen und geschwollen, er atmete nicht mehr und sah aus, als wäre er tot. Doch während Gui ihn betrachtete und schmerzlich um ihn weinte, kam göttlicher Glaube in sein Herz. Die Christen holten ihn ins Haus, legten ihn, blutig und schmutzig, wie er war, auf ein Bett und stellten und knieten sich um ihn. Das ganze Zimmer war voller Menschen, die um Heilung für ihren Bruder beteten. Gui kniete zwischen ihnen. Die Gegenwart Gottes begann, den Raum zu erfüllen. Gui weinte mit den anderen, aber dann leitete er das Gebet:»Wir nehmen das nicht hin! Das ist zu viel! Jesus, komm mit deiner Kraft und laß diesen Bruder von den Toten auferstehen!«

Nach diesem Gebet schnappte der junge Mann plötzlich nach Luft. Gui begann sofort, Gott für sein Eingreifen zu danken. Dann begann er, regelmäßig zu atmen. Die ganze Gruppe dankte jetzt Gott. Augenblicke später setzte er sich auf, öffnete die Augen und sah aufmerksam umher. Nun weinten alle aus Dankbarkeit und lobten Gott laut und begeistert.

Dann räusperte sich der junge Mann und begann zu reden:»Als ich am Flußufer lag und geschlagen wurde, da sah ich plötzlich ganz klar vor mir einen Mann stehen. Er hatte einen Bart, langes weißes Haar, und er war mit einem weißen Kleidungsstück angezogen, das bis zu den Knöcheln ging. Sein Gesicht war wie das Licht der Sonne und des Mondes. Sein ganzer Körper strahlte Licht aus. In seiner Hand hielt er ein aufgeschlagenes Buch, in dem er alles notierte, was geschah. Dann redete er zu mir und sagte, er habe heute alles aufgeschrieben, was ich gelitten habe.« Als die versammelten Christen dies hörten, brach eine große Freude aus. Sie begannen alle, zu singen, zu tanzen und Gott zu danken.

Am nächsten Tag verließ Bruder Gui seine Gastgeber und zog einige Kilometer weiter, wo er, wie man ihm gesagt hatte, einen Gemeindeleiter treffen konnte. Der Pastor hieß Ming, ein bewährter Mann Gottes, der die Christen in der Stadt »F« betreute, obwohl er nicht sehr viel älter war als Gui. Bruder Ming nahm sich Zeit für ihn, und Gui weinte haltlos, während er ihm erzählte, was sich ereignet hatte. Es tat gut, sein Herz so ausschütten zu können vor einem geistlichen Leiter. Ming hörte aufmerksam und voller Anteilnahme zu, dann beteten sie intensiv zusammen. Aber dann wollte Gui sich verabschieden. »Ich bin Gott dankbar, daß ich dich heute treffen konnte. Jetzt lege ich die ganze Verantwortung für die Christen, mit denen ich hierher gekommen bin und die sich in der Stadt ›E‹ und Umgebung zu Jesus bekehrt haben, in deine Hände, denn ich werde von hier aus zur Polizei gehen und mich freiwillig stellen. Sie suchen mich. So viele andere Christen sind schon im Gefängnis. Es geht nicht, daß ich mich verstecke. Mit Gottes Hilfe will ich ihnen mutig vorangehen und mit ihnen in Haft sein für Jesus.«

Doch Bruder Ming war damit überhaupt nicht einverstanden. Er war bewegt von Guis Hingabe und seiner Bereitschaft, für Jesus zu leiden, aber er ließ sich auf keine Diskussion ein, sondern erklärte entschieden: »Es sind jetzt schon mehr als siebzig Christen im Gefängnis. Meinst du, du könntest ihnen helfen, wenn du dich freiwillig der Polizei auslieferst? Du würdest leiden, aber das würde den Schmerz der Geschwister im Gefängnis nur noch vermehren. Hier draußen gibt es so viel Arbeit für Gott. Die Menschen sind interessiert und Gott gegenüber so positiv eingestellt wie noch nie zuvor. Wenn wir im Gefängnis sind, ist es für Gott, aber man kann ihm auch in der Freiheit dienen. Wir sollten keine Zeit verlieren und uns an die Arbeit machen!«

Gui ließ sich überzeugen, weil er empfand, daß der Heilige Geist in ihm bestätigte, was Ming sagte. Also nahmen sie zwei Fahrräder, und unter dem herzlichen Abschiedswinken der Gastgeber fuhren sie los in Richtung der Stadt »F«. Sie waren noch nicht weit aus dem Ort hinausgefahren, als ein Fahrzeug der Geheimpolizei von »E« sie einholte. Die beiden Männer erschraken, als sie in den Wagen sahen und bemerkten, daß die Polizisten sie erkannt hatten. Sie beteten und traten in die Pedale, so schnell sie konnten. Sie hatten nur wenig Hoffnung. Wie sollte ein Fahrrad mit einem Polizeiwagen mithalten, geschweige denn ihm entkommen? Menschlich gesehen gab es für sie keine Hilfe mehr. Aber dann geschah etwas Phantastisches: Obwohl das Polizeiauto mit Vollgas fuhr, konnte es die beiden Fahrräder nicht einholen! Doch so schnell gaben die Polizisten nicht auf. Über mehrere Kilometer ging die Jagd. Aber schließlich wurde der Abstand immer größer, und irgendwann waren die Fahrräder aus dem Blickfeld der Polizisten entschwunden. Die Geheimpolizisten verstanden die Welt nicht mehr, aber es blieb ihnen nichts anderes übrig, als unverrichteter Dinge ihre eigentliche Fahrt fortzusetzen und diesen Vorfall schnell zu vergessen. Als die beiden Männer sicher waren, die Polizisten abgehängt zu haben, fuhren sie erst einmal von der Straße ab, suchten sich ein Stückchen Wiese und dankten Gott. Wieviel Freude erfüllte sie angesichts der Größe und Liebe ihres Gottes! Nach einem begeisterten kleinen Dankgottesdienst fuhren sie endlich in die Stadt »F«, wo sie ursprünglich hin gewollt hatten. Es war eine schöne Fahrt, sie sangen, während sie in die Pedale traten und freuten sich an der Schönheit der Landschaft, durch die sie fuhren.

Aber je näher sie nach »F« kamen, um so schwerer wurde ihnen wieder ums Herz. Siebzig Christen waren in Haft. Was war wohl mit ihnen geschehen? Sheng und die anderen Teenager waren nun schon seit sechs Tagen im Gefängnis. Die Polizisten hatten alle Mittel eingesetzt, um sie zu quälen. Sie hatten extra zusätzliches Personal eingestellt, das keine weitere Aufgabe hatte, als die Christen psychisch unter Druck zu setzen, sie zu bedrohen, einzuschüchtern und ihren Glauben auf die Probe zu stellen. Aber es gelang ihnen nicht, den Glauben dieser siebzig Menschen auch nur im Geringsten zu erschüttern. Gui und Ming wurden traurig, als sie sich die Frage stellten, wieviele Stöcke wohl schon auf den Rücken der Geschwister zersplittert worden waren und wieviele Lederpeitschen zerfetzt wurden. Vermutlich setzten sie auch wieder Gewehrkolben, Elektroschock-Stäbe und andere Folterinstrumente ein, um die Christen zu Bekenntnissen ihrer Schuld und zur Preisgabe von Informationen zu bringen. Aber die Polizisten konnten nur den sichtbaren Körper der Christen zerstören, ihr geistliches Leben blieb davon unbeeinflußt, ihr Glaube an Jesus wurde nicht erschüttert. Aber was Gui und Ming noch nicht wissen konnten: Am Ende waren die Polizisten vollkommen erschöpft und resigniert. Sie hielten eine Sonderkonferenz ab und beschlossen, daß sie nicht länger für diese Gefangenen verantwortlich sein wollten. Der Beschluß wurde gefaßt, daß die Christen an die Geheimpolizei ihrer jeweiligen Heimatbezirke übergeben werden sollten.

Am Tag, als die Verlegung stattfinden sollte, schlug plötzlich das Wetter um. Ein eisig kalter Wind kam auf. Sheng und die anderen Gefangenen wurden in den Innenhof des Gefängnisses gebracht, wo sie eng gefesselt wurden. Shengs Arme waren so fest gebunden worden, daß sie blaß war vor Schmerzen. Einer der Brüder konnte diesen Anblick nicht länger ertragen. Er ging zu einem Wärter und beschwerte sich: »Sehen Sie nicht, daß dieses Mädchen noch so jung ist, sie ist erst achtzehn Jahre alt. Wie können sie ihre Arme so grausam fesseln? Bitte, lockern Sie ihre Fesseln und binden Sie mich dafür straffer!« Doch er fand kein Gehör, im Gegenteil. Mehrere Polizisten ohrfeigten ihn für seinen Mut, sie warfen ihn auf die Erde und fesselten ihn ausgesprochen fest, aber ohne Shengs Lage zu erleichtern und ihre Fesseln zu lockern. Vor der Abreise wurden dann noch Fotos von allen siebzig Gefangenen gemacht, bevor sie auf die Ladefläche eines großen, offenen Lastwagens gestoßen wurden. Mehrere schwer bewaffnete Soldaten stellten sich zu ihnen auf den Wagen, die Gewehre im Anschlag. So sollten sie die Fahrt zurück nach Hause in die Stadt »F« und den Bezirk »G« antreten.

Als der Wagen langsam durch das Hauptportal des Geländes der örtlichen Regierungsverwaltung fuhr, hatte ihn schon eine ganze Anzahl von Christen erwartet. Es waren die neuen Christen aus der Stadt »E« sowie die von Gui aufgerüttelten älteren Christen aus den Dörfern in der näheren Umgebung des Gefängnisses. Seit sie gesehen hatten, wie unerschrocken die anderen sich zu Jesus bekannten und selbst ihr Leben dafür riskierten, hatten sich viele von ihnen neu zu einem radikalen Christsein ohne Kompromisse entschlossen. Sie hatten nicht gewußt, was die Pläne der Polizei mit den gefangenen Christen waren, aber sie waren ständig in der Nähe des Gefängnisses geblieben, um den Geschwistern beistehen zu können, zumindest im Gebet. Seit den frühen Morgenstunden waren sie auch an diesem Tag wieder dort gewesen. Als sie dann das Fahrzeug sahen, auf dem alle Geschwister gefesselt standen, umringten sie den Wagen. Sie waren so viele, daß zunächst die Fahrt zum Stillstand kam. Alle versuchten, mit ihren ausgestreckten Armen wenigstens die Kleider der Gefangenen berühren zu können. Sie weinten laut. Die Szene war so bewegend, daß selbst den unbeteiligten Passanten auf der Straße die Tränen kamen.

Auch die »verrückte Frau« war wieder da. Sie hatte einen großen Geldschein von ¥ 60 RMB, den sie in Shengs Jackentasche stopfte. Außerdem stellte sie ein Paket voller selbstgebackener Kuchen vor ihre Füße. Weinend sagte sie: »Liebe Kinder, das ist ein bescheidenes Zeichen der Liebe eurer Geschwister im Dorf ›E‹. Möge der Friede Gottes euch auf eurer Fahrt begleiten.« Sheng und die Geschwister weinten, aber sie waren auch sehr getröstet und dankbar für diese Liebe der Christen, denen sie nicht einmal persönlich bekannt waren. Was sie vor allem ermutigte, war das deutlich sichtbare Wirken Gottes an den Menschen in dieser Gegend. Auch wenn sie körperlich viel gelitten hatten, das größte Ziel war erreicht: Die Stadt »E« und ihre Umgebung waren erfaßt vom Wirken Gottes. Sie hatten mit eigenen Augen sehen können, wie die Menschen sich in ihrem neuen Glauben an Jesus bewährten. Ihr eigener Einsatz war klein gewesen im Vergleich zu dem, was Gott hier zu tun begonnen hatte.

Die Christen hatten den Lastwagen so umringt, daß er nicht fahren konnte. Die Polizisten brauchten Hilfe. Aus den Gebäuden der örtlichen Verwaltung kamen wenige Augenblicke später Soldaten heraus gerannt, die alle Gewehre hatten, mit denen sie die Menschen von dem Wagen zurückdrängten. Der Transporter startete wieder und fuhr langsam an. Als die Christen sahen, daß der Lastwagen nun wirklich fuhr und sie ihn nicht mehr aufhalten konnten, versuchten sie, hinter ihm her zu rennen. Viele weinten, während die gebundenen Christen ihnen zunickten, da sie nicht einmal winken konnten. Welch ein Abschied! Die Christen sowohl auf dem Wagen wie auch die auf der Straße fühlten sich, als würden langjährige, geliebte Familienmitglieder abreisen. Sie konnten nicht lange Schritt halten, die Straße stieg einen Hügel hinauf und der Transporter verschwand in einer Kurve. Diejenigen, die mitgerannt waren, blieben nach Luft ringend stehen. Sie knieten sich dort auf der Straße nieder und beteten für ihre Geschwister um Kraft und Bewahrung, Mut und Freude.

Die Christen, die gefesselt im eisigen Fahrtwind auf dem Lastwagen standen, sahen nachdenklich zurück. Wieviel hatten sie in den wenigen Tagen ihrer evangelistischen Reise erlebt. So viele Bilder, die sich ihnen aufdrängten! Da riß sich Sheng aus ihren Gedanken los und stimmte ein Lied an, in das alle einstimmten. Der Text ist ein Zitat aus dem Hebräerbrief:

»Erinnert euch an die früheren Tage, als ihr nach eurer Erleuchtung manchen harten Leidenskampf bestanden habt: Ihr seid vor aller Welt beschimpft und gequält worden, oder ihr seid mit betroffen gewesen vom Geschick derer, denen es so erging; denn ihr habt mit den Gefangenen gelitten und auch den Raub eures Vermögens freudig hingenommen, da ihr wußtet, daß ihr einen besseren Besitz habt, der euch bleibt. Werft also eure Zuversicht nicht weg, die großen Lohn mit sich bringt. Was ihr braucht, ist Ausdauer, damit ihr den Willen Gottes erfüllen könnt und so das verheißene Gut erlangt. Denn nur noch eine kurze Zeit, dann wird der kommen, der kommen soll, und er bleibt nicht aus. Mein Gerechter aber wird durch den Glauben leben; doch wenn er zurückweicht, habe ich kein Gefallen an ihm. Wir aber gehören nicht zu denen, die zurückweichen und verlorengehen, sondern zu denen, die glauben und das Leben gewinnen« (Hebr 10,32-39).

Sie sangen es immer wieder, zuerst vorsichtig, um die Reaktion der begleitenden Soldaten abzuwarten, dann immer lauter, da niemand versuchte, sie vom Singen abzuhalten. Tränen rannen über die meisten Gesichter, während sie sangen, aber durch dieses Wort bekamen sie sichtlich neue Stärke und Ermutigung. Gott würde ihnen helfen, nicht zurückzuweichen. Die unbewohnte Landschaft rechts und links der Straße, die Ebene und die Hügel in der Ferne hallten wider von ihrem Singen.

Im Gefängnis in »F«

Es war eine lange, kalte Fahrt gewesen, doch da sie die ganze Zeit singen konnten, war es eher ein langer Gottesdienst gewesen für die zwölf Christen, die mit dem offenen Transporter in die Stadt »F« gebracht worden waren. Zu ihrer großen Überraschung wurden sie vor dem Gefängnis von einer recht zahlreichen Gruppe Christen erwartet. Wie hatten sie das erfahren können? Wie lange sie wohl schon gewartet hatten? Es war eine sehr große Ermutigung für die Gefangenen, zu wissen, daß sie auch hier nicht alleine waren, sondern daß sie Geschwister hinter sich hatten, die für sie beteten und ihnen jede erdenkliche Hilfe zukommen lassen wollten. Aber leider konnten die Christen nur ein paar Blicke im Vorbeigehen wechseln, denn kaum war der Wagen in den Hof gefahren, wurden die Gefangenen sofort durch den Innenhof in das Gebäude der Geheimpolizei gebracht.

Die Christen in der Stadt »F« verbreiteten die Nachricht von der Ankunft der jungen Christen im Gefängnis der städtischen Geheimpolizei überall, auch im weiteren Umkreis der Stadt. Dann beschlossen sie, ihr Gebet für die Gefangenen durch Fasten zu unterstützen. Diesem Fasten schlossen sich viele Christen innerhalb und außerhalb der Stadt an. Sie führten regelmäßige Gebetstreffen ein, und so konnte Gott hier genauso wirken wie zuvor in der Stadt »E« und ihrer Umgebung. Viele nur traditionelle Christen ließen sich vom Heiligen Geist wachrütteln und begannen wieder, Gott zu suchen. Wie phantastisch Gott doch alle noch so widrigen Umstände benutzen kann! Durch die bloße Anwesenheit der Teenager im Gefängnis dieser Stadt begann nun auch hier ein geistlicher Aufbruch. Gott konnte die verschiedenen Hausgemeinden neu beleben und zur Zusammenarbeit bewegen.

Die städtische Verwaltung und die Geheimpolizei waren rasend vor Wut über das, was sie aus den Akten der Teenager erfuhren und was ihnen von den anderen Städten berichtet wurde. Diese jungen Leute hatten es anscheinend darauf angelegt, die Polizisten und Soldaten in aller Öffentlichkeit bloßzustellen und lächerlich zu machen. Es gibt in der chinesischen Kultur keine schlimmere Beleidigung als wenn man es zuläßt, daß jemand das Gesicht verliert. Aber genau das hatten diese Gefangenen mit ihren Wärtern und Aufsehern die ganze Zeit gemacht. Der unerschütterliche Glaube der Teenager war eine einzige Demütigung für die Wärter, deren Mittel an diesen Jugendlichen versagten. Ihre Knüppel waren zersplittert, doch sie hatten nichts erreicht. Daß sie die Gefangenen jetzt an die Heimatbehörde übergaben, war ein peinliches Eingeständnis ihrer Ohnmacht.

Noch in derselben Nacht begannen die Verhöre. Als erste wurde Sheng vorgeführt. Der Gesprächsleiter wandte verschiedene Methoden an, um Sheng zum Reden zu bringen. Mal war er liebevoll und plauderte mit ihr, dann wieder wurde er unvermittelt hart und bedrohend. Zum Teil schimpfte er auf sie ein und schlug sie, während er ihr klarmachte, daß er hier das Sagen hatte und daß sie gefälligst zu tun habe, was er von ihr fordere. Dann wieder versuchte er, an ihre »Vernunft« zu appellieren oder sie an ihre Familie zu erinnern, die sich gewiß schreckliche Sorgen machen würde. Aber der Heilige Geist gab ihr viel Standhaftigkeit, sodaß sie auf keine seiner Spielarten hereinfiel.

Dann wurde Bruder Ahto vorgeführt. Ahto war sehr ruhig und gelassen, tiefer göttlicher Friede erfüllte ihn, und er beantwortete die meisten Fragen überhaupt nicht. Sein freundliches Schweigen machte den Verhörleiter sehr wütend, er wußte nicht, wie er damit umgehen sollte. Und es war schier unerträglich für ihn zu sehen, daß dieser Gefangene, dessen Leben doch in seiner Hand lag, einen Frieden in sich trug, nach dem er selbst sich immer vergeblich gesehnt hatte. In seiner hilflosen Wut schlug er so heftig mit der Pistole auf den Tisch, daß die Teetasse aus zartem Porzellan samt Untertasse durch die Luft flog und krachend am Boden zerschmetterte. Der Tee spritzte in alle Richtungen und traf vor allem das Gesicht des Staatsanwaltes.

Nun war es endgültig um die Beherrschung des Mannes geschehen. Er war dunkelrot vor Zorn, als er nach einer Eisenstange griff und damit zuerst gegen Ahtos Schienbeine, dann auf seinen Brustkorb schlug. Er befahl zwei anderen Polizisten, mit Holzknüppeln Ahtos Knöchel zu schlagen. Die Schläge trafen den jungen Mann hart und fügten ihm ernste Verletzungen zu. Vor allem die Schläge auf die Brust verletzten ihn so, daß er noch Jahre nach diesem Vorfall unter Schmerzen im Brustkorb litt.

Nach den Verhören waren die zwölf Christen in eine kleine Zelle gebracht worden. Die nackten Mauern waren feucht, es gab kein Fenster, weder Tageslicht noch künstliche Beleuchtung. Als die schwere eiserne Tür krachend hinter ihnen ins Schloß fiel, standen sie in der modrigen Dunkelheit. Zunächst versuchten sie nur, nicht zu stöhnen und den anderen nicht zu zeigen, wie groß ihre Schmerzen waren. Sie waren hier alle noch einmal neu gefesselt worden. Schon in dem ersten Gefängnis waren die Fesseln sehr eng und schmerzhaft gewesen, aber was man hier mit ihnen gemacht hatte, war deutlich schlimmer. Die Arme auf den Rücken gedreht, waren ihre Handgelenke mit scharfen, dünnen Seilen so fest abgeschnürt worden, daß nach wenigen Minuten die Hände dunkelblau und gefühllos wurden und die Handgelenke schmerzten und brannten. Die Schmerzen waren schrecklich, das Blut wich aus ihren Gesichtern und der kalte Schweiß brach ihnen aus. Sie mußten sich setzen, weil sie fürchteten, das Bewußtsein zu verlieren. Wie sollten sie das aushalten? Hatten sie sich doch kaum von den ähnlichen Schmerzen in »E« erholt, und nun war alles noch schlimmer! Ohne zunächst darüber zu reden, mußten sie nun alle daran denken, daß sie sich allmählich besser vorstellen konnten, wie es für Jesus gewesen sein mußte, als er ausgepeitscht und gekreuzigt wurde. Und während sie an Jesus dachten, traten ihre Schmerzen in den Hintergrund. Da stimmte auch schon jemand das Lied an, das die Gedanken von allen wunderbar zusammenfaßte. Sie weinten, als sie ihre ganze Kraft zusammennahmen und gemeinsam mehrere Male dieses Lied sangen:

> *»Jesus mein Erlöser trug eine Dornenkrone,*
> *er schleppte das Kreuz auf den Berg.*
> *Römische Soldaten peitschten ihn,*
> *kostbares Blut, das auf Golgatha floß.*
> *Jesus, Retter, Gottes Sohn und Opferlamm,*
> *für mein Leben hast du teuer bezahlt.*
> *Du hast den Feind besiegt für immer,*
> *in deinen Wunden ist mein Friede, mein Heil.«*

Während sie sangen, ließen die Schmerzen allmählich nach. Viele weinten. Aber dann waren sie so erschöpft, daß sie nicht mehr singen konnten, sondern einfach nur noch schlafen mußten. Die Anspannung, die Folter und die Verhöre der vergangenen Tage hatten sie an den Rand ihrer körperlichen Kräfte gebracht. Obwohl die Temperaturen nachts unter Null Grad Celsius fielen, lagen sie alle ohne Decke auf dem nackten, feuchten Steinboden in tiefem Schlaf. Aber nach wenigen Stunden wurden sie schon wieder wach, es war einfach zu kalt. Sie zitterten und schlotterten und waren steif vor Kälte. Aber als sie sich etwas bewegen wollten, bemerkten sie alle plötzlich, daß ihre Arme nicht mehr schmerzen. Nein, sie waren frei! Die Seile lagen auf der Erde, waren wörtlich von ihnen abgefallen. Es war genau so, wie in der Bibel von Petrus berichtet wird, dessen Ketten auch von Gott geöffnet wurden, während er im Gefängnis war und schlief. Nun kannte ihre Freude keine Grenzen mehr! Sie vergaßen alle Vorsichtsmaßregeln, jubelten laut, sangen, tanzten und genossen die Freude über das wunderbare Eingreifen Gottes.

Am nächsten Morgen wurden sie wieder verhört, und wieder bekamen die Parteileute nicht die geringste Information aus ihnen heraus. Das einzige Resultat der langen Verhandlung war, daß beschlossen wurde, die Angehörigen der Gefangenen sollten für die Kosten der Lebensmittel aufkommen. Als die Gefangenen dies den Christen mitteilten, die sie vom ersten Tag an so oft wie möglich besuchen kamen, beschlossen die Christen aus »F« und der näheren Umgebung, eine Sammlung für die Gefangenen zu machen. Es kam eine beachtliche Summe zusammen, die mehr als genug hätte sein müssen, um wirklich gut zu essen. Das Geld bekamen die Gefängniswärter, aber den Christen wurde ein Essen zugemutet, das schlimmer war als Schweinefutter. Eines Abends zog Sheng ihr kleines Neues Testament aus der Tasche. Das hatte sie an sich nehmen können, als sie noch in »E« einmal für einen Moment allein im Verhörsaal gelassen worden war. Die größte Kostbarkeit, die sie hier besitzen konnte! Daraus las sie den Christen einen Abschnitt vor, an den sie der Heilige Geist erinnert hatte:

»Fürchte dich nicht vor dem, was du noch erleiden mußt. Der Teufel wird einige von euch ins Gefängnis werfen, um euch auf die Probe zu stellen, und ihr werdet in Bedrängnis sein, zehn Tage lang. Sei treu bis in den Tod; dann werde ich dir den Kranz des Lebens geben. Wer Ohren hat, der höre, was der Geist den Gemeinden sagt: Wer siegt, dem kann der zweite Tod nichts anhaben« (Offb 2,10-11).

Welch ein phantastisches Wort! Sie waren alle sehr ermutigt dadurch, nahmen es für sich und ihre Lage in Anspruch und, während sie es sich mehrmals vorlasen, hielten sie sich innerlich daran fest. Drei der Mädchen waren besonders begeistert darüber, sie standen auf, begannen zu tanzen und Gott dafür zu danken. Dann stimmten die drei ein Lied an, das sie noch nie zuvor gesungen oder gehört hatten, und nach und nach sangen alle mit:

»Weil Gott mich so liebt, kann ich mich ihm weihen,
alles soll Gott ausgeliefert sein.
Ich lebe nur noch aus des Geistes Kraft,
ich will von ihm ganz abhängig sein.
Gottes Kraft ist stark in mir,
er selbst führt mich auf sicherer Bahn.
Um Gehorsam bitte ich, um ein williges Herz,
in der Furcht des Herrn will ich täglich stehen,
ich will nur noch auf Jesus sehen.«

Die Wärter, die rund um die Uhr die langen Flure abschreiten mußten, wunderten sich, als sie plötzlich laute Geräusche aus einer Zelle vernahmen. Mit eiligen, hallenden Schritten steuerten sie darauf zu und staunten nicht schlecht über das, was sie durch die Beobachtungsklappe sahen: Diese zerbrechlichen jungen Mädchen, die so erschöpft ausgesehen hatten und die so extrem gefesselt worden waren, sangen und tanzten in ihrer Zelle mit so viel Freude, als würden sie ein ausgelassenes Fest feiern. Und das, obwohl sie in der dunkelsten und kältesten Zelle waren, die es in diesem Trakt des Gefängnisses gab. Unbegreiflich! Die Wärter hätten zu gerne gewußt, worüber sie sich so freuten. Sie wußten noch nicht, daß Christen in jeder Lebenslage viel Grund zum Feiern und zur Freude haben. Oder, wie Paulus es ausdrückte:

»Wir wissen, daß Gott bei denen, die ihn lieben, alles zum Guten führt, bei denen, die nach seinem ewigen Plan berufen sind« (Röm 8,28).

Es war faszinierend zu sehen, wie dieser Satz sich auch im großen Rahmen innerhalb weniger Tage erfüllte. Die Gemeinden der Stadt »F« und ihrer Umgebung waren seit Jahren in Streitereien miteinander verwickelt, und ohne Kontakt ging jede ihren eigenen, mühsamen Weg. Aber seit die jungen Christen in das örtliche Gefängnis gebracht worden waren, hatten sich die verschiedenen Leiter getroffen, um Informationen auszutauschen und Strategien zu besprechen. So hatten sie das gemeinsame Fasten, Beten und Spenden beschlossen. Dadurch entstanden viele, tägliche Kontakt zwischen den Mitgliedern der verschiedenen Gemeinden, man traf sich zum Gebet, die Mauern der Denominationen fielen, Vergebung begann zu fließen, und die Liebe Gottes konnte die Gemeinden erfüllen. Diese Veränderung führte innerhalb von Tagen dazu, daß in den verschiedenen Hausgemeinden Gott stärker wirken konnte, der Hunger nach Gott nahm in den Christen zu, die Leiter suchten das Reden des Heiligen Geistes, neue Leute stießen auf die Gemeinden und kamen zum Glauben. Die Christen wuchsen innerlich und zahlenmäßig.

Diese Entwicklung wirkte sich auch auf die Gefangenen positiv aus. Sie bekamen täglich Besuch. An manchen Tagen kamen annähernd hundert Leute. Um Besuchserlaubnis zu erhalten, standen alle draußen vor dem Gebäude der Geheimpolizei Schlange, und auf die Frage, zu wem sie wollten, antworteten die meisten, wenn sie keine persönlichen Bekannten unter den anderen, gefangenen Christen hatten: »Wir wollen Sheng besuchen.« So etwas hatte die Geheimpolizei hier noch nie erlebt. Ein achtzehnjähriges Mädchen, das so viel Besuch bekommt, obwohl sie gefangen ist, was doch eine Schande für die Familie bedeutet, das hätten sie nie für möglich gehalten. Sie mußten daraus einfach schließen, daß Sheng eine Leiterin der Christen war.

Die Polizei sah sich das einige Tage lang an, dann hoben sie die Besuchserlaubnis vollständig auf. Die anderen Gefangenen durften nur noch nahe Verwandte empfangen, während für Sheng jeder Besuch verboten wurde. Grund war, daß auch hier aufgefallen war, daß die Christen sich offensichtlich gegenseitig stärken und ermutigen konnten, selbst wenn es ihnen nicht möglich war, frei zu reden. Bloßer Blickkontakt schien zu genügen, um sich so viel Liebe mitzuteilen, daß die Gefangenen wieder unbeugsam und furchtlos waren. Das konnten die Gefängnisleiter natürlich nicht hinnehmen.

Aber Gott hatte sich dafür schon etwas besonderes einfallen lassen. Die hintere Außenwand von Shengs Zelle grenzte an die Straße, und darin war ein kleines Loch, durch das die Christen dann nachts heimlich mit ihr reden, sie informieren und ermutigen konnten.

Die zwölf jungen Leute wurden neunzehn Tage lang in diesem Gefängnis festgehalten und immer und immer wieder, Tag und Nacht, verhört. Doch dann war der Polizei klar geworden, daß sie nichts erreichen konnten. Diese Gefangenen würden sich lieber totschlagen lassen, als irgend etwas zu sagen. Auch der Versuch, sie einzuschüchtern, war mißlungen, immer wieder konnte man sie beim Singen und Tanzen beobachten. Also resignierten die Funktionäre und beschlossen, die Teenager vorläufig freizulassen.

Am Tage ihrer Entlassung rief der Leiter der Geheimpolizei sie zu sich und sagte: »Was Sie in der Stadt ›E‹ gemacht haben, hat die Arbeit der Geheimpolizei im weiten Umkreis geschädigt. Diese Sache ist noch lange nicht abgeschlossen. Wir lassen Sie jetzt zwar erst einmal nach Hause gehen, aber sobald wir es Ihnen mitteilen werden, müssen Sie sich sofort wieder hier einfinden. Gehen Sie jetzt und verhalten Sie sich friedlich, gehorchen Sie den Gesetzen unseres Landes. Und reden Sie mit niemandem auf der Straße.«

Als die kleine Gruppe durch das Gefängnistor hinaus in die Freiheit ging, stimmte Sheng ein Lied an, das alle zusammen fröhlich sangen:

»Der Geist des Herrn ruht auf mir, denn der Herr hat mich gesalbt. Er hat mich gesandt, damit ich den Armen eine gute Nachricht bringe; damit ich den Gefangenen die Entlassung verkünde und den Blinden, daß sie wieder sehen; damit ich die Zerschlagenen in Freiheit setze und ein Gnadenjahr des Herrn ausrufe« (Lk 4,18-19).

Weitere Verfolgung

Sheng konnte nicht lange die Freiheit genießen. Schon wenige Wochen nach ihrer Freilassung kam die Geheimpolizei von »F« bei ihr zu Hause vorbei und nahm sie mit. Wieder wurde sie in das städtische Regierungsgebäude gebracht, aber dieses Mal kam sie nicht in das Gefängnis, sondern sie wurde dort in einem Lagerraum eingesperrt. Es war ein staubiger, großer Raum voller Ungeziefer, der den Eindruck erweckte, daß er vor Sheng jahrelang nicht mehr betreten worden wäre. Zunächst fühlte sie sich sehr einsam und verlassen dort, am liebsten hätte sie sich nirgendwo hingesetzt in dieser verdreckten Umgebung. Sie war mitten aus einer Reihe von Plänen und Aktivitäten herausgerissen worden, gute Dinge, die sie in Zusammenarbeit mit den verschiedenen Hausgemeinden vorgehabt hatte. Wieso wurde ihre Arbeit jetzt schon wieder so jäh unterbrochen? Was wollte man nun von ihr? Würden ihr weitere Verhöre und Schläge bevorstehen? Die blauen Flecken von der vergangenen Haft waren gerade erst am Verschwinden … Nein, sie fühlte sich nicht besonders stark.

Über diesen trüben Gedanken wurde es Abend. Plötzlich hörte Sheng eine vertraute Mädchenstimme: »Schwester, Schwester, wo bist du denn?« Die Stimme wurde mal lauter, mal leiser. Sie hörte aufmerksam hin. Ihr war nicht bewußt, daß im Moment noch eine andere Christin hier gefangengehalten wurde, der diese Frage gelten könnte. Als das Rufen wieder näher kam, antwortete sie vorsichtig: »Hier bin ich!«

Da erkannte sie endlich auch, daß es die Stimme von Xiaohong war, ihrer kleinen Schwester. Xiaohong war erst sechzehn Jahre alt. Sheng liebte sie herzlich, und sie vertraute ihr auch als einer wertvollen Mitarbeiterin in der Gemeinde. Obwohl sie noch so jung war, liebte Xiaohong den Herrn Jesus von ganzem Herzen, sie war schon sehr erwachsen für ihr Alter, eine zuverlässige junge Frau, die man auch mit verantwortungsvollen Aufgaben betrauen konnte. Sie hatte sich bei allem, was ihr übertragen worden war, immer bewährt.

An diesem Abend war Xiaohong zusammen mit einer anderen Christin, Schwester Wei, zu dem Regierungsgebäude gekommen, um Sheng zu suchen. Sie hatten es nicht auf dem offiziellen Weg versucht, da sie nicht erwarten konnten, eine Besuchserlaubnis zu bekommen. Also waren sie nur, leise rufend, um die verschiedenen Gebäude gegangen, in der Hoffnung, daß Gott sie bewahren und leiten würde. So trafen sie sich dann. Sie konnten sich zwar nicht sehen, aber durch die dünne Holzwand des Lagerraumes konnte man sich ganz gut unterhalten, ohne laut reden zu müssen.

Sheng empfing diesen Besuch als ein direktes, besonderes Geschenk von Gott, um ihre Ängste und Traurigkeit zu verjagen. Sie freute sich so sehr über den Mut und die Liebe ihrer Schwester und Freundin. Die beiden sagten ihr viele tröstliche, ermutigende Worte, sprachen mit ihr zusammen die Bibeltexte, die sie auswendig kannten, und sie beteten mit ihr. Wie gut das tat! Und Gottes Schutz lag auf dieser Begegnung, so daß sie die ganze Zeit unentdeckt blieben.

Nach diesem Besuch war die Nacht nicht mehr so dunkel und der Raum nicht mehr so schrecklich, sondern Sheng konnte sich dankbar zur Ruhe legen und, eingehüllt im Frieden Gottes, fest schlafen. Am nächsten Morgen wurde sie in aller Frühe geweckt und zu einem Verhör gebracht. Als sie ihrem Verhörleiter gegenüberstand, erschrak sie zunächst, denn sie erkannte ihn sofort wieder. Schon bei ihrer letzten Haft hatte er einmal versucht, mit ihr zu reden. Sein Spitzname war »Ku Da Tou« und bezog sich auf seine Gemeinheiten und seinen Jähzorn. Alle Gefangenen hatten große Angst vor ihm. Er war gefürchtet von Nichtchristen und Christen. Während der vergangenen zehn Jahre hatten zahllose Christen unter seinen Foltermethoden leiden müssen. Viele hatten es ihm zu verdanken, daß sie zu langjährigen Strafen in Gefängnissen und Arbeitslagern verurteilt worden waren, er war ein Anführer der Christenverfolgung in diesem Teil des Landes.

Und nun fand sich Sheng wieder diesem Mann gegenüber. Sie betrachtete ihn lange und es war klar zu sehen, wie sehr Ku Da Tou die Christen haßte. Ihr blieb nichts anderes übrig, als leise zu beten.

Ku, der hinter einem einfachen Schreibtisch saß, griff nach einem Stapel von Papieren, zog zielsicher eine bestimmte Mappe heraus und blätterte nachdenklich einige Fotos durch. Es waren die Aufnahmen von den Menschenmassen in »E«, die alles stehen und liegen gelassen hatten, um stundenlang den jungen Leuten aus seiner Stadt zuzuhören. Er hatte diese Bilder schon oft betrachtet und sich immer wieder gefragt, was hinter der Anziehungskraft dieser Teenager stand.

Ruckartig erhob er sich, kam hinter seinem Tisch hervor, knallte die Fotos vor Sheng auf den Tisch und schnauzte sie an: »Erkennen Sie diese Bilder?« In etwas ruhigerem Ton, in dem etwas Bittendes mitschwang, redete er weiter: »Was Sie in der Stadt »E« getan haben, war eindeutig konterrevolutionär. Wie schwer Ihr Verbrechen war, läßt sich daran erkennen, daß Sie den ganzen Bezirk mit Ihren aufrührerischen Reden erschüttert haben. Ihre Slogans waren Tagesgespräch. Viele ließen sich von Ihrem Aberglauben infizieren. Aber Sie sind alle noch so jung, daß wir Ihnen diesen Einfluß eigentlich nicht zutrauen. Sie wurden von anderen Menschen mißbraucht und vorgeschickt, um deren Ideen auszuführen. Vermutlich steht eine ganze Organisation hinter Ihnen, die unser Land in Aufruhr bringen will. Wir haben uns entschlossen, daß wir mit Ihnen milde verfahren werden, wenn Sie uns die Verantwortlichen nennen. Wir wollen die wirklichen Täter ergreifen, nicht nur deren Handlanger. Bitte seien Sie jetzt offen mit uns, dann ist es für Sie und für uns am einfachsten.«

Sheng betete und schwieg. Nach einer kurzen Pause faßte er seine Fragen noch einmal zusammen: »Welche Organisation steht hinter Ihnen? Wer ist der Anführer der fünf Gruppen, die nach ›E‹ gingen? Wer hat diesen Plan entworfen?«

Die ganze Zeit betete Sheng ununterbrochen. Sie brauchte jetzt unbedingt klare Anweisungen vom Heiligen Geist, wie sie sich verhalten sollte. Ku wartete. Sein Gesichtsausdruck war viel grimmiger, als seine Worte geklungen hatten. Sheng verstand, daß der Heilige Geist wollte, daß sie schwieg. Er erinnerte sie an Jesus, wie er schweigend vor Pilatus stand und sich mit keinem Wort verteidigte.

Doch diese Stille war unerträglich für Ku. Er schrie plötzlich so laut los, daß Sheng zusammenzuckte. Sie betete weiter innerlich. Er brüllte sie an: »Als Sie in ›E‹ auf der Straße standen, haben Sie so viel zu sagen gewußt. Warum schweigen Sie jetzt? Los, antworten Sie! Ich habe schon verschiedene Zeugenaussagen erhalten, daß Sie die Anführerin sind. Stimmt das, oder wollen Sie versuchen, das zu leugnen?« Sheng schwieg. Ku Da Tou schlug sie mit seinen großen, bloßen Händen ins Gesicht, immer wieder, mit so viel Kraft, daß Shengs Kopf von einer Seite zur anderen fiel. Dabei beschimpfte und beleidigte er sie mit häßlichen, unflätigen Ausdrücken.

Mitten in dieser Situation sagte der Heilige Geist plötzlich klar zu ihr: »Rede jetzt!« Sie öffnete den Mund und setzte an zu sprechen. Dabei war ihr nicht klar, was sie sagen würde. Aber die Sätze strömten nur so aus ihr heraus. Ku hielt mitten im Schlagen überrascht inne. Sie redete und redete, und er stand einfach nur da und hörte zu. Zuerst berichtete sie in vielen Einzelheiten, wie sie im Gebet die Weisung empfangen hatten, nach »E« zu gehen. Aber dann fuhr sie fort zu erklären, wie die Sünde in die Welt gekommen ist, wie als Folge der Sünde jeder Mensch unweigerlich der Verdammnis entgegensteuert, weiter erklärte sie, wie Jesus diesen Fluch unterbrochen hatte, ... Sheng sprach, geleitet vom Heiligen Geist, mehr als zwei Stunden lang. Sie selbst empfand es so, als würde jemand anders reden, sie war vollkommen entspannt und hörte dem zu, was sie sagte. Ku hatte mehrfach versucht, sie zu unterbrechen, aber es war ihm nicht gelungen. Sie redete, bis sie wirklich alles gesagt hatte, und ihm blieb nichts anderes übrig, als allem aufmerksam zuzuhören.

Erst als sie mit dieser Predigt am Ende war, sprang Ku auf und schrie in panikartiger Wut: »Entfernt diese Frau aus meinen Augen. Gebt ihr das, was sie verdient!«

Zwei Soldaten, die sich im Hintergrund gehalten hatten, traten vor, ergriffen Sheng an den Oberarmen und zogen sie in den Innenhof, wo sie mit ihren Ledergürteln auf den zierlichen Körper einschlugen. Die beiden verlangten von ihr, daß sie ihre Arme gerade nach oben hielt, während sie mit den Ledergürteln ausgepeitscht wurde. Ein dritter Soldat stand daneben, der sie mit einem Stock schlug, sobald ihre Schultern auch nur ein wenig ermüdeten und ihre Arme ein wenig abzusinken drohten. Zwei Stunden mußte Sheng so stehen und sich schlagen lassen. Ihre Arme und Schultern waren so müde, daß sie einfach nicht mehr konnte. Egal, was die Soldaten mit ihr machen würden, sie hatte einfach keine Kraft mehr, ihre Arme hochzuhalten.

Vollkommen erledigt sank sie auf die Erde. Es war ihr egal, wie die Soldaten sie bestrafen würden, sie konnte einfach nicht mehr. Das war auch für die Soldaten sichtbar, und so hörten sie auf, sie zu schlagen und fesselten Sheng an einen Baum. Bis Mitternacht mußte sie an diesem Baum ausharren.

Dann kam endlich ein Soldat, löste ihre Fesseln und brachte sie zurück in den Lagerraum. So häßlich und schmutzig dieser Raum auch war, freute sich Sheng zunächst doch darauf, wieder allein sein zu können. Aber leider war sie nicht allein. Ein Aufseher schloß sich mit ihr zusammen in das Lager ein. Seine Blicke erinnerten Sheng unangenehm an die durchwachten Nächte im vorigen Gefängnis. Sie spürte die Gefahr deutlich, und ihr Magen krampfte sich zusammen, als ihr die Absichten des Mannes klar wurden. »Oh Gott, hilf mir auch aus dieser Situation, bewahre mich, du bist mein Schutz!«, seufzte sie innerlich. Und wieder gab ihr der Heilige Geist eine Strategie, wie sie den Mann auf Distanz halten konnte.

Sie sah ihm direkt in die Augen und betete dabei, und dann zitierte sie Bibelverse, einen nach dem anderen, wie sie ihr einfielen. Von Minute zu Minute fühlte sie, wie ihre Autorität zunahm. Sie war nicht etwa hilflos diesem Mann ausgeliefert, sondern mit dem Wort Gottes im Mund hatte sie eine Waffe, gegen die er nichts ausrichten konnte. Der Wärter wunderte sich. So einer Frau war er noch nie begegnet. Sie war so jung und sah so zerbrechlich aus, und doch begann er zu ahnen, daß sie eine Kraftquelle besaß, einen Schutz und eine Autorität, mit der er nicht umgehen konnte. Es war der Heilige Geist, der sie erfüllte und dem Mann nicht erlaubte, sich ihr zu nahen. Je länger er sie betrachtete und ihr zuhörte, desto klarer konnte er ihre Reinheit sehen. Während er ihr gegenüber stand, schämte er sich seiner schmutzigen Absichten. Und als er sich immer unwohler fühlte in der Nähe dieser Frau, ging er einfach. Sheng war sehr erleichtert und dankbar und stimmte ihrem Gott das Lied an: »Du deckst mir den Tisch vor den Augen meiner Feinde.«

Sie mußte noch vier Tage in dem Lager ausharren, dann wurde sie vorläufig wieder freigelassen, weil die Verhöre mit ihr keine Ergebnisse brachten.

Wieder verhaftet

Die politische Beurteilung des kurzen Einsatzes der zwanzig Teenager in der Stadt »E« und ihrer Umgebung ergab, daß es sich um konterrevolutionäre Aktivitäten gehandelt habe. Dies führte dazu, daß die Geheimpolizei diese Ereignisse den lokalen und überregionalen Regierungsbehörden vorlegte. Zwei Monate, nachdem Sheng aus der Haft in dem Lagerraum entlassen worden war, im Oktober 1982, wurde von der Provinzregierung der Beschluß gefaßt, daß alle, die in »E« öffentlich über Jesus geredet hatten, mit Haftbefehl gesucht werden sollten. Ihnen wurde vorgeworfen, der »Schreier-Sekte« anzugehören, einer religiösen Organisation, die von der Regierung verboten und verfolgt wird, weil sie angeblich konterrevolutionäre Absichten hat. So kamen Sheng und ihre Geschwister wieder auf die Fahndungslisten.

Sheng hatte sich gesundheitlich noch nicht von der Haft in »E« erholt. Die Verletzungen durch die Schläge, die sie dort bekommen hatte, machten ihr immer noch zu schaffen. Als sie jetzt erfuhr, daß sie wieder von der Polizei gesucht wurde, verließ sie ihre Familie. Sie riskierte es nicht mehr, zu Hause zu wohnen, da sie versuchen wollte, der Verhaftung zu entgehen. Aber sie war weiterhin aktiv in ihrer Gemeinde in »F«, wo sie mit einer jungen Frau namens Bai zusammenarbeitete. Auch in der ganzen Umgebung besuchte sie die Hauskirchen und predigte häufig.

Eines Abends hatte sie wieder in einem kleinen Dorf in einer Hausversammlung gepredigt. Es war ein sehr schöner Abend gewesen, viele waren gekommen, und der Heilige Geist hatte die Herzen bewegt. Dankbar machte sich Sheng auf den langen Heimweg. Die Geheimpolizei hatte davon erfahren, daß Sheng in diesem Ort war, und nun hatten sich alle verfügbaren Polizisten mit Motorrädern auf die Suche nach ihr gemacht. Aber Sheng wurde von Gott bewahrt. Im Schutz der Nacht konnte sie sich am Straßenrand verstecken, so daß die Polizisten an ihr vorbeifuhren. In den folgenden Wochen versuchte die Geheimpolizei ständig, sie zu fassen, aber mit Gottes Hilfe entging sie vorerst einer Verhaftung.

Einmal fuhr Sheng mit dem Fahrrad auf einer relativ großen Straße. Als sie um die Kurve bog, sah sie, daß ihr ein Polizeiwagen entgegenkam. Sie überlegte schnell, was sie tun könnte. Wäre sie umgekehrt, hätte sie mit Sicherheit die Aufmerksamkeit und den Verdacht der Polizisten auf sich gezogen. Also schien ihr nichts weiter übrig zu bleiben, als weiter auf das Auto zuzuhalten. Sie trat unwillkürlich schneller in die Pedale, während sie auf die Polizei zufuhr. Im Näherkommen sah sie, daß zwei Polizisten im Wagen saßen, die beide voll bewaffnet waren. Nun war sie nur noch wenige Meter von dem Auto entfernt. Ein Blick in ihr Gesicht müßte den beiden genügen, um sie von den Fahndungsfotos her wiederzuerkennen. In diesem Moment übertönte ein lauter Knall das Motorgeräusch: Sheng erschrak, fuhr aber weiter. Der Polizeiwagen schleuderte kurz und kam dann abrupt zum Stehen, die Polizisten sprangen heraus und betrachteten sich den Schaden: Ein Reifen war geplatzt. Genau in dem Moment fuhr Sheng an ihnen vorbei, aber die Polizisten starrten nur auf ihr Auto und hatten keinen Blick für sie übrig.

Ein anderes Mal hatten die Geheimpolizisten wieder Shengs Aufenthaltsort erfahren, waren sofort in ihren Wagen gesprungen und losgefahren, wild entschlossen, sie nicht noch einmal entkommen zu lassen. Sie hatten es sich so fest vorgenommen, Sheng nun endlich zu fassen, daß sie zu schnell fuhren und gegen einen Zaun krachten. Dabei wurden mehrere Polizisten verletzt, und einer von ihnen brach sich das Bein. Natürlich war sie danach bei den Polizisten noch mehr verhaßt, sie bekam allmählich den Ruf einer berüchtigten Verbrecherin, und die Polizei setzte alles daran, um sie aufzuspüren.

Zu der Zeit wurde Shengs Elternhaus jede Nacht von der Polizei durchsucht. Mehrere Christen waren schon verhaftet worden, darunter auch einige, die in »E« mit dabei gewesen waren.

Neun Monate vergingen, und es gelang der Polizei nicht, Sheng zu verhaften. Dann wurde Sheng von Gott gezeigt, daß jetzt die Zeit kam, um wieder für ihren Glauben an Jesus zu leiden. Während sich dieses Wissen in ihr immer mehr verstärkte, hatte sie doch inneren Frieden darüber und wußte sich geborgen in der Hand Gottes. Die Zeit, die ihr noch blieb, nutzte sie in großer Besonnenheit, um den Gemeinden noch so viel wie möglich zu helfen und sie in ihrer Eigenständigkeit zu festigen.

Am 30. Juni 1983 nach einem Abendgottesdienst war es dann soweit. Die Polizei erwartete Sheng vor dem Versammlungshaus. Sheng wehrte sich nicht, war sie doch von Gott lange auf diesen Moment vorbereitet worden. Als die schwer bewaffneten Polizisten ihr wieder die Handschellen umlegten, war den Geschwistern, die dabeistanden und nichts machen konnten, sehr schwer ums Herz. Aber Sheng blieb ruhig. Sie sagte ein einfaches, inniges »Auf Wiedersehen!« zu ihnen.

Die Polizisten gingen mit Sheng zu Fuß los, ihr Auto hatten sie etwa zwei Kilometer entfernt geparkt, um keinen Verdacht zu wecken. Die Nacht war sternklar, Sheng genoß den Anblick des dunklen Himmels mit den vielen kleinen, blitzenden Sternen über ihr. Sie war tief bewegt, als sie zu beten begann:

»Herr, diese Welt lebt wirklich in Dunkelheit. Prüfe mich und reinige mich, daß ich ein Stern in deiner rechten Hand sein kann, ein Stern, der hell leuchtet in dieser verirrten, verdrehten Generation. Und bitte, setze du mehr Brüder und Schwestern ein, die bereit sind, in der Finsternis für dich zu leuchten.«

Nach zwei Kilometern kamen sie an die Hauptstraße, wo der Gefangenentransporter der Geheimpolizei wartete. Sheng wurde hineingestoßen und, eingeklemmt zwischen zwei Polizisten, saß sie im hinteren Teil des Wagens. Als die holprige Fahrt begann, schloß Sheng ihre Augen und konzentrierte sich darauf, innerlich zu beten. Der Heilige Geist erinnerte sie an die lange Reihe der Glaubenshelden: Josef im Gefängnis, ... die drei Männer im Feuerofen, ... Daniel in der Löwengrube ... Sie stärkte sich mit der Erinnerung an diese Männer Gottes. Nach einiger Zeit mußte sie ihrer inneren Freude Ausdruck geben, und sie sang mit großer Begeisterung:

»In den alten Geschichten wird berichtet,
es waren drei Männer voller Glauben,
sie wurden ins Feuer geworfen,
aber verletzt wurden sie nicht.
Wo sind sie jetzt?
Im verheißenen Land!«

Die Polizisten versuchten, sie zum Schweigen zu bringen, doch Sheng sang weiter. Auch alles Schlagen und Fluchen half nicht, Sheng war so erfüllt von der Liebe und Freude Gottes, daß sie nicht zu bremsen war.

Als sie in der Stadt »F« ankamen, war es 3.40 Uhr morgens. Der Hof zwischen dem Regierungsgebäude, dem Sitz der Geheimpolizei und dem Gefängnis war mit hellem Flutlicht erleuchtet. Trotz dieser ungewöhnlichen Tageszeit wurde der Wagen, in dem Sheng saß, von einer Abordnung Polizisten erwartet und empfangen. Es war fast so, als wäre Sheng eine prominente Persönlichkeit. Sie war irritiert:»Wieso stehen all diese Leute hier mitten in der Nacht herum?« Noch ahnte sie nicht, daß die alle um ihretwillen gekommen waren. Da die Polizei sie über so viele Monate verfolgt hatte, war sie in deren Augen so etwas wie eine besonders berüchtigte Kriminelle, und nachdem die Polizei sie nun endlich fassen konnte, waren sie alle gekommen, um Sheng zu sehen.

Doch als Sheng dann endlich aus dem Wagen stieg, ging ein enttäuschtes Raunen durch die Reihen der Männer. Das sollte die Frau sein, die sie neun Monate lang mit allen Mitteln zu fassen versucht hatten und die ihnen immer wieder entkommen war? Das konnten sie kaum glauben, denn vor ihnen stand ein kleines Mädchen, zierlich gebaut, mit dem Anflug eines schüchternen Lächelns im Gesicht. Nein, das war nicht die Heldin, die sie erwartet hatten.

Sheng wurde in den Frauentrakt des Gefängnisses gebracht, wo sie sich bis zum Tagesanbruch ausruhen konnte. Im Verlauf des Vormittags kamen Scharen von Polizisten vorbei, die diese berühmte Kriminelle »besichtigen« wollten. Einer der Besucher kam auf zwei Krücken.

Sheng sang gerade wieder einmal, selbstvergessen in die Anbetung Gottes versunken, das Lied: »Ich bin ein kleiner Vogel in einem Käfig«. Mit großer Wut stürmte der Mann, auf seinen Krücken komische Sprünge machend, in Shengs Zelle. Er zerrte sie heraus und zwang sie, vor ihm niederzuknien. Dann schlug er mit einem Ledergürtel auf sie ein und schrie sie an: »Sie ..., wegen Ihnen habe ich jetzt jede Menge Probleme. Bei dem Versuch, Sie zu verhaften, sind mehrere Motorräder zu Schrott gefahren worden, ein Polizeiwagen hat sich überschlagen, und ich habe dabei mein Bein gebrochen, wie sie unschwer erkennen können. Wissen Sie, was ich jetzt machen werde? Jetzt breche ich Ihnen das Bein!«

Er drosch auf sie ein, bis er erschöpft war. Ihre Kleider zerrissen immer mehr, dann hingen sie nur noch in Fetzen an ihr herunter. Sie blutete am ganzen Körper aus den aufplatzenden Striemen. Endlich stieß er sie zurück in ihre Zelle.

Während des folgenden Monats, im Juli 1983, stieg die Zahl der Gefangenen plötzlich drastisch an. In jeder Zelle drängten sich die Häftlinge, das Gefängnis war schrecklich überfüllt. So waren auch in Shengs Einzelzelle plötzlich mehr als zwanzig Frauen zusammengepfercht.

Das Essen, das sie bekamen, war unglaublich schlecht. Selbst Schweinefutter wäre besser gewesen. Meistens bestand es aus einer kleinen Schale Nudeln, oder es gab einfach nur eine klare Suppe. Die anderen Frauen in Shengs Zelle hatten einen kräftigen Appetit und litten praktisch Tag und Nacht unter Hunger. Deshalb waren sie mürrisch und rebellisch, bei jeder Gelegenheit fluchten und schimpften sie, und als Folge dessen wurden sie sehr oft bestraft.

Sheng taten die Frauen leid. Sie betete viel für sie und für die Errettung ihrer Seelen. Nach wenigen Tagen entschied sie sich dafür, künftig nur noch eine Mahlzeit täglich zu essen, um die übrigen Schalen Nudeln und Suppe, die sie bekommen würde, zwischen ihren Zellengenossinnen aufteilen zu können. Auch wenn es, bezogen auf das, was jede Einzelne bekam, nur sehr wenig war, freuten sich doch alle sehr über die kleine Extraration, die sie von nun an jeden Tag aus Shengs Schüsseln bekamen. Schon längst hatten alle gemerkt, daß Sheng keine gewöhnliche Gefangene war, und alle behandelten sie mit gebührendem Respekt. Und es ging nicht lange, dann hatte die Mehrzahl von ihnen Jesus als Herrn in ihr Leben aufgenommen. Mit großer Dankbarkeit und Freude brachte Sheng ihnen christliche Lieder bei und lehrte sie, zu beten. In kürzester Zeit veränderten sich die Gefangenen, die sich für Gott geöffnet hatten, und Gott begann, schöne und anziehende Persönlichkeiten aus ihnen zu machen.

Das Gerichtsurteil

Sheng wurde in den folgenden Wochen unzählige Male verhört, doch es schien der Geheimpolizei nicht zu gelingen, irgendeine Information oder ein Bekenntnis aus ihr herauszubekommen. Die Verhörleiter waren sehr erbost über Shengs Standhaftigkeit. Im Verlauf der Gespräche waren viele Porzellantassen in ohnmächtiger Wut zerschmettert worden, und nichts war unversucht geblieben, um Sheng zum Reden zu bringen. Alle Methoden und Tricks waren angewandt worden. Man hatte mit Schlägen und Folter versucht, sie zum Reden zu zwingen. Aber weder Drohungen noch Versprechungen halfen: Sheng machte keine Aussagen.

Die Regierung wollte den Fall »Sheng« unbedingt schnell zu Ende bringen, weil er in der Bevölkerung auf viel Kritik stieß. So wurde beschlossen, daß die Gerichtsverhandlung fünfzig Tage, nachdem Sheng verhaftet worden war, stattfinden sollte. Der Volksgerichtshof beraumte die öffentliche Verhandlung und Urteilsverkündung für den 20. August 1983 an.

Es war ein sehr schöner Tag, schon bei Sonnenaufgang war es klar und warm, die Sonne lachte vom wolkenlosen blauen Himmel. Leichter Wind sorgte dafür, daß es nicht zu heiß wurde. In Handschellen wurde Sheng aus ihrer Zelle geführt. Den kurzen Weg vom Gefängnis zum Gerichtsgebäude durfte sie zu Fuß gehen, zwar rechts und links von Wärtern flankiert, genoß sie es doch sehr, endlich wieder die Sonne zu sehen. Seit ihrer Verhaftung war sie nicht mehr im Freien gewesen, so daß sie jetzt richtig geblendet war von der Helligkeit des Tageslichtes. Fast wäre ihr schwindlig geworden von der frischen Luft und der strahlenden Sonne. Leise betete sie und bat Gott, jetzt mit ihr zum Gericht zu gehen. Da hörte sie plötzlich diese zarte, kleine Stimme des Heiligen Geistes: »Mein liebes Kind, habe keine Angst. Ich bin auch heute bei dir. Für dich ist jetzt eine Zeit gekommen, wo du meinen Namen verherrlichen kannst. Sei kühn und mutig und sei den Geschwistern ein Vorbild.«

Große, göttliche Freude erfüllte sie, als sie hocherhobenen Hauptes, im Bewußtsein der Stärke und Gegenwart ihres Gottes, den Gerichtssaal betrat. Es war ein großer Verhandlungssaal, und jeder Platz war besetzt. Als sie sich umsah, entdeckte sie viele bekannte, liebe Gesichter. Viele waren gekommen, die auch Gott dienten, die aber bislang der Polizei noch nicht als aktive Christen aufgefallen waren. So viele Augenpaare richteten sich auf sie, die ihr alle Ermutigung und Hoffnung ausdrückten. Welch eine Freude, in all die schönen, von Gottes Liebe erhellten Gesichter zu sehen. Dann entdeckte sie ihre Eltern und ihre kleine Schwester Xiaohong, die natürlich auch gekommen waren. In der ersten Reihe saßen, Gesichter zum Volk, zehn Richter und Staatsanwälte.

Sheng nahm ihren Platz auf der Anklagebank ein. Der vorsitzende Richter warf ihr einen langen, prüfenden Blick zu, dann begann er mit den Routinefragen nach ihrem Alter, Beruf, Wohnsitz …

Als nächstes, voller Verachtung, richtete er die Frage an sie: »Sie sind also die Drahtzieherin, die verantwortlich ist für den konterrevolutionären Aufstand in ›E‹, durch den damals die ganze Gegend erschüttert worden war?«

»Nein.«

»Aber einer Ihrer Mitarbeiter hat Sie beschuldigt, die Anführerin gewesen zu sein.«

»Bitte zeigen Sie mir diesen Vorwurf in seiner schriftlichen Form«, war Shengs schnelle Antwort. Sie war sich ihrer Sache sicher, denn es schien undenkbar, daß jemand aus dem Team gegen sie ausgesagt hätte. Wortlos reichte der Richter ihr ein Papier herüber. Sie betrachtete die

Unterschrift und den Fingerabdruck, und für einen Moment verschlug es ihr die Sprache. Diese Schrift war ihr wohl vertraut. Konnte das möglich sein? Aber dank der vielen Christen, die gleichzeitig im ganzen Raum für sie beteten, war sie von einem tiefen göttlichen Frieden eingehüllt und mit Gottes Hilfe gelang es ihr, diesen Schrecken schnell zu überwinden. Sie war noch nicht überzeugt und bohrte weiter: »Ich verlange, daß mein Ankläger mir gegenübergestellt wird. Aber selbst wenn er hier gegen mich aussagen würde, ist das Wort einer Person nicht schwerwiegend genug. Ich verlange mehrere Zeugen, die sich in ihrer Aussage gegen mich einig sind.«

»Nun, wenn Sie es nicht gewesen sind, wer steckt dann hinter dem Aufruhr in ›E‹? Wer ist der Leiter Ihrer Gruppe? Wer hat die verschiedenen Teams geleitet?« fragte der Richter, schon etwas irritiert über Shengs Auftritt.

»Tut mir leid, das weiß ich nicht.«

Die Verhandlung zog sich über mehr als eine Stunde hin. Am Ende blieb kein klarer Beweis ihrer Schuld übrig. Es gelang nicht, ihr etwas nachzuweisen oder sie zu überführen. Aber die Regierung hatte dem Gericht Druck gemacht, daß es auf jeden Fall zu einer Verurteilung kommen müßte. Als der Richter schließlich das Urteil verkündete, lautete es auf zwei Jahre Gefängnis wegen Ruhestörung und Behinderung des Straßenverkehrs.

Dann fragte der Richter: »Brauchen Sie einen Rechtsbeistand?«

»Nein.«

»Möchten Sie Widerspruch einlegen?«

»Nein«, lächelte Sheng.

Auf dem Weg zurück zum Gefängnis sah Sheng eine große Schar von Christen, die zur Verhandlung nicht mehr zugelassen worden waren und sich im Hof versammelt hatten. Alle winkten ihr, viele weinten. Welch eine Ermutigung für Sheng! Nein, nicht nur Gott war bei ihr, auch die Geschwister hatten sie nicht vergessen. Die zwei schwer bewaffneten Soldaten, die zu beiden Seiten neben Sheng gingen, schienen sehr nervös zu sein. Der Schweiß rann ihnen in kleinen Bächen über den Nacken, während sie versuchten, mit ihren Gewehrkolben die Menschenmenge rechts und links des Weges zurückzudrängen. Sie fürchteten sich vor einem gewaltsamen Übergriff der Menschen, um Sheng zu befreien, was in diesem Moment nicht unmöglich gewesen wäre. Aber das waren nicht die Methoden der Christen.

Da gelang es Xiaohong, ihrer kleinen Schwester, sich durch die Menge durchzudrängeln und an Shengs Seite zu kommen. Sie gingen nebeneinander. Während Sheng sie ansah, mußte sie daran denken, wie verloren die Gemeinden waren, wie Schafe ohne Hirten, da alle Leiter im Gefängnis waren. Der Gedanke bedrückte sie sehr. Während Sheng an die Gemeinden dachte, kamen ihr zum ersten Mal an diesem Tag die Tränen. Mit großer Eindringlichkeit wandte sie sich an Xiaohong: »Auch wenn du noch jung bist, bitte, kümmere dich um unsere Familie und um die Schafe.«

Xiaohong weinte, weil sie die besorgten Gedanken ihrer Schwester mitempfand und verstand, was sie meinte. »Du kannst ganz unbesorgt sein, ich werde alles tun, was du gesagt hast«, versuchte sie, Sheng zu beruhigen. Dann wurde sie von den Soldaten abgedrängt. Nur noch wenige

Schritte trennten Sheng von dem Gefängnis. Als die Soldaten das Tor aufschlossen, versuchte Sheng, sich noch einmal nach der Menge der Christen im Hof umzudrehen. Die Soldaten versuchten, sie durch den Eingang zu stoßen. Ein verhaltener, schmerzlicher Schrei kam aus der Menge, als allen bewußt wurde, daß ihre junge, geliebte kleine Schwester und geistliche Leiterin Sheng von diesem Moment an für zwei Jahre von ihnen getrennt sein würde. Es gelang Sheng, sich kurz dem Griff der Soldaten zu entziehen und sich noch einmal umzudrehen. »Macht euch keine Sorgen um mich, aber betet für mich«, war das letzte, was sie ihnen zurufen konnte. Dann wurde sie endgültig in das große, abweisende Gebäude hineingezerrt, und mit einem lauten metallischen Klang fiel die Tür hinter ihr ins Schloß.

Zehn Tage später wurde Sheng angewiesen, ihr kleines Bündel zu packen und sich bereit zu halten. In der Mittagszeit wurde sie dann von zwei Soldaten abgeholt, um in ein anderes Gefängnis gebracht zu werden. Sie erfuhr, daß sie in ein Frauengefängnis kam, das als Arbeitslager eingerichtet war. Durch schwerste Arbeit sollten die Gefangenen dort zu gesellschaftsfähigen Menschen umerzogen werden. Da diese Verlegung so überraschend kam, hatte Sheng keine Möglichkeit, ihren Eltern Bescheid zu geben. Das bekümmerte sie besonders. Die Reise sollte mit einem öffentlichen Bus erfolgen. Auf dem Weg zur Busstation, gefesselt zwischen den beiden Soldaten, fiel ihr jeder einzelne Schritt schwer. Wieso war ihre Familie nicht informiert worden? Wie würden sie es erfahren? Ihr war gar nicht wohl in ihrer Haut. Dann tat sie wieder das einzige, was ihr übrig blieb, sie betete:»Herr, ich will nicht von hier weggebracht werden, ohne daß ich weiß, daß meine Familie informiert ist über meinen nächsten Aufenthaltsort. Bitte Herr, ich brauche ein Wunder!«

Und wieder erhörte Gott ihr lautloses Schreien. Während Sheng auf dem Weg zum Busbahnhof war, beschloß ihre kleine Schwester Xiaohong, Sheng im Gefängnis zu besuchen. Doch der Pförtner dort sagte ihr, daß Sheng gerade in Begleitung zweier Soldaten losgegangen sei, und er wies ihr die Richtung. Xiaohong rannte los. Der Busbahnhof war voller Fahrzeuge, Gepäck und Gewimmel von schreienden Menschen, Kindern und Tieren. Wie sollte sie hier ihre Schwester ausfindig machen? Aber Gott lenkte ihre Schritte und ihre Aufmerksamkeit. Gerade in dem Moment, als Sheng unsanft in einen Bus geschoben wurde, entdeckte Xiaohong sie. Welch eine Freude! Die beiden konnten sich noch einmal umarmen, die wichtigsten Informationen austauschen und sich verabschieden. Beide weinten. Wann und unter welchen Bedingungen würden sie sich das nächste Mal sehen? Sheng wollte ihrer Schwester schnell noch einige wichtige Dinge über die Gemeinden sagen, deren Betreuung nun an das junge Mädchen überging, doch die Soldaten trennten die beiden. Sheng wurde in den Bus gestoßen, Xiaohong nach draußen geschickt.

Als der Bus sich knatternd und stinkend in Bewegung setzte, rannte Xiaohong neben dem Fenster her, aus dem Sheng sich beugen konnte. »Diene dem Herrn, und diene ihm mit ganzem Herzen«, waren die letzten Worte, die an Shengs Ohr drangen. Dann entfernte sich der Bus in einer Staubwolke. Noch lange, nachdem Xiaohong außer Sichtweite war, klangen diese Worte in Sheng nach. »Diene dem Herrn, und diene ihm mit ganzem Herzen.« Ja, das wollte sie tun. Dann wanderten ihre Gedanken wieder zu den Gemeinden und zu ihrer kleinen Schwester, die schon in so jungen Jahren so viel Verantwortung aufgebürdet bekam. Aber es ging nicht anders, nachdem alle Pastoren und die meisten aktiven Mitarbeiter im Gefängnis waren. Bei diesen Gedanken an ihre Schwester und die vielen lieben Geschwister mußte sie wieder weinen. Doch, sie hatte ihr Herz investiert in die Gemeindearbeit, die sie nun zurücklassen mußte.

Außer Sheng waren auch Bruder Gui und vier andere Brüder für schuldig befunden worden, als Leiter für den Aufruhr in »E« verantwortlich zu sein. Sie bekamen drei und vier Jahre Haftstrafe. Drei weitere junge Männer, die in »E« gepredigt hatten, wurden zu fünf, vier und drei Jahren verurteilt.

Noch im selben Jahr wurde die Stadt »E« von einer Hungersnot erfaßt. Während der nächsten drei aufeinanderfolgenden Jahre brachte die Ernte nichts ein. Viele der Bauern, die sich bei der Regierung darüber beschwerten, sagten: »Wir werden von diesem Unglück heimgesucht, weil ihr die Christen verfolgt. Das war ein großer Fehler. Deshalb ist die Regierung für die Hungersnot verantwortlich!«

Die Funktionäre antworteten: »Vorbei ist vorbei, wir können daran jetzt nichts mehr ändern. In Zukunft werden wir uns aber gut überlegen, ob wir etwas gegen diese Christen unternehmen werden.«

Ein weiteres Ereignis am Rande: Der leitende Geheimpolizist der Stadt »E«, der letztlich für alles verantwortlich war, hatte einen Fahrradunfall. Genau an dem selben Ort, wo er die Christen so grausam schlagen ließ, stürzte er vom Rad und brach sich zwei Rippen.

Hölle auf Erden

Das Frauengefängnis, in das Sheng verlegt worden war, übertraf alles an Schmutz und Häßlichkeiten, was sie sich je hätte vorstellen können. Es war, als würde eine schwere, erdrückende Finsternis über dem ganzen Gebäudekomplex liegen. Die Atmosphäre war so beengend und negativ, daß Sheng manchmal meinte, ersticken zu müssen.

Sie war mit zwanzig Frauen in einer Zelle, von denen zwölf wegen Mordes einsaßen. Fast alle Gefangenen waren Betrügerinnen, Diebinnen und Prostituierte. Die Umgangssprache zwischen den Frauen und ihren Wärterinnen war gekennzeichnet durch Flüche, schmutzige, doppeldeutige Witze und Beschimpfungen. Alles war so grob, gemein und abstoßend. Sheng sehnte sich schmerzlich in die helle, freundliche, sanfte Umgebung ihrer christlichen Freunde zurück.

Keine einzige der Verbrecherinnen, die längere Zeit in diesem Lager verbringen mußte, wurde umerzogen zu einer linientreuen Kommunistin oder zu einer gemeinschaftsfähigen Bürgerin, sondern sie lernten noch jede Menge Schlechtes von den anderen. Ihr einziger Umgang waren Frauen, die ebenso haltlos waren wie sie selbst und die ähnliche oder noch schwerere Straftaten begangen hatten. In dieser Atmosphäre von Haß und Gewalt wuchs die Skrupellosigkeit, und die Frauen mußten auch hier ihre Interessen mit Härte und Rücksichtslosigkeit gegen die anderen durchsetzen. So lernten sie eigentlich das Gegenteil dessen, was das Arbeitslager bewirken sollte. Sie verloren immer mehr die Fähigkeit, gut und böse zu unterscheiden.

Eine Gefangene zum Beispiel war eine einfache Frau aus einem Bauerndorf. Sie war im Streit mit ihrer Nachbarin handgreiflich geworden, dafür sollte sie nun mit einem Jahr Arbeitslager bestraft werden. Sie war zuerst sehr verschüchtert und erschrocken über die Umgebung, in der sie sich hier wiederfand, und sie redete mit niemandem. Bei jedem zweiten Wort, das die anderen Frauen sagten, lief sie rot an, die Ausdrücke, die sie hier zu hören bekam, waren ihr ebenso peinlich wie die Geschichten, die sich die Frauen erzählten. Aber leider gewöhnte sie sich sehr schnell an diese neue Sprache, und nach einem Monat war sie in nichts mehr von den anderen Frauen zu unterscheiden. Nach Ablauf des Jahres würde es für diese Frau sehr schwer sein, wieder mit ihrer Familie und den Menschen in ihrem Dorf zusammen zu leben.

Es gab auch immer wieder handfeste Schlägereien und gefährliche Auseinandersetzungen. Einmal war ein Streit entstanden zwischen einer Frau in den Zwanzigern und einer älteren Gefangenen. Die Jüngere erwischte, während sie sich schlugen, eine Bierflasche, zerbrach sie mit einem Schlag auf dem Nacken der anderen und bedrohte sie dann, indem sie die scharfe Kante der abgebrochenen Flasche an ihren Hals hielt. Wenn nicht zufällig jemand dazugekommen wäre, um die Frau zu stoppen, hätte die Ältere diesen Kampf wahrscheinlich nicht überlebt. Die Lagerleitung erhöhte daraufhin die Haftdauer der Jüngeren um fünf Jahre. Doch ob sie in diesen fünf Jahren zu einer Frau werden könnte, die sich ohne Gewalt und Aggression behaupten kann, war mehr als fragwürdig.

Dieses Lager war wirklich die »Hölle auf Erden«. Da es ein Frauengefängnis war, sahen die Insassen auf Jahre keinen einzigen Mann. Viele von ihnen wurden lesbisch. Sie lebten ohne Scham und mit zügelloser Gier zusammen. Einmal sollte eine öffentliche Versammlung innerhalb des Lagers stattfinden, um gegen dieses Problem anzugehen. Die Lagerleitung wollte die Frauen, die durch ihre lesbischen Aktivitäten besonders aufgefallen waren, vor allen anderen bloßstellen und beschämen, um sie dadurch zu verändern. Doch es kam nicht so weit. Die Vorsteherin des Lagers hatte einige besonders anzügliche »Liebesbriefe« der Frauen an sich genommen und begann, sie mit Namensnennung vorzulesen. Diese Frau, die ansonsten sehr gefühllos und grausam war, wurde, während sie vorlas, dunkelrot. Was sie da laut lesen wollte, war ihr so peinlich, daß sie die Aktion abbrechen mußte. Sie war schrecklich wütend, fluchte und beschimpfte die Frauen und versuchte, diese Situation, in der sie fast ihr Gesicht vor den Gefangenen verloren hätte, durch Härte und häßliche Worte zu überspielen.

Es war hier zu keiner Tageszeit still, auch gab es keinen Raum, in den man sich hätte zurückziehen können, um das ständige Geräusch von Schlägereien, Fluchen, Weinen, Schreien und Kämpfen nicht hören zu müssen. Die Atmosphäre war so spannungsgeladen, voller Aggression und Gewalt, daß regelmäßig die wenigen Möbel und Einrichtungsgegenstände des Lagers zerschlagen wurden. Aus purer Wut wurde Essen auf den Boden geschüttet und zertreten, die Wände wurden beschmiert, die Lust am Zerstören beherrschte die Frauen. Es gab nichts Verbotenes, was in diesem Lager nicht getan wurde. Die Aufseherinnen hatten resigniert, es schien keine Möglichkeit zu geben, diesen wilden Frauen Einhalt zu gebieten.

Sheng, die ihr ganzes Leben unter Christen verbracht hatte und gewohnt war, in der ständigen Gemeinschaft mit dem Heiligen Geist zu leben und alles Unreine zu meiden, war schockiert über diese Frauen, über deren Reden, Denken und Handeln. Bis dahin hatte sie keine Vorstellung gehabt, wie sehr die Sünde Menschen zerstören kann. Es war unbeschreiblich und furchtbar für sie, in diesem Lager gefangen zu sein. Sie hatte keine Rückzugsmöglichkeit, ständig hörte und sah sie all das Kaputte. Oft überwältigte sie die Sehnsucht, weit weg zu sein. Ihre Seele war erfüllt mit Einsamkeit, Trauer, Entsetzen und Angst.

Sie litt sehr unter dieser Umgebung. Ihr ständiges Gebet war, daß der Herr Jesus sie festhalten und bewahren möge, und daß er in diesem Gefängnis durch sie wirken möge. Sie bat Jesus, das ganze Lager zu erfassen mit seinem Geist, sie sehnte sich danach, daß die Frauen sich von ihrem alten Leben abwenden und ihn kennenlernen könnten.

Drei Visionen und ein Klinikaufenthalt

Zunächst, als Sheng neu in dem Lager angekommen war, hatte sie nur wenig Hoffnung, daß hier noch andere Christinnen außer ihr sein könnten. Nach zwei Monaten bekam sie Besuch von einem Pastor. Durch ihn erfuhr sie, daß es im Lager eine Christin gab, die »Tante Dong« genannt wurde. Sheng war begeistert. Sie wollte diese Frau so schnell wie möglich kennenlernen, damit sie gemeinsam anfangen könnten, im Lager die Gute Nachricht von Jesus zu verbreiten.

Aber sie lebte unter Tausenden von Gefangenen und die Aufsicht war sehr streng. Dazu hatte sie auch keine Ahnung, wie »Tante Dong« aussah. Die Wahrscheinlichkeit, sie zu treffen, erinnerte Sheng an die berühmte Nadel im Heuhaufen. Also begann Sheng, Gott immer wieder im Gebet ihre Sehnsucht vorzutragen, daß sie »Tante Dong« kennenlernen wollte.

Vier Monate vergingen. Langsam ging der Winter zu Ende. Es war im März 1984, als Sheng eines Morgens über den großen Hof zur Kantine ging, um sich ihre tägliche Reisportion zu holen. Ein Weg, den sie nun schon so oft gemacht hatte, daß sie manchmal das Gefühl hatte, sich kaum noch an das Leben außerhalb des Lagers erinnern zu können. Aber dieser Morgen war anders. Tief sog sie die Luft ein, es schien, als wäre es über Nacht Frühling geworden. Die Sonne schien richtig warm heute, und die frostige Kälte der vergangenen Wochen war verschwunden. Selbst hier, wo sie so wenig Pflege erhielten, drängten die ersten Blumen aus der Erde. Ein warmer, leiser Wind trug ihren Duft zu Sheng. Sie hielt einen Moment inne, streckte sich, sah sich um und begann, ein leises Danklied zu summen. Welch ein schöner Morgen!

Eine Frau kam Sheng entgegen, ihre Reisschale in der Hand. Sie war etwa vierzig Jahre alt, hatte große Augen und ein offenes, lächelndes Gesicht. Sie sah aus wie eine warme, liebe Frau. Sheng wunderte sich, hatte sie doch noch nie jemanden hier gesehen, dessen Gesicht so frei von Bitterkeit und Haß war. Sie ging langsamer, um einen Blick auf das Namensschild der Frau werfen zu können. Da las sie »Dong …«! Das mußte sie sein! Gleichzeitig studierte die Frau Shengs Namensschild. Beide blieben stehen und platzten gleichzeitig mit der Frage heraus:

»Bist du Tante Dong?« »Bist du Sheng?«

Dann rollten Tränen der Freude über beide Gesichter. So lange hatten sie darauf gehofft, einander zu begegnen, und nun geschah es ausgerechnet an diesem wunderschönen Morgen. Sie waren so begeistert darüber, sich nun endlich gefunden zu haben.

Nun verloren sie keine Zeit und kamen sofort auf das Thema, das beide am meisten bewegte: Wie können wir die Gefangenen mit Jesus bekanntmachen? Shengs Freude kannte keine Grenzen mehr. Welch ein überreicher Segen Gottes, hier im Gefängnis eine geistliche Mutter und eine Mitarbeiterin gefunden zu haben. So viel Unterstützung hatte sie auch außerhalb des Gefängnisses nicht immer gehabt.

Zwei Tage nach dieser Begegnung im Hof machte Tante Dong einen Besuch in Shengs Zelle. Mitgebracht hatte sie ihre größte Kostbarkeit: Ein kleines Notizbuch, das bis zur letzten Seite vollgekritzelt war mit Bibelstellen und Liedern, wobei die Texte der meisten Lieder auch Bibelworte waren. Sie wollte es Sheng für einige Zeit ausleihen. Kaum hatte Sheng dieses wunderbare Büchlein gesehen, wußte sie sofort und ganz sicher, was Gott wollte. Sie sollte so viele Abschriften wie möglich davon machen.

So konnte Gott beginnen, in diesem Arbeitslager zu wirken. In den beiden Zellen, in denen die Christinnen wohnten, entschieden sich immer mehr Gefangene, Jesus zum Herrn ihres Lebens zu machen. Je mehr neue Christen Sheng um sich herum hatte, um so dringender wurde ihr Wunsch nach einer vollständigen Bibel. Die Christen in ihrer Zelle brauchten dringend Gottes Wort, um dadurch zu neuen Personen verändert zu werden. Es dauerte nicht lange, dann konnte Tante Dong eine ganze Bibel für Sheng besorgen.

Das Risiko, erwischt zu werden, war groß, und die Strafe wäre vermutlich schrecklich gewesen, aber Sheng verkroch sich von nun an jeden Abend unter ihrer Bettdecke und schrieb Teile der Bibel ab. Jede Nacht verbrachte sie schreibend. Manchmal wurde im Lager ein Film gezeigt, das waren die Gelegenheiten für Dong und Sheng, sich zu treffen. Dann steckte Sheng ihr die abgeschriebenen Bibelteile zu, und Dong gab sie an die neuen Christen weiter.

Eines Abends, es war gegen neunzehn Uhr, stand Sheng am Fenster ihrer Zelle und blickte in den Hof. Ein langer Arbeitstag lag hinter ihr, und sie genoß die Momente der Stille, während die anderen Gefangenen beim Essen oder Duschen waren. Sie war im dritten Stock und hatte eine gute Aussicht bis zu den Hügeln in der Ferne. Unten im Gefängnishof stand eine Gruppe Frauen, die vom Abendessen kamen und heftig diskutierten. Häßliche Worte und Beschimpfungen flogen hin und her. Die schmutzigen Wortfetzen drangen an Shengs Ohren, und sie wurde von einer Welle der Barmherzigkeit erfaßt, die in ihr aufstieg und sie vollkommen erfüllte. Wie sehr sehnte sie sich danach, daß diese Frauen die Liebe Jesu und seine reinigende, heil machende Kraft kennenlernen würden. Sie hatte die Frauen von Herzen lieb und es tat ihr weh, zu sehen, wie sinnlos ihr Leben war und wie sie sich selbst so aufgegeben hatten, daß sie nichts Gutes mehr von sich und ihrem Leben erwarteten. Frauen, die Gott geschaffen hatte, um in Gemeinschaft mit ihm zu leben, um sie mit seiner Liebe zu beschenken. Sheng begann, wieder einmal für die Frauen des Lagers zu beten.

Da sah sie plötzlich ein Bild vor sich, klar und deutlich stand es vor ihren inneren Augen: Die Frauen, die im Hof standen, waren alle Christinnen! Ein zweites Bild kam dazu: Viele der Zellen waren wie goldene Leuchter, und alle Menschen, die darin wohnten, waren Christinnen. Und dann sah sie noch eine dritte Vision: Das ganze Gefängnis bebte von dem Lob Gottes, das in ihm gesungen und gesprochen wurde. Sheng war außer sich vor Freude. Zum Glück war sie gerade alleine in ihrer Zelle, denn nun mußte sie erst einmal singen und tanzen. Wie sie sich freute! Ja, genau das wollte sie erleben.

Während des Tages mußten alle Häftlinge in einer Kleiderfabrik arbeiten. Sie waren auf verschiedene Abteilungen verteilt, alles wurde hier gemacht, vom Entwurf und Zuschneiden über Nähen und Bügeln bis hin zum Knopflochnähen und anderen Feinheiten. Die Arbeiterinnen waren in kleine Gruppen aufgeteilt, die alle ein bestimmtes Quantum an Kleidungsstücken pro Tag leisten mußten.

Sheng war in einer Nähgruppe. Durch die tägliche Zusammenarbeit entstanden viele Gespräche zwischen den Frauen, und immer mehr von Shengs Kolleginnen begannen, an Jesus zu glauben. Doch da war auch eine Frau in ihrem Team, die sich unbedingt vor der Gefängnisleitung und den Wärterinnen in gutes Licht rücken wollte. Sie sah sich Shengs Wirken eine Zeitlang an, dann machte sie Meldung. Die Reaktion kam prompt: Verhör!

Das Verhör nahm seinen gewohnten, grausamen Verlauf. Sheng stand dazu, daß sie an Jesus glaubte und über ihn redete, doch darüber hinaus sagte sie nichts. Die Wärterinnen schlugen und folterten sie, verboten ihr, zu glauben und zu reden und versetzten sie zu einer anderen Arbeitsgruppe. Aber auch unter den neuen Kolleginnen redete Sheng schon bald wieder von Jesus. Einige nahmen den Glauben an. Einige meldeten dies der Lagerleitung. Ein Verhör mit körperlicher Strafe folgte. Sie wurde versetzt. Redete wieder von Jesus. Und so weiter. Insgesamt kam Sheng so innerhalb weniger Monate in sechs verschiedene Arbeitsgruppen, und die Nachricht von Jesus, mit dem man ein neues Leben anfangen kann, verbreitete sich immer mehr.

Das Arbeitspensum der einzelnen Gruppen war sehr groß. In der Regel verbrachten die Frauen vierzehn Stunden täglich in den Fabrikräumen. Aber erst nach diesen langen Stunden begann die eigentliche Arbeit für Sheng, eine Arbeit, auf die sie sich den ganzen Tag über freute. Nachts, wenn alle schliefen, kauerte sie unter ihrer Decke und schrieb die Bibel ab. Sie schlief nur noch sehr wenig. Nach einiger Zeit wirkte sich das auf ihre Gesundheit aus. Schließlich bekam sie Hepatitis. Doch sie arbeitete weiter, Tag und Nacht.

Eines Abends, als sie aus der Kantine kam, vorsichtig ihre Essensration trug, eine Schale Suppe und eine Schale Reis, und die Stufen zu ihrer Zelle hinaufsteigen wollte, wurde ihr plötzlich schwarz vor Augen. Sie brach auf der Treppe zusammen. Einige Frauen, die sie fanden, trugen sie in die Klinik.

Das Personal der Klinik bestand nur aus einer einzigen Ärztin, Dr. Lan. Diese war selbst eine Gefangene. Vor etlichen Jahren hatte sie einen Parteifunktionär umgebracht, als dieser sie vergewaltigen wollte. Dafür war sie zu lebenslanger Haft verurteilt worden. Zu Beginn ihrer Haft, in einem anderen Gefängnis im Bezirk »X«, war sie sehr verzweifelt und versuchte ständig, sich umzubringen. Aber eine ihrer Mitgefangenen dort war Christin, eine alte Frau, die um ihres Glaubens willen im Gefängnis war. Diese Frau hatte die verzweifelte Ärztin in ihr Herz geschlossen, hatte sie getröstet, ihr Mut gemacht und vor allen Dingen ihr von Jesus erzählt. Dr. Lan klammerte sich an alles, was die alte Frau ihr sagte. Schon bald übergab sie ihr Leben Jesus, und nach und nach wich die Verzweiflung. Gottes Vergebung und Friede hielten Einzug, und die Gnade Gottes veränderte sie von Grund auf.

Dann wurde Lan in dieses Arbeitslager versetzt. Inzwischen war sie schon eine gefestigte Christin, die mit ihrem Leben und Arbeiten Gott ehrte und durch deren Worte viele andere Frauen Jesus kennenlernen konnten. Lan war überaus dankbar und froh über das neue Leben, das Jesus ihr mitten in der Haft geschenkt hatte, und ihre Ausstrahlung war sehr anziehend für andere.

Als Sheng nun in die kleine Klinik von Dr. Lan gebracht wurde, legte die Ärztin sie in ein Bett, schloß die Tür und betet mit Sheng. Erst danach begann sie, Sheng medizinisch zu betreuen. Sie hatte schon viel von Sheng gehört, aber nun stand sie ihr zum ersten Mal persönlich gegenüber. Endlich würden sie sich kennenlernen können! Im Verlauf der nächsten Wochen, während Sheng sich langsam wieder erholte, entstand eine wunderbare Freundschaft zwischen den beiden. Sie bedauerten beide, daß sie sich erst jetzt kennengelernt hatten.

Doch für einige Wochen war Sheng schwer krank und mußte das Bett hüten, bevor ihre Hepatitis langsam wieder abklang. Deshalb brauchte sie eine Krankenschwester, die sie versorgte, denn dazu hatte Dr. Lan nicht genügend Zeit. Die Klinikleitung beschloß, zur Pflege von Sheng eine andere Gefangene in die Klinik zu schicken, die zwar keine ausgebildete Pflegekraft war, aber doch die notwendigen Handreichungen schnell lernte. Ein junges Mädchen von siebzehn Jahren wurde ausgewählt. Ihr Name war Xiu. Was die Klinikleitung nicht bedacht hatte, war, daß dieses Mädchen eine überzeugte Christin war, die auch schon viel hatte leiden müssen wegen ihres Glaubens.

So kam es, daß die drei Personen, die sich als einzige Tag und Nacht in der Klinik aufhielten, alle Christen waren. Natürlich gab es da viele Gelegenheiten, wo sie offen über ihre Erfahrungen mit Gott reden konnten, und sie waren häufig alleine und ungestört, um zusammen zu beten. Ihre Gebetsanliegen waren klar: Sie sehnten sich danach, daß die Gnade Gottes über dieses Gefängnis ausgegossen würde, daß es vom Heiligen Geist total auf den Kopf gestellt werden würde und daß auch alle Verantwortlichen und Aufseherinnen des Lagers umkehren würden und an Jesus glaubten.

Die Gebete, die in diesem kleinen Gefängniskrankenhaus gebetet wurden, waren unter anderem die Auslöser für den Durchbruch der Erweckung im Lager.

Da Sheng ans Bett gefesselt war, beauftragte sie Xiu, herauszufinden, wieviele der Gefangenen im Lager Christinnen waren und um ihres Glaubens willen inhaftiert worden waren. Xiu leistete gute Arbeit und kam schon bald mit einer Liste zurück, auf der einundzwanzig Namen, Geburtstage und Zellennummern standen. So konnte Sheng ihre Zeit nutzen, um für diese Frauen zu beten. Mehrmals täglich erwähnte sie ihre Namen vor Gott und bat ihn, sie zu bewahren, lebendig im Glauben zu erhalten oder sie neu zu beleben und ihnen Kühnheit zu geben, daß sie die Gute Nachricht im ganzen Gefängnis verbreiten könnten. So wurde das Feuer der Erweckung durch Gebet entfacht, und der Heilige Geist konnte anfangen, mächtig im Leben der einzelnen, gefangenen Frauen zu wirken. Er gab ihnen Sehnsucht nach Veränderung, Sehnsucht nach Gott ins Herz, er erfüllte sie mit seiner Liebe, er begann, ihre Herzen zu heilen und sie in der Tiefe ihrer zerstörten Persönlichkeiten wiederherzustellen.

Eines Tages bekam Sheng in der Klinik Besuch. Es war eine dreiundzwanzigjährige Gefangene, die vollkommen verzweifelt war und die von anderen Frauen gehört hatte, bei der kranken Frau in der Klinik könnte sie ihr Herz ausschütten. Sheng hörte ihr freundlich zu, während sie erzählte: »Ich bin zu zwanzig Jahren Gefängnis verurteilt. Damit ist mein Leben gelaufen. Wenn ich mit dreiundvierzig Jahren entlassen sein werde, was soll ich dann noch Großes anfangen? Eigentlich bin ich jetzt schon tot. Wozu soll ich hier jeden Tag von morgens bis abends arbeiten und mich von allen fertig machen lassen? Ich kann dem einfach keinen Sinn mehr abgewinnen, ich habe keine Kraft für dieses Leben hier, weil ich keine Zukunft und keine Hoffnung mehr habe.«

Sheng hatte ihr aufmerksam zugehört, ohne sie zu unterbrechen. Als die junge Frau verzweifelt schwieg, kam Shengs Antwort klar und hell: »Du wirst nicht sterben. Glaube an den Herrn Jesus. Er wird dich lebendig machen. Er kann dich trösten und dir Freude geben. Gleich heute abend kannst du dir eine ruhige Ecke suchen und mit ihm reden. Sage ihm, daß du ihn kennenlernen willst und daß er dir helfen soll.«

Die Frau sah nachdenklich aus und ging bald. Die Gebete der drei Christinnen in der Klinik begleiteten sie. Am nächsten Morgen war sie schon vor der Arbeit sehr früh wieder da. Sie sprudelte über vor Freude und war fast nicht wiederzuerkennen. Sie berichtete: »Ich habe mit Jesus geredet, so wie du es mir gesagt hast, und er war da. Er ist immer noch da. Ich bin so froh, so erleichtert, die ganze schwere Last ist weg. Ich muß das unbedingt meinen Freundinnen erzählen. Bitte, würdet ihr dafür beten, daß die anderen das auch erleben?«

Sheng war außer sich vor Freude. Nichts tat sie lieber, als für diese neue Schwester zu beten. Sie dankte Gott für sein Eingreifen in ihrem Leben und segnete sie. Dann ging die junge Christin zur Arbeit, und Sheng nutzte ihre freie Zeit zum Gebet. Am Abend kam die Frau wieder mit acht ihrer besten Freundinnen, die auch an Jesus glauben wollten. Sie waren allesamt schwere Verbrecherinnen und hatten große Schuld auf sich geladen. Aber als sie sahen, was Jesus innerhalb einer Nacht mit ihrer Freundin gemacht hatte, wollten sie unbedingt das gleiche erleben.

Sheng war begeistert und erfüllt mit großer Ehrfurcht vor dem Wirken des Heiligen Geistes an diesen Menschen. So nahm sie sich viel Zeit, um ihnen den großen Heilsplan Gottes gemäß der Bibel zu erklären. Woher kommt die Sünde und was können wir gegen sie tun? Was passiert, wenn wir Jesus zum Herrn unseres Lebens erklären? Dann betete und redete sie ausführlich mit jeder einzelnen von ihnen. Zum Schluß ermahnte sie die neuen Christinnen: »Ihr habt jetzt alle nur noch eine Aufgabe, die wichtiger ist als alles andere: Bitte betet mit uns für alle Häftlinge und für die Aufseherinnen, daß sie alle zum Glauben an Jesus kommen.«

Die neun Frauen waren gerne dazu bereit:»Jesus ist so phantastisch, daß er sogar Leute wie uns lieb hat. Natürlich können wir dann auch für andere beten.«

In Windeseile verbreitete sich die Gute Nachricht von Jesus innerhalb der Gefängnismauern, und die Zahl der Christinnen nahm täglich zu. Die Frauen waren innerlich weit offen für diese hoffnungsvolle Nachricht, daß sie mit Jesus ein neues Leben anfangen könnten. Ihre Verzweiflung und Hoffnungslosigkeit waren so groß, daß sie es kaum fassen konnten, daß es einen Gott geben könnte, der sie lieb hat. Wenn sie dann Jesus in ihr Leben einluden, wurden sie sofort mit großer Freude und dem Bewußtsein der Vergebung und der Liebe Gottes erfüllt. Das war so befreiend und stark, daß man es ihnen nicht nur ansah, sondern daß sie auch von nichts anderem mehr reden mochten. Kaum hatten sie ihre ersten Schritte der Umkehr und Hinwendung zu Gott gemacht, schon erzählten sie allen Mitgefangenen von ihrer neuen Entdeckung. Dabei wirkte der Heilige Geist sehr stark, indem er ihnen half, das Sterben Jesu, seine Auferstehung und das neue, ewige Leben, das man dadurch bekommen kann, sofort richtig zu verstehen und den anderen Frauen richtig zu erklären, ohne daß sie auch nur einmal eine Bibel gesehen oder eine Predigt gehört hätten.

Während Sheng sich von ihrer Krankheit erholte, wurden ständig die guten Neuigkeiten über Gottes Wirken zu ihr getragen:»In Zelle Nummer … kamen heute fünf Menschen zum Glauben, außerdem haben in der Arbeitsgruppe … drei Menschen Jesus zum Herrn ihres Lebens gemacht, …« Es war ausschließlich ein Werk des Heiligen Geistes, denn kein Mensch hätte diese harten, verbitterten Menschen erreichen oder gar verändern können.

Zum Beispiel war da ein Mädchen von achtzehn Jahren. Sie war wegen eines relativ harmlosen Diebstahls verurteilt worden. Doch im Lager lernte sie, daß andere Frauen noch viel skrupelloser waren als sie. Da sie den anderen in nichts nachstehen wollte, und nachdem sie von ihren Zellengenossinnen mehrfach bestohlen worden war, begann sie selbst, regelmäßig zu stehlen. Es wurde ihr zu einer zwanghaften Gewohnheit, von Gefangenen und Wärterinnen alles mögliche zu stehlen. Man konnte sie schlagen und bestrafen, wie hart man auch wollte, sie konnte nicht aufhören, weiter zu stehlen. Kaum hatte sie sich von der körperlichen Bestrafung erholt, stahl sie schon wieder etwas. Aber, Gott sei Dank, jemand erzählte ihr von Jesus. Das Mädchen öffnete ihr Leben für Gott, und sie wurde vollkommen frei von diesem Zwang des Stehlens. Sie wurde eine neue Person, voller Begeisterung über Jesus, und sie erzählte allen, denen sie begegnete, von ihm.

Li war siebzehn Jahre alt, als sie in das Arbeitslager kam, und sie sollte die nächsten zehn Jahre ihres Lebens hier verbringen. Sie war sehr schwierig, niemand konnte mit ihr auskommen oder umgehen. Sie suchte ständig und mit allen Leuten Streit, beklagte sich immer über alles, und wenn sie wütend war, konnte sie so schreien, daß die meisten Menschen das Weite suchten. Sie konnte nie den Mund halten oder still sitzen, wurde ständig bestraft, geschlagen und ermahnt, aber alles half nichts. Es gab keine Strafe oder Folter, vor der sie so viel Angst gehabt hätte, daß sie sich deswegen an die Regeln und Vorschriften gehalten hätte. Oft war es sogar so, daß sie in den Verhörräumen und Büros der Gefängnisleitung so eine Verwüstung anrichtete, daß man es vorzog, sie ungestraft wieder gehen zu lassen, als sie noch länger verhören zu müssen. Keiner wußte so recht, was man mit diesem Mädchen anfangen sollte, und sie war im ganzen Lager als hoffnungslos unerziehbar bekannt. Aber auch diese Frau war nicht zu kompliziert für Gott. Sie hörte von Jesus und glaubte, was sie hörte. In ihrem Fall wußte das ganze Gefängnis, daß sie Christin geworden war, denn der Unterschied zu vorher war sehr gravierend. Nachdem sie von Jesus verändert worden war, wollte sie unbedingt, daß die Lagerleitung und die Aufseher dies auch erfuhren. Also ging sie eines Tages in das Büro der Parteifunktionäre, um ihnen von Jesus zu erzählen. Sie wurde mit einer neugierigen Frage empfangen: »Wir haben gehört, daß Sie jetzt an Jesus glauben. Stimmt das?«

»Ja«, antwortete sie mit einem Augenzwinkern, »sonst wäre es jetzt nicht so friedlich hier bei Ihnen.« Wieder ernst, begann sie zu erklären: »Ich war vorher so kaputt, daß mich weder Elektroschock-Stäbe noch sonst irgendeine Bestrafung hätten verändern können. Sie wissen das. Aber was kein Mensch hätte tun können, das hat Jesus getan: Er hat mich mit seiner Liebe verändert. Durch ihn bin ich frei von aller Sünde. Wenn alle Gefangenen hier im Lager an Jesus glauben würden, dann hätten Sie keinen Ärger mehr. Das Angebot Gottes gilt aber auch für Sie: Wenn Sie umkehren und an Jesus glauben, bekommen Sie ein neues, ewiges Leben, sofort und ohne etwas dafür tun zu müssen.« Die Lagerleitung hörte nachdenklich zu, denn es war doch sehr beeindruckend und faszinierend, wie diese Frau sich verändert hatte.

Die anderen neuen Christen standen Lin in nichts nach und redeten ebenso frei und ohne Angst vor allen Menschen über Gott. Und sie übernahmen auch die einstige Arbeit von Sheng, indem sie alle mit Begeisterung die Bibel von Hand abschrieben. Wenn sie kein Papier hatten, schrieben sie auf Stoffetzen. Alles war ihnen recht, um darauf Sätze aus der Bibel abzuschreiben, die sie dann denen zustecken konnten, die Jesus noch nicht kannten. Manche schrieben auch auf ihre Arme und Beine und auf die Hosenbeine. So konnten sie in den kurzen Pausen zwischen der Arbeit und bei vielen anderen Gelegenheiten die Sätze lesen, sich vorsagen und auswendig lernen. Und wenn sie mit anderen über Jesus redeten, hatten sie das Wort Gottes praktisch auch immer griffbereit und konnten es jederzeit vorlesen. Die beiden beliebtesten Bibelstellen waren:

»Denn Gott hat die Welt so sehr geliebt, daß er seinen einzigen Sohn hingab, damit jeder, der an ihn glaubt, nicht zugrunde geht, sondern das ewige Leben hat« (Joh 3,16).
»Alle haben gesündigt und die Herrlichkeit Gottes verloren. Ohne es verdient zu haben, werden sie gerecht, dank seiner Gnade, durch die Erlösung in Christus Jesus« (Röm 3, 23-24).

Eine andere originelle Idee war, Lieder, welche die Größe und Schönheit Gottes zum Inhalt hatten, auf Zettelchen zu schreiben, kleine Steine als Gewicht darin einzuwickeln und diese dann aus den Fenstern zu werfen. So konnten die Christen aus den oberen Stockwerken die Frauen, die in den unteren Etagen wohnten, erreichen. Die Phantasie der jungen Christinnen schien unerschöpflich zu sein im Erfinden neuer Wege, um Jesus im Lager bekannt zu machen. Und der Heilige Geist benutzte alle ihre Ideen, um zu den Gefangenen zu reden.

Manchmal wurden die Zellen durchsucht, um das verbotene christliche Material zu beschlagnahmen und die Frauen zu bestrafen. Das übliche Verhalten der Frauen war dann, alle Zettelchen, auf denen Bibel- und Liedtexte standen, zu schlucken. Auch Sheng hatte das viele Male tun müssen, bevor sie in die Krankenstation eingeliefert worden war.

Die ärztliche Diagnose bescheinigte Sheng, daß sie immer noch ernsthaft krank war. Sie fühlte sich auch schwach und krank, wenn sie alleine war. Aber kaum kamen Frauen, die von Jesus hören wollten, die Gebet wünschten oder Lieder lernen wollten, dann fühlte sie sich kerngesund. Sheng war überwältigt von allem, was Gott in diesem Lager tat. Es war wirklich Erweckung und es war wunderschön, dies erleben zu dürfen. Von Tag zu Tag war Sheng begeisterter über ihren großen Gott, der über Nacht aus fluchenden Verbrecherinnen glückliche, reine Gotteskinder machen konnte. Auch ihre eigene Situation hätte nicht besser sein können. Während sie auf der Krankenstation lag, war sie außerhalb der Aufsicht der Wärterinnen. Sie konnte jederzeit Christinnen empfangen und offen mit ihnen über alles reden, denn ihre einzigen Aufsichtspersonen, die Ärztin und die Pflegerin, waren ja auch Christinnen. Und der Strom ihrer Besucherinnen nahm immer mehr zu. Sie kamen von allen Stationen. Sheng genoß es, diesen interessierten Frauen die Bibel zu erklären und mit ihnen zu beten. Die Offenheit übertraf alles, was Sheng je erlebt hatte. Die Klinik war der ideale Ort für all diese Treffen.

Die beliebtesten Lieder, die Sheng ihnen beibrachte, waren: »Weil Gott mich so liebt, kann ich mich ihm weihen, alles soll Gott ausgeliefert sein«, »Vorwärts, folge dem Herrn und geh vorwärts«, »Ich will dich rühmen, mein Gott und König« (Psalm 145), »Wie liebenswert ist deine Wohnung, Herr« (Psalm 84) und viele andere. Ein anderes Lied, das alle Christinnen sehr liebten, heißt:

»Wenn wir beten, hört uns Gott,
er freut sich, wenn wir mit ihm reden.
Gebet ist wie Atmen,
Gebet macht uns eins,
wir wollen Gott mehr erleben,
darum wollen wir treu im Beten sein.«

Wenn die Christinnen Sheng besuchen wollten, kamen sie in der Regel nach ihrer Arbeitszeit. Sie mußten aber vor zehn Uhr abends wieder in ihren Zellen sein, weil dann die eisernen Tore auf jeder Etage des Gefängnisses geschlossen wurden, so daß die Zugänge von den Zellen zu den Treppenhäusern versperrt waren. Wer zu dieser Zeit nicht in seiner Zelle war, mußte mit einer schweren Strafe rechnen. Aber diese jungen Christinnen gingen jedes Risiko ein, sie fürchteten sich vor nichts mehr. Ihr Interesse an Gottes Wort war stärker als alles andere. Sie bedauerten so sehr, daß sie Jesus nicht schon früher gekannt hatten, und nun wollten sie keine Zeit mehr verlieren. Sie wollten so schnell wie möglich und so viel wie möglich über Jesus lernen.

Eines Abends kamen sechzehn Frauen aus einer Zelle im dritten Stock des Gefängnissen. Sie baten Sheng, ihnen etwas aus der Bibel beizubringen. Im Hof hinter der Klinik war eine ruhige Ecke, zu der die Frauen gingen. Es war eine laue Frühsommernacht, Stille war im Lager eingekehrt, und die Frauen fühlten sich unter dem schwarzblauen Nachthimmel ihrem Gott nahe und angenehm geborgen. Sie setzten sich in zwei engen Kreisen um Sheng, und diese begann, ihnen Bibelstellen zu erklären und Zusammenhänge zu verdeutlichen. Alle hingen an ihren Lippen und hatten schon bald Raum und Zeit vergessen. Da hörten sie plötzlich Schritte hinter sich, drei schwer bewaffnete Wärterinnen kamen auf sie zu. Die drei mußten wohl gerade aus der Isolierzelle gekommen sein. Sie hatten noch Elektroschock-Stäbe in den Händen und sahen so aus, als stünde ihnen der Sinn nach noch mehr Grausamkeit. Es war zu spät, um zu verschwinden, und die drei Bewaffneten schnitten ihnen auch den einzigen Fluchtweg ab, während sie langsam und bedrohlich näher kamen. Während sie versuchte, normal weiterzureden, betete Sheng verzweifelt zu Gott um ein Wunder. Da bekam sie eine Idee. Ohne ihren Tonfall zu verändern, wechselte sie das Thema und redete plötzlich darüber, wie die Frauen ihre Arbeitsleistung steigern könnten. Sie ermutigte die Frauen, sorgfältiger zu arbeiten und fleißig zu sein, damit sie ihr tägliches Soll übertreffen könnten. Dabei war sie so überzeugend, daß die Aufseherinnen einige Minuten erfreut zuhörten, bevor sie dann befriedigt weiterschlenderten.

Aber die Frauen wollten, nachdem die Wärterinnen verschwunden waren, immer noch nicht gehen. Sheng bestand darauf, es wäre zu gefährlich, hier im Freien weiter über Gott zu reden. Also baten die Gefangenen sie, doch in ihre Zelle mitzukommen, um dort die Nacht über zu reden. Von den zweiunddreißig Insassen ihrer Zellen waren einunddreißig schon Christinnen. Manche unter ihnen waren Hochschulabsolventinnen, andere hatten früher für die Geheimpolizei gearbeitet, aber sie waren alle gleichermaßen begeistert von Jesus. Doch Sheng ließ sich nicht überreden. Sie blieb dabei: »Wir müssen klug sein wie Schlangen und ohne Hinterlist wie die Tauben.« Sie mußte ziemlich lange reden, aber schließlich hatte sie die Frauen überzeugt, daß sie ohne Sheng wieder in ihre Zelle gingen und sich ausruhten.

Zwei Tage später wollten zehn Frauen aus einer Zelle im vierten Stock zu Sheng. Es war wieder Abend geworden nach einem zwölfstündigen Arbeitstag. Die Frauen waren nicht müde. Sie hatten sich schon den ganzen Tag lang darauf gefreut, mit Sheng in der Sicherheit der Klinik zu reden, zu singen und zu beten. Auf dem Weg zur Klinik kam ihnen ein Trupp Aufseherinnen entgegen. Die Frauen erschraken. Es war abzusehen, daß die Wärterinnen sie nicht weitergehen lassen würden, ohne sie nach ihrem Ziel gefragt zu haben. Da es schon nach neun Uhr abends war, mußten sie mit dem Mißtrauen der Aufseherinnen rechnen. Die Situation war gefährlich, aber die Frauen waren fest entschlossen, Sheng sehen und sprechen zu wollen. Während die beiden Gruppen so aufeinander zugingen, bekam eine der Christinnen plötzlich eine Idee. Sie tat so, als hätte sie furchtbare Bauchschmerzen, die anderen Mädchen schalteten sofort und trugen sie.

Als dann die Aufseherinnen riefen: »Was macht ihr hier alle?«, da konnten sie antworten: »Wir tragen diese Frau ins Krankenhaus. Sie braucht Hilfe.« Diese Erklärung schien zu genügen, denn nach einigen kurzen, kritischen Blicken konnten sie unbehelligt weitergehen.

Auf der Krankenstation weckten sie Sheng. Sheng freute sich über den Besuch und überlegte, wo sie nun alle zusammen hingehen könnten, um ungestört zu sein. In einem Anbau neben der Klinik war ein Raum, an den sie schon länger gedacht hatte. Er war vollkommen leer und abgeschlossen. Aber da es ein alter Schuppen war, gab es seitlich in der Wand drei Löcher, die jeweils groß genug waren, daß eine Person hindurchklettern konnte. Dort hinein gingen sie, und es war ein herrlicher, geschützter Raum, wo sie sich frei fühlen und gemeinsam Gott genießen konnten. Später kamen noch drei Frauen aus der Küche dazu, so waren sie insgesamt zwanzig Personen. Sie hatten eine phantastische Zeit zusammen, sangen, beteten und waren überströmend erfüllt mit der Freude vom Heiligen Geist.

Aber während sie so ganz vergessen hatten, daß sie in einem Gefängnis waren, war eine andere Gefangene in die Klinik gekommen. Sie hörte das Singen, Jubeln und Lachen und wunderte sich sehr. Als sie dem Geräusch nachging, kam sie zu dem Raum und konnte feststellen, daß hier die Christinnen waren. Sie sagte sich:»Die Christen haben hier ein verbotenes Treffen. Das werde ich der Lagerleitung berichten, die werden Augen machen!«

Aber Sheng hatte gesehen, wie die Frau durch das Loch geschaut hatte, und kaum war sie wieder weg, brach sie das Treffen sofort ab und bat ihre Schwestern, schnell in ihre eigenen Zellen zurückzukehren.

Gerade waren sie alle verschwunden, als auch schon die Frau zurückkam, und mit ihr viele Wärterinnen. Sie waren entschlossen, die Christinnen in dem Raum festzunehmen. So leuchteten sie mit ihren Taschenlampen jeden Winkel aus, doch da war überhaupt nichts. Der Raum war so baufällig, schmutzig, öde und leer wie immer. Nun richtete sich ihre Wut auf die Frau, die sie umsonst alarmiert hatte:»Sie …, Sie haben die Christen als Vorwand benutzt, um uns lächerlich zu machen. Das soll Ihnen leid tun!« Und eine der Wärterinnen schlug der Frau ins Gesicht.»Wir werden Ihnen nie wieder glauben«, damit machten sie kehrt und ließen eine sehr verwirrte Frau zurück.

Unterdessen trugen die Christinnen die eine Frau, die auf dem Weg zur Klinik angeblich Bauchschmerzen gehabt hatte, wieder in ihre Zelle zurück, damit sie auch weiterhin glaubhaft wirkten auf mögliche Beobachter. Tatsächlich wurden sie dabei von den Wärterinnen beobachtet und angerufen:»Na, wie war es? Geht es ihr wieder besser?« Und die ganze Gruppe antwortete wie im Chor:»Danke, es geht ihr viel besser. Sie bekam eine sehr gute Behandlung. Vielen Dank.«

Die Erweckung breitete sich schnell im ganzen Gefängnis aus. In den folgenden zwei Monaten, die Sheng in der Klinik verbrachte, entschieden sich jeden Tag eine große Zahl von Frauen, ein neues Leben mit Jesus zu beginnen. In manchen Zellen glaubten alle Insassen an Jesus, in vielen Zellen war zumindest die Mehrzahl der Gefangenen gläubig.

Eine der Gefangenen war eine katholische Nonne. Sie war mehr als erstaunt über das, was sich da um sie herum abspielte. Und sie erkannte ganz klar das Wirken des Heiligen Geistes. Mehrmals besuchte sie Sheng, um mit ihr über den Heiligen Geist zu reden, und von Mal zu Mal veränderte sie sich mehr. Bald begann sie, andere katholisch glaubende Häftlinge zu überzeugen, daß sie in den Gottesdienst von Sheng gehen sollten. Und sie selbst wurde zu einer kostbaren Mitarbeiterin für Sheng.

Gott hatte in seiner Liebe das ganze Arbeitslager verwandelt. Wo man früher Fluchen, schmutzige Lieder und Witze gehört hatte, erklang jetzt angenehmes Singen von Liedern über Gott mit Texten aus der Bibel. Das

Weinen und Streiten waren verstummt, statt dessen herrschte der Friede Gottes. Und Frauen, die sich früher geschlagen und beraubt hatten, halfen sich jetzt gegenseitig und beteten füreinander. Wo man auch hinkam, in der Kantine, in den Waschräumen, Duschen, Zellen und an den Arbeitsplätzen, überall drehte sich das Gespräch um Jesus. Die zerstörerische Macht der Sünde war an diesem Ort gebrochen worden. Damit hatten sich die ersten beiden Visionen Shengs erfüllt.

Bibeln kommen

Einer der Gründe, warum Erweckung in diesem Lager ausbrechen konnte, war sicherlich, daß die Christen keine Angst hatten, für ihren Glauben zu leiden, geschlagen zu werden und ihr Leben zu riskieren. Ein weiterer Grund waren die Gebete der Christen außerhalb des Lagers. Sie besuchten die gefangenen Christen regelmäßig und brachten ihnen, wann immer möglich, Bibeln oder Bibelteile mit. Die Gefahr, dabei erwischt zu werden, war natürlich groß, und die Konsequenzen wären sehr unangenehm gewesen. Doch das hielt die Christen nicht davon ab, immer wieder Bibeln ins Lager zu bringen.

Eines Tages kam Shengs Schwester Xiaohong zu Besuch, zusammen mit drei anderen Christen. Welch eine Freude für Sheng! Zuerst wurden die Besucher im Büro der Wärter am Eingangstor durchsucht, dann mußten sie in einen anderen Raum gehen, sich ausziehen und ihre Körper durchsuchen lassen. Auch die Lebensmittelgeschenke, die sie mitgebracht hatten, wurden sorgfältig geröntgt. Als sie sich dann schließlich sehen durften, war natürlich auch eine Aufseherin dabei, und ihre Gesprächsthemen waren sehr eingeschränkt. Trotzdem bedeutete dieser Besuch eine sehr große Ermutigung für Sheng. Viel zu schnell verflog die Zeit. Als die Besucher wieder draußen vor den hohen Mauern standen, sangen sie aus voller Kehle ein Lied, das sie speziell für diesen Besuch bei Sheng geschrieben und eingeübt hatten. Als Sheng sie singen hörte, rannte sie nach oben auf den höchsten Balkon, um jeden einzelnen Ton hören, jedes Wort verstehen zu können, und leise summte sie mit:

»Ich bin ein kleiner Vogel, in einem Käfig eingesperrt,
getrennt von den Bäumen, Blumen und Feldern.
Ich bin um deinetwillen in Fesseln, Herr,
doch ich liebe es, für dich zu singen den ganzen Tag.
Es tut gut, mein Herz zu öffnen vor dir.
Dir gefällt es, meine Flügel zu halten,
die doch so gerne fliegen möchten.
Erfreue dich an dem Lied, das ich dir singen will:
Deine große Liebe hält mich,
ich will dir für immer dienen aus Liebe,
nie will ich aus deiner Gegenwart fliehen.
Ich kenne die Qualen des Gefangenseins,
aber deine Liebe, Jesus, stillt jeden Schmerz.
Herr, ich liebe den Weg, den du mir geebnet hast.
Die ganze Schöpfung soll deine Taten preisen, herrlicher Herr!«

Sie sangen so schön, Xiaohongs klare, kräftige Stimme führte den kleinen Chor an, und der Wind trug die Worte zu Sheng hinauf. Zwar hatten sie während ihres Besuchs nicht so viel mit Sheng reden können, vor allem das, was ihnen wirklich auf dem Herzen lag, hatte unausgesprochen bleiben müssen. Aber mit diesem Lied konnten sie ihr doch noch eindrücklich mitteilen, wie sehr sie an die gefangenen Geschwister dachten und wie groß ihre Liebe zu Sheng war.

Sheng stand oben auf dem Balkon, während sie das Lied ein zweites und ein drittes Mal sangen. Sie konnte ihre Schwester und die Freunde nicht sehen, aber sie verstand die Worte deutlich. Während Tränen der Freude über ihre Wangen liefen, konzentrierte sie sich mit ganzer Kraft, um die Melodie zu lernen und die Worte behalten zu können. Und während der folgenden Monate im Gefängnis wurde das Lied ein ständiger Begleiter von Sheng, sie sang es von da an immer und immer wieder. Jedesmal war es eine Ermutigung und eine Freude für sie, und immer wieder erlebte sie, daß die Liebe Jesu wirklich jeden Schmerz stillt.

Einer der Besucher, der mit Xiaohong gekommen war, stand in diesem Moment auch unten auf der Straße und weinte, während die anderen das Lied sangen. Er kannte das Lied nicht und hätte doch so gerne mitgesungen. Weil es ihm so leid tat, daß er in diesem Moment nicht mitsingen konnte, schrieb er Sheng, kaum daß er wieder zu Hause war, einen lieben Brief. Er erzählte ihr darin, daß er sehr oft an die gefangenen Christen dachte und für sie betete. Er ermutigte sie, stark und fleißig zu sein für Gott, damit sie auch viel Frucht für Jesus bringen konnte. Auch er war mit seinen Gebeten, seinen Besuchen und den Briefen ein Segen und ein Geschenk Gottes für Sheng, um sie stark und fröhlich zu machen.

Besucher von draußen waren auch aus einem anderen Grund sehr kostbar für Sheng. Denn die Gute Nachricht von Jesus hatte sich inzwischen sehr ausgebreitet im Lager, und die vielen neuen Christen brauchten unbedingt das Wort Gottes oder zumindest einen Teil davon. Sheng betete viel zu Gott, daß er dafür sorgen möge, Bibeln ins Lager gelangen zu lassen, und ihre Gebete wurden erhört. Immer wieder wagten es Christen, mit einer versteckten Bibel einen Besuch zu riskieren. Gleichzeitig waren viele Gefangene Nacht für Nacht fleißig dabei, Bibeln abzuschreiben. Doch der Bedarf war einfach viel, viel größer, und er wuchs ständig, so daß jeder Bibelteil einen Schatz darstellte.

Die Wochen vergingen schnell, Sheng war noch immer in der Klinik, während die heißeste Zeit des Sommers angebrochen war. Die Hitze wurde manchmal schier unerträglich, die Sonne brannte erbarmungslos auf das staubige Land, und die ganze Natur litt unter den hohen Temperaturen. Es war vollkommen windstill, kein Blatt regte sich und kein Tier war zu sehen, selbst die Insekten flogen nicht an solch einem heißen Tag. Nur die Gefangenen mußten unaufhörlich arbeiten. Sie verbrachten die Tage in den Fabriken, dem Lärm der Nähmaschinen ausgesetzt, und immer unter dem Druck, ihre täglich vorgegebene Stückzahl zu erreichen. Obwohl alle Fenster weit offen standen, war es unglaublich stickig und schwül in den großen, staubigen Hallen. Alle waren schweißnaß, und vielen wurde übel von der Hitze.

Auch Sheng litt unter der Hitze sehr. Ihre Kleider waren tropfnaß von Schweiß und sie konnte sich kaum auf den Beinen halten. Da kam plötzlich eine Aufseherin herein und rief:»Sheng, kommen Sie sofort zum Eingang ins Besucherzimmer, da ist jemand für Sie!« Sheng war plötzlich hellwach. Sie ließ die Arbeit fallen, die sie gerade in Händen gehalten hatte und rannte los zum Besucherzimmer.

Augenblicke später stürmte sie in das kahle Zimmer, wo auf der Bank drei Personen saßen, die sich eifrig mit ihren Strohhüten Luft zufächelten. Als Sheng sah, wer sich da hinter den Hüten versteckte, war sie sprachlos vor Freude. Auch ein wenig Angst schwang mit. Denn vor ihr saßen Schwester Bai und Bruder Ming, die beide auf den öffentlichen Fahndungslisten standen. Wie mutig von ihnen, hierher zu kommen! Und Bruder Bing war ein leitender Mitarbeiter der Gemeinden in der Stadt »F«. Seit die Pastoren verhaftet oder untergetaucht waren, hatte er ihre Aufgaben und ihre Verantwortung übernommen. Sheng war tief berührt von so viel Mut und Liebe, wie sie diese Geschwister mit ihrem Besuch unter Beweis stellten. Hatten sie sich damit doch mitten in ein Zentrum der Geheimpolizei und der Soldaten begeben. Mit dem Besuch dieser Geschwister hätte Sheng nie gerechnet, und natürlich freute und ermutigte diese Überraschung sie sehr.

Als die drei Besucher Sheng sahen, standen sie schnell auf und eilten ihr entgegen, um sie herzlich zu begrüßen. Sheng war sehr bewegt, und Tränen standen in ihren Augen, als sie die einfachen Worte sagte, die nicht annähernd das ausdrücken konnten, was sie wirklich empfand: »Ich danke euch sehr, daß ihr mich trotz dieser großen Hitze besuchen kommt.«

Bruder Ming und Schwester Bai sagten fast gleichzeitig: »Wir vermissen dich so sehr! Schon die ganze Zeit wollten wir dich besuchen kommen, aber wir hatten bis heute keine Zeit. Bitte, achte immer auf das, was der ›Anführer‹ sagt und mache deine ›Arbeit‹ gewissenhaft.«

Dann überreichte Bruder Bing ihr eine Keksdose und einen Mantel als Geschenke. Sheng war überrascht, als sie die Kekse an sich nahm, wie schwer diese Dose wog. Für gewöhnlich wurde jeder Gegenstand, der ins Lager hereingebracht wurde, sorgfältig von den Aufsehern untersucht, vieles wurde auch beschlagnahmt. Doch heute schien sich niemand dafür zu interessieren, was diese Besucher so bei sich hatten. Die Wächter saßen gemütlich in einer Ecke des Raumes und plauderten, ohne die Gefangene und ihre Gäste überhaupt zu beachten.

Viel zu schnell verflogen die kostbaren Augenblicke. Die Aufseher erhoben sich und gaben, mit einem Blick auf die Uhr, das Zeichen zum Aufbruch. Ming griff nach Shengs Hand und sah sie fest an: »Bitte mache dir keine Sorgen über uns zu Hause. Es ist alles in Ordnung. Die ›Herde‹, die du früher über die Wiesen geführt hast, ist in bester Verfassung. Es wurden viele neue, gesunde ›Lämmer‹ geboren in diesem Frühjahr.«

Nachdem die drei wieder gegangen waren, rannte Sheng, so schnell sie ihre Beine trugen, in ihre Zelle. Zum Glück war sie ungestört. Zitternd vor Aufregung riß sie die Verpackung der Keksdose auf. Tatsächlich, vor ihr lagen drei wunderschöne, neue Bibeln! Und in einer Innentasche des Mantels fand sie die vierte Bibel. Welch eine Freude! Sheng jubelte leise, tanzte vor Freude in der Zelle und küßte die Bibeln. Dann versteckte sie die kostbaren Bücher schnell und sorgfältig, bevor sie sich niederkniete und dem Herrn Jesus mit einem Lied ihren Dank ausdrückte:

»Kein Mensch wird mich aufhalten,
keine Hand kann mich zurückhalten,
die Dornen am Weg treiben mich nur schneller voran.

Ich eile vorwärts und ergreife meine Krone,
mein Geist und meine Seele sind voller Leben.
Diese Welt ist vergänglich, aber ich lebe ewig.
Herr meines Lebens,
ich freue mich, bei dir zu sein.«

Dies war kein Einzelfall. Immer und immer wieder benutzte Gott die Christen, die zu Besuch kamen, um Bibeln in das Lager zu bringen, und trotz der damit verbundenen Gefahr fanden sich immer wieder Geschwister, die dieses Wagnis nicht fürchteten. So konnten die vielen jungen Christinnen im Gefängnis ihr neues Leben auf Gottes Wort gründen und fest werden in ihrem Glauben.

Erweckung breitet sich aus

Johannes schreibt in Offenbarung Kapitel 1, Vers 15, daß Jesu Stimme war »wie das Rauschen von Wassermassen«. Genauso könnte man auch die Kraft der Worte Jesu in Shengs Gefängnis beschreiben. Das ganze Lager wurde von diesen Wassermassen überschwemmt, und ihr Rauschen war lauter als jedes andere Geräusch. Niemand konnte sich dieser Kraft entziehen. Auch die Lagerleitung hatte sich längst eingestehen müssen, daß sie dagegen machtlos war. Ihre Mittel versagten. Was hier geschah, sprengte ihren Erfahrungshorizont. Je mehr die Aufseherinnen die Christen bestraften und unterdrückten, um so mehr verbreitete sich der Glaube an Jesus.

Die Verantwortlichen waren sehr besorgt, und ihre Ratlosigkeit wuchs von Tag zu Tag. Schließlich entschlossen sie sich, ihre Notlage einzugestehen und die Lage der nächsten, ranghöheren Ebene der Geheimpolizei zu melden. Bald darauf erschienen dann mehrere große, glänzende Karossen, aus denen die hohen Kader der Geheimpolizei stiegen. Gleichzeitig wurde das ganze Lager umstellt, und ein Sonderkommando durchsuchte jede Person und jeden Quadratzentimeter des ganzen Lagers.

Die Christinnen hatten allen Grund, um ihre Bibeln und um ihr Leben zu fürchten. Aber die zahllosen stummen Gebete, die an diesem Morgen aus dem Lager zu Gott aufstiegen, blieben nicht wirkungslos. Ein schier unglaubliches Wunder geschah: Die vielen Soldaten fanden nicht eine einzige Bibel! Das einzige, was sie im ganzen Lager fanden, waren einige kleine Liederhefte. Die Geheimpolizei war sehr verwundert und die Zweifel wuchsen, ob die Lagerleitung die Situation noch realistisch einschätzte. Die ganzen Fahrzeuge samt den Sonderkommandos zogen wieder ab, und die Bestrafung der Frauen, bei denen die Liedtexte gefunden worden waren, wurde der Lagerleitung überlassen.

Eine von ihnen war Xia, eine dreiunddreißigjährige Frau, die zu lebenslanger Haft verurteilt worden war. Erst vor kurzem hatte sie Jesus eingeladen, Herr ihres Lebens zu sein. Seither war Gott dabei, sie vollkommen zu erneuern und zu heilen. Der Heilige Geist kam mit so viel Freude in ihr Leben, daß sie manchmal kaum wußte, was sie vor lauter Glück tun sollte. Sie lachte, sang und liebte Gott, das Leben und die Menschen, mit denen sie zusammenkam. Und sie redete nur noch über ein Thema: Jesus.

Nun wurde sie von den Aufseherinnen in Handschellen gelegt und für zwei Wochen in eine Einzelzelle im vierten Stock gebracht. Dort stand sie den ganzen Tag auf dem vergitterten Balkon und wartete, bis sie eine Christin im Hof entdeckte. Konnte sie ein vertrautes Gesicht sehen, tat ihr das so gut, daß sie sich wieder in der Geborgenheit dieser wunderbaren, liebevollen neuen Familie der Christen wohlfühlen konnte. Sheng und einige andere wußten, in welchem Teil des Hofes Xia sie sehen konnte. Sie gingen so oft wie möglich dort vorbei und versuchten, sie mit unauffälligen Handbewegungen zu grüßen. Die Liebe unter den Christinnen war stärker, als daß sie von einer Einzelhaft hätte aufgehalten werden können.

Eine andere Gefangene, bei der ein Liederheft gefunden worden war, hieß Chen. Auch sie wurde mit Handschellen gefesselt und in eine besondere Zelle im Keller gebracht. Und obwohl sie Jesus noch nicht sehr lange kannte, war es für sie schon das zweite Mal, daß sie um ihres Glaubens willen bestraft wurde. Chen war mit zwei anderen Frauen, die beide noch nicht mit Gott in Berührung gekommen waren, in diesem dunklen Kellerraum eingesperrt. Eine der beiden war zweiundzwanzig Jahre alt, eine ausgebildete Kung-Fu-Kämpferin, die unter anderem über sehr hohe Mauern springen konnte. Sie war zu siebzehn Jahren Haft verurteilt worden. Ihr war es als einziger Gefangenen jemals gelungen, über die Gefängnismauer zu entkommen. Als ihr Verschwinden bemerkt wurde, informierte die Lagerleitung die Geheimpolizei, und ein ganzes Polizeiaufgebot heftete sich an ihre Fersen.

Nach wenigen Stunden einer panischen Flucht wurde sie wieder gefaßt. Die Soldaten brachten sie zurück ins Gefängnis, wo sie furchtbar geschlagen wurde. Sie wäre fast gestorben unter den grausamen Schlägen. Dann wurde sie an Händen und Füßen gefesselt und in die Einzelzelle im Keller gebracht, wo sie auf unbestimmte Zeit hätte bleiben sollen.

Aber schon nach zwei Wochen hatte sie sich körperlich so weit erholt, daß sie die Kraft hatte, sich wieder zu befreien. Irgendwie gelang es ihr, das Schloß an der Tür aufzubrechen, und wieder entkam sie über die sieben Meter hohe Gefängnismauer. Dieses Mal dauerte ihre Freiheit elf Monate. In dieser Zeit beging sie serienweise Straftaten, sie raubte Leute aus, betrog jeden, der ihr vertraute und verdiente gutes Geld als Prostituierte. Sie wurde jetzt verstärkt gesucht und mußte deshalb immer unerkannt bleiben. Aber schließlich wurde sie doch wieder gefaßt, während sie gerade in der Stadt »H« war. Ihre Rückkehr ins Arbeitslager war schrecklich, wieder wurde sie brutal zusammengeschlagen, noch schlimmer als beim ersten Mal. Ihre Gliedmaßen wurden noch fester gefesselt, und eine Aufseherin hatte nichts anderes zu tun, als sie Tag und Nacht zu bewachen.

Die andere Frau, auf die Chen in der Kellerzelle stieß, war Bai, ein neunzehnjähriges Mädchen. Sie hatte fünfzehn Jahre Haft vor sich. Mit elf Jahren war Bai von zu Hause weggerannt und hatte sich einer Jugendbande angeschlossen. Ihre neuen Freunde waren voller Rebellion gegen alle Autoritäten und gesellschaftlichen Ordnungen. Über Gesetze lachten sie nur, und sie hatten schon viele Verbrechen auf dem Gewissen, die sie oft nur aus Langeweile oder aus Spaß an der Gewalt begangen hatten. Bai war die Jüngste unter diesen Teenagern, aber sie lernte schnell, sich Respekt zu verschaffen. Schon bald konnte sie in allem mit den anderen mithalten. Die Clique wurde für sie wie ihre Familie. Nachdem sie sieben

Jahre lang mit dieser Gruppe zusammen gewesen war, kamen sie eines Tages alle in ihr Heimatdorf. Ihr Vater erfuhr, daß sein Mädchen da war. Er freute sich sehr und beeilte sich, sie zu finden. Mit allen Mitteln und Versprechungen versuchte er, sie dazu zu bewegen, wieder mit nach Hause zu kommen. Aber sie sah ihn nur verächtlich und geringschätzig an und stieß eiskalt die Worte hervor:»Von welcher Tochter sprechen Sie? Sind Sie blind? Ich jedenfalls kenne Sie nicht.« Damit stieg sie auf ihr Fahrrad und verschwand. Ihr armer Vater war tief getroffen von der Härte und Kälte seiner geliebten Tochter. Er war so erschrocken über diese Begegnung, daß er auf der Straße ohnmächtig zusammenbrach.

Bald darauf wurde sie von der Polizei gefaßt, dem Gericht vorgeführt und zu fünfzehn Jahren Arbeitslager verurteilt. Aber sie schien unverbesserlich zu sein. Die Jahre mit diesen Freunden hatten sie so stark geprägt, daß sie sich nicht mehr umstellen konnte. Menschen zu beleidigen, zu beschimpfen und zu provozieren waren feste Bestandteile ihres Charakters geworden. Sie kannte nichts anderes mehr, als zu fluchen, zu verletzen und sich mit anderen zu schlagen.

Eines Tages geriet sie mit einer anderen Gefangenen aneinander. Eine Schlägerei entstand, bei der Bai die andere Frau beinahe umgebracht hätte. Zum Glück kamen die Aufseher, die von anderen Gefangenen alarmiert worden waren, noch rechtzeitig dazu. Sie führten Bai ab, um sie der Lagerleitung vorzustellen. Mehrere Wärterinnen mit Elektroschock-Stäben erwarteten sie. Aber Bai ergriff die Initiative, bevor die Aufseherinnen wußten, wie ihnen geschah. Sie stürmte auf die Uniformierten zu, entriß ihnen die Stäbe und schrie:»Mir reicht es jetzt! Wenn ich nur eine von euch umbringe, sind wir quitt. Wenn ich zwei von euch umbringe, dann habe ich gewonnen!« Und sie ging mit den eingeschalteten Elektroschock-Stäben auf die Wärterinnen zu und begann, sie anzugreifen. Zuerst waren die Wärterinnen sprachlos vor Überraschung. Aber Bai machte wirklich ernst und versuchte, sie mit Stromstößen zu verletzen. Da stürzten sich die Aufseherinnen auf sie und warfen sie zu Boden. Nachdem sie Bai mit einer großen, schweren Kette gefesselt hatten, brachten sie das junge Mädchen in die Kellerzelle, wo auch schon die Kung-Fu-Kämpferin war. Niemand hatte ihnen gesagt, wie lange sie hier bleiben müßten.

Und nun wurde die junge Christin, Schwester Chen, mit den beiden aggressiven Frauen in eine Zelle gesperrt, weil man bei ihr im Rahmen der großen Razzia ein christliches Liederheft gefunden hatte. Als Sheng davon erfuhr, war sie sehr beunruhigt, denn sie kannte die beiden Zellenkolleginnen gut genug, um Schlimmes befürchten zu müssen. Aber sie brachte ihre Ängste zu Gott, immer wieder, bis sie sicher war, daß die Sache in Ordnung gehen würde.

So gefühllos und brutal diese beiden Gefangenen auch sein konnten, so waren sie jetzt doch mit ihren Nerven am Ende. Den ganzen Tag lang jammerten sie und weinten, und sie waren geplagt von kalter Todesfurcht. Ihr Schimpfen und Weinen echote von den engen Steinwänden wieder und drang hinaus in den Korridor, daß es den Aufseherinnen fast unheimlich wurde.

Schwester Chen hatte von Gott eine besondere Liebe für diese beiden Frauen bekommen, und sie überschüttete sie förmlich mit ihrer Freundlichkeit und Barmherzigkeit. Manchmal, wenn sie fastete, schenkte sie ihnen ihre Essensrationen. Sie hörte den Frauen zu, trocknete ihre Tränen und zeigte ihnen mit vielen kleinen Gesten und Aufmerksamkeiten, wie lieb sie die beiden hatte. Ein chinesisches Sprichwort sagt:»Liebe und Aufrichtigkeit schmelzen Stein und Gold«. Genau das durfte Chen nun erleben. Diese beiden jugendlichen Verbrecherinnen hatten noch nie in ihrem Leben auch nur annähernd so viel Liebe und Freundlichkeit erfahren. Sie waren zuerst abweisend, aber immer mehr konnten sie das Gute genießen, das da von Gott über Chen zu ihnen kam. Diese Liebe berührte ihre Herzen, und nach einigen Tagen nahmen sie Jesus als ihren Herrn und Gott an!

Für gewöhnlich mußten gefährliche und unverbesserliche Verbrecherinnen, die in die Kellerzelle gesperrt werden, dort sehr lange bleiben. Meist waren sie für ein Jahr oder länger in dem dunklen Loch. Aber diese beiden Frauen veränderten sich so radikal, seit sie ihr Leben für Jesus geöffnet hatten, daß es dem Gefängnispersonal nicht entgehen konnte. Die Liebe Jesu machte innerhalb kürzester Zeit vollkommen neue Menschen aus ihnen. Und nur einen Monat, nachdem sie Christinnen geworden waren, wurden sie aus der Zelle entlassen und durften wieder am normalen Lagerleben teilnehmen.

Als Bai aus dem Kellerraum entlassen worden war, traf sie bald darauf Sheng. Bai floß über vor Freude und Liebe, umarmte Sheng herzlich und sagte warm:»Freue dich mit mir, liebe Schwester Sheng, ich bin auch Christin geworden!« Sheng blieb wie angewurzelt stehen, so verblüfft war sie. Sie vergaß auch, die Umarmung zu erwidern. Die einzigen Gedanken, die ihr durch den Kopf gingen, waren:»Kann so jemand etwa auch Christin werden? Kann sie auch verwandelt und heil werden?«

Bai ahnte, was in Sheng vorging. Sie nahm es ihr nicht übel, denn sie wußte, daß Sheng sie ausschließlich von ihrer schlimmen Zeit ohne Gott her gut kannte. Lächelnd fragte Bai:»Glaubst du mir nicht? Soll ich dir zum Beweis ein Lied vorsingen?« Und sie sang mit ganzem Herzen das folgende Lied:

>*»Von neuem geboren werden heißt, umzukehren,*
>*Reue ohne Umkehr ist ohne Wert.*
>*Jesus kam, damit wir neu geboren werden,*
>*laßt uns achten auf alles, was er uns sagt.«*

Dann redete Bai weiter, während Sheng immer noch nicht fassen konnte, was sie hörte und sah. Bai fragte:»Bitte, Sheng, würdest du jetzt mit mir beten? Ich glaube, daß Jesus sich freuen würde, wenn ich zur Lagerleitung ginge, um mich zu entschuldigen. Ich möchte den Verantwortlichen dort sagen, was Gott mit mir gemacht hat. Aber ich habe ein bißchen Angst davor«. Endlich hatte sich Sheng wieder gefaßt, und voller Begeisterung über Gottes Wirken betete sie mit ihrer neuen Schwester.

Wenige Tage später wurde auch Schwester Chen aus der Strafzelle im Keller entlassen. Ihr erster Weg führte sie zu Sheng, und sie konnte ihr noch einmal in aller Ruhe erzählen, wie Gott die beiden Frauen in den letzten Tagen erfaßt und verwandelt hatte. Sie freuten sich über die Liebe und Güte Gottes, sangen viele Danklieder zusammen und hatten einen kleinen Lobpreisgottesdienst zu zweit.

Und der Heilige Geist wirkte weiter innerhalb der Mauern dieses Arbeitslagers. Die Zahl der Christen, ihre Freude, ihre Liebe zu Jesus und ihre Bereitschaft, wenn nötig auch zu leiden, nahmen täglich zu. Die Lagerleitung hielt viele Konferenzen ab, um ein Mittel zu finden, das diese Epidemie eindämmen könnte. Schließlich beschlossen sie, eine neue Methode auszuprobieren, da alle Schläge und körperlichen Bestrafungen offensichtlich nichts nützten. Sie hatten beobachtet, daß sich die Christinnen gegenseitig sehr ermutigen und stärken konnten, selbst durch bloßes Ansehen, deshalb wollten sie versuchen, den Glauben der Frauen zu schwächen, indem sie voneinander streng getrennt sein würden. Es erfolgte eine große Umlegungsaktion, und die Christinnen kamen in Zellen, wo keine oder so wenig Christen wie möglich waren.

Aber der Plan mißlang vollkommen, denn die Christinnen betrachteten dies als eine besondere Gelegenheit, um mit anderen Frauen viel Zeit verbringen zu können, sie zu lieben, für sie zu beten und sie schließlich mit Jesus bekannt machen zu können. Auf diese Weise wurden immer mehr Gefangene Christen. Als Folge dieser Aktion glaubte schon bald ein Großteil aller Insassen an Jesus. Im vierten Stock waren alle Frauen Christen geworden, im zweiten und dritten Stock war es die große Mehrheit. Es schien kein Mittel gegen die Kraft Gottes zu geben, die in diesem Lager am Wirken war!

Die vierte Vision

Nachdem Sheng zwei Monate in der Klinik gewesen war, veränderte sich die Situation dann doch. Die Lagerleitung hatte schon längst den Verdacht gehegt, daß Sheng etwas mit dieser rapiden Ausbreitung des christlichen Glaubens zu tun haben könnte, nur hatte man ihr bislang nichts nachweisen können. Deshalb wurde jetzt ihre Pflegerin Xiu zum Verhör abgeholt. Lange und mit viel Druck und Drohungen versuchten die Aufseherinnen, von Xiu etwas über Sheng zu erfahren. »Wer kam, um Sheng zu besuchen? Wieviele Treffen hat sie veranstaltet? Worüber hat sie geredet? Was hat sie sonst noch getrieben?« Xius monotone Antwort war: »Ich weiß es nicht.«

Das Verhör zog sich lange hin, aber Xiu sagte überhaupt nichts. Schließlich ließ man sie wieder gehen, allerdings mit der Auflage, Sheng nicht mehr sehen zu dürfen.

Die nächste Maßnahme der Lagerleitung war eine riesige Durchsuchungsaktion des gesamten Lagergeländes einschließlich der persönlichen Dinge der Gefangenen, um alles christliche Material zu beschlagnahmen. Doch die Christinnen hatten schon vorher aus Sicherheitsgründen alle ihre Bibeln und Liederhefte bei Sheng deponiert. Im Rahmen dieser großen Durchsuchung, die nichts ergab, kamen auch Aufseher zu Sheng und fragten sie: »Nun, wo sind die Bibeln? Sagen Sie es uns freiwillig, oder sollen wir suchen?«

Sheng hatte die Bibeln alle in einem Karton versteckt, der unter ihrem Bett stand. Unten in der Mitte waren die Bücher, am Rand und oben lagen Konservendosen, Besteck und Geschirr. Sie antwortete nicht auf die Frage der Wärterinnen, sondern versuchte, den Karton unter dem Bett hervorzuzerren. Doch niemand beachtete sie, sondern alle waren damit beschäftigt, ihre übrigen Habseligkeiten durchzustöbern. Ihre Kleider, ihr Bettzeug, andere Schachteln, alles wurde auseinandergenommen, nur für diese eine Kiste schien sich niemand zu interessieren. Sie fanden nichts.

Sehr unbefriedigt knurrten sie:»Wir glauben Ihnen einfach nicht, daß Sie keine einzige Bibel haben!« Damit verließen sie die Klinik. Sheng vermutete aber, daß sie bald wieder zurückkommen würden. Nur ahnte sie nicht, wie bald! So schnell sie konnte, sprang sie aus dem Bett, versteckte die Bibeln an einem anderen Ort und begann, die Liederblätter zu zerreißen. Sie war gerade mit einem Stapel zerrissener Liederhefte auf dem Weg zur großen Mülltonne, als die Aufseherinnen schon wiederkamen.

Sie stellten sich ihr grinsend in den Weg und fragten triumphierend:»Wohin geht's denn so eilig? Und was haben Sie denn da? Lassen Sie uns das doch bitte einmal sehen!« Nun war alles zu spät. Sie hatten Sheng auf frischer Tat ertappt. Sheng sagte nichts und ließ alles mit sich geschehen. Innerlich schrie sie zu Gott um Stärke und Gelassenheit. Nur mit seiner Hilfe war es möglich, in dieser Lage nicht in panische Angst zu geraten.

Die Aufseherinnen nahmen sie in die Mitte und brachten sie ins Büro der Lagerleiterin. Sie war eine harte, nicht mehr ganz junge Frau, mit einer Ausstrahlung von Kälte, Macht und Willkür. Es war nicht das erste Mal, daß Sheng ihr gegenüberstand, aber noch nie sprachen die Fakten so eindeutig gegen sie. Das sah auch die Leiterin. Sie hörte sich den Bericht der Aufseherinnen an, dann betrachtete sie Sheng prüfend und sagte mit lässigem, bedrohlichem Tonfall:»Soll ich das glauben, daß Sie die Anführerin der Christen sein wollen? Weil Sie krank sind, haben wir Sie in diesem Krankenhaus wohnen lassen. Aus humanitären Gründen stellten wir Sie von der Arbeit frei. Und Sie haben unterdessen die Klinik als Ihre Kommandozentrale genutzt. Unglaublich!« Sie schüttelte immer wieder den Kopf und ging erregt auf und ab.»Seien Sie ehrlich, wir werden die Wahrheit ohnehin erfahren: Wieviele Bibeln lagern Sie? Wo sind sie versteckt? Mit wem arbeiten Sie zusammen? Wieviele Personen haben Sie schon bekehrt?«

Sheng antwortete abwechselnd»Nein« und»Ich weiß nicht«. Sie wurde nicht geschlagen, sondern, als das Verhör ergebnislos blieb, in enge Handschellen gelegt und in eine Einzelzelle im vierten Stock gebracht. Die metallenen Fesseln schnürten ihr das Blut ab und scheuerten die Haut an den Handgelenken wund, sie durfte keinen Besuch empfangen und konnte auch mit niemandem Kontakt aufnehmen. Durch das kleine Fenster in ihrer Zelle konnte sie nur den Himmel sehen. Die einzige Person, die täglich zu ihr kam, war die Gefangene, die ihr das Essen brachte. Während dieser einsamen Tage sollte sie in aller Ausführlichkeit einen Bekenntnisbrief schreiben, in dem sie alle ihre »Verbrechen« eingestehen und detailliert beschreiben sollte. Aber ganz abgesehen davon, daß dies mit den engen Handschellen sehr schwierig und schmerzhaft war, wußte sie auch nicht, was sie schreiben sollte.

Die Verantwortlichen des Arbeitslagers setzten ihre ganzen Fähigkeiten und Instrumente ein, um Sheng umzuerziehen. Sie konnten lange nicht glauben, daß ein junges Mädchen sich allen körperlichen und psychischen Druckmitteln so ausdauernd widersetzen konnte. Irgendwann mußte ihre Kraft doch erschöpft sein, dachten die Polizisten und versuchten alles, was sie jemals an »Erziehungsmethoden« gelernt und angewandt hatten. Aber sie konnten nicht ahnen, daß Sheng eine Kraftquelle in sich hatte, die stärker war als alle Folter. Shengs Geheimnis bestand darin, daß nichts sie von der Liebe Gottes trennen konnte, und Gottes Liebe in ihr machte sie stärker als alle äußeren Angriffe.

Eines Abends, es war gegen neun Uhr, lag Sheng mit offenen Augen auf ihrer Matte und dachte an die lieben Christinnen in diesem Gebäude, die sie schon so lange nicht mehr gesehen hatte. Sie wußte, daß um diese Zeit alle in ihre Zellen gehen mußten, bald würden die Türen verschlossen werden, die Christinnen würden sich jetzt unter ihren Decken verkriechen und lesen, beten, etwas abschreiben, oder sie würden zusammen reden, beten oder singen. Wie gerne wäre sie bei den anderen gewesen! Obwohl sie die Gegenwart Gottes in ihrer Einzelzelle erlebte, sehnte sie sich doch nach den anderen Frauen.

Da, was war denn das? Ein leises Geräusch, wie vielstimmiges Summen, drang durch die Mauern in ihr Bewußtsein. Träumte sie? Ihr war, als würde sie verhaltenes Singen hören, verschiedene Melodien, die sich zu einem harmonischen Klangteppich vereinigten, ein himmlischer Chor, der mehr und mehr anschwoll. Nein, sie träumte nicht, dies waren ihre Schwestern! Mit einem Satz war sie aufgesprungen und an ihr kleines Fenster geeilt. Ja, nun hörte sie es deutlich: Die Frauen sangen Lieder zu Gott! Und immer noch wurde das Singen lauter und lauter, es wurde zu einem gewaltigen Strom zum Lob Gottes, der sich aus allen Fenstern ergoß und das ganze Lager überflutete.

Die Wärterinnen waren perplex. Dies war noch nie dagewesen und sie wußten nicht, wie sie sich verhalten sollten. Also warteten sie erst einmal ab, was die Lagerleitung befehlen würde. Unterdessen wurde das Singen immer lauter, und die Verantwortlichen wurden immer ratloser. Was sollten sie tun? Schließlich konnten sie ja nicht die Mehrzahl der Gefangenen gleichzeitig zum Schweigen bringen und bestrafen.

Eine bis dahin ungekannte Freiheit erfaßte das Lager. Die Gefangenen lobten Gott von ganzem Herzen und mit lauten Stimmen, sie tanzten, klatschten und jubelten ihrem Gott zu. Sheng stand an ihrem Fenster, durch das sie zwar nichts sehen, aber sehr viel hören konnte und sie spürte, wie das Lob Gottes das ganze Lager erschütterte. Da erinnerte sie sich an ihre dritte Vision und sie verstand, daß sie sich in diesem Augenblick erfüllte. Voller Dankbarkeit und Freude erhob sie ihre gefesselten Hände zu Gott und stimmte von Herzen in die Anbetung mit ein. Welch ein herrlicher Gottesdienst war das! Hunderte von Frauen, die sich an ihrem Gott freuten und ihm ihre Liebe und Dankbarkeit ausdrückten.

Genau in diesem Augenblick, während Sheng mit den anderen gemeinsam Lieder zu Gott sang, sah sie wieder eine Vision, die vierte Vision seit ihrer Gefangenschaft. Sie sah klar und deutlich, wie das Wort »Jesus« auf der Anschlagtafel des Gefängnisses erschien, viele Male stand es da, in verschiedenen Größen und Schriften. Sie konnte sich dieses Bild noch nicht erklären, hielt es aber erwartungsvoll in ihren Gedanken fest, um die Erfüllung dann erkennen zu können.

In den folgenden Tagen genoß Sheng, trotz Strafzelle, die innere Freiheit, die seit diesem Abend des gemeinsamen Singens immer noch die Atmosphäre im Lager bestimmte. Und sie freute sich auf das, was Gott weiter tun würde. Allmählich entstand ein schöner Kontakt mit der Gefangenen, die ihr immer die Mahlzeiten vorbeibrachte. Gott schenkte ihr große Liebe zu dieser Frau, sie konnte sich mit ihr befreunden und ihr von Jesus erzählen. Und es dauerte nicht lange, bis Sheng mit ihr beten konnte. Nachdem diese Gefangene Christin geworden war, hatte Sheng in ihr eine kostbare Mitarbeiterin gewonnen. Ähnlich wie davor Xiu, die

Frau, die Sheng in der Klinik versorgte, wurde auch sie zu einer Verbindungsperson zwischen Sheng und den übrigen Gefangenen.

Dann machte sich Sheng auch daran, das Bekenntnis zu schreiben, auf das die Lagerleitung wartete. Das Schreiben fiel ihr sehr schwer, da sie immer noch die Handschellen tragen mußte, die ihr viele Schmerzen verursachten. Aber wenn sie an Jesus dachte, wie er aus Liebe zu ihr Schläge und Schmerzen auf sich genommen hatte, dann fiel es ihr leichter, ihre eigene Situation ohne Selbstmitleid zu betrachten. Gott gab ihr die Kraft, von ihrem Leiden wegzusehen und seine Liebe und Freundschaft zu genießen.

Ihr Bekenntnis wurde sieben Seiten lang. Sie begann damit zu schildern, wann und wie sie Christin geworden war. Dann erklärte sie, warum sie an Jesus glaubte, und zuletzt legte sie in aller Ausführlichkeit dar, worin die Bedeutung des Glaubens liegt. In großer Eindringlichkeit und mit überzeugender Logik machte sie deutlich, daß Jesus der einzige Weg zu Gott ist und daß alles Leben aus ihm kommt. Ihr »Bekenntnis« war ein einziges Plädoyer für den Glauben.

Die Wochen vergingen, und während Sheng immer noch in ihrer Strafzelle lebte, wurde es allmählich Winter. Eines Tages, als die ersten heftigen Schneestürme über das Land fegten und jeder die Wärme der spärlich beheizten Räume suchte, fuhr eine ganze Kolonne von vornehmen Wagen vor. Es waren die oberen Kader der Geheimpolizei, die das Lager aufsuchten. Beunruhigt beobachteten die Frauen, was sich im Hof entwickelte.

An der nördlichen Stirnseite des großen, offenen Innenhofes wurden eine Bank und ein Tisch aufgestellt. Zwei Gefangene mußten darüber mehrere Spruchbänder befestigen, auf denen Aufrufe standen wie »Nieder mit den zerstörerischen Elementen unserer Gesellschaft!«, »Zerschlagt den christlichen Aberglauben!«, »Kampf den Christen!«. Es sah so aus, als wäre wieder eine dieser Kampfversammlungen geplant, wie sie zur Umerziehung des Volkes seit Jahren immer wieder abgehalten wurden, nicht nur in Gefängnissen, sondern auch auf vielen Plätzen und Straßen des Landes. Menschen, die nicht den Vorstellungen der Partei entsprachen, wurden öffentlich angeklagt, ihre Vergehen wurden vorgetragen, die Zuschauer konnten sie beschimpfen, anschuldigen und verspotten. Sie mußten auf dieser Plattform ihre Vergehen bekennen, egal, ob sie diese tatsächlich begangen hatten oder nicht. Wer sich weigerte, die Dinge zuzugeben, die ihm vorgeworfen wurden, hatte mit Schlägen und Folter zu rechnen.

Alle Gefangenen mußten sich im Hof versammeln, wo immer noch der Sturm tobte. Umstellt von bewaffneten Soldaten setzten sie sich auf die schneebedeckte Erde, während vorn auf der Bank die Besucher Platz nahmen, hochrangige Funktionäre der Geheimpolizei, der Regierungs- und Verwaltungsbehörden, des Gerichts und der Lagerleitung.

Die Versammlung wurde eröffnet, indem die Namen von zwölf Christinnen aufgerufen wurden. Sie mußten sich vorne aufstellen, mit den Gesichtern der Richterbank zugewandt. Sheng war auch unter den zwölfen. Bevor etwas gesagt wurde, stand einer der Uniformierten wortlos auf und schlug mit seinem Knüppel so ins Gesicht einer vor ihm stehenden Frau, daß sie bewußtlos zusammenbrach. Ein Stöhnen entrang sich den sitzenden Gefangenen, und alle Christinnen beteten intensiv für die zwölf, an denen offensichtlich heute ein Exempel statuiert werden sollte.

Dann erhob sich die Leiterin des Lagers. Sie hielt die sieben Seiten in der Hand, die Sheng während ihrer Einzelhaft geschrieben hatte und begann, daraus vorzulesen. Aber als sie ungefähr in der Mitte ankam, ertrug sie es nicht mehr länger, dieses leidenschaftliche Bekenntnis für Jesus laut auszusprechen. Sie schlug mit der Faust auf den Tisch und schrie Sheng direkt ins Gesicht: »Wie können Sie es wagen! Wollen Sie uns etwa alle bekehren?«

Ihre Blicke sprühten Feuer, während sie weitersprach: »Seit mehr als dreißig Jahren habe ich mit Gefängnissen zu tun, aber so jemand wie Sie ist mir bis heute noch nie untergekommen!«

Ihre Stimme wurde schrill: »Was sind Sie nur für Menschen, Sie Christen? Fast wäre es Ihnen gelungen, das ganze Lager auf den Kopf zu stellen. Sie haben keine Angst vor Schlägen und körperlichen Züchtigungen, das scheint Ihnen alles nichts auszumachen. Nicht einmal vor Kampfversammlungen fürchten Sie sich!«

»Aber wir haben auch noch andere Mittel und Möglichkeiten«, schrie sie, während sie mit rotem Kopf wütend auf und ab ging. Ihre Stimme war jetzt so laut, daß sie kein Mikrofon mehr benötigte. »Ich werde alles notieren lassen, was Sie an konterrevolutionären Aktivitäten betreiben. Das werden wir drucken und in den anderen Lagern verteilen. Überall sollen diese Berichte an den schwarzen Brettern aufgehängt werden, den anderen zur Warnung und Ihnen zur Beschämung. Wir werden Sie schon kleinkriegen, verlassen Sie sich darauf!« Sie spuckte die letzten Worte förmlich aus, den Frauen ins Gesicht, die vor ihr standen, und der Haß loderte aus ihren Augen.

Doch die Christen, die ihr gegenüberstanden, strahlten mit unverhohlener Freude, vor allem Sheng. Das war genau, was Gott ihr in der letzten Vision gezeigt hatte! Sie war begeistert. Gottes Möglichkeiten übersteigen die kühnsten Phantasien! Die Gefängnisleiterin bekämpfte nicht etwa das Christentum, wie sie selbst glaubte, sondern sie trug mit ihrem Plan dazu bei, die Taten Gottes bekannt zu machen.

Die Funktionäre und Polizisten konnten versuchen, was sie wollten, es gelang ihnen einfach nicht, das Feuer des Heiligen Geistes auszulöschen. Zweitausend Jahre Christentum haben immer wieder gezeigt, daß da, wo versucht wird, den Glauben an Jesus auszurotten, die Kraft und Gnade Gottes besonders wirksam werden. Je heftiger die Verfolgung, desto größer die Erweckung. Man könnte diese Gesetzmäßigkeit mit einem Fußball vergleichen: Je kräftiger man ihn tritt, um so höher und weiter fliegt er.

Seit dieser Kampfversammlung wurden jeden Tag Flugblätter herausgebracht, die von den Aktivitäten der Christen berichteten und an allen Anschlagtafeln zu lesen waren. Es war genau wie in der Vision, die Sheng gesehen hatte, der Name Jesu stand nun immer in vielfacher Ausgabe an den schwarzen Brettern der Gefängnisse.

Sheng, die als Anführerin der Christen erkannt worden war, blieb weiterhin in Einzelhaft. Sechs Monate wurde sie vollständig isoliert. Sie mußte die ganze Zeit über Handschellen tragen und hatte mit den anderen Frauen keinen direkten Kontakt.

Entlassung aus dem Arbeitslager

Gottes Gnade und Schutz umgaben Sheng, so daß sie ihre Haft unversehrt überstehen konnte. Weder ihre Gesundheit noch ihre Psyche nahmen Schaden, und ihr Geist wurde von Tag zu Tag stärker, indem sie die Gemeinschaft mit dem Heiligen Geist täglich genießen konnte, unabhängig von den Bedingungen, unter denen sie festgehalten wurde.

Mitte August 1985 näherte sich ihre Haftzeit dem Ende. Sie durfte die Einzelzelle verlassen, die Handschellen wurden ihr abgenommen und, während sie wieder am normalen Arbeitsalltag teilnahm, konnte sie das lang ersehnte Wiedersehen mit ihren Schwestern feiern. Sie nutzte die letzten Tage vor ihrer Entlassung, um die anderen Christinnen zu trösten und zu ermutigen. Es war, als würde sie sich darauf vorbereiten, ihre Familie zu verlassen. Sie schlief kaum noch, um den anderen so viel Rat, Trost und Liebe mitzugeben wie irgend möglich. Das Abschiednehmen begann schon Tage vor dem Entlassungstermin. Selbst die Gefangenen, die noch nicht an Jesus glaubten, suchten Sheng auf und wollten sich von ihr verabschieden: »Sie waren immer so nett und freundlich zu uns«, erklärten sie, »wir wollen wirklich nicht, daß Sie uns verlassen. Verzeihen Sie, aber wir würden uns sehr freuen, wenn Sie wieder zu uns kommen würden, um uns alle zu besuchen.«

Während der letzten Nacht, wenige Stunden vor Anbruch des Entlassungstages, kamen sehr viele Christinnen zu Sheng. Sie drängten sich in ihre Zelle, um Abschied zu nehmen. Geredet wurde wenig, fast alle weinten, ohne sich ihrer Tränen zu schämen.

Dann ergriff eine Gefangene das Wort: »Schwester Sheng, bitte vergiß uns nicht. Bitte die Geschwister, die in Freiheit leben, daß sie für uns beten sollen, ...« Ihre Stimme brach ab, und sie schluchzte laut. Es war eine herzzerreißende Nacht für Sheng. Erst gegen Morgen gingen die Frauen auf ihre eigenen Zellen, um noch ein wenig Schlaf zu finden.

Schon vor dem Morgengrauen des nächsten Tages waren alle zweiunddreißig Frauen wach, die in Shengs Zelle lebten. Es war der 22. August 1985, der Tag, an dem Shengs Haftzeit zu Ende ging. Die Zellengenossinnen hatten sich um Shengs Lager versammelt und weinten. Auch Sheng hatte einen dicken Kloß im Hals und ihre Stimme bebte, während sie zu den Frauen redete. Sie ermahnte jede einzelne, Jesus mit ganzer Leidenschaft zu lieben und ihm nachzufolgen, fleißig zu beten und den geistlichen Kampf im Gefängnis mit aller Kraft zu führen, damit die Erweckung immer stärker werden könnte. Und sie sollten auch nicht vergessen, dafür zu beten, daß ihre Haftdauer verkürzt werden würde, damit sie noch einen großen Teil ihres Lebens mit Gott in Freiheit leben und in ihrer Heimat die Gute Nachricht von ihm verbreiten könnten.

Bei Tagesanbruch trugen die Frauen Shengs spärliches Gepäck nach unten und alle, die auf derselben Etage mit Sheng lebten, kamen mit ihr in den Hof, um sich zu verabschieden. Es waren mehrere hundert Frauen, die sich um sie drängten. Alle weinten. Welch ein Abschied! Und welch eine Veränderung dieses Lagers, das zu Beginn von Shengs Aufenthalt eine Hölle auf Erden war! Die Aufseherinnen versuchten, Ordnung zu wahren und erlaubten den Gefangenen nicht, Sheng zum Lagerausgang zu begleiten. Schritt für Schritt ging Sheng auf das große Tor zu, während die vielen Frauen, die sie zurücklassen mußte, ihr liebe Worte nachriefen.

Mehrmals drehte sie sich um, und beim Anblick der vielen tränennassen Gesichter wollten ihr die Beine den Dienst versagen. Am liebsten wäre sie hier geblieben! Immer mehr Frauen versammelten sich im Hof und winkten ihr nach. Sheng fühlte sich elend:»Herr, wie kann ich meine Schwestern hier zurücklassen? Wenn ich doch bei ihnen bleiben dürfte!«Schweren Herzens durchschritt sie das innere Tor. Einige Christinnen rannten hinter ihr her und umarmten sie ein letztes Mal:»Bitte Sheng, wenn du in Freiheit bist, denke nicht zu viel an uns und bete auch nicht die ganze Zeit nur für uns, sondern widme dich den Aufgaben, die Gott dort für dich vorbereitet hat. Du sollst die Arbeiten tun, die wir nicht tun können.«Aufseherinnen kamen und drängten die Frauen zurück.

Sheng konnte nicht mehr länger zögern, die Wärterinnen hatten das äußere Tor für sie geöffnet, und sie mußte hinaustreten in die Freiheit, die ihr fremd geworden war. Das eiserne Tor fiel quietschend und klirrend ins Schloß, und lautes Weinen erhob sich hinter den Mauern des Arbeitslagers. Einige Schritte weiter drehte sich Sheng wieder um, und sie sah, wie auf allen Balkonen Frauen standen und ihr zuwinkten.»Vergiß uns nicht, lieber Schwester«, riefen sie, als Sheng sich nach ihnen umdrehte.

War das wirklich das gleiche Lager, von dem sie vor genau zwei Jahren dachte, sie könne es hier keine Woche aushalten? Nur wenige Schritte von der Gefängnismauer entfernt ließ Sheng sich in das staubige Gras fallen und ließ die letzten zwei Jahre noch einmal an sich vorüberziehen. Welch ein häßlicher, finsterer Ort war dies gewesen, bevor Gottes Gnade und Liebe Einzug gehalten hatten. Damals hätte sie es sich im Traum nicht vorstellen können, daß ihr einmal der Abschied von hier so schwer fallen könnte. Wie stark war doch Gottes Kraft, wie atemberaubend schön die Veränderungen, die seine Gegenwart in den Frauen bewirkte. Sie war voller Dankbarkeit für die vielen Wunder, die sie in den Leben der Gefangenen hatte beobachten dürfen und saß noch ziemlich lange dort, betete für die vielen lieben Schwestern im Lager und dankte Gott für all seine Liebe zu ihnen, bevor sie sich losreißen konnte, um sich auf den Weg nach Hause zu begeben.

Fünftes Manuskript

Familie Shi –
das Todesurteil

Henan ist flächenmäßig eine kleine Provinz, hat aber mit über achtzig Millionen Menschen die zweitgrößte Bevölkerungszahl nach der Provinz Sichuan. Im Norden Henans, am Ufer des gelben Flusses, entstand vor dreieinhalbtausend Jahren die erste chinesische Hauptstadt unter der Regierung der Shang Dynastie. Im südlichen Teil der Provinz liegt Shanzui, eine für chinesische Verhältnisse kleine Stadt, deren Bevölkerung früher überwiegend von der Landwirtschaft lebte, doch in den letzten Jahrzehnten hat die Industrie auch hier an Bedeutung gewonnen.

Verläßt man Shanzui Richtung Osten, so kommt man auf eine breite, ungeteerte, staubige Straße, die unter den Eisenbahnschienen hindurch führt und sich dann nach Norden wendet. Vorbei an der bizarren Ruine einer stillgelegten Fabrik zieht sich die Straße in vielen Kurven über die flachen, weiten Hügel, die Shanzui von allen Seiten umgeben. Es ist eine karge Gegend, und abgesehen von der Stadt selbst sieht man hier auf weite Entfernungen keine menschlichen Siedlungen.

Etwa einen halben Kilometer von dem verfallenden Fabrikgemäuer entfernt ragt ein einzelner Hügel heraus, der sich durch seine kahle Dürre von den anderen abhebt. An seinem Fuße biegt ein Weg nach Osten ab, der selten von einem Fahrzeug befahren wird. Fußgänger kommen hier praktisch nie vorbei. Die Stille wird nur vom Quaken der Frösche zerrissen, die zu beiden Seiten der Straße in trüben kleinen Teichen leben. Einzelne Windstöße, die von den nahen Hügeln herabfegen, fahren raschelnd durch die vertrockneten Sträucher und kräuseln ein wenig die Oberfläche der Teiche.

Im weiteren Verlauf des Weges durchquert man eine Senke, auf deren lehmigem Boden sich allerlei Unkraut ausgebreitet hat. Wilde Kürbispflanzen bedecken die gelbliche Erde. Die alten Pflanzen haben schon lange keine Frucht mehr getragen. Viele ihrer Blätter sind abgestorben und ragen dürr in die Luft, bis eine stürmische Böe sie abreißen wird. Doch zwischen den Kürbisranken stehen einige kräftige, grüne Stiele, jeder trägt einen Kranz kleiner, weißer Blüten, deren zarte Blätter im Wind zittern, zerbrechlich und irgendwie feierlich, als wüßten sie, daß sie der einzige Schmuck eines Ortes sind, dessen Andenken nicht offiziell gepflegt werden darf.

Ungefähr an der Stelle, wo heute die wilden, weißen Blumen gewachsen sind, fanden zwei Menschen einen gewaltsamen Tod: eine Mutter mit ihrem erwachsenen Sohn. Vor die Wahl gestellt, ob sie ihrem Glauben an Jesus treu bleiben oder ihr Leben retten wollten, gab Gott ihnen die Kraft, sich für Jesus zu entscheiden. In den Hausgemeinden in Henan ist das Andenken an diese beiden Geschwister sehr lebendig, eine Ermutigung, daß Gottes Friede sie durchtragen wird, wie massiv die Angriffe gegen die Glaubenden auch sein werden. Gott sei Dank, daß er wirklich allezeit Sieg gibt durch Jesus!

Eine Familie, die Jesus liebt

Es geschah im September 1983 in Zunzhuang, einem einfachen Bauerndorf, das in dem gleichnamigen, ländlichen Bezirk Zunzhuang liegt. In mehreren verfallenen Lehmhütten lebte eine elfköpfige Familie, die den Namen Shi trug. Zur Familie Shi zählte der Vater Gushen, seine Frau Lishi, ihre drei Söhne Wuting, Wuming und Wuhao, ihre ältere Tochter Xiaoxiu, die kleine Tochter Xiaoqiu, die Schwiegertochter Meiying, die mit dem ältesten Sohn Wuting verheiratet war und mit ihm zwei Kinder hatte, sowie der unverheiratete Bruder des Vaters, Guzhen.

Die Shis waren ebenso arm wie die restlichen Dorfbewohner. Sie lebten alle von der Landwirtschaft, die nicht viel Ertrag brachte. Ihr Leben war kärglich, und wenn alle elf Familienmitglieder jeden Tag satt zu essen hatten, waren sie schon zufrieden. Aber die ganze Familie Shi lebte im Glauben an den Gott der Bibel. Dadurch unterschieden sie sich von ihren Nachbarn. Sie hatten einander lieb und fielen durch den Frieden auf, der unter ihnen herrschte.

Mutter Shi war in diesem Jahr achtundfünfzig Jahre alt geworden. Sie war von durchschnittlicher Größe und im Aussehen glich sie den anderen Frauen ihres Alters. Aber ihr Gesicht war bemerkenswert: Den ganzen Tag über lag ein tiefes Lächeln auf ihren Zügen. Ihre Augen strahlten warm von der Barmherzigkeit, die sie in ihrem Herzen für andere Menschen trug, und die Liebe, die sie ausstrahlte, gab ihr eine besondere Schönheit. Sie wirkte anziehend auf andere Menschen, weil sie von einer so angenehmen Atmosphäre umgeben war.

Die Familie war nicht immer vom Glauben an Jesus geprägt gewesen. Erst 1976 waren die Shis Christen geworden. Damals war Mutter Shi schwer erkrankt. Ihr Mann hatte weder Kosten noch Mühen gescheut und sie zu verschiedenen Ärzten gebracht, doch ihr Zustand verschlimmerte sich zusehends. Sie verfiel von Tag zu Tag, bis auch die Ärzte zugeben mußten, daß die Krankheit nicht aufzuhalten sei. Die Familie war verzweifelt. Die fünf jungen Kinder konnten ihre Mutter nicht entbehren. In jenen angsterfüllten Tagen war die alte Großmutter zu Besuch gekommen. Diese Frau war Christin und drängte die Shis, auch an Jesus zu glauben, weil er ihre einzige Hoffnung sei. Vater Shi nahm alles an, was ihm die alte Frau sagte, und die ganze Familie wandte sich Jesus zu. Innerhalb weniger Tage ging es mit der Mutter wieder bergauf, und bald war sie ganz wiederhergestellt. Seit dieser Erfahrung liebten die Shis Jesus von Herzen und lebten ein neues Leben aus Gnade, Vergebung und Glauben.

Mutter Shi war voller Leidenschaft für Jesus, sie liebte die Gottesdienste, und mit ihrer ganzen Familie besuchte sie jede christliche Veranstaltung, die in Zunzhuang stattfand. Ihr Hunger nach Gott und seinem

Wort war sehr groß. Leider nahm aber die christliche Gemeinde am Ort eine negative Entwicklung. Die Mitglieder waren mehr aus Gewohnheit Christen, sie verstanden den Eifer nicht, mit dem Frau Shi sich nach Gott ausstreckte. Als dann die patriotische »Drei-Selbst-Kirche« ins Leben gerufen wurde und alle Christen aufgefordert waren, sich ihr anzuschließen, unterstellte sich auch die Gemeinde in Zunzhuang ihrer Leitung. In der Folgezeit hielten sie zwar wie gewohnt ihren Sonntagsgottesdienst ab, aber er wurde immer mehr zu einer kulturellen Veranstaltung ohne geistliches Leben.

Familie Shi besuchte zunächst weiterhin die Gottesdienste, aber sie machten sich zunehmend mehr Sorgen über die Entwicklung ihrer Mitchristen. Sie vermißten so vieles, was ihnen selbstverständlich schien. In jener Zeit begann ihr ältester Sohn Wuting, selbst die Bibel zu studieren. Und er entdeckte immer mehr Dinge, in denen sich die Kirche deutlich von der biblischen Lehre entfernt hatte. Da war es für die Shis klar: Ihr Maßstab war die Bibel, und wenn die Kirche dem widersprach, blieb ihnen nichts anderes übrig, als die Kirche zu verlassen. Einigen anderen Christen ging es ähnlich. Die Shis luden sie zu sich nach Hause ein, um gemeinsam zu essen und sich auszutauschen. Es ergab sich, daß sie auch die Bibel zusammen lasen, sangen und beteten. So entstand die Hauskirche bei Familie Shi.

Dies konnte von der offiziellen Kirche nicht widerspruchslos hingenommen werden. Die Mitglieder der Drei-Selbst-Kirche erstatteten der Geheimpolizei laufend Meldung über die unerlaubten Aktivitäten im Hause Shi. Sie beschuldigten die Familie, sich der Führung der kommunistischen Partei zu widersetzen und verbotene Untergrundtreffen in ihrem Haus zu veranstalten. Von da an hatten die Shis regelmäßig die Polizei zu Besuch. Durchsuchungen, Verhöre und Schikanen waren nun an der Tagesordnung.

Meiying, die Schwiegertochter der Familie Shi, war die Älteste von drei Schwestern, die den Familiennamen Mu trugen. Die mittlere Schwester, Meichun Mu, wurde im Sommer 1983 sehr krank. Die behandelnden Ärzte stellten fest, daß Meichun eine unheilbare Krankheit im Endstadium hatte, und sie schickten die junge Frau zum Sterben nach Hause. Meiying und ihre Schwestern waren Christen, aber die Eltern und sonstigen Angehörigen der Familie Mu hingen noch dem alten Ahnen- und Geisterglauben an. Doch jetzt in dieser Not erinnerten sich alle daran, daß die Shis doch beten könnten. So beschloß Familie Mu, Meichun in das Haus der Familie Shi zu bringen, damit die Gläubigen dort für ihre Heilung beten könnten.

Meichuns Zustand war nicht sehr gut, wohl gab es einzelne Tage, an denen es ihr besser zu gehen schien, aber dann hatte sie auch Zeiten, in denen sie apathisch im Bett lag und keine Kraft hatte, auf irgend etwas zu reagieren. Die Christen beteten und dienten ihr mit liebevoller Pflege, aber es trat keine Besserung ein. So entschloß sich Meichuns Mutter, die den Christen ohnehin mißtraut hatte, ihr Kind doch wieder zu sich zu holen. Die Mutter war gerade dabei gewesen, ein Fahrzeug zu organisieren, mit dem man die Kranke in das andere Haus schaffen wollte, als Meichun starb.

Trotz der Trauer und des Schmerzes um den Verlust des Mädchens war es notwendig, daß die Shis auch sofort die Folgen dieses Todesfalls in ihrem Hause bedachten. Sie mußten damit rechnen, daß man diese Situation gegen sie verwenden könnte, aber sie versuchten, die Lage nüchtern und ohne Panik zu betrachten. Sie ermahnten sich gegenseitig, stark zu bleiben und sich nicht zu fürchten. Die ganze Familie traf sich im Wohnzimmer. Wie sie es auch in den vergangenen Tagen immer wieder getan hatten, übergaben sie die ganze Angelegenheit Gott. Es war ihnen bewußt, daß ihnen die schlimmsten Konsequenzen drohten. Sie redeten auch ganz offen darüber, daß sie möglicherweise mit der Todesstrafe zu rechnen hätten. Vater Shi las noch einmal mit seiner kräftigen Stimme die letzten Verse aus dem achten Kapitel des Römerbriefes vor: »Weder Tod noch Leben, … können uns scheiden von der Liebe Gottes, die in Christus Jesus ist.« Und er erklärte: »Die Liebe Gottes in uns ist stärker als alle Angst. Unser Leben mit Gott ist mehr als nur dieses körperliche Leben, es ist ohne Ende, ewige Gemeinschaft mit ihm. Wir wollen uns nicht fürchten vor dem, was Satan uns antun kann, sondern uns freuen über das, was wir durch Jesus geschenkt bekommen haben und bekommen werden.« Dann beteten sie füreinander, daß jeder von ihnen stark sein möge, um Jesus treu zu bleiben, egal, was nun geschehen würde. Nach diesem Gespräch und dem Gebet waren sie alle erfüllt mit Gottes Trost und Frieden und dem tiefen Wissen, in seiner Hand geborgen zu sein. Es konnte ihnen nichts geschehen, was ihnen diesen übernatürlichen Frieden und die Gegenwart Gottes rauben könnte. Gott würde sie mit allem ausstatten, was sie in jedem Augenblick brauchen würden.

Um zur Polizei zu gehen und den Vorfall zu melden, fiel die Wahl des Vaters auf den zweiten Sohn Wuming. Die übrige Familie blieb zu Hause und jeder packte in der Zwischenzeit die Habseligkeiten zusammen, die er im Falle einer Verhaftung brauchen würde.

Inzwischen hatte sich auch bei den Nachbarn herumgesprochen, was sich ereignet hatte, und neugierig kamen sie an, drängten sich in das Haus und versuchten, einen Blick auf die Tote zu werfen. Ihnen ging es mehr um die Sensation, alle waren gespannt, was als nächstes passieren würde. Viele machten den Shis heftige Vorwürfe, es lag doch auf der Hand, daß der Tod im fremden Haus Ärger geben würde. Manche gingen kopfschüttelnd durch die Wohnung, als wollten sie sagen: »Wie kann man nur so unvernünftig sein, diese Christen sind so naiv!« Andere stellten fest: »Sie haben ihre Reisetaschen gepackt, weil sie fliehen wollten.« Wirklicher Trost oder liebevolle Anteilnahme waren eher die Ausnahme. Zum Glück hatten die Shis ihre Quelle der Kraft in Gott, denn von ihren Nachbarn hätten sie in diesem Moment nicht genug Halt bekommen.

Die ganze Familie vor Gericht

Gegen Nachmittag, nicht lange, nachdem Wuming wieder von der Polizeistation zurück war, traf eine ganze Brigade von Funktionären im Hause Shi ein, und zusammen mit mehreren Geheimpolizisten begannen sie, sich in Shis Wohnung umzusehen. Das einzig Brauchbare, das sie fanden, waren kräftige Seile, die sie jetzt benutzten, um Mutter Shi zu fesseln. Als der älteste Sohn Wuting das sah, sprang er erregt auf und versuchte, die Polizisten von der Seite seiner Mutter wegzudrängen. Dabei rief er laut: »Ich bin das Oberhaupt dieser Familie. Damit liegt auch die Verantwortung für den Tod meiner Schwägerin bei mir. Das hat nichts mit meiner Mutter zu tun. Bitte, lassen Sie meine liebe Mutter wieder frei.«

Da unterbrach ihn seine Frau Meiying. »Die Verstorbene ist meine jüngere Schwester, und ich habe sie hierher gebracht. Ich alleine bin verantwortlich für das alles. Die anderen haben damit nichts zu tun.«

Während sie noch redete, fiel ihr die Jüngste ins Wort: »Nein, die Verstorbene ist meine große Schwester. Ich habe meine Familie dazu überredet, sie hierher zu bringen ins Haus meiner älteren Schwester. Damit bin ich alleine verantwortlich für alles, was geschehen ist.«

Die Polizisten schien das alles nicht zu berühren. Sie reagierten eiskalt, schnitten den Shis das Wort ab und unterbrachen jede Diskussion. »Hören Sie jetzt sofort alle auf, uns etwas vorzumachen. Wir werden Ihnen die Wahrheit schon nachweisen. Ihre Ausflüchte können Sie sich sparen.« Und sie fuhren fort, die Mutter, den ältesten Sohn Wuting, Schwiegertochter Meiying und die kleine Schwester der Verstorbenen, Meizhen, zu fesseln. Doch das konnte der Rest der Familie nicht hinnehmen. Vater Gushen drückte aus, was alle dachten: »Wenn Sie darauf bestehen, daß einige von uns verhaftet werden, dann werden wir alle mitkommen. Wenn einer von uns schuldig ist, sind wir alle schuldig. Wir gehen nur gemeinsam.«

Als die Polizei Frau Shi, Wuting, Meiying und Meizhen abführte, trotteten die beiden kleinen Enkelkinder hinter ihnen her. Das eine Kind war vier Jahre alt, das andere achtzehn Monate. Sie wollten unbedingt mit ihrer Mutti und Oma mitkommen. Doch die Polizisten stießen die Kleinen mit einem Stiefeltritt so unsanft zur Seite, daß sie weinend liegen blieben. Die übrigen Familienmitglieder folgten dem traurigen Zug zur Polizeistation.

Dort wurden die acht Familienmitglieder in eine Zelle gesperrt und gezwungen, die ganze Nacht lang im Knien zu verbringen. Frau Shi, die Schwiegertochter und deren kleine Schwester waren so eng gefesselt, daß ihnen die Seile große Schmerzen verursachten. Meizhens Fesseln waren besonders straff, und gegen Morgen fiel das junge Mädchen bewußtlos zur Seite. Sie kam mehrere Stunden lang nicht wieder zu sich, und die übrigen Familienmitglieder durften ihr die Fesseln nicht lockern oder sie bequemer hinlegen.

Von den elf Personen, die in der Vergangenheit als Familie zusammengelebt hatten, waren in jener Nacht nur die beiden kleinen Enkel und die jüngste Tochter Xiaoqiu zu Hause. Mit ihren zwölf Jahren war Xiaoqiu doch sehr gefordert, nach diesem schrecklichen Tag, der den Tod der Tante und die Verhaftung der Eltern und Geschwister gebracht hatte, nun die beiden Babys zu versorgen, zumal diese unaufhörlich nach ihrer Mutti weinten. Irgendwann schliefen alle drei vor Erschöpfung ein, das Weinen hatte sie müde gemacht. Aber gegen Mitternacht wurden die beiden Kleinen wieder wach, sie erinnerten sich an den Alptraum, der sich heute vor ihren Augen abgespielt hatte, wie die fremden Männer ihre Eltern gefesselt und weggebracht hatten, und wieder begannen sie zu weinen. Dieses Mal gelang es der armen Xiaoqiu nicht, die beiden abzulenken, so weinten sie alle drei, bis es wieder Morgen wurde.

Zum Glück kamen am nächsten Tag entfernte Verwandte, welche die Kinder zu sich ins Haus nahmen, wo sie bis auf weiteres bleiben konnten.

Einige Tage später wurde das Haus der Familie Shi von den Kadern der Geheimpolizei vollständig ausgeräumt. Sie beschlagnahmten nicht nur alle Haushaltsgegenstände und Lebensmittelvorräte, sondern sogar die beiden Ochsen, welche die Familie zum Pflügen benötigte, nahmen sie mit. Die Tiere wurden für 2 000 Yuan verkauft, von dem die Shis nie etwas erhielten. Einen Teil des Geldes bekam Familie Mu, um Meichuns Beerdigung zu bezahlen.

Früh am Morgen des ersten Tages in Haft kamen der Ehemann der Verstorbenen sowie ihre Eltern und Schwiegereltern, um vor Gericht gegen Familie Shi Anzeige zu erstatten. Sie erhoben Anklage gegen Mutter Shi und ihren ältesten Sohn Wuting, daß die beiden in Übereinstimmung mit der übrigen Familie Shi aus religiösen Gründen ihrer Tochter Meichun verboten hatten, sich im Krankenhaus behandeln zu lassen. Im Wortlaut der Anklage hieß es auch, daß die Shis Gewalt gegen Meichun angewandt hätten und sie mit Vorsatz getötet hätten. Die anklagenden Familien forderten, daß eine gründliche Untersuchung des Falles vorgenommen werden müsse und daß eine gerechte Strafe für die Angeklagten zu finden sei, wobei sie von der Todesstrafe für Frau Shi und ihren Sohn Wuting ausgingen. Dies sei die einzig angemessene Strafe für ein Verbrechen, das so viel Volkszorn auf sich gezogen habe wie dieser grausame Mord.

Dann kam auch schon der Tag der Gerichtsverhandlung. Der Termin war ungewöhnlich schnell festgesetzt worden, nur einen Tag nach der Verhaftung. Vielleicht steckte die Überlegung dahinter, daß man nicht warten wollte, bis der »Volkszorn« sich wieder gelegt haben würde. Mutter Shi wurde als erste aus der Zelle geholt und von schwer bewaffneten Soldaten in den Verhandlungssaal geführt. Dies war nicht nur die erste Gerichtsverhandlung, die sie je erlebte, sondern sie hatte bis dahin auch noch nie etwas mit Polizei, Militär oder Parteikadern zu tun gehabt. Entsprechend beeindruckend mußte der Anblick für sie gewesen sein, als sie den Gerichtssaal betrat. Auf einer erhöhten Richterbank saß, in pompösem Gewand, der oberste Richter. Hinter ihm erstreckte sich die lange Reihe der Geschworenen. Rechts und links des Richters waren verschiedene, uniformierte Männer, zum Teil wohl Protokollführer, zum Teil Verwaltungsangestellte und andere Amtspersonen. Die vielen Zuschauerreihen waren bis auf den letzten Platz gefüllt, und als Frau Shi durch die Tür trat, verstummten alle in sensationslüsterner Spannung. Zu beiden Seiten des Raumes standen Soldaten, die mit finsterem Blick und den Gewehren im Anschlag die Leute beobachteten. Und die Wände hinter den Geschworenen und zu beiden Seiten des Richters waren übersät mit Haken, an denen Lederpeitschen, Elektroschock-Stäbe und andere Folterinstrumente hingen. Es war eine unbeschreiblich finstere, bedrohliche Szenerie.

Mutter Shi mußte unter den neugierigen Blicken der vielen Menschen die ganze Länge des Saals durchschreiten, bis sie dem Richter gegenüber stand. Aber zur allgemeinen Überraschung war diese einfache Bauersfrau überhaupt nicht eingeschüchtert, sie stand mit sichtbarer Gelassenheit und innerer Ruhe diesen vielen Männern gegenüber und wartete.

Der Richter eröffnete die Verhandlung, indem er ihr einige Routinefragen nach Name, Alter und Wohnort stellte. Dann kam die direkte Frage: »Starb Meichun in Ihrem Haus?«

»Ja«, antwortete Frau Shi. »Gestern um die Mittagszeit.«

»Wer ist der Hauptschuldige? Auf welche Weise haben Sie die Frau umgebracht?«

»Ich habe für sie gebetet«, antwortete Frau Shi. »Wir Christen haben auch gar keine andere Möglichkeit als zu singen, zu beten und Gottes Wort auszusprechen. Auf diese Weise gehen wir mit allen Nöten und Krankheiten um.«

»Nach dem Gutachten des Leichenbeschauers ist das Opfer von Ihnen totgeschlagen worden. Wollen Sie das etwa leugnen?« Die Stimme der Richters wurde lauter, während seine Ungeduld und Wut zunahmen.

Frau Shi blieb ruhig: »Die Verstorbene litt an einer unheilbaren Krankheit. Als die Ärzte nichts mehr für sie tun konnten, wurde sie nach Hause entlassen, um dort zu sterben. Jetzt ist sie gestorben, weil ihre Lebensjahre zu Ende waren, und niemand hätte dies verhindern können. Abgesehen davon wird jeder Mensch einmal sterben. Das ist auch der Grund, warum wir an Jesus glauben. Was Ihren Vorwurf betrifft, ich hätte die Frau totgeschlagen, das ist natürlich vollkommen unsinnig.«

Dem Richter war, schon während Mutter Shi redete, die Zornesröte ins Gesicht gestiegen. Nun schlug er auf den Tisch, sprang polternd auf und deutete mit seinem knochigen Zeigefinger auf die furchtlose Frau: »Wenn Sie uns die Wahrheit nicht freiwillig sagen, werden wir das Geständnis eben aus Ihnen herausprügeln.« Und zu den Soldaten gewandt: »Los, erteilt dieser verlogenen Person eine oder zwei Lektionen!«

Nach wenigen Stiefeltritten lag die kleine Frau am Boden. Einige Soldaten nahmen die Peitschen von der Wand, andere griffen nach den Knüppeln, und sie schlugen auf den wehrlosen Körper ein, bis Frau Shi das Bewußtsein verlor. Jemand holte einen Eimer kalten Wassers, das ihr ins Gesicht geschüttet wurde, so daß sie wieder zu sich kam. Der Richter feixte, indem er sich über seine Bank lehnte, um die am Boden zusammengekrümmte Angeklagte sehen zu können: »Na, wie war das? Leugnen Sie Ihre Tat immer noch? Oder legen Sie ein Geständnis ab, bevor wir Sie totschlagen?«

Mit einem gemeinen Lächeln lehnte er sich zurück und erklärte selbstgefällig, während sein Blick über die Reihen der Zuschauer schweifte: »Die Parteipolitik unseres Landes schreibt Milde vor gegen die geständigen Verbrecher, aber Härte für alle Uneinsichtigen.«

Nach einer bedeutungsvollen Pause beugte er sich wieder nach vorne und schrie Mutter Shi unvermittelt an: »Gestehen Sie! Wie haben Sie Meichun umgebracht?«

Frau Shi machte es sichtlich Mühe, zu sprechen, aber sie war immer noch ruhig, während sie antwortete: »Wir haben nur für sie gebetet, es gäbe keinerlei Grund für uns, sie zu töten. Sie können uns auch nicht nachweisen, daß sie nicht eines natürlichen Todes gestorben wäre.«

Die Verhandlung zog sich noch mehrere Stunden hin, bis in die Nachmittagsstunden hinein, doch sie ergab überhaupt nichts. Endlich wurde Frau Shi aus dem Verhör entlassen und in ihre Zelle zurückgebracht. Als sie die Zelle betrat, sprangen ihre Kinder auf und rannten zu ihr hin. Wie schmerzte es sie, das blutige Gesicht ihrer Mutter zu sehen! Weinend nahmen sie die geliebten Hände und hielten sie fest, während sie fragten, wie es ihr ergangen war. Meiying umarmte ihre Schwiegermutter besonders innig und versuchte, mit ihrem Taschentuch vorsichtig das Blut abzutupfen, das aus vielen Rissen und Wunden im ganzen Gesicht, aus der Nase und den aufgeplatzten Lippen sickerte. Dabei strömten ihr die Tränen über die Wangen und tropften auf Mutter Shis Stirn. Die alte Frau war bewegt über die Liebe ihrer Familie und flüsterte: »Kinder, ihr müßt stark bleiben. Wir werden jetzt für würdig geachtet, um unseres Herrn Jesu willen Schande zu erleiden ...«

Plötzlich flog die Zellentür mit einem lauten Schlag auf. Der älteste Sohn Wuting war jetzt an der Reihe, verhört zu werden. Nach ihm holten sie den mittleren, Wuming. Beide waren lange im Gerichtssaal, und bei ihrer Rückkehr in die Zelle waren sie am ganzen Körper übersät mit blauen Flecken und blutenden Wunden.

Dann wurde der jüngste Bruder von den Polizisten zum Verhör begleitet. Wuhao hatte als einziger in der Familie eine sehr gute Ausbildung an einer staatlichen, pädagogischen Hochschule genossen, wo er einen guten Abschluß gemacht hatte. Seither war er als Lehrer im Staatsdienst. Zunächst war der Richter freundlich zu ihm und versuchte, ihn mit Vernunft und Milde zu ködern: »Wuhao Shi, Sie haben eine lange Ausbildung an einer staatlichen Schule durchlaufen, und Sie sind jetzt ein Lehrer unseres Volkes. Ich bin mir sicher, daß Sie sich von dem Aberglauben distanzieren, der Ihre Mutter und Ihre Geschwister infiziert hat.

Sie haben sich nie gegen die Führung der Partei gestellt, und auch die von der Regierung eingesetzte Drei-Selbst-Kirche haben Sie nie in der Öffentlichkeit kritisiert.

Was Ihre Familie betrifft, so nehme ich an, daß es Ihnen nicht unbekannt ist, daß sie verbotene religiöse Untergrundversammlungen gegründet hat, regelmäßige Treffen mit steigender Besucherzahl veranstaltet und sich nun sogar eines furchtbaren Mordes schuldig gemacht hat.

Hören Sie, ich will milde mit Ihnen verfahren. Alles, was ich von Ihnen verlangen muß, ist, daß Sie jetzt öffentlich erklären, nichts mit diesem Jesus-Aberglauben zu tun zu haben. Außerdem muß ich Sie bitten, uns jetzt zu berichten, auf welche Weise Ihre Familie Meichun umgebracht hat. Wenn Sie uns diesbezüglich entgegenkommen, werden wir Sie nicht mit diesem Verbrechen Ihrer Familie belasten, und Sie können weiterhin Ihren Lehrerberuf ausüben. Wir erwarten, daß Sie uns in dieser unangenehmen Angelegenheit ebenso entgegenkommen wie wir Ihnen.«

Wuhao richtete sich auf, sah den Richter direkt an und antwortete: »Jesus ist nicht nur der Gott meiner Familie, er ist auch mein persönlicher Herr. Es ist mir nicht möglich, daß ich, um meine Stelle als Lehrer zu bewahren, gegen mein Gewissen rede und meinen Glauben verleugne.

Was Meichun betrifft, so dürfte Ihnen längst bekannt sein, daß sie im Endstadium einer unheilbaren Krankheit war und auf jeden Fall gestorben wäre, unabhängig davon, ob sie im Krankenhaus oder zu Hause lag. Es war purer Zufall, daß sie in meinem Haus starb. Sie werfen ihren Tod meiner Mutter vor, aber ich bin mitverantwortlich, da ich sie nicht vorher in ihr eigenes Elternhaus gebracht habe, bevor sie starb.«

Diese wenigen, klaren Sätze hatten den Richter, der bis dahin so freundlich war, in Raserei gebracht. Seine Augen traten aus ihren Höhlen hervor, während er mit höchster Lautstärke schrie: »Die Partei hat Sie so viele Jahre ausgebildet. Soll das alles vergeblich gewesen sein? Sie sind nicht zu retten! Mann, vergessen Sie Ihren Glauben lieber ganz schnell!«

Aber es gab keinen Ausweg, Wuhao konnte seine Aussagen nicht ändern, und so wurde auch er furchtbar geschlagen, unter den Peitschenhieben platzte seine Haut an allen Teilen des schmächtigen Körpers auf, und blutüberströmt wurde er in die Zelle zurückgebracht.

Nach ihm wurde Meiying vorgeführt. Sie erfuhr die gleiche Behandlung und wurde ebenso grausam geschlagen wie die anderen vor ihr. Jedes Mitglied der Familie Shi hatte vor Gericht beansprucht, die Verantwortung für Meichuns Tod zu tragen. Das war sehr ungewöhnlich und irritierte die Gerichtsvorsitzenden erheblich. Als letzte wurde Meizhen, die jüngere Schwester der Verstorbenen, in den Gerichtssaal gebracht.

Auch sie konnte ohne Angst auftreten und ihre Position klarlegen: »Die Verstorbene ist meine ältere Schwester. Ich alleine bin verantwortlich für das, was geschah, weil ich sie in das Haus der Familie Shi brachte, um dort für sie zu beten. Meichun und ich standen uns besonders nahe. Wenn Sie unbedingt einen Schuldigen brauchen, dann sollten Sie mich nehmen. Zumindest hat das alles mit niemandem sonst zu tun.«

Am Ende des langen Gerichtstages mußte Xiaoxiu, Shis ältere Tochter, aussagen. Mit ihren sechzehn Jahren war sie die jüngste Angeklagte der Familie Shi. Zuversichtlich eröffnet der Richter das Verhör: »Die ganze Familie Shi hat schon ihre Schuld eingestanden. Nun, wie steht es mit Ihnen? Wer ist wirklich schuld am Tod von Meichun?«

Xiaoxiu war ebenso gelassen wie die älteren Familienangehörigen vor ihr: »Meichun hatte eine unheilbare Krankheit. Was meinen Sie mit Ihrer Frage, wer an ihrem Tod schuld sei? Sie starb natürlich an ihrer Krankheit. Wenn Sie jedoch wissen wollen, wer für sie gebetet hat, diese Frage kann ich Ihnen klar beantworten. Meine jüngste Schwester und ich verbrachten die meiste Zeit am Bett unserer Tante und haben mehr für sie gebetet als die übrige Familie.«

Der geplagte Richter war schon wieder ziemlich wütend, schlug auf seinen Tisch und fluchte: »Das ist doch nicht zu fassen! Sie sind so jung und wagen es bereits, die Führung unseres Volkes zu betrügen! Wollen Sie mir weiß machen, daß zwei junge Mädchen die Frau umgebracht haben?

Ich verspreche Ihnen, Kindchen, es ist mir egal, wie jung Sie sind. Wenn Sie sich dem Gericht und der Staatsgewalt widersetzen, müssen Sie die Konsequenzen tragen. Entweder Sie sagen mir jetzt die Wahrheit, oder ich verurteile Sie zu acht oder zehn Jahren Haft im Arbeitslager. Überlegen Sie, was Ihnen lieber ist! Ihre Zukunft können Sie vergessen, wenn Sie mit dreißig Jahren aus dem Gefängnis entlassen werden, was wollen Sie dann noch mit Ihrem Leben anfangen? Glauben Sie mir, das ist kein Spiel, was wir hier spielen.«

Xiaoxiu war zusammengezuckt unter den scharfen Worten des Richters. Noch nie hatte jemand sie so angeschrien. Aber sie wußte, was Wahrheit ist und worauf sich ihr Leben gründete: »Über meine Zukunft wird nicht hier auf Erden entschieden, sondern im Himmel«, war ihre schlichte, aber vertrauensvolle Antwort.

Der Richter dachte, das junge Mädchen hätte ihn noch nicht richtig verstanden und würde glauben, er könne sie nicht bestrafen, weil sie noch zu jung wäre. Mit seiner Hand auf sie zeigend, knurrte er noch einmal: »Glauben Sie ja nicht, daß ich Sie wegen Ihres Alters schonen werde. Wenn Sie sich mit mir anlegen, werden Sie verlieren, ich sitze am viel längeren Hebel. Und machen Sie sich bloß keine Hoffnungen, ich werde Sie genau so verurteilen wie die ganze übrige Familie.«

Aber Xiaoxiu war unbeeindruckt, sie erlebte sich so sicher geborgen in Gottes Gegenwart, daß ihr dieses Verhör nicht wirklich zusetzen konnte. »Ich habe Sie durchaus verstanden und bin mir des Ernstes meiner Lage bewußt. Da ich in Ihre Hände gefallen bin, rechne ich nicht damit, wieder unbestraft nach Hause entlassen zu werden. Gemeinsam mit meiner Familie bin ich bereit, den ganzen Weg zu gehen, der vor uns liegt.«

Am selben Nachmittag fand eine öffentliche Zurschaustellung der Familie Shi statt, alle neun Gefangenen wurden gefesselt und große Poster wurden ihnen um den Hals gehängt, so daß auf ihrer Brust und ihrem Rücken zu lesen war, welcher Verbrechen sie sich schuldig gemacht hatten: »Heimtückische Mörder«. Damit mußten sie durch die Straßen ihrer Stadt gehen, und die Bevölkerung sollte damit ein abschreckendes Beispiel vor Augen haben, was Menschen zu erwarten hatten, die der Regierung unangenehm aufgefallen waren.

Der Prozeß gegen Familie Shi fiel mitten in eine Zeit, in der die Partei versuchte, etwas gegen die explodierende Verbrechensrate zu unternehmen. 1983 war das Jahr, in dem so viele Gewalttaten registriert worden waren wie noch niemals zuvor. Die Zeitungen waren voll von Berichten über grausame Morde, Vergewaltigungen, bewaffnete Raubüberfälle, Vandalismus, Diebstahl, Drogenhandel und -mißbrauch, Prostitution und Geiselnahmen. Frauen wagten sich bei Dunkelheit nicht mehr auf die Straße, und die Reichen konnten kaum noch ihre Häuser verlassen.

Nachdem trotz aller früheren Bemühungen zur Verbrechensbekämpfung keine Verbesserung erreicht worden war, startete die Regierung jetzt von höchster Instanz eine große Kampagne gegen Gewalt. Teil dieser Kampagne waren Massenhinrichtungen von Verbrechern und solchen, die dafür gehalten wurden. In allen Städten fanden solche öffentlichen Hinrichtungen statt, zur Abschreckung und Einschüchterung aller potentiellen Verbrecher. Im ganzen Land wurden Tausende von Menschen umgebracht. Von einer wunderschönen, alten chinesischen Stadt, die in der Geschichte des Landes einmal als Regierungssitz gedient hatte, wird berichtet, daß an einem einzigen Tag siebenhundert Menschen öffentlich hingerichtet wurden.

Die Zentralregierung in Peking gab offizielle Quoten heraus, wieviele Verbrecher in jedem Bezirk des Landes die Todesstrafe bekommen müßten. Die lokalen Behörden und Gerichte mußten nun darauf sehen, diese Vorgaben zu erfüllen und entsprechend viele Menschen hinrichten lassen. Panik war unter der Bevölkerung ausgebrochen, jeder kleine Dieb mußte mit dem Tod rechnen, wenn in seiner Gegend nicht genug Schwerverbrecher gefaßt worden waren, um die Quoten zu erfüllen. Es kam zu absurden Situationen: Wenn Kinder und Jugendliche straffällig geworden und gefaßt worden waren, oder wenn es sich bei Verbrechern um die Angehörigen von Richtern und Polizisten handelte, die man schonen wollte, so wurden Menschen gesucht, die man statt dessen hinrichten konnte, um die Quoten zu erfüllen. Viele Kriminelle, aber auch sehr viele Unschuldige wurden in dieser Kampagne der Verbrechensbekämpfung umgebracht. Die Rechtsprechung hatte in dieser Zeit besonders wenig mit Wahrheit und Gerechtigkeit zu tun, niemand wollte die Urteile überprüfen, jeder war darauf bedacht, selbst unauffällig und unverdächtig zu bleiben.

In den vergangenen neunzig Jahren, seit das Christentum in China vermehrt Fuß gefaßt hatte, zielte jede politische Bewegung auch immer gegen die christlichen Kirchen. Auch diese Kampagne gegen das Verbrechen unterschied sich darin nicht von allen früheren Aktionen der Regierungen. Eine bestimmte christliche Untergruppe war von der Partei herausgefiltert und als konterrevolutionär eingestuft worden. Alle Christen, vor allem die Leiter der christlichen Gemeinden, die der Geheimpolizei auffielen, mußten lediglich als Angehörige dieser angeblich konterrevolutionären Strömung entlarvt oder beschuldigt werden, und schon konnte man sie verhaften und verurteilen. Dieses Vorgehen war juristisch ausreichend und sehr unproblematisch, um sich aller störenden Elemente aus den Reihen der aktiven Christen zu entledigen.

Und mitten in diese schlimme Zeit fiel der Mordprozeß der Familie Shi. In den Augen der Welt sahen die Christen immer so aus, als wären sie schwach und leicht zu mißbrauchen, weil sie ihr Handeln von Liebe und Aufrichtigkeit leiten ließen. So waren die Behörden in Zunzhuang hocherfreut über den Zufall, der ihnen diese leichte Beute in die Hände gespielt hatte. Die Shis waren willkommene Sündenböcke, geeignet, um die Hinrichtungsquoten zu erfüllen. Sie waren Opfer, mit denen man erwartete, leichtes Spiel zu haben.

In den folgenden Tagen mußten die Shis noch mehrere Verhöre über sich ergehen lassen, die immer auch mit Folter verbunden waren. Neben Mutter Shi mußte die jüngere Schwester der Verstorbenen, Meizhen, am meisten leiden. Sie war erst vierundzwanzig Jahre alt und sah sehr jung aus. Aber sie war voll der Kraft Gottes. Wenn ihr Gesicht auch mit Wunden und blauen Flecken bedeckt war und sie entstellt war von den Schwellungen, so strahlten ihre Augen immer noch freundlich und hell, und der Glanz eines tiefen Lächelns wich nie aus ihrem Blick. Wenn sie sprach, war ihre Stimme sanft und selbst ihre Augen schienen zu lächeln. Sie verlor auch in diesen Tagen nie ihre Barmherzigkeit und das ehrliche Interesse an den Menschen in ihrer Umgebung.

Sie war verlobt mit einem Grundschullehrer, und die beiden wollten im Herbst desselben Jahres heiraten. Nun gab sie aus Liebe zu Jesus ihre Jugend, ihre Liebe und ihre gesellschaftliche Stellung auf. Nach ihrer Verurteilung löste ihr Bräutigam die Verlobung und trennte sich von ihr. In jedem Verhör hatte sie sich bemüht, das Gericht von ihrer Schuld zu überzeugen, um die Strafe ihrer älteren Schwester abzumildern. Im Verlauf dieser Verhöre wurde sie so furchtbar geschlagen und mißhandelt, daß bald an ihrem ganzen Körper kein Fleckchen Haut mehr war, das unverletzt blieb.

Grenzenlose Liebe

Am Morgen des 30. August 1983 fand die Urteilsverkündung in dem Fall »Meichun Mu« statt. Das Gericht hatte ein großes Theater in der Stadt Shanzui gemietet, um das Ereignis in aller Öffentlichkeit durchführen zu können. Es war überall bekanntgemacht worden, und mehrere tausend Menschen waren erschienen. Schon lange vor Beginn dieses letzten Gerichtstermins gegen die Familie Shi waren alle Plätze besetzt, viele Schaulustige mußten wegen Überfüllung abgewiesen werden. Ein riesiges Polizeiaufgebot war zur Verstärkung der örtlichen Geheimpolizei angerückt und gab dem Ereignis noch mehr Gewicht.

Alles, was in Partei und Verwaltung Rang und Namen hatte, war erschienen. Unter größtmöglicher Demonstration ihrer Macht und Würde nahmen die vielen Ehrengäste auf den Sesseln Platz, die in einer langen Reihe hinter der Richterbank standen. Unter ihnen waren die Vorsitzenden und Repräsentanten der lokalen Regierung, der Verwaltungsbehörden, des Justizministeriums, der Polizei und Geheimpolizei, die Geschworenen und die verschiedenen Mitglieder des Gerichts samt den Sekretären und Protokollführern. Vor dem Saal waren mehrere Einheiten der Geheimpolizei postiert, die das ganze Gelände absperren und sichern sollten, mit Maschinengewehren im Anschlag patrouillierten sie am Theatergebäude entlang, auf dem Platz, in dessen Mitte es sich befand und in den angrenzenden Straßen. Es gab kaum jemanden in der Stadt, der nicht bemerken mußte, daß heute im Theater etwas Wichtiges verhandelt wurde, und wer einen Zuschauerplatz hatte ergattern können, schätzte sich glücklich.

Die Außentemperaturen waren extrem hoch, die Luft flimmerte, und den Polizisten rann der Schweiß unter den Mützen hervor. Innen im Saal war es noch schlimmer. Zu der Hitze, die stickig im Raum stand, kam die angespannte, einschüchternde Stille dazu. Keiner redete, niemand wagte es, sich zu räuspern oder umherzusehen. Die Uniformierten starrten mit unbewegten, finsteren Blicken in die Menge der Zuschauer, die angespannt auf ihren Stuhlkanten saßen. Jeder, der den Raum betrat, wurde in den unangenehmen Bann dieses Schweigens gezogen.

Endlich erhob sich der Vorsitzende der Geheimpolizei und gab einen Bericht über die Notwendigkeit und die Durchführung der Kampagne zur Verbrechensbekämpfung. Er wiederholte, was alle schon wußten, als er davon sprach, daß es unter den Christen eine konterrevolutionäre Sekte gäbe, die sehr gefährlich sei und von der Regierung aufs strengste bekämpft würde. Nach dieser Vorrede wurden die neun Mitglieder der Familie Shi vorgeführt. Sie waren alle mit den Armen auf dem Rücken gefesselt, und es bereitete ihnen offensichtlich Schmerzen, sich zu bewegen. Mit dem Rücken zum Publikum mußten sie sich in einer Reihe vor dem Richter aufstellen. Es war ein ungewöhnliches Bild, eine ganze Familie so zur Urteilsverkündung nebeneinander zu sehen.

Der vorsitzende Richter erhob sich. Er war etwa fünfundvierzig Jahre alt, hatte eine große Stirnglatze und sprach mit dröhnender Stimme und bedrohlichen Gebärden. Mit heftigen Bewegungen verlieh er seinen Worten Nachdruck, und zusammen mit den lauten Worten flogen viele kleine Speicheltröpfchen aus seinem Mund. Die Shis, die ihm sehr dicht gegenüberstehen mußten, hatten nicht einmal die Hände frei, um sich das Gesicht abzuwischen, wenn sein Speichel sie traf.

»Die Angeklagten … (er verlas die neun Namen) sind Anführer der konterrevolutionären christlichen Sekte namens …, über deren Verfehlungen wir eben hörten. Familie Shi hatte sich schon immer der Parteiführung widersetzt und gegen die Regierung und Verwaltung gehandelt. Auch die patriotische Drei-Selbst-Kirche, die unter dem Schutz der obersten Regierung steht, haben sie abgelehnt. Statt dessen gründeten sie eine eigene, verbotene Sekte, die sich in ihrem Haus trifft.

Am 30. Juli 1983 haben Frau Lishi Shi und die anderen Angeklagten Frau Meichun Mu davon abgehalten, ins Krankenhaus zu gehen und sich einer Behandlung zu unterziehen, die sie dringend benötigt hätte. Sie begründeten diese Entscheidung damit, daß ihr religiöser Aberglaube ihnen vorschreibe, ›Dämonen auszutreiben und die Kranken zu heilen‹.

Darüber hinaus haben sie Meichun auf abscheuliche Weise zu Tode geprügelt. Unsere Untersuchungen haben diesen Verdacht bestätigt. Nach dem Strafrechtskatalog der Volksrepublik China, Paragraph ..., handelt es sich im vorliegenden Fall um geplanten und bewußten Mord. Das Hohe Gericht kam in Übereinstimmung mit der Justiz- und Regierungsbehörde zu folgendem Urteil:

Die Hauptschuldige ist Frau Lishi Shi, zur Tatzeit achtundfünfzig Jahre alt, wohnhaft im Dorf Zunzhuang im gleichnamigen Bezirk, der zum Verwaltungskreis der Stadt ›P‹ zählt. Frau Shi ist Leiterin einer konterrevolutionären christlichen Bewegung namens ... Schon seit langem widersetzte sich Lishi der Parteiführung und der von der Regierung unterstützten patriotischen Drei-Selbst-Kirche. Was den Tod der Frau Meichun Mu betrifft, handelt es sich um Mord, der von Frau Lishi zusammen mit ihrem Sohn und dessen Frau in gemeinsamer Tat begangen wurde. Sie haben das Opfer auf grausame Weise zu Tode geprügelt. Dies ist ein abscheuliches Verbrechen, das zu Recht den Zorn des Volkes auf sich gezogen hat. Ich verkündige im Namen des Volkes das Urteil für Frau Lishi Shi: Tod durch Erschießen. Bis zur Vollstreckung des Urteils entkleide ich sie aller politischen und persönlichen Rechte gemäß Paragraph ... des Gesetzes der Volksrepublik China.

Der Angeklagte Wuting Shi ist der älteste Sohn der Verurteilten Lishi Shi. Er ist fünfunddreißig Jahre alt und ebenfalls ein Leiter der konterrevolutionären Organisation, in der seine Mutter in führender Position stand. Er ist mitverantwortlich für den Tod der Frau Meichun Mu. Sein Verbrechen ist so schwerwiegend, daß wir den Zorn des Volkes nur mit seiner Hinrichtung besänftigen können. Das Urteil für Wuting Shi lautet: Tod durch Erschießen. Er ist bis zur Urteilsvollstreckung aller politischen und persönlichen Rechte entkleidet.

Meiying Mu ist einunddreißig Jahre alt, Ehefrau des Verurteilten Wuting Shi, ältere Schwester des Opfers. Ich klage sie der Mitschuld am Mord ihrer Schwester an und verkündige im Namen des Volkes folgendes Urteil: lebenslängliche Haftstrafe. Ich entkleide sie ebenfalls aller politischen und persönlichen Rechte.

Die Verbrecherin Meizhen Mu ist vierundzwanzig Jahre alt, jüngere Schwester der Ermordeten und ebenfalls maßgeblich an der entsetzlichen Tat beteiligt. Ich verurteile sie zu fünfzehn Jahren Haft. Für die Dauer ihrer Haftzeit ist auch sie aller politischen Rechte entkleidet.

Ein weiterer Komplize im Mordfall Meichun Mu ist der jüngste Sohn der angeklagten Familie, Wuhao Shi, vierundzwanzig Jahre alt. Vor seiner Verhaftung war er Lehrer an einer Mittelschule. Da er nach einer staatlichen Ausbildung in das Amt eines Lehrers des Volkes berufen worden war, hätte er sich rein halten müssen vom rückschrittlichen Denken und dem Aberglauben, dem seine Familie verfallen war. Er war aktiv am Mord der Meichun Mu beteiligt. Dafür verurteilen wir ihn im Namen des Volkes zu zehn Jahren Gefängnis. Für diese Zeit verliert er alle politischen Rechte.

Der dritte Sohn der Familie, Wuming Shi, ist achtundzwanzig Jahre alt und ebenfalls an der Straftat beteiligt. Sein Urteil lautet vier Jahre Gefängnis und keine politischen Rechte für die Dauer seiner Haft. Die ältere Tochter Xiaoxiu Shi ist sechzehn Jahre alt und besucht die Mittelschule in ... Ich verurteile sie zu zwei Jahren Gefängnis unter Verlust ihrer politischen Rechte.

Ein weiterer Komplize im vorliegenden Mordfall ist Gushen Shi, achtundfünfzig Jahre alt und verheiratet mit der Hauptschuldigen Lishi Shi. Nach dem Gesetz unseres Landes wird er zu zwei Monaten Haft verurteilt, auch sein Bruder Guzhen Shi, fünfundfünfzig Jahre alt, wird mit zwei Monaten Gefängnis bestraft.«

Der Richter wischte sich mit einem großen, weißen Taschentuch den Schweiß von seiner Stirn und ließ sich nach getaner Arbeit mit einem erleichterten Seufzer in den Sessel fallen. Die Amtspersonen hinter ihm klatschten einen dünnen Applaus. Die Verurteilten standen aufrecht und in einer Reihe vor dem Richter. Während der ganzen Urteilsverkündung hatten sie keine Regung gezeigt, kein Laut kam von ihren Lippen, ihre Augen waren fest und ohne Angst auf den Redenden gerichtet. Ihre Gesichter strahlten Ruhe und Frieden aus, als würde sie das alles nur am Rande betreffen. Sie durften in diesem Moment erleben, daß Gottes Friede wirklich größer sein kann als alles, was die Welt an Angst und Bedrohung liefern möchte.

Nur aus den Reihen der Zuschauer waren Äußerungen des Entsetzens zu hören gewesen. Verhaltenes Stöhnen und klagendes »oh Gott« und »oh nein« waren laut geworden, als die Urteile für Meiying und Meizhen verlesen worden waren. Als das Schicksal dieser beiden jungen Frauen verkündet wurde, fiel in den hinteren Reihen der Zuschauer jemand mit einem dumpfen Schlag auf die Erde und ein mühsam unterdrücktes, qualvolles Schreien wurde laut.

Nachdem der Richter geendet hatte, weinte Frau Mu, die immer noch auf der Erde lag, laut: »Meine Töchter, was habe ich euch angetan? Herr Richter, ich flehe Sie an, lassen Sie Milde walten für meine Kinder!« Aber die Gerichtsversammlung war beendet, die Urteile gefällt, die Verurteilten wurden abgeführt und die Polizei sorgte dafür, daß die Leute geordnet und in Ruhe wieder den Saal verließen, während die Würdenträger bereits durch ihre eigene Tür verschwunden waren.

Frau Mu war einem Nervenzusammenbruch nahe. Gestützt von ihren Verwandten wurde sie, unter lautem Weinen und Klagen, aus dem Theater geschleppt. Sie war in den Wochen nach dem Tod ihrer Tochter Meichun täglich bei der Polizei und dem Gericht gewesen, oft in Begleitung ihrer Familienangehörigen, um auf eine gerechte Strafe für den angeblichen Mord an ihrer Tochter zu drängen. Sie taten alles, was in ihrer Macht stand, um Lishi und Wuting Shi zu belasten und zu beschuldigen. Ihr Ziel war, daß die beiden zum Tod verurteilt werden würden. Aber sie hätte nie damit gerechnet, daß ein so strenges Urteil auch ihre beiden anderen Töchter treffen könnte. Die ältere Tochter sollte ihr ganzes Leben im Gefängnis verbringen? Das war für die arme Mutter gleichbedeutend mit dem Tod auch dieser Tochter. Und ihre Jüngste sollte fünfzehn lange Jahre ihrer Jugend absitzen? Wer weiß, ob sie die Entlassung der Tochter überhaupt noch erleben würde? Sie war doch selbst schon alt und kränklich! Doch die Polizei ignorierte Frau Mu und gestattete ihr auch nicht, in die Nähe ihrer Töchter zu gelangen. Sie war so beschämt, seit ihr bewußt geworden war, daß sie selbst ihre beiden Mädchen ins Gefängnis getrieben hatte. Aber nun war es zu spät. Ihr blieb nichts weiter, als zu weinen und zu klagen und sich Vorwürfe zu machen. Die Urteile waren endgültig und unanfechtbar.

Die Zuschauer, die aus dem Theater strömten, diskutierten das Ereignis leise, aber mit großer Erregung. In den Augen der meisten hatten die zum Tode verurteilten Personen jeden Respekt und jede Menschenwürde verloren. Alle verachteten diese Mutter und ihren Sohn und regten sich über die Abscheulichkeit ihres Verbrechens auf. Fast niemand hatte sich mit dem tatsächlichen Tathergang auseinandergesetzt, und so waren sich nun alle einig, daß die beiden den Tod unbedingt verdient hätten. Aber es gab auch einige andere, die mehr über die Hintergründe wußten. Ihnen blieb nichts anderes übrig, als die Augen zu verschließen und hilflos zu seufzen.

Zwei der Beobachter unterhielten sich im Hinausgehen folgendermaßen:»Nun, was hältst du von diesen Urteilen? Kannst du das glauben? Ist es jemals in der Geschichte unseres Volkes vorgekommen, daß eine ganze Familie gemeinsam eines ihrer Familienmitglieder totschlägt, das so krank war, daß es sowieso gestorben wäre? Klingt nicht sehr überzeugend, finde ich. Ich verstehe nicht, wieso die Richter von ›geplantem und bewußtem Mord‹ sprachen.«

Der andere war offensichtlich der gleichen Meinung, denn er fuhr fort: »Und selbst wenn es geplanter und bewußter Mord war, wo gibt es ein Gesetz, das verlangt, daß zwei Menschen sterben müssen für den Tod von einer Person? Und wie ist es möglich, daß eine ganze neunköpfige Familie einschließlich der sechzehnjährigen Tochter verurteilt wird?«

»Diese Straftat ist so geringfügig im Verhältnis zu den wirklichen Verbrechen. Als ob wir nicht genug echte Mörder, Diebe und Vergewaltiger hätten, die ihre Opfer skrupellos um die Ecke bringen. Die gefährlichen Gangster laufen frei herum, während diese Familie als Paradebeispiel zur Abschreckung herhalten muß. Wie furchtbar! Es ist wirklich nicht zu fassen! Was ist nur mit unserer Justiz los?«

»Sei bloß still! Ist ja wahr, was du sagst, aber es ist besser, wir reden nicht mehr darüber«, beschwichtigte sein Freund ihn, während er sich ängstlich umschaute, ob auch niemand ihre Unterhaltung belauscht hatte. »Diese Sache hat zum Glück nichts mit uns zu tun, und dabei sollten wir es auch belassen. Wir wollen uns lieber um unsere eigenen Angelegenheiten kümmern.«

»Ja, ja, da hast du natürlich recht«, pflichtete der andere ihm sofort bei, froh, daß sein Freund ihn rechtzeitig gebremst hatte, bevor er selbst riskiert hätte, in Schwierigkeiten zu kommen. Angesichts so vieler Polizisten, die den Theatervorplatz füllten, wäre es sehr dumm gewesen, sich von seinem Ärger fortreißen zu lassen.»Wir wollen nicht mehr davon reden, sondern froh sein, daß wir selbst nicht verdächtig sind. Komm, laß uns zu mir nach Hause gehen und etwas trinken.«

Nach der Urteilsverkündung durften die Shis nicht mehr in ihre gemeinsame Zelle zurückkehren, sondern wurden in verschiedene Teile des Gefängnisses verteilt. Wuting kam zu einem anderen Todeskandidaten in die Zelle, mußte Handschellen tragen, und auch seine Füße wurden in Ketten gelegt, die in den Zellenboden eingelassen waren. Seine Frau Meiying und seine Mutter durften sich die Zelle Nummer eins teilen, die ihm gegenüber lag. Auch die Mutter hatte Handschellen um, und ihre Fußgelenke lagen in ähnlichen Ketten wie die Wutings.

Vom Gewicht der Ketten und den Schmerzen, die diese Fesseln verursachten, wurde es der Mutter schlecht, und sie verlor das Bewußtsein.

Meiying, die ihr gegenüber saß und das Leiden ihrer Schwiegermutter kaum mit ansehen konnte, wurde traurig. An die beiden Todesurteile wagte sie gar nicht zu denken. Wie war es nur möglich gewesen, daß diese liebevolle, warme und herzliche Familie innerhalb von Wochen vollkommen zerstört werden konnte? Während sie den Kopf ihrer bewußtlosen Schwiegermutter in ihrem Schoß bettete und unablässig das liebe, von Schlägen entstellte Gesicht streichelte, stürmten die traurigen Gedanken nur so auf sie ein.

Wie hatte das nur alles so über Nacht geschehen können? Ihre lieben Schwiegereltern, die so eine glückliche Ehe geführt hatten, voller Vertrauen und Humor, sollten nun bald für immer durch den Tod getrennt werden? Ihr geliebter Mann und ihre Schwiegermutter würden in wenigen Tagen Märtyrer für Jesus werden? Und sie selbst sollte ihr ganzes Leben im Gefängnis verbringen? Was würde aus ihren beiden kleinen Kindern werden? Mit ihren eineinhalb und vier Jahren wären sie bereits Waisen? Von der ganzen wunderbaren großen Familie Shi sollten nur drei Kinder und zwei alte Männer übrig bleiben? Sie begann zu trauern und zu schluchzen und verlor jede Kontrolle über sich selbst. Neben der bewußtlosen Schwiegermutter krümmte sich Meiying auf der Erde und weinte.

Da drang plötzlich ein Husten an ihr Ohr. Sie horchte auf, immer noch bebend vor Schluchzen, meinte sie, die Stimme ihres geliebten Mannes erkannt zu haben. Wieder hörte sie dieses Husten. Sie erhob sich, ging zu der Zellentür, die aus dicken Gitterstäben bestand und versuchte mit angestrengten Blicken, durch das Gitter hindurch die Dunkelheit des Flurs zu durchdringen. Langsam gewöhnten sich ihre Augen an die spärliche Beleuchtung. Da sah sie ihn. In der Zelle schräg gegenüber stand Wuting, lang aufgerichtet, mit seinen gefesselten Armen erhoben und versuchte, ihr zu winken.

Meiying war ein einfaches, gewissenhaftes und fleißiges Bauernmädchen. Sie hatte nur die Grundschule besucht und war noch nie in einer großen Stadt gewesen. Wuting war ihr erster und einziger Freund gewesen, und sie hatten jung geheiratet. Obwohl sie ihn immer herzlich lieb gehabt hatte, war es, als würde sie ihn hier, durch die Eisenstäbe hindurch, zum ersten Mal richtig anschauen. Jetzt, wo sie ihn bald verlieren sollte, glitten ihre Blicke an ihm entlang und versuchten, sich jede Einzelheit einzuprägen.

Er stand gerade und aufrecht vor ihr, ein Meter zweiundsiebzig groß und sehr schlank. Sein Gesichtsausdruck war geprägt von großen, dunklen Augen. Aus seiner Haltung und seinem Blick konnte Meiying ahnen, daß ihr Mann die letzten Stunden im Gebet verbracht haben mußte. Wenn er Gelegenheit gehabt hatte, sich zurückzuziehen und Zeit mit seinem Gott zu verbringen, hatte sie oft danach diese Mischung von weicher Barmherzigkeit und fester Entschlossenheit in seinem Gesicht gesehen. Während sie ihren Mann betrachtete, begann der Heilige Geist, sie sanft, voller Liebe und Verstehen, zu trösten.

Da begann Wuting leise zu sprechen. Niemand kümmerte sich um die beiden, die Wärter waren anscheinend in einem anderen Trakt des Gefängnisses unterwegs, und die anderen Gefangenen verhielten sich still. Meiying und Wuting vergaßen, daß sie nicht alleine waren, als Wuting begann, sie mit sanfter, liebevoller Stimme zu trösten: »Meiying, meine geliebte, süße Frau, warum weinst du? Wir haben uns doch versprochen,

Jesus treu zu sein. Nachdem er für uns gestorben ist und uns ewiges Leben erworben hat, wollen wir uns doch nicht an dem Sichtbaren, Vergänglichen festhalten. Unser Leben hier ist so kurz und so gering, gemessen an der ewigen Herrlichkeit bei unserem Vater. Hast du vergessen, daß wir für den Herrn leben und für ihn sterben? Wir sind sein Eigentum, ob wir leben oder ob wir sterben. Nichts und niemand kann uns aus seiner Hand, aus seiner Nähe und aus seinem Schutz reißen. Meine geliebte kleine Meiying, du weißt doch, daß ich dir nur um einen Schritt voraus bin. In nicht ferner Zukunft werden wir wieder beieinander sein, und dann kann uns nichts und niemand mehr trennen. Sei nicht mehr traurig, bitte. Sei stark und mutig! Was auch immer geschehen wird, du sollst ausschließlich für Gott leben. Verschwende deine Zeit nicht für irgend etwas anderes.«

Meiying hörte ihm aufmerksam zu. Gleichzeitig legte sich der Friede Gottes wieder wie ein schützender Mantel um sie. Die Verzweiflung war vor dem übernatürlichen, göttlichen Frieden gewichen, die Wahrheit und Realität Gottes waren heller als die Dunkelheit dieser Nacht. Leise begann Meiying, Gott zu danken für seine Nähe und für seinen Trost. Wuting hörte ihrem Gebet zu und nickte zustimmend. Während sie so gemeinsam die Gegenwart Gottes genießen konnten, ohne auf die Umstände und die kalten Gitterstäbe zwischen ihnen zu achten, kam der Heilige Geist mit seiner ganzen Fülle an Trost, Kraft, Geborgenheit, Sicherheit und grenzenloser Liebe, und er beschenkte sie reichlich mit allem, was sie benötigten.

Viele der folgenden Stunden und Tage verbrachte Meiying an den Gitterstäben ihrer Zelle, die Augen auf ihren geliebten Mann geheftet. Wie schön er war, voller Liebe, Zartheit und Stärke. Wie sehr sie ihn liebte! Sie hätte alles dafür gegeben, wenn ihre Arme durch die trennenden Gitterstäbe hätten hindurch reichen können, um ihn noch einmal zärtlich berühren zu können. Sein starker Glaube und sein unerschütterliches Vertrauen in Gottes Güte trugen sie durch diese schwierigen Stunden, wenn die quälenden Gedanken wieder kommen wollten. Er betete in diesen Tagen sehr viel, und sie liebte es, ihn dabei zu beobachten. Sie spürte auch auf die Entfernung die Gegenwart Gottes, wenn ihr Mann die Gemeinschaft mit dem Heiligen Geist genoß. Zwei Wochen hatten Meiying und Wuting noch Zeit, um sich durch das Gitter hindurch anschauen und gelegentlich auch unterhalten zu können, wenn keine Wärter im Gang patrouillierten. So konnten sie sich gegenseitig trösten, ermutigen und stärken.

Erst in den Morgenstunden dieser ersten Nacht nach der Urteilsverkündung kam Mutter Shi wieder zu sich. Meiying hatte viel Zeit damit zugebracht, zärtlich die vielen Wunden der Schwiegermutter zu versorgen, obwohl ihr eigener Körper ähnlich geschunden war. Schon vor der Verhaftung hatten die beiden ein sehr gutes Verhältnis gehabt; man konnte eher vermuten, daß es sich bei ihnen um Mutter und Tochter gehandelt hätte. Doch nun, während dieser Zeit des Leidens, waren sie sich noch viel näher gekommen. Ihre Liebe füreinander wurde immer tiefer. Sie nutzten die kostbaren Stunden, die ihnen vor der Hinrichtung noch blieben, führten sehr offene, intensive Gespräche und beteten viel zusammen.

Vom Tag der Urteilsverkündung bis zur Hinrichtung hatten sie noch zwei überaus wertvolle Wochen zusammen. Frau Shi konnte sich nur mit großer Anstrengung bewegen, die Handschellen, Fußketten und die vielen Verletzungen, die sich nun auch entzündeten, machten ihr jede Bewegung zur Qual. Aber Meiying diente ihr mit aller Liebe. Bei den Mahlzeiten kniete sie an der Seite ihrer Schwiegermutter und gab ihr das Essen löffelweise ein. Sie hatte auch einen Kamm in der Zelle, womit sie die Haare der alten Frau in Ordnung hielt. Mußte Lishi zur Toilette, dann trug Meiying sie auf ihrem Rücken dorthin und half ihr. Der Schlaf wollte sich oft nicht einstellen. Mutter Shi war so schwer verletzt, daß sie sich nur mit Meiyings Hilfe hinlegen konnte. Ganz langsam und vorsichtig konnte sie sich nur ausstrecken. Die Schmerzen waren schier unerträglich. Nacht für Nacht suchten die beiden Frauen die Nähe Gottes, und im Gebet erlebten sie jedesmal seine tröstliche Gegenwart. Diese Stunden wurden ihnen überaus kostbar, wenn sie alle Schmerzen und Ängste vergaßen, weil der Heilige Geist so greifbar nahe bei ihnen war. Es war eine so intensive Gemeinschaft mit ihm, die sie in diesen Nächten erlebten, wie sie es bis dahin nicht gekannt hatten. Eingehüllt in übernatürlichen Trost und Frieden konnten sie sich tatsächlich an ihrem Gott freuen und ihm Dank- und Loblieder singen. Dann beteten sie für ihr Land, für ihr Volk, die Regierung, auch für ihre Verfolger, für die christlichen Gemeinden und für ihre Familien. Und Mutter Shi, die viele Bibeltexte auswendig gelernt hatte, sprach Meiying immer wieder das Wort Gottes vor, um sie und sich selbst zu stärken, zu trösten und zu ermutigen.

Eines Nachts, nachdem sie einige Stunden im Gebet und in der Gegenwart Gottes verbracht hatten und eingeschlafen waren, schenkte der Heilige Geist beiden Frauen den gleichen Traum: Sie sahen sich selbst in weißen Gewändern, wie sie mit starken, schönen Flügeln durch dunkle Wolken flogen. Sie stiegen immer höher und höher und ließen die Wolken weit unter sich. Es wurde immer heller, bis sie den Himmel erreicht hatten, wo sie auf den Thron Gottes zugehen durften und den Geliebten, Jesus selbst, sehen konnten. Seine Arme waren ihnen entgegengestreckt und weit geöffnet, um sie zu empfangen. Tief bewegt gingen sie auf ihn zu. Er stand auf, kam ihnen entgegen, und mit seinen durchbohrten Händen trocknete er die Tränen von ihren Gesichtern. Dabei strich er sanft über ihre Köpfe. Sie waren unbeschreiblich glücklich und wollten nie wieder aus seiner Nähe gehen.

Mutter und Sohn am Hinrichtungsort

Für den 14. September 1983 hatte die Rechtsbehörde der Kreisstadt »P« eine besondere Veranstaltung angesetzt, die demonstrieren sollte, wie erfolgreich die Stadtverwaltung und die Polizei in der Umsetzung der Anti-Verbrechenskampagne waren. Sie wollten ihre großen Fortschritte im Kampf gegen die Kriminalität vorführen und hofften, die Provinzregierung und die Öffentlichkeit zu beeindrucken, die übrigen Kriminellen einzuschüchtern und vielleicht von der Provinz Henan als besonders konsequente und regierungstreue Stadt ausgezeichnet zu werden. In der größten und elegantesten Halle der Stadt wurde eine öffentliche Gerichtsverhandlung durchgeführt. Dazu wurden mehr als dreißig Lastwagen mit Gefangenen aus allen Teilen des Umlandes angekarrt. Unter ihnen waren auch die neun Mitglieder der Familie Shi. Nach einigen Eröffnungsreden wurden sämtliche Verurteilte zu einer großen Schmähparade durch die Straßen der Stadt gezwungen. Sie mußten dabei den Spott und die Wut der Schaulustigen aushalten und Plakate tragen, auf denen ihre wirklichen und vielleicht auch nur erfundenen Verbrechen aufgelistet waren. Zu dieser Parade wurde wegen der großen Route und der begrenzten Zeit Lastwagen benutzt, auf deren offenen Ladeflächen jeweils zehn Gefangene standen, begleitet von zwei stolzen Wärtern, die sich mit ihren polierten Stahlhelmen und geladenen Gewehren im Arm sehr wichtig vorkamen und die, im Gegensatz zu den Gefangenen, die Aufmerksamkeit der Bevölkerung sichtlich genossen.

Dann trafen sich alle wieder in der Stadthalle, wo als nächstes die Todesurteile verlesen wurden. Es waren mehr als vierzig Gefangene, die sofort hingerichtet werden sollten. Wuting und Lishi waren auch unter ihnen. Mit mehreren offenen Lastwagen wurden sie sofort zum Erschießungsplatz gefahren, während die übrigen Gefangenen in der Halle zurückblieben. Die Todeskandidaten mußten Transparente tragen, so daß niemand, dem sie auf der Fahrt begegneten, übersehen konnte, daß sich diese Verbrecher auf dem Weg zu ihrer Hinrichtung befanden.

Die Lastwagen verließen die Stadt, fuhren über holprige Schotterwege und schließlich durch ein Waldstück, bis sie zu einer kleinen Lichtung kamen. Inzwischen waren die meisten Verurteilten so von Entsetzen und Panik ergriffen, daß ihre Gesichtsfarbe aschgrau geworden war. Sie mußten aus den Wagen springen, sich in der Mitte des freien Platzes in einer Reihe aufstellen und dann hinknien und warten. Einige brachen aus Todesangst wie gelähmt zusammen und blieben auf der Erde liegen. Hinter den Knienden standen mehr als vierzig Soldaten, die jetzt ihre Pistolen noch einmal prüften, die Arme erhoben und auf ihre Opfer zielten.

Auf ein Kommando hin feuerten alle Pistolen gleichzeitig los. Ein vierzigfacher Knall zerriß die Luft. Fast im gleichen Moment fielen die Hingerichteten tot vornüber, ein unheimlicher, regloser Moment der Stille entstand. Die Soldaten ließen die Arme wieder sinken und wandten ihre Blicke weg von dem Ort des Grauens. Aber aus der Reihe der Toten ragten noch immer zwei Personen, die aufrecht nebeneinander knieten und jetzt vorsichtig die Augen öffneten, um zu sehen, ob sie wirklich noch am Leben waren. Verwundert drehten sie sich zu den Soldaten hinter ihnen um, die ihre Aufmerksamkeit inzwischen wieder ihren Pistolen und sich selbst zugewandt hatten. Wuting und Lishi waren noch nicht erschossen worden.

Die Verantwortlichen hatten sich diese Scheinhinrichtung für die beiden als eine besondere Folter ausgedacht. Sie sollten langsam sterben. In anderen Fällen, in denen auch so verfahren worden war, sind die Gefangenen oft aus Angst und Schreck gestorben, obwohl gar nicht auf sie geschossen worden war. Aber die Shis lebten noch. Sie hatten eine letzte kurze Zeit des Spottes und der öffentlichen Schande vor sich. Auf sie wartete noch ein weiterer »Marsch auf der Straße« und eine »Kampfversammlung« in einer entfernteren Stadt.

In dieser Nacht wurden die Shis besonders streng bewacht. Früh am Morgen des nächsten Tages wurden sieben der neun Shi-Gefangenen unter schwerer Bewachung zu verschiedenen Lastwagen gebracht. Nur der alte Vater und sein Bruder waren nicht unter ihnen. Die anderen sollten alle in die Stadt Shanzui gebracht werden. Mutter Shi und Wuting trugen immer noch die Transparente um den Hals, auf denen in großen Buchstaben zu lesen war, daß sie Todeskandidaten waren. Sie wurden mit zwei anderen zum Tode verurteilten Gefangenen auf einen Wagen gepackt. Die jungen Frauen Meiying, Meizhen und Xiaoxiu waren zusammen auf einem Transporter, und die beiden jüngeren Söhne waren wiederum auf einem anderen Fahrzeug.

Meiying konnte während der Fahrt Wuting und Lishi sehen, da der Wagen mit den Frauen vor dem Transporter fuhr, auf dem die zum Tode verurteilten Gefangenen standen. Während sie sich mitten in der öffentlichen Zurschaustellung befanden, hatte Meiying nur Augen für ihren Mann und ihre Schwiegermutter. Sie konnte und wollte ihre Blicke nicht von ihnen losreißen.

Nach diesem motorisierten »Marsch auf der Straße« hielten die Fahrzeuge auf dem zentralen Platz der Stadt Shanzui an, die Gefangenen mußten aussteigen, und die Vorbereitungen wurden getroffen für eine weitere öffentliche Verhandlung. Beim Aussteigen kam Wuting in die Nähe von Meiying. Er war tatsächlich richtig fröhlich, als er seiner Frau zulächelte und sagte: »Mein Liebes, ich gehe zuerst. Aber ich werde in Vaters Haus auf dich warten. Auf Wiedersehen!« Und die Schwiegermutter, die lächelnd daneben stand, sah Meiying an und nickte, um die Worte ihres Sohnes zu bestätigen.

Das Ganze hatte überhaupt nicht mehr den Anschein, als wären sie auf dem Weg zu einer Hinrichtung. Viel eher sah es so aus, als ginge die Familie zu einer großen, fröhlichen Feier. Auch Meiying und Meizhen nickten den anderen lächelnd zu und sahen glücklich aus. Meiyings großer Wunsch wäre es gewesen, mit den anderen beiden zusammen hingerichtet zu werden, und mit ihnen gemeinsam zu Jesus gehen zu können. Für jedes einzelne Mitglied der Familie Shi war es inzwischen fühlbare Wirklichkeit, daß es das größte Vorrecht war, bei Jesus sein zu dürfen. Für sie waren die Verurteilten die eigentlich Bevorzugten und Begnadeten.

Der öffentliche Prozeß fand auf der größten Straßenkreuzung Shanzuis statt. Der Verkehr war extra zu diesem wichtigen Anlaß umgeleitet worden. Hier trafen vier Hauptverkehrsstraßen aufeinander, jede war etwa zehn Meter breit. In der Mitte der Kreuzung war eine Grünanlage, wo sich Zehntausende von Zuschauern eingefunden hatten, um das Schauspiel zu beobachten. Am südwestlichen Rand des Platzes war der pompöse Eingang des Gerichtshofes, auf dessen weit ausladenden Stufen die Tribüne mit der Richterbank aufgebaut worden war.

Neunzig Gefangene wurden vorgeführt. Der Leiter der Geheimpolizei verlas einen Bericht zur Lage der Kriminalität und zu den Erfolgen bei ihrer Bekämpfung, dann verkündete der oberste Richter die Verbrechen und die Strafe jedes einzelnen Häftlings. Zuletzt, nach einer gebührenden Pause und mit lauter, scharfer Stimme, schilderte er den besonderen Fall des angeblich »gemeinsam verübten Mordes« durch die Familie Shi. Und dann, als Höhepunkt seines Auftritts, gab er die Todesurteile bekannt: »Lishi Shi, Wuting Shi und die beiden anderen zum Tode verurteilten Gefangenen sollen zur sofortigen Hinrichtung gebracht werden.«

Zwei Soldaten packten Wuting und seine Mutter an den Oberarmen und am Kragen ihrer zerschlissenen Hemden und rissen sie von der Plattform herunter. Unten an den Stufen wartete bereits ein Lastwagen, auf den sie mit zwei anderen Gefangenen gestoßen wurden. Meiying rannte zu einem Soldaten und flehte ihn an: »Bitte, meine Schwiegermutter war zu mir besser als meine eigene Mutter. Ich möchte ihr nun, bevor sie geht, so gerne noch ein paar Worte sagen. Bitte lassen Sie mich kurz mit ihr sprechen!« Aber der Soldat verzog keine Miene. Ohne sich die Mühe zu machen, sie anzuschauen, schrie er sie an: »Ruhe! Halten Sie den Mund!«

Meiying blieb nichts anderes übrig, als ihrem Mann und seiner Mutter hinterher zu schauen, wie sie auf den Lastwagen verfrachtet wurden. Es war das letzte Mal, daß sie ihre beiden Lieben sah. Dann ließ der Soldat den Motor des Transporters aufheulen, die Menge der Zuschauer, die den ganzen Platz gefüllt hatte, wich zurück, und mit quietschenden Reifen und in einer Staubwolke entschwand der Wagen mit den vier Menschen auf seiner Ladefläche. Einige besonders Sensationslustige rannten hinter dem Fahrzeug her bis in die Nähe des Hinrichtungsortes, um alles Weitere auch mitzuerleben.

Der Laster fuhr Richtung Osten aus der Stadt, unter der Eisenbahnbrücke hindurch, vorbei an der Fabrikruine und über die flachen, öden Hügel nach Norden. Die Straße war unbefestigt, roter Staub legte sich auf die vier Menschen, die sich hinten auf der Ladefläche festklammern mußten, um nicht bei den vielen Schlaglöchern vom Wagen zu fallen. In einer weiten, dürren Senke, am Fuße des kahlen, bizarren Hügels, den die Einheimischen »Froschhügel« nennen, kam das Fahrzeug zum Stehen. Als die beiden anderen Gefangenen merkten, daß sie am Ziel ihrer Fahrt angekommen waren, wurde ihre Angst so groß, daß sie bewußtlos wurden. Die Soldaten zogen sie von dem Wagen herunter, trugen sie ein paar Schritte weiter zu einem kleinen, schmutzigen, roten Hügel und warfen sie auf die Erde.

Wuting und seine Mutter sahen ruhig aus, Friede lag auf ihren Gesichtern. Sie stiegen alleine von der Ladefläche, klopften sich den gröbsten Staub ab und gingen mit Würde und einem tiefen, inneren Leuchten in den Augen hinter den Soldaten her. Sie dachten beide nur noch daran, daß sie schon bald ihrem himmlischen Vater gegenüberstehen würden, den geliebten Geschwistern und all den Heiligen, die schon auf sie warteten, um sie zu Hause zu begrüßen. Ein chinesisches Sprichwort sagt: »Die Vorfahren dachten, Leben sei ein Traum, aber die Gläubigen wissen, daß Sterben in Wirklichkeit Heimkehren ist.«

Es war Mittag. Der Himmel war klar, keine Wolke war zu sehen, die Sonne stand senkrecht über der kleinen Menschengruppe. Da plötzlich, während Wuting und Lishi hinter den Soldaten her zu ihrem Hinrichtungsort gingen, zogen innerhalb weniger Augenblicke dunkle Wolken auf. Ein starker Wind begann, über die Ebene und um die Hügel zu pfeifen. Dürres Laub wirbelte in die Luft, und die Soldaten schlugen sich fröstelnd die Uniformkrägen hoch.

Frau Shi wandte sich einem Soldaten neben sich zu und fragte höflich und mit einem freundlichen Lächeln: »Bitte, darf ich beten?« Der Soldat nickte seine wortlose Zustimmung, ohne sie dabei anzusehen.

Mutter und Sohn knieten sich auf die rote Erde, ihre Rücken den Soldaten zugewandt, die ihre Gewehre bereit machten. Sie gaben sich die Hände, schlossen die Augen und begannen, halblaut zu beten: »Wir bitten dich, lieber Vater, vergib unserem Land und unserem Volk die Sünde, die sie an uns begehen. Vergib allen, die uns Schmerz und Leid zugefügt haben. Wir wollen, daß du sie segnest und sie deinen Sohn Jesus kennenlernen. Danke, daß du unser chinesisches Volk lieb hast. Gieße deinen Geist über dieses Land aus. Herr, wir bitten dich, nimm unseren Geist bei dir auf.«

Während sie beteten, war Gottes Gegenwart so stark, daß die beiden Christen vergaßen, was mit ihnen geschah. Die Soldaten zielten und schossen, die Mutter fiel getroffen vornüber, aber Wuting lebte noch immer. Fragend drehte er sich zu den Soldaten um, die nur wenige Schritte hinter ihm standen. Sie waren gelähmt vor Angst, Panik stand in ihren Gesichtern, kalter Schweiß auf der Stirn, waren sie nicht in der Lage, ein zweites Mal zu schießen. Da kamen die zwei anderen Soldaten zurück, welche die beiden bewußtlosen Häftlinge erschossen hatten. Sie zielten kurz auf Wuting und trafen.

Im selben Moment zuckte ein gelber Blitz über den Himmel, ein Donnerschlag folgte fast gleichzeitig, und wolkenbruchartig ergoß sich ein plötzlicher, heftiger Regen über die Soldaten und die vier Toten. Über die nahe Eisenbahnbrücke ratterte ein Zug Richtung Norden. Sein Pfeifen und Stampfen vermischte sich mit dem Rauschen des Regens und dem tiefen Donnergrollen, das sich langsam wieder entfernte Die Soldaten standen reglos und wagten nicht, sich anzusehen, während die Eisenbahn in der Ferne verschwand und der Regen sich in kleinen Rinnsalen in der Mitte der Senke sammelte.

Als die öffentliche Anklage in Shanzui beendet war, wurden Meiying, Meizhen und Xiaoxiu gemeinsam auf einen Lastwagen verfrachtet, um in eine Frauenhaftanstalt gebracht zu werden. Unmittelbar vor der Abfahrt gelang es Meiyings Mutter und ihrem älteren Bruder, sich durch die Menge durchzukämpfen und ihre Mädchen ausfindig zu machen. Sie umarmten die beiden jungen Frauen, weinten und jammerten laut und haltlos, voller Selbstmitleid und hilfloser Wut auf die ungerechte Justiz. Meiying und Meizhen wollten sich nicht davon anstecken lassen und reagierten nur sehr zurückhaltend. Sie versuchten, nicht auf das Klagen und Schimpfen ihrer Angehörigen zu hören. Frau Wu und ihr Sohn weigerten sich in ihrer Verzweiflung, die beiden Schwestern loszulassen, bis die Polizisten sie mit ihren Stiefeln von der Ladefläche aus brutal zur Seite stießen. Sie fielen auf die Erde und blieben da sitzen, laut weinend, ohne Trost und ohne Hoffnung. Ihnen fehlte die Kraft, die ihre beiden geliebten Gefangenen aus dem Glauben schöpfen konnten. Als sie das nächste Mal aufsahen, verschwanden die Mädchen gerade um eine Kurve und waren auf dem Weg zu dem Gefängnis, wo sie ihr weiteres Leben verbringen sollten.

Meiying und ihre Schwester gehorchten in allem den letzten Worten Wutings und ihrer lieben Schwiegermutter. Sie wurden immer stärker im Glauben und lebten ganz für Gott. Zusammen mit einigen anderen Christen in ihrem Lager wurden sie Botschafter Christi im Gefängnis. Tausende anderer gefangener Frauen, die Jesus noch nicht kannten, lebten mit ihnen zusammen. Als dann einige geistliche Leiterinnen unter den Gefangenen ihre Haftzeit abgesessen hatten und entlassen wurden, übernahmen die Mu-Töchter deren Aufgaben. Sie wurden Leiterinnen der Gemeinde im Gefängnis.

Sechs Tage nach der Hinrichtung Lishis und Wutings wurden Herr Shi und sein Bruder nach Hause entlassen. Es waren gerade die großen Feiertage des Herbstfestes, die Tage im September, wenn der volle Mond am größten ist. Zu diesem Anlaß besuchen sich die Verwandten und tauschen

Geschenke aus, es wird in jeder Familie ein besonderes Essen veranstaltet, und gemäß der alten Traditionen werden in nicht-christlichen Familien die Toten verehrt. Herr Shi und sein Bruder kehrten in ein leeres Haus zurück. Während im ganzen Land die Familien zusammenkamen, sich miteinander freuten, lachten, tanzten und feierten, saßen die beiden Männer in ihrem ehemals blühenden Garten hinter dem Haus auf einer Bank unter dem großen Baum und dachten an all das Leid, das dieser Sommer ihnen gebracht hatte.

Zu Beginn dieses Jahres waren sie noch eine warme, herzliche Großfamilie gewesen. Nun waren nur noch zwei Erwachsene und drei Kinder übriggeblieben. Lange Stunden saßen die beiden alten Männer unter dem Baum, weinten, beteten, dachten an ihre Lieben und trösteten sich gegenseitig mit Bibelabschnitten, die sie sich abwechselnd vorlasen. Und Gott gab ihnen die Kraft, den beiden verwaisten Enkelkindern und ihrer jüngsten Tochter ein fröhliches Zuhause zu schenken.

Angehörige der Familie Shi hatten die Körper von Mutter und Sohn kurz nach deren Hinrichtung von dort geholt, um sie zu bestatten. Dabei fanden sie in Wutings Jackentasche folgenden Brief, der an seine Familie gerichtet war: »Nun ist es vollbracht. Bitte trauert nicht um mich. Ich bin nur ein wenig früher als ihr an jenem Ort. Wenn ihr nur den Herrn von ganzem Herzen liebt und euch fest auf seinem Wort gründet, dann werdet ihr später auch zu unserem himmlischen Vater kommen und mich wiedersehen. Wer bis ans Ende an seinem Glauben festhält, der wird gerettet werden. Bitte macht meine Beerdigung sehr schlicht. Kümmert euch in Liebe um die beiden Kinder und laßt sie unbedingt wissen, daß ich für meinen Glauben an Jesus gestorben bin, was ein ehrenvoller Tod ist ...«

Tschin-Lu –
Gemeindebau in Henan

Alle im Dorf wußten es und redeten darüber, doch keiner konnte sich wirklich vorstellen, daß das wahr sein könnte: Tschin-Lu war Christ geworden! Die Marktfrauen, die Männer in den Teehäusern und die Nachbarn auf der Straße redeten darüber und fragten sich, ob damit aus Tschin-Lu auch ein anderer Mensch geworden war. Die meisten glaubten nicht daran. Denn solange man denken konnte, war Tschin-Lu ein Taugenichts gewesen. Er sah gut aus, war groß gewachsen, hatte ein hübsches Gesicht und konnte gut reden, aber vom Arbeiten hielt er nicht viel. Schon seit jungen Jahren war er hinter den Frauen her, und sein Charme kam gut an. Niemand verstand so recht, wo er diese Leichtlebigkeit und moralische Verdorbenheit eigentlich her hatte, denn er war genau wie seine Altersgenossen im einfachen, soliden Leben einer Großfamilie auf dem Land herangewachsen. Aber alle Werte, die seine Familie und die Gesellschaft prägten, waren ihm bedeutungslos. Er lebte für den Genuß des Augenblicks, und obwohl er dabei schon einige Ehen zerstört und viele Menschen sehr unglücklich gemacht hatte, konnte er doch nicht damit aufhören.

Aber allen Erwartungen zum Trotz, seit Weihnachten 1971 war Tschin-Lu ein neuer Mensch. Er hatte sich radikal von seinem alten Leben getrennt und sich von ganzem Herzen auf Jesus eingelassen. Als er sich taufen lassen wollte, um sich öffentlich zu seinem neuen Glauben zu bekennen, war es Dezember. Der Fluß, der den Ort durchquerte, war zugefroren. Einige ältere Christen rieten entweder zu einer Taufe mit einer Waschschüssel zu Hause oder, da er unbedingt für alle sichtbar und mit Untertauchen getauft werden wollte, empfahlen sie, doch wenigstens bis zum Frühjahr zu warten. Aber Tschin-Lu konnte nicht warten. Jetzt war Jesus der Herr seines Lebens, und das sollte jeder wissen und sehen, er hatte keine Zeit mehr zu verlieren. Also gingen die Gläubigen, mit Hacken und Eispickeln ausgerüstet, zum Fluß und schlugen ein Loch in die Eisschicht. Tschin-Lu stieg, zusammen mit zwei Pastoren, in das Eiswasser, und sie tauften ihn auf den Namen des Vaters, des Sohnes und des Heiligen Geistes, genau so, wie die Bibel es beschreibt. Als Tschin-Lu wieder ans Ufer kletterte, war jede einzelne seiner Haarsträhnen ein Eiszapfen, und seine nassen Kleider froren innerhalb weniger Augenblicke so fest, daß er wie in einem Stahlpanzer gefangen war. Nur mit großer Mühe konnten ihn die Geschwister wieder aus den steinharten Kleidern befreien. Kaum waren sie wieder im Warmen, wurde ein Abendmahlsgottesdienst gefeiert, an dem Tschin-Lu zum ersten Mal teilnehmen durfte. Während des Abendmahls fiel der Heilige Geist wie Feuer auf Tschin-Lu und einige andere Brüder. Eine Freude erfüllte sie, wie sie es noch nie erlebt hatten. Sie tanzten und lobten Gott und begannen, in neuen Sprachen zu reden, die der Heilige Geist ihnen schenkte.

Drei Monate später sprach Gott deutlich zu Tschin-Lu und beauftragte ihn, die gute Nachricht von Jesus zu verkündigen. Von da an wurde er häufig eingeladen, in Hauskirchen zu sprechen, und obwohl er keine theologische Ausbildung hatte, waren seine Worte kraftvoll und sein Dienst hinterließ bleibende Spuren, weil der Heilige Geist mit ihm war und ihn bestätigte. Er lebte im kindlichen Vertrauen auf seinen himmlischen Vater und verließ sich ganz auf die Kraft und Inspiration durch den Heiligen Geist. Das gefiel Gott und er war ein nützliches Werkzeug in Gottes Hand.

Eines Tages, während er wieder eine Gruppe von Christen in einem Privathaus besuchte, umstellte die Polizei das ganze Anwesen, und die Anführer der Gruppe stürmten das Haus. Voller Wut platzten sie in die Versammlung, unterbrachen den Gottesdienst und verlangten, daß alle Anwesenden nacheinander ihre Namen zu Protokoll geben würden. Tschin-Lu erhob sich sofort und sagte laut und ganz ohne Angst:»Ich bin Tschin-Lu aus dem Dorf am Fuße des Dalian-Berges.«

Die anderen Christen schienen mehr Angst vor der Strafe zu haben, die sie möglicherweise erwartete, denn sie sagten nichts. Was blieb den Polizisten anderes übrig, als alle, die im Versammlungssaal waren, zu verhaften? Sie wurden eng gefesselt, nur Tschin-Lu durfte ohne Fesseln bleiben, aber auch er mußte mit auf die Wache. Die Strafe für alle lautete: zehn Tage Umerziehungsunterricht mit Freiheitsentzug. Das hieß, am Tag mußten sie schwer körperlich arbeiten, am Abend wurden ihnen Zeitungen zum Lesen gegeben und Schriften über die Parteipolitik, deren Grundlagen, Ziele und Instrumente.

Obwohl Tschin-Lu in diesen Tagen genau wie die anderen Christen körperlich vollkommen erschöpft war, konnte die harte Arbeit und der Druck, der auf sie ausgeübt wurde, doch seinen Geist nicht angreifen. Er nutzte jede Gelegenheit, um mit den anderen zu beten und ermutigte sie mit dem Wort Gottes, stark und fröhlich zu bleiben und sich an ihrem Gott zu freuen. Der Erfolg war, daß die anderen Christen während dieser Zeit der kommunistischen Erziehung in Wirklichkeit neu Jesus lieben lernten und sich wieder mit ganzer Hingabe für Gott öffneten. Tschin-Lu war so begeistert von Gott und konnte die großen Zusagen des Wortes Gottes so vermitteln, daß niemand in seiner Umgebung sich dem entziehen konnte. Dann entdeckte er, daß die Kontrollen in der Umerziehungsanstalt nicht sehr streng waren. Nachts, wenn die Aufseher schliefen, kletterte er über die Mauer und besuchte die Christen, die sich in seinem Haus aufhielten. Er ermutigte die anderen, die mit ihm in dieser kurzen Haft waren, es ihm gleichzutun. So schwärmten die Christen jede Nacht nach getaner Arbeit und gelesener Lektüre aus und predigten in den umliegenden Häusern. Bei Morgengrauen kletterten sie wieder in ihre Anstalt, und keiner der Wärter bemerkte etwas.

In Tschin-Lus Haus trafen sich in diesen Tagen verschiedene Pastoren und geistliche Leiter aus den umliegenden Bezirken, die per Haftbefehl gesucht wurden und sich bei ihm versteckten. Er verbrachte kostbare Nachtstunden mit diesen mutigen und erfahrenen Christen, lernte von ihnen, diente ihnen und gemeinsam feierten sie herrliche Gottesdienste, in denen viel Freude herrschte, weil sie die Gegenwart des Heiligen Geistes genießen konnten. Am zehnten Tag, als die Umerziehung abgeschlossen sein sollte, wurden alle Teilnehmer gefragt, was sie denn nun gelernt hätten. Die Verantwortlichen hatten alle in dem Schulungsraum versammelt und erklärten: »Alle, die gut gelernt haben, dürfen nach Hause zurückkehren. Wer aber die Politik unseres Landes noch nicht verstanden hat, muß einige Tage länger hier bleiben.« Tschin-Lu stand als erster auf und meldete sich zu Wort: »Ich habe alles gut gelernt und verstanden.« Die Antwort war: »Sehr schön, dann erklären Sie uns doch bitte, was Sie gelernt haben.«

Ohne zu zögern, begann Tschin-Lu: »Während der letzten zehn Tage des intensiven Lernens und Nachdenkens habe ich noch besser verstanden, was für eine Person ich früher war, bevor Jesus mich zu verändern begann. Der natürliche Mensch kann nur die anständigen Leute lieben, seine Freunde, Personen, die gut aussehen, besondere Fähigkeiten besitzen oder über Macht und Reichtum verfügen. Nur Jesus kam auf die Erde, um die verlorenen, schlechten und häßlichen Menschen zu lieben. Sogar seine Gegner liebte er. Er ging in seiner Liebe so weit, daß er schließlich starb für seine Feinde. Weil er jeden von uns so sehr lieb hat, hofft er, daß jeder Mensch von seinem bösen Weg umkehrt, damit er denen, die ihn lieben, ewiges Leben geben kann. Aber wer nicht an ihn glaubt, muß ohne Gott in ewiger Finsternis und Angst bleiben …«Der vorsitzende Funktionär unterbrach seinen Redefluß: »Ist ja schon gut, hören Sie endlich auf. Packen Sie Ihr Bettzeug ein und gehen Sie.«

Ein Jahr verging. Inzwischen hatte nicht nur die Bevölkerung zur Kenntnis genommen, daß Tschin-Lu wirklich ein neuer Mensch geworden war, der ein vollkommen anderes, ehrbares Leben führte. Sondern auch die Verwaltung und die Leiter der Arbeitsbrigade hatten bemerkt, was für einen guten Arbeiter sie in ihm hatten. Er war offen, direkt, ehrlich und unparteiisch. In allen Bereichen war er erfolgreich, sowohl, was die Produktion anging als auch im Umgang mit Kollegen und Vorgesetzten. Es gelang ihm immer, zu vermitteln und zu schlichten und die Arbeiter zu besserer Leistung zu motivieren. Da er mit so vielen Begabungen auffiel, wurde er zum Leiter der Arbeitsbrigade ernannt. Aber Tschin-Lu, der seine Hauptarbeit unter den Christen und in den Gemeinden sah, lehnte diese Ehre ab. Dreimal wurde der Vorschlag an ihn herangetragen. Endlich ließ er sich von Gott überzeugen, daß es gut wäre, wenn ein Christ der Brigadeführer wäre, weil er dabei mehr Einfluß hätte, er könnte den Menschen sein Christsein im Alltag demonstrieren, und die ganze Brigade würde durch ihn gesegnet werden. Er entschloß sich, den Posten anzunehmen.

Er wurde ein Vorgesetzter nach biblischen Prinzipien. Gott befähigte ihn, selbstlos zu sein und sich lieber für die Arbeit und die Untergebenen einzusetzen, als seine eigenen Interessen zu wahren. Alle respektierten ihn, und seinen Anweisungen wurde selbstverständlich Folge geleistet. In seiner freien Zeit fuhr er fort, den Christen am Ort die Bibel zu erklären, mit ihnen zu beten, und allen an Gott Interessierten den Weg zu Jesus zu zeigen. Da er sich mit so viel Liebe um die Menschen kümmerte und seine ganze Phantasie einsetzte, um ihnen Gutes zu tun, weckte er bei vielen das Interesse an seinem Glauben. Es dauerte nicht lange, bis alle seine Nachbarn und die Mehrzahl der Arbeiter in seiner Brigade Christen geworden waren. Ständig war Tschin-Lu dabei, Termine zu organisieren, bei denen sich die Christen treffen konnten, um Gott anzubeten. Dabei wurde die Arbeit seiner Leute immer besser. Ihre Leistung übertraf alle Quoten und Pläne. Die Arbeiter, die Christen geworden waren, halfen den Kollegen aus drei anderen Brigaden und unterstützen sie, daß auch sie ihr Soll erfüllen konnten. Früher war das ganz anders gewesen. Diese drei Arbeitsgruppen hatten sich immer gegenseitig bekämpft und waren gegeneinander gewesen. Aber seit Tschin-Lu der Leiter der zweiten Brigade geworden war, hatte sich die Lage vollkommen verändert. Die Arbeiter hatten zueinander gefunden, gemeinsam gelang es ihnen, mehr zu produzieren, und alle unterstellten sich der Leiterschaft Tschin-Lus.

Außerdem hatte Gott die Familienmitglieder Tschin-Lus, die ebenfalls Christen geworden waren, mit besonderer Gastfreundschaft gesegnet. Ihr Haus war immer voll. In jener Gegend gab es nicht viele Pastoren. In einem sehr großen Gebiet, das aus neunzehn Bezirken bestand, gab es nur zehn geistliche Leiter, die für die vielen kleinen Gemeinden da sein sollten, um ihnen geistliche Nahrung zu geben. Diese zehn Männer wohnten dauerhaft in Tschin-Lus Haus, wo sie sich gegenseitig ermutigten, zusammen beteten, austauschen konnten und sich vor der Polizei verbargen, die ihnen immer auf den Fersen war.

Es war eine schwere Zeit für die christlichen Hauskirchen. Ständig wurden sie von der Geheimpolizei beobachtet, Gottesdienste waren verboten, Wohnungen wurden durchsucht, und mit vielen Methoden wurden die Christen bedroht und eingeschüchtert. Die Leiter der Gemeinden wurden mit Haftbefehl gesucht. Da Tschin-Lu als Brigadeführer das Vertrauen der Partei und Verwaltung genoß, war sein Haus ein relativ sicherer Ort. Viele Leiter der Gemeinden und Mitarbeiter, die von der Polizei gesucht wurden, kamen zu Tschin-Lu und versteckten sich bei ihm. Sie kamen nicht nur aus den umliegenden Bezirken, sondern auch aus mehreren benachbarten Provinzen. Gott sei Dank für seine Bewahrung, denn die Leute lebten einen ganzen Monat lang in Tschin-Lus Haus und konnten danach wieder in ihre Heimat zurückkehren, ohne daß sie der Polizei aufgefallen wären.

Während dieser Wochen waren die Lebensmittelrationen sehr knapp. Tschin-Lus Familie aß nur noch eine Mahlzeit pro Tag, um noch etwas für die vielen Gäste übrig zu haben. Der Gott, der Elia versorgte, kümmerte sich ebenso um Tschin-Lu. Da er und seine Familie Gott gehorchten, indem sie so gastfreundlich waren und gerne anderen dienten, achtete Gott auch darauf, daß sie nie Mangel litten. Erstaunliche Dinge passierten in jenen Tagen in Tschin-Lus Küche.

Eines Tages kamen zwei Christen zu Besuch, die von weit her gereist waren. Tschin-Lu wollte sie so gerne aufnehmen und bewirten, aber seine Familie hatte nur noch einen kleinen Rest Mehl. Er machte daraus einen kleinen Topf gedämpfter Teigtaschen, eine typische, einfache chinesische Speise. Dann deckte er den Tisch und freute sich darauf, diese beiden Männer Gottes beherbergen zu können. Zu seinem freudigen Erstaunen nahm er dann, als die Garzeit um war, so viele Teigtaschen aus dem Dampfkochtopf, um genug zu essen zu haben für alle. Am Ende waren sogar noch zwei große Schüsseln übrig geblieben.

Einmal, als Tschin-Lus Schwester einen Korb voll Getreide nahm und ihn zu Mehl verarbeitete, hatte sie nach dem Mahlen doppelt so viel wie am Anfang: Zwei Körbe waren mit Mehl gefüllt. In dieser Art geschahen viele Wunder in Tschin-Lus Haus. Sie hatten in ihrer Küche auch nur eine einzige Pfanne, und wenn sie darin kochten, reichte die Menge höchstens für sechs Personen. Wenn sie aber zehn oder noch mehr Prediger zu Besuch hatten, dann waren sie zusammen mit der Familie oft über zwanzig Personen. Und sie wurden immer satt und hatten nach jeder Mahlzeit noch etwas übrig. Über Jahre fanden in Tschin-Lus Haus Gottesdienste statt, in denen manchmal vierzig oder fünfzig, oft aber auch hundert und mehr Menschen zusammenkamen. Auch dann benutzte Tschin-Lu seine Pfanne, um den Leuten etwas zum Essen zu machen, und wann immer er kochte, wurden alle Leute satt.

Im August 1973 ging jemand zur Geheimpolizei am Ort und berichtete, daß in Tschin-Lus Haus täglich christliche Leiter zu Besuch seien. Die Polizei reagierte sofort, sieben Polizisten kamen auf Motorrädern, umstellten das Haus und durchsuchten alles. Aber, Gott sei Dank, Tschin-Lu war vom Heiligen Geist vorgewarnt worden und hatte, Augenblicke bevor die Männer kamen, seine Gäste an einem anderen Ort versteckt. Die Suche blieb ergebnislos, und unverrichteter Dinge zogen die Polizisten wieder ab.

Aber der Verdacht war geweckt. Tschin-Lu wurde zur Polizeistation gebracht und verhört:»Leben in Ihrem Haus Menschen außer Ihrer Familie?«

»Ja, wenn jemand durch unser Dorf reist und in der Nacht kein Dach über dem Kopf hat, da kann ich die Leute doch nicht ihrem Schicksal überlassen«, war seine vorsichtige Antwort.

»Aber, was für Leute übernachten bei Ihnen, wie heißen sie, woher kommen sie und wohin gehen sie?«

Tschin-Lu lachte leichthin und antwortete:»Nun kommen schon seit so langer Zeit so viele Menschen zu mir, und da soll ich mir alle Namen merken?«

Aber der Geheimpolizist bohrte weiter:»Sie wollen behaupten, daß Sie von keiner einzigen Person den Namen wissen? Wie soll ich Ihnen das glauben?«

Wieder lachte Tschin-Lu und zuckte die Schultern:»Keine Ahnung. Gehen Sie doch selbst und finden Sie es heraus.«

Das Verhör zog sich noch lange hin, doch es führte zu keinem Ergebnis. Die Polizei war wütend, Tschin-Lu machte keine Aussagen, und schließlich wurde er mit Drohungen und Ermahnungen entlassen.

Von da an waren immer Polizisten in der Umgebung von Tschin-Lus Haus, die ihn beobachteten. Dies dauerte vierundsiebzig Tage. Gleichzeitig wurde Tschin-Lu täglich zu einem Verhör abgeholt, er sollte seine Fehler bedenken und zugeben. Aber sie bekamen nichts aus ihm heraus. Auch ließ sich nichts finden, das man hätte gegen ihn verwenden können. Nach Ablauf dieser speziellen Überwachungszeit wurde ihm dann zum Schluß gesagt:»Wir haben Sie nun lange Zeit beobachtet, und Sie sind nicht unehrlich gewesen. Sie haben kein Unrecht getan, gegen keine Gesetze verstoßen und Ihre Arbeit als Brigadeführer immer zuverlässig gemacht. Ihr einziger Fehler ist, daß Sie so eigensinnig auf Ihrem religiösen Aberglauben beharren.« Tschin-Lu erwiderte lachend:»Wenn ich nicht an den Herrn Jesus glauben würde, dann wäre ich ein eigensinniger, schwieriger Mensch, und dann wären Sie sicher auch nicht mit meiner Arbeit zufrieden.«

Ein halbes Jahr später, im April 1974, wurde Tschin-Lu dann doch verhaftet. Der Grund war, daß sein Kontakt zu einem bestimmten Pastor in einem anderen Bezirk offenkundig geworden war. Am Tage vor seiner Verhaftung hörte Tschin-Lu, während er arbeitete, wie eine leise innere Stimme zu ihm sagte: »Mein Sohn, der nächste Wegabschnitt wird dich durch ein dunkles Tal führen, aber auch dort wirst du meine Herrlichkeit sehen.« Tschin-Lu ließ sofort seine Arbeit liegen, zog sich für ein paar Momente zurück und weinte, während er mit Gott redete: »Herr, ich bin bereit, den Weg zu gehen. Danke, daß du für mich gelitten hast und auch jetzt noch mit mir leidest. Gib mir die Kraft, stark zu bleiben und dir treu zu sein.«

Aus der Gemeinde in der Stadt »F« war Tschin-Lu der erste, der verhaftet wurde. Wenig später folgte ihm Bruder Ming. Als sie schon sieben Monate in Haft waren, hatte Tschin-Lu einen Traum: Er sah einen Mann mit weißen Haaren und einem langen Bart, der ein aufgeschlagenes Buch in den Armen hielt und auf ihn zukam. Freundlich fragte er: »Bist du Tschin-Lu?« Er bejahte. Woraufhin der alte Mann ein Tintenkissen öffnete, mit dem Tschin-Lu einen Fingerabdruck in das Buch machte. »Einundzwanzig Monate«, sagte der Mann dann zu ihm.

Kaum war er wieder wach, erzählte er Bruder Ming von diesem Traum. Doch der konnte das nicht glauben: »Einundzwanzig Monate? Nein, das kann ich mir nicht vorstellen, niemals. Ich denke, wir werden vielleicht noch drei oder vier Monate hier sein, längstens fünf, aber sicher nicht länger.« Von da an zählte Tschin-Lu die Tage, um diesen Traum zu prüfen. Doch während die Monate vergingen, ließ auch sein Eifer im Zählen nach, und nach ungefähr einem Jahr gab er es auf. Dann wurde seine Haftstrafe um ein Jahr verlängert. Als er schließlich entlassen wurde, rechnete er nach, und es waren auf den Tag genau einundzwanzig Monate, seit er diesen Traum gehabt hatte.

Die Zustände in der Haftanstalt waren grausam. Das Gefängnis hatte auch in der Bevölkerung einen sehr schlechten Ruf, der aber von der Wirklichkeit noch bei weitem übertroffen wurde. Die Gefangenen wurden nicht nur furchtbar geschlagen und gefoltert, sondern sie bekamen auch extrem wenig zu essen. Hunger war der ständige Gefährte der Häftlinge. Ein alltägliches Bild waren Gefangene, die ihren Hofspaziergang nutzten, um sich in die Wiese zu stürzen und Gras zu essen. Es kam auch immer wieder vor, daß halb verhungerte Menschen aus Verzweiflung ihre eigenen Ausscheidungen aßen, und davon wurden sie dann oft krank oder verrückt. Ein Mann, der fast wahnsinnig war vor Hunger, zerriß sein Hemd in kleine Fetzen und aß sie. In kürzester Zeit hatte er die Hälfte seiner Kleider gegessen. Die Folge war, daß er von da an nur noch Blut ausschied und unter solchen Schmerzen litt, daß er ohnmächtig wurde. Gegen Abend waren regelmäßig mehr als zehn Gefangene vor Hunger bewußtlos geworden.

Während dieser einundzwanzig Monate wurde Tschin-Lu täglich verhört, oft sogar zweimal am Tag. Dazu kamen die hohen Kader der Geheimpolizei, nicht nur aus der eigenen Provinz, sondern sie reisten sogar aus anderen Provinzen an. Jedesmal wurde er ins Büro der Geheimpolizei geholt und mußte die Zeit im Knien zubringen. Machte er nicht die Aussagen, die von den Verhörleitern erwartet wurden, so bekam er Prügel oder andere körperliche Strafen. So mußte er über viele Monate jeden Tag schlimme Schmerzen ertragen. Im Januar 1976 fand die offizielle Gerichtsverhandlung Tschin-Lus statt. Er wurde eng gefesselt und dann vor Gericht gestellt. Das Urteil lautete: zwei Jahre Haft. Am selben Tag, unmittelbar nachdem die Verhandlung beendet war, fand eine öffentliche »Kampfversammlung« statt. Viele Zuschauer waren gekommen. Die Volksarmee sicherte den ganzen Platz mit Gewehren, die sie offen und demonstrativ im Arm trugen. Viele Geheimpolizisten standen herum mit geladenen Pistolen, die auf die Gefangenen zielten. Auch Soldaten mit Maschinengewehren fehlten nicht.

Tschin-Lu wurde den Schaulustigen wie ein gewöhnlicher Verbrecher vorgeführt, seine angeblichen Verschuldungen wurden vorgetragen, und er wurde als übles, abschreckendes Beispiel hingestellt und verspottet. Die Zuschauer spielten mit. Studenten und junge Leute warfen mit Steinen nach ihm und bespuckten ihn. Die ganze Szenerie war sehr bedrohlich und auch beeindruckend, sie verfehlte ihre Wirkung nicht. Wer einmal auf dieser Plattform gestanden hat, wird auch nach seiner Haftentlassung immer dafür angesehen und von seinen Nachbarn und Bekannten verachtet werden.

Den anderen Gefangenen war diese Kampfversammlung schrecklich peinlich. Wenn sie vertraute Gesichter in der Menge entdeckten, ließen sie den Kopf hängen und wären am liebsten unsichtbar gewesen. Aber die Pistolen und Gewehre, die auf sie gerichtet waren, zwangen sie auf die Bühne. Nur Tschin-Lu war anders. Er ging auf die Bühne mit der Körperhaltung eines Siegers, der nach vorne tritt, um seinen Preis in Empfang zu nehmen. Voller Selbstbewußtsein und Gottvertrauen ging er die Treppen hinauf. In seinen Händen hielt er ein langes Transparent, auf dem in großen Buchstaben stand: »Tschin-Lu ist ein Konterrevolutionär, der sich die Kleider der Religion und des Aberglaubens angezogen hat.« Aber Tschin-Lu war offensichtlich stolz über diese Anklage, die er, auf der Mitte der Bühne angekommen, für alle sichtbar entfaltete und so weit wie möglich hochhielt. Er sah den Leuten direkt ins Gesicht und lächelte sie dabei freundlich an. Dabei entdeckte er auch seine Eltern und Geschwister in der Menge. Aber auch dadurch wurde er nicht traurig oder schämte sich gar, vielmehr wurde sein Lächeln, das er ihnen schenkte, noch viel strahlender und inniger. Ihm war es eine Ehre, für seine Liebe zu Jesus zu leiden und dem Haß der Gesellschaft ausgeliefert zu werden. Seine Familie war natürlich sehr beruhigt, als sie erkannten, in welch guter Verfassung er war.

Wenige Tage später wurde er dann in ein Arbeitslager gebracht, in dem auch Bruder Ming bald darauf eintraf. Die beiden freuten sich sehr, auch an diesem entfernten, finsteren Ort wieder beieinander sein zu können. Sie beteten oft zusammen und ermutigten sich gegenseitig. Tschin-Lus Alltag bestand nun darin, Kohlen in einen großen Brennofen zu schaufeln. Die Arbeit war sehr anstrengend, doch seine Liebe zu Gott und zu den Menschen machte ihn unermüdlich. Es war bei ihm so, wie auch Jeremia es schildert: »Ein Feuer brannte in meinen Gliedern«. Die Mauern des Arbeitslagers konnten ihn nicht aufhalten. Am Abend, wenn er von seiner Arbeit zurück ins Schlafgebäude ging, zog er seine schwarzen

Arbeitskleider aus, wusch sich und zog seine Straßenkleider an, die er von zu Hause mitgebracht hatte. Dann schlich er sich aus dem Lager! Die Nächte verbrachte er damit, in den umliegenden Ortschaften in Privathäusern Treffen abzuhalten, bei denen er den Menschen von Jesus erzählte und Gottesdienste mit ihnen feierte. Manchmal ging er in Dörfer, die über fünfzehn Kilometer entfernt waren. Diese Strecken legte er natürlich immer zu Fuß zurück. Und es kamen viele Menschen, um ihn zu hören. Früh am nächsten Morgen kam er wieder zurück, bevor die Wärter sein Fehlen vermißten. Wenn man ihn dabei erwischt hätte, wäre seine Strafe bestimmt um ein oder zwei Jahre verlängert worden, und sicher hätte er die ersten Monate in der Isolierzelle verbringen müssen. Aber auf übernatürliche Weise beschützte Gott ihn und Bruder Ming, der sich ihm schon bald auf diesen nächtlichen Ausflügen anschloß.

Die Geheimpolizei hatte nun zwar Tschin-Lu verhaftet und verurteilt, aber ihr eigentliches Ziel war noch nicht erfüllt: Sie wußten immer noch nichts über die Pastoren aus den verschiedenen Provinzen, die in Tschin-Lus Haus gelebt hatten, während sie polizeilich gesucht wurden. Zwar vermuteten sie einiges, aber sie hatten bislang keine einzige Aussage dazu aus Tschin-Lu oder seiner Familie herausbringen können. Deshalb griffen sie zu einer ungewöhnlichen Maßnahme. Für zwei Jahre lebten mehrere Geheimpolizisten im Haus der Familie von Tschin-Lu, während er selbst im Arbeitslager war. Die Familie, die aus sechs Personen bestand, wurde laufend verhört. Die Polizisten waren sehr gemein und grausam im Umgang mit ihnen. Regelmäßig brachten sie Tschin-Lus Eltern und Geschwister zur Polizeiwache, um sie dort zu verprügeln. Aber trotz dieser massiven Angriffe war Gottes Schutz, der auf der Familie ruhte, stärker. In allen Verhören verriet keiner von ihnen auch nur ein einziges Wort.

Wieder einmal wurde Tschin-Lus Schwester zu einem Verhör auf die Wache gebracht. Kaum war die Tochter abgeholt worden, ging die Mutter zu Hause auf ihre Knie und rief zu Gott, er möge ihrem Mädchen Kraft und Mut geben, daß sie nichts verraten und keine Schmerzen spüren möge. Gott erhörte die Gebete, er gab der jungen Frau viel übernatürliche Stärke, und sie schwieg auf alle Fragen. Der Verhörleiter wurde so wütend, daß er ihr mit dem Griff seiner Pistole auf die Lippen und die Kiefern schlug, bis die meisten ihrer Zähne zerbrochen waren und herausfielen. Unterdessen betete ihre Mutter ununterbrochen für sie. Schließlich war ihr Mund eine einzige, heftig blutende Wunde. Aber sie sagte keinen Ton. Die Mutter betete, bis die Tochter gegen Morgen dann wieder zurückgebracht wurde.

1978 kehrte Tschin-Lu dann aus dem Arbeitslager zurück. Aber welch eine traurige Überraschung erwartete ihn: Die Gemeinden in seiner Heimat, dem südlichen Teil der Provinz Henan, waren in einem beklagenswerten Zustand. Mehrere alte und bewährte Leiter der Gemeinden waren inzwischen im Gefängnis. Damit hatten die Gemeinden ihre Säulen verloren. Die zurückgebliebenen Christen waren furchtsam geworden, und niemand hatte den Mut, die Leiter zu ersetzen und in deren Verantwortung einzutreten. Viele Hausgemeinden hörten nach und nach auf, sich zu treffen. Die Christen waren so verunsichert und voller Angst, daß sie kaum noch in der Lage waren, ein normales Leben zu führen. Ständig rechneten sie damit, daß die Polizei auftauchen könnte, und die Angst lähmte sie nicht nur in ihrem Glaubensleben, sondern auch bei ihren ganz gewöhnlichen Alltagsverrichtungen. Und mitten in dieser desolaten Lage war niemand, der sie trösten und ermutigen konnte. Sie waren wirklich wie Schafe ohne einen Hirten. Wie dringend wurde Tschin-Lu da gebraucht. Er war sehr schockiert über den Zustand der Gemeinden, fast wollte er es nicht glauben, daß sie in nur zwei Jahren so viel Niederlagen erlitten hatten. Es tat ihm sehr weh, seine Geschwister so mutlos zu sehen.

Sofort nach seiner Entlassung aus dem Lager machte sich Tschin-Lu auf den Weg, um seine Geschwister zu besuchen und aufzubauen. Mit dem Fahrrad fuhr er in die Häuser aller Christen, die er kannte, und ermahnte und tröstete sie. Vor allem ermutigte er sie, sich wieder zu Gottesdiensten zu treffen. Mit der Hilfe des Heiligen Geistes versuchte er, ihre Liebe zu Jesus neu zu entfachen. Er betete mit ihnen, damit sie wieder so weit gestärkt wurden, um selbst weiterbeten zu können. Oft fuhr er ganze Nächte lang auf seinem Fahrrad, Hitze und Kälte, Müdigkeit und Gefahren mißachtend, um von einer Familie zur nächsten und von einem Dorf zum anderen zu kommen und alle Christen besuchen zu können. Während er dann die mitunter recht weiten Strecken zurücklegte, hatte er viel Zeit, um nachzudenken. Seine Gedanken kreisten ununterbrochen um die beklagenswerte Situation der Gemeinden. Oft weinte er über sie. Dann fuhr er mit seinem Rad an den Straßenrand, ging ein paar Schritte in die Felder hinein, kniete sich nieder und klagte Gott seinen ganzen Schmerz.

Aber diese Arbeit trug schon bald Früchte. Die Gemeinden reagierten auf das Reden des Heiligen Geistes und sie nahmen alles an, was Tschin-Lu sagte. Die Christen ließen zu, daß ihre Liebe zu Jesus wieder neu entfacht wurde, der Heilige Geist zog immer mehr Menschen in die Gottesdienste, und nach kurzer Zeit konnte man von einer Erweckung sprechen, welche die südliche Henan-Provinz erfaßte. Die Treffen, zu denen Tschin-Lu einlud, waren sehr gut besucht, Gott gab ihm die körperliche Kraft und die Salbung des Heiligen Geistes, und seine Predigten waren immer begleitet vom Weinen der Zuhörer, die von ihrem alten Leben umkehrten und sich Gott zuwandten.

Eines Abends war er in Wanhe, wo er im Freien predigen sollte. Außerhalb der Stadt war ein Berghang, wo sich die Leute ins Gras gesetzt hatten und alle ihn sehen konnten. Etwa 2000 Menschen waren gekommen und hörten ihm zu. Der Heilige Geist wirkte mächtig, und viele verstanden zum ersten Mal die Güte und Freundlichkeit Gottes. Viele entschieden sich dafür, Jesus zum Herrn ihres Lebens zu machen, andere öffneten sich neu für ihn. Tschin-Lu hatte um sechs Uhr abends zu predigen begonnen und sprach bis elf Uhr. Dann wollte er den Gottesdienst beenden, weil er dachte, die Leute wollten nun schlafen gehen. Doch alle blieben sitzen. Also redete er weiter bis ein Uhr morgens. Mehrere tausend Menschen saßen seit Stunden an diesem Hang im spärlichen Gras und waren so reglos gebannt und still, daß man kaum ein Husten hören konnte. Niemand stand auf oder ging hin und her. Nur Tschin-Lus Stimme war zu hören, die von Stunde zu Stunde kräftiger wurde. Die Leute wollten immer noch mehr hören von diesem freundlichen, liebevollen Gott, den Tschin-Lu ihnen vorstellte, und er liebte es, von seinem Gott zu erzählen. Dabei wurde er einfach nie müde, und auch die Themen gingen ihm nicht aus. Schließlich ging dieser Gottesdienst bis zum Morgen des nächsten Tages.

Bald waren die Gemeinden in der ganzen Gegend erfaßt. Tschin-Lu besuchte sie nacheinander und, inspiriert vom Heiligen Geist, ernannte er überall neue geistliche Leiter. Im Frühjahr 1983 sprach der Heilige Geist zu Tschin-Lu und wies ihn an, mit einer Gruppe junger Christen in einen bestimmten Bezirk zu gehen und dort eine neue Arbeit zu beginnen, die große Auswirkungen haben sollte. Schon nach kurzer Zeit wurden er und sein Team von der Geheimpolizei verfolgt. Zusammen mit vielen anderen Christen wurden sie schon bald verhaftet und schlimm geschlagen. Insgesamt waren es über zweihundert Christen, die dann an einem Umerziehungsunterricht teilnehmen mußten. Acht der Gefangenen wurden zu einer Gefängnisstrafe verurteilt.

Tschin-Lu wurde nach der Umerziehung freigelassen, aber von da an lebte er als Flüchtling. Er predigte unverändert überall, aber er mußte immer sofort von einem Ort zum anderen wechseln und durfte sich unterwegs nicht erwischen lassen, denn er stand schon wieder auf den Fahndungslisten. Zwei Jahre lang ging das so.

Die Polizei war verzweifelt. Sie verstanden nicht, warum sie diesen Mann nicht mehr fassen konnten. Um ihm auf die Schliche zu kommen, ließen sie mehrere speziell ausgebildete Männer in Tschin-Lus Dorf am Fuße des Dalian-Berges wohnen. Zwei Jahre wohnten sie da und versuchten, diesen Mann Gottes aufzuspüren. Unterdessen schlief Tschin-Lu, zusammen mit seinem Team und einigen anderen Christen, die auch der Geheimpolizei persönlich bekannt waren und auf den Fahndungslisten standen, überall, bloß nicht zu Hause. Viele Nächte verbrachten sie in Straßengräben, in Wäldern oder auf offenen Feldern. Nur wenn es regnete riskierten sie es manchmal, in einem Haus zu schlafen.

Einmal vermutete die Polizei, daß sich Tschin-Lu in seinem Haus aufhalten würde. Sie rückten ganz groß aus, mit mehreren hohen Offizieren, die den Einsatz leiteten, einem starken Aufgebot der Volksarmee und Dutzenden von Gewehren, Pistolen und Elektroschock-Stäben, um ihn endlich zu verhaften. Sie kamen mit mehreren Fahrzeugen, die sie in sicherer Entfernung parkten, um Tschin-Lu nicht vorzuwarnen.

Wie eine Raubkatze, die sich an ihre Beute heranschleicht, krochen sie zu dem Haus. Jeder hatte dreifach starke Taschenlampen in seiner Hand, die sie später dann alle einschalten wollten, um Haus und Hof hell erleuchten zu können. Als sie nicht mehr weit entfernt waren, teilten sie sich in drei Gruppen. Die erste Gruppe sollte alle Straßen und Wege beobachten, die von dem Haus wegführten, die zweite Gruppe war verantwortlich für die Mauer, die das Haus umgab, und die dritte Gruppe stürmte durch den Haupteingang ins Haus hinein, um Tschin-Lu zu verhaften. Aber der ganze Aufwand war umsonst!

Tschin-Lu befand sich auf einem kleinen Berg unweit seines Hauses, von dem aus er alles beobachten konnte. Er hatte zugesehen, wie sich die Soldaten angeschlichen hatten, und er verstand auch alles, was jetzt geredet wurde. Er beobachtete, wie sie seine Familie verhörten, wie sie ihn die halbe Nacht suchten, und wie sie schließlich fluchend und sehr wütend wieder abzogen.

Tschin-Lus Frau hatte es auch nicht leicht in jenen Jahren. Nicht nur, daß sie ohne ihren Mann die Verantwortung für die ganze Familie tragen mußte, sie wurde auch regelmäßig von der Polizei besucht. Dann wurde oft ihr Haus durchwühlt, ihre Kinder eingeschüchtert, sie wurde geschlagen und gequält. Aber Jesus war ihr immer nahe und gab ihr viel Kraft und Kühnheit, um allen diesen Angriffen stand zu halten. Wann immer die anderen Christen sie sahen, war sie nie traurig, sondern sie sprudelte oft nur so über von gottgeschenkter Freude. Es war ihr ein Bedürfnis, die anderen zu trösten und zu ermutigen, daß sie stark sein und nicht in ihrem Glauben nachlassen, sondern geistlich wach bleiben und in der Gemeinschaft mit Gott leben sollten.

Im selben Jahr 1983 kam der Erlaß der Regierung, massiv gegen die »Schreier-Sekte« vorzugehen. Da die Polizei aber nicht genau unterscheiden konnte oder wollte, um welche Art von Gläubigen es sich jeweils handelte, wurde mit dieser Kampagne, die eigentlich nur gegen eine bestimmte Sekte gerichtet sein sollte, die ganze Christenheit unter Druck gebracht. Die Geheimpolizei verkündete, daß Tschin-Lu, Bruder Ming, Bruder Bai und einige andere die Leiter der »Schreier-Sekte« seien. Damit begann eine schlimme Zeit der Verfolgung für die Hauskirchen. Wieder wurde gegen die angeblichen Leiter der Sekte ein Haftbefehl erlassen. Die von der Regierung vorgegebene Quote, wieviele Sektenmitglieder in diesem Bezirk verhaftet werden sollten, erschien den örtlichen Behörden zu gering, und sie verdoppelten sie. Und darüber hinaus wurde bekanntgegeben, daß in der Stadt »F« mindestens vierzehn Menschen hingerichtet werden sollten.

Das war eine sehr schlimme Zeit für Tschin-Lu und sein Team junger Christen. Manchmal kam es ihnen so vor, als würde nie wieder die Sonne scheinen für sie, immer lebten sie in Verstecken und mußten stündlich mit ihrer Verhaftung und Hinrichtung rechnen. Die Lebensumstände waren so feindselig und gegen sie gerichtet, daß es ihnen so vorkam, als hinge der Himmel voller schwarzer Gewitterwolken. Die Geheimpolizei hatte sich öffentlich festgelegt und es überall bekannt gemacht, daß sie nichts unversucht lassen wollte, um Tschin-Lu und seine Freunde zu ergreifen und zum Tod zu verurteilen. So waren sie Tag und Nacht auf der Flucht, aber Gott beschützte sie auf zuverlässige Weise, so daß sie der Polizei immer entkamen, obwohl sie mehrmals bereits entdeckt und umstellt gewesen waren.

Aber auch unter diesen überaus schweren Bedingungen hörten sie nicht auf, die Christen zu besuchen, Gottesdienste zu halten, zu predigen und mit allen Leuten zu beten, die dies wünschten. Sie zogen von Dorf zu Dorf und von Bezirk zu Bezirk, immer dabei, die gute Nachricht von Jesu Liebe, Tod und Auferstehung zu verbreiten. In jenen Wochen war eine große Schwierigkeit ihres Alltags, daß sie überhaupt kein Geld hatten. So legten sie alle Wege zu Fuß zurück, und mitunter waren dies Entfernungen von zweihundert, dreihundert Kilometern oder mehr.

Wenn sie Durst hatten, tranken sie aus Flüssen, aber wenn sie hungrig waren, hatten sie nicht viele Möglichkeiten, etwas dagegen zu unternehmen. Im Laufe der Wochen setzte einigen das Hungern doch sehr zu, und das viele Gehen wurde ihnen immer schwerer. Zum Schlafen legte sie sich unter geparkte Fahrzeuge am Straßenrand oder unter Traktoren, die auf den Feldern standen. Eines Abends setzte ein starker Schneefall ein, und die Temperaturen fielen rasch ab. Sie zitterten vor Kälte, und an Schlaf war nicht zu denken. Einige Schwestern nahmen die Plane eines Transporters, der an der Straße stand, und alle wickelten sich hinein. Das war die einzige Möglichkeit, die sie hatten, um diese frostige Nacht zu überleben.

Einer der jungen Männer in dieser Gruppe hatte keine Hose, und da sie auch keine kaufen konnten, mußte er fünf Monate lang ohne Hose leben. Anderen fehlte das Geld zum Haareschneiden, einige hatten sich für mehr als fünf Jahre keine Haare schneiden lassen, so daß sie sehr lang gewachsen waren. Sie waren wirklich ein ungewöhnliches Schauspiel für alle Leute, denen sie begegneten.

Überall wurden sie gesucht, überall wurden sie verachtet. Aber ihnen war das alles nicht wichtig. Auch daß sie täglich ihr Leben aufs Spiel setzten, war ihnen nichts im Vergleich zu dem einen, großen Ziel, das sie hatten und das sie vorwärts trieb: Sie wollten Jesus nachfolgen und gehorchen um jeden Preis und den Menschen von ihm erzählen. Obwohl sie keinen Wohnort hatten, arm waren und ohne Einkommen, waren sie doch immer voller Freude. Ein Friede erfüllte sie, den man für Geld nicht kaufen kann und den die Menschen, die sich nur auf ihre materielle Sicherheit verlassen, gar nicht kennen.

Zwei Jahre lang war Tschin-Lu mit seinen Freunden so unterwegs. Dann kam wieder eine Zeit, in der Gott erlaubte, daß er von seinen Feinden gefangen werden konnte. Tschin-Lu war zusammen mit einem anderen Christen in der Stadt »F« zur Busstation gegangen und wartete dort auf seine Linie. Während sie da standen, bemerkte er die intensiven Blicke eines Passanten, der sich eilig entfernte. Tschin-Lu wußte, daß dieser Mann ihn erkannt hatte und verraten würde. Doch zu seinem Begleiter sagte er nur, daß er doch bitte mit dem ersten Bus fahren solle, während er selbst den zweiten nehmen wollte.

So machten sie es. Der andere Mann fuhr los, wenig später kam auch Tschin-Lu mit dem zweiten Bus. Als er sich etwa zehn Kilometer von dem Busbahnhof entfernt hatte, kamen mehrere Polizeiwagen mit eingeschaltetem Blaulicht und Sirene, holten den Bus ein, überholten ihn und zwangen ihn zum Anhalten. Eine ganze Gruppe von Polizisten kam in den Bus und begann, die Ausweise der Fahrgäste zu kontrollieren. Als sie bei Tschin-Lu ankamen, fragten sie ihn: »Woher kommen Sie, und wie heißen Sie?«

Tschin-Lus Antwort kam ruhig und sehr bewußt: »Ich bin Tschin-Lu aus der Gegend des Dalian-Berges.«

Sofort wurde er aus dem Bus gezerrt und auf der Straße umringten ihn fluchende Polizisten: »Haben wir Sie endlich! Jetzt hat die jahrelange Flucht ein Ende. Sie sind die ganze Zeit vor uns weggerannt, und Sie sind schnell gerannt. Aber am Ende hatten wir nun doch den längeren Atem, was? Jetzt können Sie versuchen, was Sie wollen, nun entkommen Sie uns nicht mehr. Dieses Mal werden wir ein paar hübsche kleine Löcher in Ihren Körper schießen.«

Tschin-Lu war unbeeindruckt. Lachend erwiderte er: »Ihr braucht Euch gar nicht so aufzuplustern. In Wirklichkeit ist es doch so, daß ich auch heute hätte fliehen können, wenn ich es gewollt hätte. Ich wußte doch, daß Ihr kommen würdet. Ihr könnt gar nichts ausrichten, außer mein Gott erlaubt es Euch.« Sie waren sprachlos. Nachdem sie diesen Mann nun jahrelang gesucht hatten, hätten sie erwartet, daß er sich heftig sträuben würde gegen seine Ergreifung. Aber auf diese Reaktion waren sie nicht gefaßt gewesen. Völlig aus dem Konzept gebracht, waren sie plötzlich sehr höflich, als sie fragten: »Nun gut, möchten Sie heute gefesselt werden?«

Ruhig antwortete Tschin-Lu:»Na gut, macht schon.« Also fesselten sie ihn, setzten ihn auf ein Motorrad, an das sie ihn auch festbanden, und dann fuhren sie mit ihm los. Auf dem Weg traf Tschin-Lu eine Christin, die am Straßenrand stand und die heranknatternden Motorräder beobachtete. Er rief ihr laut zu:»Geh nach Hause und sage den anderen, daß ich verhaftet worden bin.«

Als sie zur großen, zentralen Polizeiwache kamen, standen schon viele Polizisten auf der Straße, die diesen berüchtigten, so lange gesuchten Mann sehen wollten. Sogar der Leiter der Geheimpolizei und der Abteilungsleiter standen auf der Straße. Ein höherer Offizier sagte zu Tschin-Lu, während sie auf den Hof fuhren:»Sie scheinen wirklich eine Berühmtheit zu sein. Sogar unser oberster Chef und der Abteilungsleiter haben sich auf die Straße herunter bemüht, um Sie zu empfangen.« Ein Polizist fragte seinen Vorgesetzten:»Wohin soll ich Tschin-Lu bringen?« Der andere antwortet sehr langsam, als würde er das Wort genüßlich über die Lippen gleiten lassen, und er deutete dabei mit einem haßerfüllten Blick auf Tschin-Lu:»Bitte bringen Sie ihn nach Nanlao.«

Als er das hörte, erschrak Tschin-Lu nun aber doch. Denn dieses Gefängnis war das berüchtigtste, das er kannte. In der ganzen Provinz sollte es der grausamste Ort sein, erzählte man sich. Nirgendwo würden die Gefangenen so brutal gefoltert. Angeblich ging es dort so unmenschlich zu, daß es jeder Beschreibung spottete. Man erzählte sich, daß die Gefangenen dort schon für das kleinste Vergehen furchtbar bestraft würden, indem man sie nackt auszog und mit auseinander gezogenen Armen an ein Holzgestell fesselte. Mit einem Bambusstab würden sie dann von mehreren Polizisten auf den Kopf, die Hände, Füße und den Körper geschlagen, bis sie kein Fleckchen unverletzte Haut mehr an ihrem Körper hätten und sie über und über mit Blut bedeckt seien. Dann nähmen sie einen harten Holzknüppel und schlügen die Gefangenen damit auf die Handflächen, Knie und Fußknöchel. Die Grausamkeit der Folter in Nanlao sei wirklich unübertroffen.

Es wurde sofort eine Gerichtsverhandlung angesetzt. Die Wände des Gerichtssaals hingen voller Folterinstrumente. Der Richter war der gleiche Mann, der ihn auch 1974 schon verurteilt hatte. Seine ersten Worte waren:»Tschin-Lu, nun sind Sie also doch wieder da!«

Mit großer, innerer Gelassenheit antwortete Tschin-Lu:»Ja, nun bin ich wieder gekommen.«

»Glauben Sie immer noch an Jesus?«

»Ich kann vielleicht meinen Kopf verlieren, auch mein Blut kann ich vergießen, aber ich kann niemals meinen Glauben an Jesus verlieren!«

»Meinetwegen. Aber wir wollen heute nicht über Glauben oder Nichtglauben reden. Sie sind ein ehemaliger Häftling eines Arbeitslagers und haben dort eine Zeit der Umerziehung genossen. Doch seit Sie 1978 nach Hause entlassen worden sind, hat sich Ihr Denken offensichtlich überhaupt nicht geändert. Schlimmer noch, Sie fingen sofort wieder an, Ihren konterrevolutionären Aktivitäten nachzugehen. Wir haben sorgfältig recherchiert und eine riesige Menge an Beweismaterial gegen Sie gesammelt. Es gibt heute für Sie nur noch einen einzigen Ausweg: Sie müssen Ihre Verbrechen vor der Regierung bekennen und uns bitten, Sie mit Nachsicht zu behandeln. Ansonsten steht Ihnen heute nichts Gutes bevor.«

Auf diese Worte erhoben sich mehrere Polizisten, und mit Augen voller Mordlust starrten sie Tschin-Lu an, nur noch auf ein Zeichen des Richters wartend. Tschin-Lu lachte überlegen: »Das brauchen Sie gar nicht erst mit mir zu versuchen! Ich war schon einmal im Gefängnis. Es ist mir bekannt, wie die Partei und die Regierung mit denen verfährt, die verhaftet worden sind. Sie behaupten, ihre Politik sei gerecht, die Rechtsprechung beruhe auf Indizien und sicherem Beweismaterial, und die Polizei kenne keine Folter. Aber, direkt hier vor unseren Augen, was hängt denn hier an den Wänden? Meine Herren, ich muß Ihnen heute leider eines in aller Klarheit sagen: Nicht ich bin ein Verbrecher, sondern Sie sind die Kriminellen. Wenn Sie mir etwas vorzuwerfen haben, bitte, zeigen Sie mir die Beweise!«

Die Kraft Gottes war mächtig auf Tschin-Lu. Seine Worte waren in Autorität, die vom Heiligen Geist kam, gesprochen, und sie taten dem Richter in den Ohren weh. Ihm hatte es förmlich die Sprache verschlagen. Lange Zeit war er still und starrte nachdenklich vor sich hin. Dann holte er tief Luft und erklärte mit fast tonloser Stimme: »Die Verhandlung ist für heute beendet. Wenn Sie in Ihrer Zelle sind, bedenken Sie alles sorgfältig, in sieben Tagen werden wir die Verhandlung dann fortsetzen.«

Tschin-Lu wurde wieder abgeführt und in einen hinteren Trakt des Gefängnisses gebracht. Der Wärter öffnete die Zellentür und stieß ihn hinein. Noch bevor er etwas sehen konnte, überwältigte ihn ein fürchterlicher Gestank, der ihm die Luft nahm und ihm den Magen umdrehte. Dann erfaßte ihn eine zweite Welle der Übelkeit, als er das Bild betrachtete, das sich ihm bot. Die Zelle war ausgesprochen klein, aber vierzig Männer drängten sich darin. Die meisten mußten kurz zuvor fast totgeschlagen worden sein, so schrecklich sahen sie aus. Viele waren so unterernährt, daß sie kaum noch bei Bewußtsein waren. Manche kämpften darum, am Leben zu bleiben, andere wollten unbedingt sterben. Große Traurigkeit stand in allen Gesichtern, Resignation und Hoffnungslosigkeit beherrschte die Atmosphäre. Manche hatten versucht, sich umzubringen, indem sie mit dem Kopf gegen die Mauer gerannt waren, aber sie hatten sich nur verletzt, sterben konnten sie noch nicht.

Er hatte noch kaum die Zelle betreten, da legte der Heilige Geist schon seine Liebe und Barmherzigkeit für diese armen Männer in Tschin-Lu. Eine göttliche Last legte sich auf ihn, und er begann, für diese Gefangenen zu beten. Alles andere war ihm nun fast unwichtig geworden, Tag und Nacht flehte er nur noch zu Gott, daß er seine Gnade und Hilfe über diese Menschen ausgießen möchte und sie Gott erkennen würden. Dann begann er, diesen Bedauernswerten von Jesus zu erzählen, und sie waren alle fasziniert von der Möglichkeit, daß es einen Gott geben könnte, der sie lieb hatte. Und mit zwei oder drei Ausnahmen entschied sich diese ganze Gruppe von vierzig Menschen dazu, Jesus in ihr Leben einzuladen. Gott heilte ihre Herzen und ihre Körper, und Licht und Freude zogen in der Zelle ein. Auch noch später, als einige schon entlassen waren, kamen sie wieder, um Tschin-Lu im Gefängnis zu besuchen. Gott hatte ein großes Wunder getan an diesen Männern, und Tschin-Lu war dankbar, daß er in diese Zelle gekommen war, wenn es ihn auch sehr viele Schläge und Schmerzen gekostet hatte.

Dann geschah ein anderes Wunder: Nach drei Monaten wurde Tschin-Lu entlassen! Eigentlich hätte er hingerichtet werden sollen, doch nun war er nicht einmal verurteilt worden. Gott selbst hatte die Pläne der Polizei und Justiz vereitelt, denn niemand sonst hätte sie davon abhalten können, diesen Mann umzubringen, den sie so lange und intensiv gesucht hatten.

Am Tag seiner Entlassung kamen die beiden ranghöchsten Leiter des Gefängnisses persönlich zu Tschin-Lus Zelle. Der Wärter schloß auf, und unter Aufbietung ihrer ganzen Autorität schrien die beiden in die Zelle hinein:»Wo ist Tschin-Lu?« Ohne zu Zögern kam die Antwort:»Hier bin ich.«

»Warum sind Sie hier?«

»Weil ich an Jesus glaube.«

Als der stellvertretende Gefängnisdirektor die Fröhlichkeit und Sicherheit in Tschin-Lus Stimme hörte, wurde er furchtbar wütend. An diesem Mann schienen ihre ganze Macht und alle Drohungen abzuprallen. Er verstand das nicht. Er fluchte mit zusammengepreßten Zähnen:»Wie ich Sie hasse! Wenn ich Sie mit einem Gewehrschuß umbringe, wird das meinen Haß nicht befriedigen. Ich werde Sie mit Artilleriefeuer durchlöchern lassen!«

Tschin-Lu sah ihm gelassen in die Augen und antwortete besänftigend:»Nun verlieren Sie doch nicht gleich die Beherrschung! Sie sollten lieber froh sein, daß es Ihnen überhaupt gelungen ist, mich zu verhaften und als Gefangenen in Ihrem Gefängnis aufzunehmen. Schließlich bin ich Ihr Broterwerb.«

Der Mann war außer sich vor Wut. Er wollte sich auf Tschin-Lu stürzen, doch sein Vorgesetzter hielt ihn zurück. Beruhigend redete er auf ihn ein:»Genug, genug, sparen Sie sich doch die Mühe. Der Aberglaube dieses Tschin-Lu ist schon so festgefahren wie ein Fels. Da können auch Sie nichts mehr machen.«

Dann wandte er sich an Tschin-Lu direkt:»Ihr Fall ist für uns abgeschlossen. Sie können zu Ihrer Familie zurückkehren.« Für Tschin-Lu, der mit der Todesstrafe hatte rechnen müssen, war dies ein riesiges Wunder Gottes.

Und Zuhause erwartete ihn schon die nächste freudige Überraschung: Sein Haus war voller Christen, die sich mit seiner Familie eins gemacht hatten, um für ihn zu beten. Wie groß war ihre Freude, als er nach so kurzer Haftzeit schon wieder wohlbehalten unter ihnen war! Alle waren beeindruckt von Gottes Eingreifen, und es entstand ein spontaner Dankgottesdienst. Tschin-Lu predigte von der Güte Gottes und berichtete, wie Gott in seiner Zelle gewirkt hatte. Dieser Freudengottesdienst in Tschin-Lus Haus dauerte drei Tage.

Jian Cheng – ein Mann der Kraft Gottes

Eine Kältewelle war über Nordchina hereingebrochen. Schon vor neun Tagen waren die Temperaturen unter neunzehn Grad Celsius gefallen. Auf der Fanda-Hochebene war jeder Wassertropfen zu Eis erstarrt. Das ganze Land war begraben unter einer dicken, weißen Schneedecke, die von dem eisigen Nordwestwind herumgewirbelt wurde wie weiße Baumwollflocken. Es war, als würde der Schnee nicht nur die Natur samt den unansehnlichen, schmutzigen Teilen der Zivilisation zudecken, sondern gleichzeitig auch alles Häßliche und Gemeine der Menschen unter einer weißen Decke verbergen. Die Landschaft sah, so weit das Auge reichte, rein und unberührt aus.

Es war zwei Uhr morgens, als in einem der verschneiten Dörfer ein Mann aus seinem Haus trat, sich kurz umsah und dann in den Schnee kniete und zu beten begann. Er war etwa vierzig Jahre alt. Für mehr als zwei Stunden verharrte er so reglos im Schnee. Seine Umgebung samt der Kälte schien er vollkommen vergessen zu haben. Er redete mit Gott über sein Land, sein Volk, seine Regierung, die christlichen Gemeinden und die Millionen von Chinesen, die Jesus noch nicht kannten. Tränen rannen über sein Gesicht, während er vor Gott für sein Volk eintrat. Unterdessen schneite es ununterbrochen weiter, seine Unterschenkel waren schneebedeckt, und von seinem dunklen Mantel war kaum noch etwas zu sehen.

Während er weiter betete, hörte er plötzlich ganz klar in seinem Geist, wie Gott zu ihm redete: »In drei Tagen wirst du um deines Glaubens willen verhaftet werden.« Doch dieses Wort löste keine Angst in ihm aus, sondern er dankte Gott, daß er sich seiner Hilfe und Kraft ganz sicher sein konnte, und mit einem leisen Danklied für seinen Gott auf den Lippen stand er langsam wieder auf. Seine Hose war inzwischen steif gefroren, und er schüttelte einen ganzen Schneeberg von seinen Schultern, bevor er wieder ins Haus zurückging. Wer war dieser Mann? Woher kam er und warum betete er an diesem Ort mitten in der Nacht und im Schnee?

Für den, der im finsteren Land des Todes wohnt, leuchtet ein Licht auf (Mt 4,16)

Eine wunderschöne, klare Morgensonne tauchte den Fluß in funkelndes Licht. Nun war es wirklich Frühling geworden. Das Wasser des Flusses war so klar, daß man in Ufernähe die runden, glatten Steine im Flußbett sehen konnte. Kleine, blaugraue Fische sprangen mit den Wellen und Strudeln aus dem Wasser. Die Sonnenstrahlen reflektierten sich im Fluß, und es sah aus, als würde Licht aus seiner Tiefe strahlen. Kleine Jungs in löchrigen Hosen kamen mit ihren Ziegen vorbei und konnten auf einen Abstecher zum Fluß nicht verzichten. Ausgelassen wateten sie durch das doch noch recht kalte Wasser und bespritzten sich gegenseitig, während ihre Ziegen sich an dem saftigen jungen Grün am Ufer freuten.

Der Fluß teilt die Landschaft auf seinem Weg vom kalten Norden bis zu seiner Mündung viele Kilometer südlicher wie eine Nord-Süd-Achse. Zu seiner Linken verläuft eine lange Bergkette parallel zum Fluß. Es ist kein hohes Gebirge, aber es kostet doch einige Mühe, wenn man die runden, wie große Wellen geformten Berge besteigen will. Sie sind mit dichtem Gestrüpp bewachsen, das wie krauses Haar wild über die Hänge wuchert und jeden Weg schnell wieder verschwinden läßt. Zwischen den Ausläufern eines Hügels, der Teil dieser Bergkette ist, und dem breiten Fluß liegt ein kleines Dorf. Eigentlich sind es nur einige Häuser, die sich zusammendrängen und scheinbar gegenseitig stützen. Mit ihren Strohdächern wirken sie sehr anheimelnd, als ob drinnen viel Geborgenheit zu finden wäre.

In einem dieser großen, alten Häuser lebte eine Familie mit fünf Kindern. Der Vater hieß Jian Cheng, ein lebensfroher Mann, etwas über dreißig Jahre alt, mit einem herzhaften Temperament. Er war nicht sehr groß, aber breit gebaut, und seine buschigen Augenbrauen verstärkten den Eindruck, daß er kräftig anpacken könnte und Freude an körperlicher Arbeit habe. Auch sein großes, rundes Gesicht war ausdrucksvoll, Mund und Nase waren fast derb, aber seine Augen blitzten und spiegelten die Energie wieder, die in ihm steckte. Sein Leben war nicht leicht, und es war nicht immer einfach, für seine fünf Kinder alles Notwendige zu erarbeiten, aber er war immer noch so offen, lustig und optimistisch wie in seiner Jugend, als er noch unbeschwert und ohne Verantwortung für eine Familie war. Im Dorf war er dafür bekannt, daß man immer sein Lachen hören konnte, auch wenn er mitten in Arbeit und Schwierigkeiten steckte.

Die wirtschaftliche Lage war ebenso schwierig in jenen Tagen, wie die Landwirtschaft kärglich war. Die politischen Unruhen hatten zusätzlich zur Steigerung der Armut beigetragen. Dies betraf alle Menschen in jener Gegend. An manchen Tagen hatte Jians Familie nichts zu essen. Dazu kam, daß seine Frau schon seit mehreren Jahren kränklich war, die Arbeit fiel ihr sehr schwer, und die Medizin, die ihr vielleicht geholfen hätte, war zu teuer. Dies ging sechs oder sieben Jahre lang so, während zudem ein Kind nach dem anderen geboren wurde. Um so erstaunlicher, daß Jian sein Lachen nicht verlor.

Die Beziehungen zu seinen Verwandten waren durch die Armut der Familie auch sehr belastet. Leider dachten alle, daß Jian, wenn er sie besuchte, nur kam, weil er sie um materielle Hilfe bitten wollte. Es kam mehr als einmal vor, daß seine Angehörigen ihm nicht die Tür öffneten, wenn er vorbeikam, obwohl er einfach wieder einmal »Guten Tag!« sagen wollte. Sie rechneten so fest damit, daß er Geld oder Lebensmittel leihen wollte, daß sie ihm immer schon gleich vorbeugend zu erzählen begannen, wie wenig Geld sie doch hatten gemessen an ihren Bedürfnissen. Das war ihm natürlich sehr peinlich, und er zog sich freiwillig von den Leuten zurück, weil sie mit seiner unbekümmerten Art nicht umgehen konnten.

In den Jahren der Kulturrevolution wurde es dann fast ein alltägliches Schauspiel, daß Christen auf den Straßen und Plätzen der Städte einem gröhlenden Publikum vorgeführt wurden. Ihre Straftaten wurden verlesen, und sie wurden öffentlich dafür bestraft und verspottet. Einmal, es muß im Frühjahr 1974 gewesen sein, wurde auch Jian Zeuge einer solchen Kampfversammlung. Er hatte gerade in einem benachbarten Ort zu tun gehabt, als die Polizei mit einer älteren Frau durch die Straßen zog. Sie mochte etwa sechzig Jahre alt gewesen sein. Es war nicht zu übersehen, daß sie geschlagen worden war, aber trotzdem hatte sie eine Ausstrahlung, die ihn irgendwie anzog. Er folgte dem Zug durch die Straßen des Ortes, bis sie zu einer provisorischen Bühne kamen. Die Polizisten zerrten die Frau nach oben, gaben bekannt, worin ihre Verbrechen bestanden, und dann sollte sie sich schuldig bekennen und ihrem Glauben absagen. Nachdenklich begann sie zu reden. Er konnte zunächst wegen der Zwischenrufe der Schaulustigen nicht alles verstehen, aber dann drängte er sich vor und hörte, wie sie mit tiefem Ernst und Augen voller Frieden sagte: »Meine Familie war sehr arm, und die Kinder waren ständig krank. Ich selbst hatte auch mehrere Krankheiten. Oft hatten wir nichts zu essen, weil wir Medizin für die Kinder kaufen mußten. Ich habe damals so viel gelitten, viele Schmerzen, viel Hunger, und viele Sorgen ... Aber seit ich Jesus kenne, hat meine Familie Frieden. Wir sind gesund und haben immer genug, daß wir uns alle satt essen können.«

Das interessierte Jian. Wenn dieser Jesus, den er nicht kannte, einen gesund und satt machen konnte, dann war das die Lösung für seine Probleme. Eilig ging er nach Hause und nahm sich auch gar nicht die Zeit, seiner Frau etwas zu erzählen. Er wußte, daß es einige Christen in seinem Ort gab. Zwar hatte er noch nie etwas mit ihnen zu tun gehabt, aber er kannte das Haus, in dem sie sich immer trafen. Dort ging er nun geradewegs hin, fasziniert von der Möglichkeit, so schnell eine Antwort auf seine familiäre Not zu bekommen. Als er hereinplatzte, saßen gerade mehrere Christen um den derben Holztisch und löffelten eine Suppe. Ohne Umschweife erklärte Jian: »Ich will an Jesus glauben und euch bitten, für meine Frau zu beten, daß sie gesund wird.« Das erschien den Christen nicht sehr glaubwürdig, diese Wandlung Jians war ihnen zu plötzlich, und sie lehnten höflich ab. Aber Jian war so leicht nicht abzuweisen. In den folgenden Tagen suchte er diese Christen mehrmals jeden Tag auf, um sie immer wieder zu bitten, für seine Frau zu beten.

Endlich konnten die Christen einfach nicht mehr nein sagen. Sie gingen mit Jian in dessen Haus und beteten mit der Frau. Drei Tage lang gingen die Christen zu ihr, und dann geschah wirklich das Wunder: Am vierten Tag erhob sie sich von ihrem Lager, alle Schwäche war von ihr gewichen, und noch am selben Tag arbeitete sie in den Feldern zusammen mit der Arbeitsbrigade, als wäre sie noch nie krank gewesen. Die anderen Frauen kannten sie als eine schwierige Person, die viel nörgelte, sich ständig beschwerte und oft mißmutig war. Doch nun war sie wie verwandelt. Sie war nicht nur gesund und voller Tatkraft, sondern sie strahlte auch eine neue Freude aus, war herzlich und hilfsbereit im Umgang mit den anderen und sang sogar leise vor sich hin. Dies war nicht normal! Den Kolleginnen kam ein Verdacht. Sie nahmen sie beiseite und fragten mißtrauisch: »Glaubst du etwa an Jesus?« Jians Frau lächelte nur, ohne etwas zu sagen, machte sich von den Frauen los und arbeitete weiter. Aber allen war von da an klar, daß sie irgendwie in Berührung gekommen sein mußte mit diesem Gott der Christen.

Jian war sehr zufrieden über die Entwicklung der Dinge. Seine gesunde, fröhliche Frau gefiel ihm viel besser. Er hatte auch weiter nichts dagegen, daß sie nun Christin geworden war. Immerhin hatte dieser Jesus sie gesund gemacht, da hatte sie auch Grund, an ihn zu glauben. Aber für ihn war das nichts. Er war ja auch ohne Gott gesund und fröhlich. Nach dem erfolgreichen Beten der Christen mit seiner Frau hatte er ihnen noch einmal herzlich gedankt, aber dann ließ er sich nicht mehr bei ihnen blicken. Seine Frau war da ganz anders. Sie hatte seither angefangen, die Treffen in dem Haus der Christen zu besuchen. Offensichtlich tat es ihr gut, und Jian ließ sie gewähren. Aber er selbst dachte nicht im Traum daran, einmal mitzugehen. Die Frau versuchte auch gar nicht, ihn dazu zu überreden. Sondern sie begann, so oft sie Zeit hatte, für ihn zu beten. Eines Abends, als sie gerade wieder von einem Gottesdienst zurückkam, ging sie in ein leeres Zimmer und betete lange und intensiv für Jian. Sie konnte es sich einfach nicht anders vorstellen, als daß auch er bald an Jesus glauben würde. Gleichzeitig wurde Jian, der im Schlafzimmer gelegen und geschlafen hatte, wach. Er fühlte sich gar nicht wohl in seiner Haut. »Wo war denn seine Frau? Ach ja, sie würde wohl noch in diesem Gottesdienst sein.« Er setzte sich auf und konnte nicht mehr schlafen. Was war nur los mit ihm? Er wurde immer unruhiger. Dann begann er zu weinen. Er kroch aus seinem Bett, ließ sich auf die Erde fallen und weinte mehrere Stunden lang. Und er hörte sich selbst sagen: »Jesus, ich will dich auch kennenlernen. Vergib mir! Nimm mich so an, wie du meine Frau angenommen hast.« Und Gott hörte sein einfaches Gebet.

Bis dahin hatten ihn die Leute am Ort alle gern gemocht, weil er immer einen Spaß auf Lager hatte, er war wie ein großes Kind gewesen, dem nie jemand böse sein konnte. Doch als er begeistert von seiner neuen Freundschaft mit Jesus erzählte, wurden die Leute frostig. Plötzlich wollten sie nichts mehr mit ihm zu tun haben. Und sie begannen, ihn zu verachten.

Nachdem du zu mir gefunden hast, mache deinen Brüdern Mut (Lk 22,32)

Eines Tages arbeiteten Jian und seine Frau wieder zusammen auf dem Feld, wie sie es nun fast täglich taten, seit die Frau gesund geworden war. Dabei redeten und lachten sie, sangen Lieder und genossen die Zeit miteinander und in der Natur. In ihrer Nähe arbeiteten zwei andere Männer, die schon länger verärgert waren über die Familie Cheng, denen es neuerdings so offensichtlich gut ging. Sie begannen, über sie herzuziehen und sie zu verspotten. Zuerst achteten die beiden gar nicht darauf. Aber die Männer wurden lauter, und mit viel Sarkasmus fingen sie an, auch über Gott zu spotten. Da wurde es Jian zu viel, und er rief den beiden zu: »Hört endlich auf damit! Was ist denn los mit euch? Habe ich euch etwas angetan? Dann seid doch bitte so frei und sagt es mir. Aber hört auf, meinen Gott zu beschmutzen!« Obwohl er ohne Wut gesprochen hatte, waren die beiden doch so beeindruckt, daß sie es nicht wagten, irgend etwas zu erwidern. Sie sahen in eine andere Richtung und arbeiteten wortlos weiter.

Jian besuchte nun zusammen mit seiner Frau regelmäßig die Gottesdienste. Doch nach nicht allzu langer Zeit stürmte die Polizei während einem dieser Treffen das Haus der Christen und nahm alle Anwesenden gefangen. Sie durften nicht wieder nach Hause zurückkehren, sondern alle sollten an einer Umerziehungsmaßnahme teilnehmen. Es war eine Mischung aus Haft, Arbeit und Unterricht, der oft auch nur darin bestand, die Tageszeitungen zu lesen und darüber zu reden. Die fünf Kinder der Familie Cheng waren, während ihre Eltern im Gefängnis sein mußten, alleine zu Hause, und es gab auch keine Verwandten oder Nachbarn, die sich um sie gekümmert hätten. Nach zehn Tagen wurden viele andere, die an dieser Umerziehung teilgenommen hatten, wieder freigelassen. Unter ihnen waren vor allem Diebe, Spieler und gewalttätige Menschen. Aber die Chengs mußten bleiben, weil sie weiterhin darauf beharrten, an Jesus zu glauben.

Inzwischen hatten die Kinder die Lebensmittelvorräte aufgebraucht, und nun kamen sie jeden Tag vor das Gefängnis und weinten nach ihren Eltern. Jian und seine Frau hörten das Weinen ihrer Kinder draußen, während sie in den Klassenzimmern saßen und sich auf Parteidoktrin konzentrieren sollten. Das war schlimmer, als geschlagen zu werden. Am schwersten wurde es, wenn sie dann mitanhören mußten, wie die Wärter und Polizisten ihre Kinder anschrien, bedrohten und ohrfeigten. Es schnitt ihnen förmlich ins Herz. Nach einigen Tagen waren sie mürbe. Die Sorge um ihre Kinder zerfraß die beiden, und sie waren bereit, jeden Preis zu zahlen, um wieder nach Hause gehen zu dürfen. So unterzeichnete Jian das Formular, das ihm täglich angeboten wurde und welches besagte, daß er samt seiner Familie nicht mehr an Jesus glauben würde und sich künftig von den Christen fernhielte.

Doch die Chengs waren kaum wieder zu Hause, da bereuten sie diesen Schritt bereits. Sie hätten unbedingt Gott vertrauen sollen, daß er sich um ihre Kinder kümmerte, anstatt sich selbst um sie zu sorgen. Aber nun war es zu spät. Sie weinten in den folgenden Tagen viel vor Gott, weil ihnen ihre Untreue so leid tat. Dann betete Jian ein ungewöhnliches Gebet: »Herr, wir waren untreu, und wir wissen nicht, ob du uns noch liebst oder nicht. Aber wenn du uns wieder vergeben kannst, so haben wir folgende Bitte an dich: Laß unsere ganze Familie innerhalb der nächsten zehn Tage eine Magenverstimmung bekommen.«

Drei Tage später war es der ganzen Familie Cheng übel. Sie konnten weder zur Schule gehen noch auf dem Feld arbeiten. Die Brigadeleiter vermißten sie auf den Feldern, und nach einigen Tagen kamen sie persönlich vorbei, um nachzusehen, wo die Chengs steckten. Sie fanden sie alle in geschwächtem Zustand, aber sehr fröhlich. Jian erklärte ihnen: »Sie haben mich gezwungen, meinen Glauben an Jesus zu verleugnen und dieses Formular zu unterzeichnen. Ich kann nichts anderes sagen, als daß dies ein Fehler von mir war und daß ich bitte sofort das Blatt zurück haben möchte. Denn ich habe gelogen, wir glauben selbstverständlich weiter an Jesus. Mehr als das, meine Frau und ich haben beschlossen, künftig auch unser Haus für Gott zu öffnen. Wenn Gott es erlaubt, werden wir hier auch Hausgottesdienste abhalten.«

Jian bekam das Formular zurück, und die ganze Familie erholte sich umgehend wieder von ihrer Krankheit. Sie waren fasziniert, wie Gott ihre Gebete erhört hatte, und sie feierten den ersten Dankgottesdienst in ihrem Haus. Wieder hatten sie erfahren dürfen, daß sie einem guten Gott folgten, der geduldig ist und gerne vergibt!

Ihr Wunsch nach einem offenen Haus war auch Gottes Plan gewesen, und kaum hatten sie sich dazu entschlossen, kamen schon fast jeden Tag Christen zu ihnen. Ihr Haus war sehr geeignet dazu, es lag etwas abseits, hatte große Räume und war schnell bekannt und beliebt als Treffpunkt. Die Polizei bemerkte dies natürlich auch, zumal Jian es ihnen zuvor angekündigt hatte. Immer wieder schickten sie Abordnungen vorbei, welche die Treffen stören sollten. Aber jeden Morgen betete die ganze Familie Cheng zusammen und stellte sich, ihr Haus und ihre Besucher unter Gottes Schutz. Dann konnten sie unbesorgt in den Tag gehen, und Gott ließ nicht zu, daß die Polizei etwas gegen sie ausrichten konnte.

Nur drei Monate später redete Gott klar und deutlich zu Jian und sagte ihm, daß er es gerne hätte, wenn Jian Prediger werden würde. Jian freute sich und war von da an immer unterwegs, um Christen zu besuchen, in ihren Gottesdiensten zu sprechen und mit Einzelnen zu reden und zu beten. Gott hatte ihn mit einer besonderen Redegewandtheit beschenkt. Die Zuhörer waren immer gefesselt von seiner flüssigen, spannenden und überzeugenden Sprache. Und Jian liebte seine neue Aufgabe, weil er gleichzeitig von Gott auch viel Liebe für die Menschen bekommen hatte, denen er begegnete. Seine größte Sehnsucht war es, denen, die Jesus noch nicht kannten, seine Liebe und sein Leben nahe zu bringen. Der Heilige Geist war mit ihm, und viele Menschen wagten die Entscheidung, an Jesus zu glauben, nachdem Jian mit ihnen geredet hatte. Die Zahl der Christen nahm zu.

Dann erfuhr Jian auf einer seiner Reisen, daß ein Pastor ins Gefängnis gekommen sei, der oben in den Bergen gelebt hatte. Er sei verhaftet worden, weil er von Gott und der Bibel geredet hatte, und gegen Ende des Jahres 1974 sei er zu sieben Jahren Haft verurteilt worden. Von da an betete Jian regelmäßig für diesen Mann, Bruder Ming Zhang, und für seine Familie, die jetzt ohne ihn zurechtkommen mußte.

Das Jahr 1975 begann, und damit stand auch wieder das zeitlich um einige Wochen versetzte chinesische Neujahrsfest ins Haus. Nach dem chinesischen Mondkalender beginnt das Jahr immer Ende Januar oder Anfang Februar. Dann gibt es drei Feiertage, und jede Familie feiert ein großes Fest, selbst die ärmsten Leute versuchen, an diesen Tagen ein Festessen zu zaubern. Die Familie Cheng machte darin keine Ausnahme. Am 23. Januar, dem Tag vor dem großen Fest, bat Mutter Cheng ihren Mann, etwas Reis zu nehmen und ihn auf der Straße zum Verkauf anzubieten. Von dem Geld könnte er etwas Fleisch und Gemüse für das Festessen kaufen. Also zog Jian los mit einem Korb voll Reis. Gegen Mittag hatte er auch alles verkauft und dafür sechs Yuan bekommen. Gerade wollte er auf den Markt gehen, um das Geld in die Zutaten für ihr Festessen zu investieren, als der Heilige Geist ihn an die Familie von Bruder Ming erinnerte. Wie es ihnen wohl ging? Ob sie sich auch etwas besonderes kaufen konnten? Der Gedanke ließ ihn nicht mehr los, er wurde voller Erbarmen für die vaterlose Familie Zhang, und kurz entschlossen machte er sich auf den Weg.

Ihm war bekannt, daß Bruder Ming oben in den Bergen wohnte. Und er wußte auch, auf welchem Berg. Aber er hatte nicht in Erfahrung bringen können, wo genau das Haus war. Trotzdem ging er los, obwohl er auch wußte, daß er niemanden nach dem Haus fragen durfte, damit hätte er die Familie und sich selbst in Gefahr gebracht. Es war ungefähr Mittag, als er losging. Er wanderte sechs Stunden, bis er am Fuße des Berges war. Allmählich wurde es schon wieder dunkel, und zwischen all den Sträuchern war der Weg fast nicht zu erkennen. Eilig ging er weiter, den steilen Weg bergauf. Dornengestrüpp zerkratzte ihn, und er begann zu schwitzen und zu keuchen. Bald konnte er kaum noch etwas erkennen. Aber er ging weiter, so schnell er konnte.

Es war schon recht spät, als er oben auf dem Berg einen schwachen Lichtschein erkennen konnte. Er ging darauf zu, ohne wissen zu können, wer da wohnen würde. Erst gegen Mitternacht stand er endlich vor der Tür dieses Hauses. Auf sein Klopfen hin öffnete ein alter Mann die Tür einen Spalt breit, und vorsichtig und mißtrauisch musterte er den nächtlichen Besucher. Doch dann kam eine alte Frau zur Tür geschlurft, und als sie in Jians freundliches Gesicht sah, öffnete sie die Tür und bat ihn herein.

Wenig später saßen sie alle um ein Holzfeuer, und der alte Mann fragte Jian, wer er war, woher er komme und warum er so spät noch hier vorbeikäme. Jian, der immer noch nicht wußte, ob er denn nun im richtigen Haus war, sah sich zuerst einmal um. Neben den alten Leuten saß zwar noch eine junge Frau, aber er konnte nirgendwo das Kind entdecken, von dem er wußte, daß Bruder Ming es kürzlich erst bekommen hatte. Er war verunsichert und mußte die Frage riskieren: »Bin ich hier bei Familie Zhang?«

»Ja«. antwortete die alte Frau höflich.

»Wieviele Personen zählen bitte zu Ihrer Familie?«

»Wir sind insgesamt fünf.«

»Ich sehe aber nur drei Menschen, wo sind die beiden anderen?«

»Der eine ist mein kleiner Enkelsohn, der bald seinen ersten Geburtstag feiern wird. Er schläft jetzt nebenan. Und der fünfte ist mein Sohn. Er ist im Arbeitslager um seines Aberglaubens willen. Und hier neben mir sehen sie meine Schwiegertochter.«

Als er das hörte, wären Jian fast die Tränen gekommen, und in seinem Herzen dankte er Gott, daß er ihn wirklich auf direktem Weg in das Haus von Bruder Ming gebracht hatte. Die Eltern und die Frau von Ming waren sehr irritiert. Sie verstanden immer noch nicht, wer dieser Mann war und was er von ihnen wollte. Endlich begann Jian, ihnen zu erzählen, wer er war, wie und warum er hergekommen war, und dann zog er vier Yuan aus seiner Jackentasche und legte sie der alten Frau in die Hand: »Bitte, nehmen Sie diese kleine Gabe und kaufen Sie davon etwas für Ihr Neujahrsfest.« Sie wollte verlegen ablehnen, doch Jian hatte sich bereits erhoben und griff nach seinem Mantel. Die Zhangs versuchten, ihn zu überreden, doch über Nacht zu bleiben, aber Jian hatte seine Aufgabe erfüllt und wollte nach Hause. Also blieb der Familie nichts weiter übrig, als ihm herzlich zu danken und ihn zur Tür zu begleiten. Beim Abschied hatten die alten Leute Tränen in den Augen. Dieser Besuch hatte sie wirklich tief berührt.

Jian machte sich auf den langen Heimweg. Erst am Abend des nächsten Tages war er wieder zu Hause. Seine Frau erwartete ihn unruhig: »Wo warst du denn so lange? Und hast du uns etwas mitgebracht für das Neujahrsfest?« Doch Jian hatte sich nicht in seiner Frau getäuscht. Als er ihr erzählte, wo er gewesen war und was er getan hatte, war sie nicht verärgert, sondern sie empfand genau wie er eine tiefe Liebe zu dieser Familie und sie freute sich, daß ihr Mann diesen weiten Weg gemacht hatte, um diese Leute mit der kleinen Gabe zu segnen. Nun hatten sie noch zwei Yuan übrig, aber inzwischen hatten die Feiertage begonnen, und alle Läden und Verkaufsstände waren für drei Tage geschlossen. Erst am 28. Januar, als das Fest eigentlich vorüber war, konnte Jian losgehen, um etwas einzukaufen: Das Geld reichte für Schweineschmalz. Damit hatten sie ein schönes, nachträgliches Festessen. Weil an ihrem Tisch Freude und Liebe herrschte, genossen sie dieses einfache Essen mehr als manche anderen Familien, die einen großen Braten gehabt hatten.

Am selben Abend, als Jian von seinem langen Weg zur Familie Zhang zurückkam, trafen sich eine Gruppe Christen in seinem Haus, um einen Gottesdienst zu feiern. Unter anderem erzählte Jian ihnen von seinem Besuch in den Bergen, und er sagte:»Meine Frau und ich haben beschlossen, daß wir künftig etwas weniger essen wollen, um Bruder Mings Familie regelmäßig helfen zu können.« Das gefiel auch den anderen Christen gut, und alle beschlossen, sich daran zu beteiligen. Am 28. Januar machte sich eine größere Gruppe auf den Weg zu Familie Zhang. Sie hatten Reis, Mehl, Schmalz, Salz und Essig bei sich. Als sie in die Nähe von Mings Haus kamen, hielten sie alle an und beteten für Ming und seine Familie. Es war ein schöner Besuch. Die Leute wußten gar nicht, wie ihnen geschah. Da sie selbst noch keine Christen waren, erschien ihnen diese Liebe von fremden Leuten wie ein Traum, sie hatten noch nie etwas ähnliches erlebt oder auch nur für möglich gehalten. Die Besucher sahen die Familie mit Gottes Augen, voller Liebe und Barmherzigkeit. Als sie sich wieder auf den Weg machen mußten, ließen sie alles zurück, was sie entbehren konnten, einige sogar ihre Jacken und Mäntel, um der Familie zu helfen. Es war das schönste Neujahrsfest der Familie Zhang seit vielen Jahren.

Aber Jian hatte noch einen großen, unerfüllten Wunsch: Er wollte so gerne Bruder Ming selbst besuchen, der wegen seines Glaubens an Jesus mehrere Jahre im Arbeitslager verbringen mußte. Aber das Lager war weit entfernt, und vorerst sah er keine Möglichkeit, dorthin zu reisen.

Ein Jahr später, im Frühjahr 1976, war es dann so weit. Es war ein schöner, sonniger Tag, zwar noch recht kalt, aber der Winter war nun endgültig im Abklingen. Ming hatte schon seit mehreren Tagen die Aufgabe, den Obstgarten des Lagers auf den Frühling vorzubereiten. Während er arbeitete, entdeckte er plötzlich erste, zarte Knospen an einigen Sträuchern. Das Leben ging weiter, eine Jahreszeit nach der anderen, während er hinter Mauern leben mußte. Wie sein kleiner Sohn nun wohl aussah? Ob er schon erste Schritte machen konnte? Und wie mochte seine Frau zurechtkommen im Haus der Schwiegereltern? Voller Sorge dachte er daran, daß seine Eltern und seine Frau noch keine Christen waren. Er stellte sich vor, wie schön die Berge bald sein würden, wenn alles wieder blühen würde. Und er hatte noch mehrere Jahre hier im Lager vor sich. Wie es wohl den Gemeinden ging, die er aufgebaut und betreut hatte? Ob die Geschwister noch alle stark waren in ihrem Glauben? Wieviele wohl inzwischen schon in Gefängnissen waren? Er konnte nicht mehr arbeiten. Der seelische Schmerz war so groß, daß er die Hände sinken ließ und sich resigniert an einen Baumstamm lehnte.

So traf ihn ein Aufseher an, der mit der Nachricht auf ihn zukam: »Ming Zhang, Besuch für Sie!« Er ließ seine Werkzeuge fallen und rannte zu dem Besuchszimmer. Wer konnte das sein? Er konnte es sich nicht vorstellen. Augenblicke später stand er einem Mann gegenüber, der ihn warmherzig begrüßte: »Bruder Ming, wie ich mich freue, dich zu sehen! Ich bin Jian Cheng. Schon seit langem hatte ich den Wunsch, dich besuchen zu können. Ich freue mich so sehr, jetzt tatsächlich hier sein zu können.« Ming hatte schon von Jian gehört, seine Familie und andere Christen hatten ihm von diesem Mann berichtet, der mit so viel Leidenschaft und Hingabe Jesus nachfolgte. Und nun hatte er eine so weite, anstrengende und teure Reise auf sich genommen, um ihn zu besuchen! Ming freute sich sehr über diesen Besuch. Sie bekamen von den Aufsehern die Erlaubnis, in den Obstgarten zu gehen, wo sie sich in aller Ruhe unterhalten konnten. Ming hatte so viele Fragen, und Jian konnte sehr viele davon beantworten. Vor allem redeten sie über den Zustand in den verschiedenen Gemeinden und über Mings Familie.

Dann zog Jian einen kleinen Beutel heraus, wie ihn junge Mädchen benutzen, in dem ein halber Yuan war. Er gab ihn Ming, der ihn fragend anschaute, und dann erklärte er: »Auf meinem Weg hierher lernte ich eine junge Christin kennen. Sie ist knapp zwanzig Jahre alt und liebt Jesus von ganzem Herzen. Leider sind ihre Eltern noch keine Christen. Oft wird sie bestraft, weil sie die Gottesdienste besucht. Doch das kann sie nicht abhalten, auch Schläge nicht. Seit sie Gott kennt, ist ihre Sehnsucht nach ihm größer als alles andere. Sie betet auch immer für die Gemeinden und für die Christen im Gefängnis. Als sie hörte, daß ich auf dem Weg sei, dich zu besuchen, wollte sie unbedingt mit mir kommen. Aber sie kann ihre Familie und ihren Arbeitsplatz nicht verlassen und sie hat auch nicht das Geld für die Fahrkarte. Deshalb bat sie mich, dir dies zu geben. Es ist das Geld, das sie gespart hat.«

Ming weinte, während er dieser Geschichte zuhörte. Und er sagte: »Nein, ich kann dieses Geld nicht annehmen. Bitte nimm es wieder mit, kaufe davon ein hübsches, kleines Taschentuch und schenke es dem Mädchen von mir. Es soll sie daran erinnern, weiterhin treu zu beten. Wir im Gefängnis brauchen ihre Gebete.« Viel zu schnell verflogen die Minuten, und schon kam wieder ein Wärter, um Jian hinauszubegleiten. Aber sie hatten eine sehr intensive, kostbare Zeit zusammen verbringen können, hatten sich kennengelernt, alles Wichtige besprochen und zusammen gebetet. Beide waren Gott dankbar, daß er diese Begegnung so ungestört möglich gemacht hatte. Auf seiner Heimreise kaufte Jian ein hübsches Taschentuch, fuhr wieder bei dem Mädchen vorbei und erzählte ihr alles. Von da an verbrachte sie noch viel mehr Zeit im Gebet, und wenn sie dabei weinen mußte, trocknete sie mit diesem Tüchlein ihre Tränen.

Jian ging nun regelmäßig zusammen mit einigen anderen Christen zu Mings Familie. Sie brachten immer Dinge mit, welche die Leute brauchen konnten. Als dann die Ernte kam, waren die Christen oft oben auf dem Berg, um Familie Zhang zu helfen. Wenn die Angehörigen ihren Ming vermißten und traurig waren, trösteten die Christen sie, und zu den Festtagen machten sie ihnen besondere Freuden. Mings junge Frau war von der Liebe dieser fremden Menschen so berührt, daß sie anfing, Fragen über Gott zu stellen, und bald darauf wurde auch sie Christin. So begann Gott in Mings Familie zu wirken, während er selbst noch im Gefängnis war.

Wenn du dein Leben um meinetwillen verlierst, wirst du es gewinnen (Mk 10,39)

Eines Nachts im Frühling des Jahres 1978 sprach Jian in einem Dorf, nicht weit von seinem Wohnort entfernt. Obwohl sich die Leute in einem Wohnzimmer trafen, waren mehr als achtzig Personen anwesend, die irgendwie Platz gefunden hatten. Der Heilige Geist war unter ihnen willkommen, und sie hatten einen starken, freudigen Gottesdienst zusammen. Nach der Predigt nahmen sie sich viel Zeit, um gemeinsam zu singen, zu beten und die Gegenwart Gottes zu genießen. Es ging auf Mitternacht zu, als plötzlich gewaltsam die Tür aufgestoßen wurde: »Das Haus ist umstellt! Sie sind alle verhaftet! Folgen Sie uns ohne Widerstand!«, schrie eine harte Männerstimme in den Raum. Sie hatten keine Wahl und folgten den Polizisten, die sie abführten. In einem Büroraum der Arbeitsbrigade wurden alle Christen zusammen eingesperrt. Diese Aktion hatte in dem kleinen Ort natürlich viel Aufsehen erregt, die Anwohner waren neugierig und schadenfroh, manche standen extra wieder aus ihren Betten auf, und eine beträchtliche Menschenmenge fand sich bei dem Büro ein. Sie standen auf der Straße und redeten über die Christen, die sie nicht sehen konnten. Ihre Schimpfworte waren gemein und schmutzig, und die Christen drinnen in dem Raum zuckten immer wieder zusammen und drückten ihre Kinder an sich, während draußen unflätige Beschimpfungen über sie niedergingen. Da platzte Jian der Kragen. Mit seiner kräftigen Stimme begann er, ein Lied zu singen, in das alle Christen mit einfielen:

> *»Jesus ging in den Garten Gethsemane,*
> *die Soldaten kamen und nahmen ihn fest,*
> *Judas verriet den Herrn mit einem Kuß, ...«*

Ihr Singen übertönte nicht nur die Stimmen der Menschen draußen, die ihr Gefängnis umlagerten, sondern es lenkte auch ihre Gedanken weg von ihrem eigenen Leid, hin zu Jesus und seiner Liebe zu den Menschen. Sie sangen eineinhalb Stunden lang, es war wie die Fortsetzung ihres Gottesdienstes, sie wurden immer lauter und unbefangener, der Heilige Geist war dort genau so unter ihnen wie zuvor in dem Wohnzimmer und viele weinten, während er sie innerlich berührte und segnete.

Langsam dämmerte es, erstes Licht kroch durch die Ritzen der Bretterwände. Einige Christen waren eingeschlafen, während andere immer noch sangen und beteten oder sich unterhielten. Ein junges Mädchen, das bis dahin geschlafen hatte, wurde plötzlich wach, sah sich erschrocken um und begann, bitterlich zu weinen. Jian beobachtete das Kind, es war etwa dreizehn Jahre alt und schien in großer Angst zu sein. Er ging schnell zu ihr hin und fragte, was denn los sei. Sie schluchzte:»Lieber Onkel, ich bin alleine hier. Ich kam zum Gottesdienst, während ich auf dem Heimweg von der Schule war. Meine Eltern dürfen nicht wissen, daß ich hier bin, sie kennen Gott noch nicht und werden immer sehr böse, wenn ich zu den Christen ins Haus gehe. Aber jetzt sind wir eingeschlossen. Wenn ich nicht nach Hause komme, wird mein Vater mich furchtbar schlagen, und wenn ich nicht zur Schule komme, werde ich dort auch viel Ärger bekommen. Ich muß unbedingt nach Hause, mein Vater kann so böse werden, ich habe solche Angst davor, ihm zu begegnen ...« Sie konnte nicht weitersprechen, weil sie so heftig weinen mußte. Jian schrie in seinem Herzen zu Gott:»Herr, es muß jetzt etwas passieren. Das Mädchen muß nach Hause, bevor ihr Vater vor Sorge die Beherrschung verliert. Bitte Herr, schenke uns einen Ausweg aus diesem Problem!« Jian begann, die Tür des Raumes zu untersuchen. Ob er sie irgendwie öffnen konnte? Sie war verschlossen und hatte als zusätzliche Sicherung an ihrer Außenseite eiserne Riegel. Obwohl er so kräftig war, hatte er keine Chance, diese Tür irgendwie zu öffnen. Das Mädchen, das ihn beobachtete, wie er an der Tür rüttelte und schließlich aufgab, begann, noch verzweifelter zu weinen. Und Jian wurde noch ratloser. Etwas mußte geschehen.»Herr, gib mir eine Idee!« Er sah sich um. Es standen etwa dreißig Stühle in dem Raum.»Ob ich die Tür mit den Stühlen aufbrechen kann?«, überlegte er.

Mit einem Stuhl in den Händen wollte er gerade beginnen, gegen die Tür zu rennen, als plötzlich einer der Männer, der neben der Tür stand, sagte:»Komisch! Die Tür ist ja gar nicht geschlossen!« Tatsächlich, die Tür war nicht mehr verschlossen. Alle waren ganz aufgeregt über das Wunder, das Gott eben vor ihren Augen getan hatte. Die meisten rannten los, nach Hause. Am schnellsten war das arme Mädchen verschwunden, das nur noch hoffen konnte, daß ihr Vater schlief, während sie sich ins Haus schlich. Jian aber blieb in dem Raum. Er sagte sich, daß jemand hier bleiben sollte, um die Verantwortung für die allgemeine Flucht zu übernehmen. Und einige der Christen bestanden darauf, daß sie dann auch zusammen mit Jian zurückbleiben wollten. Wenig später kam ein Arzt vorbei. Er war sehr bekannt in der ganzen Gegend und ein Freund der hohen Parteifunktionäre. Als er näher kam, sah er, daß die Tür offen stand und fast alle Gefangenen verschwunden waren. Aber warum diese paar Leute noch da saßen, verstand er nicht. Er schaute interessiert und verwundert in den offenen, unbewachten Raum, der ein Gefängnis hätte sein sollen.»Das Beste wird wohl sein, wenn Sie auch verschwinden, meinen Sie nicht auch? Warum wollen Sie hier sitzen und auf die Strafe warten? Ganz abgesehen davon, daß es ja wirklich kein schlimmes Verbrechen ist, an Jesus zu glauben. Worauf warten Sie noch? Laufen Sie doch endlich nach Hause!« Da zögerten sie nicht länger, sondern machten sich aus dem Staub. Während sie dankbar nach Hause eilten, ging gerade die Sonne auf.

Wenig später hatten die Leiter der Arbeitsbrigade eine Sondersitzung. Sie ahnten noch nichts, vermuteten die achtzig Leute in ihrem Büroraum und versuchten, sich einig zu werden, was mit ihnen zu tun wäre. Nach einer heftigen Diskussion kamen sie zu folgender Einigung: Die Christen sollten dazu verurteilt werden, als Strafe für ihren nächtlichen Gottesdienst die Kinoeintritte des ganzen Dorfes für ein Jahr zu bezahlen. Davon waren alle begeistert, und sie gingen zu dem provisorischen Gefängnis, um es den Leuten dort mitzuteilen.

Doch welch eine Enttäuschung stand ihnen bevor! Die Tür stand weit offen, der Raum war vom Licht der Morgensonne durchflutet und menschenleer, und Tür samt Schloß waren vollkommen unbeschädigt. Jemand mußte die Tür aufgeschlossen haben! Nur zwei Personen kamen in Frage, die im Besitz des Schlüssels waren: der Sekretär und der Buchhalter der Arbeitsbrigade. Da der Sekretär an diesem Morgen bei der Sitzung dabei gewesen war und nun heftig seine Unschuld beteuerte, konnte es nur der Buchhalter gewesen sein. Also ging der Sekretär mit einer Gruppe anderer

Leute zum Haus des Buchhalters, der aber nicht zu Hause war. Seine Frau erschrak sehr über die vielen Leute, die da plötzlich vor ihrer Tür standen, und als sie verstand, welcher Verdacht da auf ihrem Mann lastete, geriet sie in Panik.

»Wir waren das nicht, wirklich nicht, glauben Sie mir doch! Bitte, glauben Sie mir, wir haben nicht den Christen die Tür geöffnet! Wir sind unschuldig!« Und in ihrer Angst klammerte sie sich an den Sekretär, zerrte ihn an seinem Mantel nach draußen und flehte ihn an, beim Himmel zu schwören, daß sie unschuldig seien. Die Männer waren ratlos, was sie mit dieser hysterischen Frau machen sollten. Sie befreiten den Sekretär aus ihrer Umklammerung und zogen unzufrieden wieder ab.

Wieder zurück in ihrem Büro, hielten sie die nächste Sondersitzung ab. Alle waren erschöpft von den Aufregungen dieses Morgens und enttäuscht, daß alles so ergebnislos verlaufen war. »Was sollen wir bloß mit diesen Christen machen?«, war die große Frage, die keiner zu beantworten wußte. »Umerziehungsunterricht bringt überhaupt nichts, und vor Prügeln und Strafen haben sie keine Angst. Gibt es wirklich keine Möglichkeit, sie von ihrem Aberglauben wegzubringen? Die einzige Möglichkeit, die uns bleibt, ist, sie systematisch gerichtlich zu verfolgen.« Sie kamen zu dem Schluß, daß sie weiterhin versuchen wollten, die Christen bei ihren Treffen zu verhaften, ihnen dann Geldstrafen aufzuerlegen, sie zu prügeln und einen Teil des Lohnes, den sie für ihr Arbeiten in den Brigaden bekamen, einzubehalten.

Im Juli desselben Jahres wurde Jian gezwungen, fünfunddreißig Tage lang einen unbezahlten, »freiwilligen« Arbeitseinsatz zu leisten. Gleichzeitig wurde der Lohn für seine Arbeit in der Brigade gekürzt. Jian war sehr entrüstet darüber und betete lange und ernst deswegen. Die Antwort, die der Heilige Geist ihm gab, war: »Ich kenne deine Schwierigkeiten, …« Gleichzeitig wurde er innerlich wieder ruhig, der Friede Gottes kam zurück, und er konnte aufhören, sich um das Auskommen für seine Familie Sorgen zu machen. Während er weiter betete, sagte der Heilige Geist deutlich zu ihm: »12. April«. Jian wußte nicht, was Gott damit sagen wollte, aber er war sich ganz sicher, in Gottes Schutz zu leben, so daß er voller Vertrauen beten konnte: »Vater, ich weiß nicht, was an diesem Tag sein wird. Aber ich weiß, daß du die Kontrolle über alles hast, was geschehen wird. Ich vertraue dir. Dank sei dir, daß du gute Pläne für mich hast. Ich genieße es, deinen Willen zu tun und dir zu dienen.«

Die Monate vergingen rasch, waren angefüllt mit der Arbeit in den verschiedenen Hauskirchen, mit Gottesdiensten im eigenen Haus, mit Familienleben und mit Arbeit. Dann begann das nächste Jahr, und der 12. April kam. Tagsüber hatte Jian wie gewöhnlich auf dem Feld gearbeitet, abends traf er sich mit Mitarbeitern aus verschiedenen Gemeinden der näheren Umgebung. Als er sich gerade erhoben hatte und aus der Bibel einen Text vorlas, über den er reden wollte, stürmte eine Gruppe von Geheimpolizisten den Raum. Einige versperrten die Fluchtwege, andere ließen sich die Ausweise der Anwesenden zeigen, und mehrere Männer stürzten sich auf Jian, prügelten ihn, traten ihn und beschimpften ihn, bis er blutend am Boden lag. Dann nahmen sie ihn mit auf die Polizeistation.

Sie gingen zu Fuß, Jian war umringt von mehreren Polizisten, die eng vor, hinter und neben ihm gingen. Dabei waren sie ihm mehrmals auf die Füße getreten, so daß seine Schnürsenkel aufgegangen waren. Er bückte sich, um seine Schuhe wieder zuzubinden. Als der Leiter der Geheimpolizei ihn dabei sah, schrie er:»Was machen Sie denn da?«Natürlich hatte er gesehen, daß Jian nur seine Schuhe zubinden wollte, doch er befahl: »Zieht ihm die Schuhe aus, er soll barfuß gehen.«Die Straße, auf der sie gingen, war ganz frisch gebaut worden, und ihr oberster Belag bestand aus sehr kleinen, spitzen Steinchen. Es tat entsetzlich weh, barfuß auf diesen Steinen zu gehen, zumal die Socken sehr schnell durchlöchert waren und Jian mit den Soldaten Schritt halten mußte, die sehr schnell gingen. Bald waren seine Fußsohlen blutig, bei jedem Schritt zuckte er zusammen. Er spürte, wie der Schmerz ihm das Bewußtsein rauben wollte. Doch er wollte sich nicht so schnell besiegen lassen. Da dachte er an Jesus, wie er die schmerzhafteste Straße überhaupt gegangen war, als er das Kreuz auf den Berg Golgatha hatte tragen müssen. Jian sagte in seinem Herzen zu Jesus: »Herr, auch wenn die Straße, die ich im Moment gehe, schwierig ist, kann sie doch nicht verglichen werden mit dem Weg, den du auf dich genommen hast. Auch wenn der Kelch, den ich im Augenblick trinke, bitter schmeckt, ist er doch süß im Vergleich zu dem Kelch, den du damals getrunken hast.«Kaum hatte er so gebetet, da waren plötzlich die Steine unter seinen Füßen nicht mehr spitz, seine Füße taten ihm nicht mehr weh, und es war, als würde er über einen dicken Teppich gehen. Er freute sich so, daß er einen Luftsprung machte und Gott laut dankte. Die Polizisten hatten wieder einmal allen Grund, sich über diesen Christen zu wundern.

Dann kamen sie in der Polizeiwache an, wo Jian sofort zu einem Verhör gebracht wurde. Viele hohe Parteifunktionäre waren anwesend, und sie bombardierten ihn mit Fragen, doch er fühlte sich vom Heiligen Geist so geleitet, daß er auf keine ihrer Fragen antwortete. Sie wollten vieles über die Gemeinden und ihre Leiter wissen, doch Jian schwieg. Wütend befahl der Leiter der Geheimpolizei, ihn zu prügeln. Einige Männer hatten gerade damit begonnen, als fünf junge Frauen den Saal betraten, alles Christinnen, die bei der Verhaftung Jians anwesend waren und ihm bis hierher gefolgt waren. Als sie Jian so am Boden liegen sahen und die Knüppel schwingenden Männer über ihm, da weinten sie vor Schmerz und flehten die Verantwortlichen an:»Bitte, hören Sie doch auf damit! Wir wollten, daß er predigt. Wir haben ihn dazu überredet. Es war nicht seine Schuld. Bestrafen Sie uns, aber lassen Sie ihn in Ruhe, bitte!«

Die Polizisten hörten tatsächlich auf und brachten ihn in einen anderen Raum. Sie schlossen die Tür sorgfältig, damit die Frauen ihnen nicht wieder folgen würden, und dann fesselten sie ihm die Arme auf den Rücken und hängten ihn mit den Armen an einem Dachbalken auf. Es war eine scheußliche, schmerzhafte Haltung, die er da einnehmen mußte. Aber der Dachbalken war so niedrig, daß Jian mit den Füßen auf dem Boden stehen konnte. Um seine Qualen noch zu steigern, befestigten die Polizisten einen zusätzlichen Balken an seinen Handgelenken und einen großen Stein an dem Balken. Dadurch wurde sein Körper in die Höhe gezogen, die Füße baumelten frei in der Luft, und sein ganzes Gewicht hing an seinen nach hinten gezogenen Armen.

Das war furchtbar, Jian konnte diese Schmerzen kaum ertragen. Zunächst gelang es ihm auch nicht zu beten. Die Schmerzen waren so stark, daß er an nichts anderes denken konnte. Ihm wurde übel, Angst machte sich in ihm breit. Er wurde allein in dem Raum eingeschlossen. Die Angst machte ihn fast wahnsinnig, Todesangst wollte ihn erfassen. Da begann er, laut zu beten. Es waren zunächst einfach nur Hilfeschreie zu Gott. Der Heilige Geist erinnerte ihn an einige Zusagen Gottes aus der Bibel, auf die er sich jetzt berufen konnte. Laut rief er sie aus. Es gelang ihm, mehr auf Gottes Aussagen zu achten als auf seine Qualen. Erst nach einiger Zeit bemerkte er, daß die Angst verschwunden war. Da fing er an, Gott zu danken. Während er Gott dankte, kam der Frieden wieder, und er war stärker als die Schmerzen, er war wie ein tiefes Meer, so grenzenlos. Er tauchte ein in diesen Frieden und begann tatsächlich, sich wohl zu fühlen. Und dann kam die Liebe Jesu, die er plötzlich richtig spüren konnte. Wie sehr ihn sein Gott doch lieb hatte! War das nicht phantastisch? Er freute sich von Herzen, so bedingungslos von Gott geliebt zu sein. Nun war die Gegenwart des Heiligen Geistes sehr stark da, und Jian konnte seine Lage vollständig vergessen und ganz Gott genießen. Er verbrachte einen Teil der Nacht damit, Gott zu preisen und ihm Lieder zu singen. Dann wurde er ohnmächtig.

Als er wieder zu sich kam, drangen schon die ersten Strahlen der Morgensonne durch die Ritzen der Bretterwand, und er konnte sich zum ersten Mal umsehen, wo er eigentlich war. Das erste, was ihm quälend auffiel, war ein ganzer Schwarm von Stechmücken, der um ihn herumschwirrte und ihn schon mit vielen juckenden Stichen übersät hatte. Dann betrachtete er den modrigen, schmutzigen Raum, der am ehesten wie eine Dachboden-Gerümpelkammer aussah. Während er immer noch in dieser unmöglichen Haltung an dem Balken hing, wanderten seine Gedanken zu den zahllosen und namenlosen Christen, die wie er in irgendwelchen Gefängnissen waren, weil sie ihrem Glauben an Jesus nicht absagen wollten. Er dachte an die Gemeinden und in welch traurigem Zustand viele noch waren, dann standen ihm die vielen Christen vor Augen, die unter diesen schwierigen Umständen ihren Glauben aufgegeben hatten und nun ein unglückliches Leben ohne Gott zu führen versuchten. Je länger er diesen Gedanken nachhing, desto trauriger wurde er. Schließlich begann er zu weinen. Und er schüttete sein Herz vor Gott aus.

Zwei Tage später wurde er gezwungen zu arbeiten. Er sollte vorerst nicht nach Hause entlassen werden und durfte auch seine Familie nicht sehen. Unter polizeilicher Aufsicht mußte er große Mengen an Sand herumschleppen, die zum Straßenbau verwendet wurden. Für seinen von Folter geschwächten Körper war diese Arbeit zu anstrengend. Bald brach er zusammen. Die Polizisten sahen ein, daß er vorerst nicht für körperliche Arbeit eingesetzt werden konnte. Da er nicht arbeitsfähig war, wurde er bald darauf entlassen.

Halte dich mutig und unbeirrbar an mein Wort
(Jos 1,7)

Wieder war es Winter geworden, es war immer noch das Jahr 1979. Ming war aus dem Arbeitslager entlassen worden und wollte an einem kalten Winterabend in einer Hauskirche in dem Dorf Guo sprechen. Jian sollte den Gottesdienst leiten. Als er ankam, war die ganze Wohnung bereits überfüllt. Alle Möbel waren aus den Zimmern getragen worden, trotzdem war es sehr eng. Die Menschen wärmten sich gegenseitig. Was ihn irritierte, war die Tatsache, daß nicht gesungen wurde, obwohl die Musiker und die Gemeindemitglieder schon in großer Zahl anwesend waren. Aufgeregt flüsterten viele miteinander. Jian, der nicht verstand, was los war, fragte einige junge Frauen, warum denn der Gottesdienst noch nicht angefangen hätte:»Was ist denn los? Warum singt ihr nicht?« Die Frau flüsterte ihm ängstlich ins Ohr:»Da vorne sitzt ein hoher Parteifunktionär. Was sollen wir denn machen?« Jian bedankte sich, entdeckte den Mann in Uniform in der ersten Reihe und setzte sich direkt neben ihn. Er dachte:»Wenn er aufsteht, um den Gottesdienst zu stören, schnappe ich ihn mir.« Und ohne Angst stand Jian auf und stimmte das erste Lied an:

>»Mögen alle deine Feinde so zugrunde gehen, Herr. Doch die, die dich lieben, sind wie die Sonne, wenn sie aufgeht in ihrer Kraft« (Ri 5,31).

Sie sangen und beteten unter Jians Leitung in aller Freiheit, wie sie es gewohnt waren. Dann übergab Jian ihrem Gast, Bruder Ming, das Wort, indem er sagte:»Nun übergeben wir die restliche Zeit diesem Diener Gottes, Bruder Ming.« Ming stand auf, umarmte Jian, der sich dann setzte, und er begann, in aller Freimütigkeit zu reden. Er sprach von dem zweiten Kommen des Herrn Jesus und von den Zeichen, an denen man erkennen kann, daß diese letzte Zeit bald bevorsteht. Alle hörten ihm sehr aufmerksam zu. Bis der Funktionär plötzlich aufsprang und dazwischen rief:»Genug jetzt! Folgen Sie mir!« Damit wollte er auf Ming zugehen und ihn verhaften. Es gelang ihm auch, Ming an seinem Mantel zu packen, um ihn nach draußen zu zerren. Doch er hatte nicht mit Jian gerechnet. Er war mit einem Satz aufgesprungen, hatte sich auf den Mann gestürzt und hielt ihn unter Aufbietung aller seiner Kräfte fest. Jian packte dabei so fest zu, daß dem Funktionär die Luft wegblieb und er sich überhaupt nicht mehr bewegen konnte.

Ming war in der Zwischenzeit entkommen. Der Funktionär schäumte vor Wut. Er knurrte Jian an:»Ich weiß genau, was Sie vorhaben!«

Jian erwiderte, ohne seinen Griff zu lockern:»Ich weiß auch, was Sie vorhaben. Ich kenne Ihre Absichten genau!«

»Ich kenne Ihre Absichten auch«, konterte der Parteimann sofort. Aber Jian ließ ihn nicht zu Wort kommen, sondern er fragte ihn mit Autorität, aber ohne Haß:»Sie verfolgen immer nur uns Christen. Das scheint Ihre einzige Beschäftigung zu sein. Ständig kommen Sie, um unsere Versammlungen zu stören. Wir kommen doch auch nicht zu Ihren Parteitreffen, wir lassen Sie doch immer in Ruhe. Warum tun Sie das? Was soll das für eine Politik sein?«

«Ich bin ein Parteifunktionär und Sie müssen tun, was ich sage«, war die etwas klägliche Antwort.

»Nein, wir werden Ihnen niemals gehorchen, solange Sie sich gegen Gott und sein Wort stellen. Wir gehorchen an erster Stelle Jesus, der unser einziger Herr ist.«

Erst als er sicher sein konnte, daß Ming sich weit genug entfernt hatte, ließ er den Funktionär wieder los, der sich mit rotem Kopf und bösen Blicken entfernte. Er war sehr wütend und knurrte vor sich hin:»Ihr werdet schon noch euer blaues Wunder erleben.« Doch Jian ließ sich nicht mehr von ihm stören, er leitete die Gemeinde durch den Gottesdienst, der zu einem großen Teil aus Singen und Beten bestand. Dann schlossen sie, und alle konnten unbehelligt nach Hause gehen.

Schon am nächsten Tag erhob die Arbeitsbrigade Anklage gegen die Christen vor dem Sicherheitsbüro des Bezirkes. Nicht lange danach kam der Parteifunktionär mit einer Abordnung von Soldaten zu Jians Haus. Mit bösem Lachen klopfte er Jian auf die Schulter und dröhnte:»Hallo, mein lieber Freund, hatten wir nicht erst kürzlich das Vergnügen? So schnell trifft man sich wieder. Darf ich Sie zu einer Tasse Tee einladen?« Dann wandte er sich an die Soldaten, die hinter ihm standen, und mit schneidender Stimme forderte er sie auf:»Los, fesselt ihn!« Jian wurde zum Büro der Arbeitsbrigade gebracht, wo ihn der leitende Parteibeamte sah. Er schrie ihn an:»Sind Sie dieser verdammte Kerl namens Jian?«

Jian versuchte, ihn nicht zu beachten. Der Mann wurde noch wütender. Seine Faust traf Jians Stirn, während er ihn anbrüllte:»Du elender mieser Verbrecher, unserem Land geht es so gut wie noch nie, wir haben Wohlstand und die Leute können sich alles kaufen, was sie haben wollen. Keiner muß leiden! Wie kannst du es wagen, unser Land anzugreifen?« Nun wußte Jian wirklich nicht, wovon der Mann sprach. Er konnte sich alle möglichen erfundenen Anklagen vorstellen, die man ihm anhängen könnte, aber daß er es auf den Wohlstand und den Frieden des Landes abgesehen hätte, das konnte doch niemand ernsthaft behaupten wollen? Der Parteileiter war unverändert wütend und redete weiter:»Hören Sie endlich auf, sich dumm zu stellen! Damit werden Sie diesmal nicht durchkommen. Wir haben schließlich einen Zeugen. Oder wollen Sie leugnen, daß Sie in Guo das Gebet gesprochen haben?«

Jian verstand immer noch nichts:»Doch, natürlich, ich habe in Guo gebetet.«

»Und dort sagten Sie nach dem Gebet, daß Sie die restliche Zeit den Leidenden übergeben wollen. Dafür haben wir einen Zeugen.« (Im Chinesischen klingen die beiden Worte »der Diener« und »die Leidenden« zum Verwechseln ähnlich.)

»Nein, so etwas habe ich nicht gesagt.«

»Wie können Sie es wagen, mir so eiskalt ins Gesicht zu lügen? Aber warten wir auf den Zeugen und unser Beweismaterial.«

In dem Moment kam der Parteifunktionär herein, der damals in dem Gottesdienst gesessen hatte. Bevor er einen Ton sagte, ging er quer durch den Raum zu Jian und schlug ihm ins Gesicht.»Ich habe diese Worte aus Ihrem Mund mit meinen eigenen Ohren gehört.«

Jetzt endlich dämmerte es Jian:»Ach so, jetzt verstehe ich, was Sie die ganze Zeit meinen. Ich sagte damals, wir übergeben die restliche Zeit dem Diener Gottes. Aber ich habe nicht gesagt, wir übergeben die Zeit den Leidenden. Das haben Sie falsch verstanden, weil die Worte so ähnlich klingen und ich einen leicht anderen Dialekt spreche als Sie.«

Der Parteichef, der immer noch daneben stand und die Auseinandersetzung aufmerksam beobachtete, hatte eine Menge Erfahrung im Umgang mit Christen, und er war vertraut mit ihren typischen Ausdrucksweisen. Ihm leuchtete die Erklärung Jians ein, denn der Begriff »Diener Gottes« war ihm sehr bekannt. Deshalb lenkte er jetzt ein wenig ein:»Nun gut, nehmen wir einmal an, mein Kollege hätte Sie falsch verstanden. Können Sie mir dann wenigstens den Namen des Redners noch einmal sagen?« Jian redete sich heraus:»Wie meinen Sie das, sein Name? Er ist ein Diener, das ist sein Name. Der Name eines Dieners ist Diener, was denn sonst?«

Da dachte der Funktionär, der ein Universitätsstudium in einer großen Stadt abgeschlossen hatte und für die ländliche Bevölkerung hier, unter der er jetzt arbeiten mußte, nicht sehr viel übrig hatte, daß Jian ein einfacher, ungebildeter Idiot sei, der seine Sprache gar nicht verstand. Geringschätzig grinste er:»Du Idiot! Was willst du denn für ein Prediger sein? Wenn du nicht einmal verstehst, was der Begriff ›Diener Gottes‹ bedeutet? Meine Güte, was seid ihr Christen doch blöde!« Und damit ließ er die Angelegenheit auf sich beruhen. Aber er war voller Haß auf Gott und die Christen und jetzt begann er, Jesus und seine Jungfrauengeburt mit unschönen Witzen in den Schmutz zu ziehen.

Jian taten diese Lästerungen so in den Ohren weh, daß er plötzlich aufsprang, als sei er der Verhörleiter, mit der Faust auf den Tisch schlug und brüllte:»Halten Sie sofort den Mund! Wagen Sie es nicht, meinen Gott zu lästern! Sie denken, ich hätte keine Ahnung. Meinetwegen. Aber was wissen Sie denn? Sie kennen ja nicht einmal die Richtlinien der Parteipolitik.«

Der Parteichef lief rot an. Ob es Wut, Überraschung oder Verlegenheit war, konnte Jian in diesem Moment nicht beurteilen. Er ging zu Jian und schlug ihm ins Gesicht.»Na gut, dann erzählen Sie mir bitte, was Sie wissen.« Und er ließ eine Flut von Schimpfworten und Flüchen auf Jian herunterprasseln. Doch Jian war ein besonderer Mensch. Sein innerer Friede war so groß, daß er total abschalten konnte, dem Mann überhaupt nicht mehr zuhörte, kurz an Gott dachte und dann einfach einschlief. Er stand mitten im Verhör und schlief! Als dies dem schimpfenden Chef auffiel, wurde er natürlich noch um ein Vielfaches wütender. Wieder schlug er Jian ins Gesicht, trat ihm gegen die Schienbeine und eine noch häßlichere Flut von Schimpfworten kam aus seinem Mund. Jian stand einfach ganz entspannt da, hörte ihm nicht zu und schlief wieder ein! Schließlich wurde er noch am selben Tag entlassen, weil die Leute, die ihn verhaftet hatten, seinen friedvollen, gelassenen Anblick einfach nicht mehr ertragen konnten.

Einige Wochen später brach dann über Nacht der Winter herein und brachte heftigen Schneefall mit sich. Jian wurde schon sehr früh wach und als er sah, daß es angefangen hatte, zu schneien, da freute er sich sehr. Denn das bedeutete für ihn, daß er nicht arbeiten mußte, sondern predigen gehen konnte, ohne erst seine Arbeitsbrigade um Urlaub bitten zu müssen. Er ging hinaus in seinen Innenhof, kniete sich in den Schnee und betete, weil er seine Familie im Haus nicht wecken wollte. Als er einige Zeit später wieder ins Haus zurück ging, kam ihm seine ältester Sohn im Schlafanzug entgegen.»Papa«, fragte er,»willst du wieder Gemeinden besuchen gehen?«

»Ja mein Junge, der Schnee ist günstig für mich, weil ich dann einfach gehen kann, ohne die Brigadeführer um Erlaubnis zu bitten.«

»Papa, kann ich dich etwas fragen?«

Jian nahm ihn auf seinen Arm, trug ihn wieder in die warme Stube, und sie setzten sich zusammen an den Ofen:»Klar mein Großer, was gibt es denn?«

»Bitte Papa, bevor du verreist, könntest du uns eine Wasserpumpe besorgen?«

»Warum denn?«

»Weil Mama und du immer wieder mit den Polizisten ins Gefängnis gehen müssen. Dann sind wir doch immer alleine, und das Wasserholen ist für uns immer so schwer. Wir sind viel kleiner als alle anderen, die im Dorf Wasser holen gehen, und dann ärgern uns die Großen immer. Es wäre so schön, wenn wir eine Pumpe hätten. Wir könnten hier im Hof ein Loch graben und unser eigenes Wasser haben. Dann wäre es für uns nicht so schlimm, wenn Mama und du wieder verhaftet werden.«

Jian war bewegt von diesem Gespräch. Selbst seine Kinder wußten, was Verfolgung war und gingen ganz selbstverständlich damit um. Er wünschte sich, daß sie unter anderen Bedingungen leben könnten, aber er wußte, daß Gott seinen Kindern auf besondere Art alles wiedererstatten würde, was sie in jungen Jahren um des Glaubens willen entbehren mußten. Und noch am selben Morgen ging er in die Stadt, und es gelang ihm, eine Wasserpumpe zu kaufen.

Die Verantwortlichen aus Partei und Verwaltung waren im Laufe der Jahre zu der Überzeugung gelangt, daß Jian sich keinem auch noch so starken Druck beugen würde. Er hielt an seinem Glauben fest um jeden, wirklich jeden Preis, und sein Einfluß auf andere Menschen war sehr groß. Nicht nur seine Redegewandtheit und sein natürlicher Charme und sein Humor, sondern sein ganzes Leben samt seiner glücklichen, liebevollen Familie festigten viele andere Christen und machten die Menschen in Jians Umgebung neugierig auf seinen Gott. Jian war ein echtes Problem für die Gegner des Christentums. Sie wunderten sich immer wieder über ihn, weil sie die Quelle seiner Kraft, seiner Liebe und seiner Disziplin nicht kannten. Aber sie wollten seinen Einfluß um jeden Preis unterbinden. Also dachten sie sich eine neue Methode aus.

Die Bezirksregierung schickte Jian einen Brief und lud ihn ein, an der Bezirksverordnetenversammlung teilzunehmen. Und sie boten ihm an, auch ein Komiteemitglied zu werden. Als die Arbeitsbrigade, der Jian angehörte, diesen Brief erhielt, waren alle entrüstet: »Wieso soll dieser Mann so viel Ehre bekommen? Das ist unbegreiflich, einen Christen ins Bezirksparlament zu berufen!« Aber sie mußten den Anweisungen der vorgesetzten Behörde Folge leisten und, egal was sie darüber dachten, den Brief an Jian überbringen und ihm die Einladung höflich vortragen.

Zwei Parteifunktionäre wurden auserwählt, um Jian zu besuchen und ihm die Neuigkeiten mitzuteilen. Ihre Pflicht war es, äußerst zuvorkommend zu sein: »Es wäre uns eine Ehre, wenn Sie an der Bezirksversammlung teilnehmen würden. Bitte vertreten Sie unsere Brigade dort mit besten Mitteln, indem Sie vortragen, wie vorbildlich wir gearbeitet haben und wieviel Erträge wir hatten.« Jian wunderte sich, doch beeindruckt war er nicht. Er nahm den beiden, die sich in ihrer Rolle sichtlich unwohl fühlten, den Brief aus der Hand und las ihn selbst noch einmal durch. Dann legte er ihn achtlos zur Seite. Und während er sich schon wieder halb abwandte, meinte er bloß: »Ich bin ein Bauer. Das ist alles. Was soll ich in einer Abgeordnetenversammlung?«

Die Arbeitsbrigade schickte mehrmals Leute zu ihm, die ihn überreden sollten, der Einladung zu folgen. Denn nachdem sie nun diesen Brief der Regierung erhalten hatten, waren sie darauf angewiesen, daß er zu der Versammlung ginge und ein Komiteemitglied würde. Denn sie konnten nun keine andere Person an seiner Statt schicken. Wenn er nicht ginge, wäre ihre Brigade nicht auf dem Treffen vertreten. Aber Jian ignorierte alle Versuche der Brigade. Es folgte ein dringender Appell der Bezirksregierung an die Brigade, Jian sollte unbedingt an der nächsten Komitee-sitzung teilnehmen. Aber Jian war stur. Die Behörden waren verärgert und neugierig, denn so etwas hatten sie noch nie erlebt. Jeder andere Chinese hätte sich um diese Ehre gerissen, und wenn es nur um die daraus folgenden Vorteile für die eigene Familie ging. Schließlich schickte die Regierung einen ihrer Männer zum Büro der Arbeitsbrigade, um mit Jian persönlich zu reden.

Schnell wurde ein Bote zu Jian nach Hause geschickt, um ihn zu holen. Doch Jian hatte einfach keinen Respekt vor all diesen Autoritäten. Er weigerte sich zu gehen mit der Begründung: »Ich lasse gerade ein paar Möbel für uns machen. Da muß ich heute dem Schreiner helfen, der zu uns gekommen ist, um hier zu arbeiten. Deshalb kann ich unmöglich gehen.« Als er das sagte, war der Bote, der ihn holen sollte, außer sich: »Was sind Sie nur für ein Mensch? Da ist nun extra ein Regierungsmitglied gekommen, um mit Ihnen zu sprechen und Sie zum Komitee einzuladen, und Sie müssen Möbel schreinern. Das kann doch einfach nicht wahr sein!«

Jian war unerbittlich: »Wenn es etwas Dringendes ist, sagen Sie ihm doch bitte, dann kann er mich hier zu Hause antreffen.« Dem Mann hatte es die Sprache verschlagen, er drehte sich wortlos um und ging.

Wenig später kam er dann tatsächlich mit dem Regierungsmann persönlich bei Jian vorbei. Jian war zumindest so höflich, daß er von seiner Arbeit aufstand und den hohen Herrn auf seinem Bett sitzen ließ, das schon ziemlich schief und wacklig war. Der Gast war sehr pikiert und verstimmt und schwieg eine geraume Zeit. Also ergriff Jian das Wort, und er redete mit ihm wie mit einem ganz normalen Arbeiter: »Was wollen Sie von mir? Wozu brauchen Sie mich?« Der Mann schaute ihn mit ratloser Verachtung an und fragte zurück: »Haben Sie die ›Zehn Verbote‹ erhalten, die wir Ihnen vorbeibringen ließen?«

»Nein«, antwortete Jian.

Da fiel ihm sein Begleiter von der Brigade ins Wort: »Bitte vergeben Sie uns, wir haben die Notiz erhalten, aber es gelang uns noch nicht, sie an Herrn Jian weiterzuleiten, da wir zur Zeit über alle Maßen beschäftigt sind.«

Jian mischte sich ein: »Auch wenn ich es nicht bekommen habe, weiß ich, wovon Sie reden. Es ist doch dieses Heft, in dem zum Beispiel steht, daß Jugendliche unter achtzehn Jahren keine Christen werden dürfen.«

»Genau.«

»Und auch das Beten für die Kranken wird verboten und das Austreiben von Dämonen, stimmt's?«

»Ja genau.«

»Es ist mir eigentlich egal, wieviele Verbote Sie da noch haben, aber schon das erste kann ich nun einmal unmöglich annehmen.«

»Sie wagen es, sich uns zu widersetzen?«

»Nein, so würde ich das gar nicht ausdrücken. Aber überlegen Sie doch selbst. Ich habe fünf kleine Kinder, alle unter achtzehn. Im Durchschnitt haben wir fünf Gottesdienste pro Woche in unserem Haus. Dann ist es jedesmal so voll, daß die Christen in fast allen Räumen sitzen, singen, beten und die Bibel lesen. Im Frühjahr regnet es, im Herbst ist Sturm, im Winter ist es kalt. Sie erwarten doch nicht im Ernst von mir, daß ich meine Kinder in den Hof schicke, bis die Treffen wieder vorbei sind, nur damit sie nicht auch Christen werden? Würden Sie das an meiner Stelle machen?«

Die Logik mußte den hohen Gast überzeugt haben, denn ihm fiel kein Gegenargument ein. Er wechselte das Thema, um diese Schlappe zu vertuschen und fragte:»Aber warum um alles in der Welt wollen Sie nicht zur Bezirksversammlung kommen?«

»Ich kann Ihre ›Zehn Verbote‹ nicht annehmen, deshalb komme ich nicht.«

»Aber die haben doch nicht wir geschrieben, sondern ein Pastor aus der nächsten Stadt. Er kennt die Bibel besser als Sie!«

»Glaubt er an Jesus?«

»Natürlich glaubt er an Jesus. Wie könnte er ein Pastor sein, wenn er nicht an Jesus glauben würde?«

»Nun, ich für meinen Teil bin mir nicht so sicher, daß er wirklich an Jesus glaubt, denn es gibt zwar die ›Zehn Gebote‹, aber so etwas wie ›Zehn Verbote‹ gibt es in der Bibel nicht. Ich halte das für religiöse Heuchelei, mit der ich nichts zu tun haben will.«

»Ich will nicht mit Ihnen streiten. Der Grund, warum ich Sie heute aufsuche, ist, Sie zur Patriotischen Drei-Selbst-Kirche einzuladen. Wir möchten, daß Sie uns bei unserer Arbeit unterstützen.«

»In meiner Bibel gibt es keine Patriotische Drei-Selbst-Kirche, deshalb werde ich dort nicht mitarbeiten.«

»Aber wenn Sie sich uns anschließen, heißt das doch nicht, daß Sie deswegen nicht mehr beten oder sich treffen dürfen mit Ihren Christen am Ort. Also, warum hören Sie nicht auf uns?«

»Wir hören nur auf Gott, nicht auf Menschen.«

Jetzt endlich wurde der Funktionär doch wütend. Er schrie Jian an: »Wenn Sie sich unserer religiösen Vereinigung nicht anschließen, werden wir alle Treffen in Ihrem Haus verbieten, und sie werden notfalls auch mit Gewalt verhindert werden.«

»Wir werden uns weiterhin treffen. Die Bibel empfiehlt uns, nicht aufzuhören, uns zu treffen, und daran wollen wir uns halten.«

»Wenn Sie nicht aufhören mit den Treffen in Ihrem Haus, werde ich Sie verantwortlich machen für alle Verbrechen und Gewalttaten, die am Ort geschehen.«

»Dann müssen Sie aber auch aus Gründen der öffentlichen Sicherheit aufhören, alle Filme und Vorführungen zu zeigen, in denen Gewalt und Unrecht vorkommt. Sonst kann ich auch nicht die Verantwortung übernehmen für die Kriminalität, welche die Leute verüben. Wenn Kino und Theater aufhören, dann hören wir auch auf.«

Der Regierungsbeamte wurde nun so wütend, daß es ihm die Sprache verschlug. Wortlos erhob er sich von dem quietschenden Bett und verließ das Haus, während sein Begleiter ihm folgte.

Zehn Tage später ließ derselbe Regierungsmann wieder einen Boten zu Jian schicken, der ihn sofort mit in das Büro der Arbeitsbrigade bringen sollte, wo der Mann ihn erwartete. Jian, der an diesem Tag auf dem Feld arbeitete, kam mit. Er wurde empfangen mit den Worten:»Habe ich Ihnen nicht gesagt, daß mit sofortiger Wirkung alle Treffen in Ihrem Haus untersagt sind? Warum haben Sie meine Warnung in den Wind geschlagen und weiterhin Ihre Gottesdienste abgehalten?«

Jian lachte fröhlich und ohne Angst:»Haben Sie vergessen, was wir ausgemacht haben? Wir hören erst auf, uns zu treffen, nachdem alle anderen Aktivitäten am Ort auch aufgehört haben. Sie waren es, der unsere Abmachung nicht eingehalten hat, nicht ich. Da können Sie mir doch keinen Vorwurf machen.« Der Mann knirschte mit den Zähnen:»Die Kommunisten werden Sie doch noch fertig machen. Verlassen Sie sich drauf. Die sitzen am längeren Hebel.«

»Nun, wenn Sie so unvernünftig sind, dann gehe ich jetzt besser. Sie müssen die Konsequenzen Ihres Verhaltens selbst tragen.«

»Mein Gott wird die Konsequenzen tragen.« Damit verließ Jian aufrecht und erhobenen Hauptes die Unterredung, die eigentlich noch nicht zu Ende war. Zurück ließ er ratlose Funktionäre, die seinen hartnäckigen Fall dann wenig später dem Sicherheitsbüro in der Stadt»B« vorlegten. Sie hofften, daß diese ranghöhere Stelle vielleicht eine Idee hätte, was man mit diesem eigensinnigen Mann machen könnte.

Du sollst durchhalten in dem Lauf, zu dem du angetreten bist (Hebr 12,1)

Eines Tages redete der Heilige Geist sehr klar zu Jian und sagte:»Innerhalb der nächsten drei Tage mußt du deine Heimat verlassen.« Am selben Abend war Jian wieder in einem Gottesdienst und predigte. Wieder hörte er die Stimme des Heiligen Geistes in seinem Geist:»Setze jetzt Mitarbeiter ein, die deine Arbeit weiterführen können. Dann packe deine Tasche und gehe so schnell wie möglich weg.«

Nachdem der Gottesdienst beendet war, rief Jian alle Mitarbeiter zusammen, erzählte ihnen von Gottes Reden und besprach mit ihnen, wer künftig welche Aufgaben übernehmen würde. Er segnete sie, betete mit ihnen, und dann beteten alle für Jian. Es war ein schmerzlicher Moment, als sie ihren lieben Leiter dem Schutz Gottes anbefehlen mußten, ohne zu wissen, ob sie ihn je wieder sehen würden. Dann gingen sie auseinander. Zuhause angekommen, erzählte Jian seiner Frau alles, dann packte er eine kleine Tasche. Am schwersten wogen seine Bibel und einige Notizbücher, auf die er nicht verzichten konnte. Seine Frau und seine fünf Kinder brachten ihn zur Haustür. Draußen wurde es gerade hell, als er aus dem Haus trat, einer ungewissen und doch sicheren Zukunft entgegen. Sein Gott trug die Verantwortung für ihn, seine Familie und die Gemeinden.

Drei Tage später fuhr ein großer, eleganter Wagen der Geheimpolizei bei Jians Haus vor. Einige Polizisten und eine Gruppe von Soldaten klingelten Jians Frau heraus. Sie wollten Jian haben, und da er nicht freiwillig herauskam, durchsuchten sie das ganze Haus. Sie durchwühlten alles und veranstalteten ein fürchterliches Chaos, aber natürlich fanden sie ihn nicht. Also befragten sie seine Frau und seine Kinder nach Jians Verbleib, und sie konnten es nicht glauben, daß diese Familie nicht wußte, wo ihr Mann und Vater war. Schließlich versuchten sie, aus der jüngsten Tochter eine Antwort herauszubekommen. Sie stießen sie herum und ohrfeigten sie, um sie einzuschüchtern, dann fragten sie wieder:»Wo ist dein Vater?« Aber ihre Antwort war auch ein schlichtes»Ich weiß es nicht.«

Sie schlugen das Mädchen ins Gesicht, bis ihre Nase und ihre Lippen bluteten. Einer der Männer wollte sie fesseln, doch das Kind war sehr gelenkig, wand sich aus seiner Umklammerung und rannte aus dem Haus.

Die Soldaten hinterher. Fast hätten sie das Mädchen eingeholt, da kam gerade noch rechtzeitig ein Graben, in den sie sprang. Das Wasser war sehr schmutzig und auch recht tief, so daß die Männer keine Lust hatten, sie darin noch zu verfolgen. Unverrichteter Dinge zogen sie wieder ab.

Von diesem Tag an lebte Jian wie ein Flüchtling in der eigenen Heimat, einundzwanzig Monate lang. Er wurde begleitet von Bruder Ming, Schwester Bai und einigen anderen geistlichen Leitern, die ebenfalls polizeilich gesucht wurden. Sie schliefen in den Bergen und in der Wildnis, zwischen Sträuchern und auf Feldern. Sie mußten viel Kälte und Wind und Mückenstiche ertragen. Manchmal schlichen sie sich in den frühen Morgenstunden, bevor die Sonne aufging, in ein Haus von Christen, um sich für ein paar Stunden auszuruhen, oder um dort einen Gottesdienst abhalten zu können. Gottes Schutz war mit ihnen, und die Polizei konnte sie nicht ergreifen. Häufig war es wie ein großes Geländeversteckspiel, das die Christen immer gewannen, weil sie der Leitung des Heiligen Geistes folgten. Und dabei fanden sie auch noch oft genug die Gelegenheit, die anderen Christen zu sehen, zu ermutigen und zu trösten, und in den Gottesdiensten, die sie abhielten, ermahnten sie alle, Gott mit ganzer Leidenschaft zu lieben.

Einmal war die Polizei ihnen so dicht auf den Fersen, daß sie rennen mußten, bis sie kaum noch Luft bekamen. Auf dieser Flucht kamen sie in eine Stadt He-Ping in der Provinz »R«. Aber dort war die Lage so angespannt, daß die Christen es nicht wagen konnten, die Gejagten aufzunehmen. Wo sollten sie sich verstecken und ausruhen? Da sahen sie einen alten Stall und dachten, das wäre eine Lösung. Der Stall war ausgesprochen schmutzig, schon lange nicht mehr ausgemistet, man mußte bei jedem Schritt darauf achten, nicht in Kot zu treten. Der Gestank war bestialisch, und Fliegenschwärme brummten um ihre Köpfe. Endlich fanden sie in einer hinteren Ecke noch etwas saubereres Stroh, in das sie krochen und zu schlafen versuchten. Doch gegen Morgen wurde es so kalt, daß sie alle am Zittern waren und an Schlaf nicht mehr zu denken war. Sie beschlossen, wieder nach draußen zu gehen und zu rennen, um die Kälte zu verjagen. Während sie dann die Landstraße entlang »joggten«, wurde ihnen nicht nur wieder etwas wärmer, sondern sie trafen auch Bruder Ming und Bruder Yun, die sich ihnen anschlossen, und so rannten sie alle gemeinsam und verließen diese schwierige Provinz »R« wieder.

Dann kamen sie in den Ort Liu Shan, wo Jian Verwandte hatte, die er sehr gerne besucht hätte. Von diesen Leuten erhoffte er sich Nachrichten aus seiner Familie, über deren Ergehen er nun schon seit dem Beginn der Flucht nichts mehr hatte erfahren können. Aber Bruder Ming wußte, daß gerade diese Familie schon sehr viel gelitten hatte wegen ihres polizeilich gesuchten Verwandten Jian, was Jian selbst nicht so bewußt war. Ming versuchte behutsam, Jian von diesem Besuch abzubringen. Er wollte es Jian nicht direkt sagen, also ermahnte er ihn bloß, bald wieder zu kommen und auf keinen Fall die Nacht dort in der Familie zu verbringen. Aber als Jian plötzlich überraschend vor ihrer Tür stand, freute sich die ganze Familie so herzlich, daß Jian es nicht mehr schaffte, diese lieben Verwandten noch am selben Tag wieder zu verlassen. Sie nötigten ihn sehr, und er ließ sich erweichen, eine Nacht bei ihnen zu verbringen. Es war sehr schön für ihn, ein Bad nehmen zu können, sich frische Kleider anzuziehen und an einem gedeckten Tisch Platz nehmen zu dürfen. Sie redeten den ganzen

287

Abend und beteten auch zusammen. Aber kaum waren sie schließlich ins Bett gegangen, als es auch schon an der Haustür klopfte. Die Geheimpolizei stand vor der Tür. Sie hatten Jian hinein- und nicht wieder hinausgehen sehen. Das ganze Gelände war umstellt, und mit großem Polizeiaufgebot begann die Hausdurchsuchung. Die Wohnung hatte vier Zimmer, die nun alle systematisch durchsucht wurden. Als die Polizisten im dritten Raum waren, bekam Jian nun doch ziemliche Angst. Er betete und befahl sich selbst wieder neu dem Schutz Gottes an.

Da gab der Heilige Geist ihm eine Idee. Sein Blick fiel auf einen riesengroßen, alten Koffer, der neben dem Bett stand. Er öffnete ihn und sah, daß er mit Bettzeug gefüllt war. Er nahm es heraus, legte es auf das Bett, kroch selbst in den Koffer und schloß den Deckel wieder über sich. Im selben Moment traten die Polizisten auch schon die Tür zu diesem vierten Zimmer auf. Stiefeltritte polterten herein und Männer begannen, fluchend zu suchen. Sie leuchteten mit ihren starken Taschenlampen in alle Ecken, in jeden hintersten Winkel und durchsuchten alles, indem sie ein entsetzliches Durcheinander verursachten. Jemand schlug auch gegen die Koffer mit irgendeinem harten Gegenstand. Jian hielt die Luft an, er rechnete im nächstem Moment damit, daß der Mann den Deckel öffnen würde. Aber das tat er nicht. Es kam ihm vor wie eine halbe Ewigkeit, als endlich alle wieder das Zimmer verließen.

Aber wenige Minuten später kamen schon wieder Menschen herein, die nach ihm suchten. Jian blieb weiterhin reglos in dem Koffer, was langsam doch sehr unbequem wurde. Er hörte, wie noch einmal in allen Räumen nach ihm gesucht wurde. Jian dachte, die Geheimpolizei hätte noch eine zweite Suchtruppe vorbeigeschickt, und er wagte nicht die kleinste Bewegung. Bis er plötzlich die vertraute Stimme einer lieben, besorgten alten Frau hörte, wie sie verzweifelt seufzte: »Das gibt es doch nicht. Wo steckt er denn bloß?« Jian erkannte die Stimme seiner Tante und plötzlich verstand er: Es waren seine Verwandten, die ihn zuletzt gesucht hatten! Schnell antwortete er: »Hier bin ich, Tantchen. Sag mir, sind alle weg, die mich suchen?« Sie weinte fast vor Erleichterung, als sie antwortete: »Gott sei dank, du bist da. Wo bist du denn?« Und schnell holte sie ihn aus dem Koffer heraus.

Alle waren sehr froh und erleichtert, als sie ihn unversehrt vor sich stehen sahen, mit einem verschmitzten Lächeln in den Augenwinkeln und vielen Lachfalten in dem abgemagerten Gesicht. Sie dankten zusammen Gott, doch nun hatte Jian es eilig: »Nun, es sieht wirklich so aus, als würden wir hier sehr gesucht werden. Ich muß so schnell wie möglich zu den anderen, um sie zu warnen.« Noch in derselben Nacht rannte Jian über dreißig Kilometer, um zu dem Platz zu kommen, wo die anderen sich versteckt hatten und warteten, bis er von seinem Besuch wiederkommen würde. Als er ihnen in Kürze die Ereignisse berichtet hatte, gingen sie alle zusammen auf ein Maisfeld, wo sie sich zwischen den Stauden gut verstecken konnten. Dort verbrachten sie die restliche Nacht und versuchten, sich auszuruhen.

Eines Nachts ging Jian nach Hause zu seiner Familie, um sich dort ein bißchen zu erholen. Drei Tage blieb er bei ihnen. Tagsüber, wenn seine Frau auf den Feldern arbeitete und die Kinder in der Schule waren und danach auch auf die Felder gehen mußten, verschlossen sie die Haustür von außen, wie sie es immer taten. Drinnen saß Jian und stand Ängste aus, wenn er husten oder niesen mußte. Er durfte keinerlei Geräusch verursachen, und er fühlte sich entsetzlich einsam. Wie gerne wäre er wieder ganz normal mit seiner Familie zusammen gewesen. Aber daran war wohl vorerst nicht zu denken. In der dritten Nacht startete der Teufel einen besonderen Angriff gegen ihn, um ihn vollends zu entmutigen. Während er schlief, biß ihn eine Ratte kräftig ins Handgelenk. Eine Sehne hatte sie durchtrennt und eine oberflächliche Vene war gerissen. Sein Arm blutete heftig. Er konnte doch keinen Arzt aufsuchen. Was sollten sie tun? Die Blutung wollte nicht aufhören. Seine Frau und alle Kinder knieten sich um ihn und beteten zu ihrem himmlischen Vater um ein Wunder. Und da, ganz abrupt hörte das Bluten auf. Gott sei dank! Aber trotzdem wurde der Arm innerhalb der nächsten Stunden sehr dick und gerötet und schmerzte sehr. Die Bißwunde hatte sich entzündet.

Es blieb ihm trotzdem nichts anderes übrig, als wieder zu Ming und den anderen zurückzukehren, die unterdessen in einem Waldstück auf ihn gewartet hatten. Sie zogen von einem Ort zum anderen, zwar eigentlich immer auf der Flucht, aber gleichzeitig auch immer im Dienst für ihren Gott. Denn wohin sie auch kamen, entstanden neue Gemeinden. So entgingen sie gleichzeitig der Polizei, die sie mit allen Mitteln zu ergreifen versuchte, reisten in der ganzen Gegend herum und konnten viele Menschen zu Jesus führen, bestehende Gemeinden ermutigen und neue Gemeinden gründen.

Freue dich, wenn Gott dich für würdig hält, für Jesu Namen zu leiden (Apg 5,41)

Dann fand eine Mitarbeiterkonferenz statt, zu der alle Leiter und Verantwortlichen der Hauskirchen eines großen Gebietes gekommen waren, um sich neu mit Gottes Kraft und durch Unterweisung stärken zu lassen. Die Redner der Gottesdienste waren Jian, Ming und Yun. (Davon wurde auch in der Geschichte Yuns, »Der Himmelsbürger« im zweiten Manuskript berichtet.)

Es hatte zu schneien begonnen, und nachdem der Abendgottesdienst beendet worden war, zog sich Jian noch zurück, um Zeit alleine mit Gott zu verbringen. Er fand einen Platz im Hinterhof des Hauses, in dem er zu Gast war. Hier störte er keinen und konnte in Ruhe beten. Während er im Schnee kniete, Kälte und Müdigkeit vergaß und die Gegenwart des Heiligen Geistes genoß, redete Gott deutlich zu ihm und sagte: »In drei Tagen werden einige von euch verhaftet werden.«

Am Morgen dieses dritten Tages ergriff Jian das Wort und sagte: »Der Heilige Geist hat mir gezeigt, daß heute einige von uns verhaftet werden wegen unseres Glaubens an Jesus. Laßt uns jetzt alle gemeinsam und intensiv für die beten, die das betreffen wird.« Noch am selben Abend wurden Jian, Yun und drei andere Männer verhaftet, während sie sich nach dem letzten Gottesdienst auf dem Heimweg befanden.

Auf der Wache schlugen die Polizisten Jian mit einem schweren Knüppel, doch auf übernatürliche Weise spürte er nicht den geringsten Schmerz. Als die Polizisten sahen, daß Prügeln überhaupt keine Wirkung auf ihn hatte, stießen sie ihn zu Boden und fesselten seine Arme auf dem Rücken. Seit jener Nacht, als die Ratte ihn gebissen hatte, dachte Jian immer mit Sorge daran, was mit seinem Arm passieren würde, wenn er gefangen und gefesselt werden würde, bevor diese Verletzung ausgeheilt wäre. Er hatte Angst, daß sein Arm dann für immer bewegungsunfähig werden könnte. In dem Moment geschah das nächste Wunder: Sein Arm hatte seither immer weh getan, doch als die Polizisten anfingen, ihn zu fesseln, verschwanden alle Schmerzen, und der Arm war vollständig wiederhergestellt.

»Woher kommen Sie?« fragten die Polizisten ihn.

»Ich bin aus der Stadt ›F‹ und kam hier gerade mal vorbei. Als ich sah, daß hier ein Treffen war, ging ich hinein«, antwortete Jian.

»Wo war denn das Treffen? Los, führen Sie uns zu dem Ort!« Sie machten sich sofort mit ihm auf den Weg.

Jian leitete sie zu einer Grundschule und blieb davor stehen. »Hier ist der Treffpunkt«, erklärte er. Die Geheimpolizisten und die Soldaten stürmten das Gebäude. Drinnen stießen sie auf eine kleine Gruppe von Lehrern, die gerade den Unterricht des folgenden Tages vorbereiteten. Als plötzlich all diese Männer in das Lehrerzimmer platzten, erhob sich der Rektor, stellte sich ihnen entgegen und fragte scharf: »Was machen Sie denn alle hier?«

Den Polizisten war diese Szene furchtbar peinlich. Was sollten sie darauf antworten? Sie beeilten sich, wieder raus zu kommen, und auf der Straße schlugen sie Jian sehr. Wie hatte er nur so dreist sein können, sie so zu blamieren? »Es wäre besser für Sie, wenn Sie uns jetzt den Treffpunkt sagen würden, bevor wir Sie totschlagen! Wenn Sie uns noch einmal belügen, werden wir Sie ganz bestimmt umbringen!« Jians Hauptsorge galt natürlich den anderen Christen, er wollte sie auf keinen Fall in Gefahr bringen. Deshalb begann er jetzt, so laut er konnte, zu schreien, um sie zu warnen. Er brüllte: »Warum schlagen Sie mich so? Ich kann Ihnen nicht mehr sagen, mehr weiß ich nicht. Ich habe den wirklichen Treffpunkt vergessen. Woher soll ich wissen, wo die Christen sich treffen?«

In dem Moment hörte man ein Schreien und ein Getöse auf der Straße näherkommen. Es war Bruder Yun, den die Polizisten auch auf der Straße führten, als abschreckendes Beispiel für die Öffentlichkeit und um ihnen den Weg zu dem Versammlungsort der Christen zu weisen. Und Yun schrie auch so laut er konnte, damit die anderen Christen ihn hören würden und Zeit hätten, das Haus zu verlassen. Jian mußte lächeln, als er Yun in voller Lautstärke hören konnte: »Ich komme vom Himmel. Ich bin ein himmlischer Mensch. Woher soll ich wissen, wo die Christen sich treffen?« Die Leute auf der Konferenz hörten den Lärm näherkommen und verließen unauffällig und schnell den Ort, um in einem anderen Haus ihre gemeinsame Zeit mit Gott fortzusetzen. Zu dem Zeitpunkt war auch der Geheimpolizei klargeworden, daß sie von den beiden ausgetrickst worden waren. Wütend drohten sie den Christen: »Also gut, wir gehen wieder auf die Wache. Aber in unserem Büro soll Ihnen Hören und Sehen vergehen.«

Sie stießen Jian auf die Ladefläche eines Transporters, aber weil seine Hände auf dem Rücken gefesselt waren, konnte er sich weder abstützen noch festhalten und fiel vornüber in den Schnee. Die Wärter fluchten, hoben ihn hoch und warfen ihn auf den Wagen. Dabei schlug sein Kopf so fest gegen das Metall, daß er das Bewußtsein verlor. Einige Christen waren auf der Straße stehengeblieben und beobachteten die ganze häßliche Szene, und viele begannen zu weinen, als sie die Grausamkeit sahen, die ihrem Bruder und Lehrer widerfuhr. Aber niemand wagte es, einen Ton zu sagen. Auch die Tränen wurden heimlich abgewischt. Der Transporter brachte Jian und die drei anderen Christen zur Polizeistation der Stadt Shi Lin. Yun war bereits dort, ebenfalls in Handschellen. Er zitterte vor Kälte, die Räume für die Gefangenen waren ungeheizt. Nun waren sie alle fünf zusammen und für einige Stunden sich selbst überlassen. Alle trugen Handschellen und froren entsetzlich, aber sie nutzten ihre gemeinsame Zeit, sangen einige Lieder und beteten dann ernstlich und so lange, bis die Aufseher wieder nach ihnen sahen, weil sie sich für ihre Gefangenen neue Folter und Verhöre ausgedacht hatten.

Das erste, was man am nächsten Morgen von ihnen verlangte, war, in dem großen Hof Schnee zu fegen. Dann wurden die Christen getrennt. Jian und Yun wurden in ein Untersuchungsgefängnis gebracht. Dort waren außer ihnen noch acht andere Gefangene, die keine Christen waren. Als sie dem Wärter übergeben wurden, begann der, gemein zu lachen. Er stemmte seine Arme in die Hüften, starrte sie an und schrie: »Los, kommen Sie hier herüber!« Jian und Yun gehorchten, und der große Mann erklärte ihnen mit bösem Blick: »Ich werde Sie jetzt erst einmal beschäftigen. Zuerst werde ich Sie fischen lassen, dann dürfen Sie Motorrad fahren.«

Was er mit »Fischen« bezeichnete, war eine sehr häßliche, gemeine Foltermethode. Der Gefangene wurde gezwungen, einen Strohhalm in seinen Mund nehmen und ihn in einen Urineimer einzutauchen. Dann sollte er durch den Halm in den Urin blasen, so daß es zu schäumen begann. Das mußte er so lange machen, bis sein ganzes Gesicht voller Spritzer war. Der Aufseher stand gewöhnlich lachend daneben und fragte: »Nun, haben Sie schon etwas gefangen?« Die andere Foltermethode, das »Motorradfahren« sah so aus, daß der Gefangene sich bis auf halbe Höhe in die Hocke begeben mußte, die beiden Arme nach vorne ausgestreckt. Und er sollte dazu die Geräusche eines Motorades in voller Fahrt machen. Wenn ihn die Kraft in den Oberschenkeln verließ und er nicht mehr in dieser Haltung sein konnte, wurde er so lange und schlimm geschlagen, bis er entweder auf dem Boden liegenblieb oder wieder halbhoch in der Hocke saß. Schon viele Christen waren in diesem Gefängnis auf die eine oder die andere Art gequält worden von den Menschen, die sich von ihrem Haß gegen Gott leiten ließen. Der Aufseher befahl dann den anderen Gefangenen, Yun zu schlagen. Diese Männer waren so voller Aggression, daß sie sich auf Yun stürzten und ihn zusammenschlugen, bis er bewußtlos auf der Erde lag. Und auch dann konnten einige noch nicht aufhören, ihm Stiefeltritte zu verpassen. Blut quoll aus seinem Mund, und er war dem Tod näher als dem Leben.

Zuerst hatten Jian und Yun es für weise gehalten, so zu tun, als würden sie sich nicht kennen. Aber als Jian zusehen mußte, wie Yun geschlagen wurde und schließlich zusammengekrümmt, blutend und reglos liegenblieb, da konnte er einfach nicht anders als zu ihm hinzugehen, ihn in seinen Schoß zu betten und das Blut abzuwischen, das ihm aus den Mundwinkeln rann. Jian weinte sich dabei vor Gott aus und bat ihn um Trost und Schutz für seinen Bruder.

Schon nach wenigen Tagen war den anderen Gefangenen aufgefallen, daß Jian anders war als sie. Er strahlte Wärme aus, eine Qualität, die es sonst in diesen Mauern nicht gab. Wenn man ihn ansprach, war er stets sehr freundlich und ehrlich, und vor allem hatte er diesen Frieden in sich, um den ihn die anderen nur beneiden konnten. Sie baten ihn, ein Lied für sie zu singen. Jian erfüllte ihnen diesen Wunsch gerne, und anschließend erzählte er ihnen von Jesus, während Yun im Hintergrund für Jian und für die Mitgefangenen betete. Drei Tage lang lebten die beiden Christen so in dieser Zelle. Am Morgen des vierten Tages sang Jian dieses Lied:

>*Heute ist ein schöner Tag,*
dies ist der Tag, den der Herr gemacht hat.
Durch ihn kann ich Feste feiern im Angesicht meiner Feinde.
Der Herr geht mit mir durch diesen Tag.«

Die anderen Gespräche verebbten, die Männer wurden still und hörten nur noch Jian zu, wie er sang. Auf ihren Gesichtern lag etwas wie Verständnis, als würden sie begreifen, wie es ist, sich auf einen Tag freuen zu können, weil man ihn mit Gott zusammen erleben wird, auch wenn es im Gefängnis ist. Nach dem Frühstück kam dann ein Wagen der Geheimpolizei und holte Jian ab. Den anderen Gefangenen verschlug es die Sprache aus Ehrfurcht vor dem lebendigen Gott. Sie flüsterten einander zu:»Wow, dieser Mann hat wirklich etwas Besonderes. Schon heute morgen hatte er von einem schönen Tag gesungen, und nun wird er von hier entlassen! Stark!« Sie erinnerten sich immer wieder an das, was Jian ihnen in den wenigen Tagen von Gott erzählt hatte, und einige von ihnen sprachen dann Yun an, was er ihnen zu tun empfehlen würde, um auch so glauben zu können wie Jian. Und einige baten Jesus, auch Herr ihres Lebens zu werden.

Unterdessen hatten die Geheimpolizisten Jian an Händen und Füßen gefesselt und diese Fesseln an seinem Sitz in dem Wagen festgebunden. Sie fuhren los, niemand hatte Jian gesagt, wohin es gehen sollte. Doch schon bald hatte das Fahrzeug eine Panne. Sie mußten anhalten und einige Polizisten verschwanden unter dem Auto oder unter dem Deckel der Motorhaube. Der Verantwortliche für den Transport schrie Jian an:»Wehe, wenn Sie versuchen, wegzulaufen!«

Jian lachte nur.»Sie machen wohl Scherze, was? Ich sitze hier mit Handschellen und Fesseln und an meinem Sitz festgebunden. Wie soll ich denn weglaufen?«

Der Verantwortliche war angespannt und konnte Jians Humor nur schwer ertragen:»Hören Sie sofort auf zu lachen. Zuerst haben wir viele tausend Yuan ausgegeben, um Sie zu verhaften. Und nun ist der Transporter defekt. Das geht alles auf Ihre Rechnung. Ich bin mal gespannt, wie Sie diese Summe aufbringen wollen.« Doch Jian war dreist:»Ach wissen Sie, egal ob es materielle oder emotionale Bedürfnisse sind, mein Gott füllt sie alle aus.« Und mit einem Lächeln auf dem Gesicht fuhr er fort: »Ich habe Sie außerdem nicht darum gebeten, das viele Geld für mich auszugeben. Also muß ich es auch nicht erstatten. Das ist Ihre eigene Schuld.«

Das war dem Polizisten zu viel. Er griff nach einer Eisenstange und schleuderte sie nach Jian. Zwar hatte Jian noch versucht, schnell diesem Geschoß auszuweichen, sich zu bücken und seinen Kopf abzuwenden, aber zu spät. Die Stange flog gegen seine Stirn. Sie traf ihn zwar nicht mit voller Wucht, aber er trug doch eine Platzwunde davon und begann, heftig zu bluten.

Viele Schaulustige und Passanten waren inzwischen stehen geblieben und scharten sich um Jian und seine Wärter. Einige beschimpften ihn und spuckten ihm ihre Abscheu ins Gesicht, aber andere deuteten auf die Polizisten und gaben sich gegenseitig zu verstehen, daß sie diese Grausamkeit und Gewalt nicht gutheißen konnten. Der Heilige Geist erinnerte Jian an die Aussagen der Bibel über die ersten Christen, die »sich freuten, daß sie gewürdigt worden waren, für seinen Namen Schmach zu erleiden« (Apg 5,41). Dieser Bibeltext zauberte ein schönes, tiefes Lächeln auf sein Gesicht, das die Zuschauer staunend zur Kenntnis nahmen. »Was ist das nur für ein Mensch?« Da so viele Menschen den Wagen umringten, wollte der Wärter nichts mehr gegen Jian unternehmen und verhielt sich still, bis das Fahrzeug wieder fahrbereit war. Eilig fuhren sie weiter.

Nach einer längeren Fahrt kamen sie dann vor einem großen, ummauerten Gelände an. Ein Sicherheitsbeamter zerrte Jian vom Wagen, und der verantwortliche Aufseher fragte ihn: »Wissen Sie überhaupt, wo wir sind?«

»Nein.«

»Nein? Dies ist das berühmte Gefängnis der Stadt ›F‹. Und das ist Ihr Bestimmungsort.«

»Mein Bestimmungsort? Ha ha ha!«

»Wagen Sie es nicht zu fliehen! Wenn Sie versuchen, hier abzuhauen, werden Sie garantiert umgebracht, verlassen Sie sich darauf.«

Jian erwiderte nichts mehr. Er spürte sehr wohl, daß hier eine andere, noch finsterere Atmosphäre herrschte. Die anderen Gefangenen, die mit ihm zusammen aus verschiedenen Gegenden hierher gebracht worden waren, wagten kaum zu atmen, so bedrückend und einschüchternd war die Stimmung hier. Zuerst wurden alle Neuankömmlinge sorgfältig durchsucht. Sowohl der Gürtel als auch die Schnürsenkel wurden beschlagnahmt. Jian schluckte den Kommentar wieder hinunter, der ihm auf der Zunge lag. Dann mußte er in einem Raum warten, zusammen mit einem alten Mann, der offensichtlich schon lange hier war. Der Alte flüsterte ihm zu: »Glaube nicht alles, was sie dir gleich sagen werden. Und sage ihnen vor allem nicht die Wahrheit.«

Jian lächelte ihn freundlich an: »Vielen Dank für Ihre Aufmerksamkeit. Aber ich glaube an Jesus, das kann und will ich nicht verbergen. Außerdem wird mein Gott auf mich aufpassen.«

Noch am selben Nachmittag wurde Jian verhört. Vor allem wollten die Polizisten gerne Informationen haben über die christlichen Gemeinden im Bezirk »B«. Jian war kühn und mutig und der Heilige Geist gab ihm viel Weisheit und schnelle, gute Einfälle. Das Gespräch verlief nicht zur Zufriedenheit der Fragenden. Sie zogen Jian zur Strafe nackt aus und ließen ihn vor ihren Augen auspeitschen. Er biß die Zähne zusammen und sagte keinen Ton.

Diese Sicherheitsbeauftragten in jenem Gefängnis waren voller grausamer Ideen, die sie alle an Jian ausprobierten. Einmal benutzten sie ein heißes Bügeleisen auf seiner Haut. Das war zu viel für Jian, er schrie laut: »Vater, hilf deinem Kind!« Im selben Moment wurde er bewußtlos, und sie hörten auf damit. Mit einem Eimer kalten Wassers, den sie über ihn ausgossen, wurde er wieder zurück geholt, und es folgte ein weiteres Verhör, und dann wieder Folter. Fünf oder sechs Mal wurde dies wiederholt, und am Ende war Jian schwer verletzt.

Sieben Monate vergingen. Dann redete der Heilige Geist eines Nachts zu Jian und sagte:»Wenn die Bäume Knospen bekommen werden, dann wirst du diesen Ort verlassen.«

Der Winter ging vorüber, langsam wurde es wieder Frühling. Jeden Tag schaute Jian aus dem Fenster und sah nach, ob er schon irgendwo eine Knospe entdecken konnte. Dann kam der Tag. Das Wetter war wunderschön, eine zarte Frühlingssonne tauchte den Morgen in buntes Licht. Es war noch sehr früh, alle anderen Zellengenossen schliefen fest, während Jian an seinem Bett kniete und betete. Mehrere Stunden hatte er so mit seinem Gott verbracht. Erst als er die Augen öffnete, sah er, wie schön die Sonne schien. Nun hielt es ihn nicht mehr auf den Knien, er sprang auf, klatschte, sang und tanzt in der Zelle, und das alles so leise, daß er die anderen nicht allzu sehr störte. Aber er mußte seiner Freude einfach Ausdruck geben. Während er so Gott pries, fiel sein Blick plötzlich auf das Fenster, vor dem ein Ast hing. Der Ast war voller praller Knospen!

Nun weinte Jian, während er weiter betete:»Herr Jesus, ich freue mich über dich. Auch wenn ich nicht weiß, was mir bevorsteht, ich stelle mich und meine Zukunft unter deinen Schutz und unter deine Kontrolle. Du bist mein Herr, halte mich fest in deiner Hand.«

Am nächsten Tag fand seine Gerichtsverhandlung statt. Der Vorwurf, der gegen ihn erhoben wurde, war, daß er die öffentliche Sicherheit gestört hätte. Er wurde verurteilt zu zwei Jahren Arbeitslager.

Direkt nach seiner Verurteilung wurde er in das Arbeitslager Xin Yang gebracht. Es war in der ganzen Provinz bekannt dafür, das schlimmste Lager zu sein. Die Gefangenen wurden überaus grausam behandelt. Wer sich den Anordnungen widersetzte, wurde ausgepeitscht, geschlagen und gefoltert. Die tägliche Nahrung bestand aus zwei Schalen Reis, und jeder mußte zehn Stunden am Tag schwere körperliche Arbeit leisten. Die Gefangenen, die schon länger in diesem Lager waren, sahen entsetzlich abgemagert aus.

Verteile an die Menschen, was Jesus dir gibt
(Lk 9,16-17)

Jian wurde, seit er im Arbeitslager war, körperlich von Tag zu Tag schwächer, die schwere Arbeit und der Hunger setzten ihm doch sehr zu. Aber er lebte in der intensiven Gemeinschaft mit Gott, sein Geist wurde täglich vom Heiligen Geist auferbaut, und er kam immer mehr in die Nähe Gottes. Und er ließ keine Gelegenheit aus, um den Menschen seine Liebe zu zeigen und ihnen von Jesus zu erzählen.

In seiner Zelle lebten etwa zwanzig Männer auf engstem Raum zusammen. Jian war immer fröhlich und offen, hatte für jeden Zeit, der mit ihm reden wollte, und er war ein guter Zuhörer, Tröster und Ratgeber. Die anderen Gefangenen behandelten ihn immer mehr wie einen lieben, weisen Vater, obwohl er nicht viel älter war als die meisten. Aber weil sein Charakter so anziehend war, hörten sie ihm auch gerne zu, wenn er ihnen von Gottes Liebe erzählte und von dem Leben, das aus Jesus kommt. Viele Häftlinge folgten seinem Beispiel und begannen, an Jesus zu glauben.

Zwei Jahre vergingen schnell. Der Zeitpunkt der Entlassung rückte immer näher. Dann wurde Jian zu seinem letzten Gespräch mit dem Lagerleiter gerufen. Hinter einem polierten Schreibtisch in strammer Uniform saß er, ein Mann mittleren Alters, der es nicht wagen konnte, sein Leben und seine Arbeit zu hinterfragen, weil die Antworten von vornherein festgelegt waren. Häftlinge wie Jian waren unerträglich für ihn. Er eröffnete das Gespräch, ohne Jian angesehen zu haben:»Für gewöhnlich verändern sich die Menschen, während sie hier im Lager sind, und nach ihrer Entlassung verhalten sie sich anders. Sie waren nun zwei Jahre hier. Wie beurteilen Sie selbst den Erfolg Ihrer Umerziehung? Haben Sie sich überhaupt verändert?«

Jian lachte wieder sein freies, fröhliches Lachen, mit dem die Anwesenden nicht umgehen konnten.»Ach wissen Sie, bei mir ist das alles ein bißchen anders als bei den anderen Gefangenen. Jesus ist der Herr meines Lebens, er wohnt in meinem Herzen. Von daher ist es vollkommen belanglos, wo ich bin und wie lange ich irgendwo bin, auch zwanzig Jahre Arbeitslager könnten daran nichts ändern. Ich gehöre zu Jesus, und er bestimmt mein Denken, Reden, Handeln und meine Persönlichkeit. Auch wenn Sie drohen würden, mich umzubringen, wäre das nicht schlimm, denn dann gehe ich in den Himmel zu meinem Vater und zu Jesus.«

Der Lagerleiter wurde sehr böse. Mit seinem langen Finger deutete er direkt auf Jians Nasenspitze und drohte ihm grimmig:»Ich hoffe, daß Sie mir noch einmal in die Hände fallen werden. Denn dann werde ich Sie nicht mehr lebend entlassen.« Und ohne ein weiteres Wort zu verlieren, brüllte er plötzlich:»Machen Sie, daß Sie hier herauskommen!« Jian war voller Freude, als er das Büro verließ.

Unterdessen hatte Jians Familie einiges zu leiden gehabt. Wegen ihres Glaubens und weil ihr Mann im Gefängnis war, wurde Jians Frau von ihren Nachbarn und Kollegen verachtet und verspottet. Auch Jians Kinder wurden von den anderen Kindern gehänselt und waren bei den Erwachsenen unbeliebt. Wenn es um die Verteilung des Getreides ging, bekamen sie immer am wenigsten und die schlechteste Qualität. Aber in der Bibel steht, daß das Wenige des Gerechten besser ist als der Überfluß vieler bösen Menschen. Das Wort Gottes stimmt. Obwohl die Lebensmittelrationen in der ganzen Gegend gekürzt wurden und das Leben sehr schwierig geworden war für die Menschen, hatte Jians Familie immer genug zu essen. Trotzdem ihr Mann und Vater im Gefängnis war, mußte die Familie nie Mangel leiden. Gott selber versorgte sie, besser als Nachbarn und Freunde es überhaupt hätten tun können.

Auch als Jian wieder Zuhause war, sorgte Gott weiterhin dafür, daß es seiner Familie gut ging. Anders als die meisten Nachbarn hatten sie immer satt zu essen. Einmal, nachdem Jian schon wieder fast ein Jahr aus dem Lager entlassen war, wurden die Vorräte sehr knapp. Es waren noch drei Monate bis zur nächsten Ernte. Das einzige, was Jians Familie noch hatte, war ein halbvoller Korb mit getrockneten süßen Kartoffeln. In zwei Tagen würde das aufgebraucht sein, und Jian wußte noch nicht, was sie die kommenden Wochen essen sollten. Im Vertrauen auf Gott, der seine Familie sicher versorgen würde, nahm Jian die letzten Kartoffeln, rieb sie zu Mehl und machte ein Essen daraus. Aber der Korb war danach nicht leer. Am nächsten Tag nahm er wieder so viele süße Kartoffeln, wie man sie für eine Familienmahlzeit brauchen würde. Und am folgenden Tag auch wieder. Langsam wurde es sehr ungewöhnlich. Es war so schön, daß es nur von Gott kommen konnte. Die Kartoffeln wurden nicht weniger! Als sie sich dessen ganz sicher waren, hatten sie einen fröhlichen Dankgottesdienst mit der Familie.

In jener Zeit kam einmal ein Christ zu Jian, um ihm sein Problem zu schildern und ihn um Rat zu fragen. »Meine Familie und ich haben nur noch dreißig Kilogramm Mais übrig. Wir sind aber immer sechs Personen in der Familie, und manchmal haben wir auch Besuch über Nacht und zum Essen. In einem halben Monat ist der Mais verbraucht, aber es sind doch noch drei Monate bis zur Ernte. Lieber Jian, was sollen wir tun? Kennst du nicht jemanden, der uns etwas ausleihen könnte?« Jians Antwort war klar und deutlich: »Vertraue nur von ganzem Herzen dem Herrn. Er selbst wird dir helfen.« Der Mann glaubte es und ging nach Hause. Er nahm siebeneinhalb Kilogramm Mais und verarbeitete es zu Mehl. Nach fünf Tagen holte er wieder siebeneinhalb Kilo Getreide. Das wiederholte er jeweils am fünften Tag. Am Ende der drei Monate hatte er noch fünfzehn Kilogramm übrig.

Ein anderes Mal reiste Jian in die Provinz »M«, um dort zu predigen. Mitten im Gottesdienst kam eine Frau hereingestürmt. Sie war ungefähr fünfunddreißig Jahre alt. Im Arm trug sie ihren kleinen Sohn. Aber das Kind war tot. Jian fühlte sich vom Heiligen Geist geleitet und legte dem Kind im Namen Jesus die Hände auf. Mit Autorität und dem Glauben, den der Heilige Geist ihm schenkte, konnte er laut sagen: »Im Namen Jesu befehle ich dir, stehe auf!« Im selben Augenblick öffnete der Kleine verwundert seine Äuglein und sah sich fragend um. Er machte sich aus den Armen seiner Mutter los und begann, mit den anderen Kindern zu spielen.

In derselben Provinz war einmal ein Taufgottesdienst. Jian war einer derer, die tauften. Unter den Täuflingen war auch ein Junge, der von Geburt an taubstumm war. Als er wieder aus dem Wasser kam, schrie er laut: »Halleluja, danke Gott!« Er war vollkommen geheilt worden, während man ihn im Wasser untergetaucht hatte.

Ein mit Jian befreundeter Christ wurde festgenommen. Sein Name ist Zhang. Die Polizei hatte sich überlegt, daß sie an ihm ein Exempel statuieren wollte. Er sollte zum abschreckenden Beispiel werden. Die Polizei hoffte, durch eine öffentliche, besonders grausame Folter an irgend einem Christen könnten sie die Menschen einschüchtern und davon abhalten, weiter die Hauskirchen zu besuchen. Sie hofften, damit das rasche Wachstum der Hauskirchen und den schnellen Anstieg der Zahl bekennender Christen zu bremsen. Ein Termin wurde festgesetzt, wann und wo er öffentlich gefoltert werden sollte. Viele Leute waren eingeladen worden, viele mußten unfreiwillig zuschauen. Zhang wurde mit dem Kopf nach unten an einer Bretterwand aufgehängt. Dann wurde er geschlagen, ausgepeitscht und geprügelt. Der Anblick war furchtbar. Zhang schrie laut zu Gott: »Herr, Petrus wurde auch so aufgehängt wie ich, weil er dich von ganzem Herzen lieb hatte. Es ist eine Ehre für mich, derer ich nicht würdig bin.« Die anderen Christen, die gezwungen worden waren, diesem Schauspiel zuzusehen, weinten bitterlich. Selbst einige Nichtchristen weinten und wurden der täglich eingetrichterten Parteipolitik gegenüber skeptisch. Auf Zhangs Gesicht aber lag ein Friede, den die Menschen, die ohne Gott leben, nicht kennen können.

Auffallend war, daß einige Personen aus der Reihe der Menschen, welche die Christen besonders unterdrückten und ihnen viel Leid zufügten, ein vorzeitiges, schlimmes Ende nahmen. Zum Beispiel war da ein Offizier, der in der Armee war und die Christen mit aller Grausamkeit quälte und leiden ließ. Er hatte auch einmal mit Jian zu tun gehabt. Damals, das hatte Jian nie vergessen können, ließ er ihn fesseln, warf ihn auf die Erde und, während er auf seinen Rücken trat und ihn mit den Stiefeln verletzte, sagte er die ganze Zeit: »Ich trete nicht auf dich, Jian, ich trete auf deinen Jesus. Ich fessle nicht dich, ich fessle deinen Herrn. Ich will wissen, was dein Gott mir anhaben kann!« Dann führte er Jian zu einer Schmähparade durch die Straßen der Stadt. Auch in der Öffentlichkeit hörte er nicht auf, Jian zu schlagen und gleichzeitig zu rufen: »Wo ist dein Herr? Warum kommt er nicht und befreit dich? Warum zeigt er sich nicht, ich will mich mit ihm messen! Fürchtet er sich vor mir? Wo steckt er denn?« Während er sich so über Gott lustig machte, kam plötzlich ein tollwütiger Hund aus einem Seitenweg angerannt und raste zielstrebig auf den Mann zu. Er verbiß sich in der Wade des Offiziers. In den nächsten Tagen entzündete sich die Bißwunde, das Bein wurde voller Eiter, sein ganzer Körper quoll auf, und während der folgenden zwei Monate starb er einen qualvollen Tod.

Bis in die Gegenwart zieht Jian in den Dörfern und Städten umher, predigt und tut viele Wunder und Zeichen durch die Kraft des Heiligen Geistes. Sein Dienst weitet sich aus. In jener Gegend hat eine Erweckung begonnen, welche die Gegner des Evangeliums nicht aufhalten können. Jeden Tag kommen mehr Menschen zu Jesus und beginnen ein neues Leben mit ihm. Es ist ein Vorrecht, das erleben zu dürfen. Die Leiden dieser Welt sind nichts im Vergleich zur Herrlichkeit Gottes, wenn sie Raum hat und sichtbar werden kann. Jian hat sein Leben diesem einen Ziel zur Verfügung gestellt, Gottes Kraft und Herrlichkeit wirken zu lassen.

Gottes Geschichte mit China

Chinas unterschiedliche Landschaften erstrecken sich über eine Fläche von 9,6 Millionen Quadratkilometer. Ein Viertel der Weltbevölkerung lebt hier. Dieses riesige Land besitzt große, natürliche und kulturelle Reichtümer und kann mit Stolz von sich behaupten, eine der ältesten und am höchsten entwickelten Zivilisationen zu sein. Über Jahrhunderte hinweg wirkte es wie ein Magnet, der die Händler, Abenteurer und Missionare vieler Länder anzog. Genauso alt wie die chinesische Kultur sind aber auch der Aberglaube, die Ahnenverehrung und der Geister- und Götzenglaube, die tief in der chinesischen Seele verwurzelt sind. Dazu kommt ein grundsätzliches Mißtrauen Ausländern gegenüber und eine traditionelle Verschlossenheit für Einflüsse von außen. Wer nicht ausdrücklich gegen Fremde ist, hat zumindest Angst vor ihnen. Das Christentum wurde in der chinesischen Sprache immer bezeichnet als »die Religion der ausländischen Teufel«.

Es ist überliefert, daß im Jahr 1573 durch den Papst eine Delegation von vierzig Missionaren nach China gesandt wurde. Doch sie kamen nur bis zur Landesgrenze, die Einreise wurde ihnen trotz des päpstlichen Segens nicht gewährt. Sie standen, so wird berichtet, an der chinesischen Grenze und klagten: »Du Felsmassiv, du Felsen China, wann wirst du dich für Jesus öffnen?«

In den folgenden Jahrzehnten und Jahrhunderten machten sich viele Einzelpersonen auf den Weg nach China, um diesem großen Volk die Nachricht von der Gnade Gottes zu bringen. Viele unbekannte Missionsgeschichten wurden im alten China geschrieben von Menschen, die aus Liebe zu Jesus alle persönlichen Bedürfnisse zurückstellten, denen kein Opfer zu groß war und die nicht nur ihren Besitz und ihre Zeit, sondern in vielen Fällen auch ihr Leben investierten, um die Liebe Gottes in China bekannt zu machen. Der sichtbare Erfolg ihrer Lebenswerke ist erst in unserem Jahrhundert zum Vorschein gekommen. Doch ihr großer Einsatz ist ein unauslöschliches Vermächtnis der Geschichte des Volkes Gottes in China.

Soweit bekannt ist, waren die Nestorianischen Christen die ersten, die das Christentum nach China brachten. Das war im sechsten Jahrhundert, zur Zeit der Tang Dynastie. In den folgenden Jahrhunderten verschwand der christliche Glaube zunächst zwar wieder, blühte dann aber im dreizehnten Jahrhundert unter der Yuan Dynastie wieder auf. Im fünfzehnten

Jahrhundert brachten dann Matteo Ricci und andere den Katholizismus nach China. Der erste protestantische Missionar war Robert Morrison, der 1807 in China ankam. Während der ersten sieben Jahre, die er in China lebte und arbeitete, konnte er einen einzigen Chinesen zum Glauben an Jesus führen. Nach weiteren sieben Jahren intensiven Arbeitens entschied sich der zweite Chinese, daß er Jesus zum Herrn seines Lebens machen wollte. Dieser Mann hieß Liang Fa und kam aus Kanton. Viele Jahre später wurde er der erste Pastor der chinesischen Kirche.

Robert Morrison lebte insgesamt siebenundzwanzig Jahre in China, und in der gesamten Zeit seines Wirkens entschieden sich zehn Chinesen für Jesus. Aber er hatte in diesen Jahren auch das ganze Alte und Neue Testament ins Chinesische übersetzt und ein chinesisch-englisches Wörterbuch geschrieben. Zwar hatte er nur einen sehr kleinen Teil Chinas gesehen, er lebte und arbeitete nur in den beiden südlichen Städten Kanton und Macau, aber er hatte sein ganzes Leben eingesetzt für China, und seine Arbeit bildete einen wichtigen Grundstein für alles, was Gott später in China wirken konnte. Morrison starb 1834.

Nur wenige Jahre später öffnete sich China dann endgültig für die restliche Welt und damit auch für das Christentum. In den Jahren zwischen 1842 und 1858 lebten insgesamt mehr als zweihundert Missionare aus zwanzig verschiedenen christlichen Organisationen in China. Doch bei ihnen allen war der Wirkungskreis beschränkt auf die fünf großen östlichen Hafen- und Handelsstädte. Das Landesinnere war weiterhin unberührt von der guten Nachricht über Jesus.

Dieses Problem stand dem Engländer Hudson Taylor vor Augen, als er 1852 nach China einreiste. Sein Ziel war es, das Landesinnere zu erreichen. Überwältigt von der Größe der Aufgabe ging er zurück nach England, um noch mehr Missionare zu werben, die ihn unterstützen würden. 1866 kam er mit zweiundzwanzig weiteren Missionaren zurück nach China, und zusammen gründeten sie die China-Inland-Mission. In Hangzhou richteten sie ihre Zentrale ein, und von dort aus reisten sie ins Landesinnere, bis nach Jiangsu, Anhui, Jiangxi und in andere Provinzen. Damals breitete sich die Nachricht vom Gott der Bibel aus wie ein Lauffeuer, und in vielen Städten und Dörfern entstanden Gemeinden.

Die Geschichte eines englischen Missionars in der Provinz Zhejiang

Im Jahr 1866 kam ein junger Engländer nach China. Er war alleine unterwegs. Sein eigentlicher Name ist nicht mehr bekannt, die Chinesen nannten ihn später Pastor Cao. Daß sein linkes Bein gelähmt war, konnte ihn nicht zu Hause halten. Seine große Liebe zu Jesus und zu China trieben ihn voran. Er reiste durch die Provinz Zhejiang und kam in die Stadt »H«, wo er auf eine sehr abergläubische Bevölkerung traf. Sie verehrten die verstorbenen Vorfahren und verschiedene Götzen, hatten aber noch nie etwas von Jesus gehört. Und sie hatten auch noch nie zuvor einen Ausländer gesehen. Als Pastor Cao also plötzlich in ihre Stadt kam, waren alle sehr erschrocken und dachten, er wäre ein Geist.

Er liebte die Chinesen von ganzem Herzen und sehnte sich danach, mit ihnen in Kontakt zu kommen. Doch niemand erwiderte sein Lächeln, seine vorsichtigen Bemühungen, beim Einkaufen, Essen oder auf der Straße ein paar Sätze zu wechseln, wurden schroff abgewiesen. Die Menschen, die er ansprechen wollte, drehten ihm den Rücken zu, zogen ihre neugierigen Kinder von ihm weg und sahen ihn böse an. Das tat ihm sehr weh. Auf einem einsamen, nachdenklichen Spaziergang kam er an einen Fluß außerhalb der Stadt, wo er sich in das Gras am Ufer fallen ließ und seinen trüben Gedanken nachhing. Nun hatte sich seine große Sehnsucht erfüllt, er war mitten in China, und doch schien sein Ziel, die Menschen mit Jesus bekannt zu machen, unerreichbarer als jemals zuvor. Wenn er wenigstens jemanden gehabt hätte, der ihn hätte trösten und ermutigen können. Seine Gedanken wanderten zu seiner Familie, seiner Gemeinde, den Geschwistern. Wenn sie doch jetzt hier sein könnten! Was blieb ihm anderes übrig, als zu beten? Und er klagte Gott sein ganzes Leid.

Darüber vergaß er die Zeit. Erst als er zu frösteln begann, fiel ihm auf, daß die Sonne schon untergegangen war und es bald dunkel werden würde. Er war ein ganzes Stück aus der Stadt herausgegangen und würde vor Einbruch der Dunkelheit nicht zurück sein können. Mühsam erhob er sich, von dem langen, unbequemen Sitzen war er ganz steif geworden. Es wurde immer kälter, bald zitterte er am ganzen Körper. Sein suchender Blick fiel auf ein Gebäude ganz in der Nähe. Gewiß, es sah sehr heruntergekommen aus, schon ziemlich verfallen, aber es war dort zumindest windgeschützt. Er humpelte auf das Haus zu in der Hoffnung, einen Schlafplatz zu finden. Zu seiner Überraschung traf er dort auf eine ganze Menge verwahrloster Gestalten, die sich an einem Lagerfeuer wärmten und ihn zunächst nicht beachteten. Sie waren alle etwas betrunken. Vermutlich waren sie Bettler.

Es gelang Cao, sich unauffällig unter sie zu mischen und zwischen ihnen auf dem nackten Boden des verlassenen Hauses zu schlafen. Einige kalte, harte Stunden später traf ihn plötzlich etwas am Kopf. Männerstimmen schimpften und gröhlten, als ihn wieder etwas traf. Verwundert sah er sich um. Was war–? Er fand sich mitten unter einer Horde von Bettlern, die ihn mit Müll bewarfen und offensichtlich versuchten, ihn zu vertreiben. Draußen war es schon wieder hell, aber noch immer sehr kalt. Es kostete ihn einige Mühe, auf die Beine zu kommen. Sein Versuch, den Männern ein freundliches Abschiedslächeln zu schenken, wurde mit einem weiteren Müllhagel beantwortet. Er entfernte sich humpelnd in Richtung Stadt.

In jenen Tagen ging es ihm wie dem Propheten Jeremia, in seinem Herzen brannte ein Feuer, eingeschlossen in seinem Innern. Er quälte sich, es zu unterdrücken, aber es gelang ihm nicht (Jer 20,9). Ihm blieb nichts anderes übrig, als den Tag auf den Straßen der Stadt zu verbringen, kleine Heftchen mit christlichem Inhalt an die Leute zu verteilen und denen, die stehen blieben, von Jesus zu erzählen. Und er betete ununterbrochen, daß Gott das Interesse der Menschen wecken möge und er mehr Leuten von Jesus erzählen könnte.

Jeden Abend kehrte er in die kostenlose Pension der Bettler zurück. Seine Liebe für diese Männer konnte durch nichts, auch nicht durch die noch so abweisende Art der meisten erschüttert werden. War einer der Männer krank und konnte das Haus nicht verlassen, dann kümmerte er sich um ihn. Er ging dann einkaufen und versorgte und pflegte den Kranken mit Essen und Medikamenten. Ganz allmählich konnte er das Vertrauen der Männer gewinnen. Sie duldeten ihn nun als einen regelmäßigen Mitschläfer unter sich und nahmen seine Gaben an. Aber wenn er versuchen wollte, ihnen von Jesus zu erzählen, dann erntete er nichts als Spott und Hohn. Niemand wollte ihm zuhören.

Ihr Lieblingsargument war dann immer:»Du hast ja einen komischen Gott, daß er dir keinen besseren Schlafplatz besorgen kann. Wir bräuchten einen Gott, der uns eine warme Wohnung gibt. Nicht so einen Bettlergott wie deinen«.

Nach einiger Zeit verließ er dann die Stadt samt ihren Bettlern. Er hoffte, in den Dörfern vielleicht auf freundlichere Menschen und mehr Offenheit zu stoßen. Die Menschen hier waren alle Bauern, sehr einfach gekleidet, lebten sie in einer Ordnung, die schon immer so war. Diese einfachen Leute waren vielleicht leichter von der Liebe Gottes zu überzeugen, dachte Cao. Als er in das erste Dorf kam, war er eine riesige Sensation. Diese Leute hatten noch nie einen Weißen gesehen und hätten es nie für möglich gehalten, daß es Menschen geben könnte, die so ausgebleichte Haare und eine so große Nase haben. Im Nu hatte sich eine große Kinderschar um ihn versammelt, die sich gegenseitig wegstießen, um seine Arme und Beine berühren zu können. Er hielt dies für ein gutes Zeichen, stellte sich auf einen Platz und begann laut, christliche Lieder zu singen. Die Leute ließen alles stehen und liegen, um diese eigenartige Gestalt zu sehen. Aber als er dann zu reden anfing und ihnen erzählen wollte, daß Jesus der Weg zu Gott sei, begannen die Kinder plötzlich, ihn mit Steinen zu bewerfen. Wieder war er auf der Flucht. Er rettete sich in das nächste Dorf, wo sich die Szene aber genau so wiederholte.

Doch Caos Liebe zu Gott und dem chinesischen Volk war größer und machte ihn zäh. Er humpelte von einem Dorf zum nächsten, übernachtete in leerstehenden Tempeln und Gebetstürmen. Tagein, tagaus stellte er sich auf die Dorfplätze und erzählte von Jesus. Er liebte die Menschen zu sehr, als daß ihre Feindseligkeit ihn hätte entmutigen können. Und er verbrachte viel Zeit im Gebet. Armut, Schande und Spott der Menschen, die er so lieb hatte, konnten seinen Antrieb, die Kraft des Heiligen Geistes, nicht bremsen.

Nach drei Jahren hatte Cao sein ganzes erspartes Geld verbraucht und nicht ein einziger Chinese hatte sich dazu entschließen können, an Jesus zu glauben. Er war nun doch ziemlich entmutigt und enttäuscht, hatte er sich doch seine Arbeit in China ganz anders vorgestellt. Aber da war immer noch diese Liebe Gottes für China in seinem Herzen, die nie schwächer wurde. Trotzdem blieb ihm nun nichts anderes übrig, als die lange Schiffsreise nach Hause anzutreten. Er verließ die Stadt »H« und fuhr zurück nach England.

Aber er hatte damit seinen eigentlichen Plan und den Wunsch seines Herzens nicht begraben. Er erholte sich, sparte, sammelte seine körperlichen und geistlichen Kräfte und fand eine Frau, die seine Vision teilte. In seinem tiefsten Inneren wußte er einfach, daß Gott ihm das Land schon gegeben hatte. Einige Jahre später kehrte Cao zurück, mit einer lieben Ehefrau, vielen chinesischen Bibeln und der gleichen Leidenschaft, mit der er das erste Mal nach China gekommen war. Gott gab ihm die Gunst der Beamten auf der britischen Botschaft in der Stadt »H« und sie ermöglichten es, daß er mitten in der Stadt eine eigene Kirche bekam.

Nun hatte er zwar ein Gebäude, und er war der Pastor der ersten chinesischen Gemeinde. Nur hatte diese Gemeinde kein einziges Mitglied, die Gottesdienste hatten nicht einen Besucher. Cao und seine Frau standen jeden Morgen früh auf und beteten zusammen für die Gemeinde, die da kommen sollte. Eines Tages bekam er eine phantastische Idee.

Am nächsten Sonntagmorgen wartete er vor seiner schönen, leeren Kirche, bis der Wasserträger vorbei kam. Es war ein kleiner, hagerer Mann mit einem spitzen Hut aus Reisstroh, in nur wadenlangen, verbeulten Hosen und löchrigen Stoffschuhen trug er Morgen für Morgen seine schwere Last in die Stadt. Damals gab es noch kein fließendes Wasser, und die Menschen in der Stadt mußten ihr Wasser von solchen Trägern kaufen. Über seinen Schultern lag eine lange Bambusstange, an der zwei Eimer baumelten, in denen er das Wasser transportierte, das er dann becherweise verkaufte. Cao kaufte etwas Wasser von ihm und lud ihn dann in die Kirche ein. Er hatte schon frischen, grünen Tee für ihn vorbereitet, den der erschöpfte Mann gerne annahm. Gleichzeitig fragte er ihn: »Wieviel verdienen Sie an einem Tag?«

»Einen halben Yuan«, antwortete der Mann.

»Von jetzt an werden wir unser Wasser immer bei Ihnen kaufen«, erklärte Cao freundlich, aber bestimmt. »Sonntags brauchen Sie aber nicht mehr zu arbeiten, kommen Sie einfach hier zu unserer Kirche und essen Sie nach dem Gottesdienst mit uns zu Mittag. Und ich bezahle Ihnen einen ganzen Yuan für den Tag. Wäre Ihnen das recht?«

Es funktionierte. Der Wasserträger kam jeden Sonntag, und nach einiger Zeit faßte er Vertrauen, hörte den beiden Weißen aufmerksam zu, und dann wurde er der erste Chinese, der durch Cao zum Glauben an Jesus fand. Bald war er ein leidenschaftlicher Christ, und später war er eine Säule der Gemeinde, die dann entstand. Der zweite Chinese, der Christ wurde, war der Feuerholzverkäufer, den Cao und seine Frau auf ähnliche Weise für Jesus gewinnen konnten. Dann kam der Friseur.

So begann die Gemeinde in »H«, langsam aus dem Nichts zu entstehen. Allmählich ging die Saat auf, die Cao unermüdlich ausgestreut hatte. Nun begann die schöne Zeit der Ernte.

Bald war es soweit, daß er seine Missionsgesellschaft in England um Unterstützung bitten mußte. Einige weitere Missionare kamen in die Stadt und halfen Cao bei seiner Arbeit. Gott wirkte durch die Caos und ihre Mitstreiter. Die Gemeinde wuchs nun sehr schnell, und die Nachricht von Jesus verbreitete sich über die Grenzen der Stadt hinaus. Die Folge war eine zweite Gemeinde in einem Dorf in dem benachbarten Bezirk »C«, vor den Toren der Stadt »H«. Cao sandte einen seiner Pastoren mit seiner Frau in diese neue Gemeinde, und Gott bestätigte ihre Arbeit sehr.

Eines Tages kam ein Mann nach »H«, dessen Beruf es war, Schweine zu kastrieren. Er hieß Ah-Tschuan, ein ziemlich derber Geselle, dessen Sprache mindestens so häßlich war wie sein Handwerk. In regelmäßigen Abständen kam er in die Stadt und zog von Haus zu Haus. Bevor er zu Pastor Caos Kirche kam, hatte er an diesem Tag schon einige Schweine kastriert. Die Caos hatten auch Schweine, und Ah-Tschuan tat seine Arbeit. Als er fertig war, zahlte der Engländer einen drittel Yuan. Ah-Tschuan wurde sehr wütend und begann, Cao anzuschreien und zu beschimpfen. »Was bilden Sie sich ein? Einen drittel Yuan? Dafür können Sie Ihre Schweine selbst kastrieren.«

»Aber das ist doch der normale Preis, den alle anderen vor mir heute morgen auch bezahlt haben, nicht wahr?«

»Ja, das habe ich von den anderen verlangt. Aber für Sie ist das teurer. Sie sind ein Ausländer. Von Ihnen will ich zwei drittel Yuan.«

Der Pastor ließ den wütenden, schmutzigen Mann einfach stehen, drehte sich wortlos um, ging in sein Haus und schloß die Tür. Ah-Tschuan ging laut schimpfend hinter ihm her bis vor die Tür. Drinnen hörte er den Pastor reden, also wurde er still und lauschte. Der Mann schien zu beten. Ah-Tschuan konnte sich gut vorstellen, was der Ausländer jetzt beten würde. Aber – was war denn das? Er hörte: »Herr, bitte sei Ah-Tschuan nicht böse deswegen. Vergib ihm alle seine Sünden. Hilf ihm, daß er deine Liebe erkennen und annehmen kann, laß ihn Frieden mit dir finden. Und bitte, laß es auch seiner Familie in allen Dingen gut gehen …«

Ah-Tschuan verschlug es vollkommen die Sprache, er war überrascht, denn damit hatte er nicht gerechnet. Er klopfte zaghaft an die Tür und Cao öffnete. Der Pastor erschrak, denn er fürchtete weitere Auseinandersetzungen mit diesem Mann. Doch was hörte er da: »Pastor, ich habe Sie verärgert und versuchte, Sie zu betrügen. Trotzdem haben Sie Ihren Gott nicht gebeten, mich umzubringen, sondern Sie sagten ihm, daß er mich und meine Familie segnen solle. Das verstehe ich nicht. Warum haben Sie so gebetet?«

Der Pastor war sehr erleichtert, daß der Streit offensichtlich zu Ende war. Er bat den Mann, blutverschmiert wie er war, in seine gute Stube. Die Frau servierte ihm Tee und Cao redete eindringlich und voller Liebe auf Ah-Tschuan ein: »Lieber Onkel Ah-Tschuan, unser Gott ist anders. Er ist voller Liebe. Menschen können immer nur ihre Freunde lieben. Aber unser Gott liebt alle Menschen, auch die, die ihn hassen oder die nichts von ihm hören wollen. Er hat jeden einzelnen Menschen geschaffen, weil er ihn liebhaben will und sein Freund sein will. Aber die Menschen haben sich freiwillig gegen Gott und für das Böse entschieden. Um das wieder gut zu machen, hat Gott seinen Sohn Jesus auf die Erde geschickt, der sogar sterben mußte, stellvertretend für die Schuld der Menschen. Aber er ist wieder auferstanden. Damit ist Jesus der Weg zu Gott …«

Der Heilige Geist redete zu Ah-Tschuan, er konnte verstehen, was Cao ihm sagte, und die Worte trafen ihn mitten ins Herz. Es dauerte nur eine Stunde, dann betete Ah-Tschuan sein erstes Gebet zu Jesus.

Ah-Tschuan war von diesem Tag an ein anderer Mensch. Er liebte Jesus, wollte immer mehr von ihm wissen, und er genoß es mehr als alles andere, mit seinem Gott zu reden. Das beständige Beten ihres Mannes ärgerte Ah-Tschuans Frau sehr. Sie konnte mit ihrem neuen Mann nichts anfangen und war eifersüchtig auf seinen Gott, dem er so viel Liebe und Zeit schenkte. Eines Tages, als Ah-Tschuan wieder im Schlafzimmer auf den Knien war und betete, nahm sie ihr glühendes Bügeleisen und verbrannte ihm damit beide Fußsohlen. Ah-Tschuan war schwer verletzt und wurde vor Schmerz bewußtlos. Da erschrak seine Frau doch sehr, denn sie fürchtete, ihren Mann umgebracht zu haben. Als er wieder zu sich kam und sie an seinem Bett sitzen sah, offensichtlich von Schuld und Selbstvorwürfen geplagt, da sagte er voller Liebe zu ihr: »Wenn du möchtest, daß ich wieder gesund werde, dann mußt du deine Schuld vor Gott bekennen. Er will dir gerne vergeben, ich vergebe dir auch, und dann kannst du ein neues Leben beginnen.« Er erklärte ihr alles, was er inzwischen darüber wußte, wie man an Jesus glaubt, und noch am gleichen Tag beteten sie zusammen. Die Frau wurde auch Christin, und Ah-Tschuans Fußsohlen wurden sofort geheilt.

Später legte Gott den Wunsch in Ah-Tschuans Herz, Gott ganz zu dienen und nicht mehr zu arbeiten. Er gab seinen Beruf auf und begann zu predigen. Der Heilige Geist erfüllte ihn und bestätigte seinen Dienst von Anfang an, so daß viele aufsehenerregende Zeichen und Wunder geschahen, die es ihm leicht machten, die Menschen von der Kraft seines Gottes zu überzeugen. Er reiste viel in den Bergen der Bezirke »D« und »E«, und Gott war bei allem, was er tat, mit ihm und bestätigte ihn. Sogar Zauberer und Mönche wurden durch sein Predigen Christen.

Die ganze Gegend wurde erfaßt von der Kraft des Heiligen Geistes, und überall entstanden neue Gemeinden. Der Widerstand schien gebrochen, die Menschen waren voller Offenheit Gott gegenüber. Doch wie so oft geschah es auch hier: Mit der Erweckung kam die Verfolgung. Die Gegner der Guten Nachricht von Jesus konnten diese Situation nicht hinnehmen und je mehr die Gemeinden wuchsen, um so mehr wurden sie angegriffen und gerieten unter Druck.

1900-1966: Das Leiden der Christen

Während sich die China-Inland-Mission entwickelte und viele Menschen überall in China Christen wurden, begann auch eine erbitterte Verfolgung gegen das Christentum. Es gab immer wieder Zeiten und Regionen, wo die Unterdrückung besonders zunahm, dann gab es Zeiten relativer Freiheit, bis sich die nächste Welle des Widerstandes gegen die Christen erhob. Eine besonders schlimme Phase der Verfolgung war der sogenannte Boxeraufstand im Jahr 1900. Der Besitz der Christen durfte beschlagnahmt werden, und viele Missionare wurden umgebracht.

In Taiyuan, einer Stadt in der Provinz Shanxi, wurden an einem einzigen Nachmittag sechzig Missionare mit ihren Familien umgebracht. Zur gleichen Zeit wurde in Jinzhou, in der Provinz Liaoning, vierundfünfzig Menschen ermordet. Schätzungen zufolge wurden während des Boxeraufstandes insgesamt hundertachtundachtzig Missionare und 5 000 chinesische Christen getötet. Es war eine Phase schrecklicher Verfolgung.

Pastor Cao konnte diese Zeit relativ unbeschadet überstehen, da er unter dem besonderen Schutz der britischen Botschaft stand, und er lebte danach noch eine ganze Reihe von Jahren in seinem geliebten China.

Doch die chinesischen Christen und besonders die Leiter und Verantwortlichen der Gemeinden hatten unter dem Boxeraufstand schwer zu leiden. Einer von ihnen war der Älteste Dai, wie die chinesischen Christen ihn nannten. Er war über sechzig Jahre alt und lebte im Bezirk »C«. Seine Leidenschaft galt Jesus und der Gemeinde. Da er nicht mehr viel arbeiten mußte, investierte er seine ganze Zeit, Kraft und Liebe in die verschiedenen christlichen Gruppen, die sich in seiner Gegend trafen. Als der Boxeraufstand auch über seine Gegend hereinbrach, stürmte eines Abends eine ganze Horde von gewalttätigen, aufgehetzten Männern einen Gottesdienst, in dem Dai sprach. Alle Christen rannten in Panik aus dem Haus und versteckten sich, es konnte auch niemand festgenommen werden. Nur Dai blieb einfach stehen. Die brutalen Schläger nahmen ihn mit und brachten ihn zu einem Götzentempel. Ihr Anführer befahl Dai, sich jetzt vor den Götterbildern auf die Knie zu werfen. Aber das konnte und wollte er niemals tun. Seine Antwort war klar: »Ich werde mich niemals vor irgend jemandem verbeugen, und schon gar nicht vor solchen Götzen. Ich verehre Jesus als den alleinigen Gott und Herrn.«

Der Anführer der Gruppe befahl den anderen, ihn zu schlagen, was sie so lange taten, bis Dai bewußtlos zusammenbrach. Als er wieder zu sich kam, schlug ihm der Anführer einen Handel vor: »Ich lasse Sie nur dann frei, wenn Sie sich vor Buddha und vor mir verbeugen und sagen, daß Sie nicht mehr an Jesus glauben«.

»Sie können mit mir machen, was Sie wollen, aber ich werde niemals Jesus verleugnen.« Seine Antwort ließ keine Zweifel an seiner Entschlossenheit aufkommen.

Der Anführer nahm sein langes Messer aus dem Gürtel, und unter dem fratzenhaft lächelnden Gesicht Gwanyins, der Göttin der Barmherzigkeit, tötete er den Christen Dai.

Es war die Regierung Qing, welche die Boxer aufgerufen und angestachelt hatte, die christlichen Gemeinden zu verfolgen und ausländische Missionare sowie chinesische Christen umzubringen. Doch das löste schon bald internationale Kritik und eine Welle der Empörung im Ausland aus. Die chinesische Regierung geriet dadurch unter Druck. Da sie es sich nicht ganz mit den westlichen Ländern verderben wollte, rief die Regierung dann die Aufständischen zurück, und das Morden mußte wieder eingestellt werden.

Allmählich ließ der Druck auf die Christen nach. Und eine besondere Zeit der Freiheit und des Segens brach an. Gott erstattete seinem chinesischen Volk wieder, was sie hatten durchleiden müssen und was der Feind ihnen geraubt hatte. Die Märtyrer waren nicht umsonst gestorben. Die Saat aus Blut und Tränen ging schon bald auf und brachte eine überwältigende Ernte. In den zweitausend Jahren christlicher Geschichte zeigte sich oft, daß auf eine Zeit der besonderen Angriffe und Verfolgung eine Zeit der Erweckung folgte.

In den Jahren nach dem Boxeraufstand bis 1911 öffnete sich China für das Christentum in einem noch nie dagewesenen Ausmaß. Aus allen Ländern strömten die Missionare ins Land, ungefähr 5 000 ausländische Missionare arbeiteten zusammen mit 7 700 chinesischen vollzeitlichen Pastoren und geistlichen Leitern. Es gab etwa 607 000 Gläubige, die sich in 2 900 verschiedenen Gemeinden trafen. Gott hatte beginnen können, seinen Heiligen Geist über China auszugießen.

Die Zeit von 1911 bis 1919 waren die goldenen Jahre in der Missionsgeschichte Chinas. Viele bekannte Männer und Frauen Gottes aus der ganzen Welt konnten China besuchen und große, öffentliche Veranstaltungen abhalten. Der chinesische Pastor Limei Ding rief eine Bewegung ins Leben, die sich »Hingabe chinesischer Studenten« nannte und alle Universitäten erfaßte. Im Jahr 1918 fand der große Aufruf »China für Christus« statt, durch den alle chinesischen Christen herausgefordert wurden, die Nachricht von Jesus in ihrem Land bekanntzumachen.

In der folgenden Periode von 1919 bis 1927 entwickelte China als Nation ein neues Selbstverständnis und Selbstbewußtsein. Die über Jahrtausende entwickelten Strukturen der Monarchie und der Großfamilie waren gelockert worden, der Einfluß von außen trug zu bleibenden Veränderungen bei, die recht massiv in das konkrete Leben der Einzelnen eingriffen. In den dreißiger Jahren ließ das Wachstum der Gemeinden sehr nach. 1940 begann dann der Bürgerkrieg, der zehn Jahre lang das Land erschütterte. Aber Gott vergaß China nicht. Obwohl sich sowohl die Regierung als auch das Volk immer wieder gegen ihn und seine Gemeinden gestellt hatten, hörte Gott nicht auf, sich Männer und Frauen zu suchen, die für seine Herrschaft offen waren und sich als Kanäle seiner Liebe und Kraft gebrauchen ließen.

Mit der neuen kommunistischen Regierung sollte eigentlich, so hieß es in den offiziellen Richtlinien der Parteipolitik, auch Freiheit des Glaubens und der Religion herrschen. Aber dessen ungeachtet waren die Jahre von 1950 bis 1958 gekennzeichnet von Unsicherheit, Verwirrung und erheblichem Druck auf die christlichen Gemeinden. Alle ausländischen Missionare wurden des Landes verwiesen. Die revolutionäre Führung des Landes rief die »Patriotische Drei-Selbst-Bewegung« ins Leben, welche die sogenannten »Drei-Selbst-Kirchen« gründete. Ihren Namen bezogen sie aus dem dreifachen Anspruch der Selbstverbreitung (keine ausländischen Lehrer oder Geistlichen), Selbstversorgung (Geld aus dem Ausland darf weder erbeten noch angenommen werden) und Selbstverwaltung (vollständig unter interner chinesischer Kontrolle).[*]

Die Unsicherheit unter den Christen und ihre ständige Angst vor möglichen Verhaftungen und der Zerstörung ihrer Wohnungen und Familien führte dazu, daß sich viele Pastoren, Prediger und Pfarrer gegenseitig vor der Regierung anschuldigten, gegen das Regime und gegen die Drei-Selbst-Kirche zu sein. Damit erhofften sie sich Gunst oder zumindest Schonung für ihre eigenen Familien und Gemeinden. »Die ausländischen Missionare haben uns betrogen«, war ein gängiger Vorwurf in jenen Jahren. »Sie haben uns nicht Religion, sondern Imperialismus gelehrt.« Und einer klagte den anderen an, anti-revolutionär zu sein, ein Spion ausländischer Geheimdienste oder gegen die Parteilinie zu arbeiten.

Einige gaben auch ihren Glauben auf und stellten sich öffentlich gegen Jesus. Besonders tragisch war es, wenn Männer und Frauen, die zuvor dafür gelebt hatte, die Gute Nachricht von Jesus zu predigen, die eigene Gemeinden geleitet hatten und durch die Gott viele Zeichen und Wunder getan hatte, auch unter dem Druck nachgaben und sich öffentlich gegen Jesus stellten. Es war eine Tragödie, die über die chinesische Christenheit hereingebrochen war.

Wer sich nicht unter der Regierung beugte, sondern an seinem Glauben an Jesus festhielt, wurde als »konterrevolutionär« und als »Geheimagent« behandelt. Das bedeutete in aller Regel, daß diese standhaften Christen zusammen mit Verbrechern und anderen, der Regierung mißliebigen Personen in den äußersten Nordosten oder Nordwesten verschleppt wurden, wo sie in Arbeitslagern umerzogen werden sollten zu Menschen, die sich in die neue Welt einfügen könnten. Unter ihnen waren auch viele ältere Männer und Frauen, die Leiter von Gemeinden gewesen waren. Von ihnen kamen nur wenige lebend zurück, sie starben an Kälte, Hunger und Erschöpfung.

Ein Beispiel dafür ist ein junges Ehepaar aus Schanghai. Sie waren beide gebildete Leute mit akademischer Ausbildung. Der Vorname des Mannes war John. Er und seine Frau liebten Jesus von ganzem Herzen, und sie waren zu keinem Kompromiß bereit. Sie folgten der Leitung des

Heiligen Geistes und zogen in die Provinz Xinjiang im nordwestlichen China, um den Menschen dort von Jesus zu erzählen. Dort wollten die Behörden sie zwingen, sich der Drei-Selbst-Kirche anzugliedern, was sie strikt ablehnten. Von da an wurden sie Tag und Nacht beobachtet, verhört und in öffentlichen Kampfversammlungen dem Spott der Bevölkerung preisgegeben. Sie wurden dann beide verhaftet, kamen ins Gefängnis und Johns Frau starb dort.

Der Tod seiner Frau war schrecklich für John, er wollte selbst auch nicht mehr leben und verlor seinen ganzen Lebensmut. Aber der Heilige Geist tröstete ihn in diesen schweren Tagen mit dem Wort aus dem zweiten Korintherbrief:

»Darum werden wir nicht müde; wenn auch unser äußerer Mensch aufgerieben wird, der innere wird von Tag zu Tag erneuert. Denn die kleine Last unserer gegenwärtigen Not schafft uns in maßlosem Übermaß ein ewiges Gewicht an Herrlichkeit, uns, die wir nicht auf das Sichtbare starren, sondern nach dem Unsichtbaren ausblicken, denn das Sichtbare ist vergänglich, das Unsichtbare ist ewig« (2 Kor 4,16-18).

Er blieb stark in seinem Glauben und wurde erst 1984 aus dem Arbeitslager entlassen, als er schon über siebzig Jahre alt geworden war.

Andere Christen wurden nicht in Arbeitslager gebracht, sondern sie mußten in ihrer Heimat Zwangsarbeit leisten. Ihre Arbeit war nicht weniger schwer, und auch sie mußten an vielen Kampfversammlungen und Schmähparaden teilnehmen, mit denen man sie zur Resignation bringen wollte.

Dann zogen sich viele Pastoren, die ihren Glauben aufgegeben hatten und von der Bildfläche verschwunden waren, eine neue Maske auf. Man könnte sie als Pharisäer im chinesischen Gewand bezeichnen, als eine leere Glaubenshülse ohne Inhalt. Nach außen funktionierten sie wie gute Pastoren, doch innen fehlte ihnen die Kraft des Heiligen Geistes und Gottes Bestätigung ihrer Arbeit. Sie wurden als Leiter der Drei-Selbst-Kirchen eingesetzt, nannten sich Pastoren und Lehrer, aber das waren sie nicht. Entsprechend verlor die Kirche an geistlichem Leben und Anziehungskraft.

Der Gottesdienst am Sonntagmorgen verkam zu einem bloßen Ritual. Anstatt aus der Bibel zu lehren, verkündigten sie »Tien Feng«, »himmlischer Wind«, ein Werk, das die offizielle Kirche herausgebracht hatte. Die Folge war, daß immer weniger Menschen die Gottesdienste besuchten. Bald lohnte es sich kaum noch, überhaupt Veranstaltungen zu haben, da die Besucherzahl so stark geschrumpft war. 1958 wurden die Konsequenzen aus der gutgeplanten Entwicklung gezogen: Die Kirchengebäude wurden an die Regierungen der Länder und Provinzen verkauft und als Fabriken, Geschäfte und Kantinen benutzt.

Zu dem Zeitpunkt Ende der fünfziger Jahre waren alle Kirchen Chinas geschlossen. Nirgendwo wurde noch offiziell gepredigt, keine Lieder wurden mehr für Gott gesungen, keine Gemeindegebete stiegen mehr zu ihm auf. Bis 1966 blieb das so. Die atheistische Regierung dachte, nun hätten sie tatsächlich in kürzester Zeit die Religion ausgemerzt. Sie ahnten nicht, daß Gott unterdessen nicht geruht hatte, sondern einige treue Männer und

Frauen vorbereitet hatte, die seine liebevollen und gnädigen Pläne für China ausführen sollten. Es gab im Verborgenen immer noch eine ganze Anzahl von Gläubigen, die beteten und fasteten und für ihr Land und ihre Regierung eintraten.

Jesus hatte sein Blut nicht vergeblich vergossen, auch die ausländischen Missionare waren nicht umsonst gestorben, genauso wenig wie die chinesischen Christen. Gott erhörte die Gebete der Märtyrer für China. Noch bevor die Kulturrevolution in ihrer ganzen Wucht ausbrach, hatten bereits viele Christen angefangen, sich in ihren Wohnungen zu Gottesdiensten zu treffen. 1966 war dann der Beginn der Revolution, die an Grausamkeit und Entsetzen einzigartig schrecklich ist. Der Schaden war unsagbar groß, auch politisch und finanziell. Das chinesische Volk litt furchtbar unter Mao Tse-tung und der Viererbande.

Seit der Machtübernahme der Kommunisten 1949 hatte jede politische Kampagne immer auch Verfolgung und Unterdrückung für die Christen mit sich gebracht. Die zehn Jahre der Kulturrevolution waren der grausame Höhepunkt in dieser Entwicklung, es war die finsterste Periode für China und für die chinesische Christenheit. Die Roten Garden, die der Vorsitzende Mao entfesselt hatte, zogen wild und unkontrollierbar durch das ganze Land. Sie tobten ihren eindoktrinierten Haß gegen allen »Aberglauben« und gegen alle »alten Ideen« aus. Im ganzen Land drangen sie in die Wohnungen der Leute ein, durchwühlten alles, raubten und vernichteten, wie es ihnen in den Sinn kam. Bevorzugte Zielscheibe der Zerstörung waren die Häuser der Christen. Die Jugendlichen mit den roten Armbinden verwüsteten die Wohnungen auf ihrer Suche nach Bibeln und christlicher Literatur, die sie dann in vielen Lagerfeuern im ganzen Land verbrannten. Sie verhörten die Christen, schlugen sie und zwangen sie, ihren Glauben zu verleugnen. Dann stülpten sie ihnen hohe, spitze Hüte über, auf denen ihre vermeintlichen Verbrechen zu lesen waren. Mit diesen Hüten mußten die für schuldig Befundenen dann durch die Straßen der Stadt ziehen, dem Spott der Bevölkerung ausgesetzt.

Auch die Mitglieder und vor allem die Leiter der Drei-Selbst-Bewegung kamen nicht ungeschoren davon. Sie wurden genau so behandelt wie die anderen Christen, nur daß sie, wenn sie nicht wirklich an Jesus glaubten, sofort bereit waren, ihrem Glauben abzuschwören und alles zu gestehen und zu sagen, was man von ihnen verlangte.

Um sich bei dem Vorsitzenden Mao einzuschmeicheln, dachte sich die Viererbande ein neues Gesetz aus: Jeder Chinese sollte sich fortan vor dem Bild des großen Vorsitzenden verbeugen. Das war ein besonderer Angriff gegen die Christen, die sich weigerten, das Bild eines Menschen so zu ehren. Unzählig viele Menschen verloren dadurch ihre Wohnungen und oft auch ihr Leben.

Zum Beispiel war da der Mann aus Schanghai, der Liu genannt wurde. Er war Naturwissenschaftler und liebte Jesus. Täglich wurde er geschlagen und gefoltert, weil er sich weigerte, Maos Bild zu verehren. Regelmäßig wurde er auf Schmähparaden vorgeführt und mußte an öffentlichen Kampfversammlungen teilnehmen. Aber die Verbrechen, die ihm vorgeworfen wurden, gestand er nie, die Fragen, die man ihm stellte, beantwortete er nicht, und er weigerte sich auch unter Folter, seinen Glauben zu verleugnen. Als er an den Punkt kam, daß er sich nicht mehr sicher sein konnte, ob er das noch lange aushalten würde, beschloß er zu fliehen. Die Polizei war ihm dicht auf den Fersen.

In der Stadt »X« nahm ein Christ den flüchtenden Liu für ein paar Tage in sein Haus auf. Als die Polizei davon erfuhr und das Haus des Gastgebers durchsuchte, war Liu schon weiter geflohen. Aber der Gastgeber wurde zu zehn Jahren Haft verurteilt, weil er Liu aufgenommen hatte. Auch ein anderer Mann, der Jesus diente, wurde zu zwanzig Jahren verurteilt, weil er Liu in seiner Wohnung versteckt hatte. Ein alter Mann, der ebenfalls in der Stadt »X« lebte, wurde wegen des gleichen »Verbrechens« von der Geheimpolizei verhaftet und verhört. Als er sich strikt weigerte, irgendwelche Informationen über Liu preiszugeben, wurde er zu Tode gefoltert. Als Bruder Liu schließlich wieder verhaftet wurde, konnte er mit Gottes Hilfe bis zum Ende durchstehen. Er starb als Märtyrer.

Damals plante Marschall Biao Lin, die Regierung zu übernehmen. Er war sehr erfreut über die weitgehende Vernichtung des Christentums, und voller Optimismus glaubte er, ganz China sei nun »rot« und die Christen würden in wenigen Jahren vollständig eliminiert sein. Aber die Gemeinde Jesu war in Wirklichkeit wie ein Vulkan, der erst kurz vor seinem Ausbruch stand und den überhaupt keine Macht mehr stoppen konnte.

1976-1983: Eine brennende Fackel

Es war im Jahr 1967. Die Kulturrevolution war eben erst ausgerufen worden. Die folgende Begebenheit trug sich in einem kleinen Bergdorf zu, das Lishan heißt. In einem Hochtal, nur zwanzig Kilometer von dem Ort entfernt, wo der Älteste Dai umgebracht worden war, drängten sich etwa hundert kleine Häuschen aneinander, um sich gegenseitig zu stützen und zu schützen und dem unwirtlichen Klima hier oben zu trotzen. Das Dorf war versteckt in einem dichten Wald, der für ungeübte Augen undurchdringlich war. Aber auch wenn jemand zum ersten Mal nach Lishan kommen sollte, würde ihm sofort ein Geräusch auffallen: Aus einem bestimmten Haus, etwas abseits vom eigentlichen Dorf, hörte man regelmäßig den Klang mehrerer Stimmen, die durcheinander redeten und häufig weinten. Dies war der Treffpunkt für sechs junge Christen, fünf Männer und eine Frau, die sich aus verschiedenen Dörfern trafen, um hier zusammen zu beten.

Zwei von ihnen waren noch sehr jung und hatten erst vor kurzem von Gott den Auftrag bekommen, ihm vollzeitlich zu dienen. Es lag wie eine schwere Last auf ihnen, daß die kommunistischen Machthaber versuchen wollten, die Gemeinde durch Verfolgung auszulöschen oder auf einen traurigen Überrest zu reduzieren. Der Heilige Geist hatte sie zusammengebracht. Die gleichen Dinge bewegten sie, sie hatten auch die gleichen Träume und Visionen, so daß sie in ihrem Beten ganz eins sein konnten. Sie hatten beschlossen, daß sie sich in diesem Raum jeden Freitag treffen wollten, um zusammen zu fasten und zu beten für die Milliarde Chinesen, die Jesus nicht kannten und für das Volk Gottes in China. Unabhängig von allen Umständen, egal, wieviel sie zu tun hatten, wie dringend die landwirtschaftliche Arbeit wartete oder wie günstig das Wetter für die Feldarbeit war, keiner von ihnen versäumte auch nur ein einziges Mal ein Treffen.

Nicht nur in Lishan, auch in vielen anderen Städten und Bezirken erweckte Gott Männer und Frauen, die sich als Beter vom Heiligen Geist gebrauchen lassen wollten. Sie beteten in Treue und Regelmäßigkeit, ohne aufzuhören, mit Leidenschaft und Intensität und in einem Geist. Nach einigen Monaten begannen dann in den verschiedenen Bezirken die Feuer des Heiligen Geistes zu brennen. In der Stadt »H« kam der Heilige Geist auf eine Gruppe von Betern, sie begannen, in neuen Sprachen zu beten und freuten sich an ihrem Gott.

Schon bald war das kleine Zimmer, in welchem sich die sechs jungen Leute zum Beten trafen, zu klein für die Gruppe, die stetig wuchs. Immer mehr Fürbitter kamen dazu. Gott konnte diese kleine Gruppe wunderbar gebrauchen, um seine Kraft und seine Liebe zu demonstrieren. Sie begannen, in ihrer Nachbarschaft auf den Straßen zu predigen, und der Heilige Geist bestätigte ihren Dienst mit vielen Heilungen, Zeichen und Wundern.

Zum Beispiel war da das kleine Kind in Lishan, das Windpocken hatte. Es war sehr schwer krank, sein Leben hing an einem seidenen Faden. Der Arzt warf einen einzigen Blick auf das Kind, das nur noch mit Mühe atmen konnte, er schüttelte resigniert den Kopf, und sein trauriger, schulterzuckender Kommentar war: »Hier kann ich nichts mehr machen ...« Damit verließ er das Haus und ging langsam davon. Die Eltern starrten ihm entgeistert nach. In dem Moment erhob sich einer der anwesenden Christen, bat die Eltern um Erlaubnis, mit ihrem Kind beten zu dürfen, legte ihm die Hände auf, betete kurz, und Augenblicke später stand das Kind geheilt auf und begann zu spielen, als ob es nie krank gewesen wäre.

Als die Gebetsgruppe sich gebildet hatte, gab es nur eine Handvoll Christen in Lishan. Aber nach kurzer Zeit hatten alle Einwohner ausnahmslos Jesus als ihren Herrn angenommen. Die Lokale der Glücksspiele waren leer, auch andere Orte zweifelhaften Vergnügens mußten schließen. Auf den Bergen sangen die Hirtenjungen ihre neuen Jesuslieder. Auf den Feldern konnte man die Menschen bei ihrer Arbeit laut beten hören. Am Fluß, wo sich die Frauen immer zum Wäschewaschen trafen, hörte man kein Streiten mehr, sondern aus vollem Herzen und so laut sie konnten sangen sie zusammen christliche Lieder. Der ganze Ort war voller Harmonie, Freude und Liebe. Aberglaube, böse Geister, Okkultismus und Gewalt kannte man in Lishan nicht mehr, man erinnerte sich nur noch gelegentlich daran, daß es diese Dinge früher einmal gegeben hatte.

Immer mehr Menschen begannen, an Jesus zu glauben, auch die umliegenden Dörfer wurden von der Erweckung erfaßt. Bald kamen mehr als dreihundert Menschen zu den Gottesdiensten, und es gab keinen Raum, in den sie alle gepaßt hätten. Sie mußten sich in mehrere Gruppen teilen, die sich an verschiedenen Orten trafen. Der Heilige Geist erfaßte das Umland bis in die Stadt »H« und den ganzen Bezirk »C«, die Erweckung war nicht aufzuhalten.

Verfolgung in Lishan. Es dauerte nicht lange, bis sich eine Welle der Verfolgung gegen die Christen in Lishan und der Umgebung erhob. Die lokalen Regierungsbehörden waren beunruhigt, da die Zahl der Christen täglich zunahm. Sie wollten diese Entwicklung unbedingt unterbinden, wußten aber nicht, wie. So befahlen sie dem Leiter der Arbeitsbrigaden in Lishan, allen religiösen Aktivitäten einen Riegel vorzuschieben.

Mehrere Wochen lang mußte der Mann nun alle Gottesdienste besuchen, um die Treffen mit Gewalt zu stören und aufzulösen. Aber für die Christen in Lishan war es unvorstellbar, sich nicht zu treffen und Gottesdienste zusammen zu feiern. Sie kamen weiterhin zusammen und der Parteifunktionär kam auch regelmäßig dazu. Nur konnte er nichts ausrichten, alleine gegen so viele begeisterte Christen. Er bekam viel Druck von seinen Vorgesetzten, und in seiner Hilflosigkeit zertrümmerte er das Mobiliar der Christen und ihre Fensterscheiben, und manchmal schlug er mit seinen bloßen Fäusten auf die Menschen ein, die sich so wenig von ihm stören ließen. Die Christen ignorierten ihn einfach, sangen, beteten, studierten die Bibel, redeten und feierten ihr Zusammensein, als ob sie ganz unter sich wären.

Da der Leiter der Arbeitsbrigade so erfolglos war, wurde er mehrmals von den Kadern der lokalen Regierung begleitet. Dabei konnten sich seine Vorgesetzten selbst davon überzeugen, daß sich die Christen nicht so einfach stören ließen. Im Gegenteil. Durch diesen leichten Druck von außen rückten die Christen noch näher zusammen, sie suchten Gott noch intensiver, wurden radikaler in ihrem Gehorsam Gott gegenüber und ihre Bereitschaft, aus Angst vor Verfolgung Kompromisse einzugehen, wurde immer geringer. Als Folge ihrer steigenden Hingabe und Öffnung für Gott wurden sie zu einem immer stärkeren Einfluß in ihrer Umgebung, der Heilige Geist konnte durch sie in aller Freiheit wirken, und immer mehr Menschen wurden angezogen und begannen, auch an Jesus zu glauben. Die Zahl der Christen wuchs ständig.

Die Verantwortlichen in der Partei und Verwaltung des Ortes wurden immer ratloser. Sie sahen ein, daß sie alleine nichts gegen diese Christen-Übermacht ausrichten konnten. Das einzige, was ihnen blieb, war, ihre Hilflosigkeit einzugestehen und die übergeordnete Bezirksregierung um Hilfe zu bitten. Sie schilderten die Lage, und die Bezirksverwaltung unternahm erste Schritte, um im Dorf Lishan wieder Ordnung im Sinne der Partei herzustellen. Mehrere Dutzend Arbeiter wurden zusammengetrommelt und auf die bevorstehende Aufgabe eingeschworen. Sie sollten dafür sorgen, daß die Christen sich nicht mehr zu Gottesdiensten versammeln könnten. Aber bevor sie anrückten, unternahm die Bezirksverwaltung einen letzten Versuch. Ein sehr scharf formulierter, bedrohlicher Brief wurde verfaßt, in dem es hieß: »Mit sofortiger Wirkung sind alle religiösen Veranstaltungen und Treffen untersagt. Sollten Sie dieser Anordnung zuwiderhandeln und sich am kommenden Sonntag unerlaubt versammeln, werden wir massiv gegen Sie einschreiten. Für dann entstehende Schäden an Leib und Leben tragen Sie selbst die Verantwortung.«

Am Freitagabend war wieder Gottesdienst. Er war so gut besucht wie immer in den letzten Wochen, mehrere hundert Menschen drängten sich in den verschiedenen Räumen des Wohnhauses, in dem die Gottesdienste abgehalten wurden. Viele waren schon lange vorher gekommen, um sich zu unterhalten, zu kochen oder miteinander zu beten, viele kamen auch direkt von der Arbeit, um keine Zeit zu verlieren. Es war eine große, bunte Familie, die sich herzlich liebte. Als einer der Leiter der Christen dann das Wort ergriff, wurde er sehr ernst. Er las den Brief der Regierung vor, Wort für Wort. Es war total still geworden, keiner bewegte sich, die Leute beugten sich vor, um auch alles hören zu können. Der Mann sah von seinem Blatt auf, blickte auf die Gemeinde, die dicht gedrängt vor ihm auf der Erde saß und schwieg einen Moment. Er sah diese einfachen, armen Leute, mit ihren zum Teil durchgewetzten, von der Arbeit schmutzigen, blaugrauen Jacken, er sah ihre von Wind und Wetter gegerbten Gesichter und ihre rissigen Hände, und dann sah er ihre Augen, die ohne Angst und mit

Freiheit und Klarheit auf ihn gerichtet waren. Plötzlich sah er, wie Jesus selbst diese Menschen liebte und sich an ihnen freute. In diesem Augenblick wußte er, er würde die Kraft haben, aus Liebe zu Jesus und zu der Gemeinde, die hier vor ihm saß, jedes Leiden und selbst den Tod auf sich zu nehmen. Er holte tief Luft, und mit einer vor Liebe rauhen Stimme sagte er:»Meine lieben Brüder und Schwestern, es ist möglich, daß die Arbeitsbrigade eine größere Gruppe bewaffneter Männer zur Verfügung stellt und hierher schicken wird, falls wir uns am Sonntag zum Gottesdienst treffen werden. Sollen wir die Gottesdienste einstellen?«

Da antworteten alle zusammen, ohne zu zögern und in tiefer Übereinstimmung:»Wir können nicht aufhören, uns zu treffen.«

Mehrere Christen meldeten sich zu Wort und drückten aus, was die anderen auch dachten:»Wenn wir uns jetzt schon von der Regierung einschüchtern lassen, wie sollen wir dann später standhaft sein, wenn die Angriffe gegen uns vielleicht noch heftiger werden? Wir wollen nicht zurückweichen, sondern weiter so Gott dienen, wie wir es als richtig erkannt haben.«

Dann beteten sie zusammen, sangen und lobten Gott. Sie verbrachten etliche Stunden so in der Gegenwart Gottes, der Heilige Geist fühlte sich willkommen unter ihnen und erfüllte sie alle mit seiner Kraft, seinem Frieden und seiner Freude. Erst gegen Morgen gingen sie wieder nach Hause.

Der Sonntag kam, und die Christen strömten von überall zu ihrem Versammlungshaus. Viele waren heute schon lange vor dem offiziellen Gottesdienstbeginn gekommen. Es sah so aus, als wäre heute ein besonderer Festgottesdienst. Von überall waren sie gekommen, manche, die in entfernteren Dörfern wohnten, waren schon sehr früh aufgestanden und hatten einen langen Fußmarsch hinter sich. Ganze Großfamilien kamen zusammen zum Gottesdienst, von den Großeltern bis zu den Enkeln waren alle dabei. Es war ein Bild der Freude. Das einstöckige, einfache Haus samt Innenhof und Vorplatz war vollkommen überfüllt, und noch immer drängten sich mehr Menschen hinein. Etwa vierhundertundfünfzig Menschen waren gekommen, die einmütig Gott lobten und anbeteten. Mehr als zwei Stunden lang standen sie so in der Gegenwart Gottes und sangen und beteten, daß sie weithin zu hören waren.

Dann folgte eine mehrstündige Predigtzeit, in der mehrere Personen nacheinander lehrten. Es war sehr still, alle hingen mit voller Aufmerksamkeit an den Lippen des jeweiligen Redners. Plötzlich entstand eine Unruhe in der Menge. Ein kleiner Junge boxte sich seinen Weg nach vorne zum Pastor. Er war etwa sieben oder acht Jahre alt, und offensichtlich war er in größter Panik. Seine Haare klebten schweißnaß an seinem Kopf, auch sein Hemd war schweißdurchtränkt. Es hatte auf seiner wilden Flucht die Schuhe verloren, seine nackten Füße bluteten, die Zehen waren aufgestoßen, und er hinterließ eine Spur aus Schmutz und Blut auf dem Fußboden. Es kümmerte ihn nicht, daß er die ganze Versammlung durcheinanderbrachte, er rannte direkt zu dem Redner, der bei dem Anblick seines Kindes inne hielt. Der Junge klammerte sich an den Anzug seines Vaters und keuchte unter Tränen:»Papa, Papa, bitte, lauf schnell weg, die Volkspolizei kommt! Komm Papa, komm schnell, bitte! Ich bin sofort losgerannt, als sie kamen, damit ich vor ihnen hier bin. Es sind ganz viele, und mit Gewehren und …« Der Junge zitterte vor Angst.

Der Pastor nahm sein Kind auf den Arm und versuchte, ihn zu beruhigen. Angst hatte sich auf die Gemeinde gelegt, als sie diese Szene beobachteten. Doch sofort waren drei junge Mitarbeiter aufgestanden, nach vorne getreten und hatten das Wort ergriffen. Sie beruhigten und trösteten die Menschen: »Ihr lieben Geschwister, habt keine Angst. Der Herr selbst ist unter uns. Laßt uns zuerst ihn anbeten!«

Dann standen sie alle auf und sangen eines ihrer Lieblingslieder: »Oh Herr, der du ihm Himmel sitzt, ich hebe meine Augen auf zu dir, …«

Die Leiter der Arbeitsbrigaden, die als erste auf dem Gelände der Christen ankamen, sahen sehr selbstgefällig aus. Sie gingen aufrecht im Bewußtsein ihres lange ersehnten Triumphes, der nun endlich unmittelbar bevorstehen sollte. Hinter ihnen marschierte eine entschlossene Truppe der Volksarmee, schwer bewaffnet und halbwegs uniformiert. Jeder von ihnen erwartete und hoffte, daß er sehr furchterregend aussehen und wirken würde. Die Männer umstellten den ganzen Versammlungsort und beschimpften und verfluchten die Christen. Doch die nahmen kaum etwas wahr, weil sie weiterhin ihre Lieder sangen und Gottes Gegenwart genossen. Die Zwischenrufe der Soldaten gingen unter in dem fröhlichen, lauten Singen der Christen.

Ob es aus Wut oder aus Ärger war, ist schwer zu sagen, jedenfalls wurden die Soldaten sichtlich blasser, während sie auf ein Kommando warteten. Dann wurde ein Teil von ihnen losgeschickt, nach vorne zu gehen und die drei jungen Männer festzunehmen, die dort immer noch standen und das Singen und Beten leiteten, während der Pastor sich, mit seinem vor Erschöpfung weinenden Jungen auf dem Schoß, unter die Menge gemischt und hingesetzt hatte. Mit Nervosität und in größter Hektik fesselten die Volkspolizisten die drei jungen Männer, die sich nicht wehrten, und eiligst verschwanden sie mit ihnen aus dem Blickfeld dieser Christen.

Die übrigen Christen weinten, als die drei aus dem Haus geführt wurden. Die Gefangenen wurden zu dem Sitz der Dorfverwaltung gebracht, wo sich am eisernen Tor auch schon eine Gruppe Schaulustiger eingefunden hatte. Im Hof vor dem Haus, unter den Augen der Passanten und dem Gelächter der Soldaten, wurden den drei Gefangenen die Köpfe kahlgeschoren. Jedem wurde ein dickes rotes Kreuz auf die nackte Kopfhaut gemalt. Mit roter, schwarzer und blauer Tinte wurden dann ihre Gesichter beschmiert, und schließlich wurden sie gezwungen, sich auf Eimer zu setzten, die voll waren mit menschlichem Kot.

Die Zuschauer waren begeistert, lachten, klatschten in die Hände und gaben jede Menge Kommentare zu dem Schauspiel ab. »Das sind also die Anführer der Jesus-Jünger. Wo steckt denn nun euer Gott? Warum kommt er denn nicht und hilft euch?«

Andere schüttelten in komischer Betroffenheit die Köpfe und seufzten: »Wie schade um diese netten jungen Männer, daß sie sich von diesem Aberglauben so haben einfangen lassen.«

Und wieder andere ließen ihre Wut und Aggression an den Wehrlosen aus, bewarfen sie mit Steinen oder Orangenschalen und bespuckten sie. Doch einige sagten auch zueinander: »Eigentlich sind diese Männer echt beeindruckend. Es ist sehr mutig von ihnen, so an ihrem Glauben festzuhalten. Ihr Gott muß einfach real sein, sonst könnten sie doch so viel Demütigung nicht einfach so hinnehmen.«

Die folgenden drei Tage wurden die Gefangenen in eine kleine Zelle gesperrt, ohne Essen und Trinken. Viele Christen kamen, um sie zu besuchen und wollten ihnen Reis und Obst bringen, doch sie wurden alle an der Pforte abgewiesen. Erst am Ende des dritten Tages kochte die Arbeitsbrigade Reis für die drei Männer. Im Büro des Kaders wurden ihnen drei kleine Reisschalen vorgesetzt. Einer der Soldaten sagte:»Wir wollen, daß Sie hier vor unseren Augen essen, weil uns interessiert, ob Sie auch hier bei uns beten werden, bevor Sie essen. Mal sehen, ob Sie wirklich gute Christen sind.«

Unter chinesischen Christen ist es so üblich, daß sie, bevor sie zu essen beginnen, mit beiden Händen ihre Reisschale zu Gott erheben und ihm für das Essen danken. Der erste Gefangene nahm seine Schale, und genau wie er es gewohnt war, hob er sie Gott entgegen, schloß seine Augen und begann, laut dafür zu danken. Im selben Moment holte einer der Soldaten aus und schlug seine Faust mit so viel Kraft in das Gesicht des betenden Mannes, daß dieser rückwärts von seinem Stuhl auf die Erde krachte und der gute Reis weit durch die Luft flog. Nun hefteten sich alle Augen auf den zweiten Christen. Auch er erhob ohne zu zögern seine Schale und betete. Ein Soldat schlug ihm so hart aufs Brustbein, daß er bewußtlos auf den Tisch fiel, der vor ihm stand.

Der dritte Christ, dem es sehr weh tat, die Gewalt gegen seine Brüder beobachten zu müssen, schrie innerlich zu Gott:»Bitte hilf mir, Herr, dir Ehre zu machen.« Und auch er nahm seinen Reis und betete.

Die Parteileute und Soldaten waren sehr wütend über den Starrsinn dieser Christen. Einer setzte an, kochendes Teewasser aus einer großen Thermoskanne über den Kopf des zweiten zu gießen, der reglos auf der Tischplatte lag. Aber der Leiter der Behörde hielt ihn zurück:»Wenn Sie das machen, werden Sie ihn umbringen. Wir wollen diese drei aber nicht verlieren, sie sind ausgezeichnete Arbeiter in unserer Brigade. Ihr einziger Fehler ist ihr Aberglaube und ihr diesbezüglicher Starrsinn.«

In der folgenden Woche fanden alle Gottesdienste und Gebetstreffen regulär statt, wie in jeder vorherigen Woche auch. Die Männer der Arbeitsbrigade verhafteten am folgenden Sonntag mit Hilfe der Volksarmee noch drei weitere Männer. Und eine Woche später wurden noch einmal einige Christen verhaftet. Aber auch diese neue, massivere Verfolgung konnte den Eifer und den Glauben der Christen nicht beeinträchtigen. Im Gegenteil, die Gemeinde blühte, und in den umliegenden Ortschaften kamen viele Menschen zum Glauben an Jesus.

Die Leiter der Arbeitsbrigade waren sehr besorgt, weil ihre Verhaftungen und Folter nichts ausrichteten. Wieder mußten sie ihre eigene Hilflosigkeit eingestehen und Unterstützung von anderen Stellen anfordern. Diesmal wandten sie sich an mehrere Regierungen umliegender Bezirke, an die Geheimpolizei, an das Steuerbüro, das Verkehrsbüro und verschiedene andere Stellen.

Zu Beginn waren sie so sicher gewesen, daß sie dieses »Problem« problemlos in den Griff bekommen würden und diesen neuen Aberglauben leicht wieder ausrotten könnten. Sie hatten gedacht, in einer Woche sei die Angelegenheit vom Tisch. Doch nun waren schon zwei Monate intensiver Anstrengungen ins Land gegangen, und sie mußten sich eingestehen, daß sie überhaupt nichts erreicht hatten. Im Gegenteil, den Gemeinden ging es von Woche zu Woche besser, sie wurden immer stärker, immer furchtloser und immer fröhlicher.

In vielen langen Sitzungen entwarfen sie einen neuen Plan, wie man die Christen in Lishan von ihrem Glauben abbringen könnte. Die Parteikader planten, in mehreren kleinen Teams nach Lishan zu kommen, um einzelne Familien zu besuchen, mit ihnen persönlich über Marx und Mao zu reden und ihnen den »Aberglauben« auszureden. Als dann die Kader zusammen auf das Dorf zugingen, hörten sie schon lange, bevor sie das Dorf sehen konnten, den entfernten Klang von vielstimmigem Singen. Als sie näher kamen, konnten sie erkennen, daß die Leute zwar alle ihre Arbeit taten, aber da fast jeder dabei fröhlich vor sich hin sang, klang es wie ein riesiger Chor des ganzen Dorfes. Als die Männer in das Dorf hereinkamen und sich in Teams aufteilten, waren sie sofort von fröhlichen, lachenden Kindern umgeben, die sich an die Fersen jedes Teams hefteten und lustige, christliche Kinderlieder sangen. Dabei klatschten sie in ihre Händchen, hüpften und tanzten und versuchten, die Funktionäre an den Händen zu halten. Es war eine unmögliche Situation, in der sich die Parteileute befanden. Sie mußten mit den Kindern schimpfen und sie bedrohen, um sie zum Schweigen zu bringen. Aber zum einen lachten die Kinder nur darüber, zum anderen tat den Parteileuten diese spontane, fröhliche Liebe der Kinder auch sehr gut. Sie waren so verwirrt und frustriert, daß sie nicht wußten, ob sie auch lachen, ob sie weinen oder sich aufregen sollten. Ihre Pläne jedenfalls konnten sie nicht durchführen, aus den Hausbesuchen und Gesprächen wurde nichts, und sie zogen unverrichteter Dinge wieder ab.

Verfolgung überschattet das ganze Gebiet

Ein anderes Dorf im gleichen Gebiet bekam von der Bezirksregierung einen ähnlichen Brief wie die Christen in Lishan. Auch in diesem Ort wirkte der Heilige Geist in aller Freiheit, und die Mehrheit der Bewohner waren seit kurzem begeisterte Christen. Und auch hier weigerten sich die Gläubigen, ihre Gottesdienste einzustellen, nur weil man ihnen einen Besuch der Volkspolizei angedroht hatte. Eines Sonntagmorgens, während alle Christen des Ortes sich zu einem Gottesdienst versammelt hatten und seit Stunden im Lobpreis und Gebet waren, kamen plötzlich die Polizisten aus der Verwaltung zusammen mit einer Abordnung der Volksarmee. Sie waren schwer bewaffnet und schossen erst einige Male in die Luft, bevor sie in das Haus eindrangen und die Wohnung stürmten.
Eine ältere Frau stand gerade vorne und leitete das Gebet. Die Soldaten stürzten sich auf sie und fesselten sie. Sofort erhob sich eine andere Frau und übernahm das Gebet. Auch sie wurde gefesselt und verhaftet. Ohne daß das Gebet ins Stocken gekommen wäre, stand die dritte Frau auf und setzte das Gebet fort. Und so weiter. Eine Person nach der anderen übernahm die Leitung des gemeinsamen Gebetes und wurde dafür gefesselt. Schließlich waren alle Anwesenden nacheinander aufgestanden, um das Gebet zu leiten und waren dann gefesselt worden. Auf diese Weise war die ganze Gemeinde verhaftet worden und wurde ins Verwaltungsgebäude gebracht, wo Verhöre, Schläge und Folter auf sie warteten.
Das alte Mütterchen, in dessen Haus der Gottesdienst stattgefunden hatte, mußte sich auf einem Stapel zerbrochener Porzellankacheln hinknien. Über ihre Waden wurde ein dickes Bambusrohr gelegt, auf dessen beiden Enden jeweils ein Mann stand. Die Schmerzen und die Aufregung waren zu viel für die alte Frau, und sie verlor schon bald das Bewußtsein.

Am nächsten Tag wurde die Frau von einigen Verwandten besucht, die nicht in dem Gottesdienst gewesen waren und die nun kamen, um sie mit Essen zu versorgen. Sie ließ über ihre Besucher allen anderen Christen eine Nachricht übermitteln, die besagte, daß die Gottesdienste auf jeden Fall fortgesetzt werden sollten, unabhängig davon, was die Polizei machen würde.

In derselben Gegend lebte ein junger Mann, der ein Studium als Lehrer fast abgeschlossen hatten. In der Nacht vor seinem letzten Examenstag predigte er in einem Gottesdienst. Die Polizei kam, der Gottesdienst wurde aufgelöst, der junge Mann verhaftet. Er wurde sofort von der Universität ausgeschlossen, so daß er sein Examen nicht beenden und seine Ausbildung nicht mehr abschließen konnte. Er wurde bei seiner Festnahme grausam geschlagen und an der Decke des Badezimmers aufgehängt. In dieser Lage mußte er eine ganze Nacht verbringen.

Ein Gebet, das die Erde erschütterte

Im Herbst 1973 entschloß sich die Gemeinde in Lishan, einen Taufgottesdienst abzuhalten. Die Zahl der Menschen, die sich in der letzten Zeit für Jesus entschieden hatten und nun als öffentliches Zeugnis an der Taufe teilnehmen wollte, war sehr groß. Der einzig mögliche Ort zum Taufen war der Fluß, der durch Lishan zog und an einigen Stellen etwas flacher und breiter wurde, so daß man dort gut hineingehen konnte. Aber die Leiter der Gemeinde waren sich im klaren, daß dies von den Behörden nie geduldet werden würde. Sie mußten nicht nur mit Störungen rechnen, sondern auch mit Verhaftungen und Versammlungsverbot. Also überlegten sie sich, den Gottesdienst am Fluß erst um Mitternacht zu beginnen. Davor sollten sich die Christen in einigen Häusern treffen und ein wenig schlafen oder ausruhen.

Doch auch die Parteifunktionäre am Ort hatten von den Plänen der Christen Wind bekommen. Und sie hatten ihre Vorkehrungen getroffen. Etwas weiter oben am Fluß, noch außerhalb des Ortes, hatten sie Tierkot angekarrt und mehrere Funktionäre hatten sich dort in einem leeren Lagerraum versteckt. Sobald die Christen sich auf den Weg machen würden, sollten die Männer den Mist in den Fluß schaufeln, so daß das Wasser zum Taufen vollkommen verunreinigt wäre. In der Nähe des Ortes, an dem vermutlich der Gottesdienst stattfinden würde, hatten sich mehrere Dutzend Menschen versteckt, welche die Christen stören und angreifen sollten. Und ein Pflasterstein-Vorrat wurde angelegt, um die Menschen damit zu bewerfen.

Diese Pläne wiederum kamen den Christen zu Ohren, am Abend, wenige Stunden bevor der Gottesdienst beginnen sollte. Alle Mitarbeiter, Leiter und Beter wurden zusammengerufen, alle, denen die Gemeinde besonders am Herzen lag und die sich in irgendeiner Weise auch verantwortlich fühlten. Sie trafen sich in einem Wohnzimmer und begannen, ernstlich zu beten.

»Herr, hast du nicht alle Macht im Himmel und auf der Erde? Du hast die Augen dieser gottlosen Menschen in Sodom blind gemacht. Herr, wir bitten dich heute, deine unbegrenzte Kraft einzusetzen und Wunder zu wirken, damit wir in Freiheit und ohne Bedrängnis diese Taufe durchführen können.«

Während sie so beteten, kam der Heilige Geist auf sie, und alle wurden erfüllt mit seiner Kraft und Freude. Sie beteten in neuen Sprachen Gott an und priesen die Größe und Güte Gottes. Es waren etwa vier- bis fünfhundert Menschen bei diesem Gebetstreffen, die alle aus vollem Herzen und im Überschwang ihre Freude sangen und sich an Gott freuten. Ihr Lobpreis war im ganzen Ort zu hören.

Die Gegenwart des Heiligen Geistes war so stark unter ihnen, daß sie vergaßen, wo sie waren und warum sie zusammengekommen waren. Es war, als würden sie buchstäblich vor Gottes Thron stehen und ihn von Angesicht zu Angesicht anbeten. Die Herrlichkeit Gottes war gewaltiger, als sie es jemals zuvor erlebt hatten. Ihr Lied war bis in die Wälder jenseits des Dorfes zu hören: »Seid treu, seid treu, verkündigt diese Botschaft überall. Seid treu in dem, was euch anvertraut wurde, seid eurem herrlichen Gott treu …«

Es ist ein Lied des Kampfes und der Autorität, das die Christen immer und immer wieder sangen. Während sie so in der Gegenwart Gottes waren und der Heilige Geist ganz frei unter ihnen wirken konnte, vibrierte plötzlich der Boden unter ihren Füßen. Das Geschirr begann zu klappern, an den Wänden bildeten sich Risse, und von der Decke rieselte Staub. Das Beben wurde stärker, während die Christen weiter ihre Lieder sangen. Die Häuser im Dorf wurden erschüttert, und dann begannen auch die umliegenden, bewaldeten Hügel zu erzittern. Es klang wie verhaltener Donner, als das Erdbeben die ganzen umliegenden Berge erschütterte. Die Bäume knackten und krachten, und Furcht legte sich auf die Menschen. Nur die betenden Christen nahmen fast nichts wahr.

Mehrere Frauen waren zu Hause geblieben, weil sie das Gebetstreffen für nicht so wichtig hielten wie ihre viele Hausarbeit, die sie immer noch abends nach der landwirtschaftlichen Arbeit zu erledigen hatten. Aber als sie plötzlich spürten, wie die Erde unter ihnen sich bewegte, als die Fenster und Türen zu klappern begannen und das Geschirr aneinander schlug, da ahnten sie sofort, daß dies kein gewöhnliches Erdbeben war. Viele dieser Frauen ließen nun alles stehen und liegen und rannten zu dem Versammlungshaus, um auch diese Kraft und Gegenwart Gottes zu erleben. Und gemeinsam mit den anderen lobten sie Gott, wie sie es noch nie zuvor getan hatten.

Dieser Lobpreisgottesdienst dauerte noch zwei weitere Stunden, dann wurde einer der Brüder gebeten zu sprechen. Doch seine Antwort war überraschend: »Ich glaube jetzt schon seit mehr als fünfzig Jahren an Jesus. Aber ich habe noch nie einen Gottesdienst wie diesen erlebt. Es ist mir nicht möglich, jetzt aufzustehen und zu predigen. Gottes Gegenwart ist zu stark.«

Ein anderer Mann aus Lishan fand sich, der etwa vierzig Minuten lang sprach. Dann führte er die Gemeinde zu einer Verbreiterung des Flusses, die eine kleine Vertiefung mit wenig Strömung bildete und ein ideales Taufbecken darstellte. Dort ließen sich achtundsiebzig Männer und Frauen taufen.

Wo aber blieben die vielen Dutzend Funktionäre und Soldaten, die von der Verwaltung an dem Ort der Taufe abgestellt worden waren, um den Gottesdienst zu stören? Etwa neunzig Leute hatten sich mit einem Berg von Steinen versteckt, dazu kamen noch die Männer, die am Ortsrand gewartet hatten, um den Mist in den Fluß zu kippen. Von ihnen allen war keiner mehr übrig geblieben. Als sie das gewaltige Singen der Gläubigen hörten, das Himmel und Erde erschütterte, das ganze Dorf erfüllte und die Erde zum Beben brachte, auf der sie standen, da hatten sie es mit der Angst zu tun bekommen und waren alle weggerannt! Gott hatte etwas Besonderes getan, um sein Volk zu verteidigen!

Eine todkranke Frau wird geheilt

In der Provinz Zhejiang lag ein Dorf, in dem es keinen einzigen Christen gab. Eine Bewohnerin dieses Dorfes war nach der Geburt ihres Kindes sehr krank geworden. Nun lag die junge Frau im Sterben, die Ärzte hatten sie aufgegeben. Als der Arzt sie zuletzt besuchte, war seine Antwort auf die ängstlichen, drängenden Fragen der Angehörigen: »Sie wird diesen Tag nicht überleben.« Er bewegte die Familie dazu, die todgeweihte Frau in das Sterbezimmer zu verlegen, was auch gemacht wurde. Aber während sie dort in dem dunklen, kühlen Raum lag, kam sie noch einmal ein wenig zu Bewußtsein. Und mit letzter Kraft rief sie: »Jesus, rette mein Leben!« Wenig später war die Frau vollkommen gesund. Dieses Wunder erschütterte das ganze Dorf samt seiner Nachbarschaft.

Gott heilt einen alten Mann

In einem anderen Haus im selben Ort lag ein alter Mann, der seit Jahren an einem entzündeten Bein litt. Die Wunde war so abstoßend, sie eiterte, stank und näßte, daß er von seiner Familie und dem ganzen Dorf gemieden und verabscheut wurde. Die Leute ekelten sich, in seine Nähe zu kommen. Er litt nun schon seit Jahren an dieser Entzündung, die furchtbar juckte und schmerzte, so daß er Tag und Nacht keine Ruhe fand. Nicht nur, daß seine alten Freunde und Nachbarn ihn mieden, selbst seine Kinder wünschten ihm, daß er bald sterben würde, weil sie sein Elend nicht mehr mit ansehen konnten.

In den Tagen nach der aufsehenerregenden Heilung der todkranken Frau gab es in jenem Dorf fast kein anderes Gesprächsthema. So erfuhr auch der alte Mann mit seinem kranken Bein davon. Es ließ ihm keine Ruhe mehr. Ob es dann nicht auch vielleicht für ihn Hoffnung gäbe? Je länger er darüber nachdachte, um so unruhiger wurde er. Er lag die ganze Nacht wach und konnte sich immer besser vorstellen, wie es sein könnte, wenn er wieder gesund wäre. Am nächsten Morgen rief er seine beiden Neffen zu sich und überredete sie, ihn zu der geheilten Frau zu tragen.

Als er sie sah, wie sie strahlte und blühend aussah, kamen ihm die Tränen. Seine Sehnsucht nach Heilung war so groß! Sie bot den Neffen an, den Mann auf ihr Bett zu legen. Dann fragte sie ihn freundlich, warum er gekommen sei. Seine Antwort war so voller Verzweiflung und Hoffnung, daß es ihr fast das Herz zerriß. Sie konnte so gut verstehen, wie es ihm ging. Er fragte höflich: »Liebe Frau, ich habe gehört, daß ein besonderer Arzt namens Jesus Sie geheilt hat, als Sie schon im Sterben lagen. Er hat Sie zum Leben zurückgebracht, erzählen die Leute. Wo ist dieser Mann jetzt? Bitte sagen Sie es mir, vielleicht kann er mir auch helfen!«

Die Frau lachte und erklärte ihm fröhlich: »Ich sage Ihnen gerne alles, was ich weiß, aber das ist noch nicht sehr viel. Ich weiß nur, daß Jesus kein gewöhnlicher Arzt ist. Er kommt auch nicht mit einer Medikamententasche. Gesehen habe ich ihn auch nicht. Ich weiß nur, daß ich geheilt wurde, als ich zu ihm gerufen habe. Er ist Gott, und er hört es, wenn wir seinen Namen anrufen. Das ist alles, was ich weiß. Aber wenn Sie dies wünschen, kann ich mit Ihnen zusammen zu ihm beten.«

Er nickte nur, und die verschiedensten Gefühle kämpften in seinem Gesicht. Seine Augen waren voller Sehnsucht und Hoffnung, als die Frau sich zu ihm auf das Bett setzte, seine Hände in ihre nahm und laut betete: »Jesus, du hast ihn geholfen und mich gesund gemacht. Nun bitte ich dich für diesen Mann. Komm schnell und hilf ihm! Bitte heile sein Bein, lieber Herr Jesus. Danke.« Sie wiederholte diese Sätze einige Male, und der alte Mann ging innerlich auch ganz mit und sprach ihr halblaut nach. Dann packten sie sein Bein aus und schauten nach, was geschehen war: Das Nässen und Bluten hatte aufgehört, die Wunde war ganz trocken. Die Neffen mußten ihn wieder nach Hause tragen. Ohne dies erklären zu können, wußte er, daß dieser Jesus ihn gehört hatte und reagieren würde. Dann ließ der Juckreiz nach, die Schmerzen gingen weg, und am zweiten Tag war das Bein vollständig wiederhergestellt. Der alte Mann war außer sich vor Freude und Dankbarkeit, den ganzen Tag ging er im Dorf umher, er genoß es so, wieder ohne Hilfe auf die Straße gehen zu können!

Die Folge dieser beiden Wunder war, daß wirklich jeder im Dorf wußte, daß es einen Jesus gab, der Kranke gesund machen konnte, daß er böse Geister vertreiben kann und daß jede Krankheit verschwindet, wenn man ruft: »Jesus, hilf mir bitte!« Aber da sie gar nichts wußten über den Gott der Bibel und es in jener Gegend keine Christen gab, dachten sie, der Name »Jesus« sei so etwas wie eine Zauberformel, ein kostbares Geheimnis, das man sorgfältig hüten müsse und bestenfalls seinen nächsten Verwandten und engsten Freunden mitteilen könne. Trotzdem ließ sich diese Nachricht einfach nicht unterdrücken, und auch in allen umliegenden Dörfern wurde überall von Jesus gesprochen.

Ein ertrunkenes Kind kommt ins Leben zurück

Eines Tages fiel der vierjährige Sohn einer an Jesus glaubenden Familie in den Fluß und ertrank. Die anderen Christen suchten überall nach dem Leichnam des Kindes und fanden ihn schließlich, etwas weiter flußab, wo er im Wasser trieb. Sie holten ihn heraus und brachten ihn in das Haus seiner Eltern, die bei seinem Anblick fast zusammenbrachen vor Schmerz. Die Christen legten das Kind in den zentralen Raum des Hauses und begannen gemeinsam, mit Glauben und Autorität zu beten.

»Jesus, bitte rette dieses Kind! Wir haben es nun schon so oft erleben dürfen und mit eigenen Augen gesehen, wie du kranke Menschen gesund gemacht hast. Jetzt erwarten wir von dir, daß du diesem Kind das Leben wiedergibst.«

Die Leute wußten nicht viel über Gott und die Bibel, aber in einem Punkt waren sie sich sehr sicher: Wenn man zu Jesus betet, dann erhört er das Gebet. Und sie beteten von ganzem Herzen. Alle Christen hatten sich in einem großen Kreis um das Kind hingekniet und beteten lange und intensiv. Eine Zauberin, die mit Hilfe der Geister der Verstorbenen immer versucht hatte, Wunder zu tun, schaute auch herein. Sie wollte unbedingt wissen, wie diese Christen so dramatische Wunder tun konnten. Sie beobachtete das Beten der Christen eine Zeitlang recht gelangweilt. Aber plötzlich schrie sie voller Entsetzen mit schriller Stimme: »Euer Jesus ist gekommen. Kommt doch, seht ihr ihn nicht?«

Die Christen rissen ihre Augen auf, aber sie konnten nichts von Jesus sehen. Das einzige, was sie sahen, war, daß das Kind sich im Bett aufgesetzt hatte. Die Zauberin war ganz aufgeregt: »Als ihr laut den Namen Jesus gerufen habt, da war plötzlich ein Mann im Zimmer. Er leuchtete ganz hell, sein ganzer Körper war wie Licht, auch seine Kleider, und sein Gesicht war voller Liebe. Er legte seine Hand auf den Kopf des Kindes, da hat es sich aufgesetzt.

Euer Jesus ist wirklich faszinierend. Er ist tatsächlich der wahre, lebendige Gott. Von heute an sage ich meinem bisherigen Glauben ab, und ich glaube jetzt auch an euren Jesus.«

Sie bat einige Christen, mit ihr nach Hause zu gehen, wo sie alle ihre Götzen, Räucheraltäre und Zauberutensilien aus der Wohnung räumten und im Hof verbrannten.

Verfolgung und Erweckung

In den Jahren zwischen 1955 und 1975 erhob sich starker Widerstand gegen die christlichen Kirchen in ganz China. Im ersten Halbjahr 1976 gab Hongwen Wang, der Leiter der Viererbande, eine Zahl bekannt, die angab, wieviele Christen getötet werden sollten. Es war eine sehr hohe Zahl. Aber bis dieses Rundschreiben die lokalen Verwaltungen erreicht hatte, war die Viererbande schon nicht mehr an der Macht. Danach lies der Druck auf die Christen etwas nach, und von Ende 1976 bis 1980 herrschte eine relativ große Freiheit.

Viele geistliche Leiter, die zum Teil über zwanzig Jahre im Gefängnis oder in einem Arbeitslager gelebt hatten, wurden nun endlich freigelassen. Einige chinesische Provinzen erlebten wesentlich mehr Freiheit und Erweckung, als es sich die Christen jemals hätten träumen lassen. In der Provinz Zhejiang zum Beispiel, in der Nähe der Stadt »H«, wurden die Gemeinden von einem mächtigen Wirken des Heiligen Geistes erfaßt. Die Leiter der zehn benachbarten Bezirke trafen sich regelmäßig jedes Vierteljahr, um sich gegenseitig zu berichten, was der Heilige Geist in ihrer Gegend alles getan hatte und um zu beraten, wie sie die Menschen erreichen könnten, die immer noch nichts von Jesus gehört hatten. Die Gemeinden wuchsen in jeder Hinsicht, sie wurden zahlenmäßig mehr, der Heilige Geist wirkte immer stärker, und je mehr Raum er in den Gemeinden hatte, um so mehr nahmen Liebe und Kraft der Christen zu.

1980 wurde die patriotische Bewegung der Drei-Selbst-Kirche wieder neu durch die Regierung aktiviert. Die Leute, die ihrem Glauben öffentlich abgeschworen hatten und Jesus nicht mehr gedient hatten, seit die Verfolgung eingetreten war, sollten nun Leiter der Kirche werden. So wurde es vom Staat verfügt. Die Regierung setzte sie als Vorsitzende, Pastoren, Älteste, Lehrer und Sekretäre ein. Die Christen wurden gezwungen, sich ihnen unterzuordnen und ihre Leiterschaft anzuerkennen.

Es gab eine Gruppe von Christen, die geisterfüllt waren und in den vergangenen Jahren auch viel um ihres Glaubens willen hatten leiden müssen. Sie durchschauten, daß diese ganze Kirche eine Einrichtung der Partei war und unter der Leitung und Verantwortung der Regierung stand. Aber sie waren müde geworden und hatten keine Kraft mehr, weitere Verfolgung auf sich zu nehmen, so daß sie sich für die Angst öffneten, welche die Parteiorgane ständig zu verbreiten suchten. Sie schlossen sich der Drei-Selbst-Kirche an, lehrten dort in den staatlich kontrollierten Bibelschulen und ließen sich von Funktionären, die Jesus nicht kannten, vorschreiben, was ihre Lehrinhalte sein sollten. Die Absicht der Regierung war klar: Sie wollten überwachen, was auf den kirchlichen Schulen gelehrt wurde, um damit die Kontrolle über Lehre, Denken, Glauben und Wirken der Christen zu bekommen.

Die Führungsgremien der Drei-Selbst-Kirche in jeder Provinz und in jedem Bezirk setzten sich zusammen und entwickelten Leitlinien, die sie als die »Zehn Verbote« oder die »Acht Verbote« bezeichneten, oder wieviele Verbote auch immer sich das jeweilige Komitee ausdachte.

Die folgenden Punkte waren in jeder Verbote-Sammlung enthalten:

1. Das Predigen außerhalb der Drei-Selbst-Kirche ist verboten.
2. Es ist den Glaubenden verboten, zu fasten, zu beten, die Kranken zu heilen oder Dämonen auszutreiben und damit neue Glaubende anzuwerben.
3. Der Kontakt und Austausch zwischen Mitarbeitern der verschiedenen lokalen Drei-Selbst-Kirchen ist verboten. Neue Mitarbeiter dürfen nur angeworben werden nach vorheriger Absprache mit dem offiziellen Leiterkomitee der Bewegung der Drei-Selbst-Kirche.
4. Personen, die das achtzehnte Lebensjahr noch nicht erreicht haben, dürfen sich der Kirche nicht anschließen.
5. Niemand darf sich im Wasser taufen lassen ohne ausdrückliche Genehmigung des Leiterkomitees.
6. Die Gaben des Heiligen Geistes dürfen in den Gottesdiensten nicht ausgeübt werden.
7. Predigten über die Offenbarung, das Buch Daniel, Matthäus 24 und das zweite Kommen Christi sind verboten.
8. Private Treffen zum Bibelstudium sind verboten.

Viele Gemeinden, die während der Kulturrevolution unter viel Verfolgung entstanden waren, den Heiligen Geist kannten und Gottes Kraft kennengelernt hatten, unterstellten sich nun der Drei-Selbst-Kirche und damit der Kontrolle eines atheistischen Staates. Viele Christen und auch Gemeindemitarbeiter verstanden nicht, was wirklich geschah. Sie dachten, nun hätten sie endlich die Freiheit und die Ruhe, die sie sich jahrelang gewünscht hatten. Wie sehr hatten sie sich darauf gefreut und an die Hoffnung geklammert, daß sie eines Tages öffentlich an Jesus glauben könnten. Mit wieviel Hingabe hatten sie ihre Regierungen gesegnet. Nun wollten sie einfach nicht wahrhaben, daß die Zeit der Verfolgung noch nicht zu Ende war, sondern daß die Regierung lediglich eine neue Strategie entwickelt hatte, die zwar freundlicher aussah, aber in ihren Konsequenzen noch verheerender war als der direkte Angriff.

Aber Gott sei Dank. Er fand wieder Menschen, durch die er wirken konnte. In jeder Generation und unter allen Bedingungen hat Gott immer wieder Leute gefunden, die sich für ihn öffneten, und durch die er sein Volk segnen konnte. Dies sind die »Sterne in der finsteren Nacht« und »das Licht für die Suchenden«.

In jedem Bezirk und in jeder Stadt berief Gott einige geisterfüllte Männer und Frauen, die sich gegen die Mehrheit und gegen die Strömung der Zeit stellten und die falsche Lehre und die teuflischen Absichten der Drei-Selbst-Kirche entlarvten. Sie halfen den Christen, die es wollten, die Situation klarer zu erkennen. Viele verließen die Drei-Selbst-Kirche wieder und fanden zurück in ihre Hausgemeinden. Auch wenn es in manchen dieser Gemeinden an theologischem Wissen fehlte, so war doch die Kraft Gottes wirksam unter ihnen. Die Gemeinden wuchsen, und es kamen wieder viele Menschen neu zum Glauben an Jesus.

Dies konnten die Leiter und Pastoren der Drei-Selbst-Kirche natürlich nicht so hinnehmen. Als sie feststellen mußten, daß all ihr Drohen und all ihre Versprechungen nichts halfen, wandten sie sich an ihre Vorgesetzten und ersuchten sie um Hilfe. Sie waren sich darin einig, daß die Arbeit der Leiter der Hauskirchen gewaltsam und entschieden beendet werden mußte. Sie durften es nicht akzeptieren, daß sie sich ihnen offen widersetzten und die Glaubenden von ihren Kirchen abzogen, um mit ihnen all das zu praktizieren, was sie verboten hatten. Sie wollten diese geistlichen Leiter so endgültig vernichten, daß sie sich nie wieder gegen die Staatskirche erheben würden.

Im Jahr 1983 begann die massive, zielgerichtete Verfolgung der Hauskirchen. Das vorgetäuschte Ziel der Regierung war es, aus den »Untergrundkirchen«, wie sie die Hauskirchen nannten, »sichtbare Kirchen« zu machen, wie sich die Drei-Selbst-Kirche bezeichnete. Tatsächlich ging es ihnen ausschließlich darum, Kontrolle über die Christen zu bekommen.

Im Bezirk »X« tat sich eine Gruppe von Verantwortlichen der Drei-Selbst-Kirche zusammen, die folgende Forderung formulierte: »Wir verlangen von der Regierung unseres Volkes, daß sie mit aller Härte gegen die vorgehen, die sich der Drei-Selbst-Kirche entgegenstellen«.

In diesem Bezirk lebten sehr viele Christen. Ihre Zahl wuchs ständig. Obwohl sie sich in vielen verschiedenen Häusern als einzelne, selbständige Hauskirchen trafen, konnten die Häuser dem Ansturm kaum noch gerecht werden und die Leute fassen, die zu den Gottesdiensten kommen wollten. Also beschlossen die Leiter der verschiedenen Gruppen, Geld zusammen zu legen und ein eigenes Kirchenhaus zu bauen, in dem sie alle Platz hätten und gemeinsame Gottesdienste feiern könnten. Alle gaben ihre Ersparnisse dazu und investierten ihre Zeit und Kraft in den Bau. In kurzer Zeit war das Gebäude errichtet, sie vergaßen die Anstrengungen und freuten sich von Herzen über ihr neuen Haus.

Was dann geschah, hatte niemand erwartet: Der Leiter aller Drei-Selbst-Komitees in diesem Bezirk, der Gott eigentlich früher einmal gekannt hatte und nun gegen seinen Glauben lebte, kam mit einer Gruppe von Nichtchristen, und sie zerstörten den Kirchenneubau vollständig. Ein siebzigjähriger Christ, der seine Ersparnisse in dieses Haus investiert und selbst sehr viel Hand angelegt hatte, kam zufällig dazu, als diese Männer dabei waren, das Gebäude niederzureißen. Er war fassungslos, sein Herz brach, als er vor den Trümmern stand, und er weinte wie ein Kind.

Der Anführer der Gruppe sah den schluchzenden alten Mann und lachte über ihn. Er sandte sofort einen Boten zur Geheimpolizei, um über ihn zu berichten. Die Polizisten kamen umgehend, ergriffen ihn, schlugen ihn und brachen ihm die Armknochen. Er wurde bewußtlos vor Schmerz und brach auf der Straße zusammen.

Als eine weitere Maßnahme richtete die Regierung überall Umerziehungsklassen ein. Jeder Christ, der nicht bereit war, sich der Drei-Selbst-Kirche anzuschließen, mußte an diesem Unterricht teilnehmen. Viele Mitarbeiter und Leiter der Christen, die ohne Kompromisse Gott dienten und die deshalb ausgeschaltet werden sollten, wurden verhaftet und angeklagt, zur verbotenen »Schreier-Sekte« zu gehören.

Aber es war, als hätte man Öl ins Feuer geschüttet. Je mehr Druck von außen kam, desto mehr Hauskirchen bildeten sich überall, sie wuchsen und teilten sich und gaben Gott Gelegenheit, in Freiheit und Kraft wirken zu können. Gleichzeitig berief Gott viele Pastoren und Leiter in den vollzeitigen Dienst, die Verantwortung für die große, stetig wachsende Zahl von Christen übernehmen konnten. Der geistgewirkte Aufbruch verbreitete sich in vielen Teilen Chinas, und überall standen Männer und Frauen Gottes auf, die keine Angst hatten, auch in der Öffentlichkeit und vor Nichtchristen zu predigen und die Menschen mit Jesus bekannt zu machen. Die Gute Nachricht von Jesus war wie ein gewaltiger Strom, der durch China floß und immer mehr anschwoll, unaufhaltbar für seine Gegner.

1983-1991: Ein reißender Strom

1. Vorläufer der Erweckung

Das Wirken des Heiligen Geistes hätte man bis Anfang der achtziger Jahre beschreiben können als ein kleines, starkes Feuer, eine Fackel, die zwar hell und kräftig loderte, aber viel zu klein war, um das große Land mit Licht erfüllen zu können. Alle Versuche Satans, dieses Feuer auszulöschen, waren mißlungen. Vielmehr fing das Land an, sich von der Fackel entzünden zu lassen, und ein unkontrollierbarer Steppenbrand fegte durch verschiedene chinesische Provinzen. Angefacht wurde dieses Feuer von der Liebe Gottes zu den Menschen und von der Hingabe der Christen an ihren Gott, von einfachen, überwiegend ungebildeten Menschen, die sich ganz für sein Wirken geöffnet hatten.

Die Nachricht von Jesus erfaßte die Provinzen Anhui und Henan, in vielen Bezirken stieg die Zahl der Christen auf über 100 000. Nur noch sehr wenige Christen ließen sich von der Drei-Selbst-Kirche täuschen und bedrohen.

1983 entwickelte sich im Bezirk »X« der Provinz Henan wieder ein neuer Angriff gegen die Christen. Mehrere Dutzend Personen wurden zu langen Haftstrafen verurteilt, eine Person bekam lebenslänglich, und zwei Christen wurden wegen ihres Glaubens an Jesus hingerichtet.

Es war eine schwere Zeit für die Christen in Henan, als ob dunkle Wolken sich über ihnen aufgetürmt hätten. Die Gläubigen trauerten um ihre getöteten und gefangenen Geschwister, Schmerz und Leid herrschten vor. Alle Verantwortlichen und Leiter der Gemeinden waren in Gefängnissen, und die Christen, die jetzt ihre Stellen einnehmen mußten, reisten Tag und Nacht, um die vielen Gemeinden zu besuchen und zu ermutigen. Der Druck von außen bewirkte eine noch größere Radikalität bei den Christen, so daß ein sehr ernst gemeintes Gebet in jener Zeit war: »Vater, wir sehnen uns so sehr danach, daß Erweckung in Henan kommt und die Mehrzahl der Menschen dich kennenlernt. Wenn wir dann als Folge deines Wirkens durch die Wut der Regierung auch zum Tode verurteilt werden, sind wir bereit, bis unter die Brücke ›XX‹ zu gehen.« (Ein häufig benutzter Hinrichtungsort.)

Welche Erfahrungen machten die Christen, die in den Gefängnissen waren? Ungerechtigkeit und Folter waren überall an der Tagesordnung, und sie brauchten viel Gebet, um genug Kraft und Glauben zu haben, in allen Verhören und Anfeindungen standhaft zu bleiben. Es wurde viel geweint und viel gelitten an körperlichen und seelischen Qualen, aber Gott hörte jedes einzelne Gebet, und seine Kraft und Gnade wurden in den Gefängnissen und Arbeitslagern besonders deutlich. Gott ist weder taub, noch ist sein Arm zu kurz, als daß er nicht helfen könnte.

Gottes Wirken durch seine gefangenen Söhne und Töchter war gewaltig. Er stellte ganze Gefängnisse auf den Kopf. Es war kein Einzelfall, was in einem Frauengefängnis geschah. Ein Drittel der über tausend Gefangenen begann ein neues Leben mit Jesus, und jede einzelne Frau hatte von Jesus gehört, bevor sie das Gefängnis verließ.

In Henan gab es eine große Gruppe junger Leute, die sich Gott ganz besonders geweiht hatten. Sie wollten nicht auf den Preis schauen, den sie bezahlen würden, sondern sie verfolgten nur das eine Ziel: Jesus zu ihrem Volk zu bringen. Mit ihnen kam eine neue Welle der Erweckung nach Henan.

Bevor sie losgingen, hatten sie eine letzte Gebetsversammlung in ihren Gemeinden, sie ließen sich von allen Gläubigen segnen und von den Leitern die Hände auflegen. Das Gebet der Jugendlichen war klar und kompromißlos: »Herr, wir bitten nicht in erster Linie darum, daß du uns vor Verfolgung, vor Polizei und Verhaftung bewahrst. Das Wichtigste ist uns nicht, unbeschadet wieder heimzukehren. Wir wollen nur das Eine: dir dienen! Wir wollen deine Kraft und deine Herrlichkeit sehen und wir wollen, daß viele, viele Menschen dich kennenlernen.«

Sie taten einen starken Dienst in der Autorität des Heiligen Geistes, erzählten vielen Menschen von Jesus, und Gott bestätigte ihre Worte und Gebete mit Zeichen und Wundern. Doch als sie wieder in ihre Heimat zurückkehrten, befanden sie sich in den Fahrzeugen der Geheimpolizei, gefesselt und mit Handschellen, verhaftet wegen öffentlichen Werbens für »religiösen Aberglauben«. Aber sie hatten ihre Aufgabe erfüllt und Gottes Freude war in ihnen.

Obwohl die Zahl der Christen in Anhui und Henan ständig zunahm, war ihr Wissen über Gott, die Bibel und den Heiligen Geist doch sehr gering. Sie merkten selbst, daß ihnen die Kraft fehlte, um so mit Gott zu leben, wie sie es sich eigentlich wünschten. Ihnen fehlten Bibeln und Lehrer, die sie hätten weiterführen können. Dies wurde ihr beständiges Gebetsanliegen.

Gegen Ende des Jahres 1985 kam dann ein Pastor in die Provinz Henan, der auf einem Treffen der geistlichen Leiter und Mitarbeiter der Hausgemeinden sprechen sollte. Die Zuhörer hatten zum Teil weite Wege zurückgelegt, sie kamen aus mehreren Dutzend verschiedenen Bezirken und waren gespannt, was der Gast ihnen sagen würde. Der Pastor erkannte schnell, was diesen hingegebenen, lieben Christen helfen würde, einen noch stärkeren Dienst für Gott zu tun. Es war die Erfüllung mit dem Heiligen Geist, das Beten in anderen Sprachen, die Gaben des Geistes und die Beziehung zur Person des Heiligen Geistes, was ihnen alles unbekannt war. Deshalb war ihr geistliches Leben anstrengend und ermüdend. Der Gastredner lehrte sie über den Heiligen Geist und forderte sie heraus, den ersten Schritt zu gehen und um die Erfüllung mit ihm zu bitten. Aber die Reaktion war überraschend frostig. Niemand wollte mit sich beten lassen, nach und nach verschwanden die Zuhörer durch die seitlichen Ausgänge. Sie hatten Angst, geistlich in eine falsche Richtung geleitet zu werden. Einige von ihnen waren zuvor schon Christen begegnet, die sich selbst als geisterfüllt bezeichnet hatten, die sich aber sehr seltsam verhielten und abstoßend auf die anderen wirkten. Deshalb hatten diese Mitarbeiter Angst, sich für böse Geister zu öffnen, mit denen sie natürlich nichts zu tun haben wollten. Sie konnten nicht unterscheiden zwischen der Erfüllung mit Gottes Geist und dämonischen Mächten. Um keinen Fehler zu machen, lehnten sie auch den Heiligen Geist ab. Der Pastor war sehr enttäuscht, als er so mißverstanden wurde und unverrichteter Dinge abreisen mußte. Doch er betet weiter für diese Pastoren, daß sie den Heiligen Geist kennenlernen würden.

Im Winter 1987 kam es nach längeren Spannungen und Auseinandersetzungen zu einer Spaltung unter den Pastoren der Hauskirchen, was zunächst alle Aktivitäten der Gemeinden erschwerte und allen sehr zu schaffen machte. Aber es traf ein, was Paulus schrieb: »Bei denen, die ihn lieben, führt Gott alles zum Guten« (Röm 8,28). Denn die Fraktion, die sich abgespalten hatte, war gegen alles gewesen, was mit dem Heiligen Geist zu tun hatte. Die Übriggebliebenen waren eher interessiert, herauszufinden, was es denn nun mit dieser dritten Person Gottes auf sich hätte.

Im Juli 1988 kam dieser Pastor wieder als Gastredner zu einem Leitertreffen nach Henan. Er liebte China und die Chinesen mit ganzem Herzen, und er predigte mit Leidenschaft die gleiche Botschaft, die die Hauskirchenleiter schon einmal gehört hatten. Nur daß sie inzwischen offener dafür waren. Ihre eigene Bedürftigkeit war ihnen noch bewußter geworden, und sie sehnten sich danach, Gott näher zu kommen und mehr Freude und Vollmacht zu haben. Und die ausdrücklichen Gegner des Heiligen Geistes waren zu diesem Treffen von vornherein nicht eingeladen worden. Einzelne, die sich für den Heiligen Geist an diesem Tag öffneten, wurden mit seiner Kraft und seiner Freude erfüllt und begannen, in anderen Sprachen zu beten.

Drei Monate später kam derselbe Pastor wieder nach Henan. Wieder sprach er zu den Leitern und Mitarbeitern der Hausgemeinden: »Wenn ihr die Arbeit zu Ende führen wollt, die Gott euch anvertraut hat, dann braucht ihr unbedingt die Kraft des Heiligen Geistes dazu. Allein könnt ihr das niemals schaffen. Und wenn ihr es in eigener Kraft versucht, dann werdet ihr schon bald erschöpft, verknöchert und unleidlich werden. Statt dessen kann es so einfach sein, Gott zu dienen: indem ihr nur den Heiligen Geist durch euch wirken laßt. Ihr werdet von ihm überreich beschenkt werden mit all dem Guten, das von Gott kommt, und dann verteilt ihr alles, was ihr nicht selbst braucht, an die anderen Christen.«

Dieses Mal waren die meisten Zuhörer offen und wollten das annehmen, was sie hörten. Und etwa drei Viertel der Anwesenden, die den Heiligen Geist kennenlernen wollten, erlebten an diesem Tag ihre erste Erfüllung mit ihm, mit seiner Kraft und seiner Freude. Und sie waren nun nicht mehr aufzuhalten, mit ihnen kam der Heilige Geist in seiner ganzen Schönheit und Liebe zu den Gemeinden. Gegen Ende des Jahres 1989 waren mehr als achtzig Prozent aller Mitarbeiter und Christen in Henan mit dem Heiligen Geist erfüllt und redeten in neuen Sprachen. Auf dieser Basis konnte sich dann die ausgedehnte Evangelisationsarbeit entwickeln, die wenig später von Henan ausging.

Das ganze Leben dieses Pastors, der den Heiligen Geist in Henan bekannt gemacht hatte, war geprägt von der Liebe zu Gott und dem chinesischen Volk. Er reiste viele tausend Kilometer kreuz und quer durch China, um das Feuer des Heiligen Geistes auch in die entferntesten Provinzen zu tragen. Hunderte Millionen Menschen, die noch nie etwas von Jesus gehört hatten, ließen ihn nicht ruhen. Er lehrte die Gemeinden in Henan auch, wie sie Gott mit Lobpreis und Anbetung dienen konnten. Das war eine ganz neue Welt für die Christen, die nur ihre traditionellen, langsamen, ruhigen, alten Lieder kannten. Nun lernten sie, der Freude an Gott Ausdruck zu geben, indem sie möglichst viele Instrumente einsetzten, viele neue Lieder schrieben, vor Gott tanzten und jubelten. Damit zogen sie auch viele Menschen an, die sie um ihre Freude und Furchtlosigkeit beneideten, Eigenschaften, die in China im Lauf dieses Jahrhunderts weitgehend verschüttet worden waren. Dieser Mann reiste auch in die entferntesten Dörfer und Bezirke in Anhui, Shaanxi, Sichuan und in mehrere andere südöstliche Provinzen, um die Gemeinden über den Heiligen Geist zu lehren und sie in Lobpreis und Anbetung zu führen. Nicht nur sich selbst hatte er ganz Gott und dem chinesischen Volk geweiht, sondern auch seine Frau, seine Tochter und sein Sohn lebten für die gleichen Ziele.

Er fastete und betete viel für die chinesischen Christen und für die Entwicklung ihrer Gemeinden, oft fastete er vierzig Tage und länger. Selbst wenn er in einer Zeit des Fastens war, brachte er immer noch große, schwere Taschen voller kostbarer Bibeln und Lehrbücher nach China hinein und er predigte in vielen, langen, oft mehrtägigen Gottesdiensten. Auf einem der Mitarbeitertreffen sagte er mit bewegter Stimme: »Ich habe nicht nur mich selbst, meine Zeit und meine Familie für den Dienst in China zur Verfügung gestellt, sondern ich bin auch bereit, als Märtyrer für Jesus in China zu sterben.« Sein Name steht auf allen Fahndungslisten der Geheimpolizei, doch Gott bewahrte ihn immer wieder.

Im Winter 1990 wollte der Heilige Geist, daß dieser Pastor die Christen im Nordwesten Chinas besuchte. Obwohl er wußte, daß in diesem Gebiet, in der Provinz Sichuan, eine schreckliche Verfolgung tobte, war er fest entschlossen, dem Drängen des Heiligen Geistes nachzugeben und sich nicht einschüchtern zu lassen. Andere Mitarbeiter fürchteten um sein Leben und versuchten mit aller Macht, ihn von dieser Reise abzuhalten. Aber er ging. Dieser Mann ist immer noch unterwegs und arbeitet für Gott in China. Er hat sein Leben dem Ziel gewidmet, das Feuer des Heiligen Geistes in die chinesischen Gemeinden zu tragen und in dem Maße, wie der Heilige Geist immer mehr Freiraum bekommt und immer stärker wirken kann, werden die Früchte dieser jahrelangen Arbeit sichtbar.

2. Missionare aus Zhejiang

Zhejiang ist flächenmäßig eine der kleinsten Provinzen, zählt aber mit vierzig Millionen Einwohnern zu den am dichtesten besiedelten und zu den reichsten Gegenden Chinas. Sie liegt am östlichen chinesischen Meer, und ihre Hauptstadt, Hangzhou, ist den chinesischen Sprichwörtern zufolge die schönste Stadt des Landes. Es ist eine Region, in der viele ausländische Missionare gelebt haben, und das Christentum hat hier eine solide Basis. Die Gemeinden in der Provinz Zhejiang wachsen schnell.

Seit die Drei-Selbst-Kirche im Bezirk »C« Fuß fassen konnte, waren die Hausgemeinden dort von allen Seiten angegriffen worden. Zu den Anfeindungen von außen kamen auch Uneinigkeiten innerhalb der Gemeinde, die schließlich dazu führten, daß es zu einer Spaltung kam. Ähnlich wie bei den Gemeinden in Henan trennte sich eine kleine Gruppe ab, was ein schmerzhafter Vorgang war. Doch danach entwickelte sich die Hauptgemeinde stetig. Es war eine Vorbereitungszeit für den nächsten Abschnitt der Gemeindegeschichte, der von missionarischen Aktivitäten geprägt sein sollte.

Nach vielen Jahren der Armut und des Mangels begann 1986 durch die neue Politik der offenen Türen eine Zeit, in der man plötzlich schnell zu Geld kommen konnte. Während alle Leute versuchten, die Gunst der Stunde zu nutzen und reich zu werden, zog eine ganze Schar von Christen los, um den Menschen in den Provinzen Innere Mongolei, Ningxia, Yunnan und Shanxi von Jesus zu erzählen.

Der Teil der Gemeinden, der zu Hause blieb, legte sehr viel Wert auf das Gebet. Sie waren sich ihrer großen Verantwortung für den Schutz und Erfolg ihrer Missionare bewußt. Jedesmal, bevor die Gemeinde jemanden aussandte, wurde die ganze Nacht davor und am ganzen Vormittag des Reisetages gebetet.

Im Winter 1987 gingen mehrere Christen in die ländlichen Gegenden der Provinz Shanxi, um dort auf den Straßen von Jesus zu erzählen. Gott bestätigte sie, indem viele aufsehenerregende Heilungen geschahen, wenn sie mit den Kranken beteten. Viele Menschen entschieden sich, an Jesus zu glauben, und eine neue Gemeinde entstand. Sie hatten eine starke Zeit dort, während sie diese junge Gemeinde gründeten und in ihren ersten Schritten unterwiesen. Die neuen Christen waren sehr begeistert und voller Dankbarkeit Jesus und den Menschen gegenüber, die ihnen von ihm erzählt hatten.

Aber dann erhielten die Missionare aus Zhejiang vom Heiligen Geist den Eindruck, daß ihre Aufgabe hier vorerst beendet war und sie in andere Bezirke weiter ziehen sollten. Am Tag ihrer Abreise schneite es heftig. Der Bahnhof lag hinter einem steilen Hügel, der nun mit dickem Schnee bedeckt war. Doch die jungen Christen ließen sich nicht abhalten, ihre Missionare zum Zug zu begleiten. Sie kämpften sich einen Weg durch den frischen Schnee, der kalte, böige Wind rötete ihre Wangen, sie umringten ihre geliebten Gäste und saugten noch einmal alle Worte auf, mit denen diese sie ermutigten und stärkten. Als sie an dem einzigen Bahngleis standen, drängten sich alle so dicht wie möglich um ihre Geschwister, die mit ihrem leichten Gepäck und den Fahrkarten in den Händen so verloren wirkten. Keiner wußte, wie ihre Aufnahme im nächsten Bezirk sein würde. Und es fiel den Missionaren schwer, diese lieben neuen Geschwister alleine und ohne geistlichen Leiter zurück zu lassen.

Die Lieben machten es ihnen nicht gerade leicht: »Brüder, bitte, verlaßt uns doch nicht! Bleibt noch eine Zeit bei uns und erklärt uns noch mehr von Gott.« Ihre Verzweiflung war echt. Sie wußten wirklich nicht, wie sie ohne diese Brüder geistlich weiterleben sollten.

»Warum verlaßt ihr uns, wer soll sich denn in Zukunft um uns kümmern? Wir brauchen doch einen Pastor und einen Lehrer und … Wann kommt ihr wieder und besucht uns?« Viele Tränen flossen an diesem Morgen.

Ohne dies zu bemerken, hatten sie die Aufmerksamkeit der anderen Menschen auf sich gezogen, die auf denselben Zug warteten. Eine ganze Schar von Neugierigen und Schaulustigen hatte sich um sie versammelt, die mit unverhohlenem Interesse alles beobachteten und genau zuhörten. Dann tauschten die Zuschauer ihre Kommentare aus: »Ich habe noch nie Menschen gesehen, die einander so lieb haben wie diese Leute hier. Ob alle blutsverwandt sind?« Und dann wandten sich die Umstehenden direkt an die Missionare: »Da Ihre Familie Sie doch so ungern hergibt, warum bleiben Sie nicht?«

Der Zug fuhr ein und machte allen weiteren Diskussionen ein Ende. Als er sich wieder in Bewegung setzte, rannten die Christen noch neben dem Wagen her, so lange sie konnten, und die Missionare beugten sich aus dem Fenster, so weit es ging. Sie winkten noch, als sie sich schon lange nicht mehr sehen konnten. Als die Missionare sich nach diesem schweren Abschied endlich auf die Bänke fallen lassen konnten, schütteten sie zuerst ihre Herzen vor Gott aus: »Herr, hier sind so viele kostbare junge Christen, die dich nun kennengelernt haben, die aber dringend Lehrer, Seelsorger, Pastoren und Musiker brauchen. Bitte Vater, berufe du reife, starke Christen, die diese Aufgabe schon bald übernehmen können.«

In den Jahren von 1987 bis 1990 standen alle Mitarbeitertreffen im Bezirk »C« in Zhejiang unter dem gleichen Motto: »Geht hinaus und predigt das Evangelium«. Zu Beginn jeden Jahres wurden im Anschluß an diese Konferenzen Teams ausgesandt, die bereit waren, die Nachricht von Jesus in die entlegenen Gegenden des großen Landes zu tragen. Sie erlebten, was in einem Psalm steht:

»Die mit Tränen säen, werden mit Jubel ernten. Sie gehen hin unter Tränen und tragen den Samen zur Aussaat. Sie kommen wieder mit Jubel und bringen ihre Garben ein« (Ps 126,5-6).

Die meisten dieser Missionare waren ungebildete Leute, die keinen Beruf gelernt und keine höhere Schule besucht hatten. Viele waren überhaupt nur ein oder zwei Jahre auf einer Schule gewesen. Zunächst konnten sie nicht einmal das offizielle Chinesisch, Mandarin, sprechen, sondern beherrschten ausschließlich den Dialekt, den sie in ihrer Heimat gelernt hatten. Aber ihr Herz war voller Hingabe, Glauben und Leidenschaft für Jesus. Wohin sie auch gingen, sie trafen immer auf Menschen, denen sie von ihm erzählen konnten und mit denen sie beten konnten.

a) Die blühende Kirche in Fujian

Fujian grenzt im Süden an die Provinz Zhejiang und besitzt ebenfalls einige schöne, wohlhabende Hafenstädte. Das Landesinnere ist bergig, schwer zugänglich und sehr arm.

Bis 1987 waren alle Christen in Fujian der Drei-Selbst-Kirche eingegliedert. Es gab keine eigenständigen Gemeinden. Besonders im Norden Fujians gab es nur sehr wenige Christen, und diese wohnten überall verstreut, so daß sie ganz auf sich gestellt waren. Ihre Situation war so, wie Jesus es einmal beschreibt, sie waren wie Schafe ohne einen Hirten.

Im Frühjahr 1988 sandte die Gemeinde aus »C« in Zhejiang einige Missionare in den Norden Fujians. Sie scheuten keine Mühe und keine Anstrengung, erstiegen Berge und durchquerten Flüsse auf der Suche nach den vereinzelten Christen. Überall, wo sie vorbeikamen, suchten sie das Gespräch mit den Menschen und erklärten ihnen, daß sie Jesus als ihren Gott annehmen könnten. Auch hier geschahen wieder viele Wunder, die es den Leuten leicht machten, an den fremden Jesus zu glauben. Bald waren zwanzig neue Gemeinden entstanden.

Im Bezirk »E« im Norden Fujians war eine Drei-Selbst-Kirche in der Bezirkshauptstadt eingerichtet worden, die verantwortlich sein sollte für all die Menschen in den umliegenden Bergdörfern. Die Pfarrer dieser Kirche lebten aber ihr Leben ohne Gott. Anstatt sich um die Christen in ihrem Einzugsbereich zu kümmern und die Dörfer und Siedlungen zu besuchen, saßen sie in den Restaurants der Stadt, rauchten, betranken sich, redeten in einer anzüglichen Sprache und verspielten ihr Geld.

Doch als diese Pfarrer erfuhren, daß da Christen in ihr Gebiet gekommen waren, die aus dem Bezirk »C« in Zhejiang angereist waren, um hier den Menschen von Jesus zu erzählen und um den Christen zu dienen, da fühlten sie sich sehr in ihrer Ehre gekränkt. Niemand sollte sich hier in ihre Arbeit einmischen und die Mißstände aufdecken, über die sie sich sehr wohl im klaren waren. So erstatteten die Pfarrer sofort den Regierungsbehörden Bericht und meldeten die unerwünschten Aktivitäten der fremden Missionare. Sie ersuchten die Behörden dringend, diese Menschen zu stoppen und aus ihrem Bezirk zu entfernen. Der lokalen Regierung war dieses Engagement ihrer Drei-Selbst-Pfarrer sehr angenehm, und sie schickten sofort Leute, die den Pfarrern gegen die unerwünschten Mitarbeiter helfen sollten.

Pfarrer und Parteikader traten nun gemeinsam auf und verboten alle Gottesdienste in Privathäusern. Der einzige erlaubte Versammlungsort sollte ab sofort das Gebäude der Drei-Selbst-Kirche in der Stadt sein. Doch die Mehrzahl der Christen in diesem Bezirk lebte in den Bergen, zwischen zehn und hundert Kilometer von der Stadt entfernt. Es gab so gut wie keine öffentlichen Verkehrsmittel. Den Menschen zu sagen, sie sollten ausschließlich die Gottesdienste in der Stadt besuchen, war etwa das gleiche, wie wenn man ihnen gesagt hätte, sie sollten nicht mehr an Jesus glauben. Beides war unmöglich.

Damals wurden nicht nur die Hauskirchen gewaltsam geschlossen, sondern auch ihre Leiter verhaftet und die Familien sehr unter Druck gesetzt. Doch die Christen waren stark und entschlossen, sich nicht dem Willen der Regierung zu beugen. Sie trafen sich weiterhin in verschiedenen Häusern, zwar unter großen Vorsichtsmaßnahmen, aber auf ihre gemeinsamen Gottesdienste wollten sie auf keinen Fall verzichten. Die Gemeinden blühten förmlich auf, trotz all der schweren Bedingungen. Die Christen wurden immer stärker in ihrem Vertrauen auf Gott, die Freude nahm zu, und viele Menschen entschieden sich neu, auch an Jesus zu glauben.

Damals zog eine Christin, Frau Zhi, vom Bezirk »C« in Zhejiang weg und ließ sich dauerhaft in der Hauptstadt des Bezirkes »E« in Fujian nieder. Sie wußte, daß Gott mit ihr etwas in der neuen Stadt geplant hatte. Zuerst betete sie alleine in ihrer Wohnung, dann lernte sie einige Christen kennen, andere interessierten sich für den Glauben, und schon bald trafen sich regelmäßig zwanzig Menschen in ihrem Wohnzimmer, um zusammen zu singen, zu beten und die Bibel zu lesen. Frau Zhi liebte Jesus von ganzem Herzen, sie kannte ihn und sein Wort gut. Im Laufe der Jahre, die sie mit Gott gelebt hatte, war sie zu einer schönen, starken, anziehenden Persönlichkeit geworden, zu einer Frau, die Gottes Liebe und sein Erbarmen ausstrahlte und voller Kraft und Aufrichtigkeit war. Jeder, der das Vorrecht hatte, sie kennenzulernen, fühlte sich wohl in ihrer Nähe und fragte sich, was die geheime Quelle dieser Frau sein könnte.

Es dauerte nicht lange, bis immer mehr Menschen durch sie zum Glauben an Jesus kamen. Wenn Frau Zhi für die Kranken betete, wirkte der Heilige Geist viele Wunder, wodurch Jesus natürlich sehr schnell bekannt wurde. Bald kamen auch die treuen Anhänger der Drei-Selbst-Kirche lieber zu Zhis Treffen als in die offiziellen Gottesdienste. Ihre Wohnung konnte die Menschen nicht mehr fassen, die zu ihren Gottesdiensten kommen wollten, und sie teilte die Besucher in drei verschiedene Gruppen, die an verschiedenen Tagen zu ihr kommen mußten. Sie bekam auch Kontakt zu den Christen auf dem Lande und in den Bergdörfern, besuchte sie und diente ihnen. Gott gebrauchte Frau Zhi in vielfältiger Weise, um den Bezirk »E« zu segnen.

Im Dezember 1990 fuhr Frau Zhi nach Hause in den Bezirk »C«, um dort an der jährlichen Mitarbeiterkonferenz teilzunehmen. Sie war sehr überrascht, als sie sah, wie ungehindert und frei der Heilige Geist dort inzwischen wirken konnte und mit welcher Freude und Spontaneität die Christen Gott lobten und anbeteten. Das war ihr neu, und sie wollte es unbedingt auch haben. Während dieser Tage lernte Zhi den Heiligen Geist ganz neu kennen, sie wurde mit seiner Kraft und Salbung so mächtig erfüllt, daß ihr Dienst in »E« von da an ganz andere Dimensionen bekam. Am Ende der Konferenz wurden wieder Teams gesegnet und ausgesandt, wie es schon seit mehreren Jahren üblich war. Sie gingen nicht nur in den Norden Fujians, was relativ nahe war, sondern auch in die fünf anderen, angrenzenden Provinzen. In jeder Provinz erweckte Gott starke Leiter, die voll der Kraft des Heiligen Geistes waren und die Arbeit übernehmen konnten, welche die Christen aus »C« dort begannen.

Die Pfarrer der Drei-Selbst-Kirchen in allen nördlichen Bezirken Fujians waren sehr beunruhigt. Es ließ sich nicht leugnen. Ihre eigenen Gottesdienste wurden immer spärlicher besucht, die Anwesenden hörten die Predigten unbeteiligt und gelangweilt an und waren zu keinem freiwilligen Dienst zu bewegen. Dagegen blühten die Hauskirchen an allen Ecken und Enden. Es war wie eine Epidemie. Und der ganze politische und polizeiliche Druck schien überhaupt nichts zu bewirken. Je länger sie darüber nachdachten, um so weniger verstanden sie, warum die Menschen lieber ihr Leben und den Frieden ihrer Familien riskierten, als auf ihre Hauskirchen zu verzichten. Die Eifersucht und Wut der Mitglieder der Drei-Selbst-Komitees wurde immer stärker. Und das einzige, was ihnen blieb und was sie regelmäßig taten, war, Bericht bei der Polizei und der Regierung zu erstatten. Damit lösten sie schließlich eine neue Welle der Verfolgung aus, die in unerwarteter Gewalt über die neuen Christen im Norden Fujians hereinbrach. Im Frühjahr 1990 erhoben die Behörden die offizielle Anklage gegen alle Christen in den Hauskirchen, sie seien »konterrevolutionäre Unruhestifter«. In jedem Bezirk wurden über dreißig Christen verhaftet. Für zwei Frauen forderten die Staatsanwälte die Todesstrafe, weil sie angeblich Menschen »zu Tode gebetet« hatten. Die fünf geistlichen Leiter der Gemeinden wurden verhaftet. Die Anklage forderte mehrere Jahre Arbeitslager. Die fünf Männer waren alle zusammen in einer Zelle mit vielen Verbrechern und gewalttätigen Menschen, denen die sanftmütigen Christen gerade recht kamen. Die anderen Gefangenen verprügelten die Christen regelmäßig und quälten sie auf alle erdenklichen Weisen.

Einer der fünf Christen hieß Yin. Er war ein junger Mann, der erst vor kurzem von Gott zum Leiter mehrerer Gemeinden berufen worden war. Er war treu in seinem Dienst und ein sehr guter Pastor, der in großer Reife und Verantwortung seinen Gemeinden diente. Er war fest gegründet in der Bibel und kannte den Heiligen Geist gut. Auf ihn hatten es die Polizisten besonders abgesehen. Vielleicht dachten sie, da er mit Abstand der Jüngste war, würden sie seinen Widerstand leichter brechen können. Er wurde ständig verhört und wurde dabei mehr geschlagen als alle anderen Gefangenen.

Bei einem dieser Verhöre wurden ihm wieder alle möglichen Dinge vorgeworfen, die der Funktionär ihm förmlich ins Gesicht spuckte.

»Welche Kontakte haben Sie nach Taiwan?«

»Wieviel Geld bekommen Sie für Ihre Aktivitäten?«

»Wie heißen Ihre Vorgesetzten im Bezirk ›C‹ in Zhejiang?«

»Wie oft waren die anderen aus ›C‹ schon hier in Fujian?«

Yin war standhaft. Er hatte keine Angst und ließ sich nicht einschüchtern. Seine stereotype Antwort war: »Nein! Ich werde Ihnen nichts sagen. Überhaupt nichts!«

Der Verhörleiter wurde immer wütender. Er befal seinen Assistenten: »Schlagt ihn so lange und so kräftig, bis er bereit ist, uns alles zu sagen, was wir wissen wollen.«

Während sie Yin schlugen und folterten, wurde er mehrmals bewußtlos. Als er wieder zu sich kam, war sein ganzer Körper ein einziger Schmerz. Doch er biß die Zähne zusammen und sagte keinen Ton. Der Friede Gottes erfüllte ihn, und was mit seinem Körper geschah, war ihm gar nicht so wichtig. Seine Gedanken kreisten um die jungen Gemeinden, denen er vorstand. Wer würde an seiner Stelle die Verantwortung für sie übernehmen? Wie sie wohl mit seiner Verhaftung zurechtkamen? Hoffentlich erschütterte dies ihren Glauben nicht! Wenn sie nur ihr Vertrauen in Gottes Liebe und Gnade nicht verloren!

Er merkte erst jetzt, daß dieses Verhör für heute zu Ende war. Er lag ganz allein in einer kahlen, dunklen Zelle, die nur durch rostige Eisenstäbe von einem Korridor getrennt war, von dem viele andere Zellen abgingen. Auf Händen und Knien kroch er zu dem Gitter, umklammerte es mit seinen blutenden Händen und zog sich langsam daran hoch, bis er auf seinen Füßen stand. Und aus seinem Innersten kam ein Gebet, das alle Gefängnismauern durchbrach und direkt zu Gottes Thron vordrang: »Herr, was wird aus meiner Gemeinde, wenn ich sterbe? Bitte, sorge du für meine geliebten, kostbaren Geschwister! Hilf ihnen, daß sie fest stehen und sich nicht einschüchtern lassen. Sie sollen stark sein und mit dir leben. Ich bin bereit, hier zu sterben, aber bitte, lieber Vater, bewahre meine Geschwister!«

Am nächsten Tag wurde er zur letzten Verhandlung und Urteilsverkündung vorgeführt. Der Richter, der sich angespannt nach vorn über seinen Schreibtisch beugte, sah Yin forschend in die Augen und betonte jedes Wort, während seine Stimme voller Verachtung und sein Blick feindselig war: »Die Politik unserer Partei schreibt uns vor, alle Verbrecher, die ihre Schuld eingestehen, mit Nachsicht zu behandeln. Aber wer sich widersetzt, wird seiner gerechten Strafe nicht entgehen. Heute gebe ich Ihnen eine letzte Chance.«

Yin schwieg. Er wich dem stechenden Blick des Richters nicht aus, doch machte er auch keine Anstalten, sich zu äußern. Die Faust des Richters schlug krachend auf die Tischplatte: »Ich verkünde das Urteil für Yin: Er soll totgeschlagen werden!«

Nun löste sich Yin langsam aus seiner Reglosigkeit und zog mit einiger Mühe, da seine Hände gefesselt waren, sein Hemd nach oben, um den Blick auf seinen Oberkörper frei zu geben. Er war übersät von verkrusteten, eiternden Wunden und Blutergüssen. »Ich habe keine Schuld auf mich geladen, die ich dem hohen Gericht bekennen könnte. Was meinen Körper betrifft: Wie Sie sehen, ist nicht mehr viel übrig davon. Dieser Körper ist vergänglich und zerbrechlich. Greifen Sie ruhig zu Ihren elektrischen Viehtreiberstöcken und Ihren Schwertern und Messern. Meine Seele wird unverletzt weiterleben.«

Aber Yin wurde nicht geschlagen. Der Richter verfügte wenig später, daß die Wärter ihn wieder in seine Zelle zurückbringen sollten. Sechs Monate wurde er noch festgehalten, dann wurde er ohne rechtskräftige Verurteilung freigelassen, weil man ihm keine Schuld nachweisen konnte. Auch die beiden Christinnen, die zum Tode verurteilt worden waren, wurden wieder freigelassen, weil man die ihnen zur Last gelegten Morde nicht beweisen konnte.

Kurz nach ihrer Freilassung war das große Fest des chinesischen Neujahres, zu dem sich die aktiven Christen und Missionare wieder in Zhejiang trafen, um ihre mehrtägige Mitarbeiterkonferenz zu feiern. Auch Yin und Zhi aus dem Bezirk »E« nahmen daran teil. Es war eine Zeit des Segens und der Gegenwart des Heiligen Geistes, die alles Frühere übertraf. Der Heilige Geist erfüllte alle mit einer neuen, mächtigen Salbung zum Dienst, so daß sie danach die Erweckung in ihre jeweiligen Bezirke und Missionsgebiete tragen konnten. Besonders herausragend an dieser Konferenz war, daß, nachdem alle Anwesenden mit dem Heiligen Geist erfüllt worden waren, der Lobpreis und die Anbetung so gewaltig und ungehindert, so voller Hingabe und großer Freude und lautem Jubel waren, wie sie es nie für möglich gehalten hätten.

b) Die erwachende Kirche in der nördlichen Provinz Zhejiang

Im nördlichen Teil der Provinz Zhejiang lebten bis vor einigen Jahren nur sehr wenige Christen, vor allem ein bestimmter Bezirk im Norden war fast unerreicht von der Nachricht über Jesus. Aber in den letzten Jahren hatte Gott gerade in dieser Gegend ganz besonders gewirkt und viele, vor allem junge Leute, herausgerufen, die ihr Leben Jesus zur Verfügung stellten.

Der Heilige Geist beschenkte viele der Jugendlichen, die in Nord-Zhejiang Christen geworden waren, mit einer großen Leidenschaft für Evangelisation, und sie zogen in alle Himmelsrichtungen, von den eigenen Bezirken über die benachbarten Gegenden bis in die umliegenden Provinzen, um überall dem Auftrag Jesu zu gehorchen und den Menschen von ihm zu erzählen.

Anhui ist die Provinz, die im Nordwesten an Zhejiang grenzt. Im Winter 1989 sollte dort auf einem hohen Berg eine riesige, neue Götzenstatue eingeweiht werden. Anläßlich der rituellen Einsetzung dieser Figur wurde eine große Feierlichkeit geplant, zu der Tausende von Menschen erwartet wurden. Eine bombastische Zeremonie sollte stattfinden zu Ehren des neuen Gottes und zur Befriedigung der religiösen Bedürfnisse der Menschen, die immer noch nicht wirklich durch die Lehren der Partei zum wahren Atheismus erzogen worden waren. Offensichtlich brauchten die Menschen immer noch irgend eine Form des religiösen Aberglaubens, also sollten sie ihn haben, war der insgeheime Standpunkt der Regierungsbehörden.

Die Christen in Nord-Zhejiang hatten natürlich auch von dem großen, geplanten Ereignis erfahren. Sie waren entschlossen, sich diesem Götzenfest entgegenzustellen. Aber wie? Sollten sie beten? Fasten? Öffentliche Schritte gehen und Widerspruch einlegen? Oder vielleicht sogar persönlich hingehen? Sie legten diese Fragen Gott vor, beteten und berieten sich und kamen zu dem übereinstimmenden Ergebnis, daß Gott wollte, sie sollten zu dem okkulten Fest gehen. Die ganzen Gemeinden im Norden der Provinz waren sich einig, und nach gemeinsamem Gebet sandten sie mehrere Dutzend bewährte, geistlich starke Mitarbeiter nach Anhui. Sie verteilten sich über das gesamte Festgelände und bedeckten den ganzen Berg wie mit einem göttlichen Netz aus Menschen.

Die Pastoren und Evangelisten aus dem großen Team hatten sich die Straßen vorgenommen, die auf den Berg und zu dem Götzen führten. Es gab praktisch keinen Weg zu dem Fest, der nicht von Christen besetzt war. Sie standen unter den Bäumen, wo die Reisenden sich ausruhen wollten und neben den Straßenverkäufern, bei denen die Menschen ihre Mahlzeiten einnahmen. Sie standen vor den kleinen Tempeln und Schreinen, welche die Straße säumten und die Pilger zum Gebet aufforderten, und säumten einfach nur den Straßenrand, wo die müden Wanderer vorbeikamen. Und kaum jemandem gelang es, an ihnen vorbeizugehen, ohne von Jesus gehört zu haben.

Der Heilige Geist gab ihnen eine große Zahl von Ideen, wie sie die Aufmerksamkeit der Menschen auf sich lenken konnten, und sie ließen nichts unversucht. Über das ganze Gelände verteilt waren junge, hübsche Christinnen, die, mit einfachen Instrumenten ausgerüstet, wunderschöne Lieder von Jesus sangen, die bei den Leuten sehr gut ankamen. Wo sie auch zu singen begannen, hatte sich sofort eine Menschentraube um sie gebildet, die aufmerksam zuhörte und von den hellen Stimmen mindestens so angerührt war wie von den klaren Gesichtern und den strahlenden Augen der Mädchen.

Einige junge Männer, die weder gute Redner waren noch über besondere musikalische Begabung verfügten, hatten es sich zur Aufgabe gemacht, die müden Wanderer zu einer Ruhepause einzuladen. Sie hatten Decken ausgebreitet, auf denen die Leute sich lagern konnten, und kostenlos servierten sie heißen Tee und Gebäck. Dabei entstanden viele

Gespräche, weil es die Leute natürlich interessierte, warum man ihnen hier etwas umsonst anbot.

Andere gingen mit großen Taschen herum und verteilten kleine bunte Heftchen, in denen das Wichtigste über Jesus stand. Die Broschüren waren bunt, sehr ansprechend gemacht, und viele Leute lasen mit Interesse, was ihnen da vermittelt werden sollte. Die Botschaft war klar verständlich, viele hörten oder lasen an diesem Tag zum ersten Mal, daß es einen Gott gibt, der die Menschen so lieb hat, daß er sogar für sie gestorben ist, um jedem Einzelnen das Leben in Freiheit, Licht und Frieden zu ermöglichen.

Ein paar Gruppen hatten sich zu kleinen Bands zusammengetan und spielten Mundharmonika. Auch sie erregten viel Aufmerksamkeit und hatten jede Menge guter Gespräche mit den Zuhörern, die sich wunderten, wer sie waren und was sie hier wollten.

Immer mehr Menschen strömten auf den Berg, viel mehr, als irgend jemand erwartet hatte. Bis zum Fuße des Berges drängten sich die Menschen, es war so voll, daß viele gar nicht erst in die Nähe des Götzen kommen konnten. Aber die Christen waren überall. Sie predigten in der Kraft des Heiligen Geistes und mit großer Leidenschaft baten sie die Leute, sich doch von den toten Göttern und den bösen Geistern abzuwenden, und zu dem einzigen, lebendigen, guten Gott zu kommen.

Überall war die Botschaft zu hören: »Wer an Jesus glaubt, wird vollkommen frei von allen Bindungen, Süchten, Krankheiten, Ängsten und Problemen. Wer an Jesus glaubt, bekommt ewiges Leben geschenkt. Wer an Jesus glaubt, darf auch von ihm Heilung von jeder Krankheit erwarten.« Es klang sehr verlockend, was den Menschen da angeboten wurde. Und der Heilige Geist überzeugte die Zuhörer in ihren Herzen, wie es menschliche Worte nie gekonnt hätten.

Und das große Wunder geschah. Der Berg mit seiner ganzen Umgebung wurde erschüttert von der Kraft und Herrlichkeit Gottes. Viele Menschen entschieden sich, an Jesus zu glauben. Sie warfen ihre Räucherstäbchen und all die anderen okkulten Gegenstände, die sie zur Verehrung des Götzen mitgebracht hatten, auf die Erde und zertrampelten sie. Eine Welle der Erkenntnis Gottes erfaßte die Menschen. Es war ein Tag der Gnade Gottes, ein gewaltiger Festtag für den Himmel.

Natürlich konnte der Teufel das so nicht hinnehmen. Hatte er sich doch auf all diese Leute gefreut, die gekommen waren, um ihn anzubeten. Und nun liefen sie in Scharen zu Gott über? Das konnte er sich nicht gefallen lassen!

Einige Leiter des Götzenkultes waren besonders wütend über die unerwartete Wende des Geschehens. Sie waren fassungslos über das plötzliche Desinteresse an ihrer Zeremonie, und sie griffen zu der naheliegendsten Waffe. Wie immer, wenn es gegen Christen gehen sollte, wurde die Geheimpolizei informiert. Nun war die Polizei für diesen Tag in großer Zahl angerückt, einfach um für Ruhe und Ordnung zu sorgen, während so viele tausend Menschen zusammenkamen.

Es waren genug Polizisten da, um in kürzester Zeit ohne vorherige Warnung fast alle Christen zu verhaften. Auf die Frage, was sie hier eigentlich wollten, antworteten alle das gleiche, ohne daß sie eine Möglichkeit gehabt hätten, sich vorher abzusprechen. Sie sagten immer wieder: »Wir wußten, daß zu dieser Weihezeremonie für den Götzen so viele Menschen kommen würden, die ihr Geld und ihre Kraft sinnlos verschwenden und am Ende vielleicht sogar noch eine Orgie feiern würden. Viel Unheil war zu erwarten, es würde viel getrunken werden, und kleine Verbrechen hätten in rauhen Menge passieren können. Deshalb kamen wir hierher, um die Leute aufzufordern, sich von allem Aberglauben zu trennen, weil er eine Lüge ist und nichts Gutes dabei herauskommt. Wir sind da, um die Leute mit dem wahren Gott bekannt zu machen, der ganz anders ist, und der einen sehr guten, angenehmen Einfluß auf die Menschen hat.«

Die Geheimpolizei sah, daß diese Leute einfache, ungebildete Bauern aus den Bergdörfern waren, die wirklich glaubten, was sie sagten und keine versteckten, bösen Absichten hatten. Sie hatten gegen kein Gesetz verstoßen. So wurden sie alle am vierten Tag wieder frei gelassen und nach Hause geschickt. Als sie alle zusammen nach Hause gehen konnten, war ihre Freude so groß, sie sangen und dankten Gott und hatten viel Spaß auf dem langen Heimweg zurück in ihre eigene Provinz, wo die anderen Christen, die sie im Gebet begleitet hatten, sehnsüchtig auf sie warteten und ihnen in Liebe dienten. Und bald waren sie schon wieder unterwegs in einer anderen Mission.

c) Die brennende Kirche im südlichen Shandong

In der Geschichte der Kirche Chinas waren die Gemeinden in Shandong einmal ein besonders helles, klares Licht gewesen. Gott hatte sich dort viele Männer und Frauen herausrufen können, die ihm mit ganzer Hingabe und Radikalität dienten. Aber seit die Drei-Selbst-Kirche auch dort Fuß gefaßt hatte, waren alle Christen unter ihren Einfluß geraten. Es gab keine eigenständigen Gemeinden mehr, alle hatten sich der Staatskirche unterstellt. Die Christenheit in Shandong hatte sich mehr und mehr für alle Einflüsse von außen verschlossen, vor allem mit Christen aus anderen Provinzen wollten sie nichts zu tun haben und vor allem dann nicht, wenn diese nicht der Drei-Selbst-Kirche angehörten.

Im Frühjahr 1989 schickte Gott zwei Mitarbeiter der Gemeinden aus dem Bezirk »C« in Zhejiang nach Shandong. Sie besuchten die Gottesdienste dort. Die Atmosphäre war steif und feierlich, die beiden Gäste fühlten sich sichtlich unwohl, sie durften nichts von ihrer Freude zeigen, die sie immer empfanden, wenn sie Gott anbeteten. Nachher wurden sie von einigen Christen eingeladen, die ihnen ein wenig von der Gemeinde erzählten und von ihrer Entwicklung in den letzten Jahrzehnten. Die beiden vermißten vor allem die Gegenwart und das Wirken des Heiligen Geistes, die Leichtigkeit und Freude, die er immer mitbringt. Sie beschlossen, das zu tun, was Gott ihnen schon zu Hause aufgetragen hatte: auf einer Pastoren- und Mitarbeiterkonferenz über die Erfüllung mit dem Heiligen Geist zu reden, über die Kraft, Vollmacht und Salbung und die Beziehung zu ihm.

Als die Pastoren und Verantwortlichen der Kirchen in Shandong von diesem Treffen erfuhren, riefen sie eine Sondersitzung ein, zu der alle Leiter aus den südlichen Provinzen kamen. Sie diskutierten über ihre Situation, über die Gefahren des Einflusses von außen, über alle Befürchtungen und Vorbehalte, die sie so hatten und über das Für und Wider dieser Konferenz, zu der die Männer aus Zhejiang einluden. Dann faßten sie den weisen Entschluß: »Wir werden die beiden erst gründlich befragen, dann werden wir uns beraten und herausfinden, was Gott jedem Einzelnen von uns ins Herz gegeben hat.«

Das Interview fand dann auch schon zwei Tage später statt. Die erste und wichtigste Frage der Pastoren in Shandong war: »Was ist Ihre Botschaft, die Sie uns mitteilen wollen?«

Die beiden Gäste aus Zhejiang antworteten gewissenhaft und sehr ehrlich. In aller Bescheidenheit berichteten sie von der Erweckung in ihren Gemeinden und in vielen anderen Provinzen Chinas. Sie nahmen sich viel Zeit, um genau zu erklären, worin die Erweckung bestand, wie sie angefangen hatte und wie sie sich auswirkte. Und sie betonten dabei auch immer wieder, daß alles, wovon sie berichten konnten, nichts anderes war als das Wirken des Heiligen Geistes.

Unerwartet stand ein junger Mann auf, der zu den Pfarrern Shandongs gehörte, und er erklärte mit rauher Stimme: »Wir brauchen die Erfüllung mit dem Heiligen Geist. Ich sehne mich schon so lange danach, aber ich wagte bislang nicht, dieses Thema anzusprechen.«

Ein anderer ließ ihn kaum ausreden. Auch er war einer von den Jüngsten, der aufsprang und losplatzte: »Im tiefsten Inneren bin ich total gelangweilt. Unsere Gottesdienste sind entsetzlich langweilig. Wir brauchen unbedingt Erweckungsgottesdienste, so wie die beiden Brüder das erzählen.«

Der Heilige Geist hatte diese beiden jungen Männer benutzt, um klare Stellung zu beziehen, bevor die Skeptiker und Kritiker zu Wort kommen konnten. So wurde tatsächlich ein Termin gefunden, wann eine Mitarbeiterkonferenz stattfinden sollte. Kurze Zeit später kamen die Pfarrer und Aktiven aus den Bezirken im südlichen Shandong wieder zusammen, und gemeinsam organisierten sie das mehrtägige Treffen. Mehr als hundert Pastoren waren gekommen.

Sie wollten keine Zeit verlieren: Um sechs Uhr morgens begann der erste Gottesdienst. Unter der Kraft und Salbung des Heiligen Geistes begannen die Brüder aus Zhejiang, über die Erfüllung mit dem Heiligen Geist zu lehren. Anhand vieler Bibelstellen machten sie deutlich, daß der Heilige Geist allen Christen verheißen ist, die ihn haben wollen. Und sie erzählten viele Berichte von Einzelnen und Gemeinden, wie diese den Heiligen Geist zuerst kennengelernt hatten und was sich danach bei ihnen verändert hatte. Die Zuhörer waren aufmerksam und konzentriert, zeigten aber noch keine Reaktion auf das, was sie gehört hatten. Am Nachmittag erklärten die Brüder den Zusammenhang zwischen der Gemeinschaft mit dem Heiligen Geist und dem Lobpreis und der Anbetung. »Nur die Toten, die in den Gräbern liegen, können Gott nicht preisen. Aber wir leben, und wir sind dazu da, ihn anzubeten. Dazu brauchen wir den Heiligen Geist, und das liebt er, er fühlt sich so wohl bei uns, wenn wir Gott loben. ...«

Die Pfarrer und Mitarbeiter waren zwar sehr nachdenklich, als sie abends auseinandergingen, aber sie waren auch sehr still. Keiner wollte, daß die Gäste mit ihm beteten. Die beiden Redner waren überrascht, daß ihre Zuhörer so steif reagierten, und sie fürchteten sehr, daß sie sich für den Heiligen Geist, den sie kaum kannten, ganz verschließen könnten oder daß sie sich festlegen könnten, ihn nie mehr einzuladen. In dieser Nacht schliefen die beiden Gäste kaum. Sie beteten um einen Durchbruch der geistlichen Leiter Süd-Shandongs.

Der zweite Tag glich dem ersten, die Brüder lehrten, lockten, erklärten und beteten, und die Zuhörer saßen ihnen mit unbewegten Mienen gegenüber. Am dritten Tag, als sie sich alle zusammen sehr früh morgens zuerst zum Gebet trafen, bevor sie wieder lehren wollten, legten die Brüder aus Zhejiang einem dreizehnjährigen Mädchen die Hände auf und beteten für sie. Plötzlich stand das Kind auf und betete laut und für alle hörbar: »Herr, ich bitte dich, erbarme dich über uns!«

Kaum hatte sie diese Worte ausgesprochen, als der ganze Raum von einem lauten Schluchzen erfüllt war. Plötzlich war die ganze Atmosphäre vollkommen verwandelt, alle Mauern des Widerstandes waren eingerissen, und die Menschen weinten und bekannten Gott ihre Sünden. Eine große Klarheit war im Raum, die Heiligkeit und Herrlichkeit Gottes waren greifbar, und die Pastoren waren erfaßt von einem tiefen Schmerz über den Zustand ihrer Gemeinden, die so träge und steif waren, die in Tradition erstarrt und unter dem Einfluß der Partei geistlich abgestorben waren.

An diesem Morgen erlebten sie alles, was die Brüder in den vergangenen Tagen theoretisch erklärt hatten. Sie wurden mit dem Heiligen Geist erfüllt, beteten in neuen Sprachen, und die Freude Gottes war so stark, daß es nun ganz natürlich war für sie, Gott neue, rhythmische Lieder zu singen, dazu zu tanzen und zu klatschen. Die ganze Umgebung konnte hören, welch ein Jubel bei den Pastoren herrschte.

Aber nicht alle ließen sich darauf ein. Ein älterer Mann, der bis dahin alles mit gefurchter Stirn beobachtet hatte, erhob sich, ging nach vorne und bat um einen Augenblick Ruhe. Er war Hauskreisleiter und sah sehr böse aus, als er sagte: »Ich bin nun schon seit einigen Jahrzehnten Christ, aber so ein albernes Chaos wie das, was Sie heute hier vorführen, habe ich noch nie gesehen. Was mich betrifft, will ich mit diesen Geistern, die hier herrschen, nichts zu tun haben. Ich halte das für einen bösen Geist.« Aufgebracht stürmte er nach draußen.

Am letzten Tag dieser Konferenz baten die Pastoren ihre beiden Gäste, ihnen allen einzeln die Hände aufzulegen. Das taten sie gerne, und sie baten den Heiligen Geist für jeden einzelnen, in noch größerem Maße auf ihn zu kommen. Während sie sich viel Zeit nahmen und alle Anwesenden segneten, sahen mehrere Personen unabhängig voneinander, wie eine Taube über ihren Händen schwebte.

Einer der Pastoren aus Shandong litt seit mehreren Jahren an Arthritis, die so schlimm war, daß er seine Hände praktisch gar nicht bewegen konnte. Die Schmerzen waren furchtbar. Als die beiden Brüder ihm jetzt die Hände auflegten und für ihn beteten, wurde er im selben Augenblick vollständig geheilt. Der Mann war außer sich vor Freude. Mit hoch erhobenen Armen tanzte er durch den Raum und dankte Gott. Viel zu schnell war die Konferenz zu Ende und die Gäste schickten sich an, wieder nach Hause zu fahren. Das hätten die Brüder aus Shandong zu gerne hinausgezögert. Wie gerne hätten sie immer so weiter gemacht und gemeinsam die Gegenwart des Heiligen Geistes genossen und gefeiert. Der einzige Grund, warum sie die Gäste schließlich doch ziehen ließen, war der, daß es noch so viele Bezirke in China gab, die noch nie etwas von Jesus und von seinem Heiligen Geist gehört hatten. Also begleiteten alle hundert Konferenzbesucher ihre Gäste zur Busstation, wo sie sich unter vielen Tränen und schweren Herzens verabschieden mußten.

In den folgenden Wochen entwickelten sich die Gemeinden im südlichen Shandong unterschiedlich. Manche Gemeinden waren begeistert von dem Lobpreis und der Anbetung, die ihre Pastoren einführten, andere konnten nicht so viel damit anfangen. Und das interessante Phänomen ist, daß man einen direkten Zusammenhang erkennen konnte zwischen der Offenheit für Lobpreis und der Entwicklung der Gemeinden.

Einige Gemeinden schienen nur darauf gewartet zu haben, daß ihre Pastoren den Heiligen Geist kennenlernten. Sie lobten Gott mit Begeisterung und wollten alles lernen, was ihre Leiter ihnen von der Konferenz mitgebracht hatten. Ihre Gottesdienste veränderten sich, sie legten viel Wert auf Singen und Beten, nahmen sich viel Zeit dafür und freuten sich in aller Freiheit und ohne festgelegten Gottesdienstablauf an ihrem Gott.

Andere Gemeinden reagierten etwas zurückhaltender. Sie waren nicht grundsätzlich gegen Lobpreis, aber sie wollten niemals die Kontrolle verlieren und die Herrschaft über ihre Gottesdienste an den Heiligen Geist abgeben. Sie veränderten ihre Liturgie etwas, aber ihre Anbetung war lange nicht so frei und intensiv wie bei der ersten Gruppe.

Ein kleiner Teil der Pastoren wagte es überhaupt nicht, Lobpreis und Anbetung in ihren Gemeinden einzuführen. Sie wußten, daß einige führende Köpfe unter ihren Gottesdienstbesuchern damit nicht zurechtkommen würden, und sie fürchteten sich vor deren Kritik. Sie wollten nicht die Opposition dieser Leute herausfordern. So erzählten sie nur wenig von der Konferenz und was sie dort erlebt hatten, und in ihren Gottesdiensten blieb alles beim Alten.

Und schließlich gab es noch eine einzige Kirche, die ausdrücklich gegen Lobpreis und Anbetung eingestellt war. Dies war die Gemeinde des Mannes, der schon während der Konferenz nicht mit all dem Neuen zurechtkam und deswegen früher abgereist war.

Schon wenige Monate später waren frappierende Unterschiede deutlich geworden. Die Gemeinden, die viel Lobpreis und Anbetung praktizierten und ihre Freude daran hatten, neue Lieder zu entwickeln und viel Zeit mit Singen und Beten im Gottesdienst zu verbringen, blühten auf in einer Weise, die alle Erwartungen übertraf. Der Heilige Geist fühlte sich wohl bei ihnen und er floß aus ihnen mit Strömen lebendigen Wassers. Ihre Evangelisationen waren überaus erfolgreich, viele Menschen wollten Jesus kennenlernen. In manchen Dörfern kamen auch die Partei- und Regierungskader zum Glauben an Jesus. In einem Ort wuchs eine kleine Gemeinde so schnell, daß nach einigen Monaten von sechshundert Bewohnern schon vierhundert Christen waren.

Die Gemeinden, die nicht so offen auf Lobpreis reagiert hatten, erlebten auch ein gewisses Wachstum, aber nicht annähernd so viel wie die erste Gruppe. Die wenigen Kirchen, die mit Anbetung nichts zu tun haben wollten, hatten kein Wachstum, sie konnten lediglich die Zahl ihrer Gottesdienstbesucher konstant halten. Und die einzige Gemeinde, die sich ausdrücklich gegen den Heiligen Geist entschieden hatte, mußte mit ansehen, wie aus ihren ehemals neunzig Besuchern ziemlich schnell zehn geworden waren. Alle jüngeren Leute, die dazu in der Lage waren, hatten den Kreis verlassen und sich einer der anderen, plötzlich so lebendigen Gemeinden angeschlossen. Es ging ihnen wie den Nichtchristen: Dort, wo der Heilige Geist wohnte und sich zu Hause fühlte, da fühlten sich die Leute hingezogen, Christen und Nichtchristen.

Nachdem ihre Gemeinden so gewachsen waren, sehnten sich die geistlichen Leiter von Shandong sehr danach, daß doch die Brüder aus Zhejiang wieder kommen würden, um ihnen weiter zu helfen und ihnen noch mehr vom Heiligen Geist zu erzählen. Jeden Morgen vor Sonnenaufgang hielten sie Gebetsversammlungen ab und beteten, daß Gott doch wieder ein paar Brüder zu ihnen schicken möge.

Und Gott erhörte ihre Gebete. Es kamen immer wieder Teams aus Zhejiang nach Shandong, die den Gemeinden dort dienten, sie lehrten und in die Gegenwart des Heiligen Geistes führten. Auch der ältere Mann, der sich zuerst so sehr gegen das alles gestellt hatte, erkannte seinen Irrtum, und vor Gott und den Menschen bat er um Vergebung. Daraufhin wurde auch er mit Heiligem Geist erfüllt, und wenig später war er ein von Gott berufener und gesalbter Anbetungsleiter, der den Gemeinden sehr zum Segen wurde. Und auch in seiner Gemeinde, die davor auf zehn Personen geschrumpft war, brach Erweckung aus.

Im März 1991 war wieder einmal ein Team von Missionaren aus Zhejiang in Shandong. Zu einem ihrer Gottesdienste wurde ein zweiundzwanzigjähriger Mann getragen, der vollständig gelähmt war. Der junge Mann hatte weder Eltern noch andere Verwandte. Entsprechend verwahrlost sah er aus, seine Kleider waren starr vor Schmutz, sein Haar war verfilzt, und er roch unerträglich. Auch sein Verhalten war sehr gestört, ständig starrte er die Leute direkt an und brach dann in unkontrolliertes Lachen aus.

Die Christen legten ihm die Hände auf und befahlen im Namen Jesu dem Geist der Lähmung, diesen Mann zu verlassen. Der junge Mann war augenblicklich frei. Am nächsten Tag kam in Begleitung einiger Christen ein attraktiver, gut gekleideter, höflicher und glücklicher junger Mann zu dem Gottesdienst. Niemand erkannte in ihm dem Gelähmten vom Vortag, bis er vor der Gemeinde stand und öffentlich Gott dankte für das große Wunder, das er an ihm getan hatte.

Gott berief eine große Gruppe von jungen Menschen in Süd-Shandong, um ihm vollzeitlich zu dienen. Sie sind erfüllt von der Liebe zu Jesus. Der Heilige Geist bestätigt ihren Dienst, viele Heilungen und Wunder geschehen, wenn sie mit den Menschen beten. Auf diese Weise verbreitet sich die gute Nachricht von Jesus sehr schnell, und viele entscheiden sich, ihm ihr Leben zu öffnen. Fast alle Mitarbeiter sind, ebenso wie die meisten neuen Christen, junge Leute. Sie haben keine größere Sehnsucht, als ihre ganze nähere und weitere Umgebung mit Jesus bekannt zu machen. Sie bereisen die Städte und Bezirke und erfüllen den Auftrag Jesu, mit den Kranken zu beten und von Jesus zu erzählen.

d) Die Kirche Jiangsus erfaßt vom Strom der Erweckung

Im Winter 1988 kamen einige Frauen aus Schanghai in den Bezirk »C« in Zhejiang. Sie waren Christinnen und kamen eines Abends mitten in einen der dort üblichen Erweckungsgottesdienste, die gekennzeichnet waren durch viel Lebendigkeit, Spontaneität und die Kraft des Heiligen Geistes. Die Atmosphäre der Gegenwart Gottes faszinierte die Frauen, und ihr größter Wunsch war, daß sie in ihrer Heimat in Schanghai das gleiche erleben würden. Der Raum war brechend voll, und man sah den Menschen an, daß viele Jesus erst seit kurzem kannten, aber alle waren sehr begeistert über ihn. Die Frauen blieben nach dem Gottesdienst, der bis in die Morgenstunden gedauert hatte, noch zurück und suchten das Gespräch mit den Leitern: »Bitte, könnt ihr nicht ein Team nach Schanghai schicken? Wir brauchen das auch, was ihr hier erlebt!«

So kam ein erster Besuch zustande. Anfang des Jahres 1989 kam ein Team mit mehreren Pastoren aus Zhejiang nach Schanghai und besuchte dort verschiedene Hauskirchen. In einem der Gottesdienste, gleich zu Beginn ihres Dienstes in Schanghai, sprang plötzlich einer der Zuhörer auf. Ein Pastor aus Zhejiang war gerade dabei gewesen, über den Heiligen Geist zu predigen. Er hatte mit Vollmacht und Salbung gesprochen, doch das Thema Krankenheilung oder Gebet für die Kranken war überhaupt nicht erwähnt worden. Aber dieser eine Zuhörer war ganz außer sich, und die Mehrzahl der Anwesenden, die ihn kannten, waren erstarrt vor Staunen und Ehrfurcht. Der Mann hüpfte auf und nieder wie ein kleiner Gummiball, er jubelte und schrie »Danke Jesus!« und war gar nicht zu beruhigen. Die Pastoren holten ihn nach vorne, und dann berichtete er, immer wieder unterbrochen von Jubeln und Luftsprüngen: »Siebzehn Jahre lang war ich schwach und krank, voller Schmerzen und schwer behindert. Gerade eben, während der Bruder sprach und ich ihm zuhörte, merkte ich plötzlich, wie mein ganzer Körper heiß wurde und eine starke Kraft durch mich floß. Ich konnte einfach nicht mehr sitzen bleiben. Es ist alles weg! Ich bin total gesund! Als ob ich einen ganz neuen Körper hätte! Danke Jesus! Das ist einfach phantastisch!« Was dann folgte, war ein Dankgottesdienst mit Lobpreis und Anbetung und Freude, wie es die Gemeinde in Schanghai noch nie gesehen hatte.

Einige Stunden später übernahm einer der anderen Brüder aus Zhejiang die Leitung des Gottesdienstes. Während er predigte, sah die ganze Gemeinde, jeder einzelne Anwesende, wie ein helles Licht von ihm ausging. Und in der folgenden Gebetszeit wurden alle, ohne eine einzige Ausnahme, erfüllt mit dem Heiligen Geist.

Unter den Zuhörern in Schanghai war auch ein Christ aus der Provinz Jiangsu. Er hieß Liu. In seinem ganzen langjährigen Christenleben hatte er noch nie etwas ähnlich Herrliches und Gewaltiges erlebt wie in diesem Gottesdienst. Er stand weinend und staunend dazwischen und hatte nur eine einzige Sehnsucht: Wenn das doch auch bei ihm Zuhause in der Gemeinde so wäre wie hier! Aber seine Familie und Gemeinde ahnten ja gar nicht, was ein Gottesdienst in der Kraft des Heiligen Geistes eigentlich war. Später, bei der ersten Gelegenheit, die sich ihm bot, bat er die Brüder dringend, doch auch in seine Gegend zu kommen. Und sie gingen gerne darauf ein.

Einige Tage später reisten also fünf der Missionare mit Liu zusammen von Schanghai nach Nordwesten in die Stadt Suzhou im Süden der Provinz Jiangsu. Sie nahmen sich drei Tage Zeit, in denen sie fast ununterbrochen Gottesdienste hielten und viele Kranke heilten. Ein Mann, der seit acht Jahren taubstumm gewesen war, wurde sofort geheilt. Als er zu sprechen begann, legte sich eine große Ehrfurcht vor dem lebendigen Gott auf die Gemeinde. Viele Menschen, Nachbarn, Verwandte, Kollegen und Freunde wurden mitgebracht zu den Gottesdiensten und entschieden sich, auch an Jesus zu glauben. Sie kehrten von ganzem Herzen um zu Gott und begannen mit Jesus ein neues Leben. Und alle wurden mit dem Heiligen Geist erfüllt, die alten und die ganz jungen Christen. Die ganze Gemeinde erlebte eine Form der Anbetung, wie sie es bis dahin nicht gekannt hatte.

Dann wollten die Missionare aus Zhejiang wieder nach Hause, aber die Christen in Suzhou baten sie, auch noch einen anderen Bezirk zu besuchen. Diese Christen, die gerade seit drei Tagen Erweckung erlebten, wollten unbedingt all das Gute, das sie von Gott empfangen hatten, hinaustragen zu den Menschen, die Jesus noch gar nicht kannten. So reisten sie gemeinsam in den Bezirk »H«, wo sie den Passanten auf den Straßen und Märkten mehrerer großer Ortschaften von Jesus erzählten. In diesem Bezirk gab es bis dahin so gut wie keine Christen. Einige junge Christinnen aus Suzhou, die mitgereist waren, sangen und tanzten und führten ganze Gruppen in eine sehr schöne, intensive Anbetung auf den Straßen und Plätzen der Dörfer.

Alle Christen dieses Teams aus Zhejiang und Suzhou waren erfüllt von der Liebe Jesu zu den Menschen und voller Barmherzigkeit. Wenn sie zu den Menschen sprachen, erlebten diese eine so starke Liebe, ein so großes, ehrliches Interesse an ihrer Person, so viel Annahme und Wertschätzung, daß sie sehr schnell verstehen konnten: Der Gott, von dem diese Leute reden, muß ein freundlicher Gott sein. Menschen in großer Zahl entschieden sich bei jedem Aufruf, an Jesus zu glauben und ließen mit sich beten. Alles war so leicht, der Heilige Geist war mit ihnen, es schien überhaupt keinen Widerstand zu geben.

Eines Abends kamen sie wieder in ein anderes Dorf. Sie suchten sich einen günstigen Platz aus und begannen, zu singen, zu beten und zu predigen. Auf einer Bank ihnen gegenüber saß ein Mann mittleren Alters, der sie intensiv beobachtete und sich die ganze Zeit überhaupt nicht bewegte. Er hörte sehr aufmerksam zu und wandte seinen Blick nicht von ihnen ab. Auch als sie einmal eine Pause machten, und später, als sie ganz aufhörten, saß er unverändert reglos da. Einer der Pastoren ging zu ihm hinüber, fragte, ob er sich zu ihm auf die Bank setzen dürfte und forschte nach, was wohl in ihm vorging. Der Mann begann zu weinen. Eine Flut lange zurückgehaltener Tränen stürzte aus seinen Augen, während er leise erzählte: »Seit dreizehn Jahren habe ich große, blutende Wunden an meinen Beinen. Ich habe schon so viel Geld für Medizin ausgegeben, aber nichts hat geholfen. Außerdem habe ich auch schon zwei Finger verloren, die nicht heilen wollten. Meinetwegen ist meine ganze Familie kaputt, ich habe so viel Geld für Medizin verbraucht und kann nicht arbeiten und nichts verdienen.«

Der Pastor hatte auch Tränen in den Augen, als er die tiefe, quälende Not dieses Mannes sah. Und sein Verlangen, diesem Mann göttliche Heilung und Hilfe zu bringen, wurde stärker als irgend etwas anderes. Seine Stimme war bewegt, als er den Mann ansah, dessen Blick mit so viel Verzweiflung und so viel Sehnsucht auf ihn geheftet war: »Glauben Sie, daß Jesus Sie heilen kann?« Die Antwort kam leise, aber mit großer Hoffnung: »Ja, das glaube ich.«

Der Pastor winkte die anderen Christen zu sich, und gemeinsam legten sie dem Mann die Hände auf und begannen zu beten. Als sie im Namen Jesu der Krankheit befahlen, diesen Körper zu verlassen, kam die heilende Kraft Gottes auf den Mann. Zuerst stellte er fest, daß alle Schmerzen aufgehört hatten. Dann fühlten sich seine Beine so naß an: Die Abszesse waren aufgebrochen, und der ganze Eiter floß heraus. Und die Entzündung war verschwunden. Er war vollständig geheilt!

Es war die Zeit der Reisernte, und der Mann ging mit größter Begeisterung auf die Reisfelder seiner Familie, wo er keine einzige Pause einlegte, sondern arbeitete und arbeitete, bis er über vier Hektar Land abgeerntet hatte. Dabei stand er in der prallen Sonne, die nackten Beine im schlammigen Wasser, und er sah kräftig und blühend aus, als hätte ihm noch nie etwas gefehlt. Seine ganze Familie war Gott sehr dankbar für seine Hilfe, und auch die Nachbarn, Verwandten und Freunde interessierten sich plötzlich für den Jesus, der das getan hatte.

Das Team blieb insgesamt zehn Tage in dieser Gegend im Bezirk »H«, und sie erlebten beeindruckende Dinge, die Gott wirkte. Als sie wieder zurückfuhren, konnten sie zufrieden und sehr dankbar auf diesen Einsatz zurückblicken, Gott war mit ihnen gewesen. Die Nachricht von den Wundern, die geschehen waren, hatte sich in der ganzen Umgebung verbreitet. Überall war Jesus plötzlich zum Gesprächsthema geworden, für das sich die Leute interessierten und worüber sie mehr hören wollten. Das bemerkten natürlich auch die Leiter der Drei-Selbst-Kirchen, und da dieses Interesse an Gott nicht von ihren Kirchen ausging, versuchten sie, es zu unterdrücken. Sie trafen sich, beratschlagten und beschlossen, im Falle einer einzigen weiteren Versammlung, die diese fremden Christen einberufen würden, sofort Bericht an die Geheimpolizei zu erstatten mit der dringenden Bitte um Auflösung der Massenansammlung und Verhaftung der Leiter.

Bis Juli des gleichen Jahres hatten sich so viele Menschen in Suzhou und im Bezirk »H« für Jesus entschieden, daß dringend eine Taufe abgehalten werden sollte. Die Christen schrieben deshalb an die Leiter der Gemeinden in »C« und baten sie, doch ein Team zu schicken, das die Taufe durchführen könnte. Die Christen in »C« freuten sich über das, was Gott dort wirkte und beschlossen, sich umgehend auf den Weg zu machen, um diesen Taufgottesdienst selbst zu halten. Doch irgendwie hatten auch einige Leute aus der Drei-Selbst-Kirche von der geplanten Taufe erfahren und ihre Information sofort an die Geheimpolizei weitergegeben. Sie wußten auch den Ort des Festgottesdienstes und schickten eine ganze Truppe von Männern hin, die mit Elektroschock-Stöcken und Handschellen ausgerüstet waren.

Der Taufgottesdienst hatte schon sehr früh am Morgen begonnen. Gegen Mittag legten sie eine Pause ein, die meisten Christen gingen in verschiedene Richtungen auseinander, um etwas zu essen und sich ein wenig auszuruhen, bevor sie sich wieder zum Nachmittagsgottesdienst treffen würden. Nur eine kleine Gruppe der Gäste aus »C« war noch in dem Raum, als die Männer eintrafen, die von der Geheimpolizei für diesen Einsatz zusammengestellt worden waren. Die Polizisten ließen sich ihre Papiere zeigen und stellten ihnen viele Fragen.

»Warum sind Sie hier?«

»Waren Sie vor einem halben Jahr auch hier?«

»Wo waren Sie noch in der Zwischenzeit?«

»Welches sind Ihre Leiter, zu welchen anderen Christen haben Sie noch Kontakt?«

»Haben Sie Beziehungen zu den Kirchen in anderen Bezirken?«

Die Polizisten wollten besonders gerne herausfinden, wer damals, vor etwa einem halben Jahr hier war, als diese ganze neue Welle des christlichen Glaubens begonnen hatte. Davor hatte es hier nie Ärger gegeben

342

mit Leuten, die sich der Drei-Selbst-Kirche und der Partei widersetzt hatten, weil sie an Jesus glaubten. Und in den letzten Monaten war dies zu einem so starken Problem für die Polizei in »H« geworden, daß sie wirklich zu gerne gewußt hätte, wer diese Lawine ins Rollen gebracht hatte. Die Christen antworteten auch auf alle Fragen, aber sie taten es in einer vom Heiligen Geist inspirierten Weise mit viel göttlicher Weisheit, so daß die Polizisten am Schluß nicht mehr wußten als am Anfang. Sie waren verwirrt und frustriert.

Außerdem war es die heißeste Zeit des Tages und sie hatten Hunger. So fand das Verhör ein überraschendes, schnelles Ende: »Da Sie offensichtlich unsere Politik in Religionsangelegenheiten nicht verstehen, und da Sie anscheinend zum ersten Mal hier sind, werden wir es damit genug sein lassen.«

»Aber sollten wir Sie hier noch einmal antreffen, werden wir nicht so milde mit Ihnen verfahren. Sie müssen jetzt diese Gegend sofort verlassen, sonst werden wir Sie verhaften.«

Die kleine Gruppe von Christen, die verhört worden war, verließ das Gebäude. Mit ihnen gingen auch die Polizisten. Kaum waren alle außer Sichtweite, kehrten die ersten Christen von ihrer Mittagspause zurück. Sie setzten den Taufgottesdienst fort, der Heilige Geist war bei ihnen, und sie hatten einen sehr gesegneten Tag zusammen. Mit viel Lobpreis und Gebet verbrachten sie den Abend. Die Predigt ging bis lange nach Mitternacht, und erst am folgenden Morgen endete der Gottesdienst.

Im Februar 1991 machte sich wieder ein Team von Mitarbeitern auf den Weg nach Schanghai. Es waren drei Männer und zwei Frauen aus dem Bezirk »C« in Zhejiang. Nachdem sie einige Tage in den Hauskirchen in Schanghai gewesen waren, fuhren sie weiter in die Provinz Jiangsu. Mit einem Überlandbus reisten sie in den Bezirk Hongze, wo sie Christen besuchen wollten. Von dort aus wollten sie weiterfahren in die nächste, nördliche Provinz Shandong. Es war eine weite Fahrt, die über mehrere Tage dauern würde. Bis auf kurze Pausen an den Tankstellen, wo auch Essen serviert wurde, fuhr der Bus ununterbrochen durch. Zwei Fahrer wechselten sich ab. Die fünf Christen saßen auf der hintersten Sitzbank. Es regnete, die Straße war in miserablem Zustand, und der Fahrer raste mit der maximalen Geschwindigkeit, die der alte Motor hergab.

Es war etwa vier Uhr morgens, als der Bus plötzlich von der Straße abkam und in einen Graben fuhr. Die Christen flogen mit den Köpfen gegen das Dach des Busses und landeten unsanft wieder auf den ungepolsterten Sitzen. Der eine Mann fiel dabei so ungünstig auf eine Armlehne, daß er sich auf einer Seite mehrere Rippen brach. Er wurde blaß vor Schmerz, kalter Schweiß brach ihm aus allen Poren, und ihm wurde übel.

Seine Freunde riefen zum Fahrer, der den Bus schon wieder aus dem Graben gefahren hatte und weiter rasen wollte: »Halten Sie an! Jemand hat sich verletzt! Bitte, halten Sie an!«

Das Fahrzeug kam zum Stehen, die fünf Christen stiegen aus, legten den Verletzten an den Straßenrand, setzten sich neben ihn, beteten und warteten auf den Morgen. Sie waren zuerst sehr entmutigt. Dies war doch eine Reise im Auftrag und unter dem Schutz Gottes. Wieso war es dem Teufel möglich gewesen, sie so zu attackieren? Hatten nicht die ganzen Hauskirchen zuhause für sie gebetet, bevor sie losgezogen waren?

Sie redeten und beteten, während der Verletzte neben ihnen stöhnte. Langsam beruhigten sie sich wieder, und mit mehr Entschlossenheit konnten sie weiterbeten: »Wir nehmen diesen Angriff nicht an. Wir stellen uns gegen die Angst. Wir sind unter dem Schutz Gottes. Teufel, du versuchst, uns zu berauben. Aber unser Gott wird den Spieß umdrehen. Er sagt über uns: ›Alle, die dich fraßen, werden gefressen, alle deine Bedränger ziehen als Gefangene fort; wer dich ausplünderte, wird ausgeplündert, wer dich beraubte, den gebe ich dem Raub preis‹ (Jer 30,16-17). Gott, wir erwarten, daß du diese Situation in einen Sieg verwandeln wirst. Zeige uns, was wir als nächstes tun, wohin wir gehen sollen. Schicke andere Christen nach Shandong, wenn wir nun nicht gehen können, und heile unseren lieben Bruder.«

Kurz nach Tagesanbruch kam die erste Rikscha vorbei, die die Christen mieten konnten, um ihren verletzten Freund in das nächste Krankenhaus zu bringen. Dort wurde er geröntgt, und es bestätigte sich, daß die fünfte und sechste Rippe gebrochen waren.

Die Christen überlegten, ob der Kranke nicht in einem benachbarten Bezirk bleiben sollte, wo sie einige christliche Familien kannten, bei denen er hätte wohnen können, während sie selbst nach Suzhou zurückfahren würden, um den Hausgemeinden dort noch einige Zeit zu dienen. Aber der Verletzte wollte auf gar keinen Fall alleine zurückbleiben, sondern bat die anderen inständig, ihn doch auch mit nach Suzhou zu nehmen. Sie willigten ein. Bevor sie sich auf die Rückreise begaben, riefen sie noch bei ihren Leitern in Zhejiang an, berichteten von dem Unfall und baten sie, an ihrer Stelle ein anderes Team nach Shandong zu senden.

Die fünf Christen nahmen den nächsten Bus zurück nach Suzhou. Kaum waren sie losgefahren, als der Verletzte sich aufrichtete, erleichtert durchatmete und lächelte: »Die Schmerzen lassen nach!« Während der ganzen Fahrt lobten und dankten sie Gott, sangen Lieder, beteten und ermutigten sich gegenseitig mit schönen Bibelstellen. Als sie in Suzhou ankamen, waren die Schmerzen vollständig verschwunden.

Trotzdem fuhren sie als erstes mit dem Freund in ein Krankenhaus, wo er noch einmal geröntgt wurde. Die Ärzte waren sehr ärgerlich, untersuchten das Röntgenbild lange und erklärten dann aufgebracht: »Sie sind wirklich äußerst leichtfertig. Dieser Mann ist schwer verletzt. Er hat zwei gebrochene Rippen, die jeden Moment seine Lungen aufreißen können. Das ist lebensgefährlich! Sie sollten bei strengster Bettruhe in einem Krankenhaus liegen. Wie können Sie nur in diesem Zustand stundenlang in einem Bus sitzen? Das ist unverantwortlich! Zwei Tage nach dem Unfall kommen Sie erst hier an! Sie sind in einem kritischen Zustand, Mann!« Aufgeregt ging der Arzt zu seinem Röntgenassistenten und ordnete an, sofort einige weitere Aufnahmen zu machen.

Es dauerte eine ganze Weile, bevor der Arzt wiederkam. Dieses Mal sah er die Christen nachdenklich an, zögerte, als wüßte er nicht, wie er anfangen sollte, dann setzte er sich ihnen gegenüber, die Tüte mit den Röntgenbildern in der Hand und räusperte sich: »Nun, ich weiß nicht, wie ich Ihnen das erklären soll. Also, ich verstehe es selbst nicht. Ich habe noch nie so etwas erlebt. Jedenfalls, wir haben noch eine ganze Serie von Aufnahmen gemacht, aber, es ist eigenartig, es ist tatsächlich ein Wunder, würde ich sagen. Wir können keine Fraktur mehr feststellen. Das kann eigentlich überhaupt nicht sein. Wenn ich es nicht schwarz auf weiß hätte,

… nein, ich verstehe das nicht …« Er erhob sich und verschwand kopf-schüttelnd, ohne den ehemaligen Patienten noch einmal anzusehen. Einige Momente später kam noch einmal eine Schwester zu den Christen und sagte verlegen:»Der Arzt sagt, Sie können gehen. Sie sind gesund.«

Die fünf Christen waren begeistert. Phantastisch, wie Gott dieses Wunder während der Röntgenuntersuchung perfekt gemacht hat. Welch ein herrlicher Gott, dem sie dienten! Vor dem Krankenhaus beteten sie zu-erst einmal und dankten ihrem Gott für sein souveränes Eingreifen. Es war richtig, was sie in der Unfallnacht gelesen hatten: Niemandem wird es gelingen, die Menschen zu berauben, die unter Gottes Schutz stehen!

Nun entschlossen sie sich, Bruder Liu zu besuchen, den Mann, der die Christen aus »C« in Schanghai zuerst kennengelernt hatte und sie dann in seine Heimat nach Suzhou gebracht hatte. Als sie auf das Haus zugingen, stand Lius Frau gerade in der Eingangstür und sah die Straße hinunter in ihre Richtung. Kaum hatte sie die Besucher entdeckt, als sie in ein lautes Jubeln ausbrach, vor Freude in die Höhe sprang und ihnen dann entgegen-rannte. Die ganze Straße hörte ihr »Halleluja! Super! Halleluja! Das ist ja wunderbar!«

Sie ließ die fünf Christen gar nicht erst zu Wort kommen, sondern in großer Begeisterung und Dienstbereitschaft brachte sie die unangemelde-ten Gäste in ihr Haus und bediente sie. Die Fünf wußten nicht so recht, wie ihnen geschah, aber sie genossen es sehr, waren sie doch ausgespro-chen müde, hungrig und schmutzig von der mehrtägigen Reise. Sie nah-men ein Bad, bekamen frische Kleider und eine warme Mahlzeit. Dann erst setzte sich die Frau zu ihnen und erklärte:»Seit mehreren Tagen beten wir nun schon, daß Gott euch doch hierher bringen möge. Und nun seid ihr da! Ich freue mich so! Ich habe heute den ganzen Tag für euch gebetet und auf euch gewartet, Gott sei Dank, daß er euch hergebracht hat!«

Die fünf Christen verstanden noch weniger. Sie schauten die Frau rat-los an, und endlich erzählte sie ihnen folgende Geschichte: In einem Dorf, etwa zweihundert Kilometer von Suzhou entfernt, lebte eine Familie, de-ren Mutter Leberkrebs bekam. Sie war bis dahin eine gesunde, tüchtige Frau im besten Alter gewesen, die von einem Tag zum anderen todkrank geworden war. Ihre Familie war sehr unglücklich und verzweifelt. Beson-ders ihre Tochter Xiuhong war außer sich vor Angst um die Mutter. Sie konnte nicht mehr schlafen, weigerte sich, zu essen und suchte verzweifelt nach jemandem, der ihrer sterbenden Mutter helfen könnte. Kein Weg war ihr zu beschwerlich, sie ging jedem Hinweis nach. Wenn sie von jeman-dem hörte, der möglicherweise Rat wußte, suchte sie die Person sofort auf.

Auf dieser verzweifelten Suche nach Heilung für ihre Mutter kam sie bis nach Suzhou, wo ein Onkel ihrer Mutter lebte. Sie hoffte, daß dieser ihr einen berühmten Arzt vermitteln könnte. Das gelang auch, der Onkel wußte von einem Spezialisten, den das Mädchen dann aufsuchte und dem sie die Lage ihrer Mutter schildern konnte. Doch der Arzt weigerte sich, ihre Mutter zu untersuchen. Er sagte, er könne ihr sicherlich nicht helfen, es wäre unsinnig, einen Termin zu vereinbaren.

Damit war Xiuhong am Ende ihrer Möglichkeiten. Weiter konnte sie nicht mehr reisen, sie wußte auch niemanden mehr, der ihr vielleicht hätte helfen können. Kopflos irrte sie durch die Straßen Suzhous, zu verzwei-felt, um weinen zu können, unfähig, einen klaren Gedanken zu fassen, und ohne irgend etwas wahrzunehmen. Wer weiß, ob ihre Mutter überhaupt noch lebte? Vielleicht war schon jede Hilfe zu spät? Sie konnte sich nicht vorstellen, nach Hause zurück zu fahren, ohne Hilfe mitzubringen, und ihre Mutter sterben zu sehen. Aber sie wußte auch nicht, wohin sie sonst hätte gehen können. Sie war am Ende einer Sackgasse angekommen und wollte nicht mehr weitergehen. Für sie war das Leben zu Ende.

Plötzlich tippte ihr jemand zart auf die Schulter. Sie brauchte einige Augenblicke, um aus ihren tiefen Gedanken aufzutauchen. Sie merkte, daß sie vor einem kleinen Laden stand und die junge Frau, die dort verkaufte, auf sie zugekommen war und sie angesprochen hatte. Die Frau aus dem Laden hatte die große Not der Fremden gesehen und lud sie auf eine Tasse Tee in das Zimmer hinter dem Laden ein. Dort schüttete Xiuhong ihr Herz aus. Die junge Frau war Christin und erzählte ihr davon, daß Jesus Gottes Sohn ist, daß er lebt, die Menschen lieb hat und Kranke gesund machen kann.

An diesem Nachmittag erlebte Xiuhong, daß Jesus sie persönlich kennt und liebt, so wie sie ist, und daß er ihr Gott und Freund werden möchte. Sie weinte, während ihr der Heilige Geist diese Dinge erklärte, und ohne viel zu überlegen oder abzuwägen, entschloß sie sich, an Jesus zu glauben und seine Vergebung anzunehmen. Und dann stellte sie die Frage, die ihr auf dem Herzen brannte: »Darf ich meine Mutter hierher bringen, damit die Christen für sie beten können und sie gesund wird?« Die Ladenbesitzerin war sich nicht sicher. So ließ sie Xiuhong für eine Weile allein, während sie schnell ins Haus des Gemeindeleiters rannte und ihm die Frage vorlegte. Er war einverstanden.

Nun gab es kein Halten mehr. Xiuhong hatte die Lösung gefunden. Ihre Mutter mußte zu Jesus kommen, und Jesus war in Suzhou. Auf schnellstem Weg fuhr sie nach Hause, sie konnte ¥ 400.- RMB auftreiben, und mit einem gemieteten Wagen, in dem ihre Mutter halbwegs bequem liegen konnte, brachte sie die Kranke in das Haus einer christlichen Familie in Suzhou. Auch ihr Mann war mitgereist. Gleich nach ihrer Ankunft wurden alle Gläubigen alarmiert, und noch am selben Abend fand ein Gebetstreffen am Bett der todkranken Frau statt.

Nach einer Zeit der Fürbitte und des intensiven Gebets kam die Freude des Heiligen Geistes in das Krankenzimmer, die Christen dankten Gott, sangen, tanzten, klatschten und jubelten mehr als zwei Stunden lang in der Gegenwart ihres Gottes. Dann legte Bruder Liu der Frau die Hände auf. Im Namen Jesu befahl er den Schmerzen zu weichen, und er verfluchte den Krebs. Die Schmerzen verschwanden sofort, Xiuhongs Mutter richtete sich auf und fragte verlegen, ob sie vielleicht etwas zu essen haben könne, sie hätte solchen Hunger! Nun brach der Jubel und Dank erst richtig auf, und während die Christen sich freuten, weiter sangen und Gott dankten, bereitete die gastgebende Familie schnell ein leckeres Essen für die Frau zu. Nach dem Essen stand sie auf, rosig und frisch, als ob sie nur einen Mittagsschlaf gehalten hätte. Sie ließ sich in den folgenden Stunden viel über Jesus erzählen, und niemand wollte in dieser Nacht schlafen gehen.

Der Fahrer des Wagens, mit dem die schwerkranke Frau vorsichtig und liegend hierher gebracht worden war, hatte alles von einer Ecke des Raumes aus beobachtet. Nun wurde er heimgeschickt, die Frau brauchte ihn nicht mehr, sie würde mit einem gewöhnlichen Reisebus zurück fahren. Er war mehr als erstaunt, er war total fassungslos. So etwas hätte er im Traum nicht für möglich gehalten. Noch in der gleichen Nacht fuhr er zurück in den Heimatort der Familie und erzählte allen, denen er begegnete, was er erlebt hatte. »Das glauben wir erst, wenn wir es sehen«, war die häufigste Reaktion der Dorfbewohner auf seinen begeisterten Bericht.

Unterdessen hatten auch Xiuhongs Eltern Jesus zum Herrn ihres Lebens erklärt. Sie waren immer noch bei ihren Gastgebern in Suzhou, konnten nicht genug von Jesus und der Bibel hören und genossen die Liebe und herzliche Gastfreundschaft der Christen, bei denen sie wohnen konnten. Nach diesen furchtbaren Wochen, in denen sie den Verfall ihrer Mutter hatten beobachten müssen und auf ihren Tod gewartet hatten, war diese Zeit der Freude, die nun angebrochen war, fast schon so schön wie das künftige Leben im Himmel. Sie genossen die Stunden zusammen, ständig sangen sie, dankten Gott und erzählten den Nachbarn und Bekannten ihrer Gastgeber, was Gott für sie getan hatte.

Doch ein Gedanke machte ihnen immer mehr Kopfzerbrechen, bis sie ihre Sorge endlich mit den Christen in Suzhou besprachen: Sie dachten an die Rückkehr in ihr Dorf, an das Staunen der Menschen dort und an all die Fragen, mit denen man sie bestürmen würde. Deshalb wollten sie unbedingt, daß mit ihnen zusammen einige Christen in ihren Heimatort kämen, um den Leuten dort von Jesus zu erzählen. Ihre Heimkehr würde so viel Aufsehen erregen, und sie wollten so gerne, daß die anderen Menschen, die sie liebten, auch Jesus kennenlernen könnten, aber sie wußten einfach noch viel zu wenig, um sich zutrauen zu können, andere zu unterweisen.

Die Christen, denen sie das erzählten, verstanden sie nur zu gut, und sie hätten den Menschen dort gerne gedient. Aber die meisten waren selbst erst seit einigen Wochen Christen und noch so unerfahren, daß sie sich diese Reise genauso wenig zutrauten. Es waren nur wenige Wochen vergangen, seit die Christen in Suzhou zum ersten Mal über den Heiligen Geist belehrt worden waren, und sie wußten noch gar nicht so recht, wie sie das weitergeben könnten. Der Einzige, der schon längere Zeit Christ war und dieser Aufgabe gewachsen gewesen wäre, war Bruder Liu. Aber er hatte im Moment überhaupt keine Möglichkeit, seine Arbeitsstelle für ein paar Tage zu verlassen. Die einzige Lösung, die allen eingefallen war: Es mußten Christen aus Zhejiang kommen! Sie hatten seither alle dafür gebetet, daß Gott ein Team von geistlichen Leitern aus Zhejiang zu ihnen schicken würde, um die geheilte Frau und ihre Familie nach Hause zu begleiten. Und da waren sie nun!

An dieser Stelle brach Bruder Lius Frau mit ihrer Geschichte ab und sah die fünf Christen erwartungsvoll an. Die Fünf hatten staunend zugehört, nun tauschten sie nur kurze Blicke aus, lächelten, nickten, und ihr Leiter sagte: »Gottes Wege sind wunderbar! Wir sind auf ziemlich unangenehme Weise von unserem eigentlichen Reiseziel abgehalten worden, doch nun freuen wir uns um so mehr, daß wir statt dessen eine andere Möglichkeit haben, Gott zu dienen. Wir wollen gerne mitkommen!« Und dann erzählten sie ihre Geschichte von dem Unfall und von dem Wunder, das sie unterwegs erlebt hatten.

Die fünf Missionare wollten nun aber wirklich gerne die Familie kennenlernen, von der sie schon so viel gehört hatten. Lius Frau begleitete sie in das Haus, wo die Leute untergebracht waren, und die Freude war auf beiden Seiten sehr groß. Die einen freuten sich über die Lehrer, Evangelisten und Musiker, die Gott ihnen geschickt hatte, die anderen freuten sich über die schöne Aufgabe, die sich da vor ihnen aufgetan hatte. Und alle zusammen freuten sich über all das Gute, das von Gott kommt. So entstand ein spontaner Dankgottesdienst in dem ehemaligen Krankenzimmer. Die Brüder beteten noch einmal für die geheilte Frau und segneten sie, daß sie für alle Verwandten und Bekannten zum Segen werden würde. Dann verabredeten sie, am übernächsten Tag in den Bezirk der Familie zu reisen. In der Zwischenzeit sollte die Familie ihre Angehörigen zuhause telegraphisch über die genaue Ankunftszeit unterrichten, und die fünf Christen machten eine eintägige Reise in einen benachbarten Bezirk, wo eine Hausgemeinde sich auf ihren Besuch freute und einen Festgottesdienst angesetzt hatte.

Unter den Zuhörern dort war ein junger Mann, den seine Freunde hatten hertragen müssen. Er war erst einundzwanzig Jahre alt, aber er war schwer krank. Sein Knochenmark war zerstört von einer unheilbaren Krankheit, wodurch er nun auch gelähmt war. Er hatte mehr als ¥ 20 000 RMB für Behandlungen ausgegeben, die aber alle nichts geholfen hatten. Die Krankheit war unaufhaltsam fortgeschritten, und nach medizinischen Erkenntnissen würde er nie wieder laufen können, sondern die Lähmungen würden immer größere Bereiche seines Körpers erfassen, bis er schließlich an Herz- und Lungenlähmung sterben würde. Vor kurzem war dieser junge Mann Christ geworden. Nun hatte er zwar Frieden gefunden und die Angst vor dem Sterben war verschwunden, aber seine Sehnsucht nach Gesundheit und einem langem, erfüllten Leben war noch immer unerfüllt.

Der Gottesdienst hatte in den frühen Morgenstunden begonnen und zog sich bis in den Nachmittag hinein. Da die Brüder nur einen Tag Zeit hatten, wollten alle Christen so viel wie möglich von ihnen hören und mit ihnen beten und singen. Gegen vier Uhr nachmittags bewegte sich dieser junge Mann plötzlich. Er richtete sich langsam auf, hob seine Beine, trat auf der Stelle, dehnte sich, reckte die Arme in die Höhe, und dann brach lauter Jubel aus ihm heraus! Er hüpfte und sprang herum, dazwischen blieb er immer wieder stehen, um eine Bewegung auszuprobieren, die ihm gerade eingefallen war, und egal, welche Verrenkungen er sich auch ausdachte, er konnte sich vollkommen frei und uneingeschränkt bewegen. Er hatte nichts weiter getan, als der Predigt zugehört. Und das Wort Gottes wirkte an ihm als heilende Kraft. Die Gemeinde brach in lauten Jubel aus, alle sangen und tanzten und dankten Gott für seine wunderwirkende, große Kraft, die alle Naturgesetze und medizinischen Erkenntnisse hinweggwischt. Der junge Mann war vollkommen geheilt und sollte nie wieder irgendein Symptom dieser Rückenmarkserkrankung bei sich feststellen.

Am darauffolgenden Tag machten sich vierzehn Personen auf die Reise. Dies waren Xiuhong und ihre Eltern, die fünf Missionare aus Zhejiang und sechs Männer und Frauen aus Suzhou, die zusammen in den Heimatbezirk von Xiuhong fuhren. Sie benutzten den öffentlichen Überlandbus, der überladen war mit Menschen, Tieren und Gepäck, und der sich schwerfällig über die holprige, staubige Landstraße vorwärtskämpfte.

Dann begann es, sehr stark zu regnen, die Straße verwandelte sich in Matsch und Schlamm, und wer bei den kurzen Pausen, die der Bus zwischendurch einlegte, ausstieg, kam tropfnaß und schmutzig wieder zurück. Die Christen, die sich auf den großen Triumph Gottes freuten und erwarteten, heute dem ganzen Dorf von Jesus erzählen zu können, beschlossen, diesen Regen nicht zu akzeptieren. Sie beteten für Sonne. Dann wurden sie noch konkreter und beteten dafür, daß der Regen dann aufhören würde, wenn sie an ihrem Zielort ankamen. Und genau das geschah auch: Als der Bus in dem Heimatort Xiuhongs ankam und seine Türen sich öffneten, hörte der Regen augenblicklich auf. Bis alle vierzehn Christen ausgestiegen waren, schien die Sonne.

Auf dem großen Gelände des Busbahnhofes standen auch viele Taxen und private Autos, die man samt Fahrer mieten konnte. Einer von ihnen war der Mann, der Xiuhongs schwerkranke Mutter nach Suzhou gefahren hatte. Er lehnte gerade an seinem Wagen und hatte nichts zu tun, als die Frau nun aus dem Bus kletterte, behende, lachend, kerngesund und strahlend wie das blühende Leben. Der Fahrer sprang auf, begann wild zu gestikulieren und versuchte, seinen Fahrerkollegen klarzumachen, welch ein Wunder da vor ihnen aus dem Bus stieg. Er deutete auf die Frau und rief immer wieder: »Das ist ein unglaubliches Wunder, das ist ein riesiges Wunder, kommt doch, seht doch nur, das ist ein super Wunder, da geht sie, schaut doch hin, daß es so etwas gibt, das ist ein WUNDER …!« Die anderen starrten ihn verständnislos an, aber die Familie kam freudestrahlend zu ihm herüber und begrüßte ihn herzlich.

Inzwischen hatte sich eine beträchtliche Menschenansammlung gebildet, und der Fahrer, immer noch außer sich, begann den Umstehenden zu erzählen, was er mit eigenen Augen beobachtet hatte. Und er hatte es auch richtig verstanden und konnte es so weitergeben: »Jesus hat diese Frau vollkommen gesund gemacht!« Die Leute klatschten Beifall und riefen im Sprechchor: »Jesus ist super! Jesus ist toll!« In den folgenden Tagen berichteten die Fahrer ihren Fahrgästen immer wieder von dieser unglaublichen Geschichte, bis es in der ganzen Provinz bekannt war, daß Jesus eine sterbende Frau vollkommen gesund gemacht hatte.

Dann wollte der Fahrer, der die Geschichte nun schon mehrmals den Neuhinzugekommenen erzählt hatte, daß die Christen doch bitte alle mit in sein Haus kommen würden, um seine Familie kennenzulernen und ihnen von diesem phantastischen Jesus zu erzählen. Das ganze Dorf wollte er zu sich einladen, damit sie alle die geheilte Frau sehen und die Christen kennenlernen könnten. Aber die Christen mußten leider ablehnen: »Vielen Dank, das ist sehr freundlich von Ihnen. Wir haben aber schon vor drei Tagen ein Telegramm an unsere Familie geschickt, daß wir heute ankommen. Sie erwarten uns bestimmt schon. Aber bitte, warum kommen Sie und Ihre Familie nicht heute abend zu uns? Dann werden wir Ihnen gerne mehr über Jesus erzählen. Wir erwarten Sie!« Der Fahrer versprach, daß er kommen würde.

Als sich die vierzehn Christen dem Haus der Familie näherten, wurden sie von einer großen Menschenmenge erwartet. Alle waren so gespannt darauf, die kranke Frau zu sehen. Natürlich hatten sie schon von der Heilung gehört, aber sie konnten es sich einfach noch nicht wirklich vorstellen. Doch da stand sie, leibhaftig und kerngesund, richtig erholt sah sie aus, strahlend und lachend war sie kaum wiederzuerkennen. Die Verwandten weinten, als sie ihre Mutter so sahen. Wie dankbar sie waren. Sie wollten alle die Frau anfassen, umarmen und berühren, und alle sagten immer wieder: »Jesus ist wirklich phantastisch! Dank sei Jesus! Dank sei euch elf Jesusen von Suzhou.« Und sie verbeugten sich vor den Gästen und wagten es nicht, ihnen ins Gesicht zu sehen.

Schnell griffen die Christen ein und wiesen die Leute liebevoll, aber deutlich zurecht: »Ihr lieben Landsleute, wir sind doch nicht Jesus! Es gibt nur einen Jesus, der ist Gott und wohnt im Himmel. Wir sind nur seine Diener.«

Woraufhin die Menge immer wieder im Chor rief: »Dank sei Jesus im Himmel und dank sei seinen elf Dienern.«

An diesem Abend war Xiuhongs Haus brechend voll. Wer irgend konnte, war gekommen. Auch der Fahrer war mit seiner ganzen Großfamilie gekommen. Es war der erste Gottesdienst, der jemals in diesem Dorf stattfand. Und er war gewaltig. Von Anfang an war der Heilige Geist da, weil die Menschen, zwar unwissend, aber doch vollkommen offen und sehr interessiert waren, von diesem Gott zu hören, der so dramatische Wunder tun konnte. Die Frauen des Teams aus Zhejiang eröffneten den Gottesdienst, indem sie den Leuten einige einfache kleine Lieder beibrachten, die Dank und Ehrerbietung zu Gott ausdrückten. Und die Menschen gingen voll mit, sie lernten schnell und sangen dann aus vollem Herzen und so laut sie konnten, dabei klatschten alle den Rhythmus mit, und wenn es nicht so voll und eng in dem Haus gewesen wäre, hätten sie bestimmt getanzt. Dann erzählte einer der Missionare, wie sehr Gott die Menschen lieb hat und wieviel er es sich kosten ließ, daß wir seine Kinder werden können. Als die Menschen das hörten, begannen sie alle zu weinen. Das hatte ihnen noch nie jemand erzählt.

Der Fahrer war einer der ersten, der aufstand, ohne sich seines tränennassen Gesichtes zu schämen, und für sich und seine Familie sagte: »Wir wollen zu Jesus gehören.« Die Christen legten ihm und seinen Angehörigen die Hände auf und beteten mit ihnen. So ging es dann stundenlang weiter. Mehr als hundert Menschen sagten, daß sie Christen werden wollten. Und viele baten um Gebet für Heilung. Die Brüder beteten mit allen, die dies wünschten und nahmen sich viel Zeit dafür, während die Schwestern mit den Leuten Lieder sangen und Gott anbeteten. Es war eine herrliche Nacht. Viele Menschen wurden gesund. Der Jubel kannte kein Ende, bis weit außerhalb des Dorfes konnte man das Singen und Beten hören.

In den folgenden Tagen kamen ständig Menschen in Xiuhongs Haus, die sich durchgefragt hatten nach der geheilten Frau. Sie kamen nicht nur von den umliegenden Ortschaften, sondern auch aus anderen Bezirken. Und alle hatten das gleiche Anliegen: Sie wollten, daß die Christen auch in ihre Häuser und Dörfer kämen, um ihnen auch diesen Jesus zu bringen.

Wie traurig, daß es bei weitem nicht möglich war, all diesen Einladungen nachzukommen, da es an Mitarbeitern und geistlichen Leitern fehlte, die diese vielen Dörfer und Bezirke hätten besuchen können.

Aber Gott wirkte trotzdem! In dieser Gegend hatte jede Familie mindestens einen Götzenaltar in ihrer Wohnung, wo sie den Geistern ihrer Ahnen Opfer brachten und dem chinesischen Geisterglauben dienten. Das war sehr verbreitet in der ganzen Gegend. Doch seit sich die Kunde von Jesus ausbreitete, hatten viele Leute schon ihre Götzenaltäre entfernt, obwohl sie noch fast gar nichts von Jesus wußten und noch nie einen Christen gesehen hatte.

Auch die Regierungsbehörden waren äußerst alarmiert. Dieser religiöse Aufstand, der da mit rasender Geschwindigkeit um sich griff, beunruhigte sie sehr. In der ganzen Provinz Jiangsu waren viele Bezirke erfaßt von der Leidenschaft für Jesus. Die Leute kümmerten sich nicht mehr um die Vorschriften der Partei und auch die Drei-Selbst-Kirchen wurden nicht besser besucht, sondern überall in den Häusern fanden zu allen möglichen Tages- und Nachtzeiten illegale Treffen statt. Die Feinde der Christen hatten viel zu tun, um alle christlichen Aktivitäten den Behörden und der Polizei zu melden. Damit begann die Verfolgung der Hauskirchen in Jiangsu fast gleichzeitig mit dem Entstehen der Gemeinden, und bis heute werden die Christen dort massiv unter Druck gesetzt. Doch der Heilige Geist wirkt weiterhin auf überwältigende Weise.

3. Missionare aus Henan

Es war wohl 1989, als die Christen in der Provinz Henan von auswärtigen Pastoren besucht wurden, die ihnen vom Heiligen Geist erzählten. Vor allem die Pastoren und geistlichen Leiter der dortigen Hausgemeinden waren sehr offen und wollten unbedingt alles erleben, was der Heilige Geist ihnen anzubieten hatte. Sie wurden mit seiner Kraft erfüllt und lernten ihn ganz neu kennen. Damit begann auch ein neuer Abschnitt ihrer Arbeit. In den folgenden Jahren hielten sie regelmäßige Mitarbeiterkonferenzen ab, wo sie sich weiter unterweisen ließen und einander in der Salbung des Heiligen Geistes dienten. Das half den einzelnen Christen, die von ihren Pastoren gute biblische Lehre bekamen und auch mit der Kraft des Heiligen Geistes erfüllt wurden. Und je mehr sie Gott kennenlernten, um so größer wurde ihr Verlangen, die gute Nachricht von Jesus auch in die anderen Provinzen zu tragen, wo es wenige oder gar keine Christen gab. So wurde auch die Gemeinde in Henan zu einer missionarischen Gemeinde, ebenso wie die in Zhejiang, und auch die Christen aus Henan erlebten viele Wunder und Zeichen und haben herrliche Geschichten zu erzählen, wie Gott vor ihren Augen gewirkt hat.

a) Die Arbeit in Shaanxi

Frau Liu, eine Christin aus einer Hauskirche in Henan, zog 1986 in die Provinz Shaanxi, wo sie eine Arbeitsstelle in einer Fabrik in »A« bekommen hatte. Shaanxi berührt Henan an dessen westlicher Grenze und ist eine Provinz mitten im Landesinnern mit dreißig Millionen Einwohnern, die im Norden arm und karg, im Süden dicht besiedelt ist. Bis ins neunte Jahrhundert nach Christus war Shaanxi das politische Zentrum der kaiserlichen Dynastien und die großen Handelsstraßen kreuzten sich hier. Später verlor die Region an Bedeutung und verarmte. Zwischen 1876 und 1928 verhungerten hier mehrere Millionen Menschen, und wegen der Armut der Bauern wurde Shaanxi zu einem Stützpunkt der Kommunisten, die hier viele Anhänger fanden.

Liu war ganz alleine nach Shaanxi gekommen, und so war ihre wichtigste Frage, sobald sie zum ersten Mal von ihrer Arbeit frei hatte: »Wo gibt es hier Christen?« Sie konnte nach einigem Herumfragen in Erfahrung bringen, daß in einem Dorf, das sechzig Kilometer von der Stadt »A« entfernt war, einige Christen lebten. An ihrem nächsten freien Tag stand Liu früh auf und machte sich auf den langen Weg. Als sie in dem Dorf angekommen war, fragte sie sich weiter durch, bis sie die Christen fand. Es waren drei alte Frauen. Aber immerhin, sie waren Christinnen!

Mit ihnen begann Liu eine Hauskirche. Nach einiger Zeit war ihre Zahl auf zehn Christen gewachsen. Liu freute sich zu sehen, daß die Leute sehr offen waren, sich gerne von Jesus erzählen ließen und es nicht allzu schwierig war, sie zu einer Entscheidung für Jesus zu führen. Aber da sie voll arbeitete und immer diesen weiten Weg zurückzulegen hatte, brauchte sie Hilfe. Sie schrieb an ihre Heimatgemeinde nach Henan, schilderte ihre Situation, und wenig später wurde eine zweite Frau zu ihrer Hilfe nach Shaanxi geschickt.

Die beiden Frauen waren ein gutes, harmonisches Team. Sie verbrachten in der ersten Zeit vor allem viele Stunden im gemeinsamen Gebet für die Menschen in ihrer Stadt »A«. Gott bestätigte ihren Dienst von Anfang an auch dadurch, daß die Kranken, die mit sich beten ließen, gesund wurden.

Das erste aufsehenerregende Wunder geschah an einem Mann, der seit vielen Jahren blind gewesen war und auf das Gebet hin wieder sehen konnte. So etwas hatten die Menschen noch nie erlebt. Die Geschichte verbreitete sich wie ein Lauffeuer, und von überall her kamen Leute, die den Mann sehen wollten. Eine ganze Gruppe von Neugierigen kam mitten in der Nacht einen neunzehn Kilometer langen Fußweg über unwegsames, bergiges Gelände, mit Laternen in den Händen, um den ehemals Blinden zu sehen. Unter den Menschen, die den geheilten Mann besuchten, waren auch viele Kranke, die Gebet wollten. Die Christen beteten mit allen, die es wünschten, und viele wurden geheilt. So nahm die Zahl der an Jesus Glaubenden täglich zu.

Eine Frau, die bekannt war für ihr auffallend hübsches Aussehen, war durch eine mißglückte Operation gelähmt geworden. Seit siebeneinhalb Jahren hatte sie das Bett nicht mehr ohne fremde Hilfe verlassen können. Eines Tages kam die alte Mutter der kranken Frau sehr aufgeregt nach Hause. Sie hatte von einer Nachbarin gehört, daß im anderen Dorf eine Frau, die seit vielen Jahren an Tuberkulose litt, gesund geworden sei, nachdem sie angefangen hatte, an Jesus zu glauben. Die Augen der Kranken hingen an den Lippen ihrer Mutter, während sie ihr dies erzählte. Ob es für sie vielleicht auch noch Hoffnung gäbe? Wie eine kleine, zarte Pflanze wuchs der Glaube in ihrem Herzen. Wenn dieser Jesus die andere Frau gesund gemacht hatte, warum sollte er es dann nicht auch für sie tun?

Sie wußte nicht, wie man betet. Doch sie tat genau das Richtige. Als ob ihr Jesus gegenüber sitzen würde, begann sie, zu ihm zu sprechen. »Jesus, ich kenne Sie leider nicht. Aber wenn es möglich wäre, könnten Sie mich bitte gesund machen?« Es tat ihr gut, so zu reden. Und während sie Jesus mehr von sich und ihrer Not erzählte, ging es ihr zusehends besser. Noch am selben Abend saß sie auf der Bettkante. Am nächsten Tag machte sie ihre ersten eigenen Schritte. Am folgenden Sonntag ging sie zu dem Hausgottesdienst von Liu, wo die Christen mit ihr beteten, und von da an war sie vollständig geheilt. Voller Freude und Dankbarkeit bat sie Schwester Liu, sie doch bitte nach Hause in ihr Dorf zu begleiten, um den Menschen dort, die sie kannten, zu erklären, wer dieser Jesus sei, der dieses Wunder getan hatte. Liu willigte ein und auch ihre Mitarbeiterin begleitete sie.

Während Liu und ihre Freundin zusammen im Haus der geheilten Frau waren und den Interessierten von Jesus erzählten, geschahen noch einige weitere Wunder. Viele Kranke kamen, um mit sich beten zu lassen.

Unter anderem wurde eine Frau, die acht lange Jahre blind gewesen war, in einem Augenblick sehend. Und sehr viele Menschen glaubten an Jesus und machten ihn zum Herrn ihres Lebens.

Dann fand natürlich auch die Geheimpolizei heraus, was da vor sich ging. Sie versuchten, die Christen zu bremsen, doch der Heilige Geist hatte ein Feuer entzündet, das mit menschlichen Mitteln nicht mehr zu löschen war.

Um dem Druck der Polizei etwas auszuweichen, gingen Liu und ihre Mitstreiterin in einen benachbarten Bezirk, um auch dort den Menschen von Jesus zu erzählen. Die Bevölkerung dort war besonders abergläubisch, sie verehrten eine große Zahl von verschiedenen Götzen und lebten in vielen Ängsten und Abhängigkeiten. Liu taten die Leute, die so irregeleitet waren, sehr leid.

»Das sind keine Götter, die Sie verehren«, sprach Liu die Menschen auf der Straße an. »Es sind nur Götzenfiguren, sie leben nicht. Sie können Ihnen nicht helfen und Sie nicht erretten. Wenn Sie wollen, kann ich Sie mit dem wahren, lebendigen Gott bekanntmachen. Es gibt nur diesen einen Gott. Er ist gut, voller Liebe und Mitgefühl, und nur er kann Sie aus Trauer und Leid herausholen.« Die Leute waren sehr interessiert.

Tag für Tag waren die beiden Frauen auf den Straßen und Marktplätzen und erzählten den Menschen von Jesus. Einmal regnete es sehr stark, aber Liu predigte auf der Straße, wie sie es auch an den vorangegangenen Tagen getan hatte. Trotz des heftigen Regens fanden sich wieder viele Menschen um sie geschart, die ihr aufmerksam zuhörten, während das Wasser von ihren Stroh-Regenumhängen rann. Als sie zu Ende geredet hatte, bot sie den Zuhörern an, mit ihnen zu beten, wenn sie krank waren. Einige lösten sich aus der Menge und traten nach vorne. Unter ihnen waren einige gelähmte, verkrüppelte Personen, die nach dem Gebet einfach aufstehen und geheilt nach Hause gehen konnten.

Ein vierzigjähriger Wahrsager entschied sich auch, an Jesus zu glauben, nachdem er Liu lange genug zugehört hatte und die Beweise der Kraft Gottes an den Kranken gesehen hatte. Er ließ mit sich beten und traf seine Entscheidung von ganzem Herzen. Sobald er zuhause war, verbrannte er sämtliche Bücher über Wahrsagerei und alles, was damit zusammenhing. Er war sehr radikal und suchte Gott von ganzem Herzen. Schon bald betete er intensiv für die vielen Menschen, die er kannte, damit auch sie Jesus annehmen würden. Ein Jahr später waren es schon mehr als dreihundert Menschen, die durch seine Worte und Gebete Christen geworden waren. Er bekam viele Schwierigkeiten mit der Polizei, da sein Haus immer voller Christen war, aber Gott bewahrte ihn immer wieder.

Im Jahr 1990 kam dann jemand nach »A« in Shaanxi und erzählte den Christen dort, daß der Heilige Geist eine Person ist, dessen Kraft und Freundschaft man sehr konkret erleben kann. Die Gläubigen nahmen alles an, was sie hörten, wurden mit dem Heiligen Geist erfüllt und erlebten große Freude und die Herrlichkeit Gottes in ihren Gottesdiensten, wie sie es sich bis dahin nicht hatten vorstellen können. Stundenlang sangen sie und lobten und priesen Gott, selbst die ganz alten Menschen tanzten vor Freude zu den Liedern, die sie sangen. Und während sie so Gott anbeteten, wurden viele Kranke geheilt, ohne daß jemand überhaupt für sie gebetet hätte.

Die Nachricht von Jesus erfaßte auch die umliegenden Bezirke in immer stärkerem Maße. Jeden Tag entschieden sich Menschen, an ihn zu glauben. Die Gruppen von Christen, die sich in den verschiedenen Häusern trafen, wurden immer größer. In dem Bezirk»X« liegt ein Dorf, neunzig Kilometer von »A« entfernt, wo es bis vor kurzem keinen einzigen Christen gegeben hatte. Zwei Jahre später, Ende 1991, waren sechzig Prozent der Einwohner nicht mehr von ihrer Hingabe an Jesus abzubringen. Diese Entwicklung machte dem Bürgermeister des Dorfes sehr zu schaffen. Nicht nur, daß er ständig Druck von den übergeordneten Behörden und von der Polizei bekam, die unbedingt von ihm erwarteten, daß er diesen christlichen Glauben ausmerzen würde, sondern er hatte auch persönlich eine starke Ablehnung gegen diese Christen. Alles, was sie sagten und taten, provozierte ihn. Er haßte sie. Und er tat alles, was in seiner Macht stand, um ihre Treffen zu stören und ihnen das Leben schwer zu machen.

Die Christen im selben Ort beteten sehr viel für ihren Bürgermeister. Sie liebten und segneten ihn, unabhängig von allem, was er ihnen antat. Einige Monate später wurde der Sohn des Bürgermeisters über Nacht schwer krank. Der besorgte Vater brachte ihn ins beste Krankenhaus und scheute weder Kosten noch Mühe, doch während es seinem Sohn von Tag zu Tag schlechter ging, konnten die Ärzte nicht herausfinden, was ihm überhaupt fehlte. Sie schickten den verzweifelten Vater wieder nach Hause. Er konnte das Leiden seines Kindes einfach nicht mit ansehen. So überwand er sich in seiner Hilflosigkeit und Not und ging zu den Christen. Oft genug hatte er ja schon mitbekommen, daß sie Rat wußten, wenn jemand von den Ärzten nichts mehr zu erwarten hatte. Zuerst beteten die Christen mit ihm, und er nahm Jesus als seinen Gott an. Dann beteten sie für seinen Sohn, und er wurde sofort gesund. Damit war der Bürgermeister ein anderer Mensch. von nun an galt sein ganzes Interesse Jesus, er wollte so viel wie möglich lernen und lud ständig Christen in sein Haus ein, um mit ihnen zu reden und zu beten. Er wurde zu einem geistlichen Leiter in seinem Ort.

Bis 1986 gab es keine Christen in »A«. Seit 1991 ist dort eine blühende Gemeinde, die ständig wächst. Es ist nur natürlich, daß der Teufel versucht, diese Entwicklung zu stören oder zu bremsen.

Eine Form des Angriffs gegen das Christentum in »A« waren Sekten. Sie entstanden plötzlich, scheinbar aus dem Nichts. Es gelang dem Teufel, einige Menschen in die Irre zu führen, indem er einzelne Wahrheiten der Bibel besonders herausgriff und verdrehte. Die jungen Gemeinden wurden dadurch eine Zeitlang sehr verwirrt. Die andere, bekannte Form des Angriffs ist Verfolgung. Polizei und Regierungsbehörden sind sehr engagiert, die Gemeinden anzugreifen. Im Mai 1991 wurden sechs Leiter einer wachsenden Gemeinde verhaftet. Im Sommer 1991 wurden noch einmal neun Leiter inhaftiert. Zur Zeit, als dieses Buch geschrieben wurde, im November 1991, waren sie noch immer in Haft.

Die Geschichte von Frau Lan

Shaanxi ist eine große Provinz mit dreißig Millionen Einwohnern. Auch geistlich ist es ein weites Land mit vielen Menschen, die offen sind für Jesus. Große Gebiete sind noch nie von Christen besucht worden. In anderen Bezirken, die schon mit der Nachricht von Jesus erreicht wurden, leben viele junge Christen, die dringend erfahrene, geistliche Leiter brauchen, die sie betreuen und weiterführen können. Die Christen in Shaanxi beten regelmäßig dafür, daß Gott doch erfahrene Christen schickt, die ihre Gemeinden geistlich leiten und die mit ihnen zusammen in die unerreichten Gegenden gehen könnten. Im Dezember 1990 schickte die Gemeinde in Henan zwei Frauen nach Shaanxi: Frau Lan und ihre Mitarbeiterin. Sie kamen mit dem Zug in Xian, einer der großen Städte Shaanxis an.

Dort blieben sie aber nur kurz, dann reisten sie weiter in ein kleines Dorf, wo schon seit einem Jahr ein Bruder aus Henan lebte. An diesem Ort hatte es bis vor einem Jahr keinen einzigen Christen gegeben, nun hatte Gott eine kleine Gemeinde mit dreißig Leuten entstehen lassen, dank des Einsatzes dieses Mannes aus Henan. Die jungen Christen dort erfuhren viel Druck von der Drei-Selbst-Kirche, so daß Lan und ihre Mitarbeiterin es zunächst nicht wagen konnten, zu öffentlichen Gottesdiensten einzuladen. Statt dessen besuchten sie die dreißig Christen in ihren Häusern, ermutigten und segneten sie, beteten mit ihnen und beantworteten ihre Fragen anhand der Bibel.

Nach einigen Tagen entschlossen sich Lan und acht andere Christen, den ganzen Tag zu fasten und im Gebet zu verbringen. Am Abend gingen sie dann auf die Straßen und luden die Menschen zu einem Gottesdienst ein. Viele kamen.

Lan hatte nur drei Jahre lang eine Schule besucht, aber der Heilige Geist benutzte sie und machte aus ihr eine ausgezeichnete Rednerin. Sie sprach klar und kühn, jeder konnte verstehen, wie sie die Bibel und Gottes Plan für die Menschen erklärte. Und alle hörten ihr fasziniert zu, niemand wollte gehen oder sich ablenken lassen. Um elf Uhr nachts hörte sie auf zu sprechen und fragte, wer ein neues Leben mit Jesus anfangen wollte. Viele standen auf, sie betete mit ihnen, segnete sie und erklärte ihnen, daß sie jetzt Gottes Kinder sind. Dann fragte sie, ob Kranke da wären, die Gebet um Heilung wünschten. Einige meldeten sich, und alle Christen gingen gemeinsam zu den Einzelnen, legten ihnen die Hände auf und geboten den Krankheiten im Namen Jesu zu verschwinden. Und ihre Gebete wurden erhört, die Kranken wurden geheilt.

Lan und ihre Freundin beschlossen, zehn weitere Tage an diesem Ort zu bleiben, da die Leute so interessiert waren. Auch die Polizei war noch nicht eingeschritten. In einem der folgenden Gottesdienste waren unter anderem drei Frauen, die der Drei-Selbst-Kirche angehörten. Es tat ihnen offensichtlich gut, was sie hörten, denn sie kamen Abend für Abend zu den Gottesdiensten. Immer klarer wurde ihr Verständnis für die Wahrheit Gottes, und der Heilige Geist zeigte ihnen, was biblisch ist und was Gott gefällt. Je mehr sie von Gott verstanden, um so mehr wollten sie über ihn wissen, und bald trennten sie sich von der Drei-Selbst-Kirche, die ihren geistlichen Hunger nicht mehr stillen konnte. Durch ihren Einfluß kamen mehrere hundert Menschen aus der Drei-Selbst-Kirche heraus und lernten den Heiligen Geist und den lebendigen Gott der Bibel kennen.

Unter den Besuchern von Lans Gottesdiensten war auch eine Frau aus dem Norden Shaanxis, aus der Stadt »X«. Sie war fasziniert von allem, was sie hörte, sie öffnete ihr Leben für Gott und erlebte viel Vergebung, Liebe und Annahme von ihm. Bei dem Gedanken, daß sie schon bald in ihre Heimat zurückkehren müßte, wo es ihres Wissens keine Christen gab, wurde ihr ganz elend. Und all ihre Verwandten und Freunde sollten doch auch unbedingt von Jesus hören. Sie selbst wußte aber noch so wenig, wie sollte sie ihnen all das erklären, was sie in den wenigen Tagen hier erlebt hatte? Ihre größte Sehnsucht war, daß Lan mit ihr nach Hause fahren würde. Das sagte sie ihr auch. Lan fragte Gott, dann trennte sie sich von ihrer Mitarbeiterin, die noch länger im Süden blieb und fuhr mit der Frau in den Norden nach »X«.

»X« ist eine heruntergekommene, arme Stadt, schon auf der Straße kann man sehen, wieviel Not die Menschen hier leiden. Als sie so die ersten Bilder der Stadt auf sich wirken ließ, spürte Lan, wie Gottes Liebe und Barmherzigkeit für diese Menschen sie erfüllte, und ein Schmerz um diese armen Leute erfaßte sie, Leute, die äußerlich ebenso arm waren wie innerlich.

Schon bald nach ihrer Ankunft kam eine Christin auf Lan zu und bat sie, ihren Bruder zu besuchen, der schon seit acht Jahren gelähmt im Bett lag. Lan war einverstanden.

Das Haus, in das sie gebracht wurde, verdiente es kaum, ein Haus genannt zu werden. Es war ein einziger, muffiger dunkler Raum, in dem nichts weiter stand als ein kaputtes Bett, in dem ein Mann lag. In einer Ecke drängten sich vier schmuddelige Kinder, das Älteste vielleicht gerade ins Teenageralter gekommen. Das war zu viel für Lan. Ihre Augen verschwammen, und bevor sie etwas sagen konnte, begann sie zu weinen. Die Armut und das Elend dieser Familie zerrissen ihr das Herz. Innerlich schrie sie zu Gott: »Herr, du bist arm geworden um unseretwillen, damit wir reich sein können. Erbarme dich über diesem Mann und seiner Familie!«

Dann trocknete sie ihre Tränen, setzte sich an das verdreckte Bett des Mannes und begann, ihm von Jesus zu erzählen. Aber dieser Mann war sehr verbittert und hart geworden, und er wurde schroff und höhnisch. Seine Schwester war verzweifelt. Nun hatte sie eine richtige Missionarin dazu bewegen können, mit zu ihrem Bruder zu kommen, und nun wollte er gar keine Hilfe. Sie redete auf ihren Bruder ein und versuchte, ihn umzustimmen: »Es gibt doch überhaupt keine Hilfe für dich. Jesus ist deine einzige Hoffnung. Er kann dich gesund machen. Das ist deine einzige Chance. Sei doch jetzt nicht so eigensinnig, ich bitte dich!« Doch der Mann wollte einfach nichts von Gott wissen. Er hatte sich selbst aufgegeben und konnte sich nicht vorstellen, daß ein Gott, wenn es ihn gäbe, sich für ihn interessieren würde. Lan betete innerlich und fragte den Heiligen Geist, was sie nun machen könnte. Da kam ihr eine Idee: »Darf ich Ihnen eine wahre Geschichte erzählen, die sich so in Luoyang zugetragen hat?«

»Meinetwegen«, brummte der Kranke mürrisch. Und Lan erzählte: »Es ist die Geschichte eines jungen Mädchens. Sie war das einzige Kind ihrer Eltern, ihre Freude und ihr Kostbarstes. Als sie noch sehr jung war, lernte sie einen Mann kennen, in den sie sich verliebte. Sie verließ heimlich ihr Elternhaus und zog zu dem Mann in die Stadt. Aber es dauerte nicht lange, bis der Mann eine andere Frau kennenlernte, die ihm besser gefiel. So schickte er das Mädchen wieder weg und nahm sich die andere Frau. Das brach dem Mädchen das Herz. Sie war so verzweifelt, daß sie nicht mehr leben wollte. Also ging sie zum Fluß, um sich in seinen Fluten umzubringen. Doch auf dem Weg zum Wasser kam sie an einem Menschenauflauf vorbei. Sie nahm nur am Rande wahr, daß jemand etwas vorlas, was auf einem Zettel stand, der anscheinend an den Laternenpfahl geklebt worden war. Im Vorbeigehen drangen die Worte in ihr Bewußtsein ein, die da jemand laut vorlas. Sie blieb stehen, ihr Herz klopfte wie rasend.

›Meine Tochter, wo bist du? Seit du uns verlassen hast, können wir weder essen noch schlafen. Wir vermissen dich schmerzlich. Die Augen deiner Mutter sind verquollen vom Weinen. Wenn du kannst, bitte komme heim, sobald du diese Notiz findest. Ich hoffe, dich noch einmal zu sehen, bevor ich sterbe. Bitte komme heim, meine Tochter! Komm schnell heim!‹

Das Mädchen drängte sich an den Leuten vorbei bis zu dem Laternenpfahl, wo sie den Zettel aus der Nähe betrachten konnte. Es war tatsächlich die Handschrift ihres Vaters, und ihr eigenes Foto war darauf geklebt. Schnell senkte sie ihren Kopf, damit die Umstehenden sie nicht erkennen konnten. Und dann verlor sie keine Zeit. Sie trat noch in der gleichen Stunde die Heimreise an. Als sie in ihrem Heimatdorf ankam, verließ sie jedoch aller Mut. Sie wartete zuerst, bis es dunkel wurde, bevor sie es wagte, durch die Straßen ihrer Kindheit zu gehen. Doch als sie endlich ihren Eltern gegenüberstand, waren diese überglücklich. Alle drei weinten, als sie sich in die Arme nahmen.«

Anhand dieser Geschichte erklärte Lan dem harten Mann die Liebe Gottes. Und da er selbst Kinder hatte, konnte er schließlich verstehen, daß Gott ihn wirklich liebte, unabhängig von allem, was er tat. Er weinte, als der Heilige Geist ihm die Liebe Gottes zeigte. Dann legte Lan ihm die Hände auf und betete um Heilung, und das Gebet wurde augenblicklich erhört. Er sprang förmlich aus dem Bett, lachte, weinte, hüpfte und rannte und dankte Gott. Er lief im ganzen Haus herum, außer sich vor Freude, dann rannte er auf die Straße und in alle Häuser seiner Nachbarn. Alle sollten es sehen: Er war geheilt! Jesus hatte ihn gesund gemacht! Es dauerte nur Minuten, bis das Haus voller Neugieriger war, die Lan sehen wollten. Nicht alle hatten es richtig verstanden, was der aufgeregte, geheilte Mann ihnen zugerufen hatte. Sie dachten, die fremde Frau hätte dieses Wunder gemacht.

Lan verlor keine Zeit. Während immer mehr Menschen sich in das Haus drängten und versuchten, durch die Fenster einen Blick auf sie zu erhaschen, stellte sie sich auf das kaputte, leere Bett und begann zu reden, so laut sie konnte: »Liebe Freunde, liebe Bewohner von ›X‹! Ihr Nachbar, der seit acht Jahren gelähmt war, ist soeben geheilt worden. Er kann jetzt wieder ganz normal gehen. Sie haben es mit Ihren eigenen Augen gesehen. Das ist kein Trick und keine Hexerei. Es ist der Name Jesus, der diesen Mann gesund gemacht hat.«

Alle hörten atemlos zu. Lan erklärte ihnen in aller Ausführlichkeit den ganzen Plan Gottes, wie er über Jesus die Menschen mit sich selbst zusammenbringen kann. Und alle, die zuhörten, glaubten ihren Worten, wandten sich von ihrem bisherigen Leben ab und beschlossen, ab heute zu Jesus zu gehören. Sie blieben bis vier Uhr morgens zusammen, Lan betete für die Einzelnen, beantwortete Fragen und brachte ihnen die ersten einfachen Lieder bei.

Nachdem endlich alle gegangen waren, konnte Lan immer noch nicht schlafen. Sie war viel zu glücklich und darum hellwach. So verbrachte sie die restliche Nacht damit, Gott zu danken für alles, was er an diesem herrlichen, langen Tag getan hatte.

Lan blieb in »X«, alle Türen standen ihr weit offen, die Menschen kamen jeden Abend zu den Gottesdiensten. Wer sein Haus für einen Abend zur Verfügung stellen durfte, empfand dies als große Ehre, und jeden Tag geschahen neue Wunder der Heilung an Körper, Seele und Geist. Doch Lan verausgabte sich in diesen Tagen sehr. Sie war so begeistert über alles, was Gott tat und so erfüllt von Gottes Liebe zu den Menschen, daß sie sich selbst und ihre eigene Gesundheit vernachlässigte. Oft versäumte sie, sich die Zeit zum Essen und Schlafen zu nehmen. So konnte es dann passieren, daß sie eines Abends, als sie bei der Familie eintraf, in deren Haus der Gottesdienst stattfinden sollte, ohnmächtig zusammenbrach. Die Gastgeber brachten sie in einen Nebenraum, das Wohnzimmer war schon wieder voller Menschen, die zum Gottesdienst gekommen waren. Als sie wieder zu sich kam, gaben ihr die Christen eine Suppe zu essen, und langsam kehrten ihre Kräfte wieder.

Da platzte jemand in den Raum, der nicht wußte, wie schwach Lan war und sagte: »Seid ihr endlich so weit? Es ist schon total voll, auch die ganze Prominenz sitzt schon da.«

Da erinnerte sich Lan wieder daran, daß dieser Gottesdienst heute abend sehr wichtig war. Denn für heute hatten sich die beiden Pfarrer der Drei-Selbst-Kirche angekündigt, die auch predigen wollten, und einige Verantwortliche von der Geheimpolizei, der Regierungsbehörde und der Inneren Sicherheit wollten zusammen mit den Pfarrern kommen, um gemeinsam beurteilen zu können, was diese fremde Frau machte, das die Menschen so anzog und die ganze Stadt auf den Kopf stellte.

Lan fühlte sich immer noch sehr matt. Die Vorstellung, predigen zu müssen, machte ihr schon wieder weiche Knie, obwohl sie noch immer auf dem Bett lag. Aber sie wußte, daß dies ein sehr wichtiger Abend war, weil die Drei-Selbst-Kirche in dieser Stadt sehr viel Einfluß hatte und auch viele der Menschen, die in den vergangenen Tagen Christen geworden waren, verstanden nicht, warum Lan nicht mit der offiziellen Kirche zusammenarbeiten konnte. Heute nun sollte in aller Öffentlichkeit entschieden werden, wer warum auf welcher Seite stand. Sie mußte diesen Abend einfach halten. Aber sie hatte keine Kraft. Verzweifelt betete sie: »Herr, danke, daß du so viele Menschen hierher gebracht hast. Du siehst, wie schlecht es mir geht. Es tut mir leid, Jesus, daß ich nicht mehr auf meine Gesundheit geachtet habe, sondern mit meinem Körper Raubbau getrieben habe. Bitte vergib mir! Und übernimm du diesen Abend. Rede du, Heiliger Geist. Stärke mich, salbe mich und gebrauche mich. Zu deiner Ehre.«

Dann erhob sie sich und betrat den Versammlungsraum, der so voll war, daß sich niemand rühren konnte. Alle Möbelstücke waren hinausgeräumt worden, die Menschen saßen dicht gedrängt auf der Erde und redeten leise miteinander. Als Lan den Raum betrat, verstummten alle und sahen erwartungsvoll nach vorne. Lan sah, daß sich auch vor den Fenstern die Menschen drängten, der ganze Hof und die Straße vor dem Haus waren voller Menschen. Direkt vor ihren Füßen, in der ersten Reihe, saßen vier Männer, rauchten und tranken Alkohol. Dies mußten die hohen Gäste sein.

Eine Christin flüsterte Lan zu: »Siehst du diese vier Männer? Einer ist von der Geheimpolizei, der andere vom Innenministerium, und die beiden anderen sind die Pfarrer der Drei-Selbst-Kirche.«

Lan seufzte innerlich: »Herr, du trägst die Verantwortung für alles, was heute abend geschieht.« Da spürte sie plötzlich, endlich, wie eine neue, starke Kraft durch sie floß, es war die Salbung des Heiligen Geistes, sie richtete sich auf, alle Schwäche war verschwunden, alle Befürchtungen waren wie weggewischt, denn nun war der Heilige Geist gekommen, und er würde diesen Abend in einen Sieg verwandeln, in einen Triumph Gottes.

Der Abend begann, indem der Herr aus dem Ministerium sich erhob, das Wort ergriff, und eine Rede hielt über Recht und Ordnung und die Religionspolitik der Partei.

»Obwohl uns die Regierung Religionsfreiheit garantiert hat, müssen sich trotzdem alle Christen der Drei-Selbst-Kirche anschließen«, begann er. »Die Religionsfreiheit gilt nur innerhalb der offiziellen Kirche. Ohne das Einverständnis der Drei-Selbst-Kirche darf niemand predigen. Wir werden es auch niemandem erlauben, herumzureisen und dabei zu predigen. Niemand, der aus einer anderen Gegend kommt, darf zu uns hier sprechen. Denn wir haben unsere eigenen Pfarrer. Wer sich dem widersetzt, wird hart bestraft werden.«

Als er geendet hatte, erhob sich Pfarrer Chan, einer der beiden Drei-Selbst-Pfarrer und sagte: »Heute wird zuerst Pfarrer Wang zu uns sprechen. Danach wird uns eine Frau aus Henan erzählen, wie sie es fertigbringt, Gelähmte gehend zu machen.«

Sein Ton war sehr sarkastisch, und er warf Lan einen giftigen Blick zu. Lan spürte sehr wohl, wie gespannt die Atmosphäre war und wie sich die ganze Aufmerksamkeit auf sie richtete. Sie betete innerlich, daß Gott ihr die Kraft und Weisheit geben würde, die sie für diesen Abend brauchte.

Pfarrer Wang predigte über den Text: »Alle, die nicht durch die Tür kommen, sind Wölfe, Diebe und Räuber (Joh 10,7-8). Es sind falsche Propheten. Die Tür, von der Jesus hier spricht, ist die Drei-Selbst-Kirche. Wer sich einen anderen Weg sucht, trennt sich von der Herde und geht eigene Wege. Das wird Gott bestrafen.« Er sprach zwanzig Minuten. Die Leute unterdrückten gelangweiltes Gähnen. Dann gab er das Wort an Lan weiter: »Nun hören wir die Frau aus Henan, die Wunder tun kann.«

Langsam ging Lan hinüber an den erhöhten Platz, von wo aus sie sprechen sollte. Alle Augen waren auf sie gerichtet. Eine starke Spannung lag in der Luft. Aber es half nichts, sie mußte da jetzt durch. Leise flüsterten sich die Leute zu: »Ist das die Frau, die den Lahmen gesund gemacht hat? Die hätte ich mir aber anders vorgestellt. Sie sieht ja fast unscheinbar aus, ganz normal jedenfalls.«

Sie schaute sich die Menschen, die dicht gedrängt und erwartungsvoll vor ihr saßen, einen Moment an. Dann sah sie mit ihren geistlichen Augen, wie kostbar jeder Einzelne für Gott war. Für jeden von diesen einfachen, armen Menschen ist Jesus gestorben. Der Heilige Geist sehnte sich nach der Gemeinschaft mit diesen Leuten. Nun wußte sie, was das Thema des Abends war. Sie begann mit dem zweiten Kapitel von Matthäus. Der Heilige Geist war mit seiner Salbung auf Lan, und jeder Satz hatte Gewicht, war mit Autorität gesprochen und traf ins Herz der Zuhörer.

»Die Weisen und Reichen suchten Jesus im Haus des Königs. Jesus ist nicht im Palast zu finden, du findest ihn nicht bei den Reichen und Mächtigen. Wo ist er? Jesus, der Sohn des lebendigen Gottes kommt in einem Stall zur Welt, und sein erstes Bett ist eine Futterkrippe.

Wo ist Jesus später zu finden? Er ist in dem Garten Getsemani und schwitzt vor Angst, er ist in der Folterkammer und wird ausgepeitscht, er trägt ein Holzkreuz hinauf zur Schädelstätte, er wird zwischen Verbrechern am Kreuz hingerichtet. Das sind Orte, wo du Jesus finden kannst.«

Unter der Leitung und Kraft des Heiligen Geistes predigte Lan drei Stunden lang ohne Pause. Die Zuhörer regten sich nicht. Sie hörten wie gebannt zu, während ihnen Lan die Stationen des Lebens Jesu vor Augen malte. Die Kreuzigung Jesu bewegte die Herzen der Menschen, und über viele Gesichter liefen die Tränen, während sie zuhörten.

Am meisten weinten die beiden Pfarrer der Drei-Selbst-Kirche. Ihre ganze Mauer aus Macht und Distanz und Unglaube brach zusammen. Nach einer kurzen, geflüsterten Absprache wandten sich die beiden an den Regierungsbeamten und erklärten leise, während Lan immer weiter predigte: »Diese Schwester hier ist ein guter Mensch, sie kam nur in die Stadt, um ihre Verwandten zu besuchen. Wir haben uns getäuscht, sie ist nicht die gefährliche Person, für die wir sie hielten. Wir versichern Ihnen, diese Frau ist für keinerlei Unruhe verantwortlich.« Den beiden offiziellen Besuchern war dies nicht unangenehm. Denn einerseits fühlten sie sich unwohl und wollten lieber gehen, bevor ihnen die Worte dieser Frau am Ende noch unter die Haut gingen. Zum anderen spürten sie eine große Einheit und Kraft in der Atmosphäre und hätten zu Recht die Reaktion der Menschen gefürchtet, wenn sie gegen Lan vorgegangen wären. Sie erhoben sich leise und verschwanden unauffällig. Sie wollten sich um Lan und die anderen Verbreiter des »religiösen Aberglaubens« lieber einzeln und etwas unauffälliger kümmern.

Dann war Lans Predigt zu Ende, und sie betete mit den vielen Menschen, die heute ihr Leben für Jesus öffneten. Die beiden Pfarrer kamen bescheiden zu ihr und entschuldigten sich bei ihr: »Wir sind Gott dankbar, daß er Sie hierher gebracht hat. Durch Ihre Worte hat Gott uns die Augen geöffnet, so daß wir heute zum ersten Mal die Wahrheit erkennen und verstehen konnten. Wir wollen umkehren von unserer Unabhängigkeit von Gott und wollen neu mit Jesus anfangen. Nun bedauern wir es sehr, aber wir haben Sie der Geheimpolizei verraten. Sie sind jetzt zwar gegangen, aber wahrscheinlich werden sie morgen früh wiederkommen, wenn nicht mehr so viele Menschen hier sein werden. Wir müssen Ihnen leider raten, morgen so bald wie möglich die Stadt zu verlassen.«

Lan folgte ihrem Rat und nahm den ersten Bus am nächsten Morgen, nachdem sie die ganze Nacht mit den Menschen gebetet und ihre Fragen beantwortet hatte. Als der Bus sich bei Morgengrauen in Bewegung setzte, sah Lan aus den schmutzigen Fenstern auf die Landschaft, die an ihr vorbeizog, ohne etwas zu sehen. Ihr Herz und ihre Gedanken waren noch bei den lieben Menschen, die sie so plötzlich hatte verlassen müssen und die nun ganz auf sich alleine gestellt waren. Nein, natürlich nicht, sie hatten den Heiligen Geist, der sie unterweisen würde. Aber es wäre so wichtig für diese vielen, kostbaren neuen Christen, daß sie Leiter und Pastoren hätten. Und Missionare und Evangelisten für all die vielen Menschen in der Gegend dort, die Jesus noch gar nicht kannten und die ihn wahrscheinlich genauso herzlich aufgenommen hätten wie die Leute, von denen sie sich nun verabschiedet hatte. Der Bus trug sie immer weiter weg von diesen lieben Geschwistern. Wen würde Gott an ihrer Stelle senden können?

b) Die Arbeit in Sichuan

Wer Sichuan kennt, denkt automatisch an viele Menschen und Pandabären. Diese größte chinesische Provinz in Zentralchina hat mit über hundert Millionen Einwohnern die höchste Bevölkerungszahl. Ein Zehntel aller Chinesen wohnt in Sichuan. Seine Fläche von 560 000 Quadratkilometern gliedert sich in mehr als zweihundert Bezirke und Großstädte.

Bis vor wenigen Jahren gab es in diesem großen Land kaum Christen. Die einzigen Kirchen, die es gab, waren in den großen Städten und unter der Kontrolle der Drei-Selbst-Kirche. Außerhalb der Städte hatten die einfachen Bauern und Handwerker überwiegend noch nie etwas von einem Gott namens Jesus gehört. In weiten Landstrichen, die mit kleinen Dörfern besiedelt sind und wo vor allem Bauern wohnen, war noch nie ein Christ gewesen.

Die Christen in der geistlich erweckten Provinz Henan haben ein besonderes Herz für die Provinz Sichuan. Seit vielen Jahren schicken sie regelmäßig Teams in diese Gegend. Viele der Mitarbeiter, die so ausgesandt werden, sind einfache Bauernmädchen, die meisten sind noch sehr jung, überwiegend zwischen sechzehn und dreißig Jahren alt. Wenn sie nach Sichuan kommen, stoßen sie auf eine breite Palette von Schwierigkeiten, von denen hier einmal fünf verschiedene, typische Probleme aufgezeigt werden sollten.

1. Harte Lebensbedingungen: Da die Bevölkerungsdichte so hoch ist und manche Gegenden Sichuans sich immer am Rande einer Hungerkatastrophe bewegen, ist es oft nicht einfach für die Missionare, sich Lebensmittel zu organisieren. Die meisten Mitarbeiter dort haben ständig Hunger.
2. Häufige Verfolgung: Der Druck auf die Christen ist sehr groß. Immer wieder werden Mitarbeiter verhaftet. Versammlungsverbote, Verhöre und ähnliche Repressalien sind an der Tagesordnung.
3. Fehlende öffentliche Verkehrsmittel: Die bergige Landschaft erschwert das Reisen sehr, zumal es kaum befahrbare Straßen oder Schienenwege gibt, die in Betrieb sind. Deshalb sind die Christen meistens gezwungen, zu Fuß über die Berge zu wandern, oft müssen sie einen ganzen Tagesmarsch zurücklegen, um zur nächsten menschlichen Siedlung zu kommen.
4. Gefahren durch gewalttätige Menschen: Satan haßt die jungen Mädchen, welche die Nachricht von Jesus nach Sichuan tragen. Sie werden oft von Straßenräubern überfallen, die sie bedrohen, festhalten und auch versuchen, sie zu vergewaltigen. Oft sind den Missionarinnen verschlagene Männer nachgelaufen, wenn sie die einsamen Fußwege gehen mußten. Wenn nicht Gottes Schutz sie umgeben hätte, wäre wohl manches Drama geschehen.
5. Verschlossenheit der Bevölkerung Fremden gegenüber: Um in den ländlichen Gegenden in ein Dorf aufgenommen zu werden, müssen sich die Missionarinnen anziehen wie Einheimische. Langsam entwickeln sie Beziehungen zu den Menschen, indem sie ihnen helfen beim Geschirr abwaschen, Kinder hüten, Gras schneiden und bei der Feldarbeit.

Trotz aller beschriebener Schwierigkeiten haben die Teams aus Henan mit viel Mut und Beharrlichkeit alle Hindernisse und Gefahren überwunden. Sie haben mit Tränen gesät und mit Freude geerntet.

Der erste Pastor aus Henan, der eine Arbeit in Sichuan gründen konnte, war Bruder Enchuan. Als er 1988 zum ersten Mal nach Sichuan reiste, herrschte dort im Bezirk »X« gerade eine schreckliche Hungersnot. Er sah viele Menschen verhungern oder an Unterernährung leiden, und Gott erfüllte ihn mit Liebe und Barmherzigkeit für diese armen Menschen. Er hatte nur noch ein Ziel: daß diese Leute Jesus kennenlernen würden.

Er hatte nur vier Wochen Zeit und nahm sich vor, zunächst zwanzig Tage lang zu predigen. Gott gab ihm die Kraft und Salbung dazu, und nach diesen zwanzig Tagen hielt er einen zweitägigen Taufgottesdienst ab für die Menschen, die ein neues Leben mit Jesus angefangen hatten. Am ersten Tag konnte er siebzig neue Christen taufen, am zweiten Tag waren es hundertundsiebzig Täuflinge. Gott bestätigte seine Arbeit sehr.

Das zweite Mal kam er im Winter 1989 nach Sichuan und konnte bis zum Frühjahr 1990 bleiben. Diese drei Monate verbrachte er hauptsächlich im Bezirk »X«, von wo aus sich die gute Nachricht von Jesus dann auch in die umliegenden Bezirke ausbreitete.

Im folgenden Winter besuchte Enchuan den Bezirk »X« zum dritten Mal. Die Zahl der Christen hatte sehr zugenommen. Zu den Gottesdiensten kamen die Menschen von nah und fern. Frauen, die kleine Kinder hatten, trugen sie in Körben mit sich, manche kamen sechzig Kilometer zu Fuß, wobei die Wege über viele Berge führten und sehr beschwerlich waren. Doch die Menschen freuten sich, von Gott zu hören.

Da so viele Menschen zu den Gottesdiensten zusammenströmten, wurde das Haus, in dem die Gottesdienste bisher stattfanden, schnell zu klein. Gerade zur rechten Zeit redete der Heilige Geist aber zu einem Grundschullehrer, der auch Christ geworden war, und er konnte Bruder Enchuan das Schulhaus zur Verfügung stellen.

Das Hauptmerkmal der Gottesdienste war ihr Lobpreis und ihre Anbetung. Der Heilige Geist konnte in diesen Zeiten ganz frei wirken, und viele Menschen wurden geheilt, ohne daß konkret für sie gebetet wurde, einfach nur während sie in der Gegenwart Gottes standen und sich an ihm freuten. Jeden Tag entschieden sich neue Leute, auch an Jesus zu glauben.

Von den Christen in »X« ließen sich in diesem Winter 1991 viele Männer und Frauen von Gott in den vollzeitlichen Dienst berufen. Die Kraft des Heiligen Geistes wirkte mächtig durch sie. Viele Zeichen und Wunder geschahen. Ein alter Mann, der vor einem halben Tag schon gestorben war, wurde wieder lebendig, als eine junge Christin für ihn betete. Durch dieses Wunder kamen Hunderte von Menschen zum Glauben an Jesus.

Die Geschichte Lingmeis

Im Bezirk »B« in Sichuan lebt eine Frau mittleren Alters, die Christin ist. Im Februar 1990 erfuhr sie, daß ihr Mann eine Nichte in Henan hat. Diese Nichte war zwanzig Jahre alt, eine überzeugte, geisterfüllte Christin und hieß Lingmei. Die Christin aus Sichuan suchte Lingmei auf und bat sie, doch mit ihr nach »B« zu kommen und ihre Familie zu besuchen. Sie hoffte, daß dadurch ihre ganze Familie an Jesus glauben würde, wenn Lingmei ihnen alles richtig erklären würde. Lingmei war einverstanden, denn schon längere Zeit hatte sie von Gott gewußt, daß sie nach seinem Willen den Menschen in Sichuan von Jesus erzählen sollte. Sie hatte nur noch auf eine Gelegenheit gewartet, um in die große Provinz zu reisen. Und hier kam eine so angenehme, schöne Möglichkeit für sie, mit einer verwandten Christin in deren Familie zu leben. Lingmei freute sich darüber, wie Gott ihren Weg ebnete.

Die beiden reisten zusammen nach »B«, und die Familie dort nahm Lingmei als Nichte des Mannes gerne und herzlich auf. Bei den gemeinsamen Mahlzeiten waren alle Familienmitglieder höfliche, interessierte Zuhörer, und Lingmei nutzte die Gelegenheit, um der Familie von Gott zu erzählen. So erzählte sie ihnen beispielsweise, wie Gott die Erde und das Universum geschaffen hat, und alle waren fasziniert von ihren Worten. Sehr schnell hatten alle Lingmei in ihr Herz geschlossen, und sie wartete nur darauf, daß Gott ihr sagen würde, sie solle jetzt öffentlich zu predigen beginnen.

Aber ein Bruder der Familie, der auch immer an den Mahlzeiten teilnahm und sich gerne mit Lingmei über Gott und die Welt unterhielt, arbeitete für die Regierung. Und obwohl er alles gerne hörte, was Lingmei über diesen liebevollen Gott erzählte, den sie so gut zu kennen schien, wußte er doch, daß er das nicht zulassen durfte. Seine Karriere stand auf dem Spiel, wenn sie beiden noch länger unter einem Dach wohnen würden. Das Büro für Innere Sicherheit würde ihn sofort aus dem Dienst entlassen, wenn sie vermuteten, er sei inkonsequent dem »religiösen Aberglauben« gegenüber.

Es fiel ihm nicht leicht, aber er mußte es Lingmei sagen: »Die Lage hier ist sehr gespannt, und die Regierung hat ein besonderes Auge auf euch Christen von Henan geworfen. Man ist hierzulande nicht gut auf euch zu sprechen, weil euer Glaube so gefährlich ansteckend ist. Deshalb muß ich dich warnen, bleibe immer hier im Haus und wage es niemals, hinauszugehen, schon gar nicht in die Dörfer in der Umgebung, um dort von deinem Jesus zu erzählen.«

Lingmei verstand den Mann zwar, aber sie wollte diese Einschränkung ihrer Freiheit und ihres Dienstes nicht hinnehmen. Sie betete, so oft sie alleine war, daß Gott ihr Ideen geben würde, wie sie vorgehen sollte. Dann begann sie, heimlich die Nachbarorte zu besuchen, und sie sprach dort mit den Menschen über Jesus. Der Heilige Geist war offensichtlich mit ihr, denn jedesmal, wenn sie einer Person erklärte, wer Jesus ist, wie lieb Gott die Menschen hat und wie man Christ wird, glaubten die Leute an ihn und beteten mit Lingmei zusammen ihr erstes Gebet zu Jesus.

In dem Maße, wie die Zahl der Christen in den umliegenden Orten zunahm, wurden auch die Behörden aufmerksam. Als es auch der Bruder herausfand, daß Lingmei sich nicht an seine Anweisungen gehalten hatte, wurde er sehr ärgerlich und wies sie scharf zurecht: »Es tut mir leid, aber unter diesen Umständen kannst du nicht länger hier wohnen. Wir wollen in Ruhe und Frieden hier leben. Wenn du unbedingt in Konflikt mit der Polizei kommen willst, ist das deine Sache. Aber bitte nicht in meinem Haus. Außerdem hast du dich nicht an unsere Abmachung gehalten. Deshalb kannst du leider nicht mehr länger hier wohnen. Ich muß dich bitten, unser Haus morgen zu verlassen.«

Nur widerstrebend ging Lingmei darauf ein, und ihre Bedingung war, daß man sie zu anderen Verwandten bringen würde. Die Frau, die Lingmei von Henan nach Sichuan gebracht hatte, willigte ein, sie am nächsten Tag zu Verwandten in einen anderen Ort zu bringen. Es war eine Schwester der Frau, zu der sie gehen wollten. Allerdings wohnte diese achtzig Kilometer entfernt, oben in den Bergen, und der Weg ging die ganze Zeit bergauf und bergab über enge, steile Trampelpfade. Lingmei, die aus einer flachen Gegend kommt, war so anstrengendes Gehen nicht gewohnt, sie hatte auch noch nie eine so weite Strecke zu Fuß zurückgelegt.

Am nächsten Morgen brachen sie bei Sonnenaufgang auf. Die beiden Frauen gingen den ganzen Tag zu Fuß, ohne sich eine Rast zu gönnen, denn sie wollten und mußten den Weg in einem Tag bewältigen. Es war schrecklich anstrengend für Lin, und ihre Füße waren schon nach den ersten Stunden dick geschwollen. Aber kurz nachdem es dunkel geworden war, kamen sie am Ziel an, und die herzliche, freundliche Aufnahme der Familie dort belohnte sie für alle Mühe. Gott gab Lingmei große Liebe für die Menschen an dem neuen Ort, und obwohl sie so erschöpft war, lernte sie abends noch acht Menschen kennen, die Jesus nicht kannten. Als sie ihnen erklärte, was sie über Jesus wußte und wie er neues, ewiges Leben schenken möchte, wollten alle acht Personen zu Jesus gehören, und Lingmei betete mit ihnen. Eine schönere Belohnung hätte es einfach nicht geben können für den beschwerlichen Weg als diese acht neuen Christen.

Aber schon am nächsten Morgen gab es wieder Ärger. Der jüngste Bruder der Frau aus Sichuan schickte seine Eltern vor, um mit Lingmei zu sprechen. Im Auftrag ihres Sohnes sagten sie, daß sie es unerträglich fanden, wie Lingmei in aller Öffentlichkeit von Jesus sprach. Damit habe sie die Zukunft ihres Sohnes aufs Spiel gesetzt. Das könnten sie nicht hinnehmen. Sie baten Lingmei, ihr Haus zu verlassen. Und sie verbaten auch der Tochter, die Lingmei nach Sichuan gebracht hatte, den Kontakt zu ihr.

Als sie, immer noch mit wunden Füßen, aber voller Liebe zu den Menschen und voller Sehnsucht, ihnen mehr von Jesus zu erzählen, wieder auf der Straße stand, war Lingmei sehr traurig. Die Situation schien wirklich ausweglos zu sein hier. Sie weinte, während sie den langen Heimweg antrat. Wer würde sich nun um die acht neugeborenen Christen kümmern? Und wer würde den hundert Millionen Menschen in Sichuan von Jesus erzählen?

Es sah so aus, als hätte sie eine Niederlage einstecken müssen, als wären die Feinde Gottes stärker. Aber das war nur der äußere Anschein. In Wirklichkeit hatte Lingmei den Boden nur vorbereitet, damit die Saat, die sie jetzt in Tränen säte, bald zur reichen Ernte aufginge. Lingmeis Herz hing an den Menschen, die sie in den beiden Ortschaften kennengelernt hatte. Jedesmal, wenn sie an sie dachte, hatte sie Tränen in den Augen. Sie betete viel für die jungen Christen dort. Und für die ganze Provinz, die äußerlich so arm und unterentwickelt war, wo so viele Bauern um ihr Überleben kämpften und wo täglich so viele Menschen starben, ohne jemals von dem Gott gehört zu haben, der sie liebte und ihnen ein gutes Leben hier und ewiges Leben bei sich schenken möchte.

Obwohl Lingmei dann Sichuan verlassen hatte, in die Provinz Shanxi gereist war und sich dort in der Stadt »X« aufhielt, hing ihr Herz immer noch an Sichuan. In dieser Zeit besuchte sie eine Mitarbeiterkonferenz, die ihr sehr gut tat. Ihr Glaube wurde wieder stark, und die Kraft und die

Gaben des Heiligen Geistes wurden wieder in ihr lebendig. Und erneut redete Gott zu ihr und schickte sie nach Sichuan. Dieses Mal nahm sie eine andere Christin mit, die sie auf der Konferenz kennengelernt hatte. Dieses Mädchen war erst siebzehn Jahre alt, aber auch sie lebte ganz für Gott und ihr Herz war voller Liebe zu dieser Provinz.

Natürlich wollten sie als erstes wieder in den Bezirk »B« reisen, um dort die Menschen zu besuchen, die vor einigen Monaten Christen geworden waren. Aber sie bekamen keine Einreiseerlaubnis in diesen Bezirk, weil dort in letzter Zeit so viele Gewalttaten und Geiselnahmen stattgefunden hatten, so daß der ganze Bezirk durch die Polizei für Auswärtige gesperrt wurde. Also reisten die beiden jungen Mädchen statt dessen in den benachbarten Bezirk »J«.

Gegen Nachmittag waren sie in einem Dorf, von dem sie den Eindruck hatten, daß Gott hier mit ihnen einen Anfang setzen wollte. Sie gingen zu dem zentralen freien Platz in der Mitte des Ortes, wo manchmal auch Märkte oder politische Versammlungen abgehalten werden. Zuerst beteten sie und sangen ihre Lieder, dann begannen sie zu sprechen. An ihrem ersten Abend kamen mehrere Dutzend Dorfbewohner, die den beiden zuhörten, während sie vom Gott der Bibel erzählten. Alle waren interessiert und innerlich berührt. Am Ende sagten alle, die zugehört hatten, daß sie auch an Jesus glauben wollten. Die beiden Missionarinnen blieben drei Tage in diesem Dorf und predigten und lehrten fast ununterbrochen. Während dieser Zeit hatten alle Leute im Dorf aufgehört zu arbeiten, um den beiden jungen Frauen zuhören zu können und um nichts von den spannenden Dingen zu verpassen, die sie erzählten.

Das Dorf hatte etwa achtzig Einwohner, die sich alle für Jesus entschieden. Das ganze Dorf betete zusammen und beschloß, daß Jesus jetzt ihr Herr sein sollte. Ein sechzehnjähriges Mädchen war so vom Heiligen Geist erfaßt, daß sie sich von der Schule abmeldete und sich ganz Gott weihte. Sie bat die beiden Missionarinnen, mit ihnen kommen zu dürfen. Diese freuten sich über die Hingabe des Mädchens, rieten ihr aber, noch ein wenig zu warten, bevor sie zu reisen begänne, um zuerst für sich Gott und sein Wort besser kennenzulernen.

Am vierten Tag zogen die beiden weiter in ein Dorf in dem Bezirk »E«. Dort gingen sie ähnlich vor. Sie sprachen als erstes über Noah und die Arche, und daß die letzten Tage so sein würden wie die Tage Noahs. Mit großer Liebe und Leidenschaft baten sie die Menschen, die ihnen aufmerksam zuhörten, daß sie sich von ihrem gottlosen Leben und allen Götzen und dem Geisterglauben abwenden sollten, um sich dem allmächtigen Gott zuzuwenden.

Das ganze Dorf hatte sich an diesem ersten Abend eingefunden, während die beiden Mädchen redeten, und viele Leute weinten, während sie mit sich beten ließen. Sie waren so berührt vom Heiligen Geist, daß sie in ihrem Herzen einfach wußten, das ist der Gott, den wir immer gesucht haben, auch wenn sie noch fast gar nichts über ihn wußten. Lingmei und ihre Mitarbeiterin blieben sieben Tage in diesem Dorf, und jede einzelne Person, die von Jesus hörte, glaubte an ihn und öffnete ihm ihr Leben. Am siebten Tag waren es mehr als hundert Menschen, die zusammen auf dem Dorfplatz knieten und beteten.

In jedem Dorf, in dem die beiden Missionarinnen sich eine Zeitlang aufhielten und sich die Menschen für Jesus entschieden, wählten sie eine

Gruppe von neuen Christen aus, die Jesus von ganzem Herzen liebten, die einen radikalen Neuanfang mit ihm gemacht hatten und die eine höhere Schule besucht hatten. Diesen brachten sie bei, wie man die Bibel studieren kann, sie erklärten die Grundzüge vom Aufbau und Inhalt der Bibel, sie lehrten sie, wie man Gebet leitet, wie man eine Fürbittegruppe führt, wie ein Lobpreisgottesdienst geht, wie man eine Gemeinde gründet und weiterführt und welche Formen von Gottesdiensten es geben kann. Wenn auf diese Weise eine Gemeinde entstanden war, dauerte es meistens nur sehr kurze Zeit, bis die Nachricht von Jesus die ganze Umgebung mit vielen anderen Dörfern erfaßt hatte.

Eines Abends, es war gegen dreiundzwanzig Uhr, als Lingmei und ihre Mitarbeiterin gerade in ihrem Zimmer waren und zusammen beteten, traten sieben wild aussehende Männer die Tür ein und stürmten gröhlend in den Raum. Die beiden Frauen wurden gefesselt und zur Verwaltung des Dorfes gebracht, in dem sie sich gerade aufhielten. Der Bürgermeister und seine Mitarbeiter erwarteten die Christinnen schon. Eine Flut von Fragen prasselte auf sie nieder: »Woher kommen Sie?«

»Warum sind Sie hergekommen?«

»Was machen Sie hier?«

»Haben Sie gültige Ausweise?«

»Haben Sie hier Verwandte?«

Der Heilige Geist ließ die beiden Mädchen nicht im Stich. Er gab ihnen viel Ruhe und Sicherheit und half ihnen, die richtigen Antworten zu finden. Sie hatten keine Angst, sondern konnten mutig und furchtlos auftreten. Am Schluß des Verhörs hatten sie alle Fragen beantwortet, aber so, daß die Funktionäre nichts erfahren hatten von dem, was sie eigentlich hatten wissen wollen. Und so gerne es der Bürgermeister auch gehabt hätte, es gab nichts, wofür man die beiden hätte festhalten oder bestrafen können. Trotzdem wurden sie erst einmal in einer Zelle im Verwaltungsgebäude eingesperrt.

Am nächsten Morgen hatten sich sehr viele Dorfbewohner vor dem Sitz der regionalen Verwaltung eingefunden. Alle protestierten gegen die Festnahme der beiden Mädchen und forderten ihre sofortige Freilassung. Einer der Demonstranten war ein ehemaliger Krimineller, der berühmt-berüchtigt war in dieser Gegend. Er hatte ständig für Ärger gesorgt, weil er nicht aufhören konnte, Alkohol zu trinken und zu spielen. Wenn er betrunken war, fing er regelmäßig Streit an, wurde aggressiv und prügelte sich. Auch die Polizei war nicht mit ihm fertig geworden, alle Strafen hatten nichts bewirkt.

Aber das war jetzt alles vorbei. Denn seit einigen Tagen hatte dieser ewige Unruhestifter zum ersten Mal von Jesus gehört. Er war begeistert darauf eingegangen, daß man mit Jesus ein neues Leben anfangen könne, und mit aller Entschiedenheit hatte er sich diesem Gott geöffnet, für den es angeblich keine hoffnungslosen Fälle gab. Und Jesus hatte ihn total verwandelt. Er war frei vom Alkohol, die Wut und Aggression waren weg, und alle im Dorf wunderten sich nur, wie sehr sich ein Mensch in so kurzer Zeit verändern kann.

Dieser Mann ergriff jetzt das Wort. Ohne Angst sprach er die Regierungsfunktionäre direkt an, indem er einfach von der Straße aus in Richtung der geschlossenen Fenster rief: »Warum gelang es Ihnen nicht, mich zu bremsen oder zu ändern, als ich ständig betrunken war, Streit suchte und mein Geld verspielte? Sie wußten um all meine Betrügereien, aber Sie konnten nichts dagegen machen. Ich war sozusagen unverbesserlich. Doch dann kamen diese beiden jungen Mädchen zu uns ins Dorf. Sie sagten mir, daß ich mit Jesus ein neues Leben beginnen könne, wenn ich wolle. Ich wollte. Jetzt bin ich ein neuer Mensch. Ich werde mich nie wieder betrinken und Sie werden nie wieder Ärger mit mir haben. Das ist es doch, was Sie sich die ganze Zeit gewünscht haben. Und nun sperren Sie diese beiden Mädchen ein, die doch nur das getan haben, was Sie selbst auch wollten. Wo bleibt da die Logik und die Gerechtigkeit?«

Alle Dorfbewohner klatschten Beifall. Den leitenden Funktionären blieb nichts anderes übrig, als die beiden Mädchen wieder frei zu lassen. Dieser Angriff von außen stärkte den Glauben und die Hingabe der neuen Christen, und die Freilassung der Missionarinnen war Grund für einen begeisterten Lob- und Dankgottesdienst.

Als nächstes zogen Lingmei und ihre Mitarbeiterin in den Bezirk »K«, um einige Verwandte von Christen zu besuchen. Während sie sich in dem Dorf nach den Leuten durchfragten, die sie besuchen wollten, kam eine alte Frau dazu, die gehört hatte, daß die beiden Besucher Christen waren. Da warf sie sich vor ihnen auf die Erde und begann, sie wie Göttinnen zu verehren. Schnell zog Lingmei sie wieder auf ihre Füße hoch und wies sie liebevoll, aber deutlich zurecht:»Mutter, bitte tue das nicht. Das ist nicht richtig. Ich bin keine Göttin, sondern ein ganz gewöhnlicher Mensch. Göttinnen gibt es nicht, sie sind nur Betrug und Lüge, du darfst sie nie wieder anbeten.«

»Wir beide sind gekommen, um dir von dem Gott zu erzählen, der Himmel und Erde und alle Dinge erschaffen hat. Er ist ein gnädiger, wahrer Gott. Nur er kann dich erretten und er schenkt die ewiges Leben.«

Während sie mit der alten Frau redeten, waren einige Leute stehen geblieben. Es wurden immer mehr, die sich dazu stellten und sehen wollten, was da los war. Im Nu hatte sich eine Menschenansammlung gebildet. Lingmei und ihre Mitarbeiterin sahen sich an und lächelten. »Fange du an«, sagte Lingmei zu der Siebzehnjährigen, und das Mädchen erklärte den Menschen alles, wie der Heilige Geist es ihr eingab: von der Schöpfung, dem Sündenfall der ersten Menschen, Gottes Plan der Erlösung, dem zweiten Kommen Jesu, der Auferstehung, dem Gericht, und so weiter. Dabei wechselten sich die beiden immer wieder ab, denn das laute Reden war sehr anstrengend.

Die Menschen hörten aufmerksam zu. Es waren einfache Leute, ländliche Bevölkerung, die nichts vom Leben in der Stadt wußten, sie kannten nur den Kampf um die nächste Ernte. Ihre kleine Welt war gekennzeichnet von Armut und von vielen Ängsten. Sie waren nicht nur dem Wetter ausgeliefert, das darüber entschied, ob sie im nächsten Winter satt zu essen haben würden, sie hatten auch große Angst vor den Polizisten und Soldaten, die immer wieder einmal in ihre Welt einbrachen und aus Gründen, die sie nicht verstanden, Willkür und Terror ausübten. Dazu kam die Angst vor den vielen bösen Geistern, deren Wut sie ständig mit Opfern zu besänftigen suchen mußten, und nicht zuletzt herrschte auch noch die Angst, die innerhalb der Großfamilien die Beziehungen der Jüngeren zu den Älteren bestimmte.

So schöne, gute Dinge, wie diese beiden jungen Frauen ihnen erzählten, hatten diese Menschen noch nie gehört. Es sollte einen Gott geben, der sie lieb hatte und der sich so viel Mühe gab, sie kennenzulernen? Konnte das möglich sein? Der Heilige Geist war da und ließ jeden, der zuhörte, wissen, daß dies alles ihm persönlich galt. Die Leute waren begierig, mehr zu hören, sie vergaßen alles andere, niemand ging nach Hause, um zu Abend zu essen, niemand wollte auch nur ein Wort verpassen von dem, was da gesagt wurde.

Die beiden Missionarinnen sahen und spürten, wie der Heilige Geist zu den Menschen sprach und sie mit viel sanfter, zarter Liebe zu Gott zog, wie er ihnen Hoffnung und Glauben ins Herz legte und all das bewirkte, was sie nie hätten erreichen können, egal wie lange und gut sie auch redeten. Sie freuten sich sehr und genossen die Situation über alle Maßen. Es war so leicht und so schön, mit dem Heiligen Geist zusammen zu evangelisieren!

In den folgenden Wochen bereisten die beiden Frauen einige Dutzend Dörfer und sprachen insgesamt zu Tausenden von Menschen über Jesus. Drei Monate später waren mehr als zehn unterschiedlich große, neue Gemeinden entstanden. Dann verließen die beiden Sichuan, um in den Gemeinden in Henan mehr Christen zu werben, die sich auch dieser Aufgabe widmen würden.

Wenn sie daran dachten, daß sich durch den ersten protestantischen Missionar in China, Robert Morrison, der sieben Jahre lang gepredigt hatte, nur ein einziger Chinese für Jesus entschied, konnten sie nur dankbar staunen. Den Gemeinden in Henan berichteten sie: »Wir sind zwei ungebildete, junge Bauernmädchen, und in nur drei Monaten haben sich Tausende von Menschen total von ihrem alten Leben getrennt und an Jesus zu glauben begonnen. Das kann nicht an uns gelegen haben. Es ist der Heilige Geist, der hier wirkt, es ist ausschließlich sein Verdienst. Vielleicht ist es ein Zeichen, daß Jesus bald wiederkommt und daß Gott vorher noch so viele Menschen wie möglich für sich gewinnen will. Er hat die Leute in Sichuan total vorbereitet, lange bevor wir zu ihnen kamen. Alles, was wir hier in Sichuan brauchen, sind noch mehr Christen, die bereit sind, herumzureisen und die Ernte einzusammeln, die der Heilige Geist hat wachsen lasen.«

Den geistlichen Leitern in Henan wurde bewußt, daß Sichuan aus mehr als zweihundert Bezirken und Millionenstädten besteht, die alle sehr dicht besiedelt sind. Selbst wenn ein paar einzelne Missionare ihr ganzes Leben damit verbringen würden, dort den Menschen von Jesus zu erzählen, könnten sie doch nur einen kleinen Bruchteil der Bevölkerung erreichen. Auf diese Weise würden sie nie die ganze Provinz mit der guten Nachricht von Jesus abdecken können. Deshalb begann die Gemeinde in Henan, viel mehr Missionare nach Sichuan zu schicken, die meisten waren junge Frauen.

Im Bezirk »N« in der Provinz Sichuan befindet sich ein abgelegenes Dorf, das tief verstrickt war in Aberglaube. In jedem Haushalt standen mehrere Götzenaltäre, und die Bewohner trugen viele kleine Götzen und Amulette an ihrem Körper. Insgesamt lebten etwa fünfhundert Familien in dem Ort, die Gesamtbevölkerung lag bei 2 000 Menschen. Das Dorf war bekannt dafür, daß es dem Christentum sehr abweisend gegenüber stand. Jeder wußte es: Wer in diesem Dorf an Jesus glauben wollte, wurde damit zum Freiwild. Er durfte umgebracht werden, und der Mörder würde nicht gesucht oder bestraft werden. Man erzählte sich auch, daß in dieser Gegend schon mehrere Missionare und Prediger verschwunden seien.

1987 reisten trotzdem mehrere Pastoren aus Henan in dieses Gebiet und predigten. Sie wurden von den Menschen fast tot geschlagen. Aber sie ließen sich nicht davon entmutigen, denn sie waren sich sehr sicher, daß Gott sie genau an diesen Ort geschickt hatte. Ihre Liebe zu den Menschen in diesem Teil Sichuans wurde durch das Wirken des Heiligen Geistes in ihnen immer stärker, und ihre größte Sehnsucht war, daß die Menschen hier Jesus kennenlernen würden. Sie wußten, daß Gott ihnen Verantwortung für diesen Teil der Provinz gegeben hatte, und sie wollten in ihrem Dienst treu sein. Doch für einige Monate konnten sie nichts weiter tun als zu beten.

Dann, im nächsten Jahr, starteten einige junge Männer einen zweiten Versuch. Sie gingen in das gleiche Dorf im Bezirk »N«. Als sie mit den Kranken beteten, geschahen viele dramatische Wunder und Heilungen. Gott machte blinde Menschen sehend und Taube konnten nach dem Gebet wieder hören. Ein Dorfbewohner wurde von Leberkrebs geheilt, und viele andere Wunder geschahen.

Damit zerstörte Gott in seiner Kraft diese Festung des Teufels in »N«, die über Jahrhunderte so fest in Satans Griff gewesen war. Nach wenigen Tagen hatte sich fast das ganze Dorf zum Glauben an Jesus entschlossen. Und alle waren nun sehr traurig darüber, daß sie das Christentum so lange und so entschieden bekämpft hatten. Wenn die Leute von den Gottesdiensten in ihre Häuser zurückkehrten, konnten die Missionare regelmäßig beobachten, wie sie ihre Götzen und die Hausaltäre zerstörten und verbrannten.

Besonders interessant war, wie diese Dorfbevölkerung eine öffentliche Gerichtsverhandlung und Hinrichtung aller Götzen vornahm. Sie verfuhren so ähnlich, wie die Kampfversammlungen während der Kulturrevolution verliefen und benutzen die entsprechenden Ausdrücke. Zuerst wurden aus allen Tempeln, Schreinen und Altären die Götzen eingesammelt und auf einen großen Haufen geworfen, in der Mitte des Dorfplatzes, wo das Gericht tagen sollte.

Dann traten viele Dorfbewohner als Zeugen auf und beschuldigten die Götzen vieler Verbrechen. Manche waren richtig wütend und schrien die großen Figuren an: »Du Miststück! Über Jahrzehnte hast du mich betrogen! Die Hälfte des Geldes, das meine Familie schwer erarbeitet hat, hast du mit all deinen Opfern verbraucht.«

Andere traten die am Boden liegenden Skulpturen, schlugen ihnen ins Gesicht und klagten unter Tränen: »Ich hatte nur eine Tochter, die ich dir geweiht habe, damit du auf sie acht haben solltest. Ich habe dir so viele Opfer gebracht, Räucherstäbchen verbrannt und Geld geschenkt. Warum hast du dich nicht um meine Tochter gekümmert? Jetzt ist sie an ihrer Krankheit gestorben.«

Dann wurden alle Götzen offiziell zum Tode verurteilt, und die Strafe wurde sofort ausgeführt. Die hölzernen Figuren wurden mit der Axt zerstückelt und verbrannt. Figuren aus Ton wurden zum Fluß geschleppt, wo sie ein letztes Bad nehmen durften, bei dem sich ihr Material auflöste. Metallene Götzen wurden in einen kleinen Hochofen geworfen, wo sie bei sehr hohen Temperaturen geschmolzen wurden. Die steinernen Götterbilder wurden in ihre einzelnen Steine zerschlagen, bis kein einziger größerer Stein mehr übrig war. So wurden alle Götzen »artgerecht« vernichtet. Am Ende dieses arbeitsintensiven Tages herrschte viel Freude in dem Dorf, die

Leute sangen Lieder zu Jesus, tanzten und jubelten laut vor Freude. In allen umliegenden Bergen und Dörfern war es zu hören, daß in diesem Ort heute ein großes Fest gefeiert wurde.

Die Geschichte von Xiaolu und Xiao-ping

Die beiden Frauen Xiaolu und Xiao-ping wurden 1989 von der Kirche in Henan als Missionare nach Sichuan ausgesandt. Bevor sie loszogen, hatten sie einige Bedenken, denn man hörte damals viel von Übergriffen auf Frauen, die allein unterwegs waren, viele gewalttätige Männer zogen in Sichuan umher und hatten nichts weiter zu tun, als auf ein Opfer zu warten, das ungeschützt durch die Berge wanderte. So beteten die beiden jungen Frauen mit der ganzen Gemeinde zusammen, daß sie genügend Glauben vom Heiligen Geist bekommen würden, um allen Angriffen und Schwierigkeiten widerstehen zu können.

Als sie dann im Bezirk »F« in Sichuan ankamen, war ihr erstes Problem, sich mit den Menschen dort zu verständigen, die einen anderen Dialekt sprachen. Die beiden verstanden kein Wort, und der Bevölkerung ging es mit ihnen genau so. Sie beschlossen, deswegen zuerst einmal zwei Tage zu fasten und zu beten.

Während sie durch die bergige Landschaft gingen, sangen sie laut und mit Begeisterung ihre Lieder und beteten die ganze Zeit Gott an. Dieses Singen zog, als sie sich einer Ortschaft näherten, die Kinder des nächsten Dorfes an, die im Wald spielten. Sie scharten sich neugierig um die Fremden. Es kam nicht oft vor, daß sich jemand in ihre Gegend verirrte. Die Kinder mochten ihre Lieder und machten viel Lärm, so daß bald auch die Erwachsenen ihnen entgegen kamen und sie mit gebührendem Abstand beobachteten. Von überall kamen die Menschen zu den beiden Christinnen, als ob eine unsichtbare Kraft sie anziehen würde.

Xiaolu ergriff die Gelegenheit und erzählte ihnen, wie Jesus auf die Erde gekommen war, um den Menschen eine Brücke zu Gott, dem Vater zu bauen, indem er für sie starb. Die Leute waren fasziniert, denn obwohl dieses Mädchen noch so jung war und aussah, als wäre sie auch eine Bauerntochter, genau wie die Mädchen ihres Dorfes, so konnte sie doch gewandt und flüssig reden, wie man es sonst nur von gebildeten, reifen Männern kannte.

Als Xiaolu an die Stelle kam, wie Jesus am Kreuz die Schmerzen aller Menschen und alle Krankheiten trug und von Gott, seinem Vater verlassen wurde, weil er so häßlich und voller Sünde war, da begannen die Tränen der Zuhörer zu fließen. Alle, die zugehört hatten, ließen mit sich beten, um vierzig Personen wurden im nächsten Fluß getauft auf den Namen des Vaters, Jesu und des Heiligen Geistes.

Die beiden leidenschaftlichen Missionarinnen predigten überall und ununterbrochen zu allem, was sich bewegte. Sie redeten mit Einzelnen und mit Menschenmassen. Und immer kam eine starke Resonanz auf das, was sie sagten. Fast alle Menschen, die den beiden zuhörten, nahmen Jesus als ihren Herrn an und ließen mit sich beten.

An einem dieser Tage kamen die beiden an einem alten Mann vorbei, der ganz allein und ungeschützt am Straßenrand saß. Sie setzten sich zu ihm, teilten ihr Essen mit ihm und erzählten ihm von Jesus. Leute, die auf derselben Straße vorbeikamen, beobachteten diese Szene und waren neugierig, was dort los war. Sie stellten sich so nahe dazu, daß sie das Gespräch mithören konnten. Kurze Zeit später hatten sich dreißig Menschen entschieden, auch an Jesus zu glauben und ihm nachzufolgen.

Dann begannen Xiaolu und Xiao-ping, jede Woche einmal für vierundzwanzig Stunden zu fasten und zu beten für Sichuan, daß der Heilige Geist noch mehr wirken könnte. Gott segnete die beiden sehr, und viele Zeichen und Wunder geschahen jedesmal, wenn sie Gott darum baten. Gott heilte die verschiedensten Krankheiten, ob es nun Blutkrankheiten waren, gelähmte Hände, Herzkrankheiten, entzündete Gallenblasen, alle Kranken wurden sofort geheilt, wenn sie mit sich beten ließen, und die Menschen waren voller Dank für Jesus, der sich als so stark und real erwies.

Im Winter 1990 reiste Xiaolu zusammen mit zwei Christen, die den Familiennamen Yang tragen, in den Bezirk »G« in Sichuan, wo der alte Vater der beiden lebte. Der Vater war seit drei Jahren gelähmt und hatte in seiner Not sehr viel Geld für alle Arten von Medizin ausgegeben, aber nichts hatte ihm helfen können. Nun wollten seine Kinder, die inzwischen Gott und seine übernatürliche Kraft kennengelernt hatten, daß sie zu dritt für den Vater um Heilung beteten.

Als die drei Christen in das Dorf kamen, folgten ihnen viele Menschen, die beobachten wollten, was nun geschehen würde. Am Bett des Gelähmten erzählte Xiaolu zuerst von der Freundlichkeit und Gnade Gottes. Dann sagte sie: »Wenn Sie an Jesus glauben, werden Sie nicht nur gesund werden, sondern Sie werden auch nach Ihrem Leben auf dieser Erde zu Gott in seinen Himmel kommen und dort in ewiger Freude bei Jesus leben.«

Dann legte sie auf Herrn Yang die Hände und die drei Christinnen beteten im Namen Jesu um die Heilung. Aber nichts geschah. Herr Yang war so voller Unglaube, daß Gott einfach nicht wirken konnte. Die Leute verließen kopfschüttelnd das Haus und unterhielten sich noch auf der Straße darüber, daß dies ja auch zu schön gewesen wäre, wo habe man denn schon einmal so etwas gehört, daß es einen Gott gäbe, der Gelähmte wieder gesund machen kann?

Xiaolu wußte vom Heiligen Geist, daß dieses Wunder an Herrn Yang ein Schlüssel wäre für das ganze Dorf, daß alle Bewohner sich dann für Gott öffnen würden, wenn sie Gottes Kraft so deutlich würden sehen können. So beschloß sie, für vier Tage in die Berge zu gehen und dort ganz für sich alleine zu fasten und zu beten.

Am Abend des vierten Tages kam sie zurück zu Herrn Yang und betete noch einmal für ihn. Dann, zusammen mit den beiden Töchtern, zogen sie ihn aus seiner liegenden Position hoch, bis er auf der Bettkante kauerte. Die Töchter standen zu beiden Seiten und mußten ihn festhalten, so daß er nicht umkippte. Xiaolu trat einen Schritt zurück, und in der Autorität Jesu befahl sie ihm, jetzt aufzustehen, zu gehen und Gott zu preisen.

Plötzlich spürte Herr Yang, wie eine starke Kraft durch seinen Körper strömte, und er schrie los: »Halleluja! Halleluja!« Er hörte gar nicht mehr auf, Halleluja zu rufen, warf seinen Stock zu Boden, schüttelte die beiden Töchter an seiner Seite ab und rief noch einmal: »Halleluja! Ich kann laufen!« Damit rannte er los, aus dem Zimmer, in den Hof, den er zweimal umkreiste, dann auf die Straße. Er war überwältigt von Freude, rief immer weiter: »Halleluja! Ich kann wieder gehen! Kommt und seht, seht doch nur!« Die Leute rannten aus ihren Häusern und Läden, alles stürzte auf die Straße und war fassungslos und begeistert, den alten Herrn so zu sehen. Er rannte ununterbrochen die Straße auf und ab und wollte gar nicht mehr stehen bleiben.

Xiaolu und die beiden Schwestern standen in der Tür des Hauses und beobachteten alles mit einem glücklichen Lächeln auf dem Gesicht. Als die Nachbarn sie sahen, gingen sie ehrfürchtig auf sie zu, und mit gebührendem Abstand fielen sie vor Xiaolu auf die Erde und verbeugten sich tief vor ihr: »Ehrwürdige Göttin, wie wunderbar Sie sind! Wir sind in der Vergangenheit nur betrogen worden von den falschen Göttern!«

Schnell zog Xiaolu sie wieder auf die Beine und stellte diesen Irrtum richtig: »Jesus hat den ehrwürdigen Herrn Yang geheilt. Jesus ist Gott, ich bin nur ein Mensch, genau wie ihr.« Als sie ihnen jetzt von Jesus erzählte, waren alle sehr aufmerksam und niemand hatte noch irgendwelche Probleme, an ihn zu glauben, denn sie hatten seine Kraft gesehen.

Die Nachricht von diesem Wunder verbreitete sich wie ein Lauffeuer in der ganzen Gegend. Einen Tag später wußten alle umliegenden Dörfer davon. Von überall her strömten die Menschen in Yangs Dorf, sie kamen, so schnell sie ihre Beine tragen konnten, und sie brachten alle ihre kranken und von bösen Geistern besessenen Angehörigen mit. Jeder wollte der erste sein, seinen Kranken in Yangs Haus zu bringen. Viele Menschen wurden geheilt, aber das Kostbarste, was sie hier fanden, war das ewige Leben und der Kontakt zu Jesus.

Am zweiten Tag hatte sich die Nachricht von Yangs Heilung auch schon in den entfernteren Dörfern herumgesprochen, in einem Umkreis bis zu hundert Kilometern. Und die Menschen kamen zu Yangs Haus, von überall brachten sie ihre Kranken, alle Räume und der Hof des Hauses waren total überfüllt, der Strom riß nicht ab. Xiaolu verlor schon bald den Überblick, wieviele Menschen in diesen Tagen zu Jesus kamen, mit ihm ein neues Leben anfingen und geheilt wurden. Die Kranken wurden gesund, und die von Dämonen Besessenen wurden frei. Ein Mann wurde von Leukämie geheilt, ein taubstummer Junge sagte seine ersten Worte, als für ihn und seine Mutter gebetet wurde. Das ganze Dorf war erfüllt vom Jubel der Geheilten.

Die Heilungen waren so zahlreich, daß die Ärzte und Apotheker allen Grund zur Besorgnis hatten. Wenn das so weiterginge, würden sie bald brotlos sein. So beschlossen die Ärzte, gemeinsam vor Gericht zu gehen. Sie beschuldigten Xiaolu, daß sie die Menschen betrügen würde. Und sie drohten, daß, wenn niemand ihr Handeln verhindern würde, dies üble Folgen haben würde.

Die Kader der Bezirksregierung waren ohnehin schon sehr beunruhigt gewesen, so daß ihnen diese Klage gerade recht kam. In aller Eile stellten sie ein Einsatzkommando der Geheimpolizei zusammen, zu dem auch führende Funktionäre des Büros für Innere Sicherheit gehörten, und gemeinsam machten sie sich auf den Weg zum Dorf von Familie Yang.

Xiaolu wurde verhaftet und zu einem Verhör in das nächste Regierungsgebäude gebracht. Aber es dauerte nicht lange, dann waren ihr Herr Yang und viele Dorfbewohner gefolgt, die in den letzten Tagen Heilung erlebt hatten. Sie bestanden darauf, vor der Polizei auszusagen. Ein Bericht folgte auf den nächsten, wie Gott sie von Krankheit und Schmerzen geheilt hatte. Den Funktionären verschlug es die Sprache. Sie wagten es nicht, den Zorn all dieser Menschen zu wecken, denn daß diese ehemaligen Kranken überzeugt waren von dem, was sie glaubten und daß sie alles tun würden zum Schutz von Xiaolu, daran ließen sie wirklich keinen Zweifel. Widerstrebend ließen sie Xiaolu wieder frei, nachdem sie das Mädchen eindringlich gewarnt hatten und ihr in aller Strenge befohlen hatten, morgen früh diese Gegend zu verlassen.

Es fiel Xiaolu sehr schwer, aber sie befolgte die Anweisung der Polizei und verließ am nächsten Morgen die Gegend, in der sie Gottes Kraft und Gnade so gewaltig hatte erleben dürfen. Die vielen lieben, neuen Geschwister weinten bitterlich, alle hatten verschwollene, rote Augen und drängten sich um sie, als Xiaolu dann frühmorgens in den Bus kletterte, der sie zu einem neuen Abenteuer mit dem Heiligen Geist bringen würde. Obwohl sie nur ein paar Tage hier gewesen war, hatte sie das Gefühl, ihre Heimat zu verlassen, und sie konnte nur in großer Dankbarkeit all den lieben Menschen nachwinken, die sich an der Bushaltestelle versammelt hatten.

c) Die Arbeit im Nordosten Chinas

Im Nordosten Chinas waren in diesem Jahrhundert sehr viele Missionare unterwegs, die den Menschen von Jesus erzählten, und es gab relativ viele Christen. Aber 1953 kamen leider falsche, unbiblische Lehren auf, die sehr großen Einfluß gewannen und die Kirche weitgehend zerstörten, die sich bis dahin so schön entwickelt hatte. Seit jener Zeit stagnierten die Gemeinden dort.

Einige Jahre später sah es so aus, als würden die Christen sich wieder von den Problemen mit dieser falschen Lehre erholen, und der Heilige Geist begann wieder, zu wirken. Doch dann entstand die Drei-Selbst-Bewegung, von der sich die Christenheit weitgehend bestimmen ließ, und damit war das geistliche Wachstum wieder sehr behindert. Von der ganzen Erweckung, die andere Provinzen erfaßt hatte, war bis vor kurzem hier nichts bekannt.

Im Jahr 1988 reiste eine alte Dame aus Henan zu ihrem Sohn nach »M« im Nordosten Chinas. Während der Zeit ihres Besuches nutzte sie jede Gelegenheit, um die Menschen mit Jesus bekannt zu machen und für sie zu beten. Es war wie eine erste Saat der Erweckung in diesem harten Boden.

Im Oktober des folgenden Jahres kam dann das erste Team aus Henan nach »M«. Es waren eine Frau und zwei Männer. Ihre Aufgabe war es, die Arbeit zu unterstützen und auszubauen, die die alte Dame begonnen hatte. »M« ist eine recht junge Industriestadt, die weitgehend auf dem Reißbrett entworfen wurde. Es gibt nur wenig, das hier natürlich gewachsen ist. Die Bewohner der Stadt waren nicht aus dieser Gegend. Es waren Arbeiter, die für einige Jahre nach »M« umgesiedelt waren, aber eigentlich in einer anderen Provinz zu Hause waren. Es gab so gut wie keine Christen in der Stadt. Die Menschen, die hier lebten, waren eigentlich solide, nüchtern und realistisch. Trotzdem verehrten sie hundertzweiundfünfzig Nerze und Wölfe als ihre Götter, ein Umstand, den man nur schwer nachvollziehen kann.

Der Heilige Geist hatte die drei Missionare aus Henan besonders gesalbt und mit Kraft ausgerüstet, um diese Stadt für Jesus zu erreichen. Gleich zu Beginn ihres Dienstes beteten sie mit einem jungen Mann, der nur noch mit Hilfe eines Hörgerätes ganz schwache Geräusche wahrnehmen konnte. Er wurde sofort und vollständig geheilt. Auch viele andere Wunder geschahen.

Diese Neuigkeit hatte sich schnell in der Stadt herumgesprochen. Eines Abends, als die drei Christen aus Henan wieder einen Gottesdienst abhielten, kam eine große Gruppe von Studenten, die unbedingt selbst nachprüfen wollten, was es denn nun mit diesen Heilungen auf sich habe. Sie waren in den modernen Naturwissenschaften gelehrt und fest entschlossen, die billigen Heilungstricks schnell zu entlarven.

Doch als sie dann Zeuge eines gesalbten Heilungsgottesdienstes wurden, wo der Heilige Geist sichtbar gegenwärtig war und offensichtliche Wunder geschahen, die nicht weg diskutiert werden konnten, da waren sie sprachlos vor Ehrfurcht. Die Gegenwart Gottes war so schön und so angenehm, und sie erlebten zum ersten Mal seine Liebe, da vergaßen sie sehr schnell, warum sie eigentlich gekommen waren. Alles, was sie in so vielen Jahren des Lernens in sich hinein gepaukt hatten, war im Handumdrehen graue Theorie, gemessen an der Realität Gottes. Alle Studenten meldeten sich, daß sie auch Christen werden wollten, und demütig knieten sie sich nieder, als die Christen kamen, um mit ihnen zu beten.

Die Berichte über die Wunder, die in diesen Gottesdiensten geschahen, bewegten die ganze Stadt. Abend für Abend kamen mehr Neugierige und Interessierte und natürlich auch Kranke, die sehen wollten, ob an den Gerüchten etwas Wahres wäre. Sie kamen, erlebten Gottes Liebe und Kraft, wurden Christen und wurden geheilt. So entstand eine Gemeinde in »M«.

Etwas besonderes an dieser Gemeinde war der Umstand, daß es eigentlich niemanden gab, der auch in dieser Gegend aufgewachsen war und dessen Familie hier lebte. Vielmehr kamen die Menschen wirklich von überall in China. Und regelmäßig, wenn jemand Christ geworden war, nutzte er die nächste Urlaubsmöglichkeit, um in seine Heimat zu fahren und den Eltern, Geschwistern und Freunden zu erzählen, wer Jesus ist und was er für ihn getan hatte.

Die Gemeinden in Henan sahen wirklich in allen Himmelsrichtungen Bedarf an geistlichen Leitern, und je mehr Menschen sie aussandten, desto mehr wurden benötigt. Jahr für Jahr zogen die Teams aus Henan los, missionierten andere Provinzen und dienten den Christen überall, wohin sie kamen.

Im September 1990 reisten zwei geistliche Leiter aus Henan nach »M«, um die dortigen Leiter weiterzuführen, wie sie ihren eigenen Gemeinden vorstehen könnten. Sie studierten die Bibel zusammen und arbeiteten heraus, woran man das Wirken des Heiligen Geistes vom Wirken des Teufels unterscheiden kann. Sie wurden auch über den Heiligen Geist gelehrt, wer er ist und wie man seine Kraft erleben kann. Auf Lobpreis und Anbetung wurde sehr viel Wert gelegt, und wie auch in anderen Provinzen war dieser Teil des Gottesdienstes auch hier im Nordwesten besonders stark. Viele Christen, die in ihrer Liebe zu Jesus und ihrer Hingabe etwas abgekühlt waren, wurden wieder neu erweckt und mit der Kraft und Liebe des Heiligen Geistes erfüllt. Jeden Tag entschieden sich mehr Menschen, auch Christen zu werden.

Im Januar 1990 kamen zwei junge Mädchen in den Nordwesten, die von Gott den Auftrag hatten, die Mitarbeiter im Nordwesten zu lehren und zu unterstützen. Sie bereisten viele Städte und Dörfer, besuchten die Gemeinden und dienten den Leitern und Pastoren. Aber die Kälte, die hier im Norden herrschte, waren sie nicht gewöhnt. Nach einiger Zeit hatten sie überall am Körper Frostbeulen. Sie erlebten auch Sandstürme, bei denen ihnen der Wind den Sand so in die Augen trieb, daß es sehr weh tat. Doch die Liebe Gottes in ihnen für diese Menschen, zu denen Gott sie gesandt hatte, war stärker als alle Schwierigkeiten, so daß sie im Ganzen drei Monate dort bleiben konnten.

Der Heilige Geist zeigte ihnen auch die Probleme der Gemeinden, die sie besuchten, geheime Sünden und drohende Spaltungen. Und in der Autorität des Heiligen Geistes deckten sie diese Dinge auf und räumten sie aus. So konnten die Gemeinden durch eine Zeit der Reinigung und Heilung gehen, bis sie alle wieder eins waren, sich vergeben hatten und wieder zusammen standen. Diese Heilung der Gemeinden war eine wichtige Voraussetzung für alles, was Gott danach im Nordosten wirken konnte.

d) Die Arbeit in Hunan

In den bisherigen Berichten wurden der Götzen- und Geisterglaube, die große Armut und die übrigen Probleme der Menschen in den Provinzen Shaanxi, Sichuan und im Nordosten beschrieben. Doch dies sind keine regional begrenzten Phänomene. Fast die ganze Bevölkerung Chinas glaubt an Geister und verehrt verschiedene Götzen. Die chinesischen Familien leiden sehr unter dem Einfluß des Teufels, dem sie sich damit öffnen. Auch in der Provinz Hunan sah die Lage ähnlich aus. Die Menschen in Hunan verehrten so viele verschiedene Götzen, daß sie selbst kaum einen Überblick hatten. Sünde und Verbrechen waren überall an der Tagesordnung.

Die Gemeinden in Henan sandten auch nach Hunan Missionsteams. Der erste, den sie aussandten, war Bruder Chan, der in seinem ersten Dorf in Hunan nur wenige Tage blieb, und doch konnte er vor seiner Weiterreise mehr als sechzig Menschen auf den Glauben an Jesus taufen. Es kamen daraufhin noch zwei weitere Frauen aus Henan, um ihn zu unterstützen. Auch ihr Dienst war gekennzeichnet von den vielen aufsehenerregenden Wundern der Heilung, die Gott wirkte.

Ein Mann, der an einem Hirntumor litt, war aus dem Krankenhaus entlassen worden, weil die Ärzte nichts mehr für ihn tun konnten. Sie hatten ihm zum Abschied gesagt, daß es keine Hoffnung für ihn gäbe und daß er bald sterben würde. Aber seine Nachbarn und Freunde trugen den Todkranken zu einem der Gottesdienste, den die Christen aus Henan hielten. Der Mann litt unter unerträglichen Schmerzen.

Die Christen legten einfach die Hände auf seinen Kopf und beteten, daß Jesus ihn gesund machen solle. Im selben Augenblick war der Mann geheilt. Durch dieses Wunder entschieden sich viele Menschen, auch an Jesus zu glauben, und im nächsten Taufgottesdienst ließen sich mehr als dreihundert neue Christen taufen.

Einer der Christen dort verschaffte den beiden Frauen die Möglichkeit, in einer Drei-Selbst-Kirche zu sprechen. Die Kirche war brechend voll und alle, die gekommen waren, erlebten die angenehme Gegenwart des Heiligen Geistes. Die Predigt gefiel ihnen allen sehr gut, sie waren begeistert und freuten sich darauf, das zu erleben, wovon die beiden Frauen sprachen. Nur der verantwortliche Pfarrer dieser Kirche war gelähmt vor Angst und bat die Frauen, sofort die Gegend zu verlassen.

e) Die Arbeit in Anhui

Anhui ist im Gegensatz zu den oben beschriebenen Gegenden eine Provinz, in der es sehr viele Christen gibt. Vor allem im nördlichen Teil des Landes leben in jedem der vielen Bezirken mehr als 100 000 Christen. In der Vergangenheit hatten die Gemeinden in Anhui das Problem, daß es nur sehr wenig biblische Lehre gab und daß jede Denomination auf ihren Unterschieden beharrte, die zur Verwirrung der Christen beitrugen. Sekten entstanden, die Dinge lehrten, die im klaren Gegensatz zur Bibel waren. Und die meisten Gemeinden unterstellten sich dann der Kontrolle der Drei-Selbst-Kirche.

Im Osten und Westen grenzt Anhui an Zhejiang und Henan. 1988 kamen Mitarbeiter aus Schanghai und Zhejiang nach Anhui, um den Gemeinden dort zu dienen. Doch sie durften feststellen, daß die Missionare aus Henan ihnen schon zuvor gekommen waren und daß im Norden Anhuis bereits Erweckung herrschte und der Heilige Geist sehr am Wirken war.

Im Herbst 1990 reiste eine nicht mehr ganz junge Christin aus Henan nach Anhui. Es war schon ihre sechste Reise in diese Provinz. Ihr Ziel war die Provinz »P« im Norden Anhuis. Sie besuchte dort eine Gemeinde, in der sie zu den Abendgottesdiensten sprechen durfte. Eines Abends war der Heilige Geist besonders stark da, und eine Frau unter den Zuhörern begann, laut zu weinen. Dann stand sie auf und bat die Leiterin, ihre Sünden bekennen zu dürfen.

Ihr folgten mehrere andere Mitarbeiter, die sich auch vom Heiligen Geist zur Reue und Umkehr leiten ließen und unter Tränen ihre Sünden vor der Gemeinde bekannten. Die Frau, die als erste aufgestanden war, war in der Vergangenheit sehr stolz und herrschsüchtig gewesen, womit sie der Gemeinde viel Schaden zugefügt hatte. Die Gemeinde war damals ohnehin in einer schwierigen Phase, und durch den Unfrieden, den diese Frau zwischen die Geschwister gesät hatte, wäre es fast zur Spaltung gekommen. Aber durch den Dienst der Frau aus Henan konnte der Heilige Geist dies alles ausheilen, die Gemeindemitglieder entschuldigten sich voreinander und vergaben einander, bis sie wieder vereint waren in göttlicher Liebe und Einheit.

Von dort reiste die Frau aus Henan weiter in den Bezirk »R«, wo jeden Abend vier- bis fünfhundert Menschen die Gottesdienste besuchten. Der Heilige Geist fühlte sich wohl in den Versammlungen und konnte in aller Freiheit wirken. Aber die Leiter der Drei-Selbst-Kirche waren eifersüchtig, weil ihre Kirchen leer blieben, während eine einfache, ältere Frau so viele Menschen mobilisieren konnte. Sie erstatteten Anzeige bei der Geheimpolizei.

So geschah es, daß am folgenden Samstagnachmittag mitten im Gottesdienst etwa fünfzehn uniformierte und bewaffnete Polizisten hereinstürmten. Sie nahmen außer der Frau aus Henan auch ein siebzehnjähriges Mädchen mit, die gerade die Anbetung geleitet hatte. Beide wurden verhört und geschlagen. Aber das junge Mädchen trieb die Parteifunktionäre bei dem Verhör zum Wahnsinn, indem sie auf jede Frage mit dem Text eines Anbetungsliedes antwortete.

Die Frau aus Henan wurde in eine Untersuchungshaftanstalt gebracht. Als sich die Zellentür hinter ihr schloß, stand sie lange reglos am Eingang und ließ ihre Blicke über die Frauen gleiten, die da zu ihren Füßen kauerten. So viel menschliches Leid und Elend, das hier auf wenigen Quadratmetern versammelt war! Ihre Haare waren verfilzt, ihre Augen lagen in dunklen Höhlen, viele litten offensichtlich unter Schmerzen, und ihre Gesichtszüge waren geprägt von Hoffnungslosigkeit, Verzweiflung und Resignation. Das Herz der Christin wurde schwer von göttlicher Barmherzigkeit und Liebe zu diesen ungeliebten Frauen. Sie mußte daran denken, daß diese Frauen nach all dem physischen Leiden, durch das ihr Leben geprägt war, in der Ewigkeit ohne Gott weiter leiden würden. Welch eine Aufgabe, die da zu ihren Füßen lag!

Als erstes begann sie damit, den Frauen Lieder beizubringen. Diese Zeiten des gemeinsamen Singens waren wie kleine Lichtpunkte in dem ansonsten so finsteren, monotonen Alltag. Während sie sangen, verschwand die Angst für einige Momente, und Hoffnung entstand in den Herzen der Frauen, daß sie diesen Frieden vielleicht einmal länger bewahren könnten. Leben kam in die Augen, die sonst so von Angst und Verzweiflung überschattet waren, und sie begannen plötzlich zu leuchten. Sie hörten zu, als die Christin ihnen von der Liebe Gottes erzählte, und sieben Gefangene entschieden sich, an Jesus zu glauben.

Aber eine der Frauen in der Zelle arbeitete sehr aktiv gegen dieses Wirken des Heiligen Geistes. Sie war wegen Geiselnahme im Gefängnis und hatte ein sehr aufbrausendes Temperament. Da sie die Zellenälteste war, hatte sie einige Möglichkeiten, Druck auf die anderen Frauen auszuüben. Nachdem die ersten sieben Frauen Christinnen geworden waren, berichtete die Leiterin dies den Aufsehern, die Frauen wurden gefoltert, und von da an wagte es niemand mehr, mit der Christin aus Henan ernsthaft über Jesus zu reden.

Die Frau aus Henan fastete und betete für diese Gefangene. Am dritten Tag ihres Fastens bekam die Zellenälteste so furchtbare Kopfschmerzen, daß sie fast verrückt wurde. Sie schlug mit dem Kopf gegen den Steinboden und hoffte, damit diesen rasenden Schmerz ausschalten zu können, der immer schlimmer wurde. Wenn es ihr möglich gewesen wäre, hätte sie sich wahrscheinlich umgebracht, so unerträglich waren die Schmerzen. Schließlich fragte sie die Christin aus Henan, ob sie bitte mit ihr beten würde, damit diese Schmerzen aufhörten.

Die Christin fragte die Frau: »Glauben Sie an Jesus?« Und diese antwortete: »Von jetzt an werde ich von ganzem Herzen an ihn glauben.«

Daraufhin legte ihr die Christin die Hände auf den Kopf und begann, für sie zu beten. Es dauerte weniger als drei Minuten, dann war die Frau vollkommen schmerzfrei. Sie war so erleichtert, daß sie in der Zelle zu singen und zu tanzen begann und die Lieder sang, die sie von der Christin gelernt hatte. In den folgenden zwei Wochen wurden vierzehn weitere Gefangene Christinnen.

Nach ihrer Freilassung reiste die Christin wieder zurück in den Norden Anhuis, wo sie sich mit den Mitarbeitern von drei Bezirken traf. Sie ermutigten einander sehr, als sie sich erzählten, was Gott bei jedem von ihnen getan hatte. Inzwischen hatten sich hier so viele Menschen entschieden, an Jesus zu glauben, daß umgehend ein Taufgottesdienst abgehalten werden sollte. Viele der neuen Christen warteten schon darauf, bis sie sich endlich würden taufen lassen können.

Aber der Pfarrer der Drei-Selbst-Kirche, der als einziger die offizielle Erlaubnis zum Taufen hatte, war kein besonders hingegebener Christ. Er war bekannt dafür, daß er viel Alkohol trank und rauchte und sich gerne in entsprechenden Lokalitäten aufhielt. Deshalb wollten die Christen eigentlich auch gar nicht von ihm getauft werden, selbst wenn er dazu bereit gewesen wäre. Sie schrieben einen Brief an Bruder Jian aus Henan, daß er sie doch bitte besuchen möchte, um die vielen neuen Christen zu taufen.

Als der Drei-Selbst-Pfarrer davon erfuhr, wurde er doch sehr eifersüchtig und sorgte für eine Menge Schwierigkeiten. Er wandte sich an Bruder Jian und erklärte ihm: »Wenn Sie hier taufen wollen, dann müssen Sie sich an die folgenden drei Regeln halten:

1. Sie müssen sich schriftlich festlegen, daß Sie die volle Verantwortung übernehmen werden, falls jemand durch das Taufen krank werden sollte.
2. Sie müssen mir ein Empfehlungsschreiben der Drei-Selbst-Kirche für Ihre Person vorlegen.
3. Es ist Winter und wir haben Frost. Ich verbiete Ihnen ausdrücklich, eine Taufe im Fluß durchzuführen. Sie dürfen ausschließlich im warmen Wasser des Badehauses taufen.«

Doch die geistlichen Leiter aus Anhui waren sich einig, was sie tun wollten, als sie von diesem Brief an Jian erfuhren. Sie ließen dem Pfarrer mitteilen, daß sie selbst die volle Verantwortung für alles übernehmen wollten und die ganze Taufe nichts zu tun haben würde mit dem Bruder aus Henan.

Eines Abends, nachdem Bruder Jian gekommen war, machten sich die Christen auf den Weg zum Fluß. Es war eine klirrend kalte Nacht, überall lag Schnee. Viele Christen, die sich eigentlich gerne hätten taufen lassen, waren wieder abgesprungen, weil sie sich sowohl vor dem eiskalten Wasser wie auch vor den Strafen fürchteten, die der Pfarrer angedroht hatte. In dieser Nacht wurden nur zwanzig besonders mutige Personen getauft.

Unter diesen Täuflingen war eine Schwester, die wegen einer Krankheit, die sie schon seit ihrer Kindheit hatte, besondere Angst vor dem kalten Wasser hatte. Aber als sie wieder aus dem Wasser stieg, war sie vollkommen geheilt, was besonders ihren Ehemann sehr in Erstaunen versetzte.

Am nächsten Tag ließ sich dieser Ehemann auch taufen, zusammen mit vierzig weiteren jungen Christen. Am dritten Tag kamen hundert Personen zur Taufe. Das aufsehenerregendste Wunder geschah, als ein verkrüppelter Mann sich zum Taufen ins Wasser tragen ließ und nach der Taufe vollkommen geheilt mit geraden Gliedmaßen auf seinen eigenen Beinen aus dem Wasser stapfte. Am vierten Tag kamen noch mehr Menschen, die sich taufen lassen wollten.

In einem benachbarten Bezirk waren auch viele Menschen, die sich zum Glauben an Jesus entschieden hatten und getauft werden wollten. Als die Gemeindeleiter dort hörten, daß Bruder Jian gerade in der Nähe war und taufte, baten sie ihn herzlich, doch auch in ihren Bezirk zu kommen. Er folgte dieser Einladung gerne.

An dem Abend, als diese Taufe stattfand, schneite es heftig. Als die Geheimpolizei davon erfuhr, daß in dem eisigen Fluß getauft werden sollte, sandten sie sofort ihre Leute los, um die Christen zu suchen und davon abzuhalten. Aber Gott sorgte dafür, daß sie die Christen nicht finden konnten, und ohne Zwischenfall konnte Bruder Jian über hundert Menschen taufen. Unter anderem wurde ein Stummer getauft, der, als er aus dem Wasser kam, laut Gott pries.

Es geschahen zahllose Wunder in den Flüssen und Seen in Anhui und in anderen Teilen Chinas, deren Erwähnung den Rahmen dieses Buches sprengen würde. Hier haben wir nur eine kleine Auswahl berichten können, um anzudeuten, welch phantastische Dinge Gott in den letzten Jahren in China getan hat und immer noch tut.

Im China der neunziger Jahre kommen immer mehr Christen aus der Drei-Selbst-Kirche, und die Hauskirchen vieler Bezirke arbeiten sehr eng zusammen. Zu ihnen zählen Tausende von Gemeinden. Fast alle Christen kennen den Heiligen Geist und seine Kraft, und die Zusammenkünfte sind geprägt von sehr starken, ausgedehnten Zeiten der Anbetung.

4. Ein herrlicher Plan

Im Frühjahr 1991 fand in Henan eine Mitarbeiterkonferenz statt. Der Gastredner war ein Pastor, der auch in der Vergangenheit sehr von Gott gebraucht worden war, um den Christen in ganz China zu dienen. Die Konferenz dauerte eine Woche. Am Ende des letzten Gottesdienstes betete er mit jedem einzelnen der Anwesenden, legte jedem die Hände auf und segnete sie.

Seither haben sich viele Teams auf den Weg gemacht, um in den verschiedenen Provinzen von Jesus zu erzählen. Sie begannen in Henan, gingen von dort aus in die benachbarten Provinzen und in jüngster Zeit auch bis nach Sichuan, Xinjiang, Tibet und Beijing. Wo immer sie hinkommen, dienen sie in der Kraft des Heiligen Geistes und gründen neue Gemeinden.

Ihre Aufgabe ist nicht leicht, sie müssen viele Schwierigkeiten überwinden, aber Gott ist mit ihnen, und in dieser Sicherheit können sie weitergehen. Auch wenn sie oft unter Tränen den Samen zur Aussaat tragen, so werden sie doch mit Jubel ernten (Ps 126,5-6).

Einer der geistlichen Leiter Chinas berichtet, wie er eines Tages eine Landkarte von China vor sich entfaltete. Plötzlich sah er eine sehr klare Vision: Der Missionsdienst wird von Henan aus nicht nur bis nach Hunan, Hubei, Anhui, Hebei, Beijing, Manchuria, Shanxi, Shaanxi und Sichuan reichen, sondern auch Gansu, Xinjiang und die Gebiete an der Grenze zu Afghanistan sollen erreicht werden. Aber die Vision ging noch weiter: Missionare werden von China aus die westliche Grenze überschreiten und nach Afghanistan, Iran, Irak, Syrien und schließlich sogar nach Israel reisen. In einem dritten Teil der Vision sah er, wie ein anderer Vorstoß der Mission aus Henan über die Provinzen Zhejiang, Shandong, Jiangsu, Fuj-

379

ian und andere Küstengebiete über China hinaus ging und die gute Nachricht von Jesus auch über das Chinesische Meer trug.

Diese Vision liegt vor den chinesischen Christen. Welch ein herrlicher Plan, der sich in ihren Herzen abzeichnet. Gott ist so voller Liebe, er wird die 1,3 Milliarden Chinesen nicht vergessen. Sein Plan für China wird durch seine unbegrenzte Weisheit und Kraft zustande kommen. Die Arbeit, die der Heilige Geist begonnen hat, wird er auch zu Ende bringen.

»Oh Tiefe des Reichtums, der Weisheit und der Erkenntnis Gottes! Wie unergründlich sind seine Entscheidungen, wie unerforschlich seine Wege!« (Röm 11,33)

---

*siehe auch: *Chinas Christen*, Carl Lawrence, Verlag der Francke Buchhandlung, Marburg/Lahn, Seite 93